A TRAGÉDIA SHAKESPEARIANA

A TRAGÉDIA SHAKESPEARIANA

Hamlet, Otelo, Rei Lear, Macbeth

A. C. Bradley

Introdução
John Russell Brown

Tradução
Alexandre Feitosa Rosas

Revisão da tradução
Marcelo Brandão Cipolla

Revisão técnica
John Milton

SÃO PAULO 2009

Título do original inglês: *SHAKESPEARIAN TRAGEDY*.
Copyright © 2009, *Livraria Martins Fontes Editora Ltda.*,
São Paulo, para a presente edição.

1ª edição 2009

Tradução
ALEXANDRE FEITOSA ROSAS

Revisão da tradução
Marcelo Brandão Cipolla
Revisão técnica
John Milton
Acompanhamento editorial
Luzia Aparecida dos Santos
Revisões gráficas
Maria Regina Ribeiro Machado
Maria Luiza Favret
Produção gráfica
Geraldo Alves
Paginação/Fotolitos
Studio 3 Desenvolvimento Editorial

Dados Internacionais de Catalogação na Publicação (CIP)
(Câmara Brasileira do Livro, SP, Brasil)

Bradley, A. C.
A tragédia shakespeariana : Hamlet, Otelo, Rei Lear, Macbeth / A. C. Bradley ; introdução John Russell Brown ; tradução Alexandre Feitosa Rosas ; revisão da tradução Marcelo Brandão Cipolla ; revisão técnica John Milton. – São Paulo : Editora WMF Martins Fontes, 2009.

Título original: Shakespearian tragedy.
Bibliografia.
ISBN 978-85-7827-061-2

1. Shakespeare, William, 1564-1616 2. Shakespeare, William, 1564-1616 – Crítica e interpretação 3. Teatro inglês I. Brown, John Russell. II. Título.

08-12375	CDD-822.33

Índices para catálogo sistemático:
1. Shakespeare : Teatro : História e crítica   822.33

Todos os direitos desta edição reservados à
Livraria Martins Fontes Editora Ltda.
Rua Conselheiro Ramalho, 330 01325-000 São Paulo SP Brasil
Tel. (11) 3241.3677 Fax (11) 3101.1042
e-mail: info@wmfmartinsfontes.com.br http://www.wmfmartinsfontes.com.br

ÍNDICE

Prefácio	IX
Nota à segunda edição inglesa e às impressões subsequentes	XI
Introdução à terceira edição inglesa – John Russell Brown	XIII
Introdução à presente edição	XXXV
Prefácio à edição brasileira	XXXIX
Nota do tradutor	XLIII
CONFERÊNCIA I. A substância da tragédia shakespeariana	3
CONFERÊNCIA II. A construção da tragédia de Shakespeare	29
CONFERÊNCIA III. O período trágico de Shakespeare – Hamlet	57
CONFERÊNCIA IV. Hamlet	95
CONFERÊNCIA V. Otelo	129
CONFERÊNCIA VI. Otelo	155
CONFERÊNCIA VII. Rei Lear	183
CONFERÊNCIA VIII. Rei Lear	211
CONFERÊNCIA IX. Macbeth	255
CONFERÊNCIA X. Macbeth	283
Nota A. Acontecimentos anteriores ao início da ação em *Hamlet*	311
Nota B. Onde estava Hamlet no momento da morte de seu pai?	314
Nota C. A idade de Hamlet	319
Nota D. "Meu canhenho – preciso tomar nota"	322
Nota E. O Espectro no subterrâneo	326
Nota F. A fala do ator em *Hamlet*	327
Nota G. As desculpas de Hamlet a Laertes	335
Nota H. A troca de floretes	338
Nota I. A duração da ação em *Otelo*	340

Nota J. Os "acréscimos" a *Otelo* no primeiro Fólio. O mar do ponto ... 346
Nota K. A corte de Otelo 350
Nota L. Otelo na cena da intriga 352
Nota M. Dúvidas relativas a *Otelo*, IV. i. 354
Nota N. Duas passagens na última cena de *Otelo* 356
Nota O. Otelo e as últimas palavras de Desdêmona 358
Nota P. Emília suspeitou de Iago? 360
Nota Q. A suspeita de Iago em relação a Cássio e Emília 362
Nota R. Ecos de *Otelo* em *Rei Lear* 363
Nota S. *Rei Lear* e *Tímon de Atenas* 365
Nota T. Shakespeare encurtou *Rei Lear*? 369
Nota U. A movimentação dos *dramatis personae* no Ato II de *Rei Lear* .. 373
Nota V. Possíveis interpolações em *Rei Lear* 376
Nota W. A marcação da cena do reencontro entre Lear e Cordélia ... 379
Nota X. A batalha de *Rei Lear* 382
Nota Y. Algumas passagens difíceis de *Rei Lear* 385
Nota Z. Possíveis interpolações em *Macbeth* 395
Nota AA. *Macbeth* foi abreviada? 397
Nota BB. A datação de *Macbeth*. Testes de métrica 400
Nota CC. Quando o assassinato de Duncan foi tramado pela primeira vez? 413
Nota DD. Lady Macbeth realmente desmaiou? 417
Nota EE. A duração da ação em *Macbeth*. A idade de Macbeth. "Ele não tem filhos" 420
Nota FF. O Espectro de Banquo 427
Notas do autor 429

Índice remissivo 479

A
meus alunos

PREFÁCIO

Estas conferências se baseiam numa seleção feita sobre material de aula em Liverpool, Glasgow e Oxford; mantive, de um modo geral, o formato de conferência. O ponto de vista adotado encontra-se explicado na introdução. Gostaria, evidentemente, que fossem lidas na ordem em que se encontram, e supõe-se o conhecimento das duas primeiras para a leitura das subsequentes; mas o leitor que preferir encaminhar-se diretamente à discussão das peças poderá fazê-lo a partir da página 61.

Quem quer que escreva sobre Shakespeare deve muito a quem veio antes. Sempre que estava ciente de determinada dívida, fiz a menção necessária; contudo, a maior parte de minha leitura da crítica shakespeariana foi feita há muitos anos, e espero não ter reproduzido como meu o que pertence a terceiros.

Muitas das notas serão de interesse apenas para especialistas, os quais, espero, encontrarão algo de novo nelas.

Utilizei-me sistematicamente da edição da Globe para as citações, e fiz em todos os momentos uso da sua numeração de atos, cenas e linhas.

Novembro, 1904

NOTA À SEGUNDA EDIÇÃO INGLESA E ÀS IMPRESSÕES SUBSEQUENTES

Nessas impressões, limitei-me a efetuar algumas melhorias formais, corrigir erros flagrantes e indicar aqui e ali minha intenção de mudar ou aprimorar, no futuro, pontos de vista que me pareçam duvidosos ou que possam induzir a erro de interpretação. As mudanças, onde isso pareceu acertado, são indicadas pela inserção de frases entre colchetes.

INTRODUÇÃO À TERCEIRA EDIÇÃO INGLESA

John Russell Brown*

Andrew Bradley foi um desbravador de territórios e encontrou uma jazida de ouro. Em seu *Shakespearean Tragedy*, publicado pela primeira vez em 1904, não só atacou problemas evitados por outros críticos como foi ousado o bastante para se propor desvendar o "plano usual" no qual Shakespeare baseou seus mais formidáveis dramas. Buscou as razões que levaram os heróis trágicos a agir do modo como agiram, e não de modo diverso, buscando motivações subjacentes e procurando acompanhar o movimento de suas paixões. Almejou compreender o que as peças "provocavam" para além do que "diziam", mantendo, portanto, a reação da plateia dentro de seu campo de estudo. Seu livro é uma coletânea de dez inspiradas conferências – cuidadosamente revisadas – e continua sendo, no fim do século, baliza fundamental no território inesgotável e não raro confuso da crítica e estudo shakespearianos. O leitor se deixa atrair de bom grado para dentro da mente do autor na sua investigação das peças. Raras vezes Andrew Bradley mostra-se dogmático, pois seu método consiste em levantar problemas e pôr em questão suas próprias conclusões. Em edições subsequentes, corrigiu entendimentos anteriores e teceu novos comentários ou acrescentou notas de fôlego – a respeito de uma destas, confessaria num segundo momento: "meu desejo é retirar esta Nota na íntegra", mas deixou as ideias anteriores intocadas para que os leitores se sentissem estimulados a investigar os problemas por conta própria. Se um livro desse tipo fosse publicado hoje, seu autor seria saudado como um pesquisador para quem o conhecimento não é algo fixo, mas em constante mutação, à cata de coerência e ordem, mas também comprometido com a desconfiança e a insatisfação, disposto a pôr cada hipótese à prova e a não assegurar senão um encontro com o texto de Shakespeare, ciente das exigências da prática dramatúrgica e das reações distintas de leitor, ator e plateia.

---

* Professor titular na Universidade de Middlesex, Inglaterra, e diretor de teatro.

Bradley prestou rápida homenagem a Aristóteles na abertura de seu livro, mas estava mais próximo de Sócrates do que de qualquer pensador de caráter prescritivo ou classificador. Distanciou-se com igual firmeza da visão hegeliana da tragédia, que era, então, um modelo popular de crítica; não se envolveu com as questões triviais do conflito entre o bem e o mal nem com a sua resolução, mas tangenciou esses problemas, indagando: "Quem são os combatentes nesse conflito?". O que acontece na peça e qual nossa reação a isso foram as perguntas sobre as quais Bradley se debruçou de modo aturado e perseverante; não lhes deu trégua mesmo quando propunha formas pelas quais poderiam ser respondidas com razoável segurança e confiabilidade.

Mas, em sua época, Bradley foi saudado como uma autoridade sólida. Estava tão à frente de seus rivais, e com tamanho desembaraço, que os críticos não se deram conta de sua peculiar insegurança e independência de espírito. Em 1904, o ano em que o livro foi publicado, a *The Spectator* declarou: "Não hesitamos em situar o livro do professor Bradley muito acima de qualquer crítica shakespeariana moderna da qual temos conhecimento, digno de figurar quase ao lado da obra imortal de Lamb* e Coleridge."* Uma década depois, em 1916, a introdução do professor D. Nichol Smith a três séculos de crítica shakespeariana garantiu lugar de proeminência à obra, comparando-a com o que veio antes:

> A penetrante análise que o sr. Bradley faz das quatro tragédias mais importantes é o último grande exemplo da crítica do século XIX, e não devemos esperar nada melhor nesse gênero. Dá seguimento às tradições inauguradas por Whately* e Morgann* e consolidadas por Coleridge e Hazlitt*.
> (*Shakespeare Criticism* [Crítica shakespeariana], p. xxi)

----

* Charles Lamb (1775-1834). Escritor inglês, conhecido por seu livro infantil *Tales from Shakespeare* [Contos de Shakespeare], que escreveu junto com sua irmã, Mary Lamb (1764-1847).

Samuel Taylor Coleridge (1772-1834). Poeta romântico inglês e um dos mais influentes críticos de Shakespeare.

Thomas Whately (1726-1772), político e escritor, autor de *Remarks on Some of the Characters in Shakespeare* (1785) [Comentários sobre algumas das personagens de Shakespeare], uma análise psicológica das personagens de Shakespeare.

Maurice Morgann (1725-1802), administrador colonial e escritor, autor de *An Essay on the Dramatic Character of Sir John Falstaff* (1777) [Um ensaio sobre o caráter dramático de Sir John Falstaff], que considerou Falstaff uma das criações mais fascinantes de Shakespeare.

William Hazlitt (1778-1830). Crítico inglês, conhecido por seus comentários e ensaios sobre as peças de Shakespeare. (N. do R. T.)

Apesar de Bradley ter conferido ao seu livro o formato de um debate acalorado, foi ele recebido com maior confiança do que aquela com que foi oferecido. Suas inovações pareciam sublinhar o que havia sido escrito antes ou lançar entendimento excepcional sobre as misteriosas qualidades das peças de Shakespeare que Maurice Morgann, escrevendo em 1777, se satisfizera em classificar como "magia poética".

Por outro lado, ninguém poderia considerar *Shakespearean Tragedy* um manifesto revolucionário ou uma obra que chamasse a atenção pela originalidade. Bradley não estava procurando singrar mares desconhecidos do pensamento, inteiramente desassistido de outras vozes para orientá-lo ou de balizas pelas quais guiar seu avanço. Não deixou de acolher determinados preconceitos e preocupações, e, exatamente por guardarem tanta sintonia com o espírito de sua época, seu livro soou menos original do que de fato era.

Como muitos de seus contemporâneos, Bradley era obcecado por um ideal de "grandeza". Sua primeira "conferência", "A substância da tragédia shakespeariana", afirma o seguinte:

> Seus personagens trágicos são feitos da matéria que encontramos dentro de nós mesmos e dentro das pessoas que os cercam. Mas, por uma intensificação da vida que partilham com os outros, pairam acima de todos; e os maiores erguem-se tão alto que, se compreendemos plenamente tudo que está expresso em suas palavras e atos, ficamos cientes de que na vida real praticamente não conhecemos ninguém que os lembre. Alguns, como Hamlet e Cleópatra, têm gênio. Outros, como Otelo, Lear, Macbeth, Coriolano, são construídos com gigantismo; e o desejo, a paixão ou a determinação ganham neles uma força avassaladora.

Essa mostra de grandeza é mais importante para os propósitos de Shakespeare, tais como percebidos por Bradley, do que qualquer superioridade moral ou sabedoria:

> O herói trágico em Shakespeare... não tem de ser "bom", apesar de em geral ser "bom", e, portanto, despertar imediata compaixão quando em erro. Mas é necessário que demonstre tanta grandeza que em seu erro e queda possamos ter viva consciência das possibilidades da natureza humana. Assim, em primeiro lugar, uma tragédia shakespeariana não é jamais, como algumas tragédias indignas desse nome, deprimente. Ninguém jamais fecha o volume com o sentimento de que o homem é uma pobre e vil criatura. Pode ser desventurado, ou sórdido, mas não é pequeno.

Bradley descrevia essa "grandeza" de muitas formas: força de vontade, energia vital, fulgor, magnificência, magnitude. O herói é "nobre", "belo", "heroico", "majestoso", "supremo"; ele "detém um volume de força que em repouso garante preeminência sem nenhum esforço". Todos "impõem" respeito e "submetem" nossa atenção. Apesar de reconhecer a enormidade dos crimes de Macbeth, e os de Lady Macbeth, Bradley concluiu não obstante que esses personagens eram "sublimes" – palavra que nunca é usada por Shakespeare em referência a um ser humano e que teve de esperar por Milton* e pelos pregadores de meados do século XVII para tornar-se corrente, antes de se converter numa das maiores marcas do romantismo.

Para Bradley, os heróis trágicos de Shakespeare eram pessoas com poderes misteriosos e superiores, e essa grandeza triunfava sempre. Apesar de reconhecer em Lear uma perda de poder, Bradley permaneceu fiel a sua posição:

> sentimos ainda que todas as coisas externas se tornaram insignificantes para ele, e que o que sobra é "a coisa em si", a alma em sua grandeza nua.

Vistas dessa forma, as tragédias de Shakespeare se tornam peças a respeito de indivíduos excepcionais, detentores de maior significado do que a sociedade na qual vivem, cuja sublimidade despoja o crítico de meios para defini-los com precisão.

Os leitores que não se reconfortam com a idéia de que um homem ou uma mulher possam transcender todos os demais seres humanos considerarão o viés do discurso de Bradley perverso e, talvez, irritante. Sem dúvida mais apropriado para uma época em que muita gente acreditava que um herói forte, justo e habilidoso – um super-homem – era capaz de corrigir os erros do mundo e amenizar seu sofrimento. A preocupação com a grandeza e o poder individuais, ou com a sublimidade de espírito, à custa da atenção ao bem social ou coletivo já afastou muitos livros de um debate crítico apropriado muito antes do fim do século XX. O fato de *Shakespearean Tragedy*, de Bradley, ter se mantido em uso contínuo desde sua primeira edição até os dias de hoje se deve tanto à excepcional lucidez de sua exposição como ao profundo conhecimento das peças demonstrado pelo autor. O leitor percebe que Bradley tinha a vivência dos problemas sobre os quais se debruçou, e consegue partilhar

---

* John Milton (1608-1674). Poeta inglês e propagandista do *Commonwealth* liderado por Oliver Cromwell. Seu poema mais famoso é *Paraíso Perdido*. (N. do R. T.)

da experiência a que essa aventura deu azo. Ademais, suas especulações mais ousadas se devem a um agnosticismo mais profundo, muito mais condizente com o pensamento atual.

Em larga medida, Bradley era um pensador honesto e seu livro nunca procura coagir o leitor. É verdade que, vez por outra, ele afirma que críticos com opiniões contrárias estão "traindo o espírito de Shakespeare", mas seu profundo conhecimento do texto lhe dava mais direito do que outros a afirmações desse tipo. Além disso, ato contínuo, propunha um novo problema, e seu próprio parecer era apresentado com alguma hesitação:

> Qual será então a natureza desse sentimento, e de onde ele provém? Quero crer que nos daremos conta de que esse sentimento não se restringe a *Rei Lear*, mas está presente no desfecho de outras tragédias...

Após mais discussões, limita-se a falar do "sentimento que tentei caracterizar" e de "uma ideia semelhante" à que imaginara. Não o satisfazia citar um trecho de diálogo comparando-o com outro, mas interessava-lhe o que a peça *faz* com a plateia, não o que os personagens *dizem*. Por encorajar o leitor a ter suas próprias ideias, o debate com esse autor é estimulante; volta sua atenção para implicações e aspectos práticos que poderiam escapar ao mais aturado exame das palavras em si mesmas, e parece, às vezes, guardar o mais absoluto silêncio para que possamos atentar para novas pistas, assim como ele fez.

As predileções de Bradley o levaram a estudar o estado consciente de cada protagonista tal como mostrado progressivamente para uma plateia durante a representação. Como essa consciência é um elemento relevante da pulsação cênica das tragédias, suas perquirições são de duradouro interesse para todo leitor, seja qual for o proveito das conclusões a que chegou. Mostrou de que forma

> Shakespeare voltou sua atenção para as regiões obscuras do ser humano, para os fenômenos que fazem crer que se encontra sob o comando de forças ocultas que se agitam sub-repticiamente, independentemente de sua consciência e arbítrio.

Bradley é capaz de nos ensinar a ler um texto dramático de forma dramática. Dedicou-se a "olhar abaixo da superfície" para desvendar "sinais" que podem ser então relacionados a todos os demais sinais já inferidos das palavras proferidas. Observou, por exemplo, "uma impaciência quase insuportável" que se expressava basicamente no ritmo das linhas. Argumentou que, apesar de um leitor poder ser precipitado ou excessivamente criativo, os atores "têm de perguntar a si mesmos qual era o exato estado de espírito expresso pelas palavras que precisam repetir". Assim, Iago deve ser ouvido sabendo-se que mente: "é preciso não esquecer em nenhum momento que Iago não é digno de crédito numa única sílaba que profira acerca de qualquer matéria, incluindo acerca de si mesmo, até que suas palavras encontrem comprovação":

> No segundo solilóquio, ele declara não duvidar que Cássio esteja apaixonado por Desdêmona: é óbvio que não acredita nisso, pois jamais alude novamente a essa ideia, e em questão de poucas horas descreve Cássio num solilóquio como um honrado imbecil. Este último motivo de hostilidade em relação a Cássio aparece apenas no Quinto Ato.

Como Hamlet, Iago é impulsionado por forças que não compreende, e tanto o ator como o leitor atento devem buscá-las.

Semelhante ênfase nos mecanismos ocultos de funcionamento da mente e nas pressões das quais o consciente permanece alheio estava bastante sintonizada com um novo interesse "científico" na área da psicologia, mas Bradley não menciona Sigmund Freud, cuja *Psicopatologia da vida cotidiana* foi publicada no mesmo ano em que foram feitas suas investigações acerca do subconsciente dos heróis shakespearianos. Tampouco alude a Anton Chekhov*, que morreu naquele mesmo ano depois de completar as peças que tiveram mais influência que quaisquer outras no sentido de estimular os atores a representar o "subtexto" de seus papéis e a valer-se das pressões "ocultas" em cada cena.

*

Bradley concentrou suas conferências nos heróis shakespearianos e nas qualidades que os tornavam "grandes", e esse é o principal motivo pelo qual seu livro é lembrado. Mas também estava preocupado com outra investigação: queria saber de que modo os eventos das tragédias eram controlados, por que determinada "força" prevalecia sobre outra. Shakespeare tornava o herói responsável por seu próprio destino, cons-

---

* Anton Pavlovich Chekhov (1860-1904). Médico e escritor russo de contos e dramas, entre os quais se destacam *Tio Vânia*, *As três irmãs*, *A gaivota* e *O pomar de cerejas*. (N. do R. T.)

ciente ou inconscientemente? Engendrou uma "justiça poética" que distribuía recompensas apropriadas a cada ato, bom ou mau? A "providência" ou forças sobrenaturais infligiam sanções extremas? O que era capaz de impor resistência à violência desagregadora? Tais questões levaram Bradley a olhar além dos personagens e a buscar os momentos decisivos na ação da peça. A partir dessa investigação, ele buscou enunciar ideias que aparecem apenas implicitamente num diálogo da peça e, não obstante, determinam sua ação e influenciam a reação da plateia.

Esses problemas são atacados de forma resoluta logo na primeira conferência e recebem atenção especial na conclusão do estudo de cada peça. Bradley entendia que forças irracionais não eram importantes: muito embora os personagens principais sejam vítimas de insanidade, de sonambulismo e de alucinações, continuam sendo responsáveis e nunca ficam "verdadeiramente loucos". Do mesmo modo, as forças sobrenaturais não são nunca a "*única* força motriz:... estamos, com efeito, tão longe de sentir isso que muitos leitores pendem para o extremo oposto, e, aberta ou veladamente, entendem que o sobrenatural não guarda nenhuma relação com a verdadeira essência da peça". Bradley também sustentou que a contingência exerce pouca influência: "quase todos os acidentes mais importantes acontecem quando a ação já está bem avançada e a impressão de encadeamento causal está suficientemente consolidada para não ser comprometida". O fator dominante na ação de todas essas tragédias está, isto sim, nos "atos que têm origem no caráter".

Esses juízos são formados logo no início e reconsiderados ao longo do livro. No final da primeira conferência, já usa de uma abordagem mais direta em relação ao sobrenatural: os *dramatis personae* "podem falar de deuses ou de Deus, de espíritos maléficos ou de Satã, do paraíso e do inferno,... [mas] essas ideias não influenciam substancialmente a representação [shakespeariana] da vida, nem são usadas para lançar luz sobre o mistério da sua tragédia". Por outro lado, *Hamlet*, para Bradley, dá a entender que existe "algum poder maior" por trás da ordenação de sua ação, sob cujo influxo a morte do herói se realiza:

> não o definimos, ou sequer damos-lhe um nome, menos ainda dizemos a nós mesmos que existe; mas nosso imaginário é perseguido por [xx] ele, que opera silenciosamente nos atos e omissões dos homens até seu fim inelutável.

Em *Rei Lear*, Bradley lembrou quatro teorias diferentes acerca da natureza do "poder diretor" da vida, as quais recebem definição verbal em seu texto, para em seguida defender uma posição pessoal na direção de um entendimento diferente implícito na ação da peça: "O bem, em seu sentido mais amplo, parece ser, desse modo, o princípio da saúde e da vida no mundo; o mal, ao menos nas suas piores formas, um veneno." Para ele, a imagem de Cordélia, "calma, feliz, imóvel", representa o fulcro da concepção shakespeariana, apesar de nos últimos acontecimentos manter-se "de certo modo distanciada da ação do drama". Os "deuses" não "defendem" Cordélia, conforme as preces de Albânia, mas "um mal extremo não pode se prolongar muito", ao passo que "tudo que sobrevive à tempestade é bom, quando não grandioso".

Em todas as quatro tragédias, Bradley descobriu, por dedução e por meio de suas próprias elucubrações acerca da ação, o reflexo de "um mundo em busca frenética de perfeição". Nenhum deus protege os homens e as mulheres nem os recompensa de acordo com seus atos bons ou maus, mas há uma inclinação para o bem no modo pelo qual as ações humanas interagem diante da catástrofe.

Ao tentar ver cada peça como uma ação completa e ao procurar seus princípios organizadores, Bradley muitas vezes foi levado a reavaliar determinados incidentes. Por exemplo, observando que o porteiro em *Macbeth* "não me faz sorrir", ele sustentou que "foi essa a intenção de Shakespeare, e... ele desprezava o público vulgar* que se risse". Outros críticos já haviam destacado bons motivos para a autenticidade da cena, mas Bradley acrescentou a defesa de seu tom incerto, que, para ele, tinha o efeito de intensificar o terror da peça. Também se adiantou a muitos críticos que vieram depois, levando em conta a "atmosfera" da peça. Esta era criada, ele escreveu, "por uma infinidade de pequenos toques, os quais

---

* Eram o público vulgar, os populares que frequentavam o teatro e permaneciam de pé diante do palco, expostos às intempéries. Nietzsche, em sua *Einleitung in die Tragödie des Sophocles*, descreveu os *groundlings*: "O mais vulgar público da periferia é um modelo de boas maneiras em relação a esse público. Um crítico contemporâneo de Shakespeare (segundo o qual a este não falta talento) conta que na plateia e nas galerias, durante as apresentações, bebia-se cerveja, consumiam-se maçãs, ovos e salsichas, e estes eram, por fim, atirados como armas de cima para baixo e de baixo para cima. Na sua maioria, a plateia era constituída de homens e mulheres que não tinham nenhum respeito por nada. Fumaça de tabaco e um grande tumulto provocado por barulho de todo tipo enchiam o teatro, jovens estudantes berravam imprecações contra os arrumados cavalheiros no palco. Estes, acomodados em banquinhos de três pernas, acendiam seus cachimbos nos candeeiros e esticavam suas botinas com esporão, colocando-as 'diante dos pés do pobre espectro e do príncipe Hamlet, os quais tinham dificuldade para não tropeçar'. Ou seja, para quem Shakespeare escreveu? Para esse público." (in *Introdução à tragédia de Sófocles*, Rio de Janeiro: Jorge Zahar Editor, 2006. p. 59. Apresentação à edição brasileira, tradução do alemão e notas de Ernani Chaves.) (N. do T.)

no primeiro momento podem passar quase despercebidos, mas não obstante imprimem sua marca na imaginação". Portanto, em *Macbeth* ele observou o tom sombrio recorrente que Shakespeare criou através de muitas cenas passadas à noite, por meio de imagens verbais como "noite cerrada" e "luz sufocada", pelo contraste entre uma tocha lançada longe pelos assassinos de Banquo e uma vela que Lady Macbeth mantém junto de si o tempo inteiro no final, pelo "aço brandido" que "fumegava com os sangrentos golpes" na mão de Macbeth, e, acima de tudo, pelas referências ao sangue, e mais assustadoramente na imagem exata do "grito de pavor" de Lady Macbeth: "Mas quem haveria de imaginar que o velho tivesse tanto sangue?" Para Bradley, a vitalidade, a magnitude e a violência das imagens nessa peça têm o efeito de manter a "imaginação da plateia num 'mar tempestuoso e turbulento', enquanto mal se lhe permite, mesmo por breves momentos, acalentar pensamentos de paz e beleza."

Felizmente, as preocupações de Bradley não aplacaram a vitalidade de seu engajamento com os textos de Shakespeare, mas, pelo contrário, parecem ter aguçado seu discernimento. Em sua Introdução, ele louvou o "hábito de se ler com espírito inquiridor", o qual já transformou "muitos amantes não eruditos de Shakespeare em críticos muito melhores do que muitos especialistas", e seu livro é um exemplo desse espírito. Esses leitores se relacionam com a peça mantendo os olhos atentos, "mais ou menos como se fossem atores que tivessem de estudar todos os papéis" e que "desejassem compreender profunda e exatamente os movimentos internos que produziram essas palavras e não outras, esses atos e não outros, em cada momento dado". Aliado ao profundo conhecimento de Bradley e a seu interesse pelo conjunto da ação dramática, esse enfoque é investigativo, revigorante e baseado solidamente no encontro dramático – o que acontece no palco e a reação da plateia a isso.

Um bom exemplo do interesse de Bradley pelo efeito global de uma peça é a advertência no final da primeira conferência sobre *Rei Lear* quanto ao fato de sua discussão até aquele momento ter sublinhado "apenas certos aspectos da peça e certos elementos da impressão total; e, nessa impressão, o efeito desses aspectos, apesar de longe de se perder, é modificado pelos efeitos de outros". As "impressões" e "efeitos" marcantes são vitais para o enfoque experiencial que Bradley dá ao texto de Shakespeare:

> Pedirei ao leitor que observe que a passagem que vai da entrada de Lear com o corpo de Cordélia até a rubrica *Morre* (que provavelmente aparece algumas linhas antes do recomendável) tem 54 linhas, e que 30 delas representam o

intervalo durante o qual ele se esquece inteiramente de Cordélia... Fazer com que Lear, durante esse intervalo, volte-se angustiada e ininterruptamente para o cadáver é representar a passagem de um modo incompatível com o texto, cujo efeito é intolerável. Falo por experiência. Já vi essa passagem ser representada dessa forma, e minha capacidade de compaixão se esgotou de tal forma e tanto tempo antes da morte de Lear que sua última fala [...] me desapontou e maçou.

*

As peças de Shakespeare são estudadas hoje de muitas formas que Bradley não poderia ter sequer imaginado. Ele não via que as tragédias representam sociedades cuidadosamente delineadas, e não somente heróis e outros personagens interessantes. Temas políticos não causavam nele uma impressão clara e, portanto, diferenças entre os personagens secundários de *Macbeth* e *Hamlet*, por exemplo, escaparam a sua atenção; e ele defendeu que *Rei Lear* está "sobrecarregada" de personagens secundários e acontecimentos desnecessários. Deixou amiúde de perceber o efeito de agrupamentos e movimentações sobre o palco, os quais apontam oscilações de autoridade e alianças, além da astúcia política que determina diálogos aparentemente casuais. Nem a consciência política do seu tempo nem seu estudo das sociedades elisabetanas e jacobinas eram suficientes para revelar quantos dos personagens de Shakespeare são mantidos unidos, ou apartados de formas significativamente diferentes, seja pela autoridade, pelo poder, por interesses familiares, idade, riqueza, pobreza, ignorância ou saber. Em duas conferências sobre *Otelo*, Bradley defendeu que a raça e o passado de Otelo não eram elementos importantes na peça – "do mesmo modo, eu poderia facilmente acreditar que Chaucer concebeu a Esposa de Bath como um estudo das peculiaridades de Somerset" – e praticamente ignorou a declaração dos direitos das mulheres feita por Emília, extraordinária na época de Shakespeare e situada estrategicamente na apresentação de Desdêmona. A diferença entre um oficial graduado e outro não graduado num exército renascentista, ou entre um "alferes" e um "tenente", não entra na sua minuciosa discussão acerca da preferência de Otelo por Cássio em detrimento de Iago. Nada disso era tão interessante para ele quanto as opiniões, as paixões e a "alma" dos personagens, consideradas como representativas da "natureza humana" ou consequências de suas interações. No que se refere ao medo, à esperança, ao desejo, ao ódio, às certezas e, talvez de modo especial, às incertezas como motivações dos protagonistas, Bradley refletiu longa e profundamente sobre as peças; e encontrou aí matéria mais que suficiente para compor seu livro.

Tampouco era muito versado no teatro da época de Shakespeare, de forma que não poderia ser guia confiável em relação à diversidade de estilos dramáticos das peças. Era muito sensível ao estilo de linguagem, mas não dava muita atenção às variações nas convenções dramáticas dentro de uma peça, ou mesmo dentro de uma cena específica, quando a ilusão dramática sofre a transição de um sutil retrato da consciência individual para ritos e manifestações sociais, ou para jogos sérios, caçadas, altercações, julgamentos e outras ações conjuntas, ou de uma fala lírica e sensível para uma representação expositiva ou satírica. Esse pode ser um dos motivos pelos quais deu pouca atenção às cenas de loucura e de aparições sobrenaturais, e pelos quais estados de espírito extravagantes ou temerários foram ignorados, e certas cerimônias, subestimadas. O Shakespeare de Bradley era um dramaturgo que às vezes resvalava numa dramaturgia crua ou em falas bombásticas, mas que procurava criar cenas de encontro pessoal que alcançassem elevada carga emocional ou comunicassem uma tranquilidade estável – modos de teatro que estimulavam o público a reagir com aturada reflexão. O progresso da peça era uma busca por conhecimento acerca da natureza humana.

Fazem-se algumas breves referências a Marlowe*, Jonson*, Middleton*, Marston*, Heywood*, Greene* e Peele*, mas em sua maior parte elas tratam de temas secundários relativos ao estilo de linguagem. A principal fonte de que Bradley se serviu para compreender o teatro fo-

---

* Christopher "Kit" Marlowe (1564-1593). O mais famoso dramaturgo inglês do final do século XVI. Entre suas obras destacam-se *Tamburlaine* (1587), *The Jew of Malta* [O judeu de Malta] (1589) e *The Tragical History of Doctor Faustus* [A história trágica do doutor Fausto] (1589).

Benjamin (Ben) Jonson (1572-1637). Dramaturgo, poeta e amigo de Shakespeare, conhecido por suas peças satíricas, *Volpone* e *The Alchemist* [O alquimista], e sua poesia lírica.

Thomas Middleton (1580-1627). Autor de comédias sobre a vida de Londres.

John Marston (1576-1634). Poeta e dramaturgo cujo estilo era influenciado por Sêneca.

Thomas Heywood (c.1573-1641). Dramaturgo que escreve sobre a classe média inglesa. Sua obra-prima é *A Woman Killed with Kindness* [Uma mulher assassinada com bondade] (1603), tragédia sobre uma esposa adúltera.

Robert Greene (1558-1592). Escritor e dramaturgo inglês, famoso por suas críticas de Shakespeare, a quem chamou de "Shake-scene" por ser um ator que teve a temeridade de escrever peças e por ter plagiado outros escritores.

George Peele (1556-1596). Vários críticos pensam que Peele escreveu partes de *Tito Andrônico*. Isso se deve ao fato de que as peças de Peele, como *The Battle of Alcazar* [A batalha de Alcazar] (1588), estão cheias de sangue e violência. (N. do R. T.)

ram os tragediógrafos gregos – foi mestre do coro para a produção do *Agamêmnon** quando lecionou no Balliol College, Oxford, em 1880 –, e seu tratamento da estrutura das peças de Shakespeare é iluminado em diversas ocasiões por referências a Ésquilo e a Sófocles. Foi a amplitude e não a especialização da leitura desse crítico o que proporcionou os contrastes e as comparações que permitem uma melhor apreciação dos propósitos de Shakespeare. Assim, Iago é visto em contraste com o Mefistófeles de Goethe* e o Satã de Milton; Homero, Wordsworth* e Turgenev* participam do debate acerca da compreensão shakespeariana do "homem". As lendas arturianas, os romances em francês antigo e o Decameron ajudam a construir uma argumentação em torno da urdidura da narrativa.

Apesar de Bradley não ter se ocupado das peculiaridades da dramaturgia elisabetana, normalmente considerando-a tosca ou primitiva, estava bastante ciente do efeito dramático no que tange à representação direta da consciência individual e do encontro pessoal, e por isso é lido até hoje. Por exemplo, escreveu sobre as reflexões de Iago acerca de seus atos como se Shakespeare lhe tivesse dado sua própria consciência de dramaturgo: "delineando a princípio apenas um perfil, perguntando-se como formar mais do que a ideia principal, e vendo-a gradualmente desenvolver-se e tornar-se mais clara à medida que trabalha sobre ela ou deixa que ela trabalhe". Era exímio na análise do contrafluxo dos pensamentos e emoções.

Bradley era sensível ao uso que Shakespeare fazia das palavras sem ter especial conhecimento dos usos elisabetanos. Quando seu livro foi publicado, o *New English Dictionary on Historical Principles* [Novo dicionário da língua inglesa sobre princípios históricos] só havia chegado até o volume V (H-K), menos da metade de sua extensa compilação e publicação pela Oxford University Press. Bradley entendia muito bem as diferenças entre estilos familiares e outros mais refinados, mas não tinha condições de reconhecer os usos proverbiais nem as marcações de classe

---

* De Ésquilo (525-456 a.C.). *Agamêmnon* mostra o assassinato desse rei grego por sua mulher Clitemnestra, irada pelo sacrifício da filha Ifigênia e pelo fato de Agamêmnon manter a profetisa Cassandra como concubina.

Johann Wolfgang von Goethe (1749-1832). Poeta, dramaturgo, romancista, cientista e pintor alemão. Sua obra mais duradoura é o poema dramático *Fausto*.

William Wordsworth (1770-1850). Poeta romântico inglês que, com Coleridge, lançou o movimento romântico na Inglaterra.

Ivan Sergeyevich Turgenev (1818-1883). Romancista russo. Seu romance *Pais e filhos* é considerado uma obra-prima do século XIX. (N. do R. T.)

e posição. Era sensível à ressonância, à associação e à ambiguidade das palavras, mas o uso especializado do direito, das finanças, da guerra, do lar e da vida na corte frequentemente escaparam à sua atenção. Em especial, era comum que lhe escapassem referências sexuais: reconheceu com honestidade que "sou incapaz de formar convicção quanto ao significado" de muita coisa que Hamlet diz a Ofélia, e não ofereceu ao leitor muito mais além disso. De Lady Macbeth, escreveu que "não há o mais pálido sinal" de que sua "ascendência sobre o marido se assentasse em manobras sedutoras executadas de caso pensado".

Mas em questões editoriais e textuais, o *Shakespearean Tragedy* de Bradley está em maior sintonia com as ideias de hoje do que muitos livros publicados antes de meados dos anos 1980. Nessa época, diversos estudos – levados a efeito por Ernst Honigmann, Peter Blaney, Paul Werstein e Steven Urkowitz, pelos editores da New Oxford e por outros – desmontaram por completo as antigas suposições de que cada uma das peças de Shakespeare existira num único texto confiável e que a tarefa dos editores seria chegar tão perto quanto possível desse original "definitivo". Talvez Bradley estivesse especialmente cônscio das questões concernentes à autoridade textual porque, quando jovem, havia confrontado e rejeitado as certezas dogmáticas de seu pai, que era um conhecido pastor fundamentalista. Com efeito, o leitor de seu trabalho sobre as quatro tragédias é reiteradamente convidado a considerar leituras conflitantes entre o *in-quarto* e o fólio. Ele aventou a hipótese de *Macbeth* ter tido outra versão para dar conta de algumas características do único fólio existente. Tanto em *Rei Lear* como em *Otelo*, parece às vezes aprovar as diferentes leituras como forma de sondar com mais profundidade os bastidores da mente criativa de Shakespeare e de manter seu enfoque especulativo pessoal no esforço de compreensão. Numa longa nota, ele discute passagens do fólio de *Otelo* que não existem no *in-quarto* e se mostra perfeitamente disposto a concluir que "esses dois textos são diferentes versões da peça". O respeito de Bradley pelo *in-quarto* de *Lear* deu azo a interessantes reflexões: nos últimos momentos de Lear, o "O, O, O, O." do *in-quarto* merece alguma consideração, apesar de nosso autor se mostrar frontalmente contrário à redução dos quatro "nuncas" do fólio para três – muito embora "todos os atores que conheci tenham preferido essa tarefa mais fácil". Numa longa nota sobre a cena do encontro de Lear com Cordélia, ele falou de sua insatisfação com as indicações cênicas de ambos os textos, e apresentou uma solução pessoal. Preferiu a fala de Cordélia

> *I am sure my love's*
> *More ponderous than my tongue.*
> Sei que meu amor tem
> Muito mais peso que meus discursos (I. i. 76-7)

do fólio, contra a preferência do primeiro editor de Cambridge pelo "muito mais rico" do *in-quarto*, usando em defesa de sua leitura o fato de que a expressão soava como "a melhoria, efetuada pelo autor, de uma expressão que este julgava um pouco sem brilho". Para Bradley, *Rei Lear* encontrava-se disponível em duas versões, ambas representativas da peça de Shakespeare.

Em sua discussão de *Hamlet*, Bradley se mostrou menos disposto a conferir status diferentes ao fólio e ao "bom" segundo *in-quarto*, e fez menos referências a suas diferentes leituras. A omissão que o fólio faz do solilóquio em IV. iv, "Todos os acontecimentos me acusam...", é devidamente apontada, e até mesmo algo tão secundário quanto a omissão de um grito inarticulado direcionado a Ofélia em IV. v, mas a omissão que o bom *in-quarto* faz do chamado de Hamlet por sua mãe antes de entrar no aposento (III. iv) e do salto que dá para dentro da cova de Ofélia (V. i 243) não são mencionadas, sendo ignorada a importância desses detalhes. Todo estudante atento das quatro maiores tragédias de Shakespeare tem de estar alerta a todo momento para a existência de textos alternativos, e o interesse de Bradley por essas questões, apesar de útil, não exime ninguém dessa responsabilidade; contudo, empresta maior nitidez a essas questões do que muitos estudos posteriores, que lhe dedicam pouca ou nenhuma atenção.

O aspecto no qual Bradley parece estar mais longe do presente é em sua suposição de que a arte busca necessariamente a unidade e uma resolução das diferenças. Ao procurar pelos sinais que denunciassem a natureza da tragédia shakespeariana, não percebeu que isso dependeria de uma visão profunda e única, que se desenvolve de peça para peça e orienta a estrutura de cada uma. Para ele, esse princípio organizador era uma "ideia" e um "mistério", e partiu do princípio de que sua tarefa seria extrair a essência dos textos e da experiência colhida durante a representação das peças. Com efeito, seu livro é uma documentação desse esforço e está, por conseguinte, em desacordo com estudos recentes, que dão atenção especial, ou "privilegiada", a elementos desordenados ou discordantes e a subversões de resoluções convencionais. Apesar de Bradley ver Shakespeare como um autor profundamente original, não o via animado pelo impulso de provocar "conflitos" e oposições "dialéticas" em suas peças. Por exemplo, não destacou a função de Edmundo em *Rei Lear*, como Jonathan Dollimore fez em sua *Radical Tragedy* [Tragédia radical] (1984), que chegou a esta conclusão:

> A ideia do homem como vítima trágica inexplicavelmente vivo e completo na morte é precisamente o tipo de mistificação essencialista que a peça recusa. Ela oferece, isto sim, uma descentralização do sujeito trágico que, por sua vez, se torna o foco de uma investigação mais geral da consciência humana em relação ao ser social – o qual revela que os valores humanos não antecedem, mas são influenciados pelas condições materiais. *Lear* na verdade, portanto, recusa a autonomia do valor que os críticos humanistas tantas vezes insistem ser sua maior afirmação...
>
> ...em vez de curvar-se às exigências do desfecho formal – a convenção que confirmaria a tentativa de recuperação – a peça termina com dois eventos que comprometem as perspectivas tanto de desfecho como de recuperação.
> (pp. 202-3)

A diferença entre esses dois críticos, separados por um intervalo de oitenta anos, é aquela que separa uma arte ideal de uma arte realista. Dollimore citou o dramaturgo Bertolt Brecht*, concordando com ele:

> As apresentações do teatro burguês sempre procuram dissolver as contradições, gerar falsa harmonia, idealização. As situações são apresentadas como se não pudessem acontecer de outra forma;... se existe algum desdobramento, ele é sempre constante, nunca aos saltos; os desdobramentos sempre acontecem dentro de uma estrutura definida que não pode ser rompida. Nada disso corresponde à realidade, portanto o teatro realista deve esquecê-lo.
> (Apêndice ao Short Organum [Pequeno Organum],
> *Schriften 7*; tr. J. Willett)

Não obstante, Bradley não se encontrava tão apartado da crítica realista e desconstrutivista como pode parecer à primeira vista. Seu espírito era fundamentalmente cético, de tal forma que estava ciente de algumas vozes contrárias dentro das peças, as quais, confessava aos leitores, ele não conseguia "quer separar, quer conciliar". Resistia a soluções fáceis, de tal forma que, apesar de buscar uma visão única, reconhecia:

> Shakespeare não estava procurando justificar os desígnios de Deus para os homens, ou mostrar o universo com uma Divina Comédia. Estava escrevendo

---

* Bertolt Brecht (1898-1956). Dramaturgo socialista alemão. Entre suas peças mais famosas destacam-se *A ópera de três vinténs* (1928), *A vida de Galileu* (1938) e *Mãe coragem e seus filhos* (1939). (N. do R. T.)

uma tragédia, e a tragédia não seria tragédia se não encerrasse um doloroso mistério. Tampouco se pode dizer dele que tivesse apontado com clareza, como alguns autores de tragédias, para qualquer direção onde uma solução pudesse ser encontrada.

Ele também sabia:

> Não nos agrada o Shakespeare real. Gostamos de polir sua linguagem e comprimir suas ideias, transformando-as em algo que se adeque ao nosso paladar e à nossa mente.

A ordenação do livro de Bradley leva a uma segunda conferência sobre *Macbeth*, mas foi decisão dele dedicar-se nas últimas páginas ao enigmático episódio do porteiro e ao sonambulismo de Lady Macbeth. Muito embora tivesse afirmado categoricamente que os protagonistas de Shakespeare nunca se mostram "verdadeiramente loucos", admitiu que aqui não existia "nenhum nexo racional na sequência de imagens e ideias":

> Mal se vê, enfim, um sinal sequer da exaltação da imaginação em desvario; ficamos diante, isto sim, de um intenso sofrimento que a vem rasgando por dentro, vencendo a resistência para encontrar a luz, e exprimindo-se numa linguagem que é, em sua maior parte, inequívoca na elocução e simples na estrutura... O orgulho e o poder avassaladores das primeiras falas de Lady Macbeth retornam à nossa memória, e a mudança é sentida com insopitável assombro. Qualquer tentativa, mesmo de Shakespeare, de se colher a moral contida nesse assombro não faria senão enfraquecê-lo. Durante um momento, com efeito, toda a linguagem da poesia – mesmo da poesia de Macbeth – parece envolver-se numa aura de irrealidade, e essas frases breves e monocórdias parecem a única voz da verdade.

É claro, a ênfase de Bradley no "assombro", no "mistério" e no sofrimento humano difere do interesse do crítico moderno pelos valores sociais e pelas oposições flagrantes; mas seu reconhecimento da "irrealidade" em alguma parte, enquanto ouve algo semelhante à "verdade" nas palavras mais simples, é prova de um espírito preparado para reagir de modo não convencional e rejeitar conciliações fáceis.

Ler Bradley hoje é uma experiência diferente daquela que se obtinha ao fazê-lo no início do século. A recepção condescendente que teve na época parece não dar o devido peso às contradições contidas no livro, aos problemas não resolvidos, às dúvidas e à sensação não tão clara porém generalizada de insatisfação e desconforto. Não obstante a comprovada validade de sua obra no tempo, sua escritura é irregular e não chega a causar espécie que, a não ser por duas antologias, *Oxford Lectures on Poetry* (1909) e *Miscellany* (1929), seu autor não tenha publicado mais nada digno de nota. Sua carreira teve o início marcado por polêmicas, o que provocou a saída do Balliol College, Oxford, abrindo espaço para o professorado primeiro em Liverpool e depois em Glasgow. Em 1900, aos 49 anos, teve direito ao que hoje chamaríamos aposentadoria prematura, retornando a Oxford no ano seguinte como professor de poesia. Suas obrigações nesse novo posto não o oneravam demais e seu horário era reduzido, e durante cinco anos foi muito produtivo. Em 1906, contudo, ele voltou a Londres para morar com sua irmã (não era casado), declinando da cátedra de inglês Rei Edward VII, em Cambridge. Algumas conferências e ensaios se seguiram, mas nada posterior à Primeira Guerra Mundial chegou até nós. Faleceu em 1935.

*

Shakespearean Tragedy, de Bradley, não é um manual completo sobre Shakespeare e sua interpretação das peças não deve ser acolhida sem reservas. Mas se destaca em seu campo graças ao enfoque investigativo do autor, à sua excelente compreensão das peças como textos para encenação e à maneira clara e cativante pela qual apresentou suas descobertas. Merece ser lido e relido. Se são peças de roupa que não usaríamos hoje, a qualidade do tecido e a maestria da confecção foram raras vezes excedidos; e essas qualidades podem ser prontamente apreciadas porque nunca saem de moda.

Bradley se tornou um crítico cujos adversários experimentam grande prazer em confrontar; ele os mete em brios e os faz refletir. Por exemplo, o abrangente *The Shakespeare Revolution* [A revolução shakespeariana] (1977), de J. L. Styan, que investiga a prática teatral e a erudição do século atual, põe a "análise circunstancial de personagens" de Bradley entre as formas obsoletas de crítica porque seu "processo de recriação das cenas de Shakespeare ocultava tanto quanto trazia à luz". Mas, em outro trecho do mesmo livro, o professor Styan reconhece que Harley Granville-Barker, considerado por ele o grande defensor de uma nova crítica baseada na teatralidade, era "fascinado" por Bradley, entendendo que em sua obra "as peças são peças e nunca deixam de ser peças". "Bradley era um crítico profundamente preparado e não é lícito senão hesitar antes de discordar dele", Granville-Barker escreveu quando, com efeito, discordou de uma "mera tecnicalidade dramática" – enquanto, ao mesmo tempo, acolhia a peculiar versão de Bradley acerca do papel de Iago em *Otelo*.

L. C. Knights foi um dos primeiros críticos a condenar o interesse excessivo pela análise dos personagens. Muitos leitores supuseram que o sugestivo título de seu ensaio de 1932, "Quantos filhos teve Lady Macbeth?", fosse uma citação de Bradley, mas não era; foi sugerido por F. R. Leavis. Numa conferência posterior, "A questão do caráter em Shakespeare" (publicada em 1959), o professor Knights mudou de opinião e distinguiu Bradley de seus seguidores baseando-se no fato de que ele "tinha a grande virtude de estar profundamente imerso naquilo sobre o que versava, e estou certo de que seu livro ajudou muita gente a fazer de Shakespeare um fato presente em suas vidas". Nessa época, sua principal crítica era que a atenção de Bradley ao texto era demasiado estreita, "deixando de ver o 'posicionamento' crítico determinado pela peça como um todo". Em *Some Shakespearean Themes* [Alguns temas shakespearianos] (1959), o professor Knights identificou uma série de "sondagens, indagações, rejeições, reconhecimentos" que ele acreditava poder ser encontrados no texto de Shakespeare em *Rei Lear*, e, portanto, interpretou a tragédia com mais otimismo que Bradley: "Não existe outra palavra para classificar o que acontece em *Rei Lear* senão renovação." Mas, como Bradley, ele buscou uma visão unificadora e descobriu que o próprio Lear era "o centro de consciência da peça".

Shakespearean Tragedy é muito mais que um estudo dos personagens e o registro de uma busca por unidade nas peças, e a maioria dos críticos acabou reconhecendo isso. O influente *The Development of Shakespeare's Imagery* [O desenvolvimento da imagística em Shakespeare] (1951), de Wolfgang Clemen, situou Bradley entre os primeiros críticos a estudar as "metáforas e imagens" das peças. O professor Clemen concluiu seu estudo do *Rei Lear* citando o livro de Bradley lado a lado com o *Shakespeare's Imagery* [A imagística de Shakespeare] (1935), de Caroline Spurgeon, e o *The Wheel of Fire* [A roda de fogo] (1930), de Wilson Knight: esses quatro críticos falaram da peça em termos semelhantes, mas Bradley precedeu-os em quase trinta anos. O *"King Lear" in Our Time* [Reiler em nosso tempo] (1965), de Maynard Mack, lança mão da exposição de Bradley sobre a estrutura das tragédias, declarando que "ninguém teve êxito em descartar com argumentos" sua longa lista de improbabilidades na peça. Antes, o professor Mack havia escrito que a exposição de Bradley "ainda é a melhor que temos da forma exterior" das quatro principais tragédias (*Stratford-upon-Avon Studies*, 1960). O *Shakespeare's Tragic Sequence* [A sequência trágica de Shakespeare] (1971), de Kenneth Muir, vale-se da experiência do autor na edição tanto de *Lear* como de *Macbeth* para a nova Arden Shakespeare e de seu conhecimento de "muitos estudos escritos durante as últimas duas décadas", e, mesmo entre tantas vozes, Bradley é a mais constante e a autoridade mais respeitada por esse autor. O professor Muir cita suas opiniões vezes sem conta – quando trata da estrutura de *Rei Lear* e tenta descobrir o significado das últimas palavras do rei, ou quando considera as motivações de Macbeth, ou quando contrasta as teorias do dr. Leavis sobre a autodramatização de Otelo com as opiniões de Pushkin*, Dostoiévski* e Coleridge. Parece que Bradley nunca deixou de ser objeto de atenção da crítica.

A influência duradoura de *Shakespearean Tragedy* espalhou-se sobremaneira, e dois livros muito diferentes dos anos 1980 são bons exemplos disso. *Shakespeare and Tragedy* [Shakespeare e a tragédia] (1981), de John Bailey, dá, a cada passo, maiores mostras de segurança do que o livro de Bradley, de tal forma que seu tom é bastante diverso; mas ambos os estudos se aproximam ao conferir supremacia à investigação que Shakespeare faz da consciência humana:

> com Shakespeare, o mero fato e a mera história da consciência tomam a um só tempo o lugar da ação e da ideia. É a iminência da ação que faz sobressair essa consciência, mas ela permanece independente da ação... A usurpação, por parte do espírito, tanto da ação concreta como da ideia investida de propósito... é a característica mais importante da relação de Shakespeare com a forma trágica.
>
> (p. 6)

A diferença entre os dois é mais gritante quando se sabe que o professor Bailey nega que os heróis da peça demonstrem alguma grandeza em suas conquistas porque são "de um modo ou de outro... ineptos para a ação, suas convenções, sua atmosfera". Isso fica mais claro em seu estudo de *Rei Lear*:

> os personagens principais não estão, sob nenhum aspecto, preparados para agir no drama: como propus, eles são, sob diversos aspectos, demasiado tediosos para tanto, demasiado tediosos para ser representados por atores. O próprio Lear pertence àquela classe de pessoas sobre as quais não é interessante ler a respeito, que não importa ouvir, encontrar, conversar. Chega um momento na peça quando tudo que ele diz é em si mesmo tedioso...
>
> (p. 64)

....

* Alexander Sergeyevich Pushkin (1799-1837). Autor russo, considerado o fundador da literatura moderna russa por seu uso da língua vernácula.

* Fiódor Mikhailovich Dostoiévski (1821-1881). Autor de *Crime e castigo* (1866), *O Idiota* (1868), *Os irmãos Karamazov* (1879). Sua obra teve grande importância para o pensamento existencialista do século XX. (N. do R. T.)

"*King Lear*", "*Macbeth*", *Indefinition, and Tragedy* ["Rei Lear", "Macbeth", indefinição e tragédia] (1983), de Stephen Booth, trai em seu desajeitado título o interesse pelo mistério, pela descoberta e pela experiência exterior de se assistir a uma tragédia, passo a passo. O ceticismo atento do professor Booth está mais perto de Bradley do que a segurança do professor Bailey; ao entrever um mistério em *Rei Lear*, escreve quase no mesmo diapasão:

> Muito embora eu insista que Lear não aprende nada no decorrer da peça e que *Rei Lear* não tem nada a nos ensinar, também insisto que aquilo que Lear aprende e que a peça ilumina *nasce* da peça – é gerado pela *Rei Lear*, não impingido a ela por comentadores benevolamente criativos que insistem em nos dizer *o que* Lear aprende e *quais* são as grandes verdades humanas que *Rei Lear* torna evidentes de modo tão cabal. O fato de considerarmos *Lear* "profunda" nos faz tentar identificar os sentidos que a compõem. O fato de não sermos capazes de encontrar o sentido ou os sentidos que buscamos, porém, não nega o fato que nos lançou nessa busca: *Rei Lear* parece profundamente iluminadora... A plateia de *Rei Lear* não vê a luz, mas sabe que está onde está a luz.
>
> (p. 162)

Essa discussão, conduzida por Bradley em seu *Shakespearean Tragedy*, ele ajudou a fomentar em outrem, e por muitas décadas mais. Talvez sua conquista mais duradoura tenha sido mostrar como tanta dedicação pode ser gratificante.

Numa Introdução ao segundo volume da sua coletânea *Plays* [Peças] (1978), Edward Bond queixou-se:

> Recentemente, conversei com um senhor cuja atividade era ensinar o significado dos textos de Shakespeare a estudantes universitários. Ele me disse que Shakespeare não tinha nenhuma opinião própria, era capaz de captar e repetir a opinião das pessoas, deixava que os outros formassem juízo.

Do ponto de vista do dramaturgo, isso soou como bobagem:

> Se Shakespeare não tivesse dedicado sua vida criativa à luta sôfrega para solucionar os problemas que o obcecavam, não poderia ter escrito com tanto vigor intelectual e tão fremente beleza.

Bradley teria reagido basicamente da mesma forma. Poucos livros de crítica nos dão a sensação de estarmos próximos de um espírito criativo, mas *Shakespearean Tragedy* é uma obra-prima necessária porque faz justamente isso. É capaz tanto de alargar como de aguçar nossa percepção das questões implícitas nas tragédias, aprofundando nossa compreensão da arte de Shakespeare.

INTRODUÇÃO À PRESENTE EDIÇÃO

Nestas conferências, proponho-me examinar as quatro principais tragédias de Shakespeare a partir de um único ponto de vista. Nada se dirá do lugar de Shakespeare, seja na história da literatura inglesa, seja no teatro de um modo geral. Não será feito nenhum esforço no sentido de compará-lo a outros autores. Deixarei intocadas, ou meramente tangenciadas, questões concernentes à sua vida e personalidade, ao desenvolvimento de seu gênio e sua arte, à autenticidade, às fontes, aos textos, às inter-relações de suas diversas obras. Passo em silêncio igualmente àquilo que pode ser chamado, num sentido estrito, de "poesia" das quatro tragédias – a beleza do estilo, da elocução, da versificação. Nosso único propósito será aquilo que, novamente num sentido estrito, pode ser chamado de apreciação dramática; aumentar nossa compreensão e fruição dessas obras como drama; aprender a perceber a ação e alguns de seus personagens com maior verdade e intensidade, para que possam assumir em nossa imaginação uma forma um pouco menos diversa daquela que tinham na imaginação de seu criador. Para esse fim, todos os estudos que acabamos de mencionar, de história literária e afins, são úteis e mesmo, em diferentes graus, necessários. Mas dedicar-lhes um exame meticuloso é desnecessário aqui, não sendo nenhum deles tão indispensável para nosso propósito como a estreita familiaridade com as peças, a força e a equanimidade naturais da percepção e o hábito de se ler com o espírito inquiridor, o que transforma tantos amantes não eruditos de Shakespeare em críticos muito melhores do que muitos especialistas.

Tais amantes leem uma peça mais ou menos como se fossem atores que tivessem de estudar todos os papéis. Não precisam, é claro, preocupar-se com onde cada um deve se posicionar, ou com o gestual de que devem lançar mão; mas querem compreender integralmente e com exatidão os movimentos internos que produziram essas palavras e não outras, esses atos e não outros, em cada momento dado. Isso, realizado ao longo de um drama, é o modo correto de se ler o Shakespeare dramaturgo; e o requisito maior aqui é, portanto, uma imaginação viva e atilada.

Mas apenas isso não será suficiente. Faz-se também necessário, sobretudo para obter um conceito do todo que seja válido, comparar, analisar, dissecar. E esses leitores muitas vezes se abstêm dessa tarefa, que lhes parece tediosa ou até sacrílega. Equivocam-se, quer me parecer. Não se absteriam acaso se lembrassem de duas coisas. Em primeiro lugar, nesse processo de comparação e análise não é necessário – é, pelo contrário, danoso – pôr a imaginação de lado e, no seu lugar, empregar uma suposta "frieza racional"; e é somente a falta de hábito que torna difícil ou cansativo o exercício simultâneo da análise e da apreciação poética. Em segundo lugar, esses processos de dissecação, apesar de também imaginativos, continuam sendo, como lhes compete ser, tão-somente um meio que visa um fim. Quando seu trabalho termina (e só se pode terminá-lo em forma provisória), dão lugar a esse fim, que é exatamente a leitura ou recriação imaginativa do drama do qual partiram, porém uma leitura enriquecida agora pelo fruto da análise e, portanto, muito mais satisfatória e prazerosa.

Essa, enfim, é a convicção em cuja firmeza me baseio para aventurar-me, com reservas meramente pessoais, no caminho da interpretação analítica. E, portanto, antes de entrar na primeira das quatro tragédias, proponho-me discutir alguns temas preliminares que dizem respeito a todas. Muito embora cada uma seja absolutamente única, elas têm, de certo modo, a mesma substância; pois em todas Shakespeare faz representar o aspecto trágico da vida, o fenômeno trágico. Têm também, até certo ponto, uma forma ou estrutura em comum. Essa substância e essa estrutura, que permitem distingui-las, por exemplo, das tragédias gregas, podem, para evitar a repetição, ser consideradas em conjunto de uma única vez; e, ao considerá-las, também seremos capazes de observar diferenças características entre as quatro peças. E a isso podemos acrescentar o pouco que seria necessário dizer, a título de premissa, da importância desses dramas na trajetória literária de Shakespeare.

Muito do que é dito em nossos principais tópicos preliminares, naturalmente, será válido, dentro de certos limites, para outras peças de Shakespeare além de *Hamlet*, *Otelo*, *Rei Lear* e *Macbeth*. Mas só em parte se aplicará a essas outras obras, e a algumas mais completamente que a outras. *Romeu e Julieta*, por exemplo, é pura tragédia, mas trata-se de obra de uma fase anterior, e, sob alguns aspectos, imatura. *Ricardo III* e *Ricardo II*, *Júlio César*, *Antônio e Cleópatra* e *Coriolano* são histórias trágicas ou tragédias históricas, nas quais Shakespeare deixou transparecer uma certa obrigação de seguir a autoridade de outrem, mesmo quando o material que essa autoridade lhe oferecia não se prestava ao drama. Talvez ele próprio, para responder às críticas a que essas peças se encontravam vulneráveis, tenha invocado seu caráter histórico e negado que essas obras devessem ser julgadas pelo padrão da tragédia pura. Seja como for, a maioria dessas peças, quiçá todas, exibe, com efeito, consideráveis desvios em relação a esse padrão; e, portanto, o que é dito das tragédias puras deve ser aplicado a elas com diferenciações qualificativas que frequentemente deixarei de apontar. Restam ainda *Tito Andrônico* e *Tímon de Atenas*. A primeira, deixarei de fora porque, mesmo considerando-se que Shakespeare a tenha escrito inteira, ele o teria feito antes de possuir seja um estilo próprio, seja uma concepção trágica peculiar. *Tímon* está em situação diversa. Partes dela são indubitavelmente de Shakespeare, e estas serão mencionadas numa das últimas conferências. Mas boa parte do texto evidentemente não é dele, e, como parece provável que a concepção e a construção de toda a tragédia também devam ser atribuídas a outro autor, omitirei igualmente essa obra das nossas discussões preliminares.

PREFÁCIO À EDIÇÃO BRASILEIRA

Shakespearean Tragedy, de A. C. Bradley, é, sem dúvida, o livro mais influente sobre a obra de Shakespeare já publicado. Influenciou várias gerações de críticos literários no mundo anglo-americano desde sua publicação, em 1904. A ideia de Bradley de que se pode deduzir o que passou na cabeça do autor pela análise de suas criações artísticas, de que o texto é uma forma transparente de se aproximar desse conhecimento, ainda dominava a academia quando fiz meu curso de graduação em Literatura Inglesa na Universidade do País de Gales, em meados da década de 1970. Pouco tempo depois, chegaram à Inglaterra as teorias pós-estruturalistas. Os livros sobre Shakespeare passaram a adotar abordagens desconstrutivistas (*That Shakespeherean Rag* [1986], de Terence Hawkes), materialistas (*Political Shakespeare* [1985], org. de Jonathan Dollimore e Alan Sinfield; *Faultlines: Cultural Materialism and the Politics of Dissident Reading* [1992], de Alan Sinfield; *Radical Tragedy* [1984], de Jonathan Dollimore; *The Shakespeare Myth* [1988], de Graham Holderness), do novo historicismo (*Shakespearean Negotiations* [1988] e *Learning to Curse* [1990], do norte-americano Stephen Greenblatt) e pós-coloniais (*Colonial Encounters: Europe and the Native Caribbean, 1492-1797* [1986], de Peter Hulme).

Mas, apesar da grande difusão dessas abordagens críticas, *Shakespearean Tragedy* nunca perdeu sua popularidade, e novas tiragens continuaram a ser feitas durante as décadas de 1980 e 1990, e são feitas até hoje. Então, que interesse teriam o leitor brasileiro e o estudante de Shakespeare em ler este estudo de 1904, quando há tantas outras visões mais modernas disponíveis sobre o Bardo?

Em primeiro lugar, Bradley ajuda o leitor a se aproximar das tragédias de Shakespeare por meio de sua comparação entre os elementos da tragédia grega e a tragédia shakespeariana, destacando as características próprias da obra de Shakespeare. Em segundo lugar, ele analisa as tragédias principais: *Hamlet*, *Otelo*, *Rei Lear* e *Macbeth*. Suas análises são minuciosas, sempre se concentrando no desenvolvimento das personagens, ou, como diz Bradley, no "caráter em ação". Um tal grau de detalhamento do caráter, tratando as personagens como se fossem seres humanos vivos, esquecendo-se dos elementos poéticos e dramáticos das peças, já foi criticado, inicialmente num artigo de L. C. Knights, "How Many Children had Lady Macbeth", publicado em 1933 (e também em *Explorations*, Nova York, 1964). Porém, enquanto professor da obra de Shakespeare no Brasil, insisto que, embora a crítica literária nunca deva ser desprestigiada, uma *close reading* [leitura detalhada] como a de Bradley é necessária para o bom entendimento da obra de Shakespeare ou de qualquer tipo de literatura.

Apesar do detalhamento, o texto de Bradley nunca é difícil ou chato, e às vezes o autor é levado por seu próprio entusiasmo por Shakespeare a escrever passagens altamente líricas. Falando das tentativas dos heróis trágicos:

> Eles se lançam sobre a ordem estabelecida das coisas em defesa de suas ideias. Mas o que conquistam não é o que pretendiam; é algo terrivelmente diverso. Não compreendem nada – dizemos para nós mesmos – do mundo no qual se movimentam. Lutam como cegos na escuridão, e o poder que opera por intermédio deles faz deles o instrumento de um desígnio que não lhes pertence. Agem livremente, e, não obstante, suas ações atam-lhes os pés e as mãos. E é indiferente se suas intenções eram boas ou más. Ninguém poderia ter melhor intenção que Bruto, mas ele atrai a desgraça para seu país e a morte para si mesmo. Ninguém poderia ter pior intenção que Iago, e ele também se enreda na teia que urdiu para terceiros. Hamlet, recuando diante do amargo dever da vingança, é arrastado a uma carnificina que nunca sonhou e finalmente obrigado a recorrer à vingança que não conseguia impor à própria vontade. Os assassinatos de seu adversário, e em não menor medida o remorso de seu adversário, provocam o oposto do que pretendiam. Lear obedece ao capricho de um ancião, parte generoso, parte egoísta; e, num átimo, isso desencadeia sobre ele todas as forças das trevas. Otelo agoniza por uma ficção completa, e, pretendendo fazer valer o peso da justiça, violenta a inocência e estrangula o amor.

Como se pode ver pelo trecho acima, a tradução de Alexandre Rosas é excelente. Para ajudar o leitor, acrescentei algumas notas suplementares sobre figuras literárias que Bradley menciona no decorrer do texto.

Gostaria de cumprimentar a Editora Martins Fontes por sua iniciativa de publicar *A tragédia shakespeariana*. Como dizemos, *Better late than never...*

JOHN MILTON
Professor associado do Curso de Estudos Literários
e Linguísticos em Inglês, da Faculdade de Filosofia, Letras e Ciências
Humanas (FFLCH) da Universidade de São Paulo (USP)

NOTA DO TRADUTOR

Em nossa tradução, livres da necessidade de simplificar para os palcos e valendo-nos do conceito de arqueologia verbal, houvemos por bem adotar para os topônimos Britain e Burgundy, de *Rei Lear*, respectivamente "Britânia" e "Burgúndia", como forma de fazer jus à era pré-cristã em que transcorre a ação da peça. A Grã-Bretanha é entidade política que surge apenas no ano 1707 da era cristã, quando a Escócia se une ao reino da Inglaterra, ao passo que "Britânia" refere-se ao nome daquelas ilhas já em período romano. Em sua tradução de *Cimbelino*, José Roberto O'Shea adota o título "Cimbeline, Rei da Britânia", arrazoando: "A tradução do topônimo no título apresenta questão interessante. (...) Falar em Grã-Bretanha, ou mesmo em Inglaterra, no primeiro século da era cristã (período em que transcorre a ação em *Cimbeline*) seria um disparate." Lembra-nos ainda que "Bretanha", embora a rigor não esteja errado, remeteria de imediato à província da França, e conclui: "Na opção por 'Britânia', denominação antiga da atual Inglaterra, pretendo evitar confusões" (Iluminuras, 2002). Já "Borgonha" é afrancesamento tardio (*Bourgogne*) do nome germânico que lhe é anterior (*Burgund*), atribuído a essa região da Gália com a instalação, no século V, do reino dos burgúndios (donde o rei merovíngio Teodorico III, morto em 690, governou a antiga Burgúndia, e não a moderna Borgonha). Apesar de fundada em era cristã, a Burgúndia é suficientemente anterior à moderna influência francesa e próxima à antiguidade para justificar-se em *Rei Lear*. Aíla de Oliveira Gomes (Ed. UFRJ, 2000) e Carlos Alberto Nunes adotam "Burgúndia", "Lorde de Burgúndia" e "príncipes da Burgúndia". Nossa opção por "Britânia" e "Burgúndia", portanto, procura respeitar tanto quanto possível a época da ação de *Rei Lear*, evitando induzir o leitor a erro com toponímia de irrecorrível conotação moderna, incompatível com a ambientação da tragédia. Dentre as quatro categorias de registro diacrônico adotadas no dicionário Houaiss, a de arqueologia verbal é descrita do seguinte modo: "palavras e acepções (não vivas na língua) resgatadas dos vocabulários de línguas antigas (esp. latim e grego), depois de se adaptarem aos modelos atuais a sua fonética e grafia. (Usam-se, por exemplo, na descrição de cenas ambientadas num passado mais ou menos distante, em textos de história e literatura sobre povos e civilizações antigas etc.)".

Na transcrição dos excertos de peças, bem como de sonetos e poemas narrativos de Shakespeare, valemo-nos de traduções encontráveis no mercado editorial, optando, caso a caso, por aquela que nos parecia esclarecer com mais pertinência a intenção do texto de Bradley. Não raras vezes, foi preciso adaptar soluções para melhor adequá-las ao sentido visado pelo crítico, e, menos frequentemente, refundir duas ou até três versões distintas mas complementares para chegar a um resultado satisfatório. Sempre que possível, o verso ou o tom poético foram preservados em português, sem prejuízo do conteúdo da discussão em tela. Não se buscou, contudo, manter paralelismo absoluto de estilo e versificação entre o original e as traduções. Servimo-nos, desse modo, dos seguintes tradutores: Carlos Alberto Nunes, Péricles Eugênio da Silva Ramos, Manuel Bandeira, F. Carlos de Almeida Cunha Medeiros, Oscar Mendes, Millôr Fernandes e Aíla de Oliveira Gomes. Também utilizamos excertos da *Ilíada*, de Homero, na tradução de Carlos Alberto Nunes, e adaptamos versos do *Paraíso Perdido*, de John Milton, da tradução de António José de Lima Leitão. Quanto aos excertos de autores contemporâneos de Shakespeare ou mais antigos dos quais não nos foi possível obter uma tradução, elaboramos uma adaptação livre em vernáculo, priorizando o diálogo entre o conteúdo do trecho reproduzido e a intenção do crítico. Encaixam-se nessa situação excertos de Geoffrey Chaucer, Robert Greene, Thomas Heywood, Thomas Middleton, George Chapman e John Marston. Preservamos o original imediatamente antes da tradução sempre que o trecho citado, pertencente ou não a Shakespeare, aparecia destacado do texto principal, permitindo nesses casos o cotejo bilíngue.

Edições consultadas:

Hamlet, Otelo e Macbeth. Abril S.A. Cultural e Industrial, São Paulo, 1978. Tradução de F. Carlos de Almeida Cunha Medeiros e Oscar Mendes. Dados Históricos e Notas de F. Carlos de Almeida Cunha Medeiros. Traduções, Sinopses, Dados Históricos e Notas publicados sob licença da Editora Nova Aguilar S.A., Rio de Janeiro.

Hamlet. L&PM, Porto Alegre, 1997. Tradução de Millôr Fernandes.

Hamlet. Círculo do Livro, São Paulo, 1982. Tradução de Péricles Eugênio da Silva Ramos.

Macbeth. Círculo do Livro, São Paulo, 1980. Tradução de Péricles Eugênio da Silva Ramos.

Macbeth. Editora Paz e Terra, copyright da tradução Editora Brasiliense, São Paulo, 1996. Tradução de Manuel Bandeira, Coleção Leitura.

Rei Lear. Editora UFRJ, 2000, edição bilíngue. Tradução, Introdução e Notas de Aíla de Oliveira Gomes.

Rei Lear. L&PM, Porto Alegre, 1997. Tradução de Millôr Fernandes.

Teatro Completo de Shakespeare: Comédias. Ediouro, Rio de Janeiro, s.d. Tradução de Carlos Alberto Nunes.

Teatro Completo de Shakespeare: Dramas Históricos. Ediouro, Rio de Janeiro, s.d. Tradução de Carlos Alberto Nunes.

Teatro Completo de Shakespeare: Tragédias. Ediouro, Rio de Janeiro, s.d. Tradução de Carlos Alberto Nunes.

A TRAGÉDIA SHAKESPEARIANA

CONFERÊNCIA I

A substância da tragédia shakespeariana

A questão que iremos abordar nesta conferência pode ser posta de diversas maneiras. Podemos formulá-la do seguinte modo: Qual é a substância da tragédia shakespeariana, abstração feita tanto da sua forma como das diferenças entre a substância de uma tragédia e outra? Ou desta forma: Qual a natureza do aspecto trágico da vida tal como representado por Shakespeare? Qual é o fenômeno geral mostrado nessa tragédia e a seguir naquela outra? E estamos levantando a mesma questão quando indagamos: Qual é a concepção trágica de Shakespeare, ou a sua concepção de tragédia?

Essas reflexões, importa que se diga, não querem dizer que Shakespeare, ele mesmo, tenha porventura formulado ou respondido semelhante questão; que tenha se dedicado a refletir sobre os aspectos trágicos da vida, que tenha urdido uma concepção trágica, e menos ainda que, como Aristóteles* ou Corneille*, tivesse uma teoria acerca do gênero de poesia chamado tragédia. Tudo isso é possível; até que ponto qualquer uma dessas hipóteses é provável, não nos compete discutir; mas nenhuma delas é pressuposto da questão que vamos abordar. Esta implica apenas que, em verdade, Shakespeare, ao escrever suas tragédias, representou determinado aspecto da vida de determinada maneira, e que, pelo exame do que ele escreveu, seremos capazes, até certo ponto, de descrever esse aspecto e essa maneira em termos adequados ao entendimento. Semelhante descrição, desde que fiel e pertinente, pode, após nossas explicações, ser considerada quer um retrato da substância da tragédia shakespeariana, quer um retrato da concepção ou visão shakespeariana da tragédia ou do fenômeno trágico.

Duas outras advertências podem ser necessárias. Em primeiro lugar, devemos nos lembrar que o aspecto trágico é apenas um dos aspectos da

----

* Aristóteles (384-322 a.C.). Filósofo grego cuja *Poética* é uma das obras fundamentais dos estudos literários.
Pierre Corneille (1606-1684). O "fundador da tragédia francesa" e, com Racine e Molière, um dos grandes dramaturgos do século XVII. (N. do R. T.)

vida. Não podemos entender a totalidade da visão dramática de Shakespeare acerca do mundo a partir unicamente de suas tragédias do mesmo modo que é possível entender a visão de mundo de Milton, ou de Wordsworth, ou de Shelley* examinando praticamente qualquer uma de suas obras mais importantes. Falando de forma bastante geral, pode-se dizer que esses poetas, em sua melhor forma, sempre olham para as coisas com o foco de uma única lanterna; mas *Hamlet* e *Henrique IV* e *Cimbelino* refletem os objetos como se contemplados de perspectivas bastante distintas, e a totalidade da visão dramática de Shakespeare não pode se identificar com nenhum desses reflexos. E, em segundo lugar, posso reiterar que, nestas conferências, em sua quase totalidade, sob qualquer ângulo que se olhe, iremos nos contentar com sua visão *dramática*, e não perguntaremos se esta correspondia exatamente a suas opiniões ou crenças fora do universo poético – as opiniões ou crenças daquele a quem, curiosamente, chamamos às vezes de "Shakespeare, o homem". Não parece provável que fora do universo poético ele tenha sido um prosaico católico, ou bem assim protestante, ou ateu, conforme é sustentado por alguns; mas não podemos ter certeza, como temos com os demais poetas citados, de que em sua obra ele tenha se dedicado a expressar suas convicções e reflexões mais caras e profundas, ou sequer que as tenha tido. E suas concepções dramáticas nos oferecem material suficiente com que nos ocupar.

1

Ao tratar do nosso tema, será melhor – sem procurar encurtar o caminho referindo-nos a célebres teorias dramáticas – começar diretamente dos fatos, e formar a partir deles, gradualmente, uma ideia da tragédia shakespeariana. Primeiramente, para começar com o externo, esse gênero de tragédia põe diante de nós um número considerável de personagens (muito maior que o de uma peça grega, a não ser que incluamos o coro em nosso cálculo); mas trata-se primordialmente da história de um personagem, o "herói"[1], ou, no máximo, de dois, o "herói" e a "heroína". Ademais, apenas nas tragédias de amor, *Romeu e Julieta* e *Antônio e Cleópatra*, a heroína é tão importante para a ação quanto o herói. Nas outras, mesmo em *Macbeth*, temos estrelas solitárias. De forma que, tendo apon-

---

* Percy Bysshe Shelley (1792-1822). Um dos principais poetas românticos ingleses. Hoje conhecido por poemas curtos como "Ozymandias", "Ode to the West Wind" [Ode ao vento do oeste], "To a Skylark" [A uma cotovia]. Porém, suas obras principais eram longos poemas visionários: "Alastor", "Adonais", "The Revolt of Islam" [A revolta do Islã] e "Prometheus Unbound" [Prometeu libertado]. [N. do R. T.]

tado a peculiaridade desses dois dramas, podemos doravante, por uma questão de concisão, ignorá-los, e falar do enredo trágico como tratando precipuamente de um personagem.

Depois, ele conduz à *morte* do herói, a qual se insere no enredo. Por um lado (seja qual for o caso de outros tipos de tragédia), nenhuma peça ao cabo da qual o herói continue vivo é, no pleno sentido shakespeariano, uma tragédia; e já não classificamos *Troilo e Cressida* ou *Cimbelino* desse modo, como faziam os editores do fólio. Por outro lado, o enredo retrata também o aspecto tumultuoso da vida do herói, que precede e conduz à sua morte; e uma morte súbita, ocorrida por "acidente" em pleno período de prosperidade, não seria suficiente para caracterizá-lo. Ele é, em verdade, essencialmente a narrativa de sofrimento e de calamidade que culminam em morte.

O sofrimento e a calamidade são, além disso, excepcionais. Sobrevêm a uma pessoa fora do comum. Eles próprios pertencem a uma categoria singular. São também, via de regra, inesperados, e contrastam com a felicidade e a glória que vieram antes. Uma história, por exemplo, de um homem que se aproxima lentamente da morte pela doença, pela pobreza, pelo abandono, pelos vícios sórdidos, pelas perseguições mesquinhas, por mais comovente ou terrível que possa ser, não seria trágica no sentido shakespeariano.

Sofrimento e calamidade tão excepcionais, portanto, abatendo-se sobre o herói e – é preciso que acrescentemos agora – geralmente se estendendo muito além dele, de tal modo que configure toda a cena como um palco de infortúnio, são ingredientes fundamentais da tragédia, e a principal fonte das emoções trágicas, em especial a compaixão. Mas a dosagem desse ingrediente e a direção que toma a compaixão trágica sem dúvida variam profundamente. A compaixão, por exemplo, exerce em *Rei Lear* um papel muito maior do que em *Macbeth*, e é direcionada num caso essencialmente ao herói, e, no outro, aos personagens secundários.

Façamos, por um momento, uma pausa nas ideias a que chegamos até aqui. Elas seriam mais do que suficientes para descrever na totalidade o fenômeno trágico tal como se apresentava ao espírito medieval. Para o espírito medieval, a tragédia era menos uma peça de teatro que uma narrativa, e sua ideia da matéria constituinte dessa narrativa pode ser prontamente recolhida em Dante ou, ainda melhor, em Chaucer*. *Monk's*

---

* Geoffrey Chaucer (c. 1343-1400). Autor inglês conhecido por sua inacabada *Canterbury Tales* [Contos de Cantuária], considerada a primeira grande obra escrita em inglês. (N. do R. T.)

Tale [O conto do monge], de Chaucer, é uma seleção do que ele chama de "tragédias"; e isso quer de fato dizer uma série de contos *de Casibus Ilustrium Virorum* – histórias da Queda de homens ilustres, como Lúcifer, Adão, Hércules e Nabucodonosor. E o monge conclui o conto sobre Creso desta forma:

> Anhanged was Cresus, the proudè kyng;
> His roial tronè myghte hym nat availle.
> Tragédie is noon oother maner thyng,
> Ne kan in syngyng criè ne biwaille
> But for that Fortune alwey wole assaile
> With unwar strook the regnès that been proude;
> For whan men trusteth hire, thanne wol she faille,
> And covere hire brightè facè with a clowde.

[Assim Creso, monarca altivo, foi enforcado;
De nada lhe valeu o régio trono.
A tragédia não consiste senão nisso:
Não importa o que se venha a lamentar,
A Fortuna não deixará de atacar
Com seu golpe inesperado o reino orgulhoso;
Pois quando mais nela confiam, aí não lhes vale,
Cobrindo o rosto esplendente com uma nuvem.]

Uma total inversão da sorte, abatendo-se sem aviso sobre um homem de "alta estirpe", feliz e aparentemente seguro – assim era o fenômeno trágico para o espírito medieval. Tinha forte apelo à compaixão e à comiseração humanas; suscitava igualmente outro sentimento, o medo. Assustava os homens e suscitava-lhes assombro. Fazia-os sentir que o homem é míope e indefeso, joguete de um poder inescrutável, conhecido pelo nome de Fortuna ou qualquer outro – poder que lhe parece sorrir por algum tempo, até que, de inopinado, obriga-o a engolir o orgulho.

A ideia de Shakespeare a respeito do fenômeno trágico é mais abrangente que essa e vai além dela; mas a inclui, e vale a pena observar a identidade das duas em determinado aspecto que é muitas vezes ignorado. A tragédia, em Shakespeare, tem sempre a ver com pessoas de "alta estirpe"; frequentemente com reis ou príncipes; senão, com líderes e homens públicos, como Coriolano, Bruto, Antônio; pelo menos, como em *Romeu e Julieta*, com membros de casas insignes, cujos conflitos despertam o interesse público. Há uma grande diferença aqui entre *Otelo* e nossas três outras tragédias, mas não se trata de uma diferença de gênero. O próprio Otelo não é um homem comum, pura e simplesmente; mas general da República. No início, nós o vemos na Câmara do Conselho do Senado. A consciência de sua elevada posição nunca o abandona. Ao cabo, quando está determinado a não seguir vivendo, encontra-se tão ansioso quanto Hamlet para não ser mal interpretado pelo mundo, e sua última fala começa assim:

> *Soft you; a word or two before you go.*
> *I have done the state some service, and they know it.*[2]
> [Calma; uma palavra ou duas antes que tenhais ido embora.
> Prestei algum serviço ao Estado, e eles o sabem.]

E essa característica das tragédias de Shakespeare, muito embora não seja a mais vital, não é nem externa nem pouco importante. O fato de se dizer que todo leito de morte é o cenário do quinto ato de uma tragédia tem seu significado, mas isso não seria verdadeiro se a palavra "tragédia" fosse aí entendida em seu sentido dramatúrgico. Dizemos que a angústia do amor desprezado e a tortura do remorso são as mesmas para o campônio e o príncipe; mas, para não insistirmos que não podem sê-lo quando se trata de um verdadeiro príncipe, a história desse príncipe, do triúnviro, do general, se reveste de uma grandeza e uma dignidade muito peculiares. Seu destino afeta o bem-estar de toda uma nação ou império; e, quando ele se precipita das alturas da glória terrena para cair no pó, sua queda produz uma impressão de contraste, denuncia a fragilidade humana e revela a onipotência – talvez o capricho – da Fortuna ou do Destino, com que nenhuma história pessoal pode jamais rivalizar.

Tais sentimentos são constantemente evocados pelas tragédias de Shakespeare – repetimos, em graus variados. Talvez sejam eles as mais fortes dentre as emoções despertadas pela tragédia do início, *Ricardo II*, merecendo expressão concentrada na famosa fala de Ricardo sobre a Morte grotesca, entronizada na vazia coroa

> *That rounds the mortal temples of a king,*
> [Que circunda as mortais têmporas de um rei,]

rindo-se de sua pompa, aguardando que sua vaidade e sua pretensa segurança o engolfem por completo, para então vir e perfurar com seu diminuto alfinete as muralhas do castelo. E esses sentimentos, muito embora sua predominância diminua nas tragédias mais fortes, continuam intensos nelas. Na figura do ensandecido Lear, vemos

A sight most pitiful in the meanest wretch,
Past speaking of in a king;

[Um espetáculo doloroso até para um pobre coitado,
Que se dirá para um rei;]

e, se quisermos enxergar a verdade nessa matéria, nada mais apropriado que comparar ao efeito de *Rei Lear* aquele produzido pela história – de notável paralelismo – de Turgenev, *Um Rei Lear das estepes* sobre a vida campesina.

2

A tragédia shakespeariana, tal como observada até aqui, pode ser considerada a história de uma calamidade excepcional que leva à morte de um homem de alta estirpe. Mas é evidentemente muito mais que isso, e temos agora de observá-la de outro ponto de vista. Nenhuma calamidade que sobrevenha pura e simplesmente sobre um homem, desabando dos céus como um raio ou surgindo lentamente das trevas como uma pestilência, poderia sozinha constituir a substância do enredo principal. Jó foi o maior dentre todos os filhos do oriente, e seus sofrimentos foram quase maiores que os que ele podia suportar; mas, mesmo que os imaginemos minando-o lentamente até a morte, isso não faria com que sua história fosse trágica. Tampouco o seria, no sentido shakespeariano, se imaginássemos que o fogo, os grandes ventos dos descampados e os tormentos que sofreu na carne foram enviados por um poder sobrenatural, quer justo, quer cruel. As calamidades da tragédia não sobrevêm, pura e simplesmente, e tampouco são enviadas; decorrem, precipuamente, de atos, e atos humanos.

Vemos certo número de seres humanos postos em determinadas circunstâncias; e vemos, suscitados pela interação de seus caracteres nessas circunstâncias, determinados atos. Esses atos geram outros, até que essa série de atos interligados leva, por uma sequência aparentemente inevitável, a uma catástrofe. O efeito de uma série desse tipo sobre a imaginação é fazer-nos pesar o sofrimento que a acompanha e a catástrofe na qual ela resulta, não somente ou principalmente como algo que acontece às pessoas envolvidas, mas também como algo que é provocado por elas. Isso, pelo menos, pode ser dito dos personagens principais, e, entre eles, do herói, que sempre contribui em alguma medida para o desastre em meio ao qual perece.

Esse segundo aspecto da tragédia evidentemente se diferencia bastante do primeiro. Os homens, desse ponto de vista, nos parecem basicamente agentes, "eles mesmos autores do próprio infortúnio"; e nosso medo e comiseração, muito embora não deixem de existir nem se suavizem, se modificam proporcionalmente. Trataremos agora desse segundo aspecto, lembrando que é igualmente apenas um aspecto que se soma ao primeiro, mas não o substitui.

O "enredo" ou a "ação" de uma tragédia de Shakespeare não consistem, é claro, apenas em atos e ações humanas; mas esses atos são o fator predominante. E são, em sua maioria, atos no sentido pleno da palavra; não coisas feitas "entre o sono e a vigília", mas atos ou omissões que expressam seu agente por inteiro – atos característicos. Podemos dizer com igual verdade, portanto, que o fulcro da tragédia está no ato que provém do caráter, ou no caráter que se manifesta no ato.

O maior interesse de Shakespeare recaía nisso. Dizer que recaía *simplesmente* no caráter, ou que era um interesse psicológico, seria um grande erro, pois ele era teatral até a raiz dos cabelos. É possível encontrar momentos em que foi indulgente para com seu apego à poesia, e até mesmo para com sua inclinação às reflexões genéricas; mas seria muito difícil, e em suas últimas tragédias talvez impossível, detectar passagens onde conferiu semelhante liberdade ao interesse pelo caráter divorciado da ação. Mas quanto ao extremo oposto, a abstração da mera "trama" (que é muito diferente da "ação" trágica), o tipo de interesse que predomina numa novela como *The Woman in White** [A mulher de branco], é evidente que isso lhe importava ainda menos. Não quero dizer que esse interesse inexiste em suas peças; mas está subordinado a outros, e tão entrelaçado com eles que raras vezes o percebemos isoladamente, e raras vezes sentimos de forma especialmente forte o entusiasmo parte intelectual, parte emocional de acompanhar uma complicação arquitetada com engenho. O que sentimos de forma especialmente forte, à medida que uma tragédia se encaminha para o desfecho, é que as calamidades e catástrofes se seguem inevitavelmente dos atos dos homens, e que a principal fonte desses atos é seu caráter. O dito que reza, com referência a Shakespeare, que "caráter é destino" é sem dúvida um exagero, capaz de induzir a erro (pois muitos de seus personagens trágicos, caso não se tivessem visto em circunstâncias peculiares, teriam escapado ao fim trágico, e poderiam até ter levado uma vida livre de atribulações); mas trata-se do exagero de uma verdade fundamental.

....

* *The Woman in White* [A mulher de branco]: romance epistolar do romancista inglês Wilkie Collins (1824-1889), publicado em fascículos em 1859-1860. É considerado um dos primeiros romances de suspense. (N. do R. T.)

Essa verdade, com algumas de suas qualificações, aparecerá com maior clareza se perguntarmos agora que elementos são encontrados no "enredo" ou "ação", ocasional ou frequentemente, afora os atos característicos e os sofrimentos e circunstâncias dos personagens. Falarei de três desses fatores adicionais.

(*a*) Shakespeare, ocasionalmente e por razões que não precisam ser discutidas aqui, representa estados alterados de consciência; loucura, por exemplo, sonambulismo, alucinações. E atos que têm origem nesses estados certamente não são o que chamamos atos no sentido pleno, atos que expressam o caráter. Não; mas esses estados alterados nunca são apresentados como a origem dos atos em qualquer momento dramático. O sonambulismo de Lady Macbeth não exerce nenhuma influência sobre os eventos que se seguem a ele. Macbeth não assassinou Duncan porque viu um punhal no ar: ele viu o punhal porque estava prestes a assassinar Duncan. A insanidade de Lear não é a causa de um conflito trágico, assim como a de Ofélia também não; ela é, como a de Ofélia, o resultado de um conflito; e em ambos os casos o efeito é principalmente patético. Se Lear estivesse realmente louco quando dividiu seu reino, se Hamlet estivesse realmente louco onde quer que fosse na história, cada um deles deixaria de ser um personagem trágico.

(*b*) Shakespeare também inclui o sobrenatural em algumas de suas tragédias; inclui fantasmas e bruxas que possuem conhecimentos sobrenaturais. Esse elemento sobrenatural sem dúvida não pode – na maioria dos casos, se é que em algum – ser explicado como uma ilusão de um dos personagens. Mais que isso, contribui de fato para a ação, e é em mais de uma oportunidade um elemento indispensável dela: de tal forma que considerar o caráter humano, somado às circunstâncias, sempre como a *única* força motriz da ação seria erro crasso. Mas o sobrenatural é sempre posto na relação mais estreita com o caráter. Fornece confirmação e confere forma distinta aos movimentos internos que já se encontram presentes, exercendo sua influência; assim à sensação de fracasso de Bruto, aos mecanismos abafados da consciência de Ricardo, ao pensamento semiacabado ou à lembrança horrorizada da culpa em Macbeth, à suspeita em Hamlet. Mais que isso, sua influência nunca é do tipo coercitivo. Não constitui senão um elemento, ainda que importante, do problema que o herói deve enfrentar; e em nenhum momento nos é lícito supor que retirou dele a capacidade ou a responsabilidade no trato do problema. Estamos, com efeito, tão longe de sentir isso que muitos leitores correm para o extremo oposto, e, aberta ou intimamente, consideram que o sobrenatural não guarda nenhuma relação com o verdadeiro foco da peça.

(c) Shakespeare, por último, na maioria de suas tragédias, permite que se atribua ao "acaso" ou ao "acidente" influência apreciável em determinado ponto da ação. Acaso ou acidente aqui deverão, acredito, significar qualquer ocorrência (não sobrenatural, é claro) que não entre na sequência dramática nem pelos atos de um personagem, nem pelas óbvias circunstâncias circundantes[3]. Pode ser considerado acidente, nesse sentido, que Romeu não tenha recebido a mensagem do frei a respeito da poção e que Julieta não tenha acordado de seu sono um minuto antes; trata-se de um acidente que Edgar tenha chegado à prisão tarde demais para salvar a vida de Cordélia; um acidente que Desdêmona tenha deixado cair seu lenço no momento mais fatídico; um acidente que o navio pirata tenha atacado o de Hamlet de tal forma que ele tenha podido voltar sem demora para a Dinamarca. Esse funcionamento do acidente é um fato, e um fato relevante, da vida humana. Excluí-lo *inteiramente* da tragédia, portanto, seria, podemos dizer, faltar com a verdade. E, além disso, não se trata tão-somente de um fato. Que os homens possam iniciar uma sequência de eventos mas não possam nem calculá-la nem controlá-la, é um fato *trágico*. O dramaturgo pode usar o acidente de forma a nos fazer sentir isso; e também existem outras aplicações dramáticas possíveis para o acidente. Shakespeare, igualmente, o admite. Por outro lado, qualquer *grande* admissão do acaso na sequência trágica[4] certamente enfraqueceria, e poderia destruir, a sensação de nexo causal entre personagem, ato e calamidade. E Shakespeare, com efeito, se vale do acaso com muita parcimônia. Raras vezes nos pegamos exclamando: "Mas que acidente infeliz!" Acredito que a maioria dos leitores teria enorme dificuldade para encontrar exemplos disso. Além do mais, frequentemente é fácil divisar a intenção dramática de um acidente; e algumas coisas que parecem acidentes estão em verdade relacionadas ao caráter, e não recaem, portanto, na categoria plena de acidente. Finalmente, acredito que ficará caracterizado que praticamente todos os acidentes mais importantes acontecem quando a ação está bem avançada e a impressão de nexo causal também se encontra consolidada demais para ser prejudicada.

Assim, parece que esses três elementos da "ação" são subordinados, enquanto o fator dominante consiste em atos derivados do caráter. De tal forma que, à guisa de resumo, podemos agora reformular nossa primeira declaração – "Uma tragédia é uma história de excepcional calamidade que leva à morte de um homem que goza de posição proeminente" – e dizer, em vez disso (o que, por sua vez, continua sendo parcial, ainda que menos), que a história se debruça sobre atos humanos que produzem uma calamidade excepcional e culminam na morte desse homem[5].

Antes que deixemos a "ação", contudo, existe ainda uma pergunta que pode ser feita com proveito. Podemos definir essa "ação" ainda melhor caracterizando-a como um conflito? O uso frequente dessa ideia em discussões a respeito das tragédias se deve em última análise, suponho, à influência da teoria de Hegel* sobre o tema, certamente a mais importante desde Aristóteles. Mas a visão de Hegel acerca do conflito trágico não só é pouco familiar ao leitor de língua inglesa e difícil de explicar de forma concisa, como também tem origem em reflexões acerca da tragédia grega e, como era de pleno conhecimento de Hegel, aplica-se apenas de forma imperfeita à obra de Shakespeare[6]. Limitar-me-ei, portanto, à idéia de conflito sob sua forma mais geral. Sob essa forma ela é evidentemente aplicável à tragédia shakespeariana; mas é vaga, e tentarei torná-la mais precisa por meio da questão: Quem são os antagonistas nesse conflito?

Não raro pode-se conceber muito naturalmente que o conflito existe entre duas pessoas, das quais uma é o herói; ou, de forma mais completa, que existe entre duas partes ou grupos, num dos quais o herói é a figura proeminente. Ou, se preferirmos falar (como poderemos perfeitamente fazer se conhecermos nossa matéria) das paixões, tendências, ideias, princípios, forças que animam essas pessoas ou grupos, poderemos dizer que duas dessas paixões ou idéias, que aqui animam duas pessoas ou grupos, são as adversárias. O amor de Romeu e Julieta está em conflito com o ódio de suas famílias, representado por diversos outros personagens. A causa de Bruto e de Cássio atrita com a causa de Júlio, Otávio e Antônio. Em *Ricardo III*, o rei fica de um lado, Bolingbroke e seus seguidores de outro. Em *Macbeth*, o herói e a heroína estão contrapostos aos seguidores de Duncan. Em todos esses casos, a grande maioria dos *dramatis personae* recai sem dificuldade em grupos antagônicos, e o conflito entre esses grupos termina com a derrota do herói.

No entanto, não podemos deixar de sentir que em pelo menos um desses casos, *Macbeth*, existe algo um tanto externo nessa forma de olhar para a ação. E quando olhamos para algumas outras peças, essa sensação aumenta. Sem dúvida, a maioria dos personagens em *Hamlet*, *Rei Lear*, *Otelo* ou *Antônio e Cleópatra* pode ser disposta em grupos opostos[7]; e sem dúvida existe um conflito; e, não obstante, parece enganoso descrever esse conflito como sendo *entre esses grupos*. Não pode ser simplesmente

---

* Georg Wilhelm Friedrich Hegel (1770-1831), filósofo alemão. No seu *Aesthetik* [Estética] (1820-1829), propôs que o sofrimento do herói trágico é um meio de reconciliar os conceitos morais opostos. (N. do R. T.)

isso. Pois muito embora Hamlet e o rei sejam inimigos mortais, aquilo que adensa nosso interesse e permanece em nossa memória pelo menos tanto quanto o conflito entre eles é o conflito *dentro* de um deles. O mesmo ocorre, muito embora não no mesmo grau, em *Antônio e Cleópatra* e até mesmo em *Otelo*; e, de fato, em certa medida, é assim em praticamente todas as tragédias. Existe um conflito externo entre pessoas e grupos, existe também um conflito de forças na alma do herói; e, mesmo em *Júlio César* e *Macbeth*, mal-e-mal se pode dizer que a importância do primeiro exceda a do último.

A verdade é que esse modelo de tragédia na qual a uma força hostil o herói contrapõe uma alma indivisa não é o modelo shakespeariano. A alma daqueles que lutam contra o herói pode ser indivisa, e geralmente é; mas, via de regra, o herói, apesar de caminhar na direção de sua sina, encontra-se, pelo menos em determinado momento da ação, e por vezes em muitos, despedaçado por uma luta interna; e é frequentemente nesses momentos que Shakespeare revela seu poder mais extraordinário. Se ainda compararmos as primeiras tragédias com as últimas, veremos que é nas últimas, nas obras mais maduras, que essa luta interna é mais enfatizada. Na última delas, *Coriolano*, sua importância eclipsa inteiramente no final da peça a importância do conflito externo. *Romeu e Julieta*, *Ricardo III*, *Ricardo II*, onde o herói luta contra uma força externa, mas nem tanto consigo mesmo, são todas peças mais antigas.

Se quisermos incluir as lutas externa e interna numa concepção mais definida que a de conflito em geral, deveremos empregar uma expressão semelhante a "força espiritual". Ela se aplicará a quaisquer forças em ação na alma humana, boas ou más, seja a paixão pessoal, seja um princípio impessoal; dúvidas, desejos, escrúpulos, ideias – o que quer que possa animar, sacudir, apoderar-se da alma do homem e impeli-la. Numa tragédia shakespeariana, algumas dessas forças são mostradas em conflito. São mostradas em ação nos homens e gerando contenda entre eles. Também são mostradas, de forma menos universal, mas igualmente característica, gerando perturbações e até conflitos na alma do herói. A traiçoeira ambição de Macbeth vai de encontro à lealdade e ao patriotismo de Macduff e Malcom: este o conflito externo. Mas essas forças ou princípios chocam-se igualmente na própria alma de Macbeth: este o interno. E nenhum por si só poderia compor a tragédia[8].

Veremos mais tarde a importância dessa ideia. Aqui, basta observar que a noção de tragédia como conflito faz ressaltar o fato de que a ação é o cerne do enredo, enquanto a incidência do interesse, nas peças mais extraordinárias, sobre a luta interna faz ressaltar o fato de que essa ação é essencialmente a expressão do caráter.

3

Vamos agora passar da "ação" para sua figura central; e, ignorando as características que distinguem os heróis uns dos outros, vamos indagar se eles possuem quaisquer qualidades em comum que possam ser fundamentais para o efeito trágico.

Uma eles sem dúvida possuem. São seres fora de série. Já vimos que o herói, em Shakespeare, é uma pessoa de alta estirpe ou de importância pública, e que seus atos e sofrimentos são de natureza extraordinária. Mas isso não é tudo. Sua natureza também é excepcional, e geralmente o eleva em algum aspecto muito acima do nível médio da humanidade. Isso não quer dizer que seja excêntrico, ou modelo de perfeição. Shakespeare nunca concebeu monstros de virtude; alguns de seus heróis estão longe de ser "bons"; e, se concebeu excêntricos, atribuiu-lhes posição subordinada na trama. Seus personagens trágicos são feitos da matéria que encontramos em nós mesmos e nas pessoas que os cercam. Mas, por uma intensificação da vida que partilham com os outros, pairam acima de todos; e os maiores erguem-se tão alto que, se compreendermos plenamente tudo que está expresso em suas palavras e atos, ficaremos cientes de que na vida real praticamente não conhecemos ninguém que os lembre. Alguns, como Hamlet e Cleópatra, têm gênio. Outros, como Otelo, Lear, Macbeth e Coriolano, são construídos com gigantismo; e o desejo, a paixão ou a determinação ganham neles uma força avassaladora. Em praticamente todos observamos forte parcialidade; uma predisposição a determinada direção em especial; total incapacidade, em certos casos, de resistir à força que impele nessa direção; uma tendência nefasta a identificar todo seu ser com um único interesse, objeto, paixão ou vício do espírito. Este, assim se afigura, é, para Shakespeare, o traço trágico fundamental. Está presente em seus primeiros heróis, Romeu e Ricardo II, homens que se deixaram dominar pela paixão e que, afora isto, erguem-se relativamente pouco acima do nível ordinário. Trata-se de uma qualidade funesta, mas que traz consigo um toque de grandeza; e quando a ela se junta a nobreza de espírito, ou o gênio, ou uma fortaleza fora do comum, damo-nos conta do pleno poder e alcance da alma, e o conflito no qual ela se debate adquire aquela magnitude que suscita não apenas compaixão e piedade, mas também admiração, terror e assombro.

O meio mais fácil de compreender a natureza do personagem trágico é compará-lo com um personagem de outro gênero. Dramas como *Cimbelino* e *Conto de inverno*, que podem parecer fadados a terminar tragicamente, mas, em verdade, caminham para o lado oposto, devem seu final feliz, basicamente, ao fato de os personagens principais não atingirem as dimensões trágicas. E, por outro lado, se esses personagens fossem postos no lugar dos heróis trágicos, o drama no qual estes se encontravam perderia a denominação de tragédia. Póstumo jamais teria agido como fez Otelo; Otelo, de sua parte, teria confrontado o desafio de Iachimo com algo além de palavras. Se, como Póstumo, continuasse convencido da infidelidade de sua mulher, não teria se arrependido da execução dela; se, como Leontes, tivesse passado a acreditar que por uma acusação injusta havia provocado a morte dela, jamais teria prosseguido vivendo, como Leontes. Do mesmo modo, o vilão Iachimo não possui traços de grandeza trágica. Mas Iago está mais próximo disso, e se tivesse difamado Imogênia e suposto que suas calúnias foram as responsáveis pela morte dela, sem dúvida não teria se entregado à melancolia e desejado morrer. Um dos motivos pelos quais o *Mercador de Veneza* não nos satisfaz é que Shylock é um personagem trágico, e não podemos crer que ele aceitasse sua derrota e as condições que lhe foram impostas. Este foi um caso em que a imaginação de Shakespeare o traiu, de tal forma que concebeu um personagem com o qual o agradável fim que lhe fora reservado não se coadunava.

Nas circunstâncias em que flagramos o herói, seu traço trágico, que é também sua grandeza, resulta castastrófico. Para enfrentar essas circunstâncias é preciso algo que um homem de menor importância poderia talvez possuir, mas que o herói não pode. Ele erra, seja por ato, seja por omissão; e seu erro, unindo-se a outras causas, lhe traz a ruína. É sempre assim com Shakespeare. Como vimos, a ideia do herói trágico destruído única e simplesmente pelas forças externas lhe parece bastante estranha; também assim a ideia de um herói que concorre para a própria destruição apenas por meio de atos nos quais não entrevemos nenhuma falta. Mas a imperfeição ou erro fatal, que nunca está ausente, ocorre em diferentes gêneros e graus. Num extremo temos o excesso e a precipitação de Romeu, que em nada ou quase nada diminuem nosso apreço por ele; no outro, a assassina ambição de Ricardo III. Na maioria dos casos, o erro trágico não envolve nenhuma violação consciente da virtude; em alguns (p. ex. nos de Bruto ou de Otelo) ele se faz acompanhar por uma completa convicção de virtude. Em Hamlet, existe uma dolorosa consciência de que o dever está sendo negligenciado; em Antônio, o claro conhecimento de que o pior de dois caminhos alternativos foi escolhido; mas Ricardo e Macbeth são os únicos heróis que fazem o que eles próprios reconhecem como baixo e vil. É importante observar que Shakespeare admite semelhantes heróis[9], e também que parece sentir, e se empenha em arrostar, a dificuldade que surge dessa admissão. A dificuldade é que o espectador precisa desejar a derrota e até mesmo a destruição deles; e, no entanto, esse desejo, e sua satisfação, não são sentimentos trágicos. Shakespeare dá a Ricardo, portanto, um poder que suscita assombro e uma coragem que infunde admiração. Dá a Macbeth uma grandeza similar, ainda que menos extraordinária, e acrescenta a ela uma consciência tão aterradora em suas advertências e tão confrangedora em suas condenações que o espetáculo do tormento interno gera quase necessariamente uma compaixão horrorizada e um espanto que, no mínimo, equilibram o desejo pela derrota do herói.

O herói trágico de Shakespeare, portanto, não tem de ser "bom", apesar de em geral ser "bom" e, portanto, inspirar imediata compaixão quando em erro. Mas é necessário que demonstre tanta grandeza que em seu erro e queda possamos ter viva consciência das possibilidades da natureza humana[10]. Assim, em primeiro lugar, uma tragédia shakespeariana não é jamais, como algumas peças que não merecem o nome de tragédia, deprimente. Ninguém jamais fecha o volume com o sentimento de que o homem é uma criatura fraca e vil. Pode ser desventurado, ou sórdido, mas não é pequeno. Sua sorte pode ser angustiante e cercada de mistério, mas não é desprezível. O mais empedernido descrente da espécie humana deixa de sê-lo enquanto lê essas peças. E a essa grandeza do herói trágico (que nem sempre se limita a ele) está ligado, em segundo lugar, o que me atrevo a qualificar como o cerne da impressão trágica. Esse sentimento central é a sensação de desperdício. Em Shakespeare, sob qualquer ângulo que se olhe, a piedade e o terror suscitados pelo enredo trágico parecem ora se unir a uma profunda sensação de tristeza e mistério, ora fundir-se nessa sensação, que se deve ao sentimento de desperdício. "Quão maravilhoso é o homem", exclamamos; "tão mais belo e mais terrível do que vislumbrávamos! Por que reuniria essas qualidades se tamanha beleza, tamanha grandeza, não fazem senão torturar e espezinhar a si mesmas?" Afigura-se termos diante de nós o mistério do mundo inteiro, o fenômeno trágico que se estende muito além dos limites da tragédia. Em toda parte, do pó das pedras sob nossos pés à alma do homem, vemos o poder, o intelecto, a vida e a glória a nos maravilhar e infundir o sentimento de veneração. E em toda parte nós os vemos tombar, devorando uns aos outros e destruindo-se mutuamente, muitas vezes com indizível sofrimento, como se não existissem para outro fim. A tragédia é a forma típica desse mistério, porque a grandeza da alma que ela nos apresenta oprimida, em conflito, massacrada, é a mais elevada forma de existência que temos diante dos olhos. Ela nos arrasta na direção do mistério e nos faz perceber tão intensamente o valor daquilo que é desperdiçado que não há como buscarmos conforto na ideia de que tudo é vaidade.

4

Nesse mundo trágico, portanto, onde as pessoas, por maiores que possam ser e por mais extremas que pareçam suas atitudes, não são, evidentemente, o poder supremo, o que faz as vezes desse poder? Como poderemos caracterizá-lo de modo que corresponda às impressões que recebemos? Esta será nossa questão final.

A diversidade de respostas dadas a essa questão mostra o quanto é difícil. E a dificuldade tem muitas fontes. A maioria das pessoas, mesmo entre aquelas que conhecem bem Shakespeare e entram verdadeiramente em contato com seu espírito, tem propensão a isolar e exagerar algum determinado aspecto do fenômeno trágico. Algumas são de tal forma influenciadas por suas próprias crenças habituais que as incluem em maior ou menor grau na sua interpretação de todo autor que lhes é "simpático". E mesmo onde nenhuma dessas causas de erro parece agir, existe outra da qual é quiçá impossível escapar totalmente. Eis aqui o que quero dizer. Qualquer resposta que dermos à questão proposta deverá corresponder à (ou espelhar, em termos de compreensão) nossa experiência imaginativa e emocional na leitura das tragédias. Temos, é claro, de fazer o melhor, por meio de estudos e esforços, para que essa experiência faça justiça a Shakespeare; mas, feito isso até o limite da nossa capacidade, a experiência é o conteúdo a ser interpretado, e o teste pelo qual a interpretação deve passar. Mas é extremamente difícil compreender com exatidão essa experiência porque, no esforço mesmo de compreendê-la, nossa mente reflexiva, embebida nas ideias cotidianas, tende sempre a transformá-la mediante a aplicação dessas ideias, e a produzir desse modo um resultado que, em vez de representar o fato, só faz reduzi-lo a uma convenção. E a consequência não são meras teorias equivocadas; acontece também de muitos homens declararem, ao ler uma tragédia, que sentiram o que de fato não chegaram a sentir, ao mesmo tempo que não conseguem se dar conta daquilo que efetivamente sentiram. Não é provável escapar a todos esses perigos ao envidarmos esforços para encontrar uma resposta à questão concernente ao mundo trágico e ao poder máximo dentro dele.

Antes de mais nada, porém, acordaremos que essa questão não deve ser respondida em linguagem "religiosa". Pois muito embora esse ou aquele *dramatis persona* possa falar de deuses ou de Deus, de espíritos malignos ou de Satanás, do céu e do inferno, e muito embora o poeta possa nos mostrar almas de outro mundo, essas ideias não influenciam materialmente sua representação da vida e tampouco são usadas para lançar luz sobre o mistério de sua tragédia. O drama elizabetano era quase inteiramente secular; e, na época em que Shakespeare escreveu, ele praticamente restringiu sua visão ao mundo da observação e da reflexão não teológica, de tal forma que o representou fundamentalmente de um mesmo e único modo, quer pertencesse a história à era cristã ou pré-cristã[11]. Ele analisava esse mundo "secular" com máxima atenção e seriedade; e o pintava, só nos resta concluir, com inteira fidelidade, sem o desejo de incutir uma opinião pessoal e, no essencial, sem preocupação com as esperanças, medos e crenças de quem quer que seja. Sua grandeza se deve em grande parte a semelhante fidelidade numa mente de poder fora do comum; e se, como pessoa comum, ele tinha uma fé religiosa, sua visão trágica dificilmente poderia estar em contradição com essa fé, mas certamente se misturou a ela, e foi suplementada, não anulada, por ideias adicionais.

Duas afirmações, agora, podem ser feitas de imediato acerca do fenômeno trágico tal como representado por nosso autor: uma, que ele é e permanece para nós algo comovente, assustador e misterioso; a outra, que a sua representação não nos devasta, não nos revolta nem nos desespera. Acredito que essas afirmações serão aceitas por qualquer leitor que esteja em contato com o espírito shakespeariano e que seja capaz de observar o próprio íntimo. Com efeito, é bastante provável que esse leitor se queixe de serem dolorosamente óbvias. Mas se forem verdadeiras além de óbvias, algo se segue a elas no tocante à questão que ora abordamos.

Da primeira se segue que o poder supremo no mundo trágico não pode ser adequadamente descrito como uma lei ou ordem que podemos ver como justa ou benevolente – nesse sentido, uma "ordem moral": pois, nesse caso, o espetáculo de sofrimento e desperdício não poderia nos parecer assustador e misterioso como parece. E da segunda se segue que esse poder supremo não pode ser adequadamente descrito como uma sina, seja malfazeja e cruel, seja cega e indiferente à felicidade humana e à bondade: pois nesse caso o espetáculo nos deixaria desesperados ou revoltados. Não obstante, veremos que uma ou outra dessas duas ideias serve de fio condutor à maior parte dos estudos acerca da visão trágica ou do mundo trágico de Shakespeare. Esses estudos isolam e exageram certos aspectos, seja o aspecto da ação, seja o do sofrimento; seja o laço estreito e indissolúvel que liga o caráter, a vontade, as atitudes e a catástrofe, e que, tomado isoladamente, mostra o indivíduo simplesmente pecando contra a ordem moral, ou recusando-se a se sujeitar a ela, e atraindo contra si o justo fim sombrio; seja a pressão de forças externas, o lance fortuito e as lutas cegas e angustiadas que, tidas isoladamente, mostram-no como mera vítima de um poder que ignora solenemente tanto seus pecados como seu sofrimento. Essas visões se contradizem mutuamente e nenhuma terceira visão pode reconciliá-las; mas os diversos aspectos a partir de cujo isolamento e exagero elas nascem estão presentes no fenômeno, e uma visão que pretenda ser válida para o fenômeno e para o conjunto de nossa experiência imaginativa deve, de algum modo, combinar esses aspectos.

Comecemos, portanto, com a ideia de fatalidade, e lancemos nosso olhar sobre algumas das impressões que a suscitam, sem perguntar por ora se essa ideia é expressão natural ou apropriada dessas impressões. Não pode haver dúvida de que elas de fato surgem, e têm de surgir. Se não sentirmos em determinados momentos que o herói é, em algum sentido, um homem fadado à ruína; que ele e outros se debatem e são arrastados para a destruição como criaturas impotentes lançadas a uma torrente irresistível na direção de uma catarata; que, por mais culpáveis que possam ser, sua culpa está longe de ser a causa única ou suficiente de tudo que sofrem; e que o poder do qual não conseguem escapar é inexorável e inamovível – se não sentirmos tudo isso, não teremos captado uma parte essencial do pleno efeito trágico.

As fontes dessas impressões são diversas, e farei referência a apenas algumas. Uma delas é posta em palavras pelo próprio Shakespeare quando faz o ator rei dizer, em *Hamlet*:

Our thoughts are ours, their ends none of our own;

[Somos donos de nossos pensamentos, seus fins não nos pertencem;]

"Seus fins" são os resultados ou consequências de nossos pensamentos, e, diz o personagem, não nos pertencem. O mundo trágico é um mundo de ação, e ação é a tradução do pensamento em realidade. Vemos homens e mulheres entregando-se confiantemente a semelhante tarefa. Eles se lançam sobre a ordem estabelecida das coisas em defesa de suas ideias. Mas o que conquistam não é o que pretendiam; é algo terrivelmente diverso. Não compreendem nada – dizemos para nós mesmos – do mundo no qual se movimentam. Lutam como cegos na escuridão, e o poder que opera por intermédio deles faz deles o instrumento de um desígnio que não lhes pertence. Agem livremente, e, não obstante, suas ações atam-lhes os pés e as mãos. E é indiferente se suas intenções eram boas ou más. Ninguém poderia ter melhor intenção que Bruto, mas ele atrai a desgraça para seu país e a morte para si mesmo. Ninguém poderia ter pior intenção que Iago, e ele também se enreda na teia que urdiu para terceiros. Hamlet, recuando diante do amargo dever da vingança, é arrastado a uma carnificina com que nunca sonhou e finalmente obrigado a recorrer à vingança que não conseguia impor à própria vontade. Os assassinatos cometidos por seu adversário, e em não menor medida o remorso de seu adversário, provocam o oposto do que pretendiam. Lear obedece ao capricho de um ancião, parte generoso, parte egoísta; e, num átimo, isso desencadeia sobre ele todas as forças das trevas. Otelo agoniza por causa de uma simples ficção e, pretendendo fazer valer o peso da justiça, violenta a inocência e estrangula o amor. Eles não entendem a si mesmos como não entendem o mundo que os cerca. Coriolano pensa que seu coração é feito de ferro, para vê-lo derreter como a neve diante do fogo. Lady Macbeth, que se imaginava capaz de esmigalhar o crânio do próprio filho, vê-se até a morte perseguida pelo cheiro do sangue de um estranho. Seu marido acredita que para assegurar a coroa arriscaria a vida futura, mas depois descobre que a coroa foi responsável por todos os horrores desta vida. Em toda parte nesse mundo trágico, o pensamento do homem, tornado em ato, se transforma no oposto de si mesmo. Seu gesto, o movimento de alguns gramas de matéria numa fração de tempo, se converte numa torrente monstruosa que se alastra por todo o reino. E não importa o que sonha conquistar, ele obtém o que menos esperava, a própria destruição.

Tudo isso nos faz sentir a cegueira e a impotência do homem. Não obstante, apenas isso não seria suficiente para sugerir a ideia de destino, porque mostra o homem em algum grau, por menor que seja, como a causa do próprio infortúnio. Mas outras impressões vêm em seu auxílio. Auxilia-o tudo o que nos faz sentir que um homem tem, como se costuma dizer, um terrível azar; e disso, mesmo em Shakespeare, não temos pouco. Aqui entram alguns dos acidentes já discutidos, o despertar de Julieta de seu transe um minuto depois de ser tarde demais, a perda do lenço por parte de Desdêmona no único momento em que essa perda teria consequência, aquele atraso insignificante que custou a vida de Cordélia. Mais uma vez, os homens agem, não resta dúvida, de acordo com seu caráter; mas o que é essa coisa que lhes traz exatamente o único embaraço que pode aniquilá-los e que seria insignificante para outrem, e às vezes faz isso exatamente quando estão menos aptos a enfrentá-la? Como se explica que Otelo tenha se tornado companheiro do único homem no mundo que é, a um só tempo, capaz, arrojado e sórdido o suficiente para enredá-lo? Por que estranha fatalidade Lear tem aquelas filhas e Cordélia aquelas irmãs? Até mesmo o caráter, ele mesmo, contribui para essa sensação de fatalidade. Como esperar que simples mortais escapem, protestamos, a tão violentos arrastos como os que põem Romeu, Antônio, Coriolano a perder? E por que, afinal, as virtudes de um homem ajudam a destruí-lo, e suas fraquezas e imperfeições estão de tal forma entrelaçadas com tudo que é admirável nele a ponto de mal podermos separá-las, ainda que mentalmente?

Se encontramos nas tragédias de Shakespeare a fonte de impressões como essas, é importante, por outro lado, observar o que *não* encontramos nelas. Não encontramos praticamente nenhum sinal de fatalismo em sua forma mais primitiva, crua e óbvia. No mesmo sentido, nada nos faz pensar nas ações e no sofrimento dos personagens como se fossem de alguma forma arbitrariamente fixados *a priori* sem relação com seus sentimentos, pensamentos e decisões. Nem, acredito, os fatos são apresentados de tal modo que nos pareça que o poder supremo, seja ele o que for, tenha um despeito especial contra uma família ou pessoa. Nem, por fim, experimentamos a impressão (a qual, deve ser observado, não é puramente fatalista) de que uma família, devido a algum crime nefando ou impiedade oculta no passado, esteja fadada no futuro a continuar uma sequência de extraordinárias calamidades e pecados. Shakespeare, com efeito, não parece ter tido muito interesse pela hereditariedade, ou ter atribuído a ela suficiente importância. (Veja, contudo, "hereditariedade" no Índice.)

O que é, então, esse "destino" que as impressões já consideradas nos levam a descrever como o poder supremo no mundo trágico? Parece ser uma expressão mitológica de todo o sistema ou ordem da qual cada personagem constitui uma parte frágil e insignificante; que parece determinar, muito mais que os personagens, suas disposições naturais e suas circunstâncias, e, através delas, suas atitudes; que é tão vasta e complexa que eles mal conseguem compreendê-la ou controlar seu funcionamento; e que possui uma natureza tão definida e fixa que quaisquer mudanças nela ocorridas produzem outras mudanças, inevitavelmente e independentemente dos desejos e lamentos dos homens. E quer esse sistema ou ordem possa ser corretamente chamado de destino, quer não[12], dificilmente se poderia negar que ele de fato se nos apresenta como o poder supremo do mundo trágico, e que possui características como as apontadas aqui. Mas a palavra "destino" pode servir para indicar algo mais – que essa ordem é uma imposição neutra, totalmente independente tanto do bem-estar dos homens como da diferença entre o bem e o mal ou o certo e o errado. E semelhante conclusão seria de imediato rejeitada por muitos leitores. Eles sustentariam, ao contrário, que essa ordem exibe características de um tipo bastante distinto daquele que nos levou a chamá-la de destino, características que certamente não deveriam nos induzir a esquecer aquelas outras, mas levar-nos a descrevê-la como uma ordem moral, e seu imperativo como um imperativo moral.

5

Debrucemo-nos, então, sobre esta última ideia. Ela lança luz sobre aqueles aspectos do fenômeno trágico que a ideia de destino mantém nas trevas. E o argumento que a ela conduz em sua forma mais simples pode ser formulado sucintamente desta forma: "O que quer que possa ser dito dos acidentes, circunstâncias e coisas do gênero, a ação humana nos é apresentada, afinal, como o fenômeno central da tragédia, e também como a causa principal da catástrofe. Esse imperativo que tanto nos impressiona é, no fim das contas, basicamente o nexo necessário entre ato e consequência. Consideramos o agente responsável pelos atos que pratica, sem sequer levantar dúvida sobre isso; e a tragédia desapareceria para nós caso não o fizéssemos. O ato crítico é, em maior ou menor grau, errado ou mau. A catástrofe é, basicamente, a reação ao ato abatendo-se sobre a cabeça do agente. É um exemplo de justiça; e a ordem que, presente tanto dentro dos agentes como fora deles, faz com que ela se cumpra infalivelmente, é, portanto, justa. O rigor de sua justiça é terrível, sem dúvida, pois a tragédia é uma história terrível; mas, a despeito do medo e da compaixão, conta com nossa aquiescência, porque nosso senso de justiça é satisfeito."

Claro, para que esse enfoque se revele procedente, a "justiça" da qual ele fala deve ser imediatamente separada do que se convencionou chamar "justiça poética". "Justiça poética" significa que a prosperidade e a adversidade são distribuídas proporcionalmente ao mérito dos agentes. Semelhante "justiça poética" está em flagrante contradição com a vida como ela é, e ausente da representação trágica da vida feita por Shakespeare; com efeito, essa ausência mesma é a base de freqüentes queixas da parte de Johnson*. Δράσαντι παθεῖν, "o agente deve sofrer" – isto en-

---

* Dr. Samuel Johnson (1709-1784). Poeta, ensaísta, lexicógrafo, biógrafo. Entre 1745 e 1755, Johnson escreveu sua obra mais famosa, *A Dictionary of the English Language* [Um dicionário da língua inglesa]. Em 1765 publicou seu *Preface to the Plays of William Shakespeare* (Prefácio às peças de William Shakespeare). (N. do R. T.)

contramos em Shakespeare. Também encontramos que a vilania nunca triunfa nem prevalece no final. Mas a distribuição de porções de felicidade e infortúnio, a distribuição mesmo da vida e da morte, proporcionalmente ao mérito, não encontramos. Ninguém que pense em Desdêmona ou em Cordélia; ou que se lembre de que um fim aguarda Ricardo III e Bruto, Macbeth e Hamlet; ou que se pergunte quem sofreu mais, Otelo ou Iago; jamais acusará Shakespeare de representar o poder supremo como "poeticamente" justo.

E precisamos ir além. Arrisco-me a dizer que é um erro empregar todos esses termos, justiça, mérito, recompensa. E por dois motivos. Em primeiro lugar, por mais fundamental que seja reconhecer o nexo entre ato e consequência, e por mais natural que possa parecer em alguns casos (p. ex., no de Macbeth) dizer que o agente tem apenas o que merece, mesmo assim, em um número não desprezível de casos, dizê-lo seria bastante antinatural. Poderíamos nada objetar à declaração de que Lear mereceu sofrer por sua loucura, egoísmo e tirania; mas afirmar que mereceu sofrer o que de fato sofreu é violentar não apenas a linguagem, mas também qualquer senso moral saudável. É, além disso, encobrir o fato trágico segundo o qual as consequências dos atos não podem se limitar àquilo que nos pareceria "justo" como consequência. E, sendo assim, quando chamamos a ordem do mundo trágico de justa, estamos ou usando a palavra em algum sentido vago e não explicado, ou estamos indo além do que nos é mostrado dessa ordem, e apelando à fé.

Mas, em segundo lugar, as idéias de justiça e de merecimento não fazem jus, quer me parecer, em *nenhum* dos casos – nem nos de Ricardo III e de Macbeth e Lady Macbeth –, à nossa experiência imaginativa. Quando estamos imersos numa tragédia, sentimos em relação às inclinações, aos atos e aos personagens emoções como atração e repulsa, compaixão, admiração, medo, horror, ódio talvez; mas não *julgamos*. Este é um olhar que surge apenas quando, lendo uma peça, nos deslocamos, por falha nossa ou do dramaturgo, da posição trágica, ou quando, ao refletir posteriormente sobre a peça, recorremos aos conceitos jurídicos e morais da vida cotidiana. Mas nem a tragédia, nem a religião pertencem à esfera desses conceitos; tampouco a atitude imaginativa diante da tragédia. Quando estamos no mundo trágico, observamos o que acontece, vendo que assim aconteceu e deveria ter acontecido, sentindo que tais sucessos são comoventes, tétricos, escabrosos, misteriosos, mas sem julgar os agentes nem questionar se a ação do poder supremo sobre eles é justa. E, portanto, o emprego de semelhantes palavras na tentativa de traduzir nossa experiência imaginativa numa forma compreensível é, para dizer o mínimo, cheio de perigos[13].

Tentemos, portanto, reformular a ideia de que o poder supremo no mundo trágico é uma ordem moral. Vamos pôr de lado as ideias de justiça e mérito, e falar simplesmente de bem e mal. Vamos entender dessas palavras, primordialmente, bem moral e mal moral, mas também tudo o mais no ser humano que consideramos excelente ou o oposto. Vamos entender a afirmação de que o poder ou ordem suprema é "moral" no sentido de que ela não se mostra indiferente ao bem e ao mal, nem favorável ou desfavorável igualmente a ambos, mas afeita ao bem e hostil ao mal. E, entendendo a afirmação dessa forma, vamos indagar o que a fundamenta no fenômeno trágico tal como representado por Shakespeare.

Nisso, como ao lidar com os fundamentos sobre os quais repousa a ideia de destino, escolho apenas dois ou três dentre muitos. E o mais importante é este. Na tragédia shakespeariana, a principal fonte da convulsão que produz o sofrimento e a morte nunca é o bem: o bem só contribui para essa convulsão através da trágica interação com seu oposto num único e mesmo personagem. A fonte principal, ao contrário, é em todos os casos o mal; e, mais importante (embora isso não tenha sido frequentemente observado), é em quase todos os casos o mal no sentido mais profundo, não uma simples imperfeição, mas o mal moral puro. O amor de Romeu e Julieta só os leva à morte por causa do ódio sem sentido de suas famílias. A ambição criminosa, secundada pela perfídia diabólica que resulta em assassinato, abre a ação de *Macbeth*. Iago é a principal causa da convulsão em *Otelo*; Goneril, Regan e Edmundo, em *Rei Lear*. Mesmo quando esse puro mal moral não é obviamente a maior fonte dentro da peça, subjaz como pano de fundo: a situação com a qual Hamlet precisa lidar se criou por intermédio do adultério e do assassinato. *Júlio César* é a única tragédia em que somos ao menos tentados a vislumbrar uma exceção a essa regra. E a inferência é óbvia. Se é precipuamente o mal que perturba violentamente a ordem das coisas, essa ordem não pode ser simpática ao mal ou pender igualmente entre o bem e o mal, tanto quanto um corpo convulsionado pelo veneno não é receptivo a essa substância nem indiferente à distinção entre veneno e alimento.

Novamente, se concentrarmos nossa atenção sobre o herói, e sobre aqueles casos em que o mal denso e palpável não está nele, mas em outra parte, constataremos que o herói relativamente inocente ainda exibe alguma imperfeição ou mácula expressiva – indecisão, precipitação, orgulho, credulidade, excessiva simploriedade, excessiva susceptibilidade à emoção sexual e outras desse jaez. Esses defeitos ou imperfeições correspondem sem dúvida, no sentido lato do termo, ao mal, e concorrem decisivamente para o conflito e a catástrofe. E a inferência é novamente óbvia. O poder supremo que se revela perturbado por esse mal e a ele reage precisa lhe ser, por natureza, hostil. Com efeito, sua reação é tão intensa e "implacável" que dir-se-ia baseada em nada menos que a expressão mais perfeita do bem, e inclemente na satisfação de seus imperativos.

A isso deve ser acrescentado outro fato, ou diferente aspecto do mesmo fato. O mal se revela em toda parte como algo negativo, árido, debilitante, destrutivo, um ditame de morte. Ele isola, divide e tende a anular não apenas seu oposto, mas também a si mesmo. Aquilo que mantém próspero o homem sórdido[14], que faz com que tenha êxito, que permite mesmo que exista, é o bem nele (não me refiro apenas ao óbvio bem "moral"). Quando o mal nele domina o bem e consegue o que deseja, destrói outras pessoas por intermédio dele, mas também o destrói. No final da luta ele desapareceu e deixou atrás de si um rastro de destruição. O que permanece é uma família, uma cidade, um país, arrasado, enfraquecido, mas vivo graças ao princípio do bem que o anima; e, dentro dele, pessoas que, se não possuem o brilho e a grandeza do personagem trágico, não obstante ganharam nosso respeito e confiança. E a inferência parece clara. Se a existência dentro de determinada ordem de coisas depende do bem, e se a presença do mal é hostil a essa existência, a alma ou essência dessa ordem deve ser benévola.

Esses aspectos do mundo trágico são pelo menos tão claramente marcados quanto aqueles que, tomados isoladamente, sugerem a ideia de destino. E a ideia que estes por sua vez, tomados isoladamente, podem sugerir é a de uma ordem que na verdade não distribui uma "justiça poética", mas atua em resposta ao imperativo de sua própria natureza "moral", seja contra ataques feitos a ela, seja contra a recusa em sujeitar-se a ela. A tragédia, desse ponto de vista, é a exposição dessa reação convulsiva; e o fato de o espetáculo não nos deixar revoltados ou desesperados se deve a uma percepção mais ou menos clara de que o sofrimento e a morte trágica nascem da colisão não com uma sina ou com um poder neutro, mas com um poder moral, um poder que se coaduna com tudo que admiramos e respeitamos nos personagens em si. Essa percepção produz algo como um sentimento de aceitação da catástrofe, embora nem nos leve a emitir um juízo de valor sobre os personagens nem diminua a compaixão, o medo e a sensação de desperdício que a luta, o sofrimento e a queda evocam. E, finalmente, essa visão parece perfeitamente capaz de fazer jus àqueles aspectos do fenômeno trágico que suscitam a idéia de destino. Eles se manifestariam como as diversas expressões do fato de que a ordem moral não age movida por capricho ou como um ser humano, mas por um imperativo da sua natureza, ou, se preferirmos o modo de dizer, por força de leis gerais – uma necessidade ou lei que, é claro, não conhece exceções e é tão "impiedosa" quanto o destino.

É impossível negar a essa visão uma grande medida de verdade. E, não obstante, sem algumas ressalvas, ela dificilmente satisfará. Pois não inclui a totalidade dos fatos, e, assim, não corresponde integralmente às impressões produzidas por eles. Devemos supor que o sistema ou ordem que se mostra onipotente contra o ser humano é, no sentido analisado, moral. Não obstante – pelo menos até onde podemos ver – o mal ao qual essa ordem se opõe, e as pessoas nas quais esse mal habita, não são de fato algo externo à ordem, algo que poderia atacá-la ou não sujeitar-se a ela; são intestinos a ela e partes dela. É ela quem os cria – cria Iago e também Desdêmona, a crueldade de Iago como também sua coragem. A ordem não é vítima de envenenamento, mas envenena a si mesma. Sem dúvida, revela, mediante sua reação violenta, que o veneno *é* um veneno, e que seu próprio equilíbrio depende do bem. Mas um fato relevante não elide outro, e o espetáculo que testemunhamos não dá suficiente embasamento para a afirmação de que a ordem é a responsável pelo bem em Desdêmona, mas Iago o responsável pelo mal em si mesmo. Se fizermos essa afirmação, estaremos nos baseando em outra coisa que não os fatos tal como representados nas tragédias de Shakespeare.

Tampouco a ideia de uma ordem moral reagindo contra um ataque ou fuga à sujeição satisfaz plenamente nossos sentimentos em relação ao personagem trágico. Não pensamos que Hamlet meramente deixa de satisfazê-la, que Antônio meramente peca contra ela, nem mesmo Macbeth simplesmente a ataca. O que sentimos corresponde igualmente à ideia de que eles são partes, expressões, produtos *dela*; de que no erro ou no mal que eles demonstram, *ela* está em desacordo com sua própria bondade intrínseca e entra em conflito, em colisão consigo mesma; que, ao fazê-los sofrer e desperdiçar a si mesmos, *ela* sofre e desperdiça a si mesma; e que quando, para salvar a própria vida e recuperar a paz a partir dessa luta intestina, ela os expulsa, perde uma parte de sua própria substância – uma parte mais perigosa e inquieta, mas muito mais valiosa e próxima da sua essência do que aquela que permanece – um Fortinbrás, um Malcolm, um Otávio. Não há tragédia na expulsão do mal que ela promove: a tragédia está no fato de que isso implica o desperdício do bem.

Assim, resta-nos afinal uma ideia que se apresenta com dois lados ou aspectos que não podemos nem separar, nem conciliar. O todo ou a ordem diante da qual a parte individual mostra-se impotente parece animada de uma paixão pela perfeição: não podemos explicar seu comportamento em relação ao mal de outra forma. Não obstante, ela parece engendrar esse mal dentro de si mesma, e, em seu esforço para superá-lo e expulsá-lo, ela se contorce de sofrimento e é levada a mutilar sua própria substância e a perder não apenas o mal, mas o inestimável bem. É óbvio que esta ideia, apesar de muito diferente da ideia de destino puro e simples, não é a solução para o mistério da vida; mas por que deveríamos esperar que fosse a solução para esse mistério? Shakespeare não estava procurando justificar os desígnios de Deus em relação aos homens nem representar o universo como uma Divina Comédia. Estava escrevendo tragédias, e a tragédia não seria tragédia se não representasse um doloroso mistério. Sequer podemos dizer que ele apontou com clareza, como alguns autores de tragédias, na direção onde se poderia encontrar a solução. Encontramos algumas poucas referências a deuses ou a Deus, à influência dos astros, à outra vida: algumas delas com certeza – quiçá todas – são meramente dramáticas, apropriadas para o personagem de cujos lábios partem. Um fantasma vem do Purgatório com o fito de revelar um segredo que estava fora do alcance de seu ouvinte – o qual está meditando, procurando descobrir se o sono da morte é desprovido de sonhos. Um ou dois acidentes nos surpreendem, a nos lembrar das palavras: "Existe uma divindade que dispõe de nossa sorte." Mais importante são outras impressões. Às vezes, da própria fornalha da aflição parece-nos nascer a convicção de que, se pudéssemos vê-la, essa agonia se reduziria a nada diante do heroísmo e do amor que há nela e nos fascinam. Às vezes, somos levados a exclamar que esses espíritos poderosos e celestiais que perecem são grandes demais para o espaço estreito no qual se movimentam, e que não desaparecem no vácuo, mas ganham a liberdade. Às vezes, dessas fontes e de outras nasce um pressentimento, difuso mas persistente, e até mesmo denso, segundo o qual todo o turbilhão do conflito, com seus desperdícios e lamentos, corresponde a menos que a metade da verdade, quiçá a uma ilusão, "a matéria de que são feitos os sonhos". Mas esses sinais tênues e infrequentes de que o mundo trágico, não sendo senão um fragmento de um todo que está além do alcance de nossa visão, deve ser uma contradição e não a verdade final, não concorrem em nada para solucionar o mistério. Continuamos diante do fenômeno inexplicável, ou da não menos inexplicável aparência de um mundo que demanda desesperadamente a perfeição, mas dá à luz, juntamente com o bem, que é glorioso, um mal que só pode superar por meio da autoflagelação e do desperdício de si mesmo. Esse fenômeno ou aparência é a tragédia[15].

CONFERÊNCIA II

A construção da tragédia de Shakespeare

Tendo discutido a substância da tragédia shakespeariana, cumpre naturalmente seguir adiante e examinar sua forma. E sob essa categoria muitas coisas podem recair; por exemplo, os métodos de caracterização por ele utilizados, sua linguagem, sua versificação, a construção das tramas. Pretendo, porém, falar apenas deste último tema, que tem sido bastante negligenciado[1]; e, como a construção é um assunto mais ou menos técnico, acrescentarei alguns comentários gerais sobre Shakespeare como artista.

1

Como a tragédia shakespeariana representa um conflito que culmina em catástrofe, qualquer tragédia que recaia sob essa categoria pode ser, *grosso modo*, dividida em três partes. A primeira delas apresenta ou expõe a situação[2], ou o estado de coisas, de que nasce o conflito; e pode, portanto, ser chamada de Exposição. A segunda lida com o início propriamente dito, o desenvolvimento e as vicissitudes do conflito. Compõe, desse modo, a maior parte da peça, compreendendo o Segundo, o Terceiro e o Quarto Atos, e, normalmente, uma parte do Primeiro e do Quinto. A secção final da tragédia apresenta a conversão do conflito em catástrofe[3].

A aplicação dessa divisão esquemática é, como sói acontecer, mais ou menos arbitrária. A primeira parte se funde gradualmente na segunda, e a segunda gradualmente na terceira, e não raro pode haver dificuldade em traçar uma fronteira entre elas. Mas é ainda mais difícil separar a primavera do verão, e o verão do outono; mesmo assim, a primavera é a primavera, e o verão, verão.

O propósito básico da Exposição, da qual falaremos primeiro, é apresentar-nos um universo restrito de personagens; mostrar-nos a posição que ocupam na vida, em quais circunstâncias, suas relações uns com os outros, e talvez algo de seu caráter; e nos deixar profundamente interessados em saber o que poderá resultar desse estado de coisas. Ficamos, assim, na expectativa, não só porque nos interessamos de imediato por alguns dos personagens, mas também porque sua situação na relação uns com os outros aponta para dificuldades que estão por vir. Essa situação não é de conflito[4], mas de ameaça de conflito. Por exemplo, vemos primeiro o ódio entre Montéquios e Capuletos; e então vemos Romeu prestes a se apaixonar perdidamente; e em seguida ouvimos falar do casamento entre Julieta e Páris; mas a exposição não está completa, e o conflito não começou a surgir de fato, até que, na última cena do Primeiro Ato, Romeu, o Montéquio, vê Julieta, a Capuleto, e torna-se escravo dela.

A maior dificuldade do dramaturgo na exposição é óbvia, encontrando perfeita ilustração nas peças de autores inexperientes; por exemplo, em *Remorse** [Remorso], e até mesmo em *Os Cenci**. Ele precisa fazer chegar à platéia um sem-número de informações sobre assuntos dos quais esta comumente não sabe nada, e nunca sabe tudo quanto é necessário para os propósitos do dramaturgo[5]. Mas o processo de pura e simplesmente adquirir informações é maçante, e sua comunicação direta não possui nada de dramático. A menos que lance mão de um prólogo, portanto, ele precisa ocultar dos espectadores o fato de que estão sendo informados, e deve contar-lhes o que deseja que saibam por meios que sejam interessantes em si mesmos. Esses meios, em Shakespeare, são não apenas falas, mas também ações e acontecimentos. A partir do momento em que se inicia uma peça, apesar de o conflito ainda não ter começado, estão acontecendo e sendo realizadas coisas que, em algum grau, arrebatam, sobressaltam e emocionam; e, em questão de algumas cenas, já dominamos o estado de coisas sem nos dar conta das intenções do dramaturgo em relação a nós. Não que seja sempre assim com Shakespeare. Na cena de abertura da sua comédia mais antiga, a *Comédia dos erros*, e na fala de abertura de *Ricardo III*, sentimos que os personagens estão se dirigindo a nós; e, na segunda cena da *Tempestade* (pois Shakespeare passara por fim a descurar da técnica), o propósito da longa explanação que Próspero faz para Miranda é flagrante. Mas, em geral, as exposições de Shakespeare são obras-primas[6].

Seu plano usual nas tragédias é começar com uma cena curta, ou parte de uma cena, seja cheia de vida e movimento, seja arrebatadora sob qualquer outro aspecto. Então, tendo assegurado a atenção da platéia,

---

* Peça de Samuel Taylor Coleridge que teve sucesso em Londres em 1813.
Os Cenci (1819) Drama em verso de Shelley (ver nota da p. 37). A peça era considerada impossível de encenar devido a seu tema de incesto.

ele segue adiante e exibe conversações em tom mais ameno, acompanhadas por pouca ação mas transmitindo muita informação. Por exemplo, *Romeu e Julieta* abre com uma briga de rua, *Júlio César* e *Coriolano* com uma multidão em tumulto; e, quando essa agitação já surtiu seu efeito sobre a plateia, seguem-se falas tranquilas, por meio das quais é revelada a causa da agitação e, portanto, uma parte considerável da situação. Em *Hamlet* e *Macbeth*, esse esquema é empregado com grande ousadia. Em *Hamlet*, a primeira aparição do espectro acontece na quadragésima linha, e com tamanho efeito que Shakespeare pode se permitir apresentar de imediato uma conversa que explica parte do estado de coisas em Elsinore; e a segunda aparição, tendo a tensão aumentado novamente, é seguida por uma longa cena que não tem ação, mas apresenta quase todos os *dramatis personae* e acrescenta as informações que faltavam. A abertura de *Macbeth* é ainda mais notável, pois provavelmente não existe paralelo para sua primeira cena, na qual os sentidos e a imaginação são tomados de assalto pelo ribombar de trovões e por um bizarro tom sobrenatural. Essa cena possui apenas onze linhas, mas seu efeito é tão intenso que as próximas podem, sem prejuízo, ser ocupadas pelo mero relato das batalhas de Macbeth – narrativa que mereceria muito menos atenção caso tivesse iniciado a peça.

Quando Shakespeare começa sua exposição desse modo, geralmente põe os personagens a falar sobre o herói, mantendo-o fora de vista por algum tempo para que aguardemos sua entrada com curiosidade e, às vezes, com ansiedade. Por outro lado, se a peça se inicia com uma conversa tranquila, esta é normalmente breve, para imediatamente após entrar o herói, que tomará algum tipo de atitude arrojada. Nada, por exemplo, pode lembrar menos o início de *Macbeth* do que o de *Rei Lear*. O tom é tão suave que a conversa entre Kent, Gloster e Edmundo é vazada em prosa. Mas, na trigésima quarta linha, ela é interrompida pela entrada de Lear e seu séquito, e, sem mais tardar, o rei se ocupa da catastrófica divisão de seu reino.

Essa tragédia ilustra outra prática de Shakespeare. *Rei Lear* possui uma trama secundária, aquela que diz respeito a Gloster e a seus dois filhos. Para deixar o início dessa trama bastante claro, e para destacá-la da ação principal, Shakespeare reserva a ela uma exposição à parte. A grande cena da divisão da Britânia e da rejeição de Cordélia e Kent é seguida por uma segunda cena na qual Gloster e seus dois filhos aparecem sozinhos e o propósito de Edmundo começa a ser revelado. Em *Hamlet*, apesar de haver uma única trama, há um pequeno grupo de personagens que possui certa relevância autônoma – Polônio, seu filho e sua filha; e, assim, a terceira cena é dedicada inteiramente a eles. E, ainda, em *Otelo*, uma vez que cabe a Roderigo ocupar posição peculiar ao longo de quase toda a ação, ele é apresentado, sem mais delongas, ao lado de Iago, e sua situação é explicada antes que outros personagens façam sua entrada.

Mas por que caberia a Iago abrir a peça? Ou, se a pergunta parece demasiado presunçosa, coloquemo-la desta forma: Que efeito ele provoca abrindo a peça? Acontece que recebemos desde o primeiro momento uma forte impressão da força que irá se mostrar desastrosa para a felicidade do herói, de tal forma que, quando finalmente vemos o herói, a sombra de seu destino já paira acima dele. E efeito semelhante pode ser observado em outras tragédias. Fazem-nos vislumbrar de imediato um poder que irá influenciar toda a ação até a ruína do herói. Em *Macbeth*, vemos e ouvimos as feiticeiras, em *Hamlet*, o espectro. Na primeira cena de *Júlio César* e de *Coriolano*, são mostradas com tintas fortes as características da multidão responsáveis por frustrar os esforços de um herói e reduzir a pó a ambição de outro. É igual com o ódio entre as famílias rivais de *Romeu e Julieta* e com a paixão cega de Antônio. Estamos cônscios de tudo isso ao cabo da primeira página, e praticamente prontos a ter o herói à conta de um condenado. Muitas vezes, ainda, em um ou mais momentos da exposição, essa sensação é reforçada por alguma expressão que produz efeito aziago. As primeiras palavras que ouvimos de Macbeth, "So foul and fair a day I have not seen" [Jamais vi dia assim, tão feio e belo], ecoam, muito embora ele não tenha consciência disso, as últimas palavras que ouvimos das feiticeiras, "Fair is foul, and foul is fair" [O belo é feio, e o feio é belo]. Romeu, a caminho, com seus amigos, do banquete onde verá Julieta pela primeira vez, conta a Mercúcio que teve um sonho. O que sonhou não ficamos sabendo, pois Mercúcio não se interessa e irrompe em sua fala sobre a rainha Mab; mas podemos supor do que se tratava pela última fala de Romeu na cena:

> *My mind misgives*
> *Some consequence yet hanging in the stars*
> *Shall bitterly begin his fearful date*
> *With this night's revels.*

> [Meu coração pressente
> Que alguma fatalidade, suspensa entretanto nas estrelas
> Começará amargamente seu temível curso
> Com esta festa noturna.]

Quando Brabâncio, obrigado a aceitar o casamento secreto de sua filha, volta-se, ao deixar a câmara do Conselho, para Otelo com a advertência,

> Look to her, Moor, if thou hast eyes to see;
> She has deceived her father, and may thee,
> [Vela por ela, mouro, se tiveres olhos para ver;
> Enganou o pai, e pode perfeitamente enganar-te.]

essa advertência, e em não menor medida a resposta de Otelo, "Minha vida por sua fé", fazem-nos enregelar o coração. Toda a história que se segue parece prefigurada nas palavras murmuradas por Antônio (I. ii. 120):

> These strong Egyptian fetters I must break,
> Or lose myself in dotage;
> [Preciso arrebentar os fortes elos do Egito,
> Do contrário, me perco na adoração;]

E, novamente, no profundo suspiro de Hamlet, que se fez seguir tão cedo à ardente resolução despertada pela mensagem do espectro:

> The time is out of joint. Oh cursed spite,
> That ever I was born to set it right.
> [O mundo está fora dos eixos. Oh! maldita sorte!...
> Por que nasci para colocá-lo em ordem!]

Essas palavras ocorrem num momento (o fim do Primeiro Ato) que pode ser situado quer na exposição, quer já além dela. Adotarei a primeira hipótese, apesar de semelhantes questões, como vimos no início, escaparem a uma definição mais exata. As dimensões da primeira secção de uma tragédia dependem de uma série de fatores, dos quais o principal parece ser a relativa simplicidade ou complexidade da situação a partir da qual nasce o conflito. Onde ela é simples, a exposição é curta, como em *Júlio César* e *Macbeth*. Onde é complicada, a exposição exige mais espaço, como em *Romeu e Julieta*, *Hamlet* e *Rei Lear*. Seu término é geralmente marcado na mente do leitor por uma sensação de que a ação ali contida está por ora completa, mas deixou um problema no ar. Os amantes se conheceram, mas suas famílias são inimigas figadais; o herói parece ter atingido o êxito máximo, mas entretém a idéia de assassinar seu rei; o velho rei dividiu seu reino entre duas filhas hipócritas e rejeitou a única sincera; o herói aceitou um dever sagrado de vingança, mas está farto da vida, e perguntamo-nos: "O que acontecerá agora?". Às vezes, importa acrescentar, deve transcorrer um certo tempo antes que tenham lugar os eventos que respondem a nossa pergunta e se inicie o conflito; em *Rei Lear*, por exemplo, cerca de quinze dias; em *Hamlet*, por volta de dois meses.

2

Chegamos agora ao conflito em si. E, aqui, uma ou duas observações preliminares se fazem necessárias. Em primeiro lugar, devemos lembrar que nosso ponto de vista ao examinar a construção de uma peça nem sempre irá coincidir com aquele que adotamos ao pensar na totalidade de seu efeito dramático. Por exemplo, a luta na alma do herói, a qual às vezes acompanha a luta externa, é da mais alta relevância para o efeito final de uma tragédia; mas nem sempre é necessário ou desejável pensar nisso quando a questão concerne simplesmente à construção. E é natural que seja assim. A peça foi concebida precipuamente para o teatro; e, dramaturgicamente, o conflito externo, com seu efeito sobre a sorte do herói, é o aspecto que primeiro atrai, quando não arrebata, a atenção. Para o espectador médio de todas as épocas, o ponto central de *Hamlet* provavelmente reside nas vicissitudes de seu longo duelo com o rei; e a questão, pode-se quase dizer, é a de saber qual deles dará cabo primeiro da vida do outro. E assim, do ponto de vista da construção, o fato de Hamlet poupar o rei ao encontrá-lo rezando é, em relação ao efeito sobre o destino do herói, profundamente significativo; mas a justificativa desse fato, que jaz internamente no caráter de Hamlet, não o é.

Em segundo lugar, temos de estar prontos para concluir que, como as peças são tão diversas, nenhum modo único de apreciar o conflito explicará satisfatoriamente a construção de todas; que, às vezes, parece possível olhar para a construção de uma tragédia de duas formas bastante distintas, e que é fundamental definir a melhor das duas; e que, assim, em qualquer momento dado, é preciso antes de mais nada definir os lados opostos no conflito. Darei um ou dois exemplos. Em algumas tragédias, como vimos em nossa primeira conferência, as forças contrárias podem, por motivos práticos, ser identificadas com pessoas ou grupos adversários. É assim em *Romeu e Julieta* e em *Macbeth*. Mas nem sempre isso acontece. Podemos dizer que o amor de Otelo luta com outra força, como o de Romeu; mas não podemos dizer que Otelo lute com Iago como Romeu luta com os representantes do ódio das famílias, ou como Macbeth luta com Malcolm e Macduff. Mais uma vez, em *Macbeth*, o herói, não importa o quão influenciado por terceiros, é a maior força motriz da ação; mas em *Rei Lear* não é assim. Possivelmente, então, o conflito, e, com ele, a construção, pode ser mais bem apreciado de diferentes pontos de vista nessas duas peças, sem embargo do fato de que o herói é a figura central em ambas. Mas, se não observarmos isso, tentaremos encontrar o mesmo esquema nas duas, e caminharemos na direção quer de uma visão descabida, quer da descrença de sermos capazes de perceber qualquer princípio de construção que seja.

Com essas advertências, passo a me perguntar se podemos, ou não, identificar um método ou métodos claros pelos quais Shakespeare representa o surgimento e o desenvolvimento do conflito.

(1) Um desses métodos, pelo menos, é óbvio, e, com efeito, é seguido não simplesmente durante o conflito, mas do início ao fim da peça. É claro que na ação existem certos momentos em que a tensão da plateia atinge níveis extremos. Discutiremos daqui a pouco esse ponto. Mas, além disso, existe, ao longo de toda a tragédia, uma alternância constante entre a ascensão e a queda dessa tensão, ou na intensidade emocional da obra: uma sequência regular de partes mais ou menos intensas. Algum tipo de variação de intensidade pode ser encontrada, é claro, em toda peça, pois é fato elementar que deve ser oferecido alívio após uma tensão emocional e que o contraste é necessário para atingir-se a força plena de um efeito. Mas um bom drama da época atual não possui nada que seja comparável à *regularidade* com a qual, nas peças de Shakespeare e de seus contemporâneos, esse princípio é aplicado. E a principal razão dessa diferença é simplesmente uma mudança nos procedimentos cênicos. No teatro de Shakespeare, como não havia cenário, uma cena se seguia à outra praticamente sem nenhuma pausa; assim, a forma mais simples, muito embora não a única, de variar a intensidade dramática era interpor uma cena inteira de baixa tensão entre cenas de forte carga emocional. Em nossos teatros, há muitos recursos cênicos, cuja instalação e troca demandam um tempo considerável; portanto, o número de cenas é pequeno, e as variações de tensão devem acontecer dentro das cenas, e ainda mais pelo intervalo entre elas. É claro que em Shakespeare há variações de tensão em qualquer cena longa, mas as cenas são numerosas e, comparadas com as de nosso tempo, normalmente curtas, e a variação é dada precipuamente pela modulação da intensidade.

Pode-se observar ainda que, numa parte da peça que seja relativamente monótona, as cenas de menor tensão podem ser tão longas quanto as mais intensas, enquanto, numa parte especialmente empolgante, as cenas de menor tensão são mais curtas, muitas vezes bem mais curtas, que as outras. O leitor pode verificar isso comparando o Primeiro e o Quarto Atos na maioria das tragédias com o Terceiro; pois, *grosso modo*, podemos dizer que o Primeiro e o Quarto são atos relativamente calmos, e o Terceiro marcadamente problemático. Um bom exemplo é o Terceiro Ato de *Rei Lear*, onde as cenas de alta tensão (ii., iv., vi.) têm respectivamente 95, 186 e 122 linhas, enquanto as de baixa tensão (i., iii., v.) têm respectivamente 55, 26 e 26 linhas. A cena vii., a última desse Ato, é, devo acrescentar, muito empolgante, apesar de se seguir à cena vi., e por isso o tom da cena vi. é bastante atenuado em suas últimas trinta linhas.

(2) Se deixarmos agora as diferenças de tensão e passarmos à sequência de eventos dentro do conflito, encontraremos o princípio da alternância em funcionamento outra vez numa forma nova e bastante independente. Chamemos, por uma questão de concisão, os dois lados do conflito de A e B. Pois bem; comumente, como veremos no caso em pauta, durante uma considerável parte da peça, talvez a primeira metade, a causa de A está, no todo, avançando; e durante a parte seguinte ela está recuando, sendo a vez de a de B avançar. Mas, por trás desse movimento mais amplo, durante todo o conflito encontramos uma alternância regular de pequenos avanços e recuos; primeiro A parece ganhar algum terreno, para então mostrar-se o contra-ataque de B. E como sempre preferimos, com mais ou menos fidelidade, o A ao B ou o B ao A, o resultado desse movimento de oscilação é uma constante alternância entre esperança e medo, ou melhor, entre um estado misto no qual predomina a esperança e um estado misto no qual predomina a apreensão. Um exemplo deixará essa ideia mais clara. Em *Hamlet*, o conflito começa com o herói fingindo-se de louco devido a uma decepção amorosa, e vemos seu imediato êxito no convencimento de Polônio. Chamemos a isso um avanço de A. A próxima cena mostra a grande inquietude do rei com a melancolia de Hamlet e sua descrença diante da explicação que Polônio oferece para esse sentimento: avanço de B. Hamlet consegue frustrar Rosencrantz e Guildenstern, que haviam sido enviados para descobrir seu segredo, e prepara o teste da cena teatral: avanço de A. Mas, imediatamente antes da representação, seu solilóquio sobre suicídio nos enche de desconfiança; e as palavras que diz a Ofélia, entreouvidas sem que ele perceba, de tal forma convencem o rei de que o amor *não* é a causa do comportamento estranho de seu sobrinho, que determina livrar-se dele enviando-o para a Inglaterra: avanço de B. A representação se revela um completo êxito: avanço indiscutível de A. Imediatamente depois dela, Hamlet poupa o rei quando este está rezando, e, em colóquio com sua mãe, mata inadvertidamente Polônio, dando assim a seu inimigo um pretexto

perfeito para enviá-lo para longe (para ser executado): avanço indiscutível de B. Não é preciso continuar exemplificando. Esse movimento oscilatório pode ser acompanhado sem dificuldade em quaisquer das tragédias, embora de forma menos clara em uma ou duas das primeiras.

(3) Apesar de esse movimento continuar até sobrevir a catástrofe, seu efeito não encobre o efeito muito mais amplo ao qual já aludi, e sobre o qual temos de nos debruçar agora. Em todas as tragédias, apesar de ser mais claro em umas do que em outras, sentimos nitidamente que um lado está, no todo, avançando na direção de um certo ponto do conflito, e, em seguida, recuando, no todo, diante da reação do outro lado. Sentimos, portanto, que há um ponto crítico da ação, que também se revela um ponto de mudança. É crítico às vezes no sentido de que, até que se chegue a ele, o conflito não está, por assim dizer, definido; um dos dois conjuntos de forças pode ceder, ou pode se chegar a uma conciliação; ao passo que, assim que chegamos a ele, sentimos que já não pode ser assim. É crítico também porque a força que avança se mostra em atitude vitoriosa, ganhando, se não tudo que gostaria, pelo menos uma vantagem bastante significativa; isso quando está, em verdade, prestes a ser arrastada de volta em direção a seu declínio. Essa crise, via de regra, acontece em algum momento próximo da metade da peça; e, quando bem definida, tem o efeito, quanto à construção, de dividir a peça em cinco partes, em vez de três; essas partes mostram (1) uma situação que ainda não é de conflito, (2) o surgimento e desenvolvimento do conflito, no qual, no todo, A ou B avança até chegar à (3) crise, à qual se segue (4) o declínio de A ou B na direção da (5) catástrofe. E veremos que a quarta e a quinta parte repetem, apesar de fazê-lo com uma inversão da direção no que diz respeito a A ou B, o movimento da segunda e da terceira, evoluindo na direção da catástrofe como a segunda e a terceira evoluíram na direção da crise.

Para desenvolver, exemplificar e qualificar essa proposição, será mais avisado começar com as tragédias nas quais o movimento seja mais claro e simples. Estamos falando de *Júlio César* e *Macbeth*. Na primeira, os desdobramentos da conspiração medram em meio a vicissitudes até a crise do assassínio (III. i.); então, degringolam rumo à catástrofe, na qual perecem Bruto e Cássio. Na última, Macbeth, arrojando-se – a despeito de grande resistência interna – em direção ao assassínio de Duncan, assegura a coroa, sendo o movimento de ascensão extraordinariamente rápido, e a crise se instalando sem demora: sua causa então se degrada lentamente e em pouco tempo encontra a ruína. Em ambas as tragédias, a simplicidade do efeito da construção – devemos observar – se deve em parte ao fato de que as forças antagônicas podem, com total naturalidade, ser identificadas com determinados personagens, e, também em parte, ao fato de que a derrota de um dos lados é a vitória do outro. Otávio e Antônio, Malcolm e Macduff, terminam de pé diante do corpo de seus adversários.

Não acontece assim em *Romeu e Julieta* e em *Hamlet* porque, nelas, muito embora o herói pereça, não se pode permitir que o lado que se contrapõe a ele, sendo o que está mais próximo do erro ou identificado com o mal, triunfe quando ele cai. Fora isso, o tipo de construção é o mesmo. A sorte de Romeu e Julieta ascende e atinge o ponto máximo em seu casamento (II. ii.), para começar então a declinar diante da oposição de suas famílias, a qual, auxiliada por acidentes, gera uma catástrofe, sendo então, ato contínuo, movida pelo remorso, convertida em reconciliação. A sorte de Hamlet atinge seu ponto culminante no êxito da cena teatral (III. ii). Dali para a frente, a reação se desenrola, e ele perece sob a maquinação do Rei e de Laertes. Mas a estes não é dado sobreviver a seu êxito.

A construção das peças romanas que restam segue o mesmo plano, mas, em ambas (como em *Ricardo II* e *Ricardo III*), ela depara com a dificuldade de tratamento do conteúdo histórico, e é influenciada também por outros fatores. Em *Coriolano*, o herói atinge o ponto máximo do sucesso quando é nomeado cônsul (II. iii.), e o resto da peça mostra seu declínio e queda; mas nesse declínio ele reavê, durante certo tempo, um poder extraordinário, e triunfa, em certo sentido, sobre seu adversário original, apesar de sucumbir diante de outro. Em *Antônio e Cleópatra*, o avanço da causa do herói depende de que ele se livre da heroína, e ele parece ter êxito nisso quando se reconcilia com Otávio e se casa com Otávia (III. ii.); mas volta ao Egito e é lentamente arrastado para a morte, que implica a morte da heroína.

Restam duas das maiores tragédias, e em ambas se fará sentir uma certa dificuldade. *Rei Lear* é a única que exibe claramente uma ação dupla. Além disso, é impossível, acredito, do ponto de vista da construção, considerar o herói como o protagonista. Se tentamos fazer isso, temos de situar a crise no Primeiro Ato (pois, depois dele, a trajetória de Lear é descendente), o que é absurdo; ou temos de dizer que o movimento usual está presente, mas em direção contrária, primeiro a sorte do herói se degradando até o ponto mais baixo (nas cenas de tempestade), para ascender novamente em seguida. Mas isso também não procede; pois, embora possamos dizer que a sorte lhe sorri novamente durante um tempo, isso só acontece para que mais uma vez degringole na direção da catástrofe. A verdade é que, depois do Primeiro Ato, que com efeito se ocupa da exposição, Lear sofre porém mal esboça qualquer ação que seja; e a forma correta de se apreciar a questão, *do ponto de vista da construção*, é considerar Goneril, Regan e Edmundo como os protagonistas. São eles quem, no conflito, dão início à ação. Sua sorte prevalece até a crise, quando o velho rei é enxotado para o meio da tempestade e perde a razão, e quando Gloster é cegado e expulso do palácio (III. vi. e vii). Então, a reação começa a ganhar força, e sua causa a degringolar; e, apesar de vencerem a batalha, são engolfados pela catástrofe que impuseram a Cordélia e a Lear. Assim, continua sendo possível encontrar em *Rei Lear* o esquema usual de um movimento de ascensão e outro de queda de um lado do conflito.

O caso de *Otelo* é peculiar. No efeito geral de sua construção, *Otelo* difere das outras tragédias, e a razão dessa diferença não é difícil de identificar; é o que faremos daqui a pouco. Mas como, uma vez identificada, devemos definir o princípio da construção? Por um lado, o método usual parece saltar aos olhos. A causa de Otelo sem dúvida ganha impulso na primeira parte da peça, e vêmo-la em seu ponto mais alto na inefável alegria de seu reencontro com Desdêmona em Chipre; muito embora logo em seguida comece a mudar, descambando para a catástrofe. Mas o ponto mais alto, sob essa ótica, acontece bastante cedo (II. i.), e, além disso, é muito pouco marcado; com efeito, mal chega a ser percebido como uma crise. E, o que é ainda mais significativo, apesar de tocado por um conflito, não é tocado por um conflito com a mesma força que mais tarde irá destruí-lo. Iago, nas primeiras cenas, de fato acalenta um projeto contra Otelo, mas não é contra Iago que Otelo tem de se posicionar primeiro, e sim contra Brabâncio; e Iago sequer começa a envenenar sua mente antes da terceira cena do Terceiro Ato. Podemos então, por outro lado, seguindo o precedente de *Rei Lear* e, lembrando a provável justaposição cronológica das duas peças, considerar Iago como o protagonista, do ponto de vista da construção? Esta poderia, a princípio, parecer a visão correta, pois realmente *Otelo* lembra *Rei Lear* no herói que é mais paciente que agente, ou melhor, no herói que é levado a agir por ter sofrido uma ação. Mas então, se Iago for tomado como o protagonista, o modo usual de construção estará completamente abandonado, pois não haverá em parte alguma uma crise seguida de um movimento descendente. A causa de Iago avança, a princípio lenta e silenciosamente, depois celeremente, mas não faz senão progredir até que a catástrofe engolfe sua vítima e ele também. E essa forma de encarar a ação agride de forma cabal, a meu ver, nossas impressões naturais do início da peça.

Penso, portanto, que o esquema usual foi seguido na medida em que o drama representa primeiro a ascensão do herói, depois sua queda. Mas, seja o for que se decida quanto a isso, resta uma peculiaridade marcante, que é a causa do efeito único de *Otelo*. Na primeira metade da peça, o conflito principal está sendo incubado, meramente; então ele eclode, avançando devastador, sem pausa ou desvio, até o desfecho. Nesse particular, *Otelo* é bastante diferente das outras tragédias; e, no efeito produzido, que é o de ser a segunda metade da peça incomparavelmente mais envolvente do que a primeira, só encontra paralelo em *Antônio e Cleópatra*. Farei dela, portanto, uma discussão à parte, muito embora, ao prosseguir falando do tratamento que Shakespeare reserva ao conflito trágico, tenha de mencionar alguns artifícios que são empregados em *Otelo*, como nas demais tragédias.

3

O plano geral de Shakespeare, como vimos, é mostrar um conjunto de forças avançando – em secreta ou aberta oposição a outro – na direção de um êxito inquestionável, e então sucumbindo diante da reação provocada. E as vantagens desse plano, tal como vistas num exemplo tão representativo quanto *Júlio César*, são evidentes. Ele representa o movimento do conflito com notável clareza e força. Ajuda a produzir a impressão de que, em seu declínio e queda, a ação do agente está se voltando contra ele. E, finalmente, tal como Shakespeare o utiliza, reveste a primeira parte da peça de profundo interesse e dramaticidade. Qualquer ação que provoque uma mudança surpreendente numa situação dada é naturalmente recebida com vivo interesse; e encontramos isso em algumas dessas tragédias. E o espetáculo, exibido por outras, de um propósito que vai tomando forma e – a despeito de obstáculos externos e, muitas vezes, da resistência interna – se insinuando na direção de uma conclusão exitosa ou de um ato fatídico, não só é terreno fértil para aquela sutileza psicológica na qual Shakespeare é rivalizado por poucos, como também é dramático no mais alto grau.

Mas, quando a crise é alcançada, sobrevêm dificuldades e perigos que, se afastarmos Shakespeare por um momento de nossas reflexões, são vistos sem dificuldade. Uma reação imediata e demolidora iria, sem dúvida, manter o interesse, mas precipitaria a catástrofe, e deixaria a sensação de que houve uma preparação longa demais para um efeito final tão breve. O que parece necessário é uma pausa temporária, seguida por uma reação que se intensifica a princípio devagar, e, depois, à medida que ganha força, com celeridade crescente. E, não obstante, dir-se-ia que esse arranjo produz, durante um tempo, um inequívoco alívio da tensão. Tampouco é essa a única dificuldade. Os personagens que representam a reação e estão agora em vantagem não serão tão conhecidos do público e, portanto, não contarão com sua boa vontade; e, mesmo quando mais conhecidos, é quase certo que sejam de início – se não o tempo todo – menos interessantes do que aqueles que figuraram no movimento ascendente, sobre os quais a atenção vinha sendo mantida. É possível também que sua necessária proeminência possa empurrar o herói para o segundo plano. Em consequência, o perigo desse método de construção parece estar naquela parte da peça que se segue à crise mas ainda não chegou à catástrofe. E essa parte, normalmente, irá compreender o Quarto Ato, juntamente, em alguns casos, com uma parte do Terceiro e uma parte do Quinto.

Shakespeare era tão exímio dramaturgo, e tinha um poder tão fantástico de conferir interesse a temas pouco promissores, que em grande medida era capaz de superar essa dificuldade. Mas exemplos dela são encontrados facilmente em suas tragédias, e nem sempre superados. Em quase todos ficamos conscientes da pausa momentânea na ação, apesar de, como veremos, ela geralmente não acontecer *imediatamente* após a crise. Às vezes, ele se permite manter o herói fora do palco durante muito tempo enquanto a reação se desenrola; Macbeth, Hamlet e Coriolano durante 450 linhas, Lear durante quase 500, Romeu durante cerca de 550 (isso importa menos nesse caso, pois Julieta é tão importante quanto Romeu). Como é que um drama no qual isso acontece pode competir, em sua parte final, com *Otelo*? E, insistimos, como é que deliberações entre Otávio, Antônio e Lépido, entre Malcolm e Macduff, entre os Capuleto, entre Laertes e o Rei, conseguem nos manter no tom, não digo da crise, mas da ação mesma que culminou nela? Bons críticos – escritores que fizeram críticas sobre os dramas de Shakespeare a partir de dentro, em vez de aplicar-lhes algum padrão preconcebido por eles ou derivado de dramas e de um teatro de gênero bastante diferente do dele – têm sustentado que algumas de suas melhores tragédias decaem no Quarto Ato, e que uma ou duas não chegam a se recuperar totalmente. E acredito que a maioria dos leitores concluiria, se inquirisse as próprias impressões, que *Júlio César*, *Hamlet*, *Rei Lear* e *Macbeth* têm todas uma tendência a "se arrastar" nessa parte da peça, e que a primeira, e talvez também a última dessas quatro, deixa de atingir até mesmo na catástrofe as culminâncias das melhores cenas que precedem o Quarto Ato. Não perguntarei até que ponto essas impressões se justificam. As dificuldades em questão ficarão mais claras e ganharão interesse se examinarmos antes os meios que foram empregados para enfrentá-las e que, sem dúvida pelo menos em parte, venceram-nas.

(*a*) O primeiro deles é sempre extraordinariamente eficiente, às vezes de forma arrebatadora. A crise na qual a força em ascensão atinge seu ápice é seguida rapidamente, ou mesmo sem a menor pausa, por uma reversão ou contragolpe não menos enfático e, em alguns casos, ainda mais empolgante. E o efeito é fazer-nos sentir uma súbita e trágica mudança na direção do movimento, o qual, depois de ascender de modo mais ou menos gradual, desaba agora vertiginosamente. Ao assassínio de César (III. i) segue-se a cena do Fórum (III. ii), onde Antônio arrebata a multidão num movimento de compaixão pelo morto e de fúria contra os conspiradores. Mal nos demos conta da vitória destes quando somos obrigados a antever sua derrota final e nos vemos tomados pelo mais vivo interesse por seu maior adversário. Em *Hamlet*, o empolgante sucesso da cena teatral (III. ii) é desfeito imediatamente pelo contragolpe da decisão de Hamlet de não consumar sua vingança (III. iii) e da sua desdita ao matar Polônio (III. iv.). Coriolano mal acaba de ganhar o consulado quando é levado à fúria pelos tribunos e condenado ao exílio. Ao casamento de Romeu segue-se imediatamente a luta que leva à morte de Mercúcio e ao banimento do herói (II. vi. e III. i.). Em todos esses exemplos, excetuando-se o de *Hamlet*, a cena do contragolpe é pelo menos tão empolgante quanto a da crise, talvez até mais. A maioria das pessoas, caso se peça que apontem a cena que ocupa o *centro* da ação em *Júlio César* e em *Coriolano*, apontaria as do discurso de Antônio e a do banimento de Coriolano. Sendo assim, essa pausa obviamente necessária da ação não acontece, em nenhum desses dramas, imediatamente depois da crise. Ela é adiada; e, em alguns casos, é adiada por meio de numerosos pequenos artifícios durante um curto espaço de tempo; p. ex., em *Romeu e Julieta*, até que o herói tenha deixado Verona e Julieta saiba que seu casamento com Páris deverá acontecer "na próxima quinta-feira de manhã" (fim do Ato III.); em *Macbeth*, até que ao assassinato de Duncan se siga o de Banquo, e a este a cena do banquete. Sendo assim, o ponto em que essa pausa acontece raríssimas vezes é atingido antes do fim do Terceiro Ato.

(*b*) Quer nesse ponto, quer na cena do contragolpe que o precede, às vezes deparamos com um efeito curioso. Somos lembrados do estado de coisas no qual o conflito teve início. A abertura de *Júlio César* nos adverte que, entre um povo tão instável e tão facilmente manipulável nesta ou naquela direção, o propósito de Bruto é inútil; os dias da República chegaram ao fim. Na cena do discurso de Antônio, vemos o mesmo povo novamente. No início de *Antônio e Cleópatra*, o herói está prestes a deixar Cleópatra por Roma. No ponto em que a peça, por assim dizer, recomeça depois da crise, ele deixa Otávia pelo Egito. Em *Hamlet*, quando o contragolpe evolui para a crise, o espectro, que aparecera nas cenas de abertura, reaparece. A ação de Macbeth na primeira parte da tragédia se segue à previsão das bruxas que lhe prometeram o trono. Quando a ação volta a progredir depois da cena do banquete, as bruxas aparecem de novo e renovam as promessas que, mais uma vez, fazem-no avançar. Essa repetição de um primeiro efeito produz uma sensação de fatalismo. E, comumente, também atiça a expectativa quanto ao novo movimento prestes a começar. Em *Macbeth*, a cena é, além disso, da maior importância do ponto de vista estritamente cênico.

(c) Ela tem ainda outra função. Mostra, na fúria e desvario de Macbeth, a reação interna que acompanha a derrocada exterior de sua sorte. E também em outras peças a representação dessas mudanças internas constitui um meio pelo qual o interesse é preservado nessa parte delicada de uma tragédia. Não há outro ponto em *Hamlet* em que sentimos maior desespero do que aquele em que o herói, tendo perdido sua chance, escolhe uma explicação moral para a indecisão e se decide a acalentar apenas ideias sanguinárias dali em diante, para então partir sem nenhuma resistência para a Inglaterra. Uma razão, por sinal, da cena da discussão entre Bruto e Cássio (IV. iii.), como também da aparição do espectro de César logo em seguida, é indicar as mudanças internas. Não fosse assim, a inserção dessa famosa e formidável cena não poderia ser facilmente defendida com argumentos puramente dramáticos. Ninguém assentiria em cortá-la, e ela é inestimável para preservar o interesse durante o avanço da reação, mas trata-se de um episódio cuja eliminação não alteraria fundamentalmente a sequência de eventos (a não ser que pudéssemos admitir, abstração feita da emoção causada pela discussão e reconciliação, que Cássio não teria permitido a Bruto dominar sua objeção à decisão fatídica de travar a batalha em Filipos).

(d) A cena da discussão ilustra ainda outro expediente dileto. Nessa parte de uma tragédia, Shakespeare muitas vezes recorre a uma emoção diferente de qualquer uma daquelas mobilizadas na primeira metade da peça, propiciando assim algo de novo e, comumente, também certo alívio. Via de regra, essa nova emoção é patética; e o *páthos* não é terrível ou devastador, mas, mesmo que doloroso, vem acompanhado da ideia de beleza e de um caudal de admiração ou afeição, que sobrevém com inexprimível delicadeza após a tensão da crise e do primeiro contragolpe. É assim com a reconciliação de Bruto e Cássio, e com a chegada da notícia da morte de Pórcia. O exemplo mais famoso desse efeito é a cena

(IV. vii.) na qual Lear acorda e vê Cordélia debruçada sobre ele, talvez a passagem mais comovente de toda a literatura. Outra é a curta cena (IV. ii.) na qual a conversa de Lady Macduff com seu filho pequeno é interrompida pela entrada dos assassinos, uma passagem de tocante beleza e heroísmo. Outra é a entrada de Ofélia em seu estado de loucura (duas vezes em diferentes partes de IV. v.), cujo efeito, apesar de intensamente patético, é belo e comovente, em vez de aflitivo; e esse efeito é repetido em tom mais suave na descrição da morte de Ofélia (fim do Ato IV.). E, em *Otelo*, a passagem onde um *páthos* desse jaez atinge seu ápice é, sem dúvida, aquela em que Desdêmona e Emília conversam e a canção sobre o salgueiro é cantada na noite da catástrofe (IV. iii.).

(*e*) Às vezes, ademais, nessa parte de uma tragédia encontramos passagens humorísticas ou semi-humorísticas. Em geral, essas passagens acontecem mais frequentemente no início ou no meio da peça, a qual se torna naturalmente mais sombria à medida que se aproxima do desfecho; mas sua ocasional inserção no Quarto Ato, ou até depois disso, proporciona variação e alívio, e também destaca, por contraste, os sentimentos trágicos. Por exemplo, há um quê de comédia na conversa de Lady Macduff com seu filho. Simples e deliciosamente humorísticos são a conversa e o comportamento dos criados naquela cena admirável na qual Coriolano comparece disfarçado em trajes humildes à casa de Aufídio (IV. v.); de um tipo mais variegado é o efeito da discussão entre Menênio e os sentinelas em V. ii.; e rigorosamente no meio da cena culminante entre o herói, Volúmnia e Vergília, o pequeno Márcio nos faz soltar uma gargalhada (V. iii.). Um pouco antes da catástrofe de *Hamlet* tem lugar a passagem do coveiro, passagem sempre bem recebida, mas com uma duração que dificilmente poderia ser defendida em termos estritamente dramáticos; e ainda depois disso, ocupando cerca de cento e vinte linhas da cena final, temos o palavrório de Osric e a mofa que Hamlet faz dele. Mas o máximo da audácia é alcançado em *Antônio e Cleópatra*, quando, bem perto do final, o velho campônio que traz as áspides para Cleópatra discursa sobre as virtudes e vícios da serpente, e suas últimas palavras, "Sim, por minha fé: desejo-vos muita alegria com o verme", se fazem seguir, sem a intervenção de uma linha, da esplêndida fala:

> *Give me my robe; put on my crown; I have*
> *Immortal longings in me....*
>
> [Dá-me o manto; coloca-me a coroa;
> Anseios imortais tenho em mim...]

Em alguns dos exemplos de *páthos* ou humor que acabamos de mencionar, fomos levados àquela parte da peça que precede imediatamente, ou mesmo contém, a catástrofe. E acrescentarei desde já três comentários que se referem especificamente a essa parte final de uma tragédia.

(*f*) Em várias peças, Shakespeare cria aqui um apelo que, em sua época, era sem dúvida poderoso: introduz cenas de batalha. É esse o caso em *Ricardo III, Júlio César, Rei Lear, Macbeth* e *Antônio e Cleópatra*. Ricardo, Bruto e Cássio, e Macbeth morrem no campo de batalha. Mesmo que o recurso a esse expediente não bastasse para demonstrar que cenas de batalha eram extremamente populares no teatro elisabetano, sabemos disso por outras fontes. Não deixa de ser uma nota curiosa sobre a futilidade de nossos efeitos espetaculares que, em nosso teatro, essas cenas – nas quais procuramos a todo custo estabelecer uma "ilusão" jamais sonhada pelos elisabetanos – produzam relativamente pouco entusiasmo, e, para muitos espectadores, sejam até mesmo um pouco maçantes[7]. E muito embora algumas delas atiçem a fantasia do leitor, raramente, acredito, chegam a satisfazer seu senso *dramático*. Talvez seja assim em parte porque uma batalha não é o lugar mais favorável para a exposição do caráter trágico; e vale observar que Bruto, Cássio e Antônio não morrem lutando, mas cometem suicídio após a derrota. A batalha em si, porém, realmente nos faz sentir a grandeza de Antônio, e, com intensidade ainda maior, nos ajuda a considerar Ricardo e Macbeth como heróis no dia de sua perdição, e a mesclar compaixão e admiração entusiástica ao desejo de que sejam derrotados.

(*g*) Em algumas das tragédias, ademais, lança-se mão de um expediente já apontado por Freytag (muito embora ele às vezes o encontre, a meu ver, onde não foi de fato empregado). Shakespeare raríssimas vezes tenta surpreender, minimamente que seja, com suas catástrofes. Elas são percebidas como inevitáveis, muito embora a forma precisa pela qual acabarão acontecendo não seja, é claro, antevista. Ocasionalmente, porém, quando repudiamos a catástrofe porque amamos o herói, ocorre um momento, pouco antes dela, quando um lampejo de falsa esperança ilumina a cena sombria; e, muito embora saibamos que é falsa, ela nos afeta. Sem dúvida, o exemplo mais notável pode ser encontrado no último ato de *Rei Lear*. Ali, a vitória de Edgar e a morte de Edmundo e das duas irmãs quase nos fazem esquecer as forças que ameaçam a vida de Lear e de Cordélia. Mesmo quando somos lembrados delas, ainda há lugar para a esperança de que Edgar, que corre para a prisão, chegue a tempo de salvá-los; e, por mais que conheçamos a peça, a entrada súbita de Lear com Cordélia morta nos braços nos atinge com um choque.

Muito mais leve, mas bastante perceptível, é o efeito da vitória de Antônio em terra, e da última explosão de orgulho e júbilo no encontro entre ele e Cleópatra (IV. viii). O perdão sincero que Hamlet pede a Laertes, a reconciliação entre ambos e uma enganadora aparência de tranquilidade, e até mesmo de segurança, no tom da conversa do herói com Horácio, quase nos faz esquecer o que já sabemos, e empresta à catástrofe uma dor a mais. Quem, na plateia, não conhece *Macbeth*, e interpreta as misteriosas profecias referentes à floresta de Birnam e ao homem não nascido de mulher de forma mais simples do que a maioria dos leitores de hoje, tal pessoa experimenta, imagino, imediatamente antes da catástrofe, um receio infundado de que o herói ainda possa escapar.

(*h*) Mencionarei apenas mais um ponto. Em alguns casos, Shakespeare prolonga a catástrofe, por assim dizer, fazendo-a ocupar um espaço considerável, e, desse modo, abrevia a parte delicada em que se desenvolve o contragolpe. Isso só é possível quando existe, além do herói, algum personagem que prenda nosso interesse no grau mais elevado, e com cujo destino o dele esteja entrelaçado. Assim, o assassínio de Desdêmona é mantido a alguma distância da morte de Otelo. A cena mais impressionante de *Macbeth*, depois do assassinato de Duncan, é a do sonambulismo; e pode-se dizer dela que mostra verdadeiramente, se não literalmente, a catástrofe de Lady Macbeth. Não obstante, trata-se da cena de abertura do Quinto Ato, e, antes do desfecho, sobrevêm várias cenas durante as quais o destino de Macbeth ainda está se consolidando. Finalmente, em *Antônio e Cleópatra*, a heroína iguala o herói em importância, e aqui a morte de Antônio, com efeito, acontece no Quarto Ato, sendo o Quinto inteiro dedicado a Cleópatra.

Vamos agora nos voltar para *Otelo* e considerar por um breve momento seu excepcional esquema de construção. A vantagem desse esquema é evidente. Na segunda metade da tragédia, não há risco de que ela se "arraste", de nenhuma pausa canhestra, nenhuma queda indevida do tom, nenhuma necessidade de cenas que, por mais bem acabadas, sejam mais ou menos episódicas. A tensão é extrema, relaxada apenas em breves intervalos para permitir um mínimo de alívio. A partir do momento em que Iago começa a envenenar a mente de Otelo, prendemos a respiração. *Otelo*, desse ponto em diante, é sem dúvida a mais empolgante das peças de Shakespeare, a não ser que *Macbeth*, em sua primeira parte, possa talvez ser considerada rival à altura. E *Otelo* é uma obra-prima de tamanha magnitude que não percebemos nenhuma desvantagem que resulte do seu método de construção, e cabe até mesmo imaginar por que Shakespeare teria empregado esse método, do início ao fim, somente nessa tragédia. Não satisfaz dizer que, em outra peça, o método não traria proveito para o material a ser trabalhado. Mesmo que admitamos isso, como explicar que só haja escolhido uma única vez uma história para a qual esse método era apropriado? A seus olhos, ou para sua sensibilidade, devia haver alguma desvantagem nele. E, com efeito, não é difícil apontar-lhe riscos.

Em primeiro lugar, quando o conflito se desenvolve em ritmo acentuadamente lento, ou, como em *Otelo*, permanece em estado de incubação durante a primeira parte da tragédia, essa parte não consegue produzir a tensão própria da parte correspondente de uma tragédia como *Macbeth*, e pode até mesmo correr o risco de ficar um pouco monótona. Isso parece óbvio, e não é menos verdadeiro pelo fato de a dificuldade ser vencida em *Otelo*. Até em *Otelo* podemos ver que certa dificuldade foi sentida. O Primeiro Ato é cheio de agitação, mas é assim porque Shakespeare o encheu com uma espécie de conflito preliminar entre o herói e Brabâncio – personagem que em seguida desaparece do palco. A longa primeira cena do Segundo Ato é em sua maior parte ocupada por simples conversas, habilmente concebidas de forma tal que dificilmente seriam consideradas essenciais para a trama. Esses expedientes são plenamente justificados por seu êxito, e não há exemplo mais perfeito disso em Shakespeare do que o discurso de Otelo diante do Senado e as duas conversas de Iago com Roderigo. Mas o fato de Shakespeare ser capaz de fazer determinado plano vingar não significa que esse plano enquanto tal seja bom; e se o esquema de construção de *Otelo* fosse posto, apenas em seus contornos gerais, diante de um dramaturgo que desconhecesse o drama em si, acredito que ele sentiria pronunciada insegurança na primeira metade da peça.

O esquema tem uma segunda dificuldade. Quando se atinge a metade da tragédia, o público não está como estava no início. Já passou algum tempo assistindo e experimentou certo grau de agitação. A tensão extrema que ora se forma, portanto, pode facilmente cansá-lo ou desagradá-lo, ainda mais se a matéria que produz a tensão for muito dolorosa, se a catástrofe não lhe ficar atrás e se os limites do restante da peça (para não falar de nenhuma outra consideração) não permitirem senão um alívio muito tênue. Uma coisa é assistir à cena do assassinato de Duncan no início do Segundo Ato, outra coisa é assistir ao assassinato de Desdêmona no início do Quinto. Se Shakespeare evitou integralmente essa dificuldade em *Otelo*, foi por tratar a primeira parte da peça de tal forma que os afetos despertados fossem predominantemente agradáveis e, portanto, não desgastantes. A cena na Câmara do Conselho, e a cena do reencontro em Chipre, trazem quase que exclusivamente satisfação à plateia; por mais repulsivo que Iago possa parecer, o humor no ludíbrio de Roderigo é cativante; mesmo a cena em que Cássio é embriagado não resulta, no todo, dolorosa. Assim, quando chegamos à grande cena da intriga, na qual o conflito salta para a vida (III. iii), ainda estamos serenos e dominados por emoções muito mais brandas do que aquelas que nos assaltam durante o banquete em *Macbeth* (III. iv.) ou na primeira das cenas de tempestade em *Rei Lear* (III. i.). Igual mestria pode ser observada em *Antônio e Cleópatra*, onde, conforme vimos, a segunda metade da tragédia é a mais empolgante. Mas, insistimos, o sucesso garantido pela mestria de Shakespeare não significa que o esquema de construção seja isento de um perigo muito peculiar; e, no todo, ele parece mais adequado para uma trama que, muito embora possa provocar dolorosa comoção quando próxima do final, termina mais com uma solução que com uma catástrofe.

Mas pode ter havido uma razão mais profunda, ainda que provavelmente inconsciente, para um uso tão escasso desse método por parte de Shakespeare. Esse método é apropriado à trama baseada na intriga. É capaz de criar um forte suspense. É capaz de gerar com mais eficácia os sentimentos trágicos da piedade e do medo. E dá relevo àquele aspecto da tragédia segundo o qual vidas dotadas de grandeza ou excepcional encanto parecem enredar-se nas malhas do destino. Mas pode ser menos favorável para a exposição do caráter, para mostrar com clareza como um ato se volta contra o agente, para criar com a devida força a impressão de uma ordem inexorável agindo por trás das paixões e ações dos homens, buscando o bem por intermédio da agonia e danação destes. Parece claro por suas tragédias que o que mais interessava a Shakespeare era esse último tipo de efeito. Não pergunto aqui se *Otelo* não produz, no mesmo grau das demais tragédias, essas impressões; mas a preferência de Shakespeare por elas pode ter sido uma das razões pelas quais ele, via de regra, optou por um esquema de construção que não gera, nos últimos Atos, senão uma dose moderada de suspense e tensão, e que apresenta a catástrofe como algo previsível e decorrente de uma necessidade psicológica e moral diante da ação exibida na primeira parte da tragédia.

4

Os pormenores da construção não podem ser minuciosamente investigados aqui, e não me estenderei nesse tema. Mas sua discussão suscita uma questão que terá ocorrido a alguns dos meus ouvintes. Eles podem ter se perguntado se não fui ousado demais ao empregar os termos "arte", "artifício", "expediente" e "método", como se Shakespeare fosse um artista consciente, e não, por sua vez, um escritor que se estruturasse em obediência a um extraordinário instinto dramático, já que compunha precipuamente movido pela inspiração. E uma breve explanação sobre esse assunto permitir-me-á aludir a alguns outros pontos, notadamente ligados à construção, que não são demasiado técnicos para uma conferência.

Ao falar, por conveniência, de artifícios e expedientes, não pretendi dizer que Shakespeare sempre tivesse buscado intencionalmente os efeitos que logrou produzir. Mas *nenhum* artista faz isso sempre, e não vejo razão para duvidar que Shakespeare o tivesse feito com frequência ou para supor que seu método de construção e composição diferisse, a não ser em grau, daquele empregado pelo mais "consciente" dos artistas. A contraposição entre arte e inspiração, embora tenha algum sentido, é muitas vezes enganadora. A inspiração sem dúvida não é incompatível com o virtuosismo calculado. Os dois podem existir independentemente, mas não é necessário que seja assim; e, onde está sendo engendrado um resultado genuinamente poético, não pode ser assim. O brilho de uma concepção inicial deve sobreviver ou ressurgir, em alguma medida, no trabalho de planejamento e execução; e o que recebe o nome de expediente técnico pode "ocorrer" a alguém com o súbito fulgor de uma imagem exuberante. O verso pode ser fácil e não-premeditado, como Milton dizia que eram os seus, e não obstante muitas palavras do verso podem ser mudadas inúmeras vezes, e a última mudança resultar mais "inspirada" do que a instância original. A diferença entre poetas nessa questão é sem dúvida considerável, e às vezes fundamental, mas não passa de uma diferença entre menos e mais. É provável que Shakespeare não raras vezes escrevesse com fluência, pois é o que nos diz Jonson (autoridade preferível a Heminge e Condell); e até onde podemos perceber ele pode igualmente ter se desincumbido da construção com destreza incomum. Mas sabemos que revisava e reescrevia (por exemplo, em *Trabalhos de amor perdidos*, *Romeu e Julieta* e *Hamlet*); é quase impossível que tenha concebido a trama de suas melhores peças sem muita reflexão e muitos experimentos; e já não me parece possível deixar de perceber os sinais de cuidadoso esmero em alguns de seus famosos discursos. Se o "artista consciente" é aquele que mantém sua obra apartada de si, submetendo-a a rigoroso exame e julgamento, e, caso necessário, mudando-a e fazendo-o de modo que ela chegue o mais perto possível de satisfazê-lo, estou certo de que Shakespeare frequentemente se valeu desse tipo consciente de arte. Se é, enfim, o artista que busca conscientemente os efeitos que produz, que base teremos para duvidar que ele com frequência se valeu desse tipo de arte, ainda que provavelmente com frequência menor que bom número de outros poetas?

Mas talvez a noção de um "artista consciente" do drama seja a daquele que estuda a teoria desse ofício, e até mesmo escreve tendo em vista as "regras" ali expostas. E sabemos que durante muito tempo teve voga a ideia de que Shakespeare ignorava inteiramente as "regras". Não obstante, isso é quase inacreditável. As regras de que se fala, tais como eram, não se encontravam encobertas pelo grego de Aristóteles e nem mesmo ocultas em tratados italianos. Ele podia encontrar praticamente todas elas num livro tão corrente e famoso quanto a *Defence of Poetry* [Defesa da poesia], de Sidney*. Mesmo que supuséssemos que se recusasse a abrir esse livro (o que é bastante improvável), como teria sido possível manter-se alheio às regras numa sociedade de atores, dramaturgos e amadores que deviam conversar incessantemente a respeito de peças e de dramaturgia, alguns dos quais eram ardentes defensores das regras e cheios de desprezo pela ausência de lei do teatro popular? Quem pode duvidar que na taverna Mermaid Shakespeare tenha ouvido dos lábios de Jonson muito mais censuras a suas ofensas contra a "arte" do que Jonson jamais fez chegar a Drummond ou ao papel? E não é extremamente provável que as batalhas entre os dois, imaginadas por Fuller, tenham sido muitas vezes travadas no campo da crítica teatral? Se Shakespeare, então, violou algumas das "regras", não foi por ignorância. Provavelmente recusou-se, pelo bem da própria arte, a deixar-se enredar por regras oriundas de formas de drama extintas há muito tempo. E não é improvável que tivesse pouco interesse pela teoria em si mesma, sendo mais do que provável que não tivesse paciência para distinções pedantes entre o "pastoral-cômico, histórico-pastoral, tragicômico-histórico-pastoral, cena indivisível e poema ilimitado". Mas isso não provaria que ele nunca refletiu sobre sua arte, ou que não seria capaz de explicar, se quisesse, o que *para ele* seriam boas regras gerais para o teatro do seu tempo. Estava pronto para emitir seu parecer sobre a representação de papéis. Por que iríamos supor que não estaria pronto para dar seu parecer sobre a composição de peças?

Não obstante, Shakespeare, apesar de ser um artista "consciente" num grau considerável, peca com frequência contra a arte; e, se os seus pecados

---

* Sir Philip Sidney (1554-1586). Poeta, cortesão e militar. Escreveu a sequência de sonetos *Astrophil and Stella* (1581) e *Defense of Poetry* [Defesa da poesia] (1581). (N. do R. T.)

não foram devidos à ignorância ou à inspiração, é preciso que haja outra explicação. Tampouco pode haver muita dúvida quanto às causas (pois eles têm mais de uma), conforme veremos se estudarmos alguns exemplos dos defeitos em si.

Entre eles não serão contadas certas coisas que nos dramas escritos atualmente seriam corretamente apontadas como defeitos. Há, por exemplo, na maioria das peças elisabetanas, peculiaridades de construção que pesariam desfavoravelmente a uma peça escrita para o nosso palco, mas que eram perfeitamente adequadas para aquele palco tão diverso – um palco, enfim, sobre o qual algumas das peças mais bem construídas de nosso tempo pareceriam absurdamente defeituosas ou carregariam a pecha da inverossimilhança. Shakespeare sem dúvida criou inverossimilhanças que são defeitos. Elas são mais frequentes no desfecho de suas comédias (e quantas comédias existem no mundo com final satisfatório?). Mas as inverossimilhanças dele raramente são psicológicas, e em algumas de suas peças acontece um tipo de inverossimilhança que não é um defeito, mas simplesmente uma característica que perdeu nos nossos dias grande parte de seu antigo apelo. Quero dizer que a história, na maioria das comédias e em muitas das tragédias dos elisabetanos, era *planejada* para resultar estranha e fantástica. Tais peças eram dramatizações de histórias de romances, e tinham como parte do seu objetivo satisfazer o mesmo gosto pelo maravilhoso para o qual esses romances apelavam. Não se trata de um defeito nas lendas arturianas, ou nos antigos romances franceses, ou em muitas das histórias do *Decameron*, o fato de serem inverossímeis, e sim de uma virtude. Criticá-los como se pertencessem ao mesmo gênero das novelas realistas é, cabe-nos dizer, pura estupidez. Seria outra coisa criticar do mesmo modo *Noite de reis* ou *Como quiserem*? E assim, mesmo quando a diferença entre comédia e tragédia é levada em conta, a inverossimilhança da abertura de *Rei Lear*, tão amiúde censurada, está longe de ser um defeito. Ela não é estapafúrdia, é apenas profundamente inusitada e estranha. Mas foi pensada para resultar assim; como o casamento do negro Otelo com Desdêmona, a filha do senador veneziano.

Para falarmos então de defeitos de fato, (*a*) um pode ser encontrado nos lugares onde Shakespeare alinhavou diversas cenas, algumas bastante curtas, nas quais os *dramatis personae* mudam com frequência; como se um novelista quisesse contar sua história por uma sucessão de capítulos curtos, nos quais passasse de um grupo de personagens a outro. Esse método se evidencia aqui e ali nas tragédias puras (p. ex., no último Ato de *Macbeth*), mas aparece com definitiva clareza onde o material histórico não era dramático, como na parte do meio de *Antônio e Cleópatra*. Era possibilitado pela ausência de cenário, e sem dúvida Shakespeare se utilizou dele porque era o modo mais fácil de contornar uma dificuldade. Mas, considerado em si mesmo, trata-se de um método falho, e, mesmo tal como usado por Shakespeare, por vezes nos lembra o arranjo meramente narrativo comum nas peças anteriores a sua época.

(b) Podemos analisar a seguir a inserção ou desenvolvimento excessivo de matéria que não é nem exigida pela trama nem essencial para a apresentação do caráter: p. ex., as referências, em *Hamlet*, às desavenças teatrais da época, e a extensão da fala do ator e também das orientações que Hamlet lhe dá a respeito da inflexão do texto a ser inserido no "Assassinato de Gonzaga". Tudo isso provavelmente era de grande interesse na época em que *Hamlet* foi encenada pela primeira vez; a maior parte nos causaria profundo pesar se deixada de lado; um pouco parece nos aproximar mais do próprio Shakespeare; mas quem o defenderia do ponto de vista da arte da construção?

(*c*) Podemos falar também dos solilóquios de Shakespeare. É consenso que, ao ouvir um solilóquio, jamais deveríamos experimentar a sensação de que os personagens se dirigem a nós. E, a esse respeito, como em outros, muitos dos solilóquios são obras-primas. Mas, certamente, em alguns o propósito de informar fica patente, e em um ou dois o ator fala abertamente para a plateia. Semelhantes falhas são encontradas principalmente nas primeiras peças, apesar de haver um exemplo gritante no final da fala de Belario em *Cimbelino* (III. iii. 99 ss.), e mesmo nas tragédias da maturidade algo do tipo pode ser identificado. Compare-se, por exemplo, o solilóquio de Edmundo em *Rei Lear*, I. ii., "Aí está o cúmulo da estupidez humana", com o de Edgar em II. iii., e ficará claro que no último o propósito de informar não está bem disfarçado[8].

(*d*) Não podemos, além disso, negar que em muitas peças de Shakespeare, se não em todas elas, há discrepâncias e contradições, e também que ao leitor ocorrem questões a que ele não tem como responder com total segurança. Por exemplo, algumas das indicações quanto ao intervalo de tempo transcorrido entre o casamento de Otelo e os acontecimentos dos últimos atos contradizem-se mutuamente de maneira frontal; e é impossível saber se Hamlet estava na Corte ou na Universidade quando seu pai foi assassinado. Mas devemos observar que muitas vezes o que parece uma falha desse último tipo não constitui de fato uma falha. Por exemplo, a dificuldade quanto à idade de Hamlet (mesmo que não pudesse ser sanada exclusivamente pelo texto) não existia para a plateia de

Shakespeare. No momento em que Burbage* entrava em cena, deveria estar claro se o herói tinha 20 ou 30 anos. E, do mesmo modo, muitas questões de interpretação dramática que nos preocupam jamais poderiam ter surgido quando as peças foram exibidas pela primeira vez, pois o ator seria instruído pelo autor quanto ao modo de representar qualquer passagem crítica ou potencialmente ambígua. (Já ouvi comentarem, e acredito que o comentário seja justo, que Shakespeare parece ter recorrido menos a semelhantes instruções que a maioria de seus contemporâneos; um fato dentre inúmeros que poderiam ser aduzidos para provar que ele não considerava suas peças como meros espetáculos para aquele momento específico.)

(e) Para entrarmos em outro campo, os primeiros críticos sem dúvida estavam provocativamente errados quando condenaram como obscura, empolada, de mau gosto ou "infestada de metáforas" a linguagem de certas passagens de Shakespeare; mas estavam com efeito corretos na afirmação genérica de que sua linguagem muitas vezes exibe essas falhas. E esse é um tema que a crítica posterior jamais enfrentou ou examinou devidamente.

(f) Dizer, ainda, que Shakespeare faz todos os seus personagens sérios falarem do mesmo modo[9], e que fala constantemente pela boca de seus *dramatis personae* sem preocupar-se com a personalidade de cada um, seria exagerar de forma absurda; mas é verdade que nas primeiras peças essas falhas são identificáveis em certa medida, e até mesmo em *Hamlet* há passagens notáveis em que a adequação dramática é sacrificada em prol de outro objetivo. Quando Laertes diz a fala que começa com,

For nature, crescent, does not grow alone
In thews and bulk,

[A natureza, ao crescer, não cresce somente
Em forças e volume,]

quem pode sopitar a sensação de que é Shakespeare quem está falando, e não Laertes? Ou, quando o ator rei discursa por mais de vinte linhas sobre a volubilidade da vontade humana, e o rei Cláudio, em seguida, insiste com Laertes a respeito do mesmo assunto por período quase igual, quem não vê que Shakespeare, não pensando senão num mínimo de adequação dramática, deseja em parte simplesmente fazer poesia, e em parte incutir na plateia ideias que a ajudarão a entender não o ator rei,

---

* Richard Burbage (1568-1619). Ator e empresário teatral. Fez o papel principal em *Hamlet, Otelo, Ricardo III* e *Rei Lear*. (N. do R. T.)

ou sequer o rei Cláudio, mas o próprio Hamlet, que, de sua parte – e, nisso, muito adequadamente –, já se alongou sobre o mesmo assunto no mais famoso de seus solilóquios?

(g) Por último, como praticamente todos os dramaturgos de seu tempo e de épocas bem mais recuadas, Shakespeare gostava de passagens "gnômicas", e provavelmente não faz uso delas, além do que seus leitores apreciam, e sim além do que, quer me parecer, um bom dramaturgo se permitiria nos dias de hoje. Essas passagens, cabe observar, são frequentemente rimadas (p. ex., *Otelo*, I. iii. 201 ss., II. i. 149 ss.). Por vezes, saíam impressas nas primeiras edições entre aspas invertidas, como é o caso dos "alguns preceitos" de Polônio a Laertes no primeiro *in-quarto*.

Se perguntarmos agora de onde surgiram falhas como essas, devemos observar que algumas delas são partilhadas pela maioria dos contemporâneos de Shakespeare, e podem ser encontradas com frequência nos dramas que precederam imediatamente sua época. São características de uma arte ainda em formação, e, sem dúvida, não eram consideradas falhas. Mas, muito embora seja bastante provável que em relação a um ou dois tipos de imperfeição (como a superabundância de passagens "gnômicas") Shakespeare tenha pecado sem o saber, é muito improvável que tenha sido assim na maioria dos casos, a não ser nos primeiros anos de sua carreira como autor. E certamente ele nunca seria capaz de considerar artística a preservação de discrepâncias e passagens obscuras ou bombásticas em sua obra. A maior parte das falhas naquilo que escreveu deve ter origem na despreocupação ou na displicência.

Não afirmo que foi o caso de todas. Com relação, por exemplo, a sua ocasional empolação e outros problemas de estilo, não resta dúvida de que seu discernimento por vezes o traiu, e que, embora manejasse a língua inglesa como ninguém, não tinha aquele *rigor* na escolha das palavras que tem sido demonstrado por alguns escritores muito menores. E não parece improvável que nisso lhe pesasse sua relativa carência de "ilustração" – ou seja, de familiaridade com os grandes escritores da antiguidade. Mas nove décimos de suas falhas não são, creio eu, erros de um gênio inspirado que não dominava sua arte, e sim pecados de um artista maior mas displicente. Sem dúvida, muitas vezes estava sobrecarregado de trabalho e sob a pressão do tempo. Sabia que a imensa maioria do público era incapaz de distinguir um texto bruto de outro acabado. Muita vez experimentou a degradação de ter de agradá-lo para poder sobreviver. Provavelmente, em momentos de depressão ficava indiferente à fama, e talvez em outro estado de espírito toda a atividade dramatúrgica lhe parecesse algo menor. Nenhuma dessas ideias e sensações o afetavam quando o tema o absorvia. Imaginar que ele *então* "alçava seu voo livre" em busca de "lucro" ou "glória", ou apontar todas as razões possíveis exceto a necessidade de expressão, com suas dores e alegrias, é pura tolice. Ele ficava possuído; seu espírito devia se inflamar; trabalhava, não há dúvida, com a *fúria* de Michelangelo*. E, se não fosse feliz na primeira tentativa – algo que não poderia acontecer todas as vezes nem mesmo a ele –, voltava à matéria de novo, e de novo. Cenas como a do assassinato de Duncan ou da intriga diante de Otelo, falas como as do Duque para Cláudio e de Cláudio para sua irmã sobre a morte, não foram compostas em uma hora e postas de parte; e, se têm falhas, não têm o que Shakespeare considerava falhas. Tampouco é possível que suas concepções espantosamente individuais dos personagens possam ter sido alinhavadas de um só fôlego: longa maturação deve ter sido necessária. Mas a pequenas discrepâncias na trama, via de regra, ele mostrava-se indiferente. Parece ter concluído algumas de suas comédias com certa pressa ou até displicência, como se não tivesse a menor importância de que modo as pessoas se casavam, ou mesmo quem casava com quem, desde que número suficiente se casasse, e ponto. E, não raro, quando chegava a partes de seu esquema que eram necessárias mas não lhe pareciam interessantes, escrevia com mão frouxa, como um artífice de gênio que soubesse que seu dom natural e domínio técnico resultará melhor que a encomenda para seu público: escrevia provavelmente com fluência, mas certamente com displicência, às vezes dizendo apenas metade do que pretendia, às vezes dizendo o oposto e, ocasionalmente, quando era ardor o que se requeria, cedendo ao pedantismo porque sabia que era necessário sublimar o estilo, mas não se daria ao trabalho de inflamar a imaginação. Pode-se dizer com propriedade que o que compromete essas passagens não é a inspiração, mas a falta dela. Mas, como são em sua maior parte passagens nas quais nenhum poeta poderia alimentar a expectativa de estar inspirado, é ainda mais correto dizer que nisso Shakespeare carecia da mentalidade do artista que está determinado a aprimorar tudo o máximo possível. Poetas como Milton, Pope*, Tennyson* mostram reitera-

....

* Michelangelo di Lodovico Buonarroti Simoni (1475-1564), pintor, escultor, arquiteto e engenheiro italiano. Uma das figuras mais importantes da Renascença italiana.
Alexander Pope (1688-1744). É considerado o maior poeta inglês do século XVIII, especialmente por sua poesia satírica e suas traduções de Homero. Pope também publicou uma edição das obras de Shakespeare (1725) na qual "regularizou" sua métrica e "corrigiu" várias passagens.
Alfred Lord Tennyson (1809-1892), o poeta inglês mais famoso da época vitoriana. A temática de sua poesia é medieval, clássica e patriótica. (N. do R. T.)

damente essa mentalidade. Provavelmente não publicaram nada que acreditavam ser capazes de melhorar. Ninguém sonha em dizer isso de Shakespeare.

Resulta daí o que talvez seja a maior dificuldade na interpretação de sua obra. Nos trechos em que seu potencial ou arte é exercido na plenitude, é verdade que rivaliza com a própria natureza. Impõe uma ordem e uma vitalidade à matéria de que se ocupa, desde o bojo até a mais tênue filigrana da superfície, de tal modo que, ao fazermos incidir sobre ela a luz mais percuciente que nos é dado alcançar, ao a dissecarmos e submetermos à devassa de um microscópio, mesmo assim não surpreendemos ali nada desproporcionado, nada vulgar, nada vago, mas em toda parte estrutura, alma, individualidade. Nisso, seus grandes momentos, que parecem ocorrer sempre que desejados, não encontram rivais na literatura, a não ser nos seletos pontos culminantes de Dante; e seria um grande erro permitir que a displicência de outros momentos fizesse alguém se perguntar se aqui não se estaria procurando mais do que existe de fato. É perfeitamente possível procurar por sutilezas nos lugares errados em Shakespeare, mas, nos lugares certos, não é possível encontrá-las em demasia. Acresce que essa característica, uma das razões do inesgotável interesse que ele desperta, é também motivo de perplexidade. Pois naquelas partes de suas peças que nem o mostram em seu ponto alto nem em seu momento mais displicente, somos não raro incapazes de discernir se algo que parece incongruente, vago, frágil, exagerado, o é de fato ou foi concebido para ser exatamente desse modo, portando uma intenção que deveríamos ser capazes de adivinhar; se, por exemplo, temos diante de nós algum traço insólito de personalidade, algum movimento anômalo do espírito, surpreendente a nossos olhos apenas porque entendemos menos da natureza humana do que Shakespeare, ou se ele ansiava dar o trabalho por concluído e cometeu um deslize, ou se, haurindo de uma peça antiga, adotou apressadamente algo que não se harmonizava com sua própria índole, ou até mesmo se se recusou a laborar minúcias que só notamos porque o estudamos, mas que ninguém jamais observa quando representadas sobre o palco. Sabemos muito bem o que Shakespeare está fazendo quando no fim de *Medida por medida* casa Isabela com o Duque – e que escândalo isso representa; mas quem jamais poderá estar seguro de que as dúvidas que o assaltam quanto a certos pontos de inegável relevo em *Hamlet* se devem a uma falta de visão dele mesmo ou à displicência do dramaturgo?

CONFERÊNCIA III

O período trágico de Shakespeare – Hamlet

1

Antes de passarmos a *Hamlet*, a primeira de nossas quatro tragédias, cumpre-nos tecer alguns comentários a respeito de que elas provavelmente ocupam lugar na trajetória literária de Shakespeare. Mas não direi mais do que o necessário para nosso propósito, e, assim sendo, de um modo geral, não farei senão espelhar os resultados amplamente aceitos das pesquisas, eximindo-me de entrar no mérito das provas que os fundamentam[1].

As tragédias de Shakespeare recaem em dois grupos distintos, e tais grupos encontram-se separados por um intervalo considerável. Ele escreveu tragédias – puras, como *Romeu e Julieta*; históricas, como *Ricardo III* – nos primeiros anos da carreira de autor, quando também escreveu comédias como *Trabalhos de amor perdidos* e *Sonho de uma noite de verão*. Então, sobreveio o período – com duração de cerca de seis anos – durante o qual compôs as mais cômicas e maduras de suas peças sobre a história da Inglaterra (aquelas que trazem Falstaff) e as melhores de suas comédias românticas (aquelas que trazem Beatrice, Jaques e Viola). Não há tragédias nesses seis anos, tampouco dramas que se aproximam de tragédia. Mas então, de cerca de 1601 até perto de 1608, vem à luz, uma após a outra: *Júlio César*, *Hamlet*, *Otelo*, *Rei Lear*, *Tímon de Atenas*, *Macbeth*, *Antônio e Cleópatra* e *Coriolano*; e seus pares são peças que não podem ser de fato chamadas tragédias, mas certamente não são comédias no mesmo sentido de *Como quiserem* ou *A tempestade*. Esses sete anos, assim, poderiam, sem grande perigo de mal-entendidos, ser chamados de o período trágico de Shakespeare[2]. Após os quais não escreveu mais tragédias, e sim sobretudo romances mais sérios e menos ensolarados que *Como quiserem*, ainda que não muito menos tranquilos.

A existência desse período trágico tão bem delimitado, uma época durante a qual o dramaturgo parece ter se ocupado quase que exclusivamente de problemas graves e dolorosos, tem, naturalmente, ajudado a propagar a ideia de que o "homem" também, a seu turno, nessa fase de meia-idade, dos 37 aos 44 anos, trazia o espírito sobrecarregado por um penoso fardo; de que Shakespeare se dedicou à tragédia não apenas pelo prazer da mudança, e porque ela lhe parecia a forma mais elevada de drama e ele se sentia à altura dessa forma, mas também porque o mundo passara a lhe parecer sombrio e terrível; e até mesmo de que as invectivas de Tersites e as maldições de Tímon expressam o desprezo e o ódio pessoais dele pela humanidade. Uma discussão desse tema tão amplo e difícil, porém, não é necessária para a apreciação dramática de nenhuma de suas obras, e não direi aqui nada que lhe diga respeito, mas passarei de imediato a chamar a atenção para certos estádios e mudanças que podem ser observados nesse período trágico. Para esse fim, do mesmo modo, não é importante levantar nenhuma questão relativa às respectivas posições cronológicas de *Otelo*, *Rei Lear* e *Macbeth*. O que é importante é também amplamente aceito: que *Júlio César* e *Hamlet* precedem essas peças, e que *Antônio e Cleópatra* e *Coriolano* se seguem a elas[3].

Se analisarmos as tragédias primeiramente pelo prisma da substância, descobriremos de imediato uma diferença óbvia entre as duas primeiras e as demais. Tanto Bruto como Hamlet são profundamente racionais e têm predisposição reflexiva. Ambos podem até mesmo ser considerados, em sentido popular, temperamentos filosóficos; Bruto pode sê-lo num sentido mais estrito. Um e outro, sendo ainda homens "bons", exibem, em consequência, quando em circunstâncias críticas, uma inquietação ou ansiedade quase dolorosa pelo desejo de fazer o que é certo. E, muito embora não tenham êxito – evidentemente, cada qual a seu modo – ao lidar com essas circunstâncias, o senão em ambos os casos está ligado menos a um arroubo passional do que à racionalidade e à predisposição reflexiva. Donde o nome "tragédia do pensamento", que Schlegel* deu a *Hamlet*, também poder ser dado, como efetivamente o foi pelo professor Dowden, a *Júlio César*. Os heróis que vieram mais tarde, por sua vez – Otelo, Lear, Tímon, Macbeth, Antônio, Coriolano – têm, cada um deles, natureza passional e, *grosso modo*, podemos em cada um desses casos atribuir a queda trágica à paixão. Em parte por esse motivo, as últimas peças são mais furiosas e agitadas que as duas primeiras. Vemos uma porção maior da natureza humana em comoção, e surpreende-

---

* August Wilhelm von Schlegel (1767-1845). Alemão, tradutor das obras completas de Shakespeare junto com Ludwig Tieck e sua filha Dorothea. Seus comentários sobre Shakespeare vêm de um *Curso sobre a arte dramática e a literatura*, no qual propõe a conservação da integridade artística das peças de Shakespeare, atacando a tendência francesa de adaptá-las. (N. do R. T.)

mos os próprios poderes de Shakespeare exibidos em maior escala. Finalmente, um exame mostraria que, em todos esses aspectos, a primeira tragédia, *Júlio César*, encontra-se mais afastada do último tipo do que a segunda, *Hamlet*.

Essas duas obras mais antigas se distinguem da maior parte das tragédias subsequentes num outro aspecto, porém de natureza afim. O mal moral não é investigado tão a fundo ou mostrado nelas em todas as suas cores. Em *Júlio César*, quase podemos dizer que todos têm boas intenções. Em *Hamlet*, embora exista um vilão, ele é menor. O assassinato que desencadeia a ação é exterior à peça, e o centro de atenção dentro da obra reside no esforço do herói para cumprir seu dever. Parece claro que o interesse de Shakespeare, desde os primeiros tempos, quando, sob o influxo de Marlowe, escreveu *Ricardo III*, não incidia sobre as formas mais extremas ou virulentas de mal. Mas, nas tragédias que se seguem a *Hamlet*, a presença desse interesse também é clara. Em Iago, nos personagens "maus" de *Rei Lear*, mesmo em Macbeth e em Lady Macbeth, a natureza humana assume formas que inspiram não simples tristeza ou repulsa, mas horror e consternação. Se em *Tímon* não é perpetrada nenhuma monstruosidade, ainda assim vemos uma ingratidão e um egoísmo tão absolutos que provocam uma aversão que não chegamos a sentir em relação a Cláudio; e nessa peça e em *Rei Lear* podemos às vezes surpreender a *saeva indignatio*, se não o desespero, de Swift*. Essa prevalência de formas excepcionais ou estarrecedoras do mal, lado a lado com uma paixão fulminante, é outra razão pela qual a convulsão exibida nessas tragédias parecer provir de uma fonte mais profunda e resultar mais vasta em sua extensão do que o conflito nas duas peças anteriores. E nisso, a propósito, *Júlio César* está ainda mais afastada do que *Hamlet* de *Otelo*, *Rei Lear* e *Macbeth*.

Mas, a respeito dessa segunda diferença, uma ressalva deve ser feita, sobre a qual me deterei um pouco mais porque, diferentemente da matéria até aqui tratada, seu imperativo parece não ter sido reconhecido. *Todas* as últimas tragédias podem ser chamadas de tragédias de paixão, mas nem todas exibem essas formas extremas de mal. Nenhuma das duas últimas o faz. Antônio e Coriolano são, de um ponto de vista, vítimas da paixão; mas a paixão que põe Antônio a perder também o eleva, ele toca

---

* Tornou-se célebre o epitáfio que, em latim, redigiu para si: "Aqui jaz o corpo de Jonathan Swift* (...) onde a *colérica indignação* não poderá mais dilacerar-lhe o peito. Vai, passante, e imita, se puderes, esse que tudo empenhou pela causa da Liberdade." (N. do T.)

* Jonathan Swift (1667-1745). Talvez o maior satirista da literatura inglesa, conhecido por seu *Gulliver's Travels* (1726) [Viagens de Gulliver]. Nascido na Irlanda, foi deão da catedral de São Patrício em Dublin. (N. do R. T.)

o infinito com ela; e o orgulho e o voluntarismo de Coriolano, apesar de terríveis na intensidade, não o são na qualidade; não há nada de vil neles, e a criatura gigantesca que destroem é um ser nobre e até mesmo adorável. Tampouco nenhum desses dramas, apesar de o mais antigo exibir uma civilização corrupta, inclui, mesmo entre os menores personagens, alguém de quem se possa dizer que é perverso ou vil. Consideremos, finalmente, a impressão deixada em nós ao cabo de ambas. É extraordinário o fato de que essa impressão, apesar de muito forte, mal possa ser considerada puramente trágica; ou, se a considerarmos assim, pelo menos o sentimento de reconciliação que se mescla às emoções obviamente trágicas é aí excepcionalmente bem marcado. A morte de Antônio, devemos lembrar, acontece antes da abertura do Quinto Ato. A morte de Cleópatra, que encerra a peça, é recebida pelo leitor com simpatia e admiração, e mesmo com exultação ante a idéia de que prevaleceu a Otávio; e esses sentimentos são intensificados pela morte de Charmian e de Iras, heroicamente fiéis a sua senhora, como Emília era à dela. Em *Coriolano*, o sentimento de reconciliação é ainda mais forte. À medida que o desfecho se aproxima, todo o interesse se concentra na dúvida: o herói persistirá em seu projeto de vingança, arrasando e queimando a cidade natal, ou sentimentos mais nobres vencerão, por fim, seu ressentimento e orgulho? Ele oscila à beira de um crime diante do qual, pelo menos na hediondez exterior, o massacre de uma pessoa parece insignificante. E quando, com a voz de sua mãe e a visão de sua esposa e filho, a natureza se impõe e ele cede, embora saibamos que perderá a vida, não damos tanta atenção a isso: pois salvou sua alma. Nosso alívio e exultação com o poder do bem são tão grandes que a catástrofe em si, a qual se segue e acrescenta tristeza a esses sentimentos, não faz senão atenuá-los muito pouco, e, quando fechamos o livro, sentimo-nos, quer me parecer, mais como no final de *Cimbelino* do que no de *Otelo*. Quando digo isso, não quero em nenhum momento criticar *Coriolano*. Trata-se de uma peça muito mais nobre do jeito que está do que seria se Shakespeare tivesse feito o herói insistir, e o tivéssemos visto em meio às ruínas flamejantes de Roma, despertando subitamente para a atrocidade de seu ato e tomando a vingança sobre si; mas esse teria sido, sem dúvida, um fim mais propriamente trágico do que o desfecho da peça de Shakespeare. Se esse desfecho se deve pura e simplesmente à recusa em contradizer sua autoridade histórica num ponto de tamanha magnitude, não nos cabe perguntar. Seja como for *Coriolano* é, num sentido que vai além do externo, o fim do período trágico de Shakespeare. Marca a transição para suas últimas obras, nas quais os poderes do arrependimento e do perdão apaziguam a procela erguida pelo erro e pela culpa.

Se nos afastarmos agora da substância das tragédias e nos voltarmos para seu estilo e versificação, encontraremos, no todo, uma diferença análoga entre as mais antigas e as mais recentes. A usual atribuição de *Júlio César*, e até mesmo de *Hamlet*, ao fim do Segundo Período de Shakespeare – o período de *Henrique V* – baseia-se precipuamente, como vimos, em considerações de ordem formal. O estilo geral das partes sérias das últimas peças sobre a história inglesa é de uma eloquência consumada, nobre e relativamente uniforme. A doçura melíflua e a beleza dos primeiros escritos de Shakespeare, tal como se vêem em *Romeu e Julieta* e *Sonho de uma noite de verão*, permanecem; a fluência e a lucidez permanecem; mas há um acréscimo de força e peso. Não encontramos grande mudança desse estilo quando chegamos a *Júlio César*[4], que pode servir para marcar seu ápice. Nesse momento do desenvolvimento literário de Shakespeare, ele atinge, com a licença da expressão, uma perfeição limitada. Nem a reflexão de um lado, nem a expressão de outro, mostra qualquer tendência a ultrapassar ou brigar com sua companheira. Temos uma impressão de domínio pleno e completa harmonia, mas não uma impressão tão forte de poder interior eclodindo para a vida exterior. Talvez em nenhum outro lugar o estilo de Shakespeare seja tão isento de falhas como aqui; não obstante, quase todas as peças subsequentes contêm um material superior. Para usar de linguagem menos formal, sentimos em *Júlio César* que, muito embora nem mesmo Shakespeare fosse capaz de melhorar o estilo que escolheu, o bardo se conteve.

Ao ler *Hamlet*, não temos essa sensação, e, em muitas partes (pois há na escrita de *Hamlet* uma variedade pouco usual[5]), percebemos uma nítida mudança. O estilo nessas partes é mais ágil e vigoroso, menos uniforme e menos simples; e há uma mudança de igual teor na versificação. Mas, no todo, o *tipo* é o mesmo que em *Júlio César*, e a semelhança entre as duas peças é decididamente maior que a diferença. Se os solilóquios de Hamlet, considerados simplesmente como composições, representam uma grande mudança em relação à fala de Jaques, "O mundo inteiro é um palco", e mesmo em relação aos solilóquios de Bruto, ainda assim *Hamlet* (por exemplo, na conversa do herói com sua mãe) é como *Júlio César*, e diferente das tragédias posteriores, na plenitude de sua eloquência, e passagens como a seguinte se filiam inequivocamente ao estilo do Segundo Período:

> Mar. *It faded on the crowing of the cock.*
> *Some say that ever 'gainst that season comes*
> *Wherein our Saviour's birth is celebrated,*

The bird of dawning singeth all night long;
And then, they say, no spirit dare stir abroad;
The nights are wholesome; then no planets strike,
No fairy takes, nor witch hath power to charm,
So hallow'd and so gracious is the time.
Hor. *So have I heard and do in part believe it.*
But, look, the morn, in russet mantle clad,
Walks o'er the dew of yon high eastward hill.
Mar. Quando o galo cantou, desvaneceu-se.

[Dizem que, quando está próximo o tempo
Da celebração do nascimento do nosso Salvador,
A ave da alvorada canta durante toda a noite;
E então, dizem, nenhum espírito ousa sair;
As noites são salubres; então, nenhum planeta causa malefício,
Nenhuma fada nem feiticeira têm poder para encantar,
De tal modo aquele tempo é sagrado e cheio de graça.
Hor. É o que tenho ouvido dizer e em que acredito em parte.
Mas, vede como a aurora, envolta num manto avermelhado,
Pisa o orvalho daquela alta colina lá no oriente.]

Essa música enfeitiçante é ouvida novamente no adeus de Hamlet a Horácio:

If thou didst ever hold me in thy heart,
Absent thee from felicity awhile,
And in this harsh world draw thy breath in pain,
To tell my story.

[Se alguma vez me conservaste em teu coração,
Afasta-te algum tempo da felicidade,
E reserva, sofrendo, o teu sopro de vida neste mundo de dor,
Para contar minha história.]

Mas, depois de *Hamlet*, essa música não se faz mais ouvir. Segue-se a ela melodia mais imponente e profunda, porém de outra espécie.

As mudanças observáveis em *Hamlet* são mais tarde, e pouco a pouco, tão enormemente desenvolvidas que o estilo e a versificação de Shakespeare finalmente transformam-se quase em coisas novas. É extremamente difícil exemplificar isso de forma breve sem que uma justa objeção possa ser apresentada, pois é quase impossível encontrar em duas peças passagens que guardem semelhança suficientemente estreita uma com a outra em situação e sentimento. Mas vou me arriscar a incluir, ao lado do primeiro daqueles excertos de *Hamlet*, este de *Macbeth*:

Dun. *This castle hath a pleasant seat; the air*
Nimbly and sweetly recommends itself
Unto our gentle senses.
Ban. *This guest of summer,*
The temple-haunting martlet, does approve,
By his loved mansionry, that the heaven's breath
Smells wooingly here: no jutty, frieze,
Buttress, nor coign of vantage, but this bird
Hath made his pendent bed and procreant cradle;
Where they most breed and haunt, I have observed,
The air is delicate;

[Dun. Agradável lugar o do castelo; o ar
Ameno e aprazível, só por sua presença
Suaviza-nos os sentidos.
Ban. Este hóspede do estio,
O martinete que mora nas igrejas, atesta,
Ao vir aqui fazer seus ninhos, que o hálito dos céus
Tem nestes sítios aroma delicioso: Não há cornija, friso,
Botaréu, canto jeitoso, onde não tenham esses pássaros
Tecido o seu leito suspenso e fértil berço:
Tenho notado que, onde eles habitam e procriam,
O ar é delicado;]

E ao lado do segundo excerto de Hamlet este de *Antônio e Cleópatra*:

The miserable change now at my end
Lament nor sorrow at; but please your thoughts
In feeding them with those my former fortunes
Wherein I lived, the greatest prince o' the world,
The noblest; and do now not basely die,
Not cowardly put off my helmet to
My countryman, – a Roman by a Roman
Valiantly vanquish'd. Now my spirit is going;
I can no more.

[Não choreis a mudança lastimosa
que em meu fim se observou; não seja causa de vos entristecerdes; mas de
minha sorte anterior alimentai o espírito,
quando eu era o maior senhor do mundo,
o de maior nobreza; que nesta hora não morre baixamente,
Não com medo ao meu patrício entrego o
Capacete, – por um romano foi heroicamente dominado um romano.
Meu espírito já me abandona;
Mais, não me é possível.]

Seria quase um despropósito apontar em detalhes o grau profundo no qual essas duas passagens – e, de modo especial, a segunda – diferem, quanto ao efeito, daquelas duas de *Hamlet*, escritas talvez cinco ou seis anos antes. A versificação, quando finalmente chegamos a *Antônio e Cleópatra*, já é outra; e, muito embora essa mudança pudesse parecer relativamente pequena numa passagem representativa de *Otelo* ou mesmo do *Rei Lear*, seu percurso ao longo dessas peças até *Tímon* e *Macbeth* pode ser refeito sem grande dificuldade. Ela se faz acompanhar de uma mudança similar na elocução e na construção. Depois de *Hamlet*, o estilo torna-se mais inflamado nas passagens mais dramáticas. Fica mais grandiloquente, ora mais exacerbado, ora mais altivo, até mesmo pedante. Fica também mais denso, vertiginoso, variegado, e, na construção, menos regular, não raro truncado e elíptico. Portanto, não tão fácil e direto, e, no diálogo mais trivial, às vezes tortuoso e obscuro, e, por essas e outras razões, menos encantador[6]. Por outro lado, é sempre cheio de vida e movimento, e, nas grandes passagens, produz efeitos inopinados, estranhos e atordoantes, raramente encontrados nas primeiras peças, e menos frequentes inclusive em *Hamlet*. O efeito de beleza que antes predominava dá lugar a algo que quase podemos chamar de explosões de sublimidade e *páthos*.

Há espaço para variações de inclinação e preferência no estilo e versificação do fim do Segundo Período de Shakespeare e no estilo e versificação das tragédias posteriores e dos últimos romances. Mas o leitor que, nesses últimos, sente falta do encanto peculiar dos primeiros não irá negar que as mudanças formais estão em perfeita consonância com as mudanças internas. Se fizer objeção às passagens onde, exagerando um pouco, o sentido deve antes ser discernido além das palavras do que encontrado nelas, e se não apreciar de todo o movimento de uma fala tão típica como esta:

> *Yes, like enough, high-battled Caesar will*
> *Unstate his happiness, and be staged to the show,*
> *Against a sworder! I see men's judgements are*
> *A parcel of their fortunes; and things outward*
> *Do draw the inward quality after them,*
> *To suffer all alike. That he should dream,*
> *Knowing all measures, the full Caesar will*
> *Answer his emptiness! Caesar, thou hast subdued*
> *His judgement too,*

> [Pois não, seria muito interessante que o vitorioso César
> Degradasse sua felicidade, para aos olhos do público mostrar-se

Medindo armas com um espadachim! Vejo que o juízo dos homens é
Uma parte diminuta de sua sorte; as coisas exteriores
As faculdades interiores puxam,
Para o mesmo sofrerem. Sonhar ele,
Que tão equilibrado se mostrava, que César cheio vai mandar
Resposta a sua vacuidade! Derrotaste, César, também o
Julgamento dele,]

admitirá que, ao atravessar a impaciente profusão de pensamentos nem sempre inteiramente corporificados, sua mente avança por entre um número assombroso de ideias e experiências, e que um estilo em geral menos poético do que o de *Hamlet* é também um estilo mais uniformemente dramático. Pode ser que, para os propósitos da tragédia, o ponto culminante tenha sido atingido durante o progresso dessas mudanças nas passagens mais críticas de *Otelo*, *Rei Lear* e *Macbeth*[7].

2

Suponha que você tivesse de descrever o enredo de *Hamlet* para uma pessoa que desconhecesse a peça, e que tomasse a precaução de não dizer nada sobre o caráter de Hamlet: que impressão seu relato causaria nessa pessoa? Por acaso ela não exclamaria: "Que história sensacional! Nossa, há oito mortes violentas, para não falar de adultério, um fantasma, uma louca e uma luta numa cova! Se eu não soubesse que a peça era de Shakespeare, pensaria que deveria ser uma daquelas antigas tragédias de sangue e horror das quais se costuma dizer que ele livrou os palcos"? E não perguntaria em seguida: "Mas por que cargas d'água Hamlet não obedeceu prontamente ao Espectro, poupando desse modo sete das oito vidas?"

Tanto a exclamação como a pergunta apontam para a mesma coisa, que toda a história gira em torno do peculiar caráter do herói. Pois, sem esse caráter, a história resultaria excessiva e apavorante; e, não obstante, o *Hamlet* que temos está muito longe de ser assim, e tem mesmo um efeito menos aterrador do que *Otelo*, *Rei Lear* ou *Macbeth*. E, reiteramos, se não tivéssemos nenhuma noção acerca desse caráter, a história mal seria inteligível; suscitaria, de imediato, aquela dúvida sobre o comportamento do herói; enquanto a história de qualquer das outras três tragédias pareceria perfeitamente clara e não levantaria semelhante questão. É, ainda, bastante provável que a principal mudança efetuada por Shakespeare na história já encenada no palco resida numa concepção diferente do caráter de Hamlet e, assim, da causa dessa demora. E, por último, quando examinamos a tragédia, observamos duas coisas que ilustram o mesmo ponto. Primeiro, não encontramos ao lado do herói nenhuma outra figura de proporções trágicas, ninguém como Lady Macbeth ou Iago, ninguém sequer como Cordélia ou Desdêmona; de tal modo que, na ausência de Hamlet, os demais personagens não seriam capazes de produzir uma tragédia shakespeariana. E, em segundo lugar, encontramos entre eles dois, Laertes e Fortinbrás, que foram evidentemente pensados para fazer ressaltar o caráter do herói. Mesmo nas situações há um curioso paralelismo; pois Fortinbrás, como Hamlet, é o filho de um rei, morto recentemente e sucedido pelo irmão; e Laertes, como Hamlet, tem o pai assassinado e se sente obrigado a vingá-lo. E com esse paralelismo de situações há um forte contraste de caracteres; pois tanto Fortinbrás como Laertes possuem em abundância exatamente o atributo que parece faltar ao herói, de modo que, à medida que avança a leitura, somos tentados a exclamar que qualquer um deles teria se desincumbido da tarefa de Hamlet em um dia. Naturalmente, portanto, a tragédia de *Hamlet* sem Hamlet torna-se exemplo de um consumado disparate; ao passo que o personagem em si tem provavelmente exercido um fascínio maior, e certamente tem sido objeto de mais discussão, do que qualquer outro em toda a literatura mundial.

Antes, porém, de atacarmos a tarefa de examiná-lo, será avisado lembrarmo-nos também de que a virtude da peça não repousa exclusivamente sobre essa criação de tamanha sutileza. Estamos todos cientes disso, e, se não estivéssemos, a história de *Hamlet* sobre os palcos poderia nos lembrar esse fato. Ela é hoje a mais popular das tragédias de Shakespeare em nossos teatros; e, não obstante, um número elevado, quiçá a maioria dos espectadores, muito embora possa sentir alguma misteriosa atração pelo herói, certamente não se questiona sobre o seu caráter ou o motivo da demora, e continuaria achando a peça excepcionalmente satisfatória mesmo que tratasse de um jovem corajoso comum e os obstáculos em seu caminho fossem puramente externos. E provavelmente sempre foi assim. *Hamlet* parece, desde o princípio, ter se tornado objeto de predileção; mas creio que até o final do século XVIII praticamente nenhum crítico demonstrava perceber algo de especial no personagem. Hanmer*, aliás, em 1730, comenta que "não há absolutamente nenhum motivo natural pelo qual o jovem príncipe não tenha levado o usurpador à morte o mais rápido possível"; mas não chega sequer a lhe passar

---

* Sir Thomas Hanmer (1677-1746). Membro do Parlamento e também editor das obras de Shakespeare (1744). Seu uso indevido das anotações de William Warburton (ver p. xxxviii e nota da p. 129/442) resultou numa severa crítica deste. (N. do R. T.)

pela cabeça que esse aparente "disparate" seja estranho e se deva, talvez, a um plano ideado pelo poeta. Ele se limita a explicar o disparate observando que, se Shakespeare tivesse feito o jovem encaminhar-se "incontinenti para o dever", a peça terminaria na mesma hora! Johnson, de modo semelhante, observa que "Hamlet é, ao longo de toda a obra, mais instrumento que agente", mas não lhe ocorre que essa circunstância peculiar pode ser tudo, menos uma falha do domínio de Shakespeare sobre a trama. Olhando, eles não viram. Henry Mackenzie*, autor de *The Man of Feeling* [O homem de sentimento], foi, parece-me, o primeiro de nossos críticos a sentir o "inefável fascínio" de Hamlet e a adivinhar algo da intenção de Shakespeare. "Vemos um homem", ele escreve, "que, em outras circunstâncias, teria praticado todas as virtudes morais e sociais, posto numa situação na qual até mesmo as tendências benévolas de seu espírito não servem senão para mais aprofundar seu sofrimento e confundir sua conduta."[8] Quão significativo é o fato (se fato for) que somente quando o sol do Romantismo começou a despontar lentamente, tingindo o céu, a magnificência, a beleza e o *páthos* dessa formidável criação de Shakespeare tenham começado a se tornar visíveis! Não sabemos se foram percebidos sequer no tempo dele, e talvez não estejam inteiramente equivocados aqueles que afirmam que essa criação, tão distante de ser um produto característico daquela época, tenha sido uma visão

the prophetic soul
Of the wide world dreaming on things to come.

[da alma predizente
Do universo a sonhar com as coisas que virão.]

Mas a exuberância dramática de toda a tragédia é outro assunto, e deve ter sido patente não apenas no tempo de Shakespeare, mas até mesmo no de Hanmer.

É, com efeito, tão óbvia que não me deterei nela, e passarei de imediato para a questão central do caráter de Hamlet. Acredito que poupará tempo, e que muitas interpretações pertinentes poderão ser propostas, se, deixando de examinar mais detidamente esta ou aquela teoria, distinguirmos antes classes ou tipos de teoria que parecem ser, em diferentes aspectos e graus, insuficientes ou equivocados. E restringiremos nossa

---

* Henry Mackenzie (1745-1831). Escocês, autor de *The Man of Feeling* (1771) [O homem de sentimento], romance do movimento sentimental que pergunta sobre as possibilidades de manter a moralidade no mundo comercial. (N. do R. T.)

atenção às teorias sensatas; pois nesse tema, como em todas as questões relacionadas a Shakespeare, existem inúmeras ideias que não passam de rematada tolice: a ideia, por exemplo, segundo a qual Hamlet, sendo uma mulher disfarçada apaixonada por Horácio, não teria outra alternativa senão ser descortês para com Ofélia; ou a ideia de que, sendo um jovem muito astuto e mal-intencionado, desejoso de expulsar seu tio inocente do trono, ele "inventou" o Espectro com esse intuito.

Mas, antes de passarmos às teorias que nos importam, faz-se necessário visitar uma concepção, não de todo rara, que tornaria vão o trabalho de discutir ou propor qualquer teoria que fosse. É dito às vezes que o caráter de Hamlet é não apenas complexo, mas ininteligível. Essa afirmação poderia representar algo irrefutável e até, talvez, verdadeiro e importante. Poderia significar que o caráter não pode ser compreendido na sua *totalidade*. Como vimos, pode haver questões a que não podemos responder com segurança agora, porque não temos nada além do texto para nos servir de guia, mas que nunca ocorreram aos espectadores que assistiram à *Hamlet* encenada nos tempos de Shakespeare; e teremos de fazer referência a esse tipo de questão em nossas conferências. Pode ser sustentado, sem que se incorra em nenhuma inverossimilhança, que, por falta de zelo, ou porque esteve envolvido com essa peça por muitos anos, Shakespeare deixou pontos conflitantes na sua exposição do caráter que nos impedem de ter certeza da sua intenção fundamental. Ou, talvez, possamos ficar desnorteados porque ilustrou nele certos fenômenos estranhos da natureza humana, os quais observou mas dos quais nada sabemos. Porém, tudo isso seria aplicável em certa medida a outros personagens de Shakespeare, e não é isso que se quer dizer quando se afirma que Hamlet é ininteligível. O que se quer dizer é que Shakespeare *quis* que ele fosse assim, porque ele próprio sentia fortemente, e desejava que sua audiência sentisse fortemente, quão misteriosa é a vida e o quanto nos é impossível entendê-la. Nisso, não temos, sem dúvida, senão uma simples confusão de ideias. O mistério da vida é uma coisa, a ininteligibilidade psicológica de um personagem dramático é outra bem diferente; a última não mostra o primeiro, mostra apenas a incapacidade ou inépcia do dramaturgo. Se mostrasse o primeiro, seria muito fácil suplantar Shakespeare na produção da sensação de mistério: bastaria criarmos um personagem absolutamente estapafúrdio. É claro, *Hamlet* evoca fortemente em nós a ideia do mistério da vida, mas *toda* boa tragédia faz isso; e faz isso não porque o herói seja um enigma aos nossos olhos, mas porque, tendo uma compreensão considerável dele, sentimos o quanto é estranho que força e fraqueza coabitem tão proximamente numa mesma alma, e que essa alma possa estar condenada a tamanho sofrimento e tão completo fracasso.

(1) Para passarmos, então, às concepções que nos interessam, podemos estabelecer, primeiro, que não permanecerá de pé nenhuma teoria que atribua a razão da demora de Hamlet meramente, ou precipuamente, ou até mesmo em algum grau considerável, a dificuldades externas. Nada é mais fácil que conceber uma teoria plausível dessa espécie. O que, pode-se perguntar[9], Hamlet deveria ter feito quando o Espectro transmitiu-lhe o dever de vingança? O rei vivia cercado não apenas por cortesãos, mas por uma guarda suíça: de que modo Hamlet chegaria a ele? Deveria, então, acusá-lo publicamente do assassínio? Se o fizesse, o que aconteceria? Como iria provar a acusação? Tudo que tinha a oferecer como prova era uma história de fantasma! Outros, sem dúvida, tinham visto o Espectro, mas ninguém além dele havia escutado suas revelações. Obviamente, portanto, mesmo que a corte fosse honesta, e não subserviente e corrupta, Hamlet seria considerado louco, ou pior, e seria preso e impedido de provocar ou sofrer qualquer mal. Ele não conseguia, desse modo, enxergar um caminho a seguir, e por isso esperou. Então vieram os atores, e, sem demora, com admirável presença de espírito, ele preparou a encenação teatral, esperando que o rei traísse sua culpa diante de toda a corte. Infelizmente, o rei não o fez. É verdade que, logo em seguida, Hamlet tem sua chance; pois encontra o rei indefeso, de joelhos. Mas o que Hamlet desejava não era uma vingança particular, a que se seguisse sua prisão ou execução; era a justiça pública. Assim, poupa o rei; e como, num golpe de azar, mata Polônio logo depois, é obrigado a concordar em ser mandado para a Inglaterra. Mas, estando a caminho, descobre a carta do rei, estabelecendo que o monarca da Inglaterra o mandasse matar imediatamente; e, com esse documento no bolso, torna à Dinamarca. Pois agora, para ele, a prova da sua tentativa de assassinato lhe garantiria crédito também para a história do assassinato de seu pai. Seu inimigo, contudo, era rápido demais para ele, e a pretendida denúncia pública desse inimigo é antecedida por sua própria morte.

Semelhante teoria soa bastante plausível – desde que não nos lembremos do texto. Mas não há espírito tacanho que, tendo acabado de ler *Hamlet*, possa aceitá-la; e, assim que nos pomos a examiná-la, objeções definitivas surgem em tal quantidade que escolho apenas algumas, sendo, com efeito, que considero suficiente a primeira delas.

(*a*) Do princípio ao fim da peça, Hamlet nunca faz a mais sutil referência a nenhuma dificuldade externa. Como é possível explicar esse fato sem comprometer a teoria? Por que motivo aceitável Shakespeare esconderia tão cuidadosamente de nós a chave do problema?

(b) Hamlet não só não faz alusão a tais dificuldades, como em todos os momentos considera *ter* condições de obedecer ao Espectro[10], e em determinado momento afirma isso com todas as letras ("Visto que tenho motivo, vontade, força e meios para ir avante", IV. iv. 45).

(c) Ainda, por que Shakespeare mostra Laertes fazendo o povo se insurgir com tanta facilidade contra o rei? Por que, senão para mostrar como seria ainda mais fácil para Hamlet, a quem o povo amava, fazer o mesmo caso fosse esse o seu plano?

(d) Ainda, Hamlet *não* planejou a encenação teatral esperando que o rei traísse sua culpa diante da corte. Planejou-a, segundo as próprias palavras, para convencer *a si mesmo*, diante da perturbação do rei, que o Espectro falara a verdade. Isso é perfeitamente claro graças a II. ii. 625 ss. e a III. ii. 80 ss. Alguns leitores se deixam confundir pelas palavras na última passagem:

if his occulted guilt
Do not itself unkennel in one speech,
It is a damned ghost that we have seen.

[Se sua culpa oculta
Não aparecer claramente num discurso,
é que foi um espírito infernal o que vimos.]

O sentido, evidentemente, é, conforme mostrado pelo contexto, "se a sua culpa oculta não se trair *em razão de* um discurso", ou seja, das "doze ou dezesseis linhas" que Hamlet deu ao ator, das quais apenas seis são ditas, porque o rei não apenas trai sua culpa na expressão do rosto (que era tudo o que Hamlet esperava, III. ii. 90), mas abandona o recinto às pressas.

Pode ser interessante acrescentar que, muito embora as razões pessoais invocadas por Hamlet para preparar a encenação possam ser postas em dúvida, é impossível supor que, se seu plano era de fato provocar uma confissão aberta de culpa, ele pudesse não estar consciente desse plano.

(e) Ainda, Hamlet em nenhum momento fala, ou dá mostras de que pensa, num plano segundo o qual o rei deveria pagar publicamente por seu crime; fala sempre em usar sua "espada" ou seu "braço". E é assim tanto depois que volta para a Dinamarca trazendo consigo a carta como era antes. Quando conta a Horácio o que aconteceu na viagem, não diz: "Agora posso condená-lo", mas diz: "Não estou agora justificado para usar este braço?"

Esse tipo de teoria, portanto, deve ser sumariamente rejeitada. Mas levanta duas questões. É, sem dúvida, bastante provável que, quando Hamlet estava "meditando nas consequências com excessiva minúcia", estivesse cogitando, entre outras coisas, sobre como poderia vingar seu pai sem sacrificar a própria vida ou liberdade. E também, evidentemente, estava ansioso para que esse ato de vingança não fosse mal interpretado, e nunca admitiria deixar como legado um "nome desonrado". Suas últimas palavras provam isso.

(2) Presumindo, portanto, que a principal dificuldade de Hamlet – praticamente toda a sua dificuldade – era interna, passarei às concepções que, admitindo isso, são ainda insatisfatórias porque isolam uma parte de seu caráter e situação, tratando essa parte como o todo.

Segundo a primeira dessas concepções, Hamlet se via tolhido pela consciência ou por um escrúpulo moral; não conseguia convencer a si mesmo de que era certo vingar seu pai.

Essa ideia, como a anterior, poderá facilmente parecer plausível se imaginarmos vagamente as circunstâncias sem atentar para o texto. Mas a atenção ao texto lhe é fatal. Pois, de um lado, praticamente nada pode ser invocado em seu apoio, e, por outro, muito pode ser dito para desautorizá-la. Para falarmos desse segundo caso, é impossível negar que Hamlet no geral aceita, sem nenhum questionamento, que *precisa* vingar o pai. Mesmo quando duvida, ou pensa que duvida, da honestidade do Espectro, não manifesta nenhuma dúvida quanto a qual seria seu dever se o fantasma se revelar honesto: "Por menos que fique alterado, sei o que me incumbe fazer." Nos dois solilóquios em que examina sua posição (II. ii., "Como sou miserável! Que escravo abjeto sou!", e IV. iv., "Todos os acontecimentos me acusam"), ele se recrimina duramente por negligenciar o dever. Quando reflete sobre as possíveis causas dessa negligência, jamais inclui entre elas um escrúpulo moral. Quando o Espectro surge no quarto da rainha, ele confessa, acicatado pela consciência, que, deixando passar o tempo e a paixão, descurou da execução da ordem; mas não alega que sua consciência o impediu. O próprio Espectro afirma que veio para aguçar sua "resolução quase embotada"; e a consciência pode estremecer o propósito, mas não o embota. Como se pode explicar tudo isso pela teoria da consciência?

E, agora, o que pode ser dito contra esse argumento? Uma única passagem solitária[11]. Muito tardiamente, depois de Hamlet ter contado a Horácio tudo que se passou na viagem, faz-lhe a seguinte pergunta (V. ii. 63):

> *Does it not, thinks't thee, stand me now upon—*
> *He that hath kill'd my king and whored my mother,*
> *Popp'd in between the election and my hopes,*
> *Thrown out his angle for my proper life,*
> *And with such cozenage–is't not perfect conscience*
> *To quit him with this arm? and is't not to be damn'd*
> *To let this canker of our nature come*
> *In further evil?*

[Não achas que faço bem?
Ele privou-me do meu pai, prostituiu-me a mãe,
Meteu-se entre a escolha do povo e meus anelos,
Jogou o anzol, visando até a matar-me,
E com tanta perfídia – Em sã consciência,
Não cabe a este meu braço dar-lhe o troco? Não é crime
Deixar esse cancro da nossa natureza incorrer
Em novos males?]

Aqui, certamente, trata-se de uma questão de consciência no sentido mais comum e contemporâneo do termo; e, pode-se alegar, isso não mostra que o tempo inteiro Hamlet se deixou deter por escrúpulos morais? Mas pergunto de que modo, nesse caso, os fatos que acabamos de mencionar podem ser explicados: pois precisam ser explicados, não ignorados. Em seguida, o leitor deve observar que, mesmo que essa passagem mostrasse que *um* dos obstáculos à ação de Hamlet era a sua consciência, não decorre daí que fosse esse o único ou o principal obstáculo. E, por fim, deve observar – e perguntar a si mesmo se essa coincidência é mero acidente – que Hamlet está quase repetindo as palavras que proferiu em inútil autorrecriminação algum tempo antes (IV. iv. 56):

> *How stand I then,*
> *That have a father kill'd, a mother stain'd,*
> *Excitements of my reason and my blood,*
> *And let all sleep?*

[Como é que fico eu pois,
Cujo pai morto, e conspurcada a mãe,
Estímulos sobejos para a razão e o sangue,
E deixo tudo em paz?]

Não está claro que está especulando de modo igualmente inútil agora, e que essa questão de consciência não é senão um de seus muitos pretextos inconscientes para protelar? E, finalmente, não é assim que Horácio o entende? Ele não se recusa a discutir essa falsa questão, e responde simplesmente,

*It must be shortly known to him from England
What is the issue of the business there.*

[Dentro de pouco tempo hão de chegar-lhe notícias da Inglaterra,
Narrando a conclusão que lá se deu ao caso.]

Em outras palavras: "Basta dessa procrastinação interminável. O que se impõe não são as razões para o ato, mas o ato em si." O que pode ser mais significativo?

Talvez, porém, possa-se responder: "Sua explicação dessa passagem pode estar correta, e os fatos que você mencionou de fato parecem pôr abaixo a teoria da consciência em sua forma usual. Mas existe outra teoria da consciência, mais sutil. Por ela, Hamlet, no que toca a sua consciência propriamente dita, estava seguro do dever de obedecer ao Espectro; mas, nas camadas mais profundas de seu ser, sem que se desse conta disso, havia uma repulsa moral ao ato. Os conceitos morais típicos da sua época, que ele partilhava com o Espectro, lhe diziam pura e simplesmente que devia vingar seu pai; porém, uma consciência mais profunda nele, que estava à frente de seu tempo, lutava com esses conceitos formais tradicionais. É porque essa consciência mais profunda permanece abaixo da superfície que ele não se dá conta dela e imagina estar cedendo à covardia, à indolência, à paixão ou seja lá ao que for; mas ela vem à luz naquela fala a Horácio. E é apenas porque possui essa natureza moral mais nobre que o admiramos e amamos."

De minha parte, admito desde já que essa visão não só é muito mais atraente e mais verdadeiramente trágica do que a outra teoria mais trivial da consciência, como também possui mais verossimilhança. Mas não tenho dúvida de que não corresponde ao significado pretendido por Shakespeare, e limitar-me-ei a mencionar, dentre diversas objeções a ela, três que são conclusivas. (*a*) Se ela corresponde ao significado pretendido por Shakespeare, por que afinal ele escondeu esse significado até o último Ato? Os fatos aduzidos acima parecem mostrar sem sombra de dúvida que, por essa hipótese, foi o que ele fez. Que o tenha feito está, efetivamente, muito perto do inacreditável. Seja como for, isso sem dúvida pede uma explicação, e tal explicação nunca foi oferecida. (*b*) Vamos testar a teoria recorrendo a uma única e importante passagem, aquela em que Hamlet depara com o rei a rezar e o poupa. A razão que Hamlet dá a si mesmo para poupar o rei é que, se o matar agora, o estará enviando para o céu, ao passo que deseja enviá-lo para o inferno. Essa razão pode ser um pretexto inconsciente, mas seria crível que, caso o verdadeiro motivo tivessem sido os escrúpulos de sua consciência mais profunda, *estes* pudessem se ocultar na forma de um desejo de condenar a alma de seu inimigo ao inferno? Não é uma idéia risível? (*c*) A teoria nos pede que suponhamos que, quando o Espectro conclama Hamlet a vingar o assassinato de seu pai, está impondo-lhe um dever que *nós* devemos entender não como um dever, mas exatamente como o contrário disso. E essa suposição não é inteiramente contrária à impressão que todos experimentamos naturalmente ao ler a peça? Não resta dúvida de que, independentemente do que nós no século XX possamos pensar a respeito do dever de Hamlet, cabe-nos na peça presumir que ele *deveria* ter obedecido ao Espectro.

A teoria da consciência, portanto, em qualquer de suas formas, deve ser rejeitada. Mas ela pode nos fazer lembrar certos pontos dignos de nota. Em primeiro lugar, sem dúvida é verdade que Hamlet, a despeito de alguns sinais em contrário, tinha, como disse Goethe, uma natureza profundamente moral e ansiava intensamente fazer o bem. Nessa ansiedade, faz lembrar Bruto, sendo ela mais forte nele que em quaisquer dos heróis posteriores. Em segundo lugar, é muito provável que, em suas intermináveis ponderações, o tipo de paralisia que o acometia se ocultasse na forma de escrúpulos de consciência, além de em muitas outras formas. E, finalmente, em sua resistência ao ato, havia provavelmente, junto com muitas outras coisas, algo que poderia ser considerado uma repulsa moral, mas não da consciência: refiro-me a uma repugnância à ideia de atacar à traição um homem incapaz de se defender. Esse, até onde nos é dado ver, foi o único plano cogitado por Hamlet. Nada na peça garante que ele o encarava com a aversão que todo homem nobre e destemido, por suposição natural, experimentaria; mas, como Hamlet era sem dúvida nobre e destemido, podemos presumir que era assim que ele se sentia.

(3) Passamos agora ao que pode ser considerado a visão sentimental de Hamlet, comum tanto entre admiradores como entre difamadores. Seu germe talvez possa ser encontrado numa expressão infeliz de Goethe (que, é claro, não é responsável por toda a ideia): "uma natureza encantadora, pura e profundamente moral, *sem a fibra de coragem que faz o herói*, soçobra sob o fardo que não é capaz de suportar e que tem por dever não alijar de si". Quando essa ideia é isolada, desenvolvida e vulgarizada, ficamos com o quadro de um jovem encantador, meigo e sensível, cheio de sentimentos delicados e aspirações elevadas, recuando diante de tudo que é grosseiro e mundano; porém frágil e inerme, uma espécie

de Werther*, com o rosto de Shelley e a voz do sr. Tree*. Perguntamos então, cheios de piedade, como um homem assim poderia levar a bom termo o terrível dever que lhe fora imposto.

Sim, como! E que Espectro tolo para sequer cogitar semelhante dever! Mas essa ideia, apesar de encontrar algum fundamento em certos traços encantadores da índole de Hamlet, é absolutamente falsa. Demasiado obsequiosa para com Hamlet de um lado, e consideravelmente injusta para com ele de outro. A teoria da "consciência", com efeito, pinta Hamlet como o dono de um caráter extraordinário, que se pode admirar e até reverenciar. Mas pelo Hamlet "sentimental" sentimos apenas piedade mesclada com desprezo. Seja lá o que for, não se trata de um *herói*.

Mas, vejamos o texto. Esse jovem tímido e delicado – como teria sido capaz de fazer o que *vemos* Hamlet fazer? Que semelhança existe entre ele e o Hamlet que, conclamado pelo Espectro, afasta-se de seus amigos aterrorizados com a advertência:

Unhand me, gentlemen!
By heaven, I'll make a ghost of him that lets me;

[Soltai-me, cavalheiros!
Pelo céu, farei um espectro daquele que me detiver;]

o Hamlet que praticamente não se dirige ao rei sem uma ofensa, ou a Polônio sem um dito mordaz; o Hamlet que deblatera contra Ofélia e lança impropérios contra a mãe; o Hamlet que, ouvindo um grito atrás da cortina, puxa da espada num átimo e traspassa o bisbilhoteiro; o Hamlet que manda seus "companheiros de estudos" para a morte e nem uma vez torna a se preocupar com eles; o Hamlet que é o primeiro homem a saltar para dentro de um navio pirata e que luta com Laertes numa cova; o Hamlet da catástrofe, um vingador inelutável, diante de quem toda a corte jaz impotente, e que, quando a verdade finalmente se lhe revela, arroja-se sobre o rei, crava-lhe a lâmina no corpo[12], agarra a taça de veneno e força-a violentamente contra os lábios do moribundo, e, já nos estertores da morte, encontra forças e ânimo suficiente para arrebatar a taça da mão de Horácio ("Pelo céu, eu a terei!") e evitar que dela bebesse e encontrasse a morte? Esse homem, o Hamlet da peça, é um vulto he-

---

* *Os sofrimentos do jovem Werther* (1774), novela autobiográfica de Johann Wolfgang von Goethe, que obteve enorme popularidade na sua época.
Herbert Beerbohm Tree (1853-1917), ator e empresário teatral, famoso por seu estilo bombástico. (N. do R. T.)

roico e impressionante. Pareceria terrível para Otelo e Macbeth. Se o Hamlet sentimental tivesse cruzado seu caminho, ele o teria enxotado com apenas uma das mãos.

Essa visão, portanto, ou qualquer outra que se aproxime dela, é flagrantemente injusta para com Hamlet e converte a tragédia em mero *páthos*. Mas, por outro lado, é demasiado benévola para com ele. Ignora a rudeza e o sarcasmo que, de fato, não faziam parte de sua índole, mas, não obstante, nessa crise de sua vida, estão indubitavelmente presentes e dolorosamente gravados. Sua severidade, ela própria deixada de fora dessa teoria, está longe de ser um defeito; mas ele é bem mais do que severo. Talvez Polônio não merecesse nada melhor que as palavras dirigidas a seu cadáver:

Thou wretched, rash, intruding fool, farewell!
I took thee for thy better: take thy fortune:
Thou find'st to be too busy is some danger;

[Adeus, mísero tolo, intruso e temerário!
Tomei-te por alguém mais alto: aceita a sorte:
Bem vês que há algum perigo em ser intrometido;]

não obstante, estamos falando do pai de Ofélia, e, merecesse o que fosse, é-nos doloroso, por causa mesmo de Hamlet, ouvir as palavras:

This man shall set me packing:
I'll lug the guts into the neighbour room.

[Este homem me obriga a fazer minha bagagem:
Comecemos arrastando-lhe as tripas para o quarto vizinho.]

Verifica-se a mesma insensibilidade no linguajar de Hamlet sobre a sorte de Rosencrantz e Guildenstern; e, observe-se, suas mortes não eram minimamente necessárias para o propósito que o animava. Admitindo-se, ainda, que sua crueldade para com Ofélia devia-se em parte a mal-entendidos, que em parte não lhe restava alternativa, e que foi em parte forjada; ainda assim, ninguém pode explicá-la de modo plenamente satisfatório, e menos ainda pode-se explicar a vulgaridade abjeta e ofensiva do linguajar que dedica a ela na cena do teatro. Sei que isso é considerado mero exemplo do costume da época de Shakespeare. Mas não é assim. Trata-se de um linguajar que não encontraremos, dirigido a uma mulher, em nenhum outro herói de Shakespeare, nem mesmo na tétrica cena em que Otelo acusa Desdêmona. É um grande erro ignorar esses fatos, ou procurar adoçar a impressão que eles naturalmente provocam.

Que tamanho amargor, tamanha crueza, insensibilidade e brutalidade, possam ter sido incutidos numa alma tão pura e nobre, é profundamente trágico; e o papel de Shakespeare era mostrar essa tragédia, não pintar uma alma idealmente sublime e imune ao mal do mundo e à angústia do fracasso consciente[13].

(4) Resta, finalmente, aquela espécie de concepção que se faz acompanhar do nome de Schlegel e de Coleridge. Segundo ela, *Hamlet* é a tragédia da reflexão. A causa da demora do herói é a irresolução; e a causa dessa irresolução é a índole excessivamente filosófica ou reflexiva. De um modo geral, ele tem a intenção de obedecer ao Espectro, mas "o primitivo verdor de nossas resoluções se estiola na pálida sombra do pensamento". Sofre de "cogitação paroxística". "O conjunto", diz Schlegel, "serve para mostrar de que modo um exame acurado, que procura esgotar até o limite da percuciência humana todas as bifurcações e possíveis consequências de um ato, embota[14] o poder de ação... Hamlet é insincero consigo mesmo; seus rebuscados escrúpulos são muitas vezes meros pretextos para encobrir a falta de determinação... Não acredita firmemente em si mesmo ou no que seja... Perde-se em labirintos de pensamento." Coleridge também vê em Hamlet "uma atividade intelectual quase exagerada e aversão proporcional à ação concreta como consequência dela" (ou seja, essa aversão é consequência da atividade). O professor Dowden critica essa visão, com muita justiça, por negligenciar o lado emocional do caráter de Hamlet, "que é tão importante quanto o intelectual"; mas, com essa ressalva, parece, no geral, adotá-la. Hamlet, ele diz, "perde a noção do concreto porque, nele, cada objeto e evento se transforma e se expande convertendo-se numa ideia... Não consegue manter viva dentro dele, de forma sólida, a noção da importância de qualquer coisa delimitada, real – um ato, por exemplo". E Dowden explica essa situação referindo-se à vida de Hamlet. "Quando a peça tem início, ele tem 30 anos completos... e foi receptor de toda espécie de cultura, exceto a cultura da vida prática. Durante o reinado do velho e voluntarioso Hamlet, seu filho contemplativo não foi sequer uma vez instado à ação. Deixou-se levar fase adulta adentro sempre como um frequentador da universidade, estudante de filosofia, amante das artes, preocupado com as coisas da vida e da morte, que nunca tomou uma decisão nem consumou um ato" (*Shakspeare, his Mind and Art* [Shakespeare, sua mente e sua arte] 4.ª ed., pp. 132-3).

No todo, a teoria de Schlegel-Coleridge (com ou sem o modificador e os acréscimos do professor Dowden) é a visão mais amplamente aceita do caráter de Hamlet. E, com ela, entramos por fim em contato mais estreito com o texto da peça. Pois não só corresponde, no tocante a certos aspectos fundamentais, à impressão geral produzida pelo drama, como pode ser confirmada pelas próprias palavras de Hamlet em seus solilóquios – palavras, por exemplo, como aquelas sobre o primitivo verdor de nossas resoluções, ou sobre o tímido escrúpulo de pensar nas consequências com excessiva minúcia. É confirmada também pelo contraste entre Hamlet de um lado e Laertes e Fortinbrás de outro; e, mais que isso, pelas palavras que o rei diz a Laertes (IV. vii. 119 s.), as quais, se não vêm a propósito, são tão mais importantes por mostrar o que Shakespeare pensava naquela época:

> that we would do
> We should do when we would; for this 'would' changes,
> And hath abatements and delays as many
> As there are tongues, are hands, are accidents;
> And then this 'should' is like a spendthrift sigh
> That hurts by easing.
>
> [o que quiséssemos fazer
> Deveríamos fazer no momento de querer; porque esse "querer" muda,
> E sofre tantas diminuições e adiamentos quantos sejam
> As línguas, as mãos e os acidentes por que atravessa;
> E então esse "dever" transforma-se numa espécie de suspiro dissipador
> Que causa dano ao ser exalado.]

E, por último, mesmo que a concepção em si não seja plenamente satisfatória, a *descrição* que seus seguidores fazem do estado de espírito de Hamlet, tal como o vemos nos últimos quatro Atos, é, no todo e até certo ponto, uma análise veraz. A energia da intrepidez se dissipa na elucubração interminável acerca do ato imperioso. Quando age, sua ação não nasce dessa deliberação e análise, mas é repentina e impulsiva, provocada por uma emergência que não lhe dá tempo para pensar. E a maior parte das razões que ele dá para a protelação não corresponde, evidentemente, às verdadeiras razões, mas a pretextos inconscientes.

Não obstante, essa teoria deixa a desejar. E não meramente nesse ou naquele detalhe, mas no conjunto. Sentimos que esse Hamlet não responde integralmente à nossa impressão imaginativa. Não está tão longe dessa impressão quanto o Hamlet sentimental, mas, seja como for, ainda sentimos que é inferior ao homem criado por Shakespeare, e não lhe faz jus. E, quando finalmente analisamos a teoria, descobrimos que é incompleta e deixa muita coisa sem explicação. Não falarei disso por ora, pois mostraremos, creio, que essa teoria é também francamente traiçoeira, e em um aspecto assaz relevante. É disto que vou falar agora.

A irresolução de Hamlet, ou sua aversão à ação concreta, é, segundo a teoria, resultado *direto* de "uma atividade intelectual quase exagerada" na forma de "um exame acurado, que procura esgotar até o limite da percuciência humana todas as bifurcações e possíveis consequências de um ato". E isso, ainda, procede de um desequilíbrio natural, reforçado pelo hábito, e, talvez, por anos de especulação ociosa. A teoria descreve, portanto, um homem, de certo modo, como o próprio Coleridge: de um lado, homem de gênio, de outro – o da força de vontade –, deploravelmente fraco, sempre a protelar e evitar deveres desagradáveis, e, muitas vezes, recriminando-se inutilmente; um homem, observem, que em *nenhum* momento e em *nenhuma* circunstância estaria à altura da tarefa confiada a Hamlet. E, assim, devo insistir, ela degrada Hamlet e descaracteriza a peça. Pois Hamlet, de acordo com todas as indicações presentes no texto, não era naturalmente ou normalmente um homem desse tipo, mas antes, arrisco-me a dizer, um homem que em qualquer *outro* momento e em qualquer *outra* circunstância estaria perfeitamente à altura de sua missão; e, com efeito, o fato de a crise da sua vida se abater sobre ele no único momento quando não tem condições de enfrentá-la, e quando seus dons mais elevados, em vez de ajudá-lo, mais conspiram para paralisá-lo, constitui exatamente a imensa crueldade da sua sorte. Esse aspecto da tragédia é inteiramente negligenciado pela teoria; e isso acontece porque ela se equivoca quanto à causa da irresolução que, no todo, descreve com tanta propriedade. Pois a causa direta ou precípua não era um contumaz excesso de elucubrações. A causa direta era um estado de espírito profundamente anormal e induzido por circunstâncias especiais – um estado de profunda melancolia. Ora, as elucubrações de Hamlet sem dúvida tiveram alguma influência na *formação* dessa melancolia, e foram, desse modo, uma causa indireta que contribuiu para a irresolução. E, também, a melancolia, uma vez instalada, produziu, como um de seus *sintomas*, ponderações excessivas sobre o ato necessário. Mas o excesso de ponderação não foi, em absoluto, conforme defendido pela teoria, a causa *direta* da irresolução; tampouco foi a *única* causa indireta; e, no Hamlet dos últimos quatro Atos, deve ser considerado mais um sintoma desse estado do que sua causa.

Essas afirmações podem ser sucintas demais para parecer claras de imediato, mas espero que logo comecem a ficar claras.

3

Perguntemo-nos primeiro o que a peça pode nos dizer, de forma direta ou por inferência, sobre o Hamlet de pouco antes da morte de seu pai. E começo observando que o texto não corrobora a ideia de que ele era exclusivamente reflexivo e indisposto à ação. Ninguém que o conheceu parece ter percebido essa fragilidade. Ninguém o considera um mero intelectual que "nunca tomou uma resolução ou consumou um ato". Numa corte que certamente não admiraria muito alguém assim, ele é o objeto da atenção de todos os observadores. Embora tenha sido alijado do trono, todos lhe mostram respeito; e ele tem a predileção do povo, que não é dado a venerar filósofos. Fortinbrás, homem bastante prático, achava que, coroado, era provável que se mostrasse digno da coroa. Ordena que quatro capitães carreguem Hamlet, "como um soldado", para o sepulcro; e Ofélia diz que Hamlet *era* um soldado. Se apreciava o teatro, interesse estético, apreciava igualmente a esgrima, interesse atlético: praticou-a com assiduidade mesmo em seus piores dias[15]. Até onde nos é dado conjecturar a partir do que vemos dele nesses maus dias, deveria ser, de um modo geral, encantadoramente franco, cortês e polido com todos aqueles que, independentemente da hierarquia, contassem com sua afeição e respeito, mas totalmente livre de hesitação ou deferência abjeta para com os demais; e, também, que era capaz de agir com resolução e até autoridade se desafiado ou importunado. Deve ter sido sempre destemido – na peça, parece imune a toda espécie ordinária de medo. E, finalmente, deve ter sido resoluto e impetuoso na hora de agir; pois é simplesmente impossível que o homem que vemos a perseguir o Espectro, a assassinar Polônio, a lidar com a carta do rei no navio, a abordar o corsário, a saltar para dentro da cova, a executar sua vingança final, possa *jamais* ter recuado ou hesitado numa emergência. Imagine-se Coleridge fazendo qualquer uma dessas coisas!

Se levarmos tudo isso em conta, como podemos aceitar a ideia de que Hamlet tinha uma personalidade fraca e excessivamente especulativa? "Sim, mas ele passou dez ou doze anos na Universidade!" Bem, mesmo que seja o caso, é possível fazê-lo sem cair vítima do excesso de elucubração. Mas a afirmação de que isso aconteceu não se sustenta sobre uma base muito segura[16].

Onde, então, devemos procurar pelas sementes do perigo?

(1) Se alguém tentasse partir do Hamlet da peça para reconstruir seu temperamento, jamais chegaria à conclusão de que sofria de melancolia no sentido atual do termo; não há nada que mostre isso; mas chegaria à conclusão de que seu temperamento o deixava propenso à instabilidade nervosa, a rápidas e quiçá extremas mudanças de humor e de sensações, e que tinha a tendência a se tornar, durante esse tempo, presa do humor ou das sensações que tivessem se apossado dele, quer fossem alegres,

quer deprimentes. Esse temperamento seria chamado pelos elisabetanos de melancólico; e Hamlet parece ser um exemplo desse tipo, como Lear o é de um temperamento entre o colérico e o sanguíneo. E a doutrina dos temperamentos era tão popular no tempo de Shakespeare – como Burton*, e outros prosistas antes dele, e muitos dos dramaturgos, mostram – que Shakespeare pode perfeitamente ter conferido esse temperamento a Hamlet de forma consciente e planejada. De melancolia em sua forma avançada, um hábito, não um mero temperamento, ele fala com frequência. Mais de uma vez ri da melancolia passageira e semifictícia do amor e da juventude; em Dom João, de *Muito barulho*, retrata a melancolia amarga e neurastênica da insatisfação; em Jaques, a melancolia caprichosa e autocomplacente; em Antônio, de *O mercador de Veneza*, uma melancolia serena mas profunda, para a qual nem a vítima nem seus amigos conseguem apontar nenhuma causa[17]. Dá a Hamlet um temperamento que só descambaria para a melancolia por alguma pressão fora do comum, mas que, mesmo assim, representa perigo. Na peça, vemos o perigo consumado e encontramos uma melancolia bastante diferente de qualquer outra que Shakespeare já tivesse retratado, porque o temperamento de Hamlet é bastante peculiar.

(2) Em seguida, não podemos nos enganar e atribuir ao Hamlet dos primeiros tempos uma sensibilidade excepcional, à qual poderíamos dar o nome de "moral" caso a palavra fosse tomada no sentido mais amplo de que se deveria revestir. Essa sensibilidade, apesar de sofrer cruelmente mais tarde, como vimos na crítica à visão sentimental de Hamlet, nunca o abandona; faz com que todo o seu sarcasmo, dureza e severidade nos pareçam mórbidos, e tem um efeito indizivelmente atrativo e patético. Possuía ele a alma de um jovem poeta, como Shelley e Tennyson a descreveram, por tudo e em tudo que era bom e belo, nutria fascínio e fé sem limites. Sabemos disso por ele mesmo. O mundo para ele era *herrlich wie am ersten Tag* [magnífico como o primeiro dia] – "Esta magnífica estrutura, a terra, este maravilhoso dossel, o ar, este excelente firmamento que nos cobre, este majestoso teto, incrustado de áureos fogos". E não só a natureza: "Que obra-prima é o homem! Quão nobre pela razão! Quão infinito pelas faculdades! Como é significativo e admirável na forma e nos movimentos! Nos atos, quão semelhante aos anjos! Na apreensão, como se aproxima dos deuses!" Isso não é lugar-comum

---

* Robert Burton (1577-1640), clérigo inglês, autor de *The Anatomy of Melancholy* [A anatomia da melancolia], que tanto analisa as causas da melancolia quanto discorre sobre outras áreas de conhecimento como a ciência, a história e a reforma social.

para Hamlet; são as palavras de um coração saturado de assombro, à beira do êxtase.

Sem dúvida, era com o mesmo entusiasmo e interesse que via todos à sua volta. Onde mais encontra-se em Shakespeare algo parecido com a adoração de Hamlet pelo pai? As palavras se transformam em música sempre que fala dele. E, se não há traço de sentimento parecido por sua mãe, embora haja muitas mostras de amor, é sintomático que nunca tenha, em momento algum, nutrido uma dúvida quanto a nada que a desmerecesse – sintomático, e característico da sua tendência a ver apenas o que é bom, a menos que fosse obrigado a ver o contrário. Pois encontramos essa tendência alhures, e chegando tão longe que devemos considerá-la uma predisposição à idealização, a ver algo melhor do que se apresenta, ou, pelo menos, a ignorar defeitos. Ele diz a Laertes "sempre gostei de vós", e o descreve como um "jovem de grande nobreza", o que estava longe de ser. Em sua primeira saudação a Rosencrantz e Guildenstern, onde seu antigo eu ressurge, percebemos a mesma delicadeza e inclinação a enxergar o melhor de cada um. Seu amor por Ofélia, do mesmo modo, o qual soa estranho para alguns, é sem dúvida a coisa mais natural do mundo. Via sua inocência, simplicidade e doçura, e era da sua natureza não pedir nada além disso; e é digno de nota que Horácio, apesar de integralmente merecedor de sua amizade, à semelhança de Ofélia não se destaque pelo aspecto intelectual. Até o derradeiro fim, por mais que se encubra, essa disposição generosa, essa "natureza livre e aberta", essa ausência de desconfiança, sobrevive. Custa sua vida; pois o rei estava ciente dessas qualidades e seguro de que Hamlet era demasiado "generoso e alheio a qualquer trama" para "examinar as lâminas". Até o derradeiro fim, sua alma, por mais combalida e torturada, reage instantaneamente quando posta diante do bem e do mal, amando um e odiando o outro. Ele é considerado um cético que não crê firmemente em nada, mas não é jamais cético em relação a *esses valores*.

E o lado negativo de seu idealismo, a aversão ao mal, é talvez ainda mais acentuado no herói da tragédia do que no Hamlet dos primeiros tempos. É profundamente característico. Acredito que não se pode encontrar em nenhum outro Shakespeare (a não ser na fúria do desiludido idealista Tímon) nada que se compare à repulsa de Hamlet a seu tio bêbado, ao ódio que nutre pela sensualidade de sua mãe, à perplexidade e horror diante da futilidade dela, ao desprezo por tudo que é hipócrita ou falso, à sua indiferença a todas as exterioridades. Essa última característica aparece na escolha do amigo de seu coração e numa certa impaciência diante das distinções hierárquicas e de riqueza. Quando

Horácio chama seu pai de "um grande rei", ele responde, certamente pondo ênfase em "homem":

He was a man, take him for all in all,
I shall not look upon his like again.

[Era um homem, em tudo e por tudo,
Como não espero encontrar outro igual.]

Não aceitaria que se dissesse que Horácio é seu "criado". Quando os outros lhe falam dos "deveres" que têm para com ele, responde: "Vossa amizade, como para vós a minha." Dirige-se ao ator exatamente como faria a um digno cortesão. Não é revolucionário em nenhuma medida, mas, com efeito, a seus olhos são iguais o rei e o mendigo. Nada lhe importa senão os valores humanos, e sua impiedade para com Polônio e Osric e seus "companheiros de estudos" não se deve inteiramente à morbidez, mas condiz em parte com seu caráter original.

Contudo, na sensibilidade moral de Hamlet há, sem dúvida, um perigo. Qualquer grande choque que a vida possa lhe infligir será sentido com redobrada intensidade. Semelhante choque poderia até mesmo acarretar resultados trágicos. E, com efeito, *Hamlet* merece o título de "tragédia do idealismo moral" tanto quanto o de "tragédia da reflexão".

(3) Ao lado desse temperamento e dessa sensibilidade, encontramos, por fim, no Hamlet dos primeiros tempos como no posterior, gênio intelectual. É precipuamente isso que o diferencia tanto de todos que o cercam, bons ou maus indistintamente, e não o livra de diferir quase em igual medida da maioria dos demais heróis de Shakespeare. E isso, muito embora seja no todo o traço mais importante de sua natureza, é também tão óbvio e tão notório que não se faz necessário que me alongue mais no tema. Mas, contrária a um equívoco renitente, devo dizer uma palavra de advertência. O poder intelectual de Hamlet não é um dom específico, como a aptidão para a música, a matemática ou a filosofia. Ele se manifesta, a intervalos, nos assuntos da vida, na forma de invulgar rapidez de raciocínio, excepcional capacidade de adaptação a novas atitudes mentais, assombrosa agilidade e fertilidade de recursos; de modo que, quando sua fé natural nas pessoas não o deixa demasiado desatento, Hamlet facilmente enxerga a alma delas e as têm sob seu domínio, e ninguém pode assemelhar-se menos que isso ao típico sonhador incorrigível. Esse poder intelectual se revela na conversação na forma de presença de espírito e senso de humor; e, tanto na conversação como em solilóquio, revela-se na forma de imaginação, e, em igual medida, na de

reflexão no sentido mais estrito. Além disso, onde assume essa última forma, como acontece com tanta frequência, não é filosófico no sentido técnico do termo. Não há, com efeito, nada na peça que mostre que Hamlet tivesse jamais sido "um estudante de filosofias", a não ser pelas famosas linhas que, por cômico que seja, mostram essa suposta vítima da filosofia como um crítico dela:

> *There are more things in heaven and earth, Horatio,*
> *Than are dreamt of in your philosophy.*
>
> [Há mais coisas no céu e na terra, Horácio,
> Do que pode sonhar tua filosofia[18].]

A filosofia dele, se pudermos usar essa palavra, era, como a de Shakespeare, produto imediato do espírito reflexivo e contemplativo; e ideias célebres como esta, "Não há nada que seja bom ou mau, mas o pensamento o torna assim", certamente não requeriam nenhum aprendizado especial para ser produzidas. Ou o comentário de Pórcia, "Nada é bom sem relação", ou seja, de modo absoluto, prova que ela estudou metafísica?

Assim, Hamlet tinha gênio especulativo sem ser filósofo, como tinha gênio imaginativo sem ser poeta. Não há dúvida de que, em dias mais felizes, fora um observador atento e constante dos homens e seus modos, anotando os resultados no canhenho que mais tarde tiraria do peito para, com lancinante ironia, fazer a derradeira anotação, que se pode sorrir, sorrir, e ser velhaco. Vezes sem conta flagramos essa paixão pela generalização que tanto o absorveu; por exemplo, as reflexões suscitadas pela embriaguez do rei, que o fizeram esquecer-se do que esperava encontrar diante das ameias. Sem dúvida, também, estava sempre a contemplar as coisas, como parecia a Horácio, com profunda curiosidade. Havia uma necessidade na sua alma impelindo-o a penetrar além da superfície e a investigar o que os outros ignoravam solenemente. Aquele olhar baço e corriqueiro que o mundo exibe na maioria dos homens não existia para ele. Não parava nunca de desconstruir seu mundo e reconstruí-lo mentalmente, dissolvendo o que para uns eram fatos concretos e descobrindo o que para outros eram antigas verdades. Não havia antigas verdades para Hamlet. Era para Horácio muito natural que houvesse uma divindade a lavrar nossos destinos, mas, para Hamlet, foi um conhecimento adquirido a duras penas. E em toda parte por esse reino da cognição – no qual ele sentia que o homem, que na ação é como um anjo, na inteligência é como um deus – Hamlet transitava (devemos supor) mais que satisfeito, de tal modo que, mesmo em seus piores dias, declara poder ser confinado numa casca de noz e, mesmo assim, considerar-se rei do espaço infinito, não fossem os maus sonhos que tem.

A perguntarmo-nos agora se jazia *nisso* algum perigo especial, de que modo responderíamos? Devemos responder, parece-me, "algum perigo, está claro, mas, dadas as circunstâncias ordinárias da vida, nada demais". Pois, em primeiro lugar, a ideia que tantos críticos têm como fato estabelecido – segundo a qual o dom e o hábito da postura meditativa e reflexiva tende a produzir irresolução nos assuntos da vida – não é, de modo nenhum, fácil de comprovar. O leitor seria capaz de comprová-la, por exemplo, na vida dos filósofos, ou, ainda, de homens que sabemos por experiência pessoal aferrados a semelhantes especulações? Eu não seria. É claro, guardadas as peculiaridades de cada um, a absorção em *qualquer* interesse intelectual, associada à reserva diante das interações externas, pode tornar o homem lento e despreparado para a tomada de atitudes; e, sem dúvida, guardadas as peculiaridades de cada um, um simples estudante está mais perto de ficar desorientado quando surpreendido por um transe que requeira medidas práticas do que um soldado ou um advogado. Mas, em tudo isso, não existe diferença entre um físico, um historiador e um filósofo; e, ainda, a lassidão, a falta de preparo e até mesmo a fragilidade são totalmente diferentes do tipo peculiar de irresolução mostrado por Hamlet. A ideia de que a especulação mental conduz a *isso* não passa, com efeito, de mera ilusão.

Em segundo lugar, mesmo que essa ideia fosse verdadeira, foi mostrado que Hamlet *não* levava a vida de um mero estudante, menos ainda de um mero sonhador, e que sua índole não era, de modo algum, simplesmente ou exclusivamente intelectual, mas saudavelmente dinâmica. Assim, dadas as circunstâncias ordinárias da vida, não teria por que haver grande perigo em sua propensão intelectual e seu hábito especulativo; e eu iria mais longe, afirmando que não havia nada neles, considerados isoladamente, que o comprometesse mesmo para o extraordinário dever que o solicitava. Com efeito, se a mensagem do Espectro lhe tivesse alcançado uma semana após a morte do pai, não vejo razão para duvidar que teria reagido de modo tão resoluto quanto o próprio Otelo, apesar de provavelmente depois de uma deliberação mais prolongada e sofrida. E, portanto, a visão de Schlegel-Coleridge (abstração feita de sua importância descritiva) me parece inapelavelmente equivocada, pois implica que a protelação de Hamlet era a reação esperada de uma natureza demasiado especulativa diante de um difícil problema de ordem prática.

Por outro lado, sob determinadas condições muito peculiares, as elucubrações de Hamlet certamente poderiam resultar perigosas para ele, e seu gênio poderia até mesmo (exagerando um pouco) converter-se em sua perdição. Pense-se no choque violento da sua tessitura moral, do qual falei; e suponha-se que, vítima desse choque, sendo-lhe negada toda possibilidade de ação, começasse ele a mergulhar na melancolia; então, sem dúvida, sua índole criativa e generalizadora poderia amplificar os efeitos do choque, fazendo-o tomar todo o seu ser e o seu mundo interior. E se, enquanto o estado de melancolia fosse assim se aprofundando e fixando, sobreviesse a repentina necessidade de tomar uma atitude difícil e definitiva sobre assunto relacionado à própria melancolia, esse estado poderia perfeitamente apresentar como um de seus sintomas uma interminável e inútil dissecação mental do ato requerido. E, finalmente, a futilidade do processo e a vergonha da protelação iriam enfraquecê-lo e escravizá-lo ainda mais à sua melancolia. Assim, o hábito especulativo seria *uma* causa indireta do estado mórbido a retardar a ação; e iria reaparecer também numa forma degenerada com um dos *sintomas* desse estado mórbido.

Eis aqui o que de fato acontece na peça. Voltemo-nos para as primeiras palavras ditas por Hamlet quando está sozinho; ou seja, para onde o autor, provavelmente, expõe suas razões do modo mais franco. O que ouvimos?

> *O, that this too too solid flesh would melt,*
> *Thaw and resolve itself into a dew!*
> *Or that the Everlasting had not fix'd*
> *His canon 'gainst self-slaughter! O God! God!*
> *How weary, stale, flat and unprofitable,*
> *Seem to me all the uses of this world!*
> *Fie on't! ah fie! 'tis an unweeded garden,*
> *That grows to seed; things rank and gross in nature*
> *Possess it merely.*

> [Oh, se esta carne sólida, tão sólida, se esfizesse,
> Fundindo-se em orvalho!
> Ou se ao menos o Eterno não houvesse condenado
> O suicídio! Ó Deus! Deus!
> Como se me afiguram fastidiosas, fúteis e vãs
> As coisas deste mundo!
> Que horror! Ah, abjeção! É um jardim que não foi limpo,
> Em que só medram ervas daninhas; coisas de natureza rude e grosseira
> Unicamente o ocupam.]

Temos aqui um fastio da vida, e até mesmo um desejo de morte, tão intenso que nada se interpõe entre Hamlet e o suicídio senão o temor da religião. E o que os provocou? O restante do solilóquio de tal modo nos lança a resposta à face que dir-se-ia impossível não vê-la. Não foi a morte de seu pai; isso, sem dúvida, trouxe profundo pesar, mas mero pesar por um ente querido e perdido não faz um espírito nobre detestar o mundo como um lugar cheio apenas de coisas rudes e grosseiras. Não foi a vaga suspeita que sabemos que Hamlet sentiu. Menos ainda a perda da coroa; pois muito embora a subserviência dos eleitores pudesse de fato enojá-lo, não há nenhuma referência ao assunto no solilóquio, tampouco nenhum sinal alhures de que isso estivesse entre as suas preocupações. Foi o choque moral da súbita e pavorosa revelação da verdadeira natureza de sua mãe, abatendo-se sobre ele quando seu coração estava doendo de amores e seu corpo, sem dúvida, abatido pelo sofrimento. E é essencial, por desagradável que seja, que nos demos conta da natureza desse choque. Aqui importa pouco se a idade de Hamlet era de 20 ou 30 anos: em ambos os casos sua mãe era uma matrona entrada em anos. Durante toda a vida acreditou nela, podemos estar certos, como se esperaria de um filho como ele. Vira-a não simplesmente devotada ao pai, mas agarrada a ele como uma jovem recém-casada, agarrada a ele

As if increase of appetite had grown
By what it fed on.

[Como se seu apetite aumentasse
À medida que se satisfazia.]

Tinha-a visto seguindo o corpo dele "como Níobe, em pranto". E então, um mês depois – "Ó Deus! Um animal baldo de raciocínio teria sentido dor mais duradoura" –, ela se casou novamente, e com o tio de Hamlet, um homem não menos que desprezível e execrável a seus olhos; casou com ele configurando o que para Hamlet era uma relação incestuosa[19*]; casou com ele não por alguma razão de Estado, e nem mesmo por antiga afeição familiar, mas de um modo tal que seu filho foi obrigado a ver no ato não só uma assombrosa superficialidade de sentimentos como também um rompante de baixa sensualidade, "rude e grosseira"[20], correndo a toda pressa para a sórdida satisfação. É possível conceber uma

....

* Péricles Eugênio da Silva Ramos observa a esse respeito: "Era considerado incestuoso o casamento da mulher com o irmão de seu falecido marido; havia impedimento canônico" (in *Hamlet*, São Paulo: Círculo do Livro, 1982. Nota 67) (N. do T.)

experiência mais desoladora para um homem tal como vimos que é o caso de Hamlet; e seriam suas consequências outra coisa senão perfeitamente naturais? Ela traz horror e aturdimento, então repulsa, e finalmente a perda da fé no ser humano. Todo o seu espírito encontrava-se envenenado. Jamais poderá ver Ofélia pelo mesmo prisma novamente: pois é uma mulher, e sua mãe é uma mulher: se pronuncia a palavra "curto" para ele, a resposta escorre de seus lábios como peçonha, "como o amor das mulheres". As últimas palavras do solilóquio, que se ocupa *integralmente* desse assunto, são:

> *But break, my heart, for I must hold my tongue!*
>
> [Mas estoura, meu coração, pois devo refrear minha língua!]

Não há nada que possa fazer. Deve aprisionar em seu coração não alguma suspeita de seu tio que por ali se mova sub-repticiamente, mas esse horror e fastio; e se o seu coração algum dia encontrou alívio, foi quando essas emoções, mescladas ao amor que nunca morreu em seu íntimo, foram expurgadas como numa torrente nos aposentos de sua mãe diante do leito nupcial de seu pai[21].

Se ainda nos admirarmos, e nos perguntarmos por que o efeito desse choque deveria resultar tão devastador, seria avisado observar que *agora* surgiram as condições sob as quais os mais elevados dotes de Hamlet, sua sensibilidade moral e seu gênio, se convertem em seus inimigos. Uma natureza menos sensível do ponto de vista moral teria sentido até mesmo revelação tão nefanda de modo mais brando. Um espírito mais tardo, mais estreito e mais positivo poderia não permitir que se alastrasse de modo tão completo dentro de si a repulsa e a descrença que o invadiram. Mas Hamlet é dotado de um mundo interior que, para bem e para mal, sente e vê todas as coisas reunidas numa só. A seiva que lhe dá vida é o pensamento, e seu pensamento está contaminado. Vê-se incapaz de sopitar a ânsia de escavar e lacerar a chaga em sua alma. Uma ideia, prenhe de perigo, agarra-se a ele, que grita de agonia diante dela, mas é incapaz de ver-se livre ("Preciso recordar?", "Não quero pensar nisto!"). E quando, com o embotamento de sua resolução, a força dessa ideia se abranda, não o faz sem antes deixar no seu rastro uma fadiga infinita e um tétrico anseio de morte.

E esse é o momento que o destino dele elege. Nessa hora de suprema fraqueza, o desmoronamento de todo o seu ser rumo ao aniquilamento, chega-lhe, rompendo as fronteiras do mundo organizado com um choque de perplexidade e terror, a revelação do adultério de sua mãe e do assassinato de seu pai, e, com ela, a exigência, em nome de tudo que lhe é mais caro e mais sagrado, de que se erga e aja. E, por um momento, embora sua mente se abale e vacile[22], sua alma salta fervorosa para atender a esse chamado. Mas isso acontece tarde demais. Ela não faz senão golpear firmemente o último rebite da melancolia que o mantém prisioneiro.

The time is out of joint. Oh cursed spite,
That ever I was born to set it right.
[O mundo está fora dos eixos. Oh! maldita sorte!...
Por que nasci para colocá-lo em ordem!]

é o que murmura uma hora depois do momento quando jurou dar sua vida pelo dever de vingança; e o resto da história mostra seus esforços vãos de cumprir essa tarefa, as justificativas inconscientes que procura para si mesmo, as inúteis recriminações e os trágicos resultados de sua demora.

4

"Melancolia", eu disse, não depressão, tampouco loucura. Que Hamlet não estava longe da loucura é muito provável. Sua falsa alegação de loucura pode muito bem ter se devido em parte a um medo da realidade; a um instinto de autopreservação, um palpite de que o fingimento lhe permitiria extravasar em alguma medida o fardo que oprimia seu coração e mente, e um medo de que fosse completamente incapaz de reprimir esse extravasamento. E se o patologista chama seu estado de melancolia, e chega a identificar seu tipo, não vejo nada que se possa objetar a isso; sou grato a ele por enfatizar o fato de que a melancolia de Hamlet não era uma mera depressão comum do ânimo; e não tenho dúvida de que muitos leitores da peça a entenderiam melhor se lessem um relato da melancolia num compêndio sobre doenças mentais. Se nos apetece empregar o termo "doença" de forma lata, a condição de Hamlet pode em verdade ser assim considerada. Nenhum ato de vontade poderia tê-la dispersado. Mesmo que tivesse sido capaz de consumar sem demora a convocação do Espectro, teria sem dúvida permanecido debilitado por algum tempo. Seria clamorosamente injusto dizer que *Hamlet* é um estudo da melancolia, mas ela contém esse estudo.

Porém, essa melancolia é muito diferente da loucura, em tudo que diz respeito ao significado usual da palavra. Sem dúvida poderia descambar para a loucura. O anseio da morte poderia se tornar um impulso irresistível de autodestruição; o destrambelhamento dos sentimentos e da vontade poderia se estender à razão e ao intelecto; delírios poderiam aparecer; e o homem poderia se tornar, como se diz, incapaz e irresponsável. Mas a melancolia de Hamlet está longe dessa condição. É algo totalmente diferente da loucura que ele encena; e nunca, quando sozinho ou na companhia apenas de Horácio, dá sinais dessa loucura. Nem o uso dramático dessa melancolia, enfim, é passível de objeções que seriam justificadamente apresentadas contra a representação de uma insanidade responsável por levar o herói a um fim trágico. O homem que sofre como Hamlet – e milhares seguem na vida sofrendo assim em maior ou menor grau – não é considerado irresponsável quer por outrem, quer por si mesmo: é por demais consciente da própria responsabilidade. É, portanto, até certo ponto, perfeitamente capaz de encarnar um protagonista trágico, o que não é o caso de um louco, pelo menos no que concerne à prática de Shakespeare[23]. E, finalmente, o estado de Hamlet não é do tipo que uma mente saudável seja totalmente incapaz de imaginar. Provavelmente, não está mais distanciado da experiência média, nem é mais difícil de avaliar, que as grandes paixões trágicas de Otelo, Antônio e Macbeth.

Permitam-me mostrar agora, brevemente, tudo que pode ser explicado por essa melancolia.

É relevante para o fator principal, a inação de Hamlet. Pois a causa *imediata* dela é pura e simplesmente o fato de que seu sentimento usual é o de fastio da vida e de tudo que há nela, ele próprio incluído – um fastio cuja intensidade varia, atingindo às vezes a culminância do anseio pela morte, engolfando-se com frequência em profunda apatia, mas nunca se dissipando por mais que alguns breves momentos. Semelhante sentimento é inapelavelmente inimigo de *todo* tipo de ação resoluta; o corpo jaz inerte, o espírito indiferente ou pior que isso; seu reflexo é dizer "não tem importância", "não vale a pena", "não adianta de nada". E a ação exigida de Hamlet é das mais excepcionais. Violenta, arriscada, difícil de consumar com perfeição, de um lado repulsiva para um homem de honra e sensibilidade, de outro cercada de certo mistério (aqui se incluem, em posição secundária, inúmeras causas de inação apontadas por inúmeras teorias). Esses obstáculos não bastariam para impedir Hamlet de agir se seu estado fosse normal; e, contra eles, entravam em ação, mesmo em seu estado mórbido, sentimentos saudáveis e positivos, o amor por seu pai, a repulsa a seu tio, o desejo de vingança, o desejo de cumprir um dever. Mas os móveis protelatórios adquirem uma força desmedida porque têm um aliado em algo muito mais forte que eles mesmos, a saber, o fastio melancólico e a apatia; enquanto os móveis saudáveis, emergindo com dificuldade do núcleo maciço de sensações mórbidas, engolfam-se rapidamente de volta nele e "perdem o nome de ação". Nós os *vemos* fazendo isso; e, às vezes, o processo é bastante simples, sem que nenhuma reflexão analítica acerca do ato intervenha entre o arroubo passional e a recidiva na melancolia[24]. Mas essa melancolia é perfeitamente condizente, ainda, com a incessante dissecação da tarefa em pauta, tão importante na teoria de Schlegel-Coleridge. Para aquelas dúvidas intermináveis (como podemos imaginá-las), "Fui enganado pelo Espectro? Como me desincumbirei do ato? Quando? Onde? Qual será a consequência de tentá-lo – êxito, minha morte, clamoroso mal-entendido, mero crime de lesa-majestade? Pode ser correto fazê-lo, ou nobre, matar um homem indefeso? Que bem pode advir disso num mundo como esse?" – tudo isso, e o que mais possa ter passado, em circunvoluções nauseantes, pela cabeça de Hamlet, não eram as deliberações saudáveis e retas de um homem com semelhante tarefa, mas divagações ociosas que mal merecem o nome de pensamento, entrecruzamento involuntário de pretextos para a inação, gesticulação inane sobre um leito de enfermaria, sintomas da melancolia que só fazia se agravar, aprofundando o autodesprezo.

Portanto, (a) esse estado explica tanto a energia de Hamlet quanto sua lassidão, suas rápidas e decididas ações sendo resultado de uma natureza normalmente longe de ser passiva, subitamente estimulada, produzindo impulsos saudáveis que se externam antes de ter tempo de morrer. (b) Explica a evidente e profunda satisfação que algumas dessas ações lhe trazem. Ele prepara a encenação teatral com profundo interesse e exulta com seu êxito, não, em verdade, porque o aproxima de seu objetivo, mas em parte porque feriu seu inimigo e em parte porque comprovou sua própria habilidade (III. ii. 286-304). Aguarda ansiosamente, quase com júbilo, pela oportunidade de solapar os planos do rei de mandá-lo para longe (III. iv. 209), e se recorda com evidente satisfação, até com orgulho, da destreza e do vigor que mostrou na viagem (v. ii. 1-55). Essa não era *a* ação sobre a qual o sentimento mórbido incidia; ele sente, nessas ações, sua antiga força, e, nelas, encontra refúgio de seu fastio. (c) Explica o prazer com o qual reencontra velhos conhecidos, como seus "companheiros de estudos" e os atores. Os primeiros observaram (e nós podemos observar) nele, de início, "indícios de alegria", que não obstante se fazem seguir por "grande esforço da sua disposição", quando ele procura manter vivas a alegria e a cortesia a despeito do sofrimento que tão breve se abate sobre ele e da suspeita que é forçado a alimentar. (d) Explica ainda os aspectos dolorosos de seu caráter, tais como vistos na peça: sua irascibilidade quase colérica de um lado, e, de outro, sua introspecção, sua severidade, sua insensibilidade à sorte daqueles a quem despreza e aos sentimentos até mesmo daqueles a quem ama. Esses são sintomas frequentes desse tipo de melancolia, e (*e*) às vezes se alternam, como no caso de Hamlet, com súbitas explosões emocionais, quase histéricas e de todo vãs. É a essas últimas (das quais uma parte do solilóquio "Oh! como sou miserável" constitui um bom exemplo) que Hamlet alude quando, dirigindo-se ao Espectro, fala de si mesmo como "mergulhado na *paixão*", e é, sem dúvida, em parte sua fraqueza consciente no que diz respeito a elas que o inspira a elogiar Horácio como um homem que não é "escravo de suas paixões"[25].

Finalmente, a melancolia de Hamlet explica duas coisas que não parecem encontrar solução em nada mais. A primeira delas é sua apatia ou "letargia". Não nos resta senão observar as provas que o texto fornece a esse respeito, embora seja comum ignorá-las. Quando Hamlet menciona, como uma possível causa de sua inação, o fato de "pensar nas conseqüências com excessiva minúcia", acrescenta outra, "esquecimento bestial"; e a coisa contra a qual deblatera na maior parte desse solilóquio (IV. iv.) não é o excesso ou o mau uso da razão (a qual para ele, aqui e sempre, é como um deus), mas esse esquecimento *bestial* ou "*estupor*", esse "deixar tudo *dormir*", o permitir que a razão, uma dádiva dos céus, seja "coberta de bolor por falta de uso":

> *What is a man,*
> *If his chief good and market of his time*
> *Be but to* sleep *and feed? a* beast, *no more.*[26]

[Que é o homem,
Se o bem principal e o interesse de sua vida
Consistem somente em *dormir* e comer? Um *animal*, nada mais.]

Assim, no solilóquio de II. ii., ele se acusa de ser "um *estúpido* e inerte paspalho", que "caminha tontamente [claudica] como um joão-dos-sonhos que não se imbuiu de sua causa", estupidamente indiferente à sua causa[27]. Desse modo, quando o Espectro lhe aparece pela segunda vez, ele se acusa de ser tardo de *tempo*; e o Espectro fala de sua resolução quase *embotada* e apela para que não se *esqueça* (cf. "oblivion", esquecimento). E, assim, o que é enfatizado nas falas não-dramáticas mas significativas do Rei Ator e de Cláudio é o simples fenecer da resolução ou do amor[28]. Sem dúvida, isso tudo não aponta para um estado de excessiva porém inútil atividade mental (em verdade, existe curiosamente pouco a esse respeito no texto), e sim para um abatimento apático, cismador, no qual Hamlet, longe de analisar seu dever, não se ocupa dele em absoluto, mas, durante um tempo, literalmente o *esquece*. Quer me parecer que somos levados a pensar em Hamlet *precipuamente* nesses termos durante o longo intervalo de tempo que transcorre entre a aparição do Espectro e os eventos apresentados no Segundo Ato. O Espectro, com efeito, teve mais motivo do que supomos de início para deixar com Hamlet uma última injunção de despedida, "Lembra-te de mim", e para saudá-lo, ao aparecer novamente, com a ordem: "Não te esqueças."[29] Essas pequenas coisas, em Shakespeare, não são acidentes.

A segunda característica que só é integralmente explicada pela melancolia de Hamlet é sua própria incapacidade de compreender o porquê da protelação. Isso transparece em grau acentuado quando episódios como a emoção do ator ou a visão do exército de Fortinbrás fazem Hamlet envergonhar-se doridamente de sua inação. "*Por que*", pergunta a si mesmo em autêntica perplexidade, "me demoro? Será covardia o motivo? Será indolência? Será o meditar com excessiva minúcia nas consequências? E *isso*, insisto, significará covardia? O que é que me faz jazer inerte quando sinto que é vergonhoso fazê-lo, se tenho *motivo, vontade, força e meios* para ir avante?" Alguém irresoluto apenas porque estivesse elucubrando em demasia sobre a ação proposta não sofreria essa perplexidade. Alguém cuja consciência secretamente condenasse o ato, mesmo que em nível consciente o aprovasse, poderia experimentá-la; mas vimos que não há evidências suficientes para justificar que concebamos Hamlet dessa forma. Essas perguntas falam de um homem que se sente, naquele momento, disposto a sacudir o jugo de sua melancolia, e, porque durante esse momento está livre dela, é incapaz de compreender a paralisante opressão que o acomete nos demais momentos.

Alonguei-me assim na melancolia de Hamlet porque, do ponto de vista psicológico, ela ocupa o centro da tragédia, e deixar de examiná-la ou subestimar sua intensidade seria tornar ininteligível o enredo de Shakespeare. Mas o ponto de vista psicológico não é equivalente ao ponto de vista trágico; e, uma vez tendo dado o devido peso à realidade da melancolia de Hamlet, podemos admitir sem mais reservas – ou melhor, podemos passar a frisar – que essa condição patológica suscitaria pouco, se é que algum, interesse trágico, não fosse pelo fato de caracterizar uma natureza que se distingue pelo gênio especulativo sobre o qual teorias como a de Schlegel-Coleridge põem ênfase. Tais teorias erram ao interpretar a relação entre esse gênio e o fracasso de Hamlet, não obstante ser essa relação que empresta à história seu fascínio tão próprio e faz com que se apresente (se nos permitem a expressão) como o símbolo de um mistério trágico inerente à natureza humana. Onde quer que esse mistério nos alcance, onde quer que sejamos levados a nos maravilhar e assombrar com a "apreensão" quase divina do homem e seus "pensamentos que atravessam a eternidade", e, ao mesmo tempo, forçados a vê-lo impotente em sua limitada esfera de ação, e impotente (dir-se-ia) exatamente pela sublimidade do seu espírito, lembramos de Hamlet. E é por esse motivo que, no grande movimento idealista que começou a despontar quando se aproximava o ocaso do século XVIII, essa tragédia adquiriu *status* único entre os dramas de Shakespeare, ombreada apenas pelo *Fausto* de Goethe. Não porque *Hamlet* seja a maior das tragédias de Shakespeare ou sua obra de arte mais perfeita; mas porque *Hamlet* nos faz vislumbrar a um só tempo a grandeza da alma e a perdição que não apenas impõe limites a essa grandeza, mas parece brotar dela.

CONFERÊNCIA IV

Hamlet

O único modo, se existe um modo, pelo qual se poderia provar que determinada concepção do caráter de Hamlet é verdadeira, seria mostrar que ela, e apenas ela, explica todos os fatos relevantes compreendidos no texto do drama. Empreender aqui semelhante demonstração seria obviamente impossível, mesmo que eu me sentisse seguro da interpretação de todos os fatos. Mas proponho-me acompanhar sucintamente o desenvolvimento da ação naquilo que explica de modo especial o caráter, reservando para investigação à parte um ponto importante mas especialmente duvidoso.

1

Deixamos Hamlet, no final do Primeiro Ato, quando acabara de receber o fardo do espírito de seu pai; e sua enfermidade foi retratada vivamente no fato de, uma hora depois de receber o fardo, ter recaído naquele fastio da vida ou anseio da morte que é a causa imediata da inação que o acometerá mais tarde. Quando o encontramos novamente, na abertura do Segundo Ato, já transcorreu um intervalo de tempo considerável; ao que tudo indica, cerca de dois meses[1]. Os embaixadores que foram enviados ao rei da Noruega (I. ii. 27) estão retornando nesse momento. Laertes, a quem vimos deixando Elsinore (I. iii), está em Paris há tempo suficiente para precisar de mais suprimentos. Ofélia obedeceu à ordem de seu pai (dada em I. iii.) e se recusa a receber as visitas e cartas de Hamlet. O que Hamlet fez? Assumiu uma "disposição ridícula" e engendrou a fama de lunático, com o que deixou sua mãe profundamente preocupada com ele, acrescendo-se que o rei, antes tão completamente à vontade em relação a ele a ponto de desejar sua permanência na corte, está agora profundamente inquieto e assaz desejoso de descobrir a causa de sua "transformação". Donde a convocação de Rosencrantz e Guildenstern para animá-lo com sua companhia e retirar dele o segredo; e estão prestes a chegar. Além de aguçar desse modo as apreensões de seu inimigo, Hamlet não fez absolutamente nada; e, como vimos, devemos imaginá-lo durante esse longo período basicamente imerso em "esquecimento bestial" ou elucubrações inúteis, e afundando-se cada vez mais no lodaçal da prostração.

Mas agora ele toma outra atitude. Aparece inopinadamente no quarto de Ofélia, e sua aparição e comportamento são tais que sugerem tanto a Ofélia como a seu pai que sua mente encontra-se transtornada pela frustração amorosa. Até que ponto essa atitude se deveu ao plano de criar uma falsa impressão quanto à origem de sua loucura, até que ponto a outras motivações, é difícil precisar; mas semelhante plano parece sem dúvida presente. Contudo, só tem êxito parcial; pois, muito embora Polônio se deixe convencer integralmente, não é o que acontece com o rei, e, sendo assim, são tomadas providências para que ambos, secretamente, testemunhem um encontro entre Ofélia e Hamlet. Enquanto isso, Rosencrantz e Guildenstern chegam e, a pedido do rei, dão início a seu plano – facilmente frustrado por Hamlet – de expor o coração do mistério. Então, os atores chegam à corte e, por um breve tempo, um dos antigos interesses de Hamlet se reaviva e ele fica quase feliz. Mas apenas por um breve tempo. A emoção do ator ao declamar o texto que fala do pesar de Hécuba pelo assassínio de seu esposo aviva a brasa adormecida do senso de dever e pudor. Ele deve agir. Com a extrema rapidez que sempre o distinguiu nos momentos mais sãos, arquiteta o plano de apresentar "O assassinato de Gonzaga" diante do rei e da rainha, com o acréscimo de uma fala escrita por ele especialmente para a ocasião. Então, desejoso de ficar sozinho, despede abruptamente seus convidados, faz um profundo desabafo de autocensura pela sua demora, pergunta a si mesmo em estupefação qual pode ser a causa dela, entrega-se em fúria a um ódio profundo por seu inimigo, recrimina-se amargamente pela inutilidade desse sentimento e aplaca a consciência por algum tempo tentando se convencer de que tem dúvidas quanto ao Espectro e garantindo para si mesmo que sabe exatamente o que lhe "incumbe fazer" se o comportamento do rei durante a encenação for minimamente alterado.

Nada, sem dúvida, pode ser mais claro que o significado desse famoso solilóquio. A dúvida que surge no final, em vez de ser a conclusão natural das ideias que a precedem, é totalmente incompatível com elas. Pois as autorrecriminações de Hamlet, suas imprecações contra o inimigo e sua perplexidade diante da própria inação, cada uma dessas coisas implica sua fé na identidade e na credibilidade do Espectro. Evidentemente, essa dúvida repentina, da qual não se vê antes nenhum traço, não é dúvida de fato; mas uma criação inconsciente, um pretexto para sua demora – e para que tal demora continue.

Uma noite se passa, e o dia que se segue traz a crise. Primeiro, tem lugar o colóquio a partir do qual o rei pretende saber se uma frustração amorosa é de fato a causa da loucura de seu sobrinho. Hamlet é chamado; à pobre Ofélia pede-se que caminhe de um lado para o outro lendo seu livro de orações; Polônio e o rei se escondem atrás da tapeçaria. E Hamlet entra, tão profundamente absorto em pensamentos que por algum tempo se supõe sozinho. Em que está pensando? "O assassinato de Gonzaga", que será encenado dali a horas e de que tudo depende? Absolutamente. Está pensando em suicídio; e conclui que o que o impede de matar-se, e contrabalança os atrativos infinitos dessa ideia, não é o pensamento de um dever sagrado e ainda não cumprido, mas a dúvida, que nada tem a ver com o assunto, quanto a ser ignóbil ou não o ato de pôr fim a seu sofrimento, e, ainda mais, quanto à morte *ter* ou não esse efeito. Ou seja, Hamlet está aqui, em verdade, exatamente na mesma situação em que se encontrava no seu primeiro solilóquio ("Oh, se esta carne sólida, tão sólida, se esfizesse") de dois meses antes, antes mesmo de saber do assassinato de seu pai[2]. Suas reflexões não fazem referência a esse momento em especial; representam aquele habitual fastio da vida com o qual suas passageiras explosões emocionais ou de energia contrastam. O que pode ser mais significativo que o fato de que está imerso nessas reflexões no exato dia em que irá lhe mostrar a confiabilidade do Espectro? E como nos é possível esperar que, caso essa confiabilidade seja confirmada, Hamlet esteja mais próximo de sua vingança?[3]

Segue-se o encontro com Ofélia, o qual revela que a demora está se tornando muito perigosa para ele. O rei se convence de que, seja qual for o motivo oculto da loucura de Hamlet, não é o amor. Não está convencido sequer de que Hamlet esteja de fato louco. Escutou a ameaça furibunda: "Posso dizer-te que não mais teremos casamentos; viverão, exceto um, todos aqueles que já estejam casados; os outros ficarão como estão." Está profundamente alarmado. Com efeito, não tardará em agir. Na mesma hora, decide-se a mandar Hamlet para a Inglaterra. Mas, como Polônio está presente, não ficamos sabendo de imediato o significado dessa decisão.

Chega a noite. A aproximação da encenação anima Hamlet. Ele está em seu elemento. Sente que está fazendo *algo* por seu objetivo, desferindo um golpe, mas um golpe do intelecto. Em suas instruções ao ator a respeito da inflexão da fala inserida, e, ainda, na conversa com Horácio, pouco antes da entrada da corte, vemos o verdadeiro Hamlet, o Hamlet dos dias que antecederam a morte de seu pai. E quão característico é o fato de ele parecer tão preocupado com a qualidade da declamação de sua fala quanto com a necessidade de Horácio conseguir observar o efeito dela sobre o rei! Esse dado reaparece até mesmo no empolgante momento em que o ator está prestes a dizer a fala. Hamlet o vê começando a fazer caretas e olhares como um personagem-assassino convencional e lhe diz com impaciência: "Basta de caretas e começa!"[4]

O estratagema de Hamlet alcança um êxito muito mais completo do que ele ousara crer. Esperara que o rei pudesse "encolher-se", mas foi muito mais que isso. Quando apenas seis das "doze ou dezesseis linhas" são ditas, ele se põe em pé de um salto e abandona o salão às pressas, seguido da Corte estupefata. Na euforia do êxito – euforia de início quase histérica –, Hamlet trata Rosencrantz e Guildenstern, enviados para ir ter com ele, com indisfarçado desprezo. A sós, declara que agora seria capaz de

> *drink hot blood,*
> *And do such bitter business as the day*
> *Would quake to look on.*
>
> [beber sangue quente,
> E fazer tais horrores que o dia
> Ficaria trêmulo só de contemplá-los.]

Sua mãe o mandara chamar e ele se encaminha para os aposentos dela; e sente-se tão assomado e sequioso de vingança que chega a se imaginar perto não só de usar contra a mãe palavras como se fossem um punhal, mas também a arma em si[5].

Nesse estado de espírito, a caminho dos aposentos da mãe, ele depara com o rei, sozinho, ajoelhado, em plena luta de consciência, tentando rezar. O inimigo está em suas mãos.

> *Now might I do it pat, now he is praying:*
> *And now I'll do it: and so he goes to heaven:*
> *And so am I revenged.*[6] *That would be scanned.*
>
> [Agora que está rezando, poderia cair sobre ele:
> E é o que farei agora: mas assim irá ele direto para o céu
> e seria essa a minha vingança. Será melhor refletir.]

Ele reflete, e a espada que fora desembainhada com as palavras "E é o que farei agora" é metida de volta na bainha. Se matasse o velhaco agora, enviaria sua alma para o céu; e desejava pôr-lhe não só o corpo, mas também a alma a perder.

Que isso, também, é uma desculpa inconsciente para adiar o ato é coisa hoje em dia razoavelmente assente, e não é necessário descrever novamente o estado de espírito que, segundo a visão explicada em nossa última conferência, responde pela verdadeira causa do fracasso de Hamlet nesse mister. Essas quatro palavras que pronuncia, "Poderia cair sobre ele", mostram que não tem, efetivamente, o *desejo* de "cair sobre ele"; e, nas frases curtas que se seguem e nas longas pausas entre elas, a tentativa de agir com resolução e o angustiante retorno ao estupor melancólico, por mais que signifiquem um desafio para o ator, não oferecem obstáculos para quem lê. E todo leitor que ainda tenha dúvida deveria lembrar que, quando o Especto reaparece, Hamlet não pensa em justificar sua demora alegando estar esperando por uma vingança mais perfeita. Mas, em um ponto, a grande maioria dos críticos, a meu ver, se equivoca. O sentimento de profundo rancor que Hamlet exprime não é o motivo pelo qual poupou o rei, e, em seu coração, ele sabe disso; mas daí não se segue, em absoluto, que esse sentimento seja irreal. Todas as evidências fornecidas pela peça mostram que é perfeitamente autêntico, e não vejo nenhum motivo para duvidar que Hamlet teria se arrependido amargamente de enviar o assassino de seu pai para o céu e teria ficado feliz em mandá-lo para a condenação eterna. A razão para que nos recusemos a aceitar a versão dele para o motivo que o levou a poupar Cláudio não é o fato de seus sentimentos serem terríveis, e sim que alhures, e também no início de sua fala nesse ponto, vemos que sua relutância em agir tem outras causas.

    O incidente em que o rei é poupado é concebido com extraordinária visão dramática. De um lado, sentimos que a oportunidade é perfeita. Hamlet já não podia mais dizer a si mesmo que não tinha certeza quanto à culpa de seu tio. E as condições externas eram as mais favoráveis; pois o comportamento revelador do rei durante a encenação teria significado uma confirmação condenatória da história que Hamlet tinha a contar a respeito do Espectro. Mesmo então, numa corte tão corrupta como a de Elsinore, ele provavelmente não poderia, com total segurança, ter começado acusando o rei de assassinato; mas podia, com razoável tranquilidade, tê-lo assassinado primeiro e dado a justificativa depois, sobretudo porque certamente teria podido contar com o apoio da população, que o amava e desprezava Cláudio. Por outro lado, Shakespeare se preocupou em emprestar um caráter tão repulsivo a essa oportunidade que mal conseguimos desejar que o herói a aceite. Uma das menores dificuldades, como vimos, era provavelmente o fato de se exigir dele que atacasse um homem indefeso; e, aqui, essa dificuldade existe no grau máximo.

    Esse incidente, portanto, é o momento decisivo da tragédia. Até aqui, a protelação de Hamlet, apesar de pôr sua liberdade e sua vida em perigo, não causou nenhum dano irreparável; mas seu fracasso agora é a causa de todos os desastres que se seguem. Ao poupar o rei, ele sacrifica Polônio, Ofélia, Rosencrantz e Guildenstern, Laertes, a rainha e a si próprio. A importância fundamental dessa passagem é tornada evidente de modo dramático na cena seguinte, com a reaparição do Espectro e a repetição de seu apelo.

Polônio é o primeiro a cair. O velho cortesão, cuja vaidade não o permitiria confessar que seu diagnóstico da loucura de Hamlet estava errado, sugere que, depois das encenações, a rainha deveria encontrar-se a sós com o filho para investigar o mistério, enquanto, de sua parte, ele repetiria seu papel favorito de bisbilhoteiro (III. i. 184 ss.). Tornara-se agora imperativo que o príncipe revelasse de algum modo o seu segredo; pois sua escolha de "O assassinato de Gonzaga", e talvez seu comportamento durante a apresentação, haviam revelado um espírito de profunda hostilidade contra o rei, o que sobressaltara a todos. Rosencrantz e Guildenstern falam a Cláudio da necessidade imperiosa de proteger-lhe a vida, que era inestimável, como se a loucura de Hamlet tivesse se revelado agora claramente homicida[7]. Quando, então, no início da conversa entre Hamlet e sua mãe, o filho, em vez de ouvir-lhe as admoestações, assume abruptamente a ofensiva, ela fica alarmada; e quando, ao tentar deixar o aposento, a rainha é agarrada pelo braço e forçada a se sentar, entra em pânico, grita "Pretendes me matar?" e pede socorro. Polônio, atrás da tapeçaria, responde ao pedido; e, num átimo, Hamlet, esperando que o bisbilhoteiro fosse o rei, traspassa-lhe com o florete.

Evidentemente, esse ato serve para fazer um forte contraste com o fato de Hamlet ter antes poupado o inimigo. O rei estaria tão indefeso atrás da tapeçaria como estava de joelhos; mas, aqui, Hamlet já se encontra assomado e pronto para agir, e a oportunidade surge diante dele de forma tão súbita que ele não tem tempo para "refletir" sobre ela. Trata-se de uma observação secundária, ainda que não sem importância para o dramaturgo, o fato de a plateia aprovar integralmente o cometimento de Hamlet aqui, dirigido contra um inimigo que procura fazê-lo cair numa armadilha, em vez de ocupar-se de um assunto que, talvez, para a maior parte da plateia daquela época, como de hoje, parecesse ter um "traço de salvação".

Notamos em Hamlet, no início dessa conversa, algo do destempero que se seguiu ao *dénouement* da encenação. A morte de Polônio o põe sóbrio; e, no restante da conversação, ele mostra, ao lado de alguns traços de seu estado mórbido, o peculiar encanto e nobreza da sua alma. Seu maior desejo não é, de modo algum, assegurar a discreta aquiescência de sua mãe diante do seu plano de vingança; é salvar-lhe a alma. E, muito embora o deplorável dever de vingança o repugne, ele se sente à vontade com esse outro dever mais nobre. Aqui, aquele sentimento fatídico, "mas isso não importa", jamais se manifesta. Nenhum padre confessor poderia se mostrar mais altruisticamente empenhado no propósito de redimir uma alma irmã da degradação, mais severo e implacável na denúncia do pecado, ou mais ansioso para acolher o primeiro gesto de arrependimento. Existe algo de indizivelmente belo no súbito clarão de amor e fé que fulge quando, diante da capitulação da rainha:

> O Hamlet, thou hast cleft my heart in twain,
> [Ó Hamlet, tu partiste meu coração em dois pedaços,]

ele responde:

> O throw away the worser part of it,
> And live the purer with the other half.
> [Oh! Rejeitai a parte má,
> E vivei mais pura com a outra.]

A verdade é que, apesar de Hamlet detestar seu tio e aceitar o dever de vingança, seu coração nunca se entrega totalmente a esse sentimento ou a essa tarefa; mas se entrega totalmente ao horror perante a queda de sua mãe e ao anseio de erguê-la. O primeiro desses sentimentos foi a inspiração do primeiro solilóquio; ele se combina com o segundo para formar a inspiração da eloquência que vemos aqui. E Shakespeare nunca foi mais eloquente do que aqui.

Já aludi à importância da reaparição do Espectro nessa cena; mas, por que Shakespeare escolhe como o grande momento dessa reaparição o meio da fala na qual Hamlet está invectivando contra o tio? Parece haver mais de uma razão. Em primeiro lugar, Hamlet já alcançou seu objetivo de incutir a vergonha e a contrição no peito da mãe, e está agora cedendo à velha tentação de desafogar seu coração com palavras, exaurindo em emoções inúteis a força que deveria acumular para fortalecer seu propósito. E, segundo, ao agir assim, está torturando inutilmente a mãe, a despeito de seus repetidos e comoventes apelos de clemência. Mas o Espectro, quando lhe conferiu a tarefa, advertiu-o expressamente para poupá-la; e aqui, outra vez, o marido morto mostra a mesma carinhosa consideração por sua fraca e infiel esposa. O motivo de seu retorno é reiterar o apelo:

Do not forget: this visitation
Is but to whet thy almost blunted purpose;

[Não te esqueças: só te apareço
Para aguçar tua resolução quase embotada;]

mas, tendo pronunciado esse lembrete, imediatamente insta o filho a ajudar a mãe, dizendo "coloca-te entre ela e sua alma em conflito".

E, intencionalmente ou não, outro fim é alcançado quando Shakespeare escolhe esse momento em especial. Trata-se de um momento em que o estado de espírito de Hamlet é tal que não podemos supor que o Espectro tenha sido concebido como alucinação; e é de grande importância aqui que o espectador ou leitor não suponha nada nesse sentido. Ele fica ainda mais seguro porque o Espectro, apresentando as mesmas características da primeira aparição – a mesma instância contra o esquecimento e a mesma preocupação com a rainha –, prova, por assim dizer, sua identidade. E o resultado é que acolhemos a interpretação que o Espectro faz da protelação de Hamlet (sua "resolução quase embotada") como verdadeira, a visão do próprio dramaturgo. Permitam-me acrescentar que provavelmente ninguém, assistindo a Shakespeare, alimentava nenhuma dúvida quanto ao que ele queria dizer aqui. A ideia de críticos e leitores que vieram mais tarde e consideraram o Espectro uma alucinação deve-se em parte à má interpretação dos sinais que acabamos de apontar, mas em parte também a dois erros, a consideração da atmosfera intelectual atual no lugar da elisabetana, e a ideia segundo a qual, porque a rainha não vê e não ouve o Espectro, ele não é real. Mas um Espectro, nos tempos de Shakespeare, era capaz, por qualquer motivo plausível, de limitar sua manifestação a uma única pessoa entre outras presentes; e, aqui, o motivo plausível – poupar a rainha – é evidente[8].

No final dessa cena, parece que Hamlet tomou, de algum modo, conhecimento da decisão do rei de mandá-lo para a Inglaterra na companhia de seus dois "companheiros de estudos". Não tem dúvida de que essa decisão encobre algum plano sinistro contra ele, mas tampouco duvida que conseguirá subvertê-lo; e, como vimos, espera ansiosamente e com prazer por esse embate de astúcias. A ideia de se recusar a ir parece não lhe ocorrer. Talvez (pois nisso há espaço para conjecturas) sentisse não ter condições de se recusar a não ser que, ato contínuo, acusasse abertamente o rei do assassinato de seu pai (caminho que não parece contemplar em momento nenhum); pois, com o assassinato de Polônio, ele dá a seu inimigo o melhor pretexto possível para afastá-lo do país. Além disso, alarma de tal modo o inimigo que, quando a morte de Polônio é descoberta, é mantido sob vigilância (IV. iii. 14). Consente, então, em partir. Mas, a caminho do litoral, depara com o exército de Fortinbrás marchando em direção à Polônia; e a visão desses homens que avançam galhardamente para arriscar a vida "por uma casca de ovo", e "fazendo pouco caso do evento invisível", o enche de vergonha por fazê-lo lembrar que, com motivo muito mais premente para agir, ele permite "que tudo durma em paz"; e irrompe no solilóquio: "Todos os acontecimentos me acusam!"

Essa fala extraordinária, que não é em si inferior à famosa "Ser ou não ser", inexiste não só no primeiro *in-quarto* como também no Fólio. É, portanto, provável que, quando o Fólio surgiu (1623), houvesse se tornado um costume omiti-la nas representações teatrais; e continua sendo esse o costume. Mas, apesar de não haver dúvida que é, dramaturgicamente, o menos indispensável dos solilóquios, possui forte efeito dramático e é muito pertinente para a interpretação do caráter de Hamlet. Mostra que Hamlet, apesar de estar deixando a Dinamarca, não abandonou a ideia de obedecer ao Espectro. Exibe de forma bastante contundente sua incapacidade de compreender por que está protelando há tanto tempo o ato necessário. Contém aquela afirmação da qual tantos críticos se esquecem, que ele possui "motivo, vontade, força e meios para ir avante". Por outro lado – e esse era possivelmente o grande objetivo da fala –, ela nos convence que ele aprendeu pouco ou nada com a protelação, ou com o fato de não ter aproveitado a oportunidade que se lhe apresentou após a encenação. Pois, concluímos, tanto o motivo como o cerne da fala são exatamente os mesmos do solilóquio do final do Segundo Ato ("Oh! como sou miserável!"). Ali também ele foi levado a sentir vergonha diante de um arroubo de paixão despertado por uma causa que, comparada à dele, não passava de uma casca de ovo. Ali também ele jazia perplexo diante da própria inércia e estava quase pronto a acreditar – o que era, com justiça, inacreditável para ele – que aquilo não passava de covardia. Ali também ele se decidiu a não protelar mais: se o rei ficasse alterado, por pouco que fosse sabia o que lhe incumbia fazer. Não obstante, sua determinação não levou a nada naquele momento; e por que motivo, perguntamo-nos desesperançados, as ideias sangrentas que se decide a alimentar agora passariam da esfera das ideias?

Entre essa cena (IV. iv.) e o restante da peça devemos supor novamente que existe um intervalo, apesar de não muito longo. Quando a ação recomeça, a morte de Polônio levou Ofélia ao desvario e precipitou a volta de Laertes, incógnito, da França. O jovem retorna sequioso de sangue. Pois o rei, temeroso de levar Hamlet a julgamento (curso que provavelmente levantaria a questão do comportamento que teve durante a peça, e talvez desse azo a uma acusação frontal[9]), procura abafar as circunstâncias da morte de Polônio e lhe reserva um enterro inglório, preparado às pressas. A fúria de Laertes, portanto, volta-se primeiramente contra o rei; e a facilidade com a qual ele incita o povo, como também o receio que o rei tem de uma investigação judicial, mostra-nos como eram puramente internos os obstáculos que o herói tinha a vencer. Essa impressão se intensifica pelo forte contraste entre Hamlet e Laertes, que se arroja incontinente à vingança, mostrando-se determinado a obtê-la mesmo com a lealdade, a consciência, a piedade e a danação atravessando-lhe o caminho (IV. v. 130). Mas o rei, apesar de encurralado, está agora em seu elemento e se sente seguro. Sabendo que muito em breve receberá a notícia da execução de Hamlet na Inglaterra, diz a Laertes que o pai dele morreu pelas mãos de Hamlet, e mostra-se disposto a permitir que os amigos de Laertes julguem se ele próprio tem alguma responsabilidade nisso. E quando, para sua perplexidade e desgosto, chega a notícia de que Hamlet voltou para a Dinamarca, age com admirável presença de espírito e habilidade, manipula Laertes e combina com ele o assassinato de seu inimigo comum. Se havia algum risco de esmorecimento da obstinação do jovem, isso desaparece com a morte de Ofélia. E, agora, apenas uma coisa preocupa o rei – evitar que os dois jovens se encontrem antes do duelo de esgrima. Pois como saber o que Hamlet diria em sua defesa, ou o quão traiçoeiro se poderia mostrar?[10]

O retorno de Hamlet à Dinamarca se deve em parte a suas próprias atitudes, em parte a um acidente. Durante a viagem, ele se apodera em segredo da carta real e a troca por outra, que ele próprio escreve e sela, na qual o rei da Inglaterra recebe a incumbência de mandar matar não Hamlet, mas Rosencrantz e Guildenstern. Então, o navio é atacado por um corsário, o qual, aparentemente, considera o prêmio pretendido forte demais para ele, e recua. Mas como Hamlet "na atracação", em meio à ânsia de lutar, salta para a coberta do inimigo, é levado junto com ele, e, valendo-se de promessas, convence os piratas a desembarcá-lo na Dinamarca.

Imbuído de que espírito ele retorna? Indubitavelmente, a meu ver, podemos observar uma certa mudança, muito embora não seja grande. Primeiro, notamos aqui e ali o que parece ser uma consciência de poder, devida provavelmente a seu êxito em contraminar Cláudio e encaminhar os cortesãos para seu fim, e à sua vigorosa ação no confronto em mar aberto. Mas não estou certo que essa sensação de poder seja mais forte do que se mostrou nas cenas que se seguiram ao êxito do "Assassinato de

Gonzaga". Segundo, em nenhum lugar encontramos uma expressão direta daquele fastio da vida e anseio pela morte que apareciam com tanta força no primeiro solilóquio e na fala "Ser ou não ser". Isso pode ser mero acidente, e devemos lembrar que no Quinto Ato não há nenhum solilóquio. Mas, nos Atos anteriores, os sentimentos a que nos referimos não aparecem *apenas* em solilóquio, e sinto-me inclinado a pensar que Shakespeare pretende mostrar no Hamlet do Quinto Ato uma leve dissipação da nuvem negra da melancolia, e que consideremos trágico que essa mudança venha tarde demais. E, em terceiro lugar, existe um traço a respeito do qual é impossível haver dúvida – uma sensação, nutrida por Hamlet, de que ele está entregue nas mãos da Providência. Isso, com efeito, já havia se evidenciado na morte de Polônio[11], e talvez no adeus de Hamlet ao rei[12], mas a ideia parece agora não sair de sua cabeça. "Existe uma divindidade que lavra nossos desígnios", diz para Horácio ao falar da luta que se trava em seu coração, e que não o deixa dormir, e da sua audácia em tatear no escuro para encontrar a carta em poder dos cortesãos. Como conseguiu, pergunta-lhe Horácio, selar a carta falsa?

Why, even in that was heaven ordinant,

[Até neste ponto o céu me foi propício,]

é a resposta de Hamlet; trazia ele na bolsa o sinete do pai. E, apesar de pressentir algo de nefasto na prova de esgrima, recusa-se a permitir que isso o demova: "desafio os augúrios: existe uma providência especial na queda de um pardal... tudo é estar prevenido".

Apesar de nos causarem mais viva impressão quando assim reunidas do que quando nos deparam a intervalos durante a leitura da peça, essas passagens produzem forte efeito em nosso sentimento a respeito do caráter de Hamlet, e, ainda mais, a respeito dos acontecimentos da ação. Mas considero impossível acreditar, como alguns críticos, que elas indicam qualquer mudança substancial em seu estado geral, ou a formação de qualquer resolução concreta no sentido de cumprir o dever que lhe foi confiado. Ao contrário, parecem expressar o tipo de resignação religiosa que, por mais nobre que seja sob determinado aspecto, merece na verdade o nome de fatalismo e não de fé na Providência, porque não está unida a nenhuma determinação de fazer o que se acredita ser a vontade da Providência. Em lugar dessa determinação, o Hamlet do Quinto Ato mostra uma espécie de resignação que oscila entre o abatimento e a indiferença, como se veladamente não se acreditasse capaz de agir e estivesse preparado para entregar seu dever a alguma outra força que não a sua própria. É essa, de fato, a principal mudança que se vê nele ao voltar à Dinamarca, e que havia começado a se manifestar antes de sua partida – essa, e não a resolução de agir, tampouco ainda o anseio de fazê-lo.

Pois, quando volta, vê-se numa posição extremamente arriscada. De um lado dele está o rei, cuja segurança depende da sua morte e que fez tudo o que pôde para assassiná-lo; do outro, Laertes, cujo pai e irmã foram enviados para a morte por ele e a respeito de cujo comportamento e provável atitude tem de ser muito seguramente informado por Horácio. O que se exige dele, portanto, se não quiser tombar sem cumprir o dever, é prudência e a mais pressurosa resolução. Não obstante, não é exagero dizer que, a não ser quando Horácio o obriga a ver o problema, não mostra nenhuma consciência de sua situação. Põe-se a refletir no cemitério sobre a vacuidade da vida e da reputação e os fins rasteiros aos quais nosso pó retorna, seja o de um bobo da corte ou de um césar. Fica sabendo que a cova aberta diante da qual se põe a meditar foi cavada para a mulher que amava; e sofre um terrível choque, do qual se alivia com palavras e atitudes cheias de fúria – atitudes que sem dúvida fariam recrudescer, se isso fosse possível, a fúria do homem a quem ele, embora involuntariamente, feriu de forma tão cruel. E, no entanto, parece absolutamente alheio ao fato de que feriu Laertes, e pergunta-lhe:

What is the reason that you use me thus?

[Qual é a razão pela qual me tratas assim?]

E quando passa o paroxismo do primeiro momento, o velho e angustiado enfado retorna, e ele poderia quase ter dito a Ofélia, como diz para seu irmão:

I loved you ever: but it is no matter.

[Sempre gostei de vós: mas não importa.
"Não importa": *nada* importa.]

Começa a última cena. Ele conta a Horácio os acontecimentos da viagem e revela que seu tio tentou assassiná-lo. Mas a conclusão da história não é nenhum plano de ação, e sim a velha e fatídica pergunta: "Não é forçoso que eu aja?"[13] E, enquanto a formula, seus inimigos já agiram. Osric chega trazendo um convite para que participe de uma prova de esgrima com Laertes. Esse duelo – é-lhe dito expressamente – foi arquitetado por seu inimigo mortal, o rei; e seu adversário é um homem cujas mãos apenas algumas horas antes apertaram sua garganta, e cuja voz ele ouvira bradar: "Que o demônio carregue tua alma!" Mas não pensa nisso. Esgrimar é mostrar cortesia e, para ele, pessoalmente, trata-se de um alívio – ação, e não a ação odiada. Existe algo de nobre em sua imprudência, e também em sua recusa a ceder a um pressentimento que lhe acomete de súbito (e a respeito do qual diz não só "estar pronto é tudo", mas também "isso não importa"). Algo de nobre; e, no entanto, quando um dever sagrado jaz irrealizado, caberia a alguém estar de tal modo preparado para morrer? Com a mesma imprudência, e com aquela confiança que nos faz adorá-lo, mas que aqui resulta tão fatidicamente deslocada, ele toma da primeira arma que lhe chega às mãos, pergunta despreocupado: "Estes floretes são todos do mesmo comprimento?", e começa. E o Destino se abate sobre seus inimigos, sua mãe e ele próprio.

Mas a derrota não é completa. Não só seu dever é finalmente cumprido, como Shakespeare parece ter decidido que seu herói deveria exibir na hora derradeira todo o glorioso poder e toda a nobreza e delicadeza de seu caráter. Do primeiro, o poder, falei antes[14], mas existe inefável beleza na revelação do segundo. O corpo já envolto nos estertores da morte, o espírito se eleva acima deles. Perdoa Laertes; lembra de sua desgraçada mãe e lhe dá adeus, sem saber que ela o precedera. Não ouvimos agora nenhuma palavra de lamento ou autorrecriminação. Possui determinação, e o tempo exato, para pensar não no passado ou no que poderia ter sido, mas no futuro; para evitar a morte do amigo com palavras mais patéticas em sua tristeza do que nem mesmo sua prostração de espírito chegara a ser; e para tratar, até onde estivesse em seu poder, do bem-estar do Estado que ele próprio deveria ter governado. Então, apesar do naufrágio, encontra o refúgio do silêncio onde desejou estar. O que mais sua carcaça cansada do mundo poderia desejar? Mas *nós* desejamos mais que isso; e é o que recebemos. Quando aquelas misteriosas palavras, "O resto é silêncio", morrem nos lábios de Hamlet, Horácio responde:

Now cracks a noble heart. Good night, sweet prince,
And flights of angels sing thee to thy rest.

[Partiu-se agora um nobre coração. Boa noite, gentil príncipe,
Que legiões de anjos te conduzam, cantando, ao eterno descanso.]

Por que Shakespeare introduz aqui, tão contrariamente ao que era seu costume, essa referência a uma outra vida? Teria se lembrado que Hamlet é o único de seus heróis trágicos a quem não nos permitiu ver nos tempos em que esta vida lhe sorri? Sentiu que, enquanto no que tange aos outros poderíamos nos satisfazer em não imaginar após a febre paroxística da vida nada além de libertação e silêncio, deveríamos pedir mais para alguém cuja "razão divina" e acendrado amor do bem cintilaram sobre nós vencendo as pesadas nuvens da melancolia, e ainda nos deixaram a murmurar, de cabeça baixa: "Foi este, dentre todos, o espírito mais nobre"?

2

Quantas coisas ainda restam por ser ditas de Hamlet! Antes de falar de sua relação com Ofélia, não me ocuparei senão de duas. Nenhuma delas, comparadas com as questões de que tratamos até agora, tem maior consequência, mas ambas são interessantes, e a primeira parece ter, *grosso modo*, escapado à observação.

(1) A maioria das pessoas tem, além dos traços de caráter principais, pequenas idiossincrasias que, para os mais próximos, constituem parte indissolúvel de sua personalidade. Na comédia e em outras obras ficcionais de humor, tais idiossincrasias muitas vezes figuram de forma destacada, mas isso raramente acontece, a meu ver, na tragédia. Shakespeare, no entanto, parece ter emprestado uma idiossincrasia desse tipo a Hamlet.

Trata-se de um tique de linguagem, um hábito de repetição. Do qual damos exemplos simples retirados do primeiro solilóquio:

> *O God! God!*
> *How weary, stale, flat and unprofitable*
> *Seem to me all the uses of this world!*
> *Fie on't! ah fie!*

> [*Ó Deus! Deus!*
> Como me parecem fatigantes, insípidos, vãos e inúteis
> Todos os usos deste mundo!
> *Opróbrio* para o mundo! Ah, *opróbrio*!]

Aqui, peço a paciência de vocês. Vocês dirão: "Não há nada de singular nisso. Todo o mundo repete palavras desse modo. E a tendência, em especial, a empregar semelhantes repetições em momentos de grande emoção é bem conhecida, e encontra exemplos frequentes na literatura – por exemplo, no grito de lamento de Davi por Absalão."

Isso é perfeitamente certo, e inúmeros exemplos poderiam ser encontrados no próprio Shakespeare. Mas, quer me parecer, o que vemos no caso de Hamlet *não* é comum. Em primeiro lugar, essa repetição constitui, nele, um *hábito*. Eis mais algumas ocorrências: "Economia, economia, Horácio"; "Não há dúvida, não há dúvida, mas isto me inquieta"; "Vamos, falai, comigo podeis ser francos: vamos, vamos"; "Que absinto! Que absinto!" Não afirmo ter feito uma busca exaustiva, mas terei incorrido em grande erro se esse *hábito* puder ser encontrado em qualquer outro personagem de vulto de Shakespeare[15].

E, em segundo lugar – e nisso apelo confiantemente aos amantes de Hamlet –, algumas dessas repetições nos sabem de modo profundamente característico. Algumas, inclusive, das já mencionadas sabem assim, e com ainda mais propriedade as seguintes:

(a) Horatio.   *It would have much amazed you.*
    Hamlet.   *Very like, very like. Stay'd it long?*

(b) Polonius. *What do you read, my lord?*
    Hamlet.   *Words, words, words.*

(c) Polonius. *My honourable lord, I will most humbly take my leave of you.*
    Hamlet.   *You cannot, sir, take from me anything that I will more willingly part withal: except my life, except my life, except my life.*

(d) Ophelia. *Good my lord,*
              How does your honour for this many a day?
    Hamlet.   *I humbly thank you, well, well, well.*

[(a) *Horácio* Teríeis ficado estupefato.
     Hamlet   Muito provável, muito provável. Permaneceu muito tempo?

(b) *Polônio* Que estais lendo, meu senhor?
     Hamlet   Palavras, palavras, palavras.

(c) *Polônio* Meu respeitável senhor, muito humildemente tomo a liberdade de despedir-me de vós.
     Hamlet   Não podeis pedir coisa que eu cedesse de melhor boa vontade: exceto a vida, exceto a vida, exceto a vida.

(d) *Ofélia*   Meu bom senhor, como tem passado Vossa Alteza estes últimos dias?
     Hamlet   Muito humildemente agradeço, bem, bem, bem.]

Existe algo que Hamlet diga ou faça em toda a peça que seja mais inegavelmente singular do que essas respostas?[16]

(2) Hamlet, todos notaram, gosta de circunlóquios e jogos de palavras, e de "conceitos" e ditos rebuscados comuns entre poetas a quem Johnson chamava de metafísicos. Às vezes, sem dúvida, ele joga com palavras e ideias precipuamente para confundir, desconcertar e provocar incômodo. Até certo ponto, ainda, como se pode ver na conversação em que

Rosencrantz e Guildenstern aparecem pela primeira vez (II. ii. 227), está meramente seguindo a moda dos jovens cortesãos à sua volta, assim como em sua carta de amor a Ofélia[17] se vale na maior parte da linguagem fantástica do eufuísmo cortês. Não obstante, existe nesse traço algo muito característico. Ficaríamos muito surpresos se o encontrássemos em Otelo, Lear ou Tímon, em Macbeth, Antônio ou Coriolano; e, realmente, não o encontramos neles em absoluto. Um motivo para isso pode ser talvez que esses personagens são todos criações posteriores a Hamlet, e que o próprio gosto de Shakespeare por esse tipo de peça, como o gosto das plateias de teatro por ela, tenha diminuído com o tempo. Mas o principal motivo é sem dúvida que essa tendência, tal como a vemos em Hamlet, denuncia uma rapidez e flexibilidade mental que é própria dele e não dos heróis posteriores, menos multifacetados. Macbeth, por exemplo, possui uma imaginação tão sensível a certas impressões quanto a de Hamlet, mas não tem nada do prazer mostrado por Hamlet diante dos floreios e preciosismos do pensamento, ou da sua tendência a perceber e jogar com as semelhanças dos mais diversos objetos e ideias. Apesar de Romeu mostrar essa tendência, o único herói trágico que se aproxima de Hamlet nisso é Ricardo II, que, com efeito, de diversas formas faz lembrar o Hamlet emasculado de alguns críticos, e pode dever sua existência, como o Hamlet real, em parte à familiaridade pessoal de Shakespeare com as vulnerabilidades e riscos de um temperamento imaginativo.

Que Shakespeare concebeu esse traço como característico de Hamlet, disso não resta dúvida. Até mesmo a primeira linha que o herói diz contém um jogo de palavras*:

A little more than kin and less than kind.

[Um pouco mais do que parente e menos do que filho.]

O fato é significativo, apesar de o trocadilho em si não ser especialmente característico. Muito mais característico e, com efeito, absolutamente individual, é o emprego de jogos de palavras em momentos de ex-

---

* Péricles Eugênio da Silva Ramos chama a atenção para a paronomásia (*kin-kind*) e o caráter enigmático da frase. Para ele: "Pode-se entender entre outras exegeses: 'um pouco mais do que parente', já que casastes com a minha mãe, e sois portanto meu pai; 'e menos do que filho', já que esse casamento é incestuoso; ou já que não tenho sentimentos filiais para convosco; ou 'menos que afeiçoado' por vós." Esta última hipótese é reforçada por Kittredge com farta documentação de contemporâneos de Shakespeare. Rubricada como "à parte" pela primeira vez por Warburton, segundo Furness (in *Hamlet*, São Paulo: Círculo do Livro, 1982. Nota 50). (N. do T.)

tremada excitação. Lembremos o espanto e terror da cena em que o Espectro conclama Hamlet a deixar seus amigos e a segui-lo escuridão adentro, e consideremos em seguida este diálogo:

Hamlet.   It waves me still.
          Go on; I'll follow thee.
Marcellus. You shall not go, my lord.
Hamlet.   Hold off your hands.
Horatio. Be ruled; you shall not go.
Hamlet.   My fate cries out,
          And makes each petty artery in this body
          As hardy as the Nemean lion's nerve.
          Still am I called. Unhand me, gentlemen.
          By heaven I'll make a ghost of him that lets me.

[Hamlet   Continua fazendo-me sinais.
          Vamos; eu te seguirei.
Marcelo   Não ireis, meu senhor.
Hamlet   Tirai vossas mãos.
Horácio   Dominai-vos; não ireis.
Hamlet   Meu destino clama,
          E enrijece cada fibra de meu corpo
          Como os nervos do leão de Neméia.
          Continua a chamar-me. Soltai-me, cavalheiros.
          Pelo céu, farei um espectro daquele que me detiver.]

Algum outro personagem de Shakespeare teria feito uso de semelhantes palavras? E, ainda, onde Hamlet é mais Hamlet do que quando ajunta um trocadilho ao ato de fúria pelo qual faz seu inimigo tomar o "veneno preparado por ele mesmo"?

Here, thou incestuous, murderous, damn'd Dane,
Drink off this potion. Is thy union here?
Follow my mother.

[Olha aqui, incestuoso, assassino, dinamarquês do inferno,
Bebe esta poção. Tua união está aqui?
Acompanha minha mãe.]

A "união" era a pérola que Cláudio afirmara ter lançado à taça, e no lugar da qual (como supõe Hamlet) lançou veneno. Mas a "união" é também o casamento incestuoso que não deverá ser rompido pela sobrevivência dele, agora que sua parceira está morta. Que fúria nas palavras, e que maravilhosa lucidez da mente!

Muito do jogo que Hamlet faz com palavras e ideias é saborosamente cômico. No caso de Ricardo II, é criativo, mas raramente, se é que em algum momento, cômico. Antônio tem toques de humor, e Ricardo III ainda mais; mas Hamlet, podemos dizer sem medo de errar, é o único dos heróis trágicos que pode ser considerado um humorista, cujo humor é primo daquela tendência especulativa que mantém seu mundo mental em perpétuo movimento. Alguns de seus gracejos, é claro, são apenas medíocres, e muitos não o distinguem de modo especial. Os comentários que nos soam absolutamente individuais fazem-no, quer me parecer, acima de tudo porque revelam o sofrimento e o rancor que jazem abaixo da superfície; por exemplo, quando, em resposta ao recado de sua mãe, trazido por Rosencrantz, "Deseja falar convosco em seu gabinete particular, antes que vades para a cama", ele responde: "Obedeceremos, mesmo que ela fosse dez vezes nossa mãe"; ou quando responde ao pedido de Polônio, "Não desejais ficar abrigado do ar, meu senhor?", com palavras que enregelam de súbito o ouvinte: "Entrar na sepultura." De fato, aquilo que chamamos, com justiça, o humor característico de Hamlet, não é exclusividade dele, mas ocorre em passagens ditas por personagens tão diferentes como Mercúcio, Falstaff e Rosalind. A verdade, provavelmente, é que se trata do tipo de humor que era mais natural para o próprio Shakespeare, e que nisso, como em alguns outros traços da maior criação do poeta, entramos em contato estreito com Shakespeare, o homem.

3

O ator que representa o papel de Hamlet precisa tomar decisões quanto à interpretação de cada palavra e ato do personagem. Mesmo que em algum ponto não tenha certeza quanto a qual dentre duas interpretações é a certa, deve mesmo assim optar por uma ou outra. Quem é apenas crítico não é obrigado a fazer isso. Onde permanecer em dúvida, poderá dizê-lo, e, se o assunto for relevante, terá a obrigação de dizê-lo.

É nessa situação que me encontro com relação ao amor de Hamlet por Ofélia. Sou incapaz de formar convicção quanto ao significado de algumas de suas palavras e alguns de seus atos, e tenho minhas dúvidas se é possível chegar a uma interpretação segura deles a partir pura e simplesmente do texto da peça. Por esse motivo, reservei o assunto para ser tratado separadamente, e o deixei, tanto quanto possível, de fora da discussão geral acerca do caráter de Hamlet.

Sobre dois pontos, cuido que nenhuma dúvida se sustenta de modo razoável. (1) Hamlet, uma época, amou Ofélia sincera e ardentemente. Pois ela mesma diz que ele a importunou com palavras de amor de modo muito decente, e garantiu suas palavras com os mais santos juramentos do céu (I. iii. 110 s.). (2) Quando, no túmulo de Ofélia, ele declarou,

> I loved Ophelia; forty thousand brothers
> Could not, with all their quantity of love,
> Make up my sum,
>
> [Amei Ofélia; quarenta mil irmãos
> não poderiam, com todo o seu amor multiplicado,
> perfazer o total do que eu lhe tinha,]

deve ter sido sincero; e, ainda mais, podemos dar como certo que usou o verbo no passado, "amei", simplesmente porque Ofélia estava morta, e não para dar a entender que a amara antes, mas não a amava mais.

Presumindo essas coisas, chegamos ao que é duvidoso, e começarei reiterando aquela que é provavelmente a teoria mais popular. Segundo essa teoria, o amor de Hamlet por Ofélia nunca mudou. À revelação do Espectro, porém, ele sentiu que devia deixar de pensar nisso inteiramente; e também lhe pareceu necessário convencer Ofélia, assim como os demais, que estava louco, para desse modo destruir as esperanças dela em relação a qualquer destino feliz para esse amor. Foi por isso que apareceu no aposento dela, apesar de provavelmente encontrar-se influenciado também pelo desejo de vê-la e de se despedir dela de modo silencioso, e possivelmente pela vaga esperança de que fosse seguro confiar seu segredo a ela. Se nutria alguma esperança nesse sentido, a avaliação que fez da expressão no rosto dela a dissipou; e, desde então, como na cena do convento* (III. i.) e, novamente, na cena do teatro, ele não só se fingiu de louco, como, para convencê-la de que havia deixado de fato de amá-la, também se dirigiu a ela com palavras ásperas e ofensivas. Em tudo isso, estava representando um papel extremamente doloroso para ele; a própria violência da linguagem na cena do convento se deve a essa dor; e, assim, o ator deveria fazê-lo mostrar, nessa cena, sinais ocasionais de um afeto que com todos os seus esforços ele não era capaz de ocultar por inteiro. Finalmente, sobre a cova destinada a ela, a verdade é revelada num rompante, na declaração que acabamos de citar, apesar de continuar sendo impossível para ele explicar aos demais por que, amando-a tão profundamente, foi obrigado a impor essa tortura àquele coração.

---

* *Nunnery* no original. Segundo F. Carlos de Almeida Cunha Medeiros: "Tem, em gíria, também o sentido de prostíbulo, e parece que Hamlet tem em espírito esse sentido" (in *Hamlet*, São Paulo: Abril Cultural, 1978, p. 254, Nota 26). (N. do T.)

Ora, essa teoria, se a visão da personalidade de Hamlet que adotei estiver mesmo parcialmente próxima da verdade, está sem dúvida errada num ponto, *a saber*, naquilo em que supõe que a hostilidade de Hamlet para com Ofélia era *simples* encenação à qual se obrigara em função do plano de passar por louco; e chamo a atenção ainda para certos fatos e considerações que essa teoria parece não explicar.

1. Como é possível que no seu primeiro solilóquio Hamlet não faça nenhuma alusão a Ofélia?

2. Como é possível que no seu segundo solilóquio, quando da partida do Espectro, ele novamente não diga nada sobre ela? Quando o amante se dá conta de que terá de romper completamente com o passado, por que não lhe ocorre de imediato que será preciso abrir mão de suas esperanças de felicidade no amor?

3. Hamlet não rompe, como supõe a aclamada teoria, com Ofélia logo depois que o Espectro aparece para ele; ao contrário, tenta vê-la e manda-lhe cartas (II. i. 109). O que de fato acontece é que Ofélia subitamente repele suas visitas e suas cartas. Ora, *nós* sabemos que ela está simplesmente obedecendo à ordem de seu pai; mas como sua atitude pareceria a Hamlet, de coração já fragilizado devido à fraqueza de sua mãe[18], e descobrindo agora que, no momento em que a sorte se volta contra ele, a mulher que havia acolhido seu amor se volta contra ele do mesmo modo? Mesmo que adivinhasse (como sugerem as ofensas a Polônio) que o pai dela tinha parte nessa mudança, não suspeitaria ainda, em seu deplorável estado mental, que sem dúvida ela era menos sincera do que tinha se mostrado a princípio?[19] Mesmo que *essa* suspeita não o acometesse, e pensasse simplesmente que ela era lamentavelmente fraca, não era provável que sentisse raiva *dela*, semelhante à do herói de *Locksley Hall* contra sua Amy?*

4. Quando Hamlet entrou no quarto de Ofélia, por que o fez nas vestes – aquelas tradicionalmente reconhecidas – do *amante* angustiado? Se era necessário convencer Ofélia de sua loucura, por que motivo seria necessário convencê-la de que a decepção *amorosa* era a causa da loucura? Seu *maior* objetivo na visita parece ter sido convencer os *outros*, por meio dela, de que sua loucura não se devia a nenhuma causa desconhecida e misteriosa, mas a essa decepção, e assim aplacar as suspeitas do rei. Mas se o sentimento que nutria por ela fosse amor puro e simples, por mais infeliz que pudesse ser, e não contivesse nenhum grau de sus-

---

* "Locksley Hall" (1842), poema escrito por Tennyson (1809-1892) sobre o retorno de um soldado ao seu lar ancestral, Locksley Hall. Sua antiga namorada, Amy, agora está casada com outro.

peita ou ressentimento, ele teria adotado um plano que a envolveria em tanto sofrimento?[20]

5. Sob que aspectos os insultos de Hamlet a Ofélia na encenação teatral são necessários, seja para o objetivo de convencê-la de sua loucura, seja para o objetivo de vingança? E, mesmo que ele os considerasse meios para esses fins, é razoável que os tivesse pronunciado se seu sentimento por ela fosse de irremediável, mas puro e simples, amor?

6. Como se explica que nem quando mata Polônio, nem depois disso, ponha-se a refletir que matou o pai de Ofélia, ou qual seria o efeito provável que isso teria sobre ela?

7. Já vimos que não é feita referência a Ofélia nos solilóquios do Primeiro Ato. Tampouco se encontra a mais simples alusão a ela em nenhum dos solilóquios dos Atos subsequentes, a não ser, talvez, nas palavras (III. i. 72) "as angústias do amor desprezado"[21]. Se a teoria aclamada está correta, não temos aí um fato assombroso?

8. Considerando-se isso, não haveria algo digno de nota no fato de ainda por cima (o que, em si mesmo, não traz nenhuma dificuldade), ao falar com Horácio, Hamlet jamais aludir a Ofélia, e de não dizer nada sobre ela quando está morrendo?

9. Se a teoria aclamada está correta, como se explica que nem na cena do convento, nem na cena do teatro, Shakespeare nada acrescente para deixar a verdade patente? Poucas palavras como as de Otelo, "Oh! como é difícil dissimular", teriam bastado.

Essas considerações, somadas a outras a respeito do estado de espírito de Hamlet, parecem apontar para duas conclusões. Sugerem, primeiro, que o amor de Hamlet, embora nunca de todo perdido, misturou-se, depois da rejeição aberta de Ofélia, à suspeita e ao ressentimento, e que o tratamento que dispensa a ela deve-se em parte a esse motivo. E considero impossível resistir a essa conclusão. Mas me parece igualmente impossível saber, em determinados trechos, quanto dessa rispidez é real, quanto é dissimulada. Por exemplo, seu comportamento na cena do teatro me parece ter a intenção de magoar e ofender; mas na cena do convento (que não pode ser discutida brevemente), ele está evidentemente representando um papel e sofrendo acerbamente, enquanto, ao mesmo tempo, sua invectiva, por exagerada que soe, parece advir de sentimentos reais; o que é encenado, o que é sincero, me parece questão insolúvel. Parte depende aqui de outra questão, a de saber se Hamlet chega ou não a suspeitar, ou a perceber, a presença de alguém a ouvir a conversa; mas, na ausência de uma autêntica tradição de palco, essa questão também parece sem solução.

Mas ainda há algo que parece decorrer das considerações aduzidas. O amor de Hamlet, elas parecem mostrar, não estava contaminado apenas de amargura, mas também, como todos os seus sentimentos sãos, enfraquecido e embotado pela melancolia[22]. Esta estava longe de extinguir-se; provavelmente, foi *um* dos motivos que o levaram a agir tão rigorosamente com Ofélia; sempre que a via, a melancolia despertava e, sendo as circunstâncias como eram, causava-lhe tormento. Mas não se tratava de uma paixão arrebatadora; não tomava conta costumeiramente de seus pensamentos; e quando declara que se tratava de um amor que quarenta mil irmãos não igualariam, está sendo sincero, mas não absolutamente verídico. O que diz se coaduna, se posso me expressar assim, com seu íntimo saudável, o qual, sem dúvida, com o tempo, teria se recuperado totalmente; mas é apenas parcialmente verdadeiro em relação ao Hamlet a que assistimos na peça. E a influência mórbida da melancolia sobre esse amor é a razão desses estranhos fatos, de nunca fazer alusão a ela em seus solilóquios e de parecer não se dar conta de como a morte do pai a afetaria.

Os fatos parecem quase nos impor essa ideia. O fato de ser menos "romântica" do que a visão popular não é argumento contra ela. E, psicologicamente, é bastante sólida, pois um sintoma frequente de uma melancolia como a de Hamlet é a quase completa paralisia, ou mesmo perversão, da emoção amorosa. E, não obstante, embora sentindo sem dúvida que até certo ponto isso é verdade, confesso que não me satisfaz que a explicação para o silêncio de Hamlet em relação a Ofélia resida nela. E o motivo dessa incerteza é praticamente nenhum espectador ou leitor de *Hamlet* sequer se dar conta desse silêncio; eu mesmo nunca me dei conta dele até começar a tentar solucionar o problema da relação de Hamlet com Ofélia; e mesmo hoje, quando leio a peça na íntegra sem fazer pausa para considerar essa ou aquela questão, ele mal se insinua. Ora, Shakespeare escreveu precipuamente para o teatro e não para estudiosos, e, portanto, grande peso deve ser atribuído às impressões imediatas suscitadas por suas obras. E, assim, parece pelo menos possível que a explicação do silêncio de Hamlet possa ser que Shakespeare, já tendo uma tarefa bastante difícil a realizar nos solilóquios – a tarefa de representar o estado de espírito que fazia Hamlet adiar sua vingança –, decidiu não dificultá-la mais ainda acrescentando matéria que não só aumentaria a complexidade do assunto mas poderia, por sua importância "sentimental", desviar a atenção do ponto principal; ao passo que, graças a sua experiência teatral, sabia que a platéia não notaria o quanto era estranho que um homem profundamente apaixonado, obrigado não só a renunciar como também a ferir a mulher que amava, não pensasse nela quando estava sozinho. Mas, como essa explicação não me parece mais convincente e completa do que a outra, prefiro abster-me de opinar, e também suspeito que o texto não admite interpretação segura. [Este parágrafo exprime a minha visão de modo imperfeito.]

Esse resultado pode parecer implicar uma séria acusação contra Shakespeare. Mas devemos lembrar que, se pudéssemos assistir a uma representação de *Hamlet* na época em que a peça foi escrita, nossas dúvidas provavelmente se dissipariam. O ator, instruído pelo autor, deixaria claro para nós, por meio de olhares, entonações, gestos e contracenas, até que ponto a rispidez dissimulada por Hamlet diante de Ofélia estava misturada a algum ressentimento real, e, ainda, até que ponto a melancolia teria embotado seu amor.

4

Como vimos, todos os personagens de *Hamlet* exceto o herói são secundários, e não alcançam o nível trágico. Não são menos interessantes por esse motivo, mas o herói nos manteve entretidos por tanto tempo que farei referência apenas àqueles em relação aos quais a intenção de Shakespeare parece ter sido incompreendida ou negligenciada não poucas vezes.

Pode parecer estranho que Ofélia seja um deles, e, não obstante, a literatura shakespeariana e a experiência dos professores mostra que existe muita divergência de opiniões em relação a ela, e em especial que um grande número de leitores sente uma espécie de irritação pessoal contra ela. Parecem incapazes de perdoá-la por não ter sido uma heroína e a imaginam muito mais fraca do que era. Acham que ela devia ter sido capaz de ajudar Hamlet a cumprir sua missão. E deixam transparecer, me parece, os mais estranhos equívocos quanto ao que ela de fato fez.

Ora, era essencial para o propósito de Shakespeare que o interesse pela história de amor não tomasse muito vulto; essencial, portanto, que Ofélia fosse apenas um dos personagens secundários; e necessário, pelo mesmo motivo, que ela não estivesse à altura, em temperamento, poder e inteligência, das suas heroínas famosas. Se fosse uma Imogen, uma Cordélia, mesmo uma Pórcia ou uma Julieta, a história deveria ter assumido outra forma. Hamlet teria sido estimulado a cumprir seu dever, ou (o que é mais provável) teria enlouquecido, ou (o que é ainda mais provável) teria se matado em desespero. Ofélia, portanto, foi tornada um personagem que não podia ajudar Hamlet, e por quem, por outro lado, ele não sentiria uma paixão tão vigorosa e profunda que interferisse com o móvel principal da peça[23]. E no amor e no destino da própria Ofélia foi inserido um elemento, não de profunda tragédia mas de patética beleza, que faz a análise do seu personagem parecer quase uma profanação.

Ofélia é simplesmente muito jovem e inexperiente. Perdeu a mãe e tem apenas um pai e um irmão, carinhosos mas prosaicos, para cuidar dela. Todos, no drama, que têm coração se sentem atraídos por ela. Para os personagens na peça, como para os leitores, ela evoca imagens florais. Laertes a chama de "rosa de maio".

> *Lay her in the earth,*
> *And from her fair and unpolluted flesh*
> *May violets spring!*
>
> [Colocai-a na terra,
> E que de sua bela e imaculada carne
> Brotem violetas!]

– é a prece dele durante seu enterro. "Flores para a flor", a rainha murmura, enquanto joga flores sobre o túmulo; e as flores que cercavam Ofélia – as que dava para as pessoas, as que boiavam à sua volta no regato – brilham no quadro da memória. Sua afeição pelo irmão é mostrada em duas ou três pinceladas delicadas. Seu amor pelo pai é profundo, embora mesclado ao medo. Por Hamlet ela não tem, dizem alguns, um amor profundo – e talvez esteja tão perto da infância que afetos mais antigos ainda exerçam influência maior; mas certamente deu a Hamlet todo o amor de que sua natureza já era capaz. Além desses três objetos de afeto, parece não ter olhos e ouvidos para mais ninguém. A rainha tem carinho por ela, mas não há nenhum sinal de que retribua essa afeição. A vida dela gira em torno desses três.

Dessa natureza infantil e da inexperiência de Ofélia tudo depende. A sabedoria segundo a qual "no mundo existem muitas maldades" só a atingiu como notícia vaga. Seu pai e irmão têm ciúmes dela por causa de sua ignorância e inocência; e nos ressentimos da inquietação deles sobretudo porque conhecemos Hamlet melhor que eles. Todo o caráter dela se resume a um afeto simples e altruísta. Sem dúvida, é incapaz de compreender o que se passa na cabeça de Hamlet, apesar de ser capaz de perceber a beleza do que lhe vai por dentro. Sem dúvida, ainda, obedece ao pai quando é proibida de receber as visitas e cartas de Hamlet. Se nos lembrarmos não do que *nós* sabemos, mas do que *ela* sabe de seu amante e de seu pai, se nos lembrarmos que ela, como Julieta, não havia confessado seu amor; e, se nos lembrarmos que estava muito abaixo de seu pretendente em hierarquia, sua obediência certamente deverá parecer perfeitamente natural, além do fato de o dever de obediência ao pai ser mais rigoroso nos tempos de Shakespeare do que no nosso.

"Mas faz mais que obedecer", ficamos sabendo; "foge assustada para contar a seu pai da estranha visita e do comportamento de Hamlet; mostra a seu pai uma das cartas de Hamlet, e conta a ele[24] toda a história de sua corte; e se soma ao plano que pretende tirar de Hamlet seu segredo." Devemos lembrar, contudo, que ela nunca leu a tragédia. Pensemos por um momento de que forma as coisas pareciam aos olhos *dela*. Não tinha nenhuma informação sobre o Espectro e suas revelações. Sofreu durante algum tempo a dor de repelir seu amor e de aparentar ter se voltado contra ele. Ela o vê, ou escuta falar dele, afundando dia após dia numa tristeza mais profunda, e tão transformado em relação ao que era antes que passa a ser visto como louco. Vê ser discutida constantemente a causa possível dessa triste mudança; e o coração dela lhe diz – como poderia não fazê-lo? – que a descortesia dela é a principal causa. Subitamente, Hamlet invade seu aposento; e sua aparência e comportamento são de um homem transtornado pelo amor. Ela se assusta – por que não? Não é Lady Macbeth. Rosalind teria ficado assustada. Qual de seus críticos teria ficado perfeitamente impassível se tivesse o quarto invadido por um lunático? Fica assustada, portanto; assustada, se quiserem, como uma criança. Sim, mas, observem, sua única preocupação é ajudar Hamlet. Procura, portanto, sem demora o seu pai. A quem mais deveria procurar? Seu irmão está fora. Seu pai, a quem via com os próprios olhos, e não com os de Shakespeare, é gentil, e o mais sábio dos homens, e está preocupado com o estado de Hamlet. O pai encontra, em seu relato, a solução do mistério: Hamlet está louco porque ela o repeliu. Por que não deveria contar ao pai toda a história e entregar-lhe uma antiga carta que poderia ajudar a convencer o rei e a rainha? Mais que isso, por que não deveria se permitir ser usada como uma "armadilha" para solucionar o mistério quanto à razão da loucura de Hamlet? É imperativo que seja solucionado para que possa haver a cura; todos os responsáveis por ela estão pura e simplesmente preocupados com o bem dele; e, se a sua indelicadeza *é* a causa dessa triste situação, eles permitirão que ela o cure por meio da gentileza (III. i. 40). Deveria ela se recusar a cumprir um papel só porque seria doloroso cumpri-lo? Vejo em sua adesão à "trama" (como é absurdamente chamada) um sinal não de fraqueza, mas de abnegação e força.

"Mas ela foi dissimulada; chegou a mentir. Hamlet perguntou-lhe onde estava o pai dela, e ela disse que estava em casa, quando na verdade estava escutando atrás da cortina." Pobre Ofélia! É tido por angelical para

Desdêmona dizer, faltando com a verdade, que se matou, mas profundamente imoral ou pusilânime para Ofélia contar a *sua* mentira. Não discutirei tais problemas casuísticos; mas, se alguma vez um louco furioso me fizer uma pergunta que eu não possa responder verazmente sem grande perigo para ele e para um dos meus, espero que me seja concedida a graça de imitar Ofélia. Falando a sério, num momento tão terrível, seria mesmo fraqueza, não seria antes heroico, que uma menina simples não perdesse a presença de espírito e não titubeasse, mas cumprisse seu dever para o bem de Hamlet e de seu pai? E, finalmente, seria mesmo o caso de considerarmos normal, e não digno de admiração, que essa menina, do princípio ao fim, e depois de um violento ataque de condenações injustas, não se permitisse acalentar uma gota sequer de ressentimento?

Não obstante, dizem-nos, foi absurdamente covarde da parte dela perder a razão. E aqui, mais uma vez, seus críticos parecem mal se dar conta da situação, mal se pôr no lugar de uma menina cujo amante, apartado dela, enlouquece e mata-lhe o pai. Parecem esquecer também que Ofélia deve ter acreditado que essas horripilantes calamidades não eram meras calamidades, mas decorriam do fato de *ela* ter repelido o amante. Tampouco se dão conta da absoluta solidão que deve ter se abatido sobre ela. Das três pessoas que eram todo o mundo para ela, seu pai havia sido assassinado, Hamlet fora mandado para fora do país como louco e seu irmão estava fora. Horácio, quando a mente dela entra em colapso, tenta se aproximar dela, mas não há sinal de nenhuma relação anterior entre eles, ou de que Hamlet a tenha recomendado aos cuidados do amigo. O tipo de apoio que ela pode esperar da rainha fica patente pelo caráter da rainha, e pelo fato de que, quando Ofélia está mais indefesa, a rainha recua diante da simples visão dela (IV. v. 1). Ficara, desse modo, absolutamente sozinha, e, se pugnasse pelo retorno do irmão (como fez, IV. v. 70), poderia se dar conta de que isso representaria perigo para Hamlet.

Se essa ideia lhe ocorreu, não podemos dizer. Seja como for, foi benfazejo para ela que sua mente cedesse antes do retorno de Laertes a Elsinore; e por mais patética que seja a loucura de Ofélia, é também, nós o sentimos, o golpe mais brando que poderia se abater sobre ela nesse momento. É evidente, cuido eu, que era esse o efeito pretendido por Shakespeare. Em sua loucura, Ofélia continua doce e adorável.

> *Thought and affliction, passion, hell itself,*
> *She turns to favour and to prettiness.*
>
> [Pensamentos e aflições, delírios, o próprio inferno,
> Transforma ela tudo em graça e beleza.]

Em suas caminhadas, ouvimos de tempos em tempos uma nota da mais profunda tristeza, mas nunca o lancinante grito de medo ou horror que torna a loucura pavorosa ou chocante[25]. E o quadro de sua morte, se nossos olhos se embaçam ao contemplá-lo, é ainda assim da mais lídima beleza. Coleridge fez jus a Shakespeare quando escreveu da "tocante morte de Ofélia – que, no princípio, parecia um braço delgado de terra projetando-se da beira de um lago ou regato, salpicado de flores docemente refletidas sobre as águas tranquilas, mas, no final, solapando-se ou soltando-se, convertendo-se em graciosa ilha, que, após breve deriva, afunda quase sem causar remoinho"[26].

5

Com relutância, ignoro Polônio, Laertes e o belo personagem de Horácio, para dizer algo, à guisa de conclusão, acerca da rainha e do rei.

A resposta para duas perguntas sobre a rainha é, a meu ver, praticamente indubitável. (1) Ela não se limitou a casar pela segunda vez com chocante pressa; mentiu para o marido enquanto ele estava vivo. Essa é sem dúvida a interpretação mais natural das palavras do Espectro (I. v. 41 f.), pronunciadas, como é o caso, antes de seu relato do assassinato. E, contra esse testemunho, que peso tem a objeção segundo a qual a rainha, no "Assassinato de Gonzaga", não é representada como adúltera? O alvo de Hamlet ao planejar a encenação não era sua mãe, a quem, ademais, ele recebera ordens expressas para poupar (I. v. 84 s.).

(2) Por outro lado, ela *não* era sabedora do assassinato do marido, quer antes do ato, quer depois dele. Não há nenhum sinal de que era, e há sinais claros de que não era. A representação do assassinato na cena do teatro não lhe causa abalo; e, quando o marido dá um salto do trono, inocentemente lhe pergunta: "Como vos estais sentindo, senhor?" Na conversa com Hamlet, quando o filho fala do massacre de Polônio,

> 'A bloody deed!' Almost as bad, good mother,
> As kill a king and marry with his brother,
>
> ["Que sangrenta ação!" Quase tão má, boa mãe,
> Como matar um rei e desposar-lhe o irmão,]

a perplexidade da repetição dela "Como matar um rei!" é evidentemente autêntica; e, se não fosse, jamais teria tido coragem de exclamar:

> What have I done, that thou darest wag thy tongue
> In noise so rude against me?

[Que fiz, que ousas mover a língua contra mim
Nesse clamor tão insolente?]

Além disso, é bastante significativo que, quando ela e o rei conversam a sós, nada que é dito por ela ou a ela sugere que tivesse conhecimento do segredo.

A rainha não era uma mulher de coração duro, sob nenhuma hipótese a mulher que faria pouco caso de um assassinato. Mas possuía uma tênue natureza bestial, e era muito tacanha e muito superficial. Adorava estar alegre, como uma ovelha ao sol; e, justiça lhe seja feita, agradava-lhe ver os outros alegres, como mais ovelhas ao sol. Nunca lhe ocorre que a embriaguez é sórdida até que Hamlet lhe diga isso; e, apesar de saber que ele considerava seu casamento "apressado" (II. ii. 57), não sentia nenhuma vergonha dos sentimentos que haviam levado à união. Era agradável acomodar-se no trono e ver semblantes sorridentes à sua volta, e tolo e descortês da parte de Hamlet insistir em chorar por seu pai em vez de casar-se com Ofélia e tornar tudo mais agradável. Sentia carinho por Ofélia e o apego ao filho era autêntico (embora não tivesse se recusado a ver o amante afastá-lo do trono); e, sem dúvida, considerava a compatibilidade social mero detalhe comparada aos apelos do amor. A crença do fundo de seu coração era que o mundo é um lugar feito simplesmente para que as pessoas sejam felizes de modo leve e sensual.

Sua única alternativa era que alguém a fizesse infeliz. Quando a aflição a atinge, o bem existente nela se debate para vir à tona através de poderoso lastro de ócio. Como outros personagens moralmente fracos das tragédias de Shakespeare, ela morre uma mulher melhor do que aquela que viveu. Quando Hamlet lhe mostra o que ela fez, sente sinceros remorsos. É verdade, Hamlet teme que isso não vá durar, e por isso, no fim da conversa (III. iv. 180 ss.), acrescenta a advertência de que, se ela o trair, estará arruinando também a si mesma[27]. É verdade também que não há sinal de que ela obedeça a Hamlet no que toca ao rompimento de sua relação mais íntima com o rei. Mesmo assim, sente remorso; e ama o filho, e não o trai. Mente ao marido sobre as circunstâncias da morte de Polônio e silencia quanto à aparição do Espectro. Passa a sofrer amargamente:

To her sick soul, as sin's true nature is,
Each toy seems prologue to some great amiss.

[Para sua alma enferma, tal é a natureza do pecado,
Qualquer bagatela parece o prólogo de algum desastre.]

Mostra presença de espírito quando Laertes inflama a multidão, e infunde respeito por apoiar o marido quando não pode fazer nada para ajudar o filho. Se teve tino para perceber o objetivo de Hamlet, ou a probabilidade de o rei tomar alguma medida desesperada para neutralizá-lo, deve ter sofrido de modo atroz aqueles dias. Mas talvez fosse tacanha demais. A última vez que a vemos, na prova de esgrima, é bastante característica. Está perfeitamente serena. As coisas entraram novamente nos eixos, e ela está livre de apreensões. Mostra-se, contudo, abalada e tomada de compaixão pelo filho, que está fora de forma e arqueja e transpira muito. Essas aflições ela é perfeitamente capaz de compreender, muito embora sejam ainda mais comuns que a morte de um pai. Mas então encontra a morte porque não consegue sopitar o desejo de agradar ao filho brindando ao seu êxito. E mais: quando cai, moribunda, e o rei procura dissimular que está apenas desfalecendo à visão do sangue, ela reúne as forças para negá-lo e para alertar Hamlet:

> No, no, the drink, the drink,–O my dear Hamlet,–
> The drink, the drink! I am poison'd.   [Dies.
>
> [Não, não, a bebida, a bebida, – Ó meu querido Hamlet –
> A bebida, a bebida! Fui envenenada!   [Morre.

Terá existido algum outro escritor a um só tempo tão impiedoso e tão justo como Shakespeare? Alguma vez algum outro mesclou o grotesco e o patético a um realismo tão arrojado e, no entanto, tão fiel à "modéstia da natureza"?

O rei Cláudio raramente obtém do leitor a atenção que merece. Mas ele é muito interessante, tanto psicológica como dramaticamente. Por um lado, não é desprovido de qualidades respeitáveis. Como rei, é cortês e nunca indigno do trono; desempenha seus deveres cerimoniais com eficiência; e cuida com desvelo dos interesses nacionais. Em nenhum momento mostra covardia e, quando Laertes e a multidão invadem o palácio, enfrenta a perigosa situação de forma serena e hábil. O amor por sua esposa, conquistada por meios espúrios, parece bastante autêntico, e não há terreno para suspeitar que ele a tenha usado como simples meio para chegar ao trono[28]. Sua consciência, ainda que inoperante, está longe de morta. A despeito dos acicates dela, trama novos crimes para assegurar o butim tomado ao velho Hamlet; mesmo assim, isso o faz infeliz (III. i. 49 s., III. iii. 35 s.). Tampouco é cruel ou malévolo.

Por outro lado, não se trata de um personagem trágico. Sua dimensão é menor. A confiarmos em Hamlet, era um homem de aspecto grosseiro

— uma espiga coberta de mofo, um sapo, um morcego; e vivia também inchado pelo excesso de bebida. As pessoas torciam o nariz para ele, desprezando-o, quando o irmão estava vivo; e apesar de, quando subiu ao trono, terem despendido uma pequena fortuna para pagar-lhe o retrato, era evidente que ele não confiava muito em sua lealdade. Não era um tirano adepto da força bruta, que pensava em tomar a coroa do irmão por meio de um golpe ousado e ostensivo, mas um larápio que roubou o diadema de cima de uma prateleira e o enfiou no bolso. Tinha a disposição das naturezas fisicamente fracas e moralmente miúdas dadas à intriga e à trapaça. Sua predileção instintiva era por veneno: esse foi o meio utilizado em seu primeiro assassinato, e, sem pestanejar, recorre a ele quando não consegue que Hamlet seja executado por intermédio de terceiros. Apesar de correr perigo, não se mostra covarde, sendo o primeiro pensamento sempre para si mesmo.

> *I like him not, nor stands it safe with us*
> *To let his madness range,*
>
> [Não gosto dele, nem é seguro para *nós*
> Dar-lhe rédea solta à loucura,]

— estas são as primeiras palavras que o ouvimos dizer depois da cena do teatro. Seu primeiro comentário sobre a morte de Polônio é:

> *It had been so with us had we been there;*
>
> [O mesmo *nos* tocara se lá estivéssemos;]

e o segundo é:

> *Alas, how shall this bloody deed be answered?*
> *It will be laid to us.*
>
> [Como explicar esse ato sanguinário?
> Hão de culpar-*nos*.]

Mas não era estúpido; era bastante arguto e destro. Conquistou a rainha em parte, com efeito, por meio de presentes (quão lamentavelmente típico dela!), mas também por "feitiço do seu engenho" ou intelecto. Parece ter sido de fala mole, de modos insinuantes, e dado a sorrir para o interlocutor ("é possível sorrir, sorrir e ser velhaco"). Vemos isso na fala a Laertes sobre o desejo que o jovem tem de regressar a Paris (I. ii. 42 s.). Hamlet mal lhe dirige a palavra sem um insulto, mas ele nunca mostra ressentimento, dificilmente mesmo aborrecimento. Manipula Laertes com grande destreza. Havia sem dúvida percebido que a sagacidade, a blandícia, a disposição para ceder e conceder quando não fosse possível subjugar, o levariam a seus objetivos – que poderia enganar os homens e influenciá-los. Infelizmente, imaginou que seria capaz de enganar algo mais que homens.

Esse erro, junto com um traço decisivo de temperamento, leva a sua ruína. Possui inclinação sanguínea. Quando o vemos pela primeira vez, tudo saiu como planejara, e ele espera tranquilamente levar uma vida feliz. Acredita que seu segredo está absolutamente seguro e mostra-se disposto a ser gentil para com Hamlet, em cuja melancolia vê apenas excesso de pesar. Não deseja vê-lo partir da corte; promete-lhe o seu sufrágio para a sucessão (I. ii. 108, III. ii. 355); será um pai para ele. Pouco depois, com efeito, fica bastante inquieto, e então cada vez mais alarmado; mas quando, muito mais tarde, planeja a morte de Hamlet na Inglaterra, ainda não se dá conta de que não lhe cabe esperar ser feliz:

till I know 'tis done,
Howe'er my haps, my joys were ne'er begun.

[Até que saiba que esteja feito,
Seja qual for minha sorte, minhas *alegrias* ainda não principiaram.]

Não, suas derradeiras palavras mostram que parte sem ter mudado:

Oh yet defend me, friends, I am but hurt [=wounded],

[Oh, defendei-me, amigos, estou somente ferido,]

exclama, embora em meio minuto esteja morto. Que seu crime malogrou, e que nada mais poderia ser feito, sequer uma vez lhe ocorre. Acredita ser capaz de chegar ao céu. Quando reza pedindo perdão, está o tempo inteiro perfeitamente determinado a manter a coroa; e sabe disso. Mais – trata-se de uma das coisas mais assustadoras em Shakespeare, mas postas de modo tão sutil que somos capazes de não vê-las –, quando o rei reza pedindo perdão por seu primeiro assassinato, acaba de tomar as providências para um segundo, o assassinato de Hamlet. Mas não alude a esse fato nessa prece. Se Hamlet tivesse realmente querido matá-lo num momento que não permitisse nenhum laivo de salvação, não havia por que esperar[29]. É o que nos sentimos inclinados a dizer; e, no entanto, não foi assim. Pois este era o momento da crise também para Cláudio, além de Hamlet. Teria sido melhor ter morrido logo, antes de acrescentar à sua culpa uma parte de responsabilidade em todo o sofrimento e morte que se seguiu. E, assim, podemos nos permitir dizer, nisso também o passo em falso de Hamlet lhe serviu aos propósitos. O poder que selou seu fim, selou igualmente o do rei.

Pois – para retornarmos à conclusão da ação da peça – em tudo que acontece ou é feito, apreendemos algum poder maior. Não o definimos, nem sequer o nomeamos, ou talvez ainda sequer dizemos a nós mesmos que está ali; mas nossa imaginação é tomada pela impressão que ele produz, à medida que se insinua no meio dos atos e omissões dos homens na direção do seu fim inexorável. E, acima de tudo, nós o sentimos em relação a Hamlet e ao rei. Pois esses dois, um pelo recuo diante da tarefa que lhe compete, o outro pelos esforços cada vez mais febris de se ver livre de seu inimigo, parecem determinados a evitar-se mutuamente. Mas não conseguem. Por entre caminhos tortuosos, os caminhos mesmos que tomam pensando em escapar, algo os está atraindo silenciosamente, passo a passo, na direção um do outro, até que se encontram e essa força entrega a espada na mão de Hamlet. Ele próprio precisa morrer, pois sente necessidade desse imperativo antes de ser capaz de cumprir a ordem do destino; mas *tem de* cumpri-lo. E o rei também, por voltas que dê e atalhos que tome, precisa atingir a meta estabelecida, e só faz precipitar-se em direção a ela quando envereda pelos trilhos tortuosos que parecem levar a outro lugar. A concentração voltada para o caráter do herói é capaz de retirar nossa atenção desse aspecto do drama; mas em nenhuma outra tragédia de Shakespeare, nem mesmo em *Macbeth*, esse aspecto é tão marcante[30].

Menciono *Macbeth* por um segundo motivo. Em *Macbeth* e *Hamlet*, não só a sensação de um poder supremo ou destino é especialmente enfatizada, como também revela, às vezes, um tom peculiar, que pode ser considerado, em certo sentido, religioso. Não posso dizer com clareza o que pretendo se não usar de uma linguagem bastante rigorosa para descrever com propriedade a impressão imaginativa produzida; mas é *grosso modo* verdadeiro que, apesar de não imaginarmos o poder supremo como um ente divino que vinga o crime ou como uma providência sobrenatural que interfere na ação, nossa impressão dele é influenciada pelo fato de Shakespeare, nessa peça, usar ideias religiosas correntes de modo muito mais inequívoco do que em *Otelo* ou *Rei Lear*. O horror na alma de Macbeth é mais de uma vez representado como desespero diante da ideia de que está "perdido" para a eternidade; a mesma ideia figura na tentativa de arrependimento envidada por Cláudio; e quando *Hamlet* se aproxima do desfecho, o tom "religioso" da tragédia é intensificado de duas formas. Em primeiro lugar, o "acidente" é introduzido na trama em sua forma mais ostensiva e menos dramática quando Hamlet é trazido de volta à Dinamarca pelo encontro fortuito com o navio pirata. Esse incidente tem sido, por isso, duramente criticado como um expediente canhestro[31], mas parece provável que o "acidente" tenha sido concebido para parecer exatamente o oposto de acidental à nossa imaginação, e é sem dúvida o que acontece com alguns leitores. E o fato de ter sido essa a intenção torna-se ainda mais provável devido a um segundo fato, de que, somando-se aos acontecimentos da viagem, Shakespeare acrescenta a sensação, nutrida por Hamlet, de estar o herói entregue às mãos da Providência. As reiteradas expressões dessa sensação não significam, tenho sustentado, que Hamlet agora tomou a firme decisão de cumprir incontinente seu dever; mas seu efeito é o de fortalecer no espectador a sensação de que, aconteça o que for com Hamlet, e, quer ele queira ou não, sua tarefa sem dúvida será consumada, porque trata-se do desígnio de um poder contra o qual ele ou seu inimigo nada podem, e que os transforma em joguetes da sua vontade.

Tendo isso em mente, podemos lembrar um significativo ponto de contato entre *Hamlet* e *Macbeth*, a aparição em cada peça de um fantasma – figura que parece bastante adequada em ambos os casos, ao passo que pareceria absolutamente deslocada em *Otelo* ou em *Rei Lear*. Muito poderia ser dito do fantasma de *Hamlet*, mas me atenho ao aspecto de que estamos tratando aqui. Qual é o efeito da aparição do Espectro? E, em especial, por que Shakespeare faz desse Espectro um vulto tão *imponente*, emprestando-lhe um tom medido e solene, e um ar de alheamento impessoal que proíbe, por exemplo, toda expressão de afeto por Hamlet e abafa nele o arroubo de piedade pelo pai? Seja qual possa ter sido a intenção, o resultado é que o Espectro fere a imaginação não simplesmente como a aparição de um rei morto que deseja a satisfação dos propósitos *dele*, mas também como o representante daquele poder supremo que jaz oculto, um mensageiro da justiça divina encarregada da expiação das faltas que, para um homem, seria impossível desvendar e vingar, um lembrete ou símbolo dos laços que unem o limitado mundo da experiência ordinária à vida mais vasta da qual ele não é senão manifestação parcial. E assim como, no início da peça, temos esse prenúncio, expresso por intermédio da ideia religiosa convencional de uma alma vinda do purgatório, também no final, expresso por intermédio da ideia similar de uma alma levada pelos anjos para o seu descanso, temos um prenúncio de mesmo teor, e um lembrete de que o aparente fracasso da vida de Hamlet não é a verdade final relativa a ele.

Se essas inúmeras peculiaridades da tragédia forem consideradas, acordar-se-á que, apesar de *Hamlet* certamente não poder ser considerado um "drama religioso" no sentido estrito, há nele, não obstante, um emprego mais livre de ideias religiosas populares e um testemunho mais acentuado – embora sempre imaginativo – de um poder supremo que se ocupa do mal e do bem humanos do que podemos encontrar em qualquer outra tragédia de Shakespeare. E essa, provavelmente, é uma das razões da excepcional popularidade dessa peça, assim como também *Macbeth* – a tragédia que, a esse respeito, mais se aproxima dela – ocupa o segundo lugar na estima geral.

CONFERÊNCIA V

Otelo

Praticamente não há dúvidas quanto a ter sido *Otelo* a tragédia escrita logo depois de *Hamlet*. Os indícios externos de que dispomos apontam para essa conclusão, e são confirmados pelas semelhanças de estilo, elocução e versificação, e também pelo fato de ideias e expressões da peça anterior se repetirem na seguinte[1]. Existe, ainda (para não falarmos de um ponto curioso, a ser considerado quando chegarmos a Iago), certa semelhança de temas. Os heróis das duas peças são, sem dúvida, profundamente diferentes, tão diferentes que cada um poderia ter lidado sem grande dificuldade com a situação que se mostrou catastrófica para o outro; mas, ainda assim, ambos são homens excepcionalmente nobres e crédulos, e ambos sofrem o choque de uma terrível desilusão. Esse tema é tratado por Shakespeare pela primeira vez em *Hamlet*, pela segunda vez em *Otelo*. Reaparece modificado em *Rei Lear*, e provavelmente foi o móvel que levou Shakespeare a remodelar em parte a tragédia *Tímon*, escrita por outro autor. Esses quatro dramas podem, por enquanto, ser mantidos num mesmo grupo para que se os distinga das demais tragédias.

Contudo, no que diz respeito à substância, e, em certos aspectos, ao estilo, as diferenças entre *Otelo* e *Hamlet* são muito maiores que as semelhanças, pertencendo a mais recente, ao lado daquelas que a sucederam, nitidamente a um grupo distinto. Vimos que, a exemplo destas, trata-se de uma tragédia de paixão, descrição que não se aplica a *Júlio César* nem a *Hamlet*. E, ao lado dessa mudança, vemos outra, o agigantamento da estatura do herói. Existe, na maioria dos últimos heróis, algo de colossal, algo que faz pensar nas obras de Michelangelo. Não são homens apenas excepcionais, são descomunais; dir-se-iam sobreviventes da era dos heróis vivendo num mundo posterior e menor. Não temos essa impressão com Romeu, Bruto ou Hamlet, nem fazia parte do plano de Shakespeare permitir mais que pinceladas desse traço no próprio *Júlio César*; mas ele é fortemente marcado em Lear e Coriolano, e bastante claro em Macbeth e até em Antônio. Otelo é o primeiro desses homens, um ser essencialmente formidável e grandioso, que paira acima de seus companheiros, senhor de uma força que, em repouso, irradia superioridade sem esforço, e, em comoção, lembra-nos mais a fúria dos elementos do que a convulsão das ordinárias paixões humanas.

1

Qual é a peculiaridade de *Otelo*? Qual é a impressão singular que ela causa? Minha resposta seria: de todas as tragédias de Shakespeare, não se excetuando nem mesmo *Rei Lear*, *Otelo* é a mais pungente e a mais atroz. A partir do momento em que tem início a intriga contra o herói, o coração e a mente do leitor são mantidos sob a máxima pressão, experimentando os extremos da piedade e do medo, da compaixão e da repulsa, da sôfrega esperança e da tétrica expectativa. O mal, em verdade, não se manifesta diante dele com a profusão que vemos em *Rei Lear*, mas, dir-se-ia, plasmando a alma de um único personagem, e aliado a uma superioridade intelectual tão grande que do espectador só resta observar seu avanço com fascínio e horror. Ele a vê, essa força praticamente irresistível, auxiliada a cada passo por acidentes oportunos e pelos tropeços inocentes de suas vítimas. Otelo parece respirar uma atmosfera tão aziaga quanto a de *Rei Lear*, porém mais confrangedora e opressiva, a escuridão não da noite, mas de uma sufocante cena macabra. A imaginação do espectador é incitada a intensa atividade, mas trata-se de um movimento de concentração, não de expansão.

Não me alongarei agora nos aspectos da peça que modificam essa impressão, e deixo para análise posterior uma de suas principais fontes, o personagem de Iago. Mas, se observarmos sucintamente algumas das demais fontes, encontraremos ao mesmo tempo certas singularidades de *Otelo*.

(1) Uma delas já foi mencionada em nossa discussão sobre a técnica de Shakespeare. *Otelo* é não só a mais magistral das tragédias no que diz respeito à construção, como também seu método de construção é único. E esse método, pelo qual o conflito acontece tardiamente e avança sem pausa digna de nota com velocidade crescente na direção da catástrofe, é um fator importante da dolorosa tensão que acabamos de descrever. A isso podemos acrescentar que, depois de iniciado o conflito, há muito pouco alívio pela via do risível. Desse ponto em diante, com efeito, o humor de Iago já não suscita um sorriso sequer. O bufão é medíocre; mal prestamos-lhe atenção, e rapidamente o esquecemos; acredito que a maioria dos leitores de Shakespeare, perguntados se *Otelo* tem um bufão, responderia negativamente.

(2) Em segundo lugar, não há tema mais empolgante do que o ciúme sexual atingindo o paroxismo da paixão; e seria difícil imaginar algum es-

petáculo a um só tempo tão fascinante e doloroso quanto o de uma natureza excepcional sofrendo os tormentos dessa paixão, e sendo arrastada por ela a um crime que é, ainda, um horrível engano. A paixão da ambição, por mais terríveis que sejam suas consequências, não é, em si, execrável; se a separarmos mentalmente das circunstâncias que a fazem condenável, deixa de merecer desprezo; não é uma forma de sofrimento, sua natureza é ativa; e, sendo assim, podemos observar seu avanço sem nos sentirmos intimidados. Mas o ciúme, e, especialmente, o ciúme sexual, traz consigo o sentimento de vergonha e humilhação. Por isso, é normalmente velado; se o distinguimos, fere-nos o pudor e desviamos o olhar; e, quando não é velado, normalmente provoca desprezo e piedade. E isso não é tudo. Um ciúme como o de Otelo lança a natureza humana no caos e desperta o animal que existe no homem; e faz isso em relação a um dos sentimentos humanos mais fortes e também mais belos. Que espetáculo pode ser mais doloroso do que o desse sentimento convertido numa mistura torturada de desejo e asco, a "pureza dourada" da paixão carcomida pelo veneno, a fera no homem irrompendo ao nível consciente em toda a sua rudeza, e ele se debatendo diante dela, incapaz de obstruir-lhe a passagem, bramindo imagens desconexas e escabrosas e encontrando alívio somente numa furiosa sede de sangue? É isso que temos de testemunhar em alguém que era, ademais, "nobre de coração", e não menos puro e brando do que essa nobreza. Temos aí – somado àquilo que vem em consequência: a agressão física a Desdêmona e a cena em que é tratada como prostituta, episódio muito mais doloroso do que a cena do assassinato – o outro motivo do efeito especial produzido por essa tragédia[2].

(3) A simples menção dessas cenas nos lembrará dolorosamente um terceiro motivo; e talvez seja o mais forte de todos. Refiro-me ao sofrimento de Desdêmona. Trata-se, salvo engano, do espetáculo mais perto do intolerável que nos é oferecido por Shakespeare. Em primeiro lugar, trata-se de sofrimento *puro e simples*; e, *ceteris paribus*, isso é muito pior de se testemunhar do que o sofrimento resultante de uma ação. Desdêmona jaz irremediavelmente impotente. Não existe absolutamente nada que ela possa fazer. Não pode reagir nem mesmo verbalmente; e nem sequer nos sentimentos que lhe vão no íntimo. E o principal motivo dessa impotência torna o espetáculo de seu sofrimento ainda mais atroz. Jaz impotente porque a sua natureza é infinitamente doce, e o seu amor, incondicional. Eu não contestaria a opinião de Swinburne*, segundo a

....
* Algernon Charles Swinburne (1837-1909). Poeta vitoriano controverso cuja obra refletia temas como sadomasoquismo, desejo de morte, lesbianismo e ateísmo. Escreveu *The*

qual nossa *piedade* por Otelo é maior do que a que sentimos por Desdêmona; mas contemplamos Desdêmona com pesar mais profundo. Nunca nos livramos inteiramente do sentimento de que Otelo é um homem lutando com outro homem; mas o sofrimento de Desdêmona é comparável ao da mais dócil das criaturas indefesas torturada sem motivo pelo ser que ela adora.

(4) Passando do herói e da heroína para o terceiro personagem principal, observamos (o que já foi muitas vezes ressaltado) que a ação e a catástrofe de *Otelo* dependem em grande parte de intrigas. Não é lícito dizer mais que isso. Não devemos considerar a peça uma tragédia de intriga, distinguindo-a de uma tragédia de caráter. A trama de Iago é o caráter de Iago em ação; e ela se baseia no conhecimento que ele tem do caráter de Otelo, e, não fosse assim, não poderia ter tido êxito. Não obstante, continua sendo verdade que uma trama complexa era necessária para dar ensejo à catástrofe; pois Otelo não era um Leontes, e a sua natureza seria a última a engendrar por si mesma o ciúme. Por isso, a intriga de Iago ocupa um lugar no drama que não encontra paralelo nas demais tragédias; a única que se aproxima, e mesmo assim muito pouco, é a intriga de Edmundo na trama secundária de *Rei Lear*. Ora, em toda novela ou peça, mesmo que os personagens suscitem pouco interesse e jamais corram grave risco, uma intriga urdida com habilidade prenderá a atenção e criará suspense. E quando, como em *Otelo*, os personagens inspiram a mais profunda piedade ou repulsa, e vida ou morte dependem da intriga, esta se torna a fonte de uma tensão na qual o sofrimento praticamente suplanta o prazer. Nenhum outro Shakespeare nos faz prender a respiração com tamanha ansiedade e por tanto tempo como os últimos Atos de *Otelo*.

(5) Uma das consequências da predominância do elemento de intriga é que *Otelo* resulta a menos distante, dentre todas as grandes tragédias, de uma história da vida privada. E essa impressão é reforçada por outros fatores. Nas outras grandes tragédias, a ação é ambientada num tempo remoto, de tal forma que seu significado geral é percebido através de um tênue véu que separa os personagens de nós e de nosso mundo. Mas *Otelo* é um drama da vida moderna; quando surgiu pela primeira vez, era quase um drama da vida contemporânea, pois o ataque turco sobre Chipre aconteceu em 1570. Os personagens se aproximam de nós, e nossa identificação com o drama (com a licença da expressão) é mais

---

Contemporaries of Shakespeare [Os contemporâneos de Shakespeare] e *The Age of Shakespeare* [A época de Shakespeare].

imediata do que pode ser com *Hamlet* ou *Lear*. Além disso, os destinos deles nos impressionam como os de pessoas privadas, mais do que é possível em qualquer das últimas tragédias, com a exceção de *Tímon*. Não me esqueci do Senado, nem do posto de Otelo, nem de seu serviço ao Estado[3]; mas o ato que comete e sua morte não exercem aquela influência sobre os interesses de uma nação ou de um império que, nas tramas de Hamlet, de Macbeth, de Coriolano e de Antônio, reveste-as de um tom idealizado e as distancia da esfera à qual pertencemos. Com efeito, ele já está vencido em Chipre quando seu destino é selado, e, ao nos despedirmos dele, não brota em nós, como nas demais tragédias, um sentimento de paz que desce sobre um território conturbado.

(6) As peculiaridades até aqui consideradas se combinam com outras para produzir os sentimentos de opressão, de confinamento num mundo relativamente estreito, de sombria fatalidade, que nos perseguem na leitura de *Otelo*. Em *Macbeth*, o destino que se impõe tanto no conflito externo como na alma do herói é obviamente hostil ao mal; e a imaginação é excitada não só pela consciência da sua presença mas também pela intervenção de agentes sobrenaturais. Estes, como já vimos, produzem em *Hamlet* um efeito semelhante, que é amplificado pela interpretação que o herói faz dos acidentes como auxiliares providenciais do seu propósito. *Rei Lear*, é, sem dúvida, a tragédia que mais se aproxima de *Otelo* na atmosfera obscura e fatídica e na ausência de sinais diretos de algum poder diretor[4]. Contudo, em *Rei Lear*, além de outras diferenças a serem consideradas posteriormente, o conflito assume proporções tão vastas que a imaginação parece projetar-se, como em *Paraíso Perdido*, além dos limites terrenos. Na leitura de *Otelo*, a mente não vai tão longe. Fica mais circunscrita ao espetáculo oferecido por seres nobres enredados em lutas das quais não há escapatória; enquanto a prevalência da intriga atenua a sensação de que a catástrofe depende do caráter e o papel desempenhado pelo acidente[5] nessa catástrofe intensifica a sensação de destino. Essa influência do acidental é sentida fortemente em *Rei Lear* somente uma vez, e justamente no desfecho da peça. Em *Otelo*, uma vez iniciada, a intriga se mostra inexorável e devastadora. Não só a habilidade de Iago é excepcional, mas também sua boa estrela. A cada instante, uma palavra ocasional de Desdêmona, um encontro fortuito entre Otelo e Cássio, uma pergunta que de imediato nos ocorre e que ninguém, com exceção de Otelo, deixaria de fazer, poderia ter arruinado a trama de Iago e decretado sua morte. Em vez disso, Desdêmona deixa seu lenço cair no momento que mais o favorece[6], Cássio vê-se diante de Otelo precisamente quando este jaz desacordado, Bianca chega exatamente quando

sua presença é necessária para consumar a farsa contra Otelo, fazendo-o passar da raiva à fúria. Tudo isso, e muito mais, soa-nos bastante natural, tão poderosa é a arte do dramaturgo; mas ela também nos deixa desconcertados ao infundir a sensação, semelhante à que experimentamos em *Édipo Tirano*, de que esses mortais de má estrela – ambos δυσδαίμες* – não podem fugir de seu destino, e até mesmo outra sensação, ausente desta última peça: a de que o destino acumpliciou-se à infâmia[7]. Não é surpreendente, portanto, que *Otelo* nos impressione de um modo que *Hamlet* e *Macbeth* não o fazem em momento algum, e que *Rei Lear* faz apenas em menor medida. Pelo contrário, é fascinante que, antes do fim da tragédia, Shakespeare tenha conseguido abrandar essa impressão conciliando-a com outras mais sublimes e amenas.

Mas seu êxito foi completo? Por outra, existe uma explicação para o fato inconteste de alguns leitores – ainda que reconhecendo, é claro, a imensa força de *Otelo*, e até admitindo que se trata, quiçá, do maior triunfo de Shakespeare do ponto de vista dramatúrgico – ainda experimentarem certo desconforto, ou, pelo menos, relutarem intimamente em acolhê-la ao lado de *Hamlet*, *Rei Lear* e *Macbeth*?

O desconforto a que me refiro deve-se basicamente a dois motivos. Primeiro, para muitos leitores do nosso tempo – homens, mas também mulheres –, o tema do ciúme sexual tratado com riqueza e liberdade elisabetanas é não apenas incômodo, mas de tal forma repulsivo que nem mesmo as intensas emoções trágicas suscitadas pelo enredo são capazes de sobrepujar essa repulsa. Entretanto, embora seja fácil compreender um desconforto dessa natureza em relação a *Otelo*, não parece pertinente discuti-lo, pois pode, com justiça, ser considerado pessoal ou subjetivo. Só seria mais que isso, tornando-se enfim uma crítica da peça, se aqueles que se sentissem assim sustentassem que essa intensidade e liberdade que lhes sabem amargas são, também, dispensáveis do ponto de vista dramático, ou traem o propósito de apelar para sensações menos poéticas perante o público. Mas não acredito que se defenda isso, ou que semelhante visão seja plausível.

Para alguns leitores, ainda, certas partes de *Otelo* parecem chocantes ou até execráveis. Eles acreditam – se me permitem reproduzir aqui sua reserva – que nessas partes Shakespeare pecou contra os cânones da arte, representando sobre o palco uma violência e brutalidade cujo efei-

---

* Bradley faz aqui referência à forma grega original que deu origem ao nome próprio "Desdêmona"; é digno de nota o fato de que significa "infeliz", "desafortunada", "consternada". (N. do T.)

to é desnecessariamente doloroso e mais sensacional que trágico. As passagens que desse modo causam indignação são provavelmente aquelas já apontadas – aquela em que Otelo agride Desdêmona (IV. i. 251), aquela em que finge tratá-la como uma moça que trabalha numa casa de má fama (IV. ii.) e, finalmente, a cena da morte dela.

Semelhantes questões não devem ser ignoradas ou rechaçadas com enfado, mas não podem ser dirimidas, me parece, por meio de argumentos. Tudo que nos resta fazer com algum proveito é considerar atentamente a nossa experiência, e fazer a nós mesmos a seguinte pergunta: se experimentamos essas reservas, experimentamo-las quando estamos lendo a peça com toda a nossa alma, ou apenas quando a estamos lendo mais displicentemente? Pois, como quer que seja no primeiro caso, no segundo, evidentemente, a culpa é nossa, e não de Shakespeare. E, se examinarmos a questão desse modo, creio que a conclusão apontará tratar-se, no todo, de uma falha de nossa parte. A primeira, e menos importante, das três passagens – a da agressão física – me parece a mais duvidosa. Confesso que, não importa o que faça, não consigo considerá-la admissível. Parece fora de dúvida que a agressão não é, de forma alguma, uma leve pancada no ombro com um rolo de pergaminho, como alguns atores, ressentindo-se da torpeza da cena, a representaram. Deve acontecer, ainda, em cena aberta. E não existe, quer me parecer, um sentimento suficientemente trágico nessa passagem para torná-la tolerável. Mas, nas outras duas cenas, o caso é diferente. Nelas, parece-me, se imaginamos – com toda a vividez – a tragédia interna que se desenrola na alma dos personagens, as sensações mais óbvias e quase físicas de sofrimento e horror não se apresentam como de costume, e servem apenas para intensificar os sentimentos trágicos nos quais estão embebidas. É duvidoso se seria assim caso tivéssemos de imaginar Desdêmona, na cena do assassinato, sendo arrastada pelo palco (como em algumas encenações modernas); mas não existe absolutamente nada no texto que nos permita imaginá-la assim, e é também bastante claro que a cama na qual é sufocada estava recuada em relação às cortinas[8], e, portanto, é de presumir, apenas parcialmente visível.

Nesse quesito, portanto, *Otelo* não parece estar (a não ser talvez em um ponto[9]) vulnerável à crítica, embora possua mais passagens do que as outras três tragédias nas quais, se a imaginação não for exercida em seu grau máximo, receberá um choque ou uma impressão mais afeita ao sensacional. Se, mesmo assim, sentirmos que ela ocupa em nosso espírito um lugar um pouco menos elevado do que as outras três (e acredito que esse sentimento, embora não seja predominante, não é raro), a razão não está aí, mas em outra característica, à qual já me referi – o real ativo confinamento da atmosfera imaginativa. *Otelo* não tem, com intensidade igual à das outras três, o poder de expandir a imaginação por meio da sutil sugestão de imensos poderes universais agindo sobre os destinos e paixões individuais. Ela é, em certo sentido, menos "simbólica". Ficamos mais conscientes de um certo limite, uma supressão parcial daquele elemento do gênio de Shakespeare que o aproxima dos poetas místicos e dos grandes compositores e filósofos. Em uma ou duas de suas peças, notadamente *Troilo e Cressida*, ficamos quase que dolorosamente conscientes dessa supressão; percebemos uma intensa atividade intelectual, mas, ao mesmo tempo, certa frieza e austeridade, como se algum poder em sua alma, aquele a um só tempo mais elevado e mais brando, estivesse temporariamente interrupto. Em outras peças, notadamente em *A tempestade*, ficamos o tempo todo cientes da presença desse poder; e, nesses casos, temos a sensação de estar especialmente próximos do próprio Shakespeare. É o que acontece em *Hamlet* e *Rei Lear*, e, em menor medida, em *Macbeth*; mas em muito menor medida em *Otelo*. Não quero dizer que em *Otelo* essa supressão seja intensa, ou que, como em *Troilo e Cressida*, pareça-nos dever-se a um estado de espírito amargo; antes, parece seguir-se simplesmente à estruturação de uma peça que versa sobre um tema contemporâneo e inteiramente mundano. Não obstante, resulta numa diferença do tipo que procurei esclarecer, e deixa a impressão de que em *Otelo* não estamos em contato com o Shakespeare integral. E é talvez significativo, quanto a isso, que o próprio herói nos pareça ter, quiçá, menos da personalidade do bardo do que muitos personagens bastante inferiores como criações dramáticas e como homens.

2

O caráter de Otelo é relativamente simples, mas, como me alonguei na predominância dos acidentes e da intriga na peça, é desejável mostrar de que forma o êxito da trama de Iago está ligado essencialmente a esse caráter. A descrição que Otelo faz de si mesmo como

> *one not easily jealous, but, being wrought,*
> *Perplexed in the extreme,*
>
> [alguém não facilmente ciumento, mas que, uma vez persuadido,
> Foi levado aos extremos,]

é perfeitamente justa. Sua tragédia está nisso – no fato de sua natureza não ser propensa ao ciúme, e, não obstante, fazer dele alguém excepcionalmente vulnerável à insídia, e, uma vez arrastado à paixão, inclinado a agir irrefletidamente, sem perda de tempo, e do modo mais cabal que se possa conceber.

Permitam-me, antes, descartar uma visão equivocada. Não me refiro à ideia absurda de que Otelo era ciumento por temperamento, mas à ideia, que é minimamente plausível, segundo a qual a peça constitui, precipuamente, um estudo sobre um nobre bárbaro que se tornou cristão e absorveu uma parcela da civilização de seus superiores hierárquicos, mas reteve, abaixo da superfície, a paixão selvagem do sangue mouro e também a desconfiança em relação à castidade feminina, comum entre os povos orientais, sendo que os últimos Três Atos mostram esses sentimentos nativos emergindo por entre o fino verniz de cultura veneziana. Tomaria tempo demais discutir essa ideia[10], e resultaria talvez inútil fazê-lo, pois todos os argumentos contrários devem terminar fazendo um apelo ao entendimento que o leitor tem de Shakespeare. Se o leitor pensa que é do feitio de Shakespeare enxergar as coisas desse modo; que o dramaturgo tinha uma propensão histórica e se interessava pelos problemas da "Culturgeschichte"; que se esforçava para tornar seus romanos perfeitamente romanos, para comunicar uma visão correta dos britões* da época de Lear e de Cimbelino, para representar em Hamlet um estádio da consciência moral ainda não atingido por seus contemporâneos, esse leitor irá, do mesmo modo, considerar provável essa interpretação de Otelo. A mim, ela parece irremediavelmente antishakespeariana. Eu poderia, com a mesma facilidade, acreditar que Chaucer concebeu a Esposa de Bath como um estudo das peculiaridades de Somersetshire. Não quero dizer que a raça de Otelo é uma questão irrelevante. Ela tem, como veremos a seguir, sua relevância na peça. Influi na ideia que fazemos dele; influi na ação e na catástrofe. Mas, com relação ao essencial do seu caráter, ela não é importante; e, se alguém tivesse dito a Shakespeare que nenhum inglês nativo teria agido como o mouro, e o tivesse congratulado pela exatidão da psicologia racial que lhe foi conferida, estou certo de que Shakespeare se teria rido.

Otelo é, em certa acepção da palavra, e com folga, a figura mais romântica entre os heróis de Shakespeare; e isso se deve, em parte, à exótica vida de batalhas e aventuras que teve desde a infância. Não pertence ao nosso mundo, e parece ingressar nele vindo não sabemos de onde – quase como que de uma esfera fantástica. Existe algo de misterioso em sua linhagem nobre; na travessia de imensidões desérticas e no contato com povos míticos; nas histórias de lenços mágicos e sibilas; nos rápidos

---

* Sob a rubrica de arqueologia verbal, o dicionário Houaiss dá para a entrada "britão": "relativo a ou indivíduo dos britões, povo céltico estabelecido na antiga Britânia (atual Inglaterra); britânico". (N. do T.)

vislumbres que se nos apresentam de batalhas e cercos militares dos quais ele foi o grande herói e diante dos quais gozava de proteção sobrenatural contra todos os perigos; e até mesmo nas referências ao seu batismo, no fato de ter sido vendido como escravo, na sua estada em Alepo.

E não é simplesmente uma figura romântica; sua própria natureza é romântica. Não possui, com efeito, a índole meditativa ou especulativa de Hamlet; mas, no sentido mais estrito da palavra, é mais poético que Hamlet. De fato, se lembrarmos das falas mais famosas de Otelo – aquelas que começam assim: "Her father loved me", "O now for ever", "Never, Iago", "Had it pleased Heaven", "It is the cause", "Behold, I have a weapon", "Soft you, a word or two before you go" ("O pai dela me amava", "Oh! agora para sempre", "Nunca, Iago", "Mesmo que fosse do agrado do céu", "É a causa", "Olhai, tenho uma arma", "Calma, uma palavra ou duas antes que tenhais ido embora") – e se pusermos lado a lado com essas falas um número igual daquelas de qualquer outro herói, não será lícito duvidar de que Otelo é, dentre todos, o maior poeta. Encontramos a mesma poesia em suas expressões casuais – como "These nine moons wasted", "Keep up your bright swords, for the dew will rust them", "You chaste stars", "It is a sword of Spain, the ice-brook's temper", "It is the very error of the moon" ("Passadas essas nove luas", "Guardai vossas espadas brilhantes para que o orvalho não as enferruje", "Vós, castas estrelas", "É uma espada de Espanha, temperada em água fria", "É efeito do desvio da lua") – e naquelas breves expressões de intensa emoção que, desde então, passaram a ser consideradas as expressões máximas, como

> *If it were now to die,*
> *'Twere now to be most happy; for, I fear,*
> *My soul hath her content so absolute*
> *That not another comfort like to this*
> *Succeeds in unknown fate,*
>
> [Se me acontecesse morrer agora,
> Este seria o momento mais feliz, porque minha alma
> Sente uma felicidade tão absoluta que tenho medo
> De que não haja um outro maravilhamento semelhante a este
> No porvir desconhecido do meu destino,]

ou

> *If she be false, O then Heaven mocks itself.*
> *I'll not believe it;*
>
> [Se for falsa, é que o céu de si próprio está zombando.
> Não posso acreditar;]

ou

> *No, my heart is turned to stone; I strike it, and it hurts my hand,*
> [Não, meu coração virou pedra; bato nele, e fere minha mão,]

ou

> *But yet the pity of it, Iago! O Iago, the pity of it, Iago!*
> [E, contudo, que pena, Iago! Ó Iago, que pena, Iago!]

ou

> *O thou weed,*
> *Who art so lovely fair and smell'st so sweet*
> *That the sense aches at thee, would thou hadst ne'er been born.*
>
> [Ó erva daninha,
> Tão bela ao parecer e tão cheirosa
> Que feres os sentidos, quem dera nunca tivesses vindo ao mundo.]

E sentimos que essa índole imaginativa o acompanhou a vida inteira. Ele viu com olhos de poeta as árvores da Arábia vertendo sua goma medicinal, e o índio* atirando fora a pérola encontrada ao acaso; e divisou, num sonho fantástico, o mar do Ponto correndo na direção da Propôntide e do Helesponto para nunca mais retornar; e sentiu como nenhum outro homem jamais sentiu (pois falava disso como nenhum outro jamais falou) a poesia contida no orgulho, na pompa e na circunstância da guerra gloriosa.

É desse modo que surge diante de nós, negro e magnífico, banhado na luz do sol sob o qual nasceu; porém, já não jovem, e agora solene, austero, endurecido pela vivência de incontáveis perigos, dificuldades e vicissitudes, a um só tempo simples e imponente, desassombrado diante de dignitários e impassível diante de honrarias, imune, dir-se-ia, a todos os perigos externos e a todas as revoltas internas. E tem a vida coroada pela glória final do amor, um amor tão exótico, heroico e romântico

---

* "Indian" no original de Bradley. F. Carlos de Almeida Cunha Medeiros lembra a controvérsia desse termo: "O Fólio I diz *Judean*. Os partidários do Fólio acham que Shakespeare se refere a Herodes. Os partidários de *Indian* acham que Shakespeare se refere às Índias, então muito em voga com a descoberta da América, e que Otelo faça referência a uma história então perfeitamente conhecida do público contemporâneo, mas que não chegou até nós. Enfim, há variadas interpretações do '*Base Indian*'" (in *Otelo*, São Paulo: Abril Cultural, 1978, p. 441, nota 62). (N. do T.)

como qualquer das inúmeras passagens de sua história tão cheia de peripécias, enchendo seu coração de ternura e seu espírito de enlevo. Pois não existe nenhum amor, nem o do jovem Romeu, mais embebido em imaginação que o de Otelo.

Os perigos contidos nesse caráter são revelados com absoluta clareza na trama principal. Em primeiro lugar, o espírito de Otelo, sem embargo de toda a sua poesia, é bastante simples. Ele não é arguto. Sua natureza tende para o que é externo. Mostra-se praticamente isento de introspecção e pouco afeito à reflexão. As emoções excitam-lhe a imaginação, mas confundem e embotam-lhe o intelecto. Nesse aspecto, é o oposto exato de Hamlet, com quem, no entanto, partilha uma natureza generosa e crédula. Além disso, tem pouca familiaridade com a corrupção da vida civilizada e não conhece a mulher européia.

Em segundo lugar, em que pese toda a sua dignidade e a serenidade inabalável (dentre todos os personagens masculinos de Shakespeare, é quem possui mais dignidade), ele manifesta, por natureza, a paixão mais visceral. Shakespeare enfatiza seu autocontrole não apenas pelas magníficas imagens do Primeiro Ato, mas pelas referências ao passado. Ludovico, impressionado com sua virulência, exclama:

Is this the noble Moor whom our full Senate
Call all in all sufficient? Is this the nature
Whom passion could not shake? whose solid virtue
The shot of accident nor dart of chance
Could neither graze nor pierce?

[É esse o nobre Mouro que nossos senadores
Não se cansam de proclamar perfeito e capacíssimo?
A criatura de prol que sacudida nunca é pelas paixões? Cuja virtude
Jamais foi atingida pelos tiros da sorte
E os arremessos da fortuna?]

Iago, que aqui não tem motivo para mentir, indaga:

Can he be angry? I have seen the cannon
When it hath blown his ranks into the air,
And, like the devil, from his very arm
Puffed his own brother—and can he be angry?[11]

[Ele, irritado? Muitas vezes vi o canhão
Lançar seus homens pelos ares
E, como atroz demônio, seu próprio irmão
Dos braços arrancar-lhe – e mostrar-se ele irritado?]

Esse e outros aspectos do seu caráter são mais bem expressos numa única linha – um dos milagres de Shakespeare –, nas palavras por meio das quais Otelo apazigua num instante o desentendimento noturno entre seus subordinados e os de Brabâncio:

Keep up your bright swords, for the dew will rust them.
[Guardai vossas espadas brilhantes para que o orvalho não as enferruje.]

E o mesmo autocontrole é notavelmente mostrado no ponto em que Otelo se empenha em obter alguma explicação acerca da briga entre Cássio e Montano. Aqui, porém, ecoa um tom aziago, fazendo-nos sentir quão necessário era semelhante autocontrole, e admirar ainda mais esse traço:

Now, by heaven,
My blood begins my safer guides to rule,
And passion, having my best judgment collied,
Assays to lead the way.

[Agora, pelo céu,
Sinto que o sangue começa a dirigir-me o entendimento,
E que a paixão, cobrindo com seu negror meu melhor juízo,
Procura arrebatar-me.]

Lembramos essas palavras mais tarde, quando o sol da razão é "enegrecido", obscurecido, eclipsado por completo.

Por fim, o caráter de Otelo é inteiriço. Sua confiança, quando confia, é absoluta. É-lhe praticamente impossível hesitar. Mostra-se profundamente decidido, e, uma vez tomada a decisão, age instantaneamente. Se levado à indignação, como "em Alepo certo dia", reage com um golpe fulminante. O amor, se ele amar, só poderá ser para ele o céu onde deverá viver, ou não aceitará a vida. Se uma paixão como a do ciúme se apossar dele, tenderá a se transformar numa avalanche quase incontrolável. Ele se baterá por condenação sumária ou desagravo imediato. Convencido, agirá com a autoridade do magistrado e a urgência do ferido de morte. Desenganado, consagrará igual tratamento a si mesmo.

Esse caráter é tão nobre, os sentimentos e ações de Otelo são tão inapelavelmente determinados por esse caráter e pelas forças com as quais trava contato, e seu sofrimento é tão confrangedor, que o mouro suscita na maioria dos leitores, creio eu, um misto de amor e piedade que não é experimentado em relação a nenhum outro herói shakespeariano, e em relação ao qual nem mesmo Swinburne pode fazer mais que justiça. Não obstante, alguns críticos e não poucos leitores nutrem certa antipatia por ele. Não se limitam a sustentar que nos últimos momentos de sua provação mostrou-se um pouco obtuso, e que, para usarmos de uma linguagem mais rigorosa, agiu com injustificável precipitação e virulência; ninguém, eu suponho, nega isso. Mas, mesmo quando admitem que não tinha um temperamento ciumento, consideram que fazia parte de sua *natureza* "o ciúme fácil"; pelo visto, acreditam que era injustificável da parte dele alimentar qualquer suspeita que fosse de sua mulher; e o recriminam por nunca suspeitar de Iago ou pedir que apresentasse uma prova. Aludo a essa visão basicamente com o intuito de chamar a atenção para certos pontos do enredo principal. Ela se deve em parte à mera desatenção (pois Otelo suspeitou, sim, de Iago, e pediu-lhe uma prova); a uma interpretação equivocada do texto que faz Otelo parecer enciumado muito antes que isso aconteça de fato[12]; e à incapacidade de perceber certos fatos cruciais. Começarei por estes.

(1) Otelo, como vimos, era crédulo, e, quando acreditava, fazia-o integralmente. Tinha total confiança na honestidade de Iago, que havia sido não apenas seu companheiro de batalha, mas, conforme o mouro acreditava, acabara de demonstrar sua confiabilidade no episódio do casamento. Essa confiança não se justificava, e sabemos disso; mas não era sinal de uma suposta estupidez da parte de Otelo. Pois sua opinião a respeito de Iago era a mesma que a de praticamente todos que o conheciam; e essa opinião dizia que Iago era, acima de todas as coisas, "honesto", sendo inclusive suas faltas atribuídas ao excesso de honestidade. Sendo assim, mesmo que Otelo não fosse crédulo e simples, resultaria assaz antinatural da parte dele mostrar-se insensível diante das advertências de um amigo tão honesto, advertências feitas com grande relutância e claramente movidas por um dever de amizade[13]. *Todo* marido teria se abalado diante delas.

(2) Iago não apresenta essas advertências para um marido que já convivera com a esposa por meses ou anos, passando a conhecê-la como à irmã ou ao melhor amigo. Tampouco existe alguma base no caráter de Otelo para supormos que, se fosse assim, ele teria sentido o que sentiu e agido como agiu na peça. Longe disso, eram recém-casados; devido às circunstâncias, não poderia ter conhecido Desdêmona muito bem antes do casamento; e, além disso, estava ciente de encontrar-se sob o feitiço de um sentimento capaz de glorificar uma verdade, mas também um devaneio.

(3) Essa consciência, nessas circunstâncias, basta, em qualquer homem imaginativo, para aniquilar a confiança que deposita na própria capacidade perceptiva. No caso de Otelo, depois de uma preparação longa

e extremamente habilidosa, somam-se a ela, para reforçar-lhe o efeito, as ideias de que não é italiano, e nem mesmo europeu; de que ignora por completo o modo de pensar e o padrão moral das mulheres venezianas[14]; de que vira com os próprios olhos, na cena em que Desdêmona engana o pai, como podia ser uma grande atriz. Ouvindo tudo horrorizado, pelo menos por um momento o passado é mostrado a ele sob uma luz nova e terrificante, e o chão parece lhe faltar debaixo dos pés. A essas ideias se segue uma acanhada, porém odiosa e humilhante, insinuação daquilo que seu amigo honesto e experiente teme ser a verdadeira explicação para o fato de Desdêmona recusar bons pretendentes, e para sua estranha e, sem dúvida, temporária preferência por um homem negro. Aqui Iago vai longe demais. Vê algo no semblante do mouro que o assusta, e recua. Tampouco essa ideia obseda minimamente o espírito de Otelo. Mas não é de surpreender que sua total incapacidade de repeli-la baseado no conhecimento que tem da mulher, ou mesmo naquela interpretação intuitiva do caráter que é possível entre pessoas da mesma raça[15], complete de tal forma o seu sofrimento que ele não consiga suportar mais, e afaste abruptamente o amigo (III. iii. 238).

Ora, eu repito que *todo* homem no lugar de Otelo teria ficado perturbado pelo que é dito por Iago, e devo aduzir que muitos homens teriam ficado violentamente enciumados. Mas, até esse momento, quando Iago é mandado embora, Otelo, devo reiterar, não revela estar sentindo ciúmes. Sua confiança está abalada, ele está confuso e profundamente angustiado, chega a sentir horror; mas ainda não está com ciúmes no sentido próprio da palavra. Em seu solilóquio (III. iii. 258 ss.), o início dessa paixão pode ser detectado; mas apenas depois de um interregno de solidão, quando teve oportunidade para refletir sobre a ideia que lhe fora ventilada, essa paixão se apodera dele. Mesmo então, entretanto, e, com efeito, até a derradeira cena, ele é muito diferente do homem essencialmente ciumento, muito diferente de Leontes. Sem dúvida, a ideia de outro homem possuindo a mulher que ele ama lhe é intolerável; sem dúvida, a sensação de afronta e o impulso de vingança são, às vezes, violentíssimos; e essas são, propriamente falando, as emoções do ciúme. Mas essa não é a principal nem a mais profunda causa do sofrimento de Otelo, e sim a destruição da sua fé e do seu amor. É o sentimento,

If she be false, oh then Heaven mocks itself;
[Se ela for falsa, é que o céu de si próprio está zombando;]

o sentimento,

> *O Iago, the pity of it, Iago!*
>
> [Ó Iago, que pena, Iago!]

o sentimento,

> *But there where I have garner'd up my heart,*
> *Where either I must live, or bear no life;*
> *The fountain from the which my current runs,*
> *Or else dries up–to be discarded thence...*
>
> [Mas o local escolhido que eu transformara em celeiro de meu coração,
> E de onde eu tinha de ter vida, sob pena de perdê-la;
> Do manancial de onde deve deslizar minha corrente,
> Para não secar – ser atirado de lá...]

Não encontraremos nada disso em Leontes.

Até esse momento, quer me parecer, nem uma sílaba pode ser dita contra Otelo. Mas a peça é uma tragédia, e, desse ponto em diante, podemos abandonar a tarefa ingrata e adramática de lavrar elogio ou censura. Quando Otelo, após um breve intervalo, volta à cena (III. iii. 330), notamos de imediato que o veneno esteve trabalhando e "arde como minas de enxofre".

> *Look where he comes! Not poppy, nor mandragora,*
> *Nor all the drowsy syrups of the world,*
> *Shall ever medicine thee to that sweet sleep*
> *Which thou owedst yesterday.*
>
> [Olhai, está ele chegando! Nem papoula, nem mandrágora,
> Nem todos os xaropes narcóticos do mundo,
> Jamais te devolverão esse doce sono
> Que até ontem tinhas.]

Ele está "na roda"*, num sofrimento tão intolerável que não suporta olhar para Iago. Pesando a probabilidade de que Iago o tenha poupado de toda a verdade, sente que, nesse caso, sua vida terminou e sua "carreira está terminada" com todas as suas glórias.

> *I know not that; but such a handkerchief–*
> *I am sure it was your wife's–did I to-day*
> *See Cassio wipe his beard with.*

---

* O suplício da roda, tortura comum à época de Shakespeare. (N. do T.)

[Ignorava esse fato; porém tenho certeza plena
de ter hoje visto Cássio passar na barba
um lenço desses, que foi de vossa esposa.]

"Se era o mesmo", ele responde – mas onde a necessidade de comprovar o fato? A "negra vingança" já corre em suas veias, e hesitação é algo que ele nunca experimentou. Lavra uma sentença condenatória, e detém-se apenas para convertê-la em promessa solene.

O Otelo do Quarto Ato é Otelo em sua queda. Essa queda nunca se completa, mas ele está deveras mudado. Ao se aproximar o desfecho da cena da intriga, ele se mostra às vezes terrível, mas sua grandeza permanece praticamente inalterada. Mesmo na cena seguinte (III. iv.), na qual procura Desdêmona para testá-la na questão do lenço e tem a fatídica confirmação de sua culpa, nossa solidariedade para com ele mal se deixa tisnar pelo espetáculo da humilhação. Mas, no Quarto Ato, "é chegado o caos". Podemos admitir aqui um curto intervalo de tempo. Foi de fato curto; pois era necessário que Iago se apressasse, e extremamente perigoso permitir que Cássio e Otelo pudessem se encontrar; e a percepção que tinha da natureza de Otelo lhe dizia que o mouro intentava desferir golpe sobre golpe, e nunca permitir que sua vítima se recuperasse da perplexidade do primeiro choque. Não obstante, há um breve intervalo; e, quando Otelo ressurge, vemos num relance que é um outro homem. Está fisicamente esgotado, e seu espírito, aturdido[16]. Enxerga tudo indistintamente através de uma cortina de sangue e lágrimas. Em verdade, já esqueceu o incidente do lenço, e precisa que o lembrem dele. Quando Iago, percebendo que agora pode aventurar qualquer mentira, lhe diz que Cássio confessou sua culpa, Otelo, o herói que, do ponto de vista físico, nos parecera inferior apenas a Coriolano, treme inteiro; balbucia palavras desconexas; um breu subitamente se interpõe entre seus olhos e o mundo; ele o toma pelo trêmulo testemunho da natureza diante do horror que acaba de ouvir[17], e cai sem sentidos no chão. Quando recobra os sentidos, vê Cássio rindo – conforme o imagina – da sua vergonha. Trata-se de um embuste tão monstruoso, e tão arriscado, que Iago jamais o teria tentado antes. Mas agora é seguro. Aquela visão faz apenas somar-se à confusão da razão o descontrole da fúria; e uma sanha incontrolável de vingança, lutando contra impulsos de infinito anelo e nostalgia, sobrepuja-os. A espera até o cair da noite é uma tortura para ele. Seu autocontrole o abandona por completo, e agride a esposa na presença do enviado veneziano. Está tão desorientado em relação a qualquer senso de realidade que nem mesmo por um momento pergunta a si mesmo o que se seguirá às mortes de Cássio e de sua mulher. Um inarredável instinto de justiça, e não um último laivo de esperança, leva-o a interpelar Emília; mas nada poderia convencê-lo agora, e segue-se a tétrica cena da acusação; em seguida, concedendo-nos alívio de tão intenso ódio e tão copiosas lágrimas, a entrevista de Desdêmona com Iago, e aquela última conversa dela com Emília, e sua última canção.

Mas, antes do fim, algo muda novamente. A suposta morte de Cássio (v. i.) sacia a sede de vingança. O Otelo que entra nos aposentos com as palavras:

It is the cause, it is the cause, my soul,

[É a causa, é a causa, minha alma*,]

não é o homem do Quarto Ato. O que está prestes a cometer não é um assassinato, mas um sacrifício. Cabe a ele salvar Desdêmona de si mesma, não por ódio, mas por honra; por honra, e também por amor. Sua raiva passou; uma dor incomensurável tomou o seu lugar; e

this sorrow's heavenly:
It strikes where it doth love.

[esta dor é celestial:
Fere a quem ama.]

Mesmo quando, diante da aparente contumácia da esposa, e ao ouvir as palavras que, por suprema fatalidade, só fazem convencê-lo ainda mais de sua culpa, esses sentimentos dão lugar a outros, é para a indignação justa que dão lugar, não para o ódio; e, por mais profundamente dolorosa que seja a cena, não existe aqui praticamente nada que diminua a admiração e o amor que intensificam a compaixão[18]. A própria compaixão desaparece, restando apenas o amor e a admiração, na majestosa dignidade e soberana ascendência do desfecho. O caos se instalou e se dissipou; e o Otelo da Câmara do Conselho e do porto de Chipre retorna, ou um Otelo ainda maior e mais nobre. Quando diz as últimas palavras nas quais todas as glórias e agonias da sua vida – outrora na Índia, na Arábia e em Alepo, depois em Veneza, e agora em Chipre – parecem desfilar diante de nós como as imagens que passam diante dos olhos do homem que se afoga, um triunfante desprezo pelos grilhões da carne e pela pequenez de todas as vidas que continuarão vivendo depois dele dissipam

---

* Segundo F. Carlos de Almeida Cunha Medeiros: "*Cause* aqui tem o significado de crime, culpa", (in *Otelo*, São Paulo: Abril Cultural, 1978, p. 429, Nota 54). (N. do T.)

nossa consternação, e, quando ele morre com um beijo, a mais dolorosa das tragédias nos deixa por um momento livres da dor, exultantes diante do poder do "amor e do espírito inexpugnável do homem".

3

As palavras que acabamos de citar saíram do soneto de Wordsworth para Toussaint l'Ouverture*. Toussaint era negro; e existe uma controvérsia que, apesar de absolutamente secundária, não deixa de ter seu interesse dramático, quanto a Shakespeare ter concebido Otelo como negro ou como mouro. Ora, não irei dizer que Shakespeare o imaginou como negro e não como mouro, pois isso poderia significar que ele distinguia negros e mouros exatamente como nós o fazemos; mas o que me parece praticamente certo é que imaginava Otelo como um homem de pele escura, e não morena clara.

Em primeiro lugar, temos de lembrar que os tons morenos ou bronzeados aos quais estamos acostumados nos Otelos de nossos teatros são uma inovação recente. Até a época de Edmund Kean*, até onde se sabe, Otelo foi sempre perfeitamente negro. Essa tradição de palco remonta à Restauração e praticamente decide a questão. Pois é impossível que a cor do Otelo original tivesse sido esquecida tão rapidamente depois da época de Shakespeare, e muitíssimo improvável que tivesse sido mudada de morena para negra.

Se olharmos especificamente para a peça, encontraremos muitas referências à cor e à aparência de Otelo. A maioria delas inconclusiva; pois naquela época empregava-se a palavra "negro" onde hoje, evidentemente, falaríamos de pele "escura"; e até mesmo o apelido "lábios grossos", apontado como prova de que Otelo era negro, pode ter sido dado por um inimigo àquilo que chamaríamos de mouro. Por outro lado, é difícil acreditar que, se Otelo fosse moreno claro, Brabâncio o tivesse afrontado por ter um "peito coberto de fuligem", ou que (conforme observado por Furness) ele próprio teria usado as palavras:

> her name, that was as fresh
> As Dian's visage, is now begrimed and black
> As mine own face.

---

* François-Dominique Toussaint l'Ouverture (1743-1803), o mais importante líder da revolução haitiana, depois aprisionado por Napoleão.

Ator famoso (1787-1833) por suas interpretações de Shylock, Ricardo III, Hamlet, Otelo, Macbeth e Rei Lear. Coleridge disse dele: "Vê-lo era como ler Shakespeare por meio de relâmpagos." [N. do R. T.]

[o nome dela, que era puro
Como o rosto de Diana, está agora embaciado e negro
Como meu rosto.]

Esses argumentos não podem ser refutados ressaltando-se que Otelo tinha sangue nobre, não é chamado de etíope, mas de corcel bárbaro, e espera-se que esteja a caminho da Mauritânia. Tudo isso importaria se tivéssemos razão para acreditar que Shakespeare partilhava das nossas ideias, da nossa cultura e do nosso vocabulário. Caso contrário, não prova nada. E sabemos que autores do século XVI chamavam todo nativo da África do Norte de pele escura de mouro, ou de mouro negro, ou de *blackamoor*. Sir Thomas Elyot, segundo Hunter[19], chama os etíopes de mouros; e os excertos a seguir são as duas primeiras abonações de "Blackamoor" no *Oxford English Dictionary*: 1547, "I am a blake More borne in Barbary" [Sou um mouro negro nascido em Barbária]; 1548, "*Ethiopo*, a blake More, or a man of Ethiope" [*Ethiopo*, um mouro negro, ou homem da Etiópia]. Sendo assim, gentílicos não podem nos dizer nada acerca da forma como Shakespeare imaginava Otelo. Ele podia saber que o mauritano não é negro, mas não podemos partir do princípio de que sabia. Podia saber, ainda, que o príncipe de Marrocos, descrito em *O mercador de Veneza*, a exemplo de Otelo, como tendo a pele da cor do demônio, não era negro. Mas não podemos ter certeza: tampouco havia algum motivo que o impedisse de imaginar o príncipe como um mouro mulato e Otelo como um "Blackamoor".

Tito Andrônico foi incluída no Fólio entre as obras de Shakespeare. Alguns bons críticos a consideram dele; praticamente ninguém duvida de que teve participação nela; é certo que a conhecia, pois há ecos dela aqui e ali em suas peças. Ora, ninguém que lê *Tito Andrônico* com a mente aberta duvida que Aarão era negro no sentido em que empregamos a palavra; e ele parece ter sido negro. Basta dizer que, por duas vezes, diz-se que é "negro como carvão"; sua cor é comparada com a de um corvo e a da perna do cisne; seu filho é negro como carvão e tem lábios grossos; ele próprio tem uma "cabeleira lanosa". Não obstante, é "Aarão, o Mouro", do mesmo modo que Otelo é "Otelo, o Mouro". Na *Battle of Alcazar* [Batalha de Alcazar] (*Peele*, edição Dyce, p. 421), Muly, o Mouro, é chamado de "o negro"; e o próprio Shakespeare, numa única linha, se refere à mesma pessoa como "negro" e "mouro" (*O mercador de Veneza*, III. v. 42).

O horror da maioria dos críticos americanos (Furness é uma brilhante exceção) à ideia de um Otelo negro é muito engraçado, e seus argumentos são muito esclarecedores. Mas eles foram precedidos, lamento informar, por Coleridge, a quem ouviremos agora. "Sem dúvida, Desdêmona via o semblante de Otelo na alma dele; no entanto, do ponto de vista da nossa mentalidade, e certamente pela disposição das plateias da Inglaterra do início do século XVII, seria monstruoso conceber essa magnífica donzela veneziana apaixonando-se por alguém negro de fato. Significaria uma desproporção, um lapso de equilíbrio da parte de Desdêmona, que Shakespeare não parece nem de longe ter cogitado."[20] Pode haver argumento mais autodestrutivo? Pois a Brabâncio pareceu *exatamente* "monstruoso conceber" sua filha apaixonando-se por Otelo – tão monstruoso que só lhe foi possível explicar esse amor pensando em filtros e feitiçaria. E a opinião segundo a qual semelhante amor significaria uma "desproporção" é *precisamente* aquela apresentada por Iago no caso de Desdêmona:

> Foh! one may smell in such a will most rank,
> Foul disproportion, thoughts unnatural.
>
> [Hum! isto denota um gosto bem corrupto,
> Uma grosseira *desproporção*, pensamentos contra a natureza.]

Com efeito, ele falou desse casamento exatamente como uma alma ferina de mente pervertida poderia falar hoje do casamento de uma senhora inglesa com um negro como Toussaint. Assim, o argumento de Coleridge e de outros conduz diretamente para a conclusão à qual se opõe.

Mas isso não é tudo. A controvérsia quanto ao Otelo de Shakespeare ser negro ou pardo não é meramente a discussão de um fato isolado ou de uma curiosidade histórica; diz respeito ao personagem de Desdêmona. Coleridge, e ainda mais os autores americanos, têm do amor dela, em verdade, a visão de Brabâncio e não a concepção de Shakespeare. Não fazem senão obscurecer essa gloriosa concepção quando procuram minimizar a distância entre ela e Otelo e remover o obstáculo que o "semblante" dele representava para a paixão romântica dela por um herói. Desdêmona, o "feminino arquetípico" em sua mais adorável e delicada forma, simples e inocente como uma criança, ardorosa na coragem e no idealismo de uma santa, radiante naquela sublime pureza de coração que os homens veneram tão mais profundamente porque a natureza foi tão menos pródiga para com eles nesse respeito, não esposava nenhuma teoria sobre a fraternidade universal nem conhecia máximas sobre "um único sangue em todas as nações do mundo" ou "bárbaros, citas, cativos e livres"; mas, quando sua alma entreviu a mais nobre das almas, ela ignorou completamente os escrúpulos da razão, seguindo o que sua alma lhe dizia até que a própria razão se curvasse, e "amou-o com o amor que foi sua perdição". Não era prudente. Chegou mesmo a terminar de modo trágico. Ela recebeu em vida o galardão daqueles que se elevam muito acima do nosso nível comum; e continuamos a considerá-la merecedora do mesmo galardão quando admitimos perdoá-la por amar a um mestiço, mas consideramos monstruoso que pudesse amar a um negro[21].

Pode ser que exista uma justificativa para nossa incapacidade de alcançar a intenção de Shakespeare e de perceber o quanto era extraordinário e admirável da parte de uma donzela veneziana amar Otelo, e desafiar a sorte com o "ímpeto cabal e a tempestade" que se espera apenas de um herói. Assim que ficamos sabendo do casamento, ainda não vimos a Desdêmona dos últimos Atos; e, portanto, não nos damos conta de o quanto esse amor e essa ousadia devem ter sido motivo de estupefação numa donzela tão dócil e submissa. E quando a observamos em seu sofrimento e morte, a percepção de sua excelsa doçura e sublime abnegação nos atinge de tal forma que quase esquecemos que ela havia se mostrado de modo igualmente excepcional na taxativa afirmação da vontade da sua alma. Tende a se tornar, aos nossos olhos, predominantemente patética, a mais doce e patética das personagens femininas de Shakespeare, tão inocente quanto Miranda e tão carinhosa quanto Viola, ainda que sofrendo mais profundamente que Cordélia e Imogen. E parece não ter a independência e fortaleza de espírito demonstradas por Cordélia e Imogen, que, de certo modo, fazem com que estas pairem acima do sofrimento. Mostra-se passiva e indefesa e não pode combater o mal senão com a tolerância e o perdão infinitos de um amor que não conhece a resistência nem o ressentimento. Assim, ela se torna a um só tempo o mais belo exemplo desse amor e a mais patética heroína do universo shakespeariano. Se esse papel fosse representado por uma atriz à altura de Salvini, e tendo Salvini como Otelo, tenho minhas dúvidas se o espetáculo dos últimos dois Atos não seria considerado intolerável.

É claro, essa última impressão de Desdêmona está perfeitamente correta, mas é preciso que então recue e se junte à anterior para que possamos divisar o que Shakespeare imaginou. Evidentemente, devemos compreender que a inocência, a candura, a suavidade e a bondade eram os traços mais notórios e, em certo sentido, os principais do caráter de Desdêmona. Ela era, como seu pai a supunha,

>   *a maiden never bold,*
>   *Of spirit so still and quiet that her motion*
>   *Blushed at herself.*

[uma jovem sempre tão modesta,
De natureza tão doce e tão cordata que enrubescia
Ao menor movimento.]

Mas, de repente, surgiu algo muito diverso – algo que jamais poderia ter surgido, por exemplo, em Ofélia –, um amor não apenas profundamente romântico, mas que também mostrava uma independência de espírito e um desassombro incomuns, que culminou numa atitude profundamente audaciosa; e essa atitude se fez acompanhar de uma segurança e de uma determinação dignas de Julieta e de Cordélia. Desdêmona não se intimida diante do Senado; e o que diz para o pai, apesar do profundo respeito, é enérgico o suficiente para que sintamos um pouco de piedade desse ancião que seria incapaz de sobreviver à perda da filha. Isso, portanto, devemos compreender, significou em Desdêmona, na sua passagem da fase de menina para a fase de moça, o despertar de uma individualidade e de uma força que, caso ela tivesse sobrevivido, teria se mesclado gradualmente com suas qualidades mais evidentes e resultado em mil atitudes boas e afáveis, mas surpreendentes aos olhos de quantos, no seu círculo de convivência, fossem muito recatados ou afeitos a convencionalismos. E, com efeito, já temos um pequeno exemplo em sua bondade transbordante, sua ousadia e sua desventurada persistência em defender Cássio. Mas o amadurecimento pleno da sua natureza bondosa e nobre estava fadado a não acontecer. Em sua breve vida de casada, ela, mais uma vez, aparecia essencialmente como a doce e submissa menina que fora um dia; e a fortaleza da sua alma, despertada pela primeira vez pelo amor, só teve ensejo para se mostrar num amor que, ao ser duramente repelido, censurou apenas a própria dor; ao ser ferido, limitou-se a exalar fragrância ainda mais doce; e, ao ser retribuído com a morte, consagrou seu último suspiro à salvação do assassino.

Muitos traços do caráter de Desdêmona foram descritos com profunda sensibilidade por Jameson, e me permitirei omiti-los aqui para acrescentar apenas algumas palavras sobre a relação entre esse caráter e a catástrofe de *Otelo*. Desdêmona, conforme é ressaltado por Jameson, demonstra menos rapidez de raciocínio e menos índole reflexiva que a maioria das heroínas de Shakespeare; mas tenho minhas dúvidas se a crítica está correta em acrescentar que ela mostra muito da "sociabilidade natural comum nas mulheres". Parece-me deficiente nessa sociabilidade, demonstrando, em seu lugar, uma ousadia e pertinácia francamente infantis, atributos encantadores mas problematicamente associados a uma certa falta de argúcia. E esses encantos e essa deficiência parecem estar inextricavelmente entrelaçados, e, nas circunstâncias em pauta, conspiram tragicamente contra ela. Impedem que ela – inocente como se mostra – entenda o estado de espírito de Otelo, e levam-na aos atos e palavras mais infelizes; e a rispidez e a fúria a subjugam tão completamente que ela se torna passiva, deixando-se arrastar pela correnteza que, mais adiante, arroja-se num precipício.

Nessa incapacidade que Desdêmona tem de resistir, existe também, além de um amor incondicional, algo que é bastante característico. Ela é, de certo modo, um ser instintivo. Aquele agudo discernimento que torna consciente e cristalina a oposição entre o certo e o errado, as obrigações e os impulsos, a justiça e a injustiça, é estranho a sua alma de excelsa beleza. Não é boa e verdadeira a despeito de uma tentação em sentido contrário, assim como não é encantadora a despeito de uma tentação em sentido contrário. Dir-se-ia que, do mal, só conhece o nome que lhe dão, e, sendo seus impulsos todos bons, age por impulso. Esse traço, com suas consequências, torna-se patente quando a comparamos – no momento da crise do enredo – com Cordélia. No lugar de Desdêmona, Cordélia, por mais que estivesse assustada diante da fúria de Otelo com a perda do lenço, não teria negado que o perdeu. Experiências dolorosas haviam feito nascer nela o princípio da retidão e uma altiva repulsa a toda falsidade, o que tornaria a mentira, por mais inocente que fosse, impossível para ela; e o claro senso de justiça e do que é certo teria feito com que, isto sim, exigisse de Otelo uma explicação para tanta inquietude, o que teria sido o fim do plano de Iago. Do mesmo modo, na crise final, nenhum instintivo pavor da morte teria obrigado Cordélia a, subitamente, abrir mão do seu desejo de justiça e a implorar por sua vida. Mas esses momentos são catastróficos para Desdêmona, que age exatamente como se fosse culpada; e são catastróficos porque requerem algo que, assim nos parece, dificilmente poderia se coadunar com a singular beleza que é a dela.

Essa beleza é só dela. Algo de belo pode ser encontrado em Cordélia, mas não que se lhe equipare. Desdêmona, diante da tola mas comovente exigência, por parte de Lear, de uma confissão de amor, teria sido capaz de fazer, acredito, o que Cordélia não foi – recusar-se a competir com as irmãs, e, não obstante, fazer seu pai conhecer o tanto que o amava. E duvido que Cordélia, "injustamente assassinada", seria capaz de dizer as últimas palavras de Desdêmona – sua resposta a Emília, quando esta diz "Oh! quem foi o autor disto?".

Nobody: I myself. Farewell.
Commend me to my kind lord. O, farewell!

[Ninguém: eu mesma. Adeus.
Recomenda-me a meu bondoso senhor. Oh, adeus!]

Cumprir-nos-ia lembrar, diante desta última "falsidade", aquela outra, "it is not lost" ([o lenço] não foi perdido), e sentir que, tanto no passageiro medo infantil como no imorredouro amor feminino, Desdêmona é sempre apenas fiel a si mesma?[22]

CONFERÊNCIA VI

Otelo

1

Em nenhum outro lugar o mal foi retratado com tanta maestria como no caráter de Iago. Ricardo III, por exemplo, além de ter sido concebido com menos sutilezas, é figura muito mais grandiosa e também menos repulsiva. Sua deformidade física, distinguindo-o dos demais homens, parece constituir como que uma justificativa para seu egoísmo. Não obstante esse egoísmo, ainda, ele nos parece algo mais que um simples homem: é o representante de sua família, a Fúria da Casa de York. Tampouco é tão deletério quanto Iago: possui fortes paixões, nutre admirações e sua consciência o perturba. Há nele aquilo que se chama a glória do poder. Apesar de ser um ator excelente, prefere a força ao ardil, e em seu mundo não existe a ilusão geral quanto a seu verdadeiro caráter. Ainda, comparar Iago com o Satanás de *Paraíso perdido* soa quase absurdo, tão imensamente maior é o mal que caracteriza o personagem de Shakespeare comparado ao Diabo de Milton. Esse poderoso espírito, cuja

> *form had yet not lost*
> *All her original brightness, nor appeared*
> *Less than archangel ruined and the excess*
> *Of glory obscured;*

> [forma ainda não perdera
> Todo o seu brilho original, nem parecia
> Menos que um arcanjo a que somente falta
> De sua glória o resplendor mais vivo;]

que conhecia a lealdade aos companheiros e a piedade pelas vítimas, que

> *felt how awful goodness is, and saw*
> *Virtue in her shape how lovely; saw, and pined*
> *His loss;*

> [da bondade conhecia a terrível força, e via
> O quanto é amável a virtude; via, e doía-se
> De as haver perdido;]

que ainda era capaz de chorar – quão mais distante do que Iago ele se encontra da morte espiritual, mesmo quando, ao trabalhar pela queda do Homem, precipita a própria queda! Apenas no Mefistófeles de Goethe encontramos um par à altura de Iago. Ali existe algo da mesma tétrica frieza, o mesmo regozijo diante da destruição. Mas Mefistófeles, como tantos outros vilões da literatura, tem em Iago seu pai. E Mefistófeles, além disso, não é, no sentido estrito, um personagem. Ele é metade pessoa dramática, metade símbolo. Uma ideia metafísica fala através dele. É terreno, mas jamais poderia viver sobre a terra.

Dos personagens de Shakespeare, Falstaff, Hamlet, Iago e Cleópatra (cito-os na ordem de seu nascimento) são provavelmente os mais excepcionais. Destes, Hamlet e Iago, cujos nascimentos mais se aproximam, são talvez os mais sutis. E se Iago fosse um personagem tão cativante quanto Hamlet, os mesmos milhares de páginas poderiam ter sido escritos sobre ele, contendo igual quantidade de boa e má crítica. Sendo como é, a maioria das interpretações do seu caráter deixa a desejar não só em relação à concepção de Shakespeare, mas também, creio eu, à impressão da maioria dos leitores de gosto apurado que "não gostam de análises". Essas falsas interpretações, se descartarmos as sandices de praxe[1], formam dois grupos. O primeiro contém visões que reduzem Shakespeare a lugar-comum. De modos diferentes e em graus diversos, convertem o Iago do poeta num vilão corriqueiro. O Iago dessas visões é simplesmente alguém que foi preterido e quer vingança; ou um marido que se crê vítima de uma injustiça, determinado a fazer com que seu inimigo sofra um ciúme mais corrosivo que o dele; ou um homem ambicioso determinado a destruir seu próspero rival – cada uma dessas coisas, ou uma combinação delas, acompanhada de habilidade e crueldade incomuns. Essas são as visões mais conhecidas. O segundo grupo de falsas interpretações é muito menor, mas contém material de muito maior peso que o primeiro. Nele, Iago é um ser que odeia o bem simplesmente porque é o bem, e ama o mal em si, pura e simplesmente. Suas atitudes não são movidas por nenhum motivo específico, como vingança, ciúme ou ambição. Derivariam de uma "malignidade gratuita" ou de um comprazimento desinteressado no sofrimento alheio; e Otelo, Cássio e Desdêmona não seriam muito mais que o material necessário para a plena satisfação desse comprazimento. Esse segundo Iago, evidentemente, não é um vilão convencional, e está muito mais perto do Iago de Shakespeare do que o primeiro. O problema é que ele é, se não uma impossibilidade psicológica, de qualquer modo algo que não podemos considerar um ser *humano*. Caberia perfeitamente, portanto, num poema simbólico como *Faus-*

to, mas num drama puramente humano como *Otelo* seria um erro desastroso. Além do mais, ele não pode ser encontrado em *Otelo*: é o produto de uma observação e de uma análise imperfeitas.

Coleridge, o autor dessa expressão equivocada, "malignidade gratuita", tem alguns comentários argutos sobre Iago; e a essência do personagem foi descrita primeiramente em algumas das melhores linhas jamais redigidas por Hazlitt, e depois de modo bem mais completo por Swinburne – tão admiravelmente descrita que me sinto tentado a pura e simplesmente ler e oferecer exemplos dessas duas críticas. Esse caminho, contudo, tornaria difícil expor tudo que desejo dizer. Proponho-me, portanto, atacar o tema diretamente, e, em primeiro lugar, analisar a impressão causada por Iago naqueles que o conheciam, e discutir que inferências podem ser tiradas das ilusões que sofreram; em seguida, perguntarei qual era de fato, a julgarmos pela peça, o seu caráter. E mencionarei os pontos nos quais estou em dívida com as críticas acima referidas.

Mas, antes, duas advertências se fazem necessárias. Uma delas diz respeito à nacionalidade de Iago. Tem sido sustentado que ele é um estudo daquela forma caracteristicamente italiana de vilania que é considerada a um só tempo ardilosa demais e diabólica demais para um inglês. Tenho minhas dúvidas se essa ideia é muito mais defensável do que aquela segundo a qual Otelo é um estudo do caráter mouro. Sem dúvida, a crença nessa vilania italiana era comum no tempo de Shakespeare, e pode, talvez, tê-lo influenciado de algum modo muito sutil tanto aqui como no delineamento do personagem de Iachimo em *Cimbelino*. Mas até mesmo essa sutil influência me parece duvidosa. Se Dom João, de *Muito barulho*, fosse inglês, os críticos teriam celebrado o discernimento de Shakespeare em tornar o vilão inglês rabugento e obtuso. Se o pai de Edmundo fosse o Duque de Ferrara e não o Conde de Gloster, teriam dito que Edmundo só poderia mesmo ser italiano. Mudássemos o nome e o país de Ricardo III, e ele seria considerado um típico déspota da Renascença italiana. Fizéssemos o mesmo com Julieta, e veríamos o contraste que sua índole perfeitamente inglesa representaria diante dos devaneios sulistas de Romeu. Mas essa forma de interpretar Shakespeare não é shakespeariana. Em sua obra, as diferenças de época, raça, nacionalidade e lugar têm pouca influência sobre o caráter, muito embora às vezes tenham muita sobre o efeito imaginativo final de seus personagens. Quando ele chega a pôr ênfase nessas diferenças, sua intenção é evidente à primeira vista, a exemplo de personagens como Fluellen ou Sir Hugh Evans, ou da conversa dos príncipes franceses antes da batalha de Agincourt. Devo acrescentar que Iago certamente não pode ser tomado como exemplo da ideia, popular na era elisabetana, de um discípulo de Maquiavel. Não há indício de que seja na teoria ateu, e nem mesmo descrente da religião recebida. Pelo contrário, faz uso dessa linguagem e não diz nada que lembre as palavras do prólogo de *Jew of Malta* (O judeu de Malta):

> *I count religion but a childish toy,*
> *And hold there is no sin but ignorance.*
>
> [Tenho a religião à conta de brinquedo pueril,
> E para mim não há pecado senão a ignorância.]

Aarão, em *Tito Andrônico*, poderia tê-lo dito (e, por causa disso, não resulta mais provável que tenha sido criado por Shakespeare), mas Iago não.

Faço uma segunda advertência. É preciso que nos lembremos constantemente de não dar crédito a uma sílaba pronunciada por Iago a respeito de qualquer assunto, inclusive acerca de si próprio, até que tenhamos posto sua declaração à prova pela comparação com fatos conhecidos e com outras declarações dele próprio ou de outros personagens, assim como pelo cuidado em considerar se não haveria uma razão, na circunstância em pauta, para que mentisse ou dissesse a verdade. A confiança absoluta depositada na integridade dele por aqueles que o conheciam como que contaminou a maior parte de seus críticos; e isso, somado ao hábito risível de citar como declarações do próprio Shakespeare tudo quanto é dito por seus personagens, tem constituído uma fonte prolífica de interpretações equivocadas. Posso dar como exemplo exatamente as primeiras declarações feitas por Iago. Na cena de abertura, ele diz ao tolo Roderigo que três homens importantes de Veneza foram ter com Otelo e imploraram-lhe que fizesse de Iago seu tenente; que Otelo, por orgulho e capricho, recusou; que, em sua recusa, recitou uma longa algaravia militar sem sentido, e terminou dizendo (mentirosamente, devemos supor) que já havia preenchido a vaga; que Cássio, a quem escolhera, não era possuidor de rigorosamente nenhum conhecimento prático da arte da guerra, nada além da sabedoria livresca, mero palavrório, aritmética, enquanto Iago havia lutado muitas vezes ao lado de Otelo, e até por "antiguidade" deveria ter precedência. A maior parte disso ou tudo isso é repetido por alguns críticos como se fossem informações dadas por Shakespeare, e chega-se muito naturalmente à conclusão de que Iago tinha razões para se sentir lesado. Mas, se perguntarmos a nós mesmos até que ponto tudo isso é verdadeiro, devemos responder, cuido eu, como segue. É absolutamente certo que Otelo escolheu Cássio como seu tenente, e *nada* mais é absolutamente certo. Mas não há motivo para duvidar da afirmação de que Iago havia servido com ele, nem existe nada de intrinsecamente improvável na afirmação de que contou com a intercessão de três cavalheiros ilustres. Por outro lado, as acusações de que Otelo o recusou por orgulho e capricho, e de que mentiu dizendo já haver escolhido um oficial, não são verossímeis; e se existir alguma verdade (como provavelmente existe) na descrição que Iago faz da conversa, sem dúvida é o fato de que o próprio Iago era ignorante em matéria de ciência militar, e Cássio um profundo conhecedor, e que Otelo explicou isso aos eminentes personagens. Que Cássio, ainda, fosse um intrujão e um mero bicho de gabinete sem experiência de guerra não é digno de crédito, considerando-se primeiro que Otelo o escolhera para seu tenente, e, em segundo lugar, que o Senado o indicou para suceder Otelo no comando de Chipre; e temos prova direta de que parte da afirmação de Iago é mentirosa quando Desdêmona, incidentalmente, comenta que Cássio era um homem que "durante toda a vida" baseou a boa fortuna no amor a Otelo e tinha "dividido perigos" com ele (III. iv. 93). Sobra apenas a afirmação implícita de que, se a promoção seguisse por antiguidade, Iago, como o mais antigo, teria a preferência. Isso pode ser verdade: Otelo não era homem que hesitasse em promover alguém mais novo por um bom motivo. Mas é igualmente provável que isso não passasse de invenção; e, muito embora Cássio fosse jovem, não há nada que mostre que era mais novo, em idade ou em tempo de serviço, do que Iago. Iago, por exemplo, nunca o chama de "jovem", como faz com Roderigo; e um rapazola não teria sido empossado governador de Chipre. O que é certo, finalmente, em toda essa questão, é que o espírito de Otelo estava perfeitamente em paz com a indicação, e que ele jamais imaginou que Iago tivesse ficado descontente com ela, nem mesmo quando a intriga foi revelada e ele se perguntou o que fizera para ofender Iago.

2

Faz-se necessário examinar desse modo cada afirmação feita por Iago. Mas não é necessário fazê-lo em público, e podemos atacar agora a questão da impressão que ele causava em seus amigos e demais pessoas do seu convívio. No todo, não existe aqui espaço para dúvida. Nada poderia se parecer menos com Iago do que o vilão melodramático que é tão amiúde posto em seu lugar sobre o palco, alguém que todos na plateia reconhecem como canalha ao primeiro golpe de vista. Iago, sabemos, era um soldado veneziano[2], 28 anos de idade, que já havia servido por um tempo considerável e gozava de excelente reputação por sua bravura. Nada sabemos de sua origem, mas, a não ser que muito me engane, não tinha berço nem teve educação esmerada[3]. Não dá a impressão de ser um homem humilde que teve acesso à cultura: em que pesem suas consideráveis aptidões, mostra-se vulgar, e sua provável ignorância da cultura militar pode ser realmente significativa. Era casado com uma mulher claramente desprovida de refinamento, e que aparece no drama quase como uma serviçal de Desdêmona. Sua conduta era a de um soldado brusco e direto, que dizia o que pensava sem rebuços ou meias palavras. Era muitas vezes caloroso e podia ser extremamente jovial; mas, não raro, suas palavras eram bastante rudes e cáusticas, e era dado a fazer comentários um tanto desabonadores em relação à natureza humana. Tinha consciência desse traço em si mesmo, e admitia, com franqueza, que não era senão muito crítico, e que estava em sua natureza farejar o mal em tudo. Ao admiti-lo, sintomaticamente exagerava a própria falta, o que costuma acontecer às pessoas francas e diretas; e não era menos querido por isso, já que em sua crítica havia humor, que nos assuntos sérios não era leviano (III. iii. 119) e que a única coisa perfeitamente óbvia a respeito dele era sua honestidade. "Honesto" é o termo que ocorre de imediato a quem lhe dirige a palavra. Aplica-se-lhe cerca de quinze vezes na peça, para não falarmos da meia dúzia de vezes em que ele mesmo a emprega, zombeteiramente, em referência a si próprio. Com efeito, é um desses homens irrepreensíveis que, detestando os surtos de emoção sentimental, disparam ditos mordazes nos quais não acreditam de fato, para mais tarde, no momento em que veem um amigo enredado em complicações, render-se exatamente ao sentimento do qual mofaram. Nessas oportunidades, mostrava a mais benigna compreensão e o mais sincero desejo de ser útil. Quando Cássio se descontrolou tão gravemente e foi flagrado em vias de fato com Montano, Otelo não observou que o "honesto Iago parecia morto de tristeza"? Com que dificuldade foi convencido; ou melhor, obrigado, a revelar a verdade daninha ao tenente! Outra pessoa poderia ter sentido uma ponta de satisfação à ideia de que o posto ambicionado encontrava-se agora vago, mas Iago não só consolou Cássio, tecendo-lhe considerações irônicas sobre a noção de reputação, exatamente para ajudá-lo a superar a vergonha que passara, como também deu tratos à bola e percebeu imediatamente que o melhor plano para Cássio recuperar o posto era pedir a intercessão de Desdêmona. Tão preocupado ficou com a desdita do amigo que sua própria esposa ficou certa de que "afligiu o marido como se fora com ele". Seria, então, de admirar que qualquer um que estivesse passando por grande dificuldade, como Desdêmona, recorresse imediatamente a Iago (IV. ii. 106)? Se esse diamante bruto tinha algum defeito, era que seu coração sensível e leal o fazia tomar atitudes demasiado impulsivas. Se tão-somente testemunhasse um amigo como Otelo ser caluniado, a mão já buscava a espada; e, muito embora se contivesse, quase se arrependia da própria virtude (IV. ii. 106).

Desse modo Iago era visto por todos que o cercavam, até mesmo aqueles que, como Otelo, já o conheciam havia mais tempo. E é muito pouco observado, apesar de realmente extraordinário, que não se mostrasse muito diferente disso diante da esposa. Não há indícios de que o casamento de Emília fosse infeliz, e nem de que ela suspeitasse do verdadeiro caráter do marido[4]. Sem dúvida, ela sabia consideravelmente mais a respeito dele do que outras pessoas. Assim, concluímos que ele era dado a repreensões e, às vezes, era curto e grosso com ela (III. iii. 300 s.); e é muito provável que ela lhe retribuísse à altura (II. i. 101 s.). Ele também sentia ciúmes infundados; pois, quando diz que tinha ciúmes de Otelo, isso é confirmado pela própria Emília, devendo assim receber o nosso crédito (IV. ii. 145)[5]. Mas parece claro que esses defeitos dele não haviam impedido que Emília confiasse no marido nem haviam diminuído seu carinho por ele. Ela sabia, além disso, que ele não era tão honesto quanto parecia, pois havia muitas vezes insistido para que ela roubasse o lenço de Desdêmona. Mas a natureza de Emília não era muito sensível ou escrupulosa em relação a trivialidades. Considerava o marido estranho e "instável", e via seu interesse pelo lenço como exemplo disso (III. iii. 292); mas nunca sequer sonhou que se tratava de um canalha, e não há por que duvidarmos da sinceridade de sua crença no profundo lamento dele pela desdita de Cássio. O fato de não suspeitar de nenhuma intriga ao testemunhar a inquietação de Otelo por causa do lenço mostra o quanto confiava no marido. Mesmo quando, mais tarde, ocorre-lhe a ideia de que algum miserável envenenou o espírito de Otelo, o teor de todas as suas falas, e sua menção do patife que (ela acredita) fez Iago ter ciúmes dela, prova sem sombra de dúvida que não lhe passou pela cabeça que o canalha pudesse ser Iago (IV. ii. 115-47). E se restasse qualquer resquício de dúvida sobre o assunto, este sem dúvida seria eliminado pelo grito de perplexidade e horror repetido duas vezes, "Meu marido!", que se segue às palavras de Otelo, "Teu marido sabia de tudo"; e pela indignação que lhe embarga a voz e a última esperança a que se agarra e que ouvimos no seu apelo quando Iago aparece:

Disprove this villain if thou be'st a man:
He says thou told'st him that his wife was false:
I know thou did'st not, thou'rt not such a villain:
Speak, for my heart is full.

[Desmente este vilão se és homem:
Ele disse que lhe disseste que a esposa dele era infiel:
Bem sei que não disseste, tu não és vilão:
Fala, meu coração já está repleto.]

Mesmo que Iago *tivesse* revelado muito mais do seu verdadeiro eu para sua mulher do que para terceiros, isso não faria diferença para o contraste entre seu verdadeiro eu e aquele que mostrava para o mundo. Mas tal coisa ele nunca fez. Apenas os olhos inexperientes do pobre e crédulo Roderigo tiveram a chance de espiar para dentro desse poço.

A influência desse contraste sobre a credulidade aparentemente excessiva de Otelo já foi ressaltada. Que outras conclusões podem ser tiradas disso? Obviamente, para início de conversa, a inferência, que se faz acompanhar da nossa espantada admiração, segundo a qual a capacidade de dissimulação e de autodomínio de Iago devia ser prodigiosa: pois não se tratava de um jovem, como Edmundo, mas usava essa máscara havia anos, e, pelo visto, jamais havia sofrido, como Ricardo, explosões ocasionais da sua realidade interna. Com efeito, seu autodomínio parece tão prodigioso que não se deveria recriminar o leitor por duvidar da sua possibilidade. Mas há certas observações, e outras inferências, que, além da confiança em Shakespeare, dissipariam essa dúvida. Devemos observar, primeiro, que Iago obtinha algum alívio do desconforto da hipocrisia graças aos discursos mordazes ou ácidos que, mal interpretados, só faziam aumentar a crença em sua honestidade. Funcionavam como válvulas de escape, do mesmo modo como a loucura forjada de Hamlet. Depois, eu tiraria como inferência de todo o sucesso de sua hipocrisia – o que também se pode inferir sobre outras bases, e é muito importante – que ele não era de jeito nenhum um homem de sentimentos fortes e paixões avassaladoras, como Ricardo, mas, decididamente, marcado por um temperamento frio. Mesmo assim, seu autodomínio era fantástico, e jamais havia nele uma tempestade de fúria a ser controlada. Em terceiro lugar, eu diria que Iago, apesar de profundamente egoísta e insensível, não era mau, nem mesmo sombrio, mas que, ao contrário, possuía, na superfície, uma índole boa, do tipo que angaria a estima e é muitas vezes tida não como um simples traço agradável de temperamento, mas como sinal de bom coração. E, finalmente, pode ser inferido que, antes do crime hediondo que testemunhamos, Iago jamais fora flagrado em nenhuma transgressão grave e pode inclusive jamais ter sido responsável por nenhuma, mas levou uma vida aparentemente digna, embora egoísta, fruindo das emoções da guerra e de prazeres levianos, mas não tendo sofrido ainda nenhuma tentação que o fizesse arriscar sua posição e prosperidade por meio de um crime temerário. De tal modo que, em verdade, a tragédia de *Otelo* é, num sentido, também a sua tragédia. Ela nos mostra não um homem violento, como Ricardo, que passa a vida às voltas com o homicídio, mas um homem cabalmente mau, *frio*, que, finalmente, sente-se tentado a dar livre vazão às forças que se movimentam dentro dele, e é destruído.

3

Para avaliarmos de que modo se dá essa tragédia, vamos investigar com mais atenção agora o Iago interno. Ali encontramos, em primeiro lugar, como já foi dito em parte, faculdades, tanto intelectivas como volitivas, absolutamente extraordinárias. A compreensão profunda que Iago tinha, dentro de certos limites, da natureza humana; sua engenhosidade e habilidade em manipulá-la; sua rapidez e desenvoltura em lidar com dificuldades e oportunidades inesperadas, provavelmente não encontra paralelo entre personagens dramáticos. Igualmente notável é seu autodomínio. Nem o próprio Sócrates, nem o sábio ideal dos estóicos, era mais senhor de si do que Iago. Não se trata apenas do fato de nunca deixar entrever sua verdadeira natureza; ele se mostra senhor de *todos* os impulsos capazes de interferir com o autodomínio. Nos momentos mais perigosos da trama, quando o menor deslize ou acidente seria desastroso, não mostra o menor sinal de nervosismo. Quando Otelo o agarra pela garganta, ele simplesmente muda de atitude com a habilidade e a rapidez de sempre. Quando é atacado e ferido no final, mantém-se perfeitamente impassível. Como diz Swinburne, não se pode acreditar um só momento que o sofrimento da tortura fará Iago revelar alguma coisa. É imune também à tentação da indolência e da sensualidade. Difícil imaginá-lo inativo; e, muito embora sua mente fosse obscena, e, sem dúvida, ele se entregasse ao prazer como e quando lhe aprouvesse, certamente o fazia por decisão própria e não por fraqueza; e, se o prazer interferisse em seus propósitos, o mais pio dos ascetas não se absteria com mais firmeza. "Que devo fazer?" Roderigo se lamuria diante dele; "Confesso que é para mim uma vergonha estar tão apaixonado assim; mas minha coragem não tem meios para remediá-la". Ele responde: "Virtude! Uma figa! Só de nós mesmos depende ser de uma maneira ou de outra." Tudo depende da nossa vontade. "O amor é simples concupiscência do sangue e uma tolerância da vontade. Vamos, sê homem... Antes de dizer que me afogaria pelo amor de uma galinha-d'angola, trocaria a forma humana pela de um babuíno." Esqueçamos por um momento que o amor, para Iago, é o apetite de um babuíno; esqueçamos que, assim como ao medo e ao prazer, ele é imune à piedade; e iremos reconhecer que esse autodomínio, tanto uma prática como uma doutrina abraçadas por ele, é admirável, quase sublime. Com efeito, no que diz respeito à faculdade intelectiva (sempre dentro de certos limites) e volitiva (considerada como mera faculdade, sem referência a seus objetos), Iago *é* admirável.

A que propósito ele dedica essas faculdades extraordinárias? Seu credo – pois não se trata de um cético, ele possui um credo definido – é que o egoísmo absoluto é a única atitude razoável e adequada, e que a consciência e a honra ou qualquer tipo de consideração pelas pessoas é um disparate. Não nega que esse disparate exista. Nem supõe que a maioria das pessoas partilhe secretamente desse credo, ao mesmo tempo que finja abraçar e praticar outro. Ao contrário, considera a maioria das pessoas honrados imbecis. Declara nunca ter encontrado um homem que soubesse amar a si mesmo; e sua única expressão de admiração na peça vai para os criados

> *Who, trimmed in forms and visages of duty,*
> *Keep yet their hearts attending on themselves.*

> [Que, observando as formas e visagens do dever,
> O coração conservam sempre atentos no proveito pessoal.]

"Esses indivíduos", diz ele, "possuem alguma alma." Declara estar, e procura estar, completamente fora do âmbito da moralidade.

A existência do credo de Iago e da prática que lhe corresponde tem relação evidente com um traço no qual ele suplanta praticamente todos os demais habitantes do universo shakespeariano. O que quer que tenha sido antes, ele parece estar, quando o conhecemos, quase destituído da humanidade, da noção de solidariedade ou de sensibilidade social. Não mostra nenhum traço de afeição e, na presença do sofrimento mais nefando, exibe ora prazer, ora uma indiferença que, se não é completa, chega perto disso. Aqui, no entanto, devemos tomar cuidado. É importante percebermos – e poucos leitores correm o risco de ignorar – esse extraordinário embotamento dos sentimentos, mas é igualmente importante não confundi-lo com franca e trivial perversidade. Quando Iago não tem nenhuma antipatia ou hostilidade em relação a alguém, ele *não* mostra prazer no sofrimento dessa pessoa: o máximo que pode mostrar é ausência de sentimento. Não existe, por exemplo, o menor sinal de que se regozije com o sofrimento de Desdêmona. Mas sua capacidade compassiva é tão extraordinariamente tênue e fria que, quando sua antipatia é despertada, ou quando uma pessoa indiferente se torna um obstáculo a seus propósitos, não há nada nele que o impeça de aplicar a tortura.

O que é que provoca essa antipatia e hostilidade? Aqui, novamente, devemos investigar com toda a atenção. Iago tem sido representado como uma encarnação da inveja, o homem que, estando decidido a vencer na vida, trata a todos com hostilidade por ver neles rivais. Mas essa ideia, embora contenha alguma verdade, é bastante exagerada. Sem dúvida, sua dedicação é voltada para si mesmo; mas se fosse um homem tão fundamentalmente ambicioso, por certo que veríamos sinais muito mais claros dessa ambição; e por certo, também, com suas extraordinárias faculdades, já teria subido bastante, em vez de ser um mero alferes, sem dinheiro, e bancando o capitão Rook para o Mr. Pigeon* de Roderigo. Levando todos os fatos em conta, é preciso concluir que os desejos dele eram relativamente moderados, e sua ambição, pequena; que, provavelmente, tinha imenso prazer com a guerra, mas, se possuía dinheiro suficiente, não se empenhava tanto para conquistar reputação ou posição social; e, portanto, não vivia costumeiramente ardendo de inveja, nem era sempre hostil às pessoas que parecessem potenciais concorrentes.

Mas o que fica claro é que Iago é profundamente sensível a qualquer coisa que atinja seu orgulho ou amor-próprio. Seria bastante injusto taxá-lo de vaidoso, mas tem opinião elevada a respeito de si mesmo e um profundo desprezo pelos outros. Tem plena consciência da superioridade em relação a eles em certos aspectos; e ora descrê, ora despreza as qualidades nas quais alguém é superior a ele. O que quer que perturbe ou fira essa sensação de superioridade melindra-o imediatamente; e *nesse* sentido é profundamente competitivo. É por isso que a indicação de Cássio o exaspera. É por isso que o conhecimento teórico de Cássio o exaspera. Essa é a origem do ciúme que sente de Emília. Não se importa com a esposa; mas o medo de que outro homem tome seu lugar, e ele passe a inspirar pena ou seja exposto ao ridículo como um pobre marido infeliz, é demais para ele; e, como está seguro de que nenhuma mulher é de fato virtuosa, semelhante medo nunca o abandona. Basicamen-

---

* Capitão Rook para o Sr. Pigeon: uma referência ao ensaio humorístico "Captain Rook and Mr. Pigeon" [Capitão Rook e Mr. Pigeon], de William Makepeace Thackeray (1811-1863), romancista inglês.

te pelo mesmo motivo, tem ódio à virtude nos homens (pois é significativo que a enxergue mais nos homens, os mais fortes, do que nas mulheres, as mais fracas). Tem ódio à virtude masculina não por algum suposto apego ao mal em si, mas em parte porque ela soa, a seu intelecto, como estultice; em parte (apesar de não ter exata consciência disso) porque diminui sua satisfação pessoal e compromete a crença de que o egoísmo é o caminho mais correto; e em parte porque, sendo o mundo tão tolo, a virtude goza da estima geral e prospera. Mas ele, um homem dez vezes mais capaz do que Cássio ou até mesmo que Otelo, não progride muito. Por algum motivo, em que pese toda a estupidez das pessoas francas e altruístas, elas se saem melhor que o "indivíduo de alguma alma". E isso, apesar de não se tratar de alguém especialmente sequioso de promoção, fere seu orgulho. A virtude, portanto, o irrita. Ele está sempre pronto a escarnecer dela e sente-se inclinado a combatê-la. Em circunstâncias normais, essa irritação não é gritante em Iago – *nenhuma* emoção é assim nele –, mas está presente com frequência.

4

Nossa tarefa de análise não está concluída; mas, agora, estamos em condições de pensar na deflagração da tragédia de Iago. Por que age como o vemos agindo na peça? Qual é a resposta para este apelo de Otelo:

> *Will you, I pray, demand that demi-devil*
> *Why he hath thus ensnared my soul and body?*

[Quereis, por favor, perguntar a esse meio demônio
Por que enfeitiçou assim minha alma e meu corpo?]

Essa pergunta, "Por quê?", é *a* pergunta sobre Iago, assim como a pergunta "Por que Hamlet protelou?" é *a* pergunta sobre Hamlet. Iago se recusou a respondê-la; mas arrisco dizer que ele não *podia* tê-la respondido, assim como Hamlet não podia explicar por que protelou. Mas Shakespeare sabia a resposta, e se esses personagens são criações magníficas e não equívocos, temos de ser capazes de identificá-la também.

Seria possível extraí-la do próprio Iago contra a vontade dele? Ele diz muitas coisas a Roderigo e faz vários solilóquios. A partir dessas fontes, e especialmente das últimas, devemos obter alguma coisa. Pois, em Shakespeare, o solilóquio geralmente fornece informações acerca dos mecanismos ocultos além do desenvolvimento externo do enredo; e, ademais – o que é um curioso aspecto técnico –, os solilóquios de seus vilões soam às vezes quase como esclarecimentos endereçados à plateia[6]. Ora, reiteradamente, Iago dá esclarecimentos seja para Roderigo, seja para si mesmo. Em primeiro lugar, diz mais de uma vez que "odeia" Otelo. Dá dois motivos para esse ódio. Otelo empossou Cássio como tenente; e ele suspeita, bem como já ouviu dizer, que Otelo tem algo com Emília. Depois, vem Cássio. Nunca afirma odiar Cássio, mas encontra nele três motivos para indignar-se: Cássio foi preferido em seu detrimento; suspeita que também *ele* tenha algo com Emília; e, finalmente, Cássio tem uma beleza diária em sua vida, a enfear Iago. Além de todos esses aborrecimentos, deseja o posto de Cássio. Quanto a Roderigo, chama-o de narceja, e quem é capaz de odiar uma narceja? Mas Roderigo sabe demais; e está se tornando incômodo, irritando-se e pedindo o ouro e as joias que entregou a Iago para dá-los a Desdêmona. Assim, Iago mata Roderigo. E quanto a Desdêmona: um rabo de figa por sua virtude! mas não tem nada contra ela. Com efeito, ele a "ama", apesar de dar-se ao trabalho de explicar, mudando a palavra, que seu "desejo carnal" vem misturado ao desejo de retribuir a Otelo na mesma moeda com que foi pago. Não resta dúvida, ela deve morrer, assim como Emília, e seria o mesmo caso com Bianca se as autoridades vissem as coisas como elas verdadeiramente são; mas ele não deflagrou nenhum projeto hostil contra essas pessoas.

A explicação que Iago oferece sobre a motivação de seus atos é verdadeira? A resposta da visão mais popular será: "Sim. Iago era movido, como ele diz, precipuamente por duas coisas, o desejo de promoção e o ódio a Otelo, devido sobretudo ao episódio do posto de tenente. São motivações perfeitamente compreensíveis; só precisamos somar a elas uma habilidade e crueldade fora do comum, e tudo estará explicado. Por que Coleridge, Hazlitt e Swinburne deveriam se afastar disso?" A cuja indagação interponho imediatamente esta: se semelhante visão está correta, por que Iago mereceria ser considerado uma criação fora de série? E não é estranho que as pessoas que a rejeitam sejam as mesmas que mostram, alhures, uma excepcional compreensão de Shakespeare?

A dificuldade representada por essa visão amplamente aceita é, em primeiro lugar, o fato de atribuir a Iago o que não é possível encontrar no Iago da peça. Segundo essa visão, Iago é impelido por *paixões*, uma paixão de ambição e outra paixão de ódio; pois nenhuma ambição ou ódio baldo de paixão seria capaz de insuflar um homem de espírito tão claramente discernidor, e que deveria ter sido, até aquele ponto, tão prudente, a envolver-se numa trama tão profundamente arriscada. Por que, então, no Iago da peça, não encontramos nem sinal dessas paixões ou de nada que se lhes assemelhe? Por que, se Shakespeare concebeu Iago como impelido por elas, oculta-nos os sinais que as denunciariam? Certamente não por incapacidade de representá-las. O poeta que representou Macbeth e Shylock entendia do seu riscado. Quem jamais duvidou da ambição de Macbeth ou do ódio de Shylock? E que semelhança existe entre essas paixões e quaisquer sentimentos que possamos identificar em Iago? A semelhança entre um vulcão em erupção e o fogo mortiço da brasa; entre o desejo fulminante de dilacerar as carnes do inimigo e o desejo, tão encontradiço na vida cotidiana, de, movido pela mágoa, infligir castigo em represália a uma ofensa. A paixão, nas peças de Shakespeare, é extremamente fácil de reconhecer. Que fração disso, ainda que mínima, que vestígio de uma paixão frustrada ou satisfeita é visível em Iago? Nenhum: esse é exatamente o horror que o caracteriza. Possui *menos* paixão que um homem comum e, apesar disso, perpetra esses atos chocantes. A única base para atribuir-lhe, eu não diria ódio apaixonado, mas algo que justifique pelo menos o nome de ódio, é sua declaração, "Odeio Otelo"; e sabemos o quanto vale aquilo que diz.

Mas a visão amplamente aceita, além de atribuir a Iago uma coisa que ele não mostra, ignora o que ele de fato mostra. Escolhe, dentre as explicações que ele mesmo dá sobre o que o motiva, uma ou duas, e negligencia as demais; e, assim, faz com que tudo pareça natural. Mas não percebe o quanto é antinatural, o quanto é estranha e suspeita a explicação que ele oferece. Sem dúvida, ele aponta motivos suficientes; a dificuldade está no fato de apontar tantos. Alguém movido por paixões simples oriundas de motivações simples não tolera esmiuçar seus sentimentos, enumerando pormenorizadamente de onde provêm e buscando encontrar novas origens. Mas é isso que Iago faz. E isso não é tudo. Esses motivos surgem e desaparecem do modo mais inusitado. A mágoa com a nomeação de Cássio é expressa na primeira conversa com Roderigo, e a partir desse momento não é mencionada novamente sequer uma vez em toda a peça. O ódio a Otelo é expresso somente no Primeiro Ato. O desejo de usurpar o posto de Cássio mal aparece depois do primeiro solilóquio, e, quando se torna realidade, Iago não se vale de uma única palavra para lhe fazer referência. A suspeita do envolvimento entre Cássio e Emília surge subitamente, na forma de uma desconfiança extemporânea, não no primeiro solilóquio, mas no segundo, para então desaparecer para sempre[7]. Alude-se ao "amor" de Iago por Desdêmona no segundo solilóquio; não se encontra o menor traço dele seja antes, seja depois, quer em palavras, quer em gestos. Depois de declarar seus ciúmes do mouro, Iago afirma que Otelo está enamorado de Desdêmona e é um homem de natureza nobre, e, durante o sofrimento de Otelo, em nenhum momento dá sinal de que esteja pagando o rival na mesma moeda. No segundo solilóquio, declara não duvidar que Cássio esteja apaixonado por Desdêmona; é evidente que não crê nisso, pois jamais alude novamente a essa ideia, e em questão de poucas horas descreve Cássio num solilóquio como um honrado imbecil. Este último motivo de hostilidade em relação a Cássio aparece apenas no Quinto Ato.

O que tudo isso significa? A menos que Shakespeare estivesse fora de si, deve haver um sentido. E, certamente, esse sentido não pode ser encontrado em nenhuma das visões mais amplamente aceitas acerca de Iago.

Estaria contido, então, na expressão de Coleridge, "à cata de um motivo"? Sim, "à cata de um motivo" reflete com fidelidade a impressão comunicada pelos solilóquios de Iago. Ele pondera sobre seus planos e procura, inconscientemente, justificá-los para si mesmo. Fala de um ou dois sentimentos reais, como o ressentimento contra Otelo, e menciona uma ou duas causas reais desses sentimentos. Mas estas não lhe bastam. Junto com elas ou isoladamente ocorrem-lhe, para abandoná-lo em seguida, ideias e suspeitas fruto de sua própria mesquinhez ou angústia, algumas antigas, outras recentes, acalentadas por algum tempo para fortalecer seu propósito e revesti-lo de razoabilidade, mas nunca merecedoras de crédito da parte dele, e nunca como as principais forças determinantes de seus atos. Com efeito, eu me arriscaria a descrever Iago nesses solilóquios como um homem que se dedica a um projeto que aguça intensamente o seu desejo, mas, ao mesmo tempo, tem consciência de uma resistência a esse desejo; e que procura, inconscientemente, livrar-se dessa resistência apontando motivos que justifiquem o projeto. Ele é a contraparte de Hamlet que procura identificar justificativas para protelar a execução do plano que o repugna. E a maioria das razões que Iago encontra para agir é tão falsa quanto as de Hamlet para protelar. Cada qual é impelido por forças que não compreende; e, provavelmente, não é mera coincidência que esses dois estudos de situações tão semelhantes do ponto de vista psicológico tenham sido produzidos mais ou menos no mesmo período.

Quais foram, então, as verdadeiras forças motrizes dos atos de Iago? Devemos retornar à ideia de uma "malignidade gratuita"[8]; ou seja, de um apego desinteressado ao mal, ou de um gozo diante do sofrimento alheio tão simples e direto quanto a satisfação de um desejo pessoal? Certamente que não. Não direi que essa ideia, que essas coisas são inconcebíveis, ou que não passam de meras palavras, deixando de constituir ideias propriamente ditas; pois, mesmo que isso fosse verdade, continuaria sendo possível que Shakespeare tivesse tentado representar algo inconcebível. Mas não existe a mais remota justificativa para supormos que foi isso o que ele fez. Os atos de Iago são inteligíveis; e, com efeito, a visão mais amplamente aceita se reveste de verdade suficiente para refutar essa teoria desesperada. Ela exagera sobremaneira a ânsia de promoção e a virulência provocada por sua frustração, e ignora outras forças mais importantes que essas; mas está correta quando afirma a existência desse desejo e dessa virulência, e o simples fato de existirem é suficiente para invalidar a pretensão de Iago, de ser mais que um meio demônio. Pois o apego ao mal que promove meus interesses e fere alguém de quem eu não gosto difere muito do apego ao mal puro e simples; e o prazer com o sofrimento de alguém de quem não gosto ou que considero um concorrente é muito diferente do prazer com a dor de qualquer um. O primeiro caso é compreensível, e nós o vemos em Iago. O segundo, mesmo que fosse compreensível, não pode ser visto em Iago.

Não obstante, a ânsia de promoção e o ressentimento com a perda do posto de tenente, apesar de constituírem fatores, e fatores indissociáveis da motivação de Iago, não são nem os principais nem os mais característicos. Estes, poderemos encontrá-los retornando à nossa análise ainda incompleta do personagem. Vamos nos lembrar sobretudo do intenso sentimento de superioridade, do desprezo pelo semelhante, da susceptibilidade diante de tudo que fira esses sentimentos, do rancor diante da virtude masculina como sendo algo não apenas estúpido, mas, tanto por sua natureza como por seu êxito, contrário à natureza de Iago e insuportável para seu orgulho. Vamos nos lembrar, ainda, do inconveniente de sempre ter de representar um papel, da consciência de um brilhantismo e uma destreza excepcionais mas represados, da satisfação no agir e da ausência de medo. E vamos nos perguntar qual seria o maior prazer de alguém assim, e que situação poderia tentá-lo a abandonar sua prudência habitual para procurar satisfazer esse prazer. Hazlitt e Swinburne não formulam essa pergunta, mas a resposta a ela, que apresento a seguir, foi dada, em princípio, por eles[9].

O que se pode conceber de mais prazeroso para um homem assim teria de afagar profundamente seu sentimento de poder e de superioridade; e se incluísse, além disso, a aplicação exitosa de suas faculdades, e suscitasse, por fim, a emoção do risco, seu prazer estaria completo. E o momento de maior risco para um homem assim seria quando seu sentimento de superioridade sofresse tal afronta que seu anseio habitual recrudescesse movido pelo ressentimento, enquanto, ao mesmo tempo, ele vislumbrasse a oportunidade de satisfazê-lo submetendo a seu capricho os próprios autores dessa afronta. Ora, essa é a tentação que se apresenta para Iago. A proeminência de Otelo, a virtude de Otelo e a dependência de Iago em relação ao mouro devem ter sido um incômodo constante. *Qualquer* que fosse o momento, ele teria tido prazer em ludibriar e causar tormento a Otelo. Sob circunstâncias normais continha-se, sobretudo por interesse próprio, e, numa escala menor, talvez por tênues escrúpulos de consciência ou humanidade. Mas a frustração com a perda do posto de tenente representou o toque de rancor que faltava para passar por cima desses obstáculos; e a perspectiva de satisfazer sua sensação de poder subjugando Otelo por meio de uma intriga sofisticada e perigosa parecia agora irresistível. Iago não via com clareza o que movia seu desejo; apesar de tentar apresentar a si mesmo as razões de seus atos, até mesmo aquelas que se revestiam de alguma verdade não compunham senão uma pequena parcela da força motriz; pode-se quase afirmar que não eram nada mais que o movimento do eixo que recebe a energia motriz no interior da máquina. Apenas uma vez ele parece ver parte da verdade. É quando usa a expressão *"emplumar minha vontade* com dobrada patifaria".

"Emplumar a vontade", inflar o sentimento de poder ou superioridade – essa parece ser a razão inconsciente de muitos atos de crueldade que, sem dúvida, não se devem fundamentalmente à maldade, e que, portanto, mais nos intrigam e, por vezes, horrorizam. É com frequência isso que faz um homem maltratar a esposa ou os filhos de quem tanto gosta. O menino que maltrata outro menino, como se diz, "sem mais nem menos", ou que tortura uma rã sem odiá-la, apraz-se com o sofrimento da vítima não por ter apego gratuito ao mal ou por comprazer-se com a dor alheia, mas sobretudo porque essa dor é a prova irrefutável do poder que tem sobre a vítima. É assim com Iago. Seu reprimido sentimento de superioridade deseja saciar-se. Que satisfação seria maior que a consciência de que ele é senhor do general que o subestimou e do rival por quem foi preterido; de que essas pessoas de valor, tão prósperas, bem-quistas e tolas, não passam de marionetes nas suas mãos, mas marionetes vivas, que, a um meneio da sua mão, contorcem-se em agonia, enquanto acreditam, o tempo inteiro, que ele é seu único e verdadeiro amigo e confidente? Isso deve ter representado um êxtase para ele. E, admitindo-se um embotamento incomum dos sentimentos humanos, é, apesar de nefando, perfeitamente inteligível. Não há mistério na psicologia de Iago; o mistério está numa outra questão que não cabe ao drama responder, qual seja: o que explica a existência de um ser assim?

A ânsia de Iago em satisfazer sua sensação de poder é, creio eu, a maior das forças que o impelem. Mas há duas outras que devem ser assinaladas. Uma é o prazer obtido com um ato extremamente difícil e arriscado, e, portanto, profundamente excitante. Esse ato deixa todas as suas faculdades sob tensão. Ele sente o prazer de alguém que realiza com sucesso algo que se coaduna perfeitamente com a sua aptidão especial, e que se encontra exatamente dentro do seu alcance; e, como por natureza é imune ao medo, o fato de um único deslize poder lhe custar a vida só faz aumentar o prazer. Sua euforia se manifesta nas palavras horripilantes com as quais saúda o nascer do sol após a noite cujo incidente com a bebida levou à desgraça de Cássio: "Pela missa, está amanhecendo. O prazer e a ação fazem as horas parecerem breves." Aqui, porém, o prazer com a ação, que o motiva, é avivado por outras sensações. Ele aparece de modo mais simples alhures, de tal modo a sugerir que nada lhe trazia alegria senão semelhantes atos, e que sua alegria era maior quando o ato, além de tirar-lhe o fôlego, era também destrutivo. É o que encontramos, por exemplo, no alegre grito que dirige a Roderigo, o qual se prepara para chamar Brabâncio em voz alta com o intuito de acordá-lo e alertá-lo sobre a fuga da filha:

Do, with like timorous[10] accent and dire yell
As when, by night and negligence, the fire
Is spied in populous cities.

[Chama com o mesmo acento de medo, com um uivo terrível
Como quando, numa noite de negligência, o incêndio
É descoberto numa cidade populosa.]

Durante toda essa cena; novamente, na cena em que Cássio é atacado e Roderigo, assassinado; em toda passagem em que Iago se encontre em atividade física, captamos essa exultação de prazer quase febril. O sangue, de hábito tão frio e letárgico, corre célere em suas veias.

Mas Iago, por fim, não é simplesmente um homem de ação; é um artista. Seus atos são um enredo, o intricado enredo de um drama, e, em sua concepção e execução, ele experimenta a tensão e o prazer da criação artística. "Ele é", diz Hazlitt, "um amante da tragédia na vida real; em vez de empregar sua inventividade sobre personagens imaginários ou acontecimentos de há muito esquecidos, assume o curso mais ousado e perigoso de tecer sua trama em casa, distribuindo os papéis principais entre seus conhecidos e amigos mais recentes, ensaiando-os do modo mais empenhado, com ânimo inabalável e firme determinação." Swinburne põe ainda mais ênfase sobre esse aspecto do caráter de Iago, e chega a declarar que "o componente mais forte e mais sutil de sua complexa natureza" é "o instinto de alguém que Carlyle* chamaria de poeta mudo". Aqueles para quem essa ideia soa estranha, e que talvez, à primeira vista, possam supô-la fantasiosa, verão, se examinarem a peça à luz das ideias de Swinburne, que ela se encontra alicerçada numa percepção profunda e verdadeira, resiste ao exame e pode facilmente ser apoiada em exemplos. Bastaria observar, para abordarmos apenas um ponto, a curiosa analogia entre os primeiros estágios da composição dramática e os solilóquios nos quais Iago medita sobre sua trama, traçando a princípio apenas um esboço geral, hesitante sobre como definir mais que a ideia principal, para depois vê-la pouco a pouco desenvolver-se e tornar-se mais clara à medida que ele a burila ou deixa que se desdobre. Aqui, com efeito, Shakespeare põe muito de si mesmo em Iago. Mas o autor de tragédias na vida real não estava à altura do poeta trágico. Sua psicologia, conforme veremos, era falha num ponto crucial, como a de Shakespeare jamais foi. E, assim, sua catástrofe falhou e sua obra conheceu a ruína.

Estes, portanto, parecem ser os principais ingredientes da força que, despertada pelo ressentimento com a promoção de Cássio, leva Iago da inação à ação, impelindo-o até o final. E, para passarmos a um outro ponto, essa força se apodera dele por inteiro; ela é o seu destino. É como a paixão com a qual um herói trágico se identifica totalmente, e que o conduz para a perdição. É verdade que, uma vez assumido esse curso, Iago não *poderia* recuar, mesmo que essa paixão esmorecesse; e é verdade também que ele é compelido, por seu êxito em convencer Otelo, a tirar conclusões que sequer sonhava quando começou. Enreda-se, assim, na própria teia, e não seria capaz de se ver livre caso desejasse. Mas, com efeito, em nenhum momento dá o menor sinal de desejar fazê-lo, nem um sinal de hesitação, de olhar para trás, de medo ou de remorso; trata-se de uma maré que avança sem refluir. À medida que a crise se aproxima, cruza-lhe a mente uma dúvida passageira quanto à real necessidade das mortes de Cássio e Roderigo; mas essa incerteza, que não diz respeito à questão principal, é afastada, e ele segue adiante com o mesmo entusiasmo. Nem mesmo durante o sono – como acontece com Ricardo antes da batalha final – insinua-se-lhe de forma clara na consciência qualquer conflito de consciência ferida ou piedade, nem nenhum laivo de

---

* Thomas Carlyle (1795-1881). Escritor e historiador escocês cuja obra, geralmente de teor conservador, tinha grande influência na época vitoriana.

desespero. Seu destino – que é ele próprio – o engolfou por completo; de tal modo que, nas últimas cenas, quando a improbabilidade do êxito completo de um plano erigido sobre tantos ardis se impõe ao leitor, Iago surge por alguns momentos não como um golpista consumado, mas como um homem tomado por um delírio absoluto e entregue a irrecorrível destruição.

5

Iago figura supremo entre os vilões de Shakespeare porque os maiores esforços e a maior sutileza imaginativa foram investidos na sua criação, e porque ilustra, na mais perfeita combinação, os dois fatos concernentes ao mal que parecem ter causado maior impressão em Shakespeare. O primeiro deles é o fato de que existem pessoas perfeitamente sãs cujo altruísmo é tão débil que um egoísmo quase absoluto se torna possível para elas, e, com ele, aqueles vícios profundos – como a ingratidão e a crueldade – que, para Shakespeare, eram de longe os piores. O segundo é que semelhante mal é compatível com faculdades volitivas e intelectivas excepcionais, e parece até mesmo aliar-se facilmente a elas. Com relação ao último, Iago é quase igual ou chega mesmo a igualar-se a Ricardo; em egoísmo é superior, e sua inferioridade em paixão e ímpeto cabal só faz torná-lo mais repulsivo. Como é possível, então, que nos seja tolerável contemplá-lo; mais que isso, que, se realmente o imaginamos, sintamos admiração e uma espécie de compaixão? Henrique V nos diz:

> There is some soul of goodness in things evil,
> Would men observingly distil it out;
>
> [Há certa alma de bem nas coisas más,
> que homens observadores conseguem destilar;]

mas aqui, pode-se dizer, é-nos mostrada uma coisa absolutamente má, e – o que é ainda mais terrível – esse mal absoluto está unido a um poder intelectual supremo. Por que essa representação é tolerável, e por que não acusamos seu autor quer de inverossimilhança, quer de um brutal pessimismo?

A essas perguntas poder-se-ia responder de pronto: Iago não está sozinho; ele é um elemento num todo; e nós o percebemos aí, e não em isolamento, sofrendo ações assim como agindo, destruído assim como destruindo[11]. Mas, muito embora isso seja verdade, e seja relevante, não entrarei nesse mérito e, continuando a considerar Iago por si mesmo, farei três comentários em resposta às perguntas.

Em primeiro lugar, Iago não é pura e simplesmente nefasto ou mau – longe disso. As próprias forças que o moviam e selaram seu destino – sentimento de poder, prazer no exercício de uma aptidão artística – não são de modo nenhum coisas más. Somos atraídos por uma ou outra quase todos os dias de nossas vidas. E assim, muito embora em Iago estejam mescladas a algo detestável e, portanto, contribuam para o mal, nossa percepção delas vem acompanhada do sentimento de aprovação. Do mesmo modo, a agudeza de Iago, sua destreza, rapidez, habilidade e assim por diante, são em si mesmas coisas admiráveis; o homem perfeito as teria. E, sem dúvida, teria também a coragem e o autodomínio de Iago, e, como ele, pairaria acima do mero sentimento e de seus impulsos, senhor de seu mundo interno. Tudo isso toma o rumo do mal em Iago, mas, em si mesmo, tem enorme valor; e, embora na leitura evidentemente não o identifiquemos nem o consideremos à parte, isso inevitavelmente nos afeta e infunde, ao lado de ódio e horror, o sentimento de admiração.

Tudo isso, entretanto, poder coexistir com um egoísmo absoluto e uma completa falta de humanidade. Mas, em segundo lugar, não é verdade que em Iago esse egoísmo e essa desumanidade sejam absolutos, e que, nesse sentido, ele seja todo pura e simplesmente mau. Tais atributos são assustadores, mas, fossem absolutos Iago seria um monstro, e não um homem. O fato é que ele *tenta* torná-los absolutos e não tem êxito; e os traços de consciência, pudor e humanidade, débeis embora, estão presentes. Se o seu egoísmo fosse absoluto, ele seria absolutamente indiferente à opinião alheia; e claramente não o é. A própria irritação diante da virtude, ainda, é um sinal de que a fé em seu credo não é inabalável; e não é inabalável porque ele próprio tem uma percepção, ainda que tênue, da virtude da virtude. Qual é o significado da última razão que ele dá a si mesmo para assassinar Cássio:

> He hath a daily beauty in his life
> That makes me ugly?
>
> [Tem uma beleza diária em sua vida
> Que me torna feio?]

Quer com isso dizer que é feio para as pessoas? Então, não se trata de um egoísta completo. Quer dizer que é feio para si mesmo? Então faz uma clara confissão de cunho moral. E, mais uma vez, se é verdade que não possuía senso moral, jamais deveríamos ter ouvido aqueles solilóquios que tão claramente traem sua intranquilidade e seu desejo inconsciente de convencer a si mesmo que tem alguma justificativa para a atrocidade que pretende cometer. Estas parecem ser provas irrefutáveis de que, contra sua vontade, Iago é um pouco melhor que seu credo e não conseguiu subtrair-se por inteiro à atmosfera humana que o cercava. E a essas provas eu acrescentaria, conquanto com menos ênfase, outras duas. A dúvida momentânea de Iago, já perto do fim, quanto à necessidade do assassinato de Roderigo e de Cássio sempre me surpreendeu. Como simples questão de cálculo, é perfeitamente óbvio que isso é necessário; acredito que sua hesitação não é meramente intelectual, mas outro sintoma do misterioso funcionamento da consciência ou da humanidade. Por fim, não seria significativo que, quando enfim sua trama começa a ter êxito, Iago nunca busque a presença de Desdêmona; que pareça afastar-se dela o mais rápido que pode (III. iv. 138); e que, quando é procurado por Emília para que veja como sua senhora está sofrendo (iv. ii. 110 ss.), não sintamos em suas palavras nenhum sinal do prazer que mostra com o sofrimento de Otelo, e pareçamos, em vez disso, perceber um certo desconforto, e, se ousarmos dizê-lo, um tênue quê de vergonha ou remorso? Essa interpretação da passagem, admito, não é irrefutável, mas a mim me parece (independentemente de qualquer teorização sobre Iago) a mais natural[12]. E, se estiver correta, o desconforto de Iago pode ser facilmente compreendido; pois Desdêmona é a única pessoa envolvida contra quem lhe é impossível sequer imaginar motivos para ressentimento, e, portanto, pretexto para a crueldade[13].

Persiste, em terceiro lugar, a ideia de que Iago é um homem de intelecto supremo que é, ao mesmo tempo, supremamente perverso. Que é supremamente perverso, ninguém porá em dúvida; e não lhe atribuí nada que possa embargar seu direito a esse título. Mas afirmar que seu poder intelectual é supremo seria cometer um grande erro. Dentro de certos limites, ele possui, de fato, agudeza, rapidez, inventividade, adaptatividade extraordinárias; mas tais limites encontram-se definidos com traços fortes, e são estreitos. Não seria injusto chamá-lo simplesmente de inacreditavelmente esperto, ou simplesmente de um consumado mestre da intriga. Mas compare-se-o com alguém que pode ser considerado, *grosso modo*, um vilão de poder intelectual supremo, Napoleão, e ver-se-á quão pequena e negativa é a mente de Iago, incapaz das conquistas militares de Napoleão e muito mais incapaz de suas realizações políticas. Ou, para nos mantermos dentro do universo shakespeariano, compare-se-o com Hamlet, e perceber-se-á quão miseravelmente curto é o seu horizonte intelectual; que algo como uma ideia além do alcance de sua alma jamais se acercou dele; que é inteiramente prosaico, cego e surdo diante de tudo, exceto de uma pequeníssima fração do sentido das coisas. Não seria propriamente um absurdo, portanto, considerá-lo um homem de intelecto supremo?

E observemos, por fim, que sua deficiência perceptiva está intimamente relacionada com sua maldade. Ele foi destruído pelo poder contra o qual se voltou, o poder do amor; e foi destruído porque não era capaz de compreendê-lo; e não era capaz de compreendê-lo por se tratar de algo que inexistia nele. Iago nunca quis que sua trama resultasse tão perigosa para si mesmo. Sabia que o ciúme é doloroso, mas não podia conceber o ciúme de um amor como o de Otelo, e se viu envolvido em assassinatos que não estavam em seu plano original. Essa dificuldade ele superou, e a trama, alterada desse modo, pareceu prosperar. Uma vez mortos Roderigo, Cássio e Desdêmona, tudo ficará bem. Ele dirá que comunicou Otelo do adultério, insistirá que disse a verdade e Cássio o negará em vão. Depois, subitamente, sua trama se estilhaça com um golpe oriundo de onde ele jamais vislumbrou perigo. Acha que conhece a esposa. Ela não é dada a excessos de escrúpulo, fará de tudo para agradá-lo e aprendeu a lição da obediência. Mas há uma coisa nela que ele desconhece – que ela *ama* sua senhora e enfrentaria cem mortes antes de permitir que aquela reputação imaculada se manchasse. Há estupefação sincera em seu desabafo, "Que é isto! Enlouquecestes?", quando se dá conta de que ela pretende contar a verdade sobre o lenço. Mas poderia perfeitamente aplicar a si as invectivas que a esposa dirige a Otelo,

> O gull! O dolt!
> As ignorant as dirt!
>
> [Ó crédulo! Ó imbecil!
> Tão ignorante quanto a sujeira!]

A degeneração da sua alma o tornou de tal modo ignorante que o fez incluir na magnífica estrutura de sua trama um erro crasso.

O divórcio entre um intelecto fora do comum e a bondade é alarmante para o espírito saudável; e, sem dúvida, era assim para Shakespeare. A combinação de um intelecto fora do comum com uma profunda maldade é mais que alarmante, é assustadora. Trata-se de algo raro, mas que existe; e Shakespeare o representou em Iago. Mas a aliança de um mal como o de Iago com um intelecto *supremo* é uma ficção impossível; e as ficções de Shakespeare eram verdadeiras.

6

Os personagens de Cássio e Emília não exigem muita análise; limitar-me-ei a falar deles de um ponto de vista apenas. Em sua combinação de qualidades e defeitos, constituem bons exemplos daquela verossimilhança que, na arte dramática, é a única fonte inesgotável de edificação moral.

Cássio é um jovem atraente, alegre e de bom coração, que encara a vida com leveza e é, evidentemente, muito carismático e benquisto. Otelo, que o chama pelo nome de batismo, tem grande afeição por ele; Desdêmona gosta muito dele; Emília dispõe-se de pronto a ajudá-lo. É possuidor de sentimentos cordiais e generosos, admira o General com ardor e venera galantemente sua inigualável esposa. Mas é cordato demais. Tem dificuldade para dizer não; e assim, apesar de saber que é fraco para isso, e que o momento pede para não correr nenhum risco, embebeda-se – não de modo repulsivo, mas cômico[14]. E, além disso, diverte-se sem nenhum escrúpulo de consciência na companhia de uma mulher de reputação mais que duvidosa, que se apaixonara por sua bela aparência. Críticos moralistas salientam que ele paga pelo primeiro erro com o posto e pelo segundo quase com a vida. Têm todo o direito de dizê-lo, muito embora o leitor atento não olvide a participação de Iago nesses episódios. Mas deveriam salientar também que a lassidão de Cássio não perturba em nada a confiança que depositamos nele em sua relação com Desdêmona e Otelo. Mostra-se lasso, e nós o lamentamos; mas em nenhum momento duvidamos de que havia "uma beleza diária em sua vida", ou de que sua entusiasmada admiração por Desdêmona era tão sublime quanto aparenta ser, ou de que Otelo estava inteiramente seguro quando, durante a corte a sua dama, valeu-se de Cássio para "servir de intermediário" entre ele e Desdêmona. Felizmente, trata-se de um fato da natureza humana que esses aspectos do caráter de Cássio sejam perfeitamente compatíveis. Shakespeare limita-se a representá-lo; e somente porque ele é verossímil e fiel nesses pormenores confiamos que, nas coisas maiores, jamais irá corromper a verdade em nome de alguma doutrina ou interesse pessoal.

Cássio desperta sentimentos muito ternos com seu elã jovial; com a angústia que sente na desgraça que se abate sobre ele, e ainda mais com a perda da confiança de Otelo; com sua profunda admiração por figuras heroicas e, no final, seu pesar e comiseração, inicialmente agudos demais para caber em palavras. Ele é trazido, ferido, numa cadeira. Suas primeiras palavras vêm mais tarde, quando, à pergunta de Ludovico: "Vós e ele entrastes em acordo para matar Cássio?", Otelo responde: "Sim." Ele então balbucia: "General querido, nunca vos dei motivo." Ficamos certos de que nunca usou esse adjetivo antes. O amor ali contido o torna sublime, mas existe algo mais, de que Cássio não se dá conta, e que nos toca o coração. Algo a nos dizer que aquele herói já não paira mais tão inalcançavelmente acima dele.

Poucos dos personagens secundários de Shakespeare têm mais personalidade do que Emília, e poucos provocam tamanha mudança dos nossos sentimentos em relação a eles no decurso da peça. Até bem perto do final, ela frequentemente nos irrita; e, ao final, sentimo-nos inclinados a venerá-la. Em nenhum momento dá algum sinal de possuir mau coração; mas é simplória, às vezes vulgar, em questões menores nada escrupulosa, tem a percepção e os sentimentos embotados e é praticamente desprovida de imaginação. Consente que Iago se apodere do lenço apesar de saber o quanto sua perda aborreceria Desdêmona; e não diz nada a respeito mesmo quando percebe que Otelo está enciumado. É justificável que nos ressintamos da sua desconsideração ao transigir com o furto, mas – e este é um ponto importante – é fácil interpretarmos erroneamente o silêncio dela depois disso porque sabemos que o ciúme de Otelo estava diretamente relacionado à perda do lenço. Emília, porém, certamente não se dá conta disso; porque, do contrário, quando a fúria de Otelo se mostra tão violenta e ela se abala profundamente por causa da sua senhora, não lhe teria sido possível esquecer o lenço, mas, acredito, teria revelado a verdade a esse respeito. Contudo, de fato, não chega a pensar nele, muito embora presuma que Otelo estava sendo ludibriado por algum patife. Mesmo após a morte de Desdêmona – mais que isso, mesmo quando ela já sabia que Iago havia sido o responsável, ainda assim não se lembra do lenço; e quando Otelo finalmente revela, como prova da culpa da sua esposa, que havia visto o lenço na mão de Cássio, a verdade desaba sobre ela como um raio. "Ó, Deus!" grita, "Ó, Deus celestial!"[15] Sua estupidez nesse caso é clamorosa, mas trata-se de estupidez, e não de algo pior.

Mas, junto com isso, há uma certa falta de refinamento da sua parte. O contraste entre Emília e Desdêmona na conversa sobre a infidelidade das esposas (IV. iii.) é suficientemente conhecido e dispensa comentários – a não ser que o comentário seja uma advertência contra os críticos que levam demasiado a sério as leviandades ditas pela primeira. Mas o contraste na cena anterior não é menos notável. Otelo, fingindo tratar Emília como a cafetina de um bordel, manda que saia e feche a porta; então, põe-se a torturar a si mesmo, bem como a Desdêmona, com acusações de adultério. Mas, como já salientou um crítico, Emília escuta atrás da porta, pois descobrimos, assim que Otelo se afasta e Iago é chamado, que ela sabe o que Otelo disse para Desdêmona. E o que poderia ilustrar melhor os defeitos dela, que tanto nos afligem, do que o fato de repetir sem parar, na presença de Desdêmona, a palavra que esta não seria capaz de pronunciar; do que o fato de falar, na frente de Desdêmona, das suspeitas de Iago em relação a ela própria (Emília) e a Otelo; do que o fato de falar com Desdêmona a respeito de maridos que batem nas esposas; do que a manifestação da sua sincera indignação por meio das palavras:

> *Has she forsook so many noble matches,*
> *Her father and her country and her friends,*
> *To be called whore?*
>
> [Ela renunciou a tantos casamentos nobres,
> Abandonou o pai, a pátria e os amigos,
> Para ser chamada de prostituta?]

Se alguém fosse capaz de rir, ou mesmo de sorrir, quando chega este momento da peça, o contraste entre a angústia de Desdêmona com a perda do amor de Otelo e o fato de Emília referir-se aos casamentos que ela poderia ter conseguido seria irresistivelmente cômico.

E, não obstante, é notável como tudo isso, e todos os seus defeitos, desaparecem por completo quando a vemos cara a cara com aquilo que ela consegue compreender e sentir! Desde o momento em que a vemos depois do assassinato até o momento da sua morte, ela surge transfigurada; e, mesmo assim, continua indefectivelmente fiel a si mesma, e não aceitaríamos dela que fosse um til menos que isso. Trata-se do único personagem que exprime por nós as fortes emoções que sentimos, juntamente com aquelas de teor mais trágico que ela não é capaz de compreender. Já o fizera antes, para nosso grande alívio. Quando insinua que algum patife envenenou a mente de Otelo, e Iago responde:

> *Fie, there is no such man; it is impossible;*
>
> [Ora essa, não existe semelhante homem; é impossível;]

e Desdêmona responde:

> *If any such there be, Heaven pardon him;*
>
> [Se existe, que o céu o perdoe;]

a réplica de Emília:

A halter pardon him, and Hell gnaw his bones,
[Perdoe-lhe mais é a forca, e o inferno lhe roa os ossos,]

diz o que adoraríamos dizer, e vem em nosso auxílio. E quem não sentiu na última cena que o glorioso desapego da própria vida e seus desabafos contra Otelo – incluindo este tão sintomático:

She was too fond of her most filthy bargain –
[Apaixonada ela estava de sua indigna escolha –]

aliviam o fardo insuportável da calamidade que nos oprime e desanuviam-nos o coração? O horror e a piedade aqui são demais para suportar; ansiamos pela chance de sentir também indignação, se não ódio; e Emília nos dá essa chance, bem como palavras para exprimi-lo. Traz-nos também o alívio da alegria e da admiração – uma alegria que não é ofuscada por sua morte. Por que deveria viver? Vivesse para sempre, e jamais conseguiria alcançar nível mais elevado; e nada houve de mais belo em sua vida que o ato de perdê-la[16].

CONFERÊNCIA VII

Rei Lear

Rei Lear tem sido constantemente descrita como a obra-prima de Shakespeare, a melhor de suas peças, a tragédia em que exibe de modo mais pleno seu talento multiforme; e, se estivéssemos condenados a perder todo o seu teatro com a exceção de uma peça, provavelmente a maioria daqueles que melhor o conhecem e apreciam diria que *Rei Lear* deveria ser a eleita.

Não obstante, essa tragédia é certamente a menos popular dentre as quatro mais célebres. O "leitor médio" se debruça sobre ela com menos frequência do que sobre as demais, e, apesar de reconhecer sua excelência, fala dela às vezes com certo desagrado. É também a menos representada sobre os palcos, e a menos exitosa neles. Quando olhamos para sua história pregressa, observamos um fato curioso. Cerca de vinte anos após a Restauração*, Nahum Tate* adaptou *Rei Lear* para o palco, emprestando-lhe um final feliz e pondo Edgar, em vez de o rei de França, como amante de Cordélia. Dessa época em diante, a tragédia de Shakespeare ficou um século e meio sem ser vista sobre o palco em sua forma original. Betterton* encenou a versão de Tate; Garrick* a encenou e o dr.

....

* A restauração da monarquia inglesa em 1660, após o período da *Commonwealth*, em que os teatros foram fechados. Quando da Restauração, os teatros reabriram, mas agora em salas fechadas, com um público mais burguês, diferente da mistura de classes no teatro elisabetano.

Poeta e liricista irlandês protestante (1652-1715), famoso por suas adaptações das peças de Shakespeare. Seu *Rei Lear* (1687) tem final feliz, com o casamento de Edgar e Cordélia.

Thomas Betterton (c. 1635-1710). Ator inglês que representou os principais papéis de Shakespeare, geralmente nas adaptações de Davenant, Dryden, Shadwell e Nahum Tate.

David Garrick (1717-1779). Ator, dramaturgo, empresário teatral e amigo do dr. Johnson. Famoso por sua interpretação de Ricardo III. Seu estilo realista contrastou com o estilo bombástico popular na época. Responsável pelo primeiro Festival de Stratford-on-Avon, em 1764, que inaugurou Stratford como centro turístico dedicado a Shakespeare. [N. do R. T.]

Johnson a aprovou. Kemble* a encenou, Kean a encenou. Em 1823, Kean, "incentivado pelos protestos de Hazlitt e pelos ensaios de Charles Lamb", repôs o fim trágico original. Finalmente, em 1838, Macready* voltou ao texto íntegro de Shakespeare.

O que esses dois posicionamentos conflitantes significam? Os admiradores de Shakespeare estariam com toda a razão; e o leitor e frequentador médio de teatro, e até mesmo Tate e o dr. Johnson, estariam completamente equivocados? Ouso duvidar que seja assim. Quando leio *Rei Lear*, duas impressões ficam em mim, as quais parecem responder, *grosso modo*, a esses dois posicionamentos conflitantes. *Rei Lear* me parece a maior realização de Shakespeare, mas *não* me parece sua melhor peça. E percebo que tendo a considerá-la a partir de dois pontos de vista bastante distintos. Quando a encaro estritamente como teatro, parece-me, não obstante magnífica em certas partes, decididamente inferior, no todo, a *Hamlet*, *Otelo* e *Macbeth*. Quando me vejo sentindo que é maior que qualquer uma delas, e a mais plena demonstração do talento de Shakespeare, me dou conta de que não a estou encarando pura e simplesmente como peça de teatro, mas perfilando-a mentalmente ao lado de obras como *Prometheus Vinctus** [Prometeu acorrentado] e a *Divina Comédia**, e até mesmo das melhores sinfonias de Beethoven e das estátuas da capela dos Médici.

Esse caráter dual da peça se reflete, até certo ponto, nas afinidades e na provável posição cronológica de *Rei Lear*. Ela figura ao lado de duas tragédias, *Otelo* e *Tímon de Atenas*; e essas duas tragédias são flagrantemente dessemelhantes[1]. *Otelo* provavelmente foi escrita por volta de 1604, e *Rei Lear* por volta de 1605; e, muito embora se verifique uma mudança bastante acentuada no estilo e na versificação, há óbvias semelhanças entre as duas. As mais importantes já foram mencionadas: são das quatro tragédias as mais pungentes e comoventes, aquelas nas quais o mal aparece em sua forma mais fria e desumana, e também aquelas que excluem o sobrenatural da ação. Mas também existe em *Rei Lear* muita coisa que parece ecoar *Otelo* – fato que não deveria nos surpreender, já que

---

* John Philip Kemble (1757-1823). Ator com porte grave e sério, famoso por suas representações dos heróis romanos de Shakespeare.

William Charles Macready (1793-1873). Ator inglês que representou os principais papéis de Shakespeare.

Peça atribuída a Ésquilo sobre Prometeu, o titã que concedeu aos mortais o dom do fogo, mas foi punido por Zeus. Prometeu sabia como derrubar Zeus, mas se recusou a revelar essa informação.

Divina comédia. O poema épico de Dante Alighieri (1265-1321), dividido em três partes: Inferno, Purgatório e Paraíso. [N. do R. T.]

existem outros exemplos nos quais a substância de uma peça parece continuar ocupando a mente de Shakespeare, reaparecendo, geralmente de modo menos marcante, na peça subsequente. Assim, em *Rei Lear*, a criação de Edmundo não é tão original quanto a de Goneril. Goneril não tem predecessor; mas Edmundo, muito embora, é claro, essencialmente diferente de Iago, não raras vezes no-lo lembra, e o solilóquio "Eis a sublime estupidez do mundo" está vazado no mesmo tom da fala de Iago sobre a soberania da vontade. A exploração da credulidade de Gloster, também, lembra a da credulidade de Otelo. Até mesmo a ideia de Edmundo (não levada adiante) de fazer o pai testemunhar – em lugar de fazê-lo ouvir como que por acaso – sua conversa com Edgar repete a ideia da passagem em que Otelo entrevê Iago e Cássio conversando a respeito de Bianca; e a conclusão da intriga, quando Gloster diz para Edmundo:

> *and of my land,*
> *Loyal and natural boy, I'll work the means*
> *To make thee capable,*
>
> [e tu, meu filho
> Natural, mas leal, tudo farei
> Para tornar-te herdeiro de minhas terras,]

nos lembra as últimas palavras de Otelo na cena da intriga, "Passas, agora, a ser meu tenente". Essa lista poderia continuar; e a presença, nas duas peças, de certas palavras e expressões incomuns aumenta a probabilidade de que a criação de uma não se tenha dado muito tempo depois da outra[2].

Quando passamos de *Otelo* para *Tímon de Atenas*, temos uma peça bem diferente. *Otelo* é, dramaturgicamente falando, a mais perfeita das tragédias. *Tímon*, por outro lado, é frouxa, mal construída e confusa; e, muito embora algum burilamento pudesse torná-la mais clara, seria preciso mais que isso para torná-la verdadeiramente teatral. Não obstante, ela é indubitavelmente shakespeariana em parte, provavelmente em grande parte; e nos faz lembrar imediatamente *Rei Lear*. Ambas as peças tratam dos efeitos trágicos da ingratidão. Em ambas, a vítima é extraordinariamente crédula, impressionável e visceral. Em ambas ela é completamente subjugada, passando da fúria para a loucura num caso, e para o suicídio no outro. Célebres passagens de ambas as peças são maldições. A misantropia de Tímon transborda numa torrente de imprecações contra toda a raça humana; e estas lembram de imediato, tanto pela forma como pelo conteúdo, as falas mais confrangedoras de Lear em sua loucura. Em ambas as peças encontram-se reiteradas comparações entre homens e animais; a ideia de que "a linhagem do homem degenerou em babuíno", lobo, tigre, raposa; a ideia de que essa degradação bestial irá culminar numa luta furiosa de todos contra todos, na qual nossa espécie perecerá. Esse tom "pessimista" de *Tímon* faz muitos leitores, ainda mais inescapavelmente do que *Rei Lear*, imaginarem que Shakespeare estava dando vazão a algum sentimento pessoal, nutrido quer naquele momento, quer pregressamente; pois sua marca surge da maneira mais inequívoca quando o herói se põe a destilar seu ódio contra a humanidade. *Tímon*, por último, em algumas das passagens mais inquestionavelmente shakespearianas, guarda (assim se me afigura) semelhança tão nítida com *Rei Lear* em estilo e em versificação que é difícil compreender como especialistas competentes podem supor que pertença a uma época minimamente próxima da dos últimos romances, ou mesmo que tenha sido escrita tão tardiamente quanto as últimas peças romanas. É mais provável que tenha sido escrita imediatamente após *Rei Lear* e antes de *Macbeth*[3].

Cotejando-se essas comparações, podemos dizer que, apesar de como obra de arte e em potencial trágico *Rei Lear* estar infinitamente mais próxima de *Otelo* do que de *Tímon*, em espírito e em substância sua afinidade com *Tímon* é muito maior. E, voltando ao ponto de onde partiram essas comparações, eu acrescentaria neste momento que existe em *Rei Lear* um reflexo ou um prenúncio, ainda que tênue, da deficiência estrutural de *Tímon*. Essa deficiência, porém, não se deve, em *Rei Lear*, a nada de intrinsecamente antidramático na trama, mas a elementos que eram necessários para um efeito não inteiramente dramático. O palco é o teste da qualidade estritamente dramática, e *Rei Lear* é grandiosa demais para o palco. Obviamente, não estou dizendo que não se trata de uma grande peça de teatro. Contém cenas extremamente eficazes no palco; três delas – aquelas entre Lear e Goneril e entre Lear, Goneril e Regan, e a cena de indizível beleza do Quarto Ato, entre Lear e Cordélia – perdem muito pouco, no teatro, do apelo que fazem à imaginação; e o entrelaçamento paulatino das duas tramas é quase tão magistral quanto o de *Muito barulho*. Mas (para não falarmos de deficiências devidas a um simples descuido), o que dá a grandeza *peculiar* de Rei Lear – o imenso escopo da obra; o volume e a diversidade de experiências intensas que contém; a interpenetração de imaginação sublime, *páthos* pungente e humor quase tão comovente quanto o *páthos*; a amplitude da convulsão tanto da natureza como das paixões humanas; a imprecisão do ambiente onde se desenrola a ação, e da movimentação dos personagens que habitam esse ambiente; a atmosfera estranha, desolada e sombria que nos causa forte impressão quando adentramos esse ambiente, a envolver esses personagens e aumentar seus tênues contornos como numa projeção sobre a névoa fria; a insinuação de imensos poderes universais atuando sobre o destino e as paixões de cada um – tudo isso interfere com a clareza dramática até mesmo quando a peça é lida, e, no teatro, não só recusa-se a se revelar por inteiro através dos sentidos, como parece quase contradizer o que estes nos dizem. Isso não acontece com as outras grandes tragédias. Sem dúvida, como Lamb declarou, a encenação teatral mostra apenas uma parte do que imaginamos quando as lemos; mas não existe *conflito* entre a encenação e a imaginação, porque essas tragédias são, em seus fundamentos, perfeitamente teatrais. Mas *Rei Lear*, no todo, é imperfeitamente teatral, e existe algo na sua própria essência que luta com os sentidos e exige uma realização puramente imaginativa. Trata-se, portanto, da maior obra de Shakespeare, mas não é aquilo que Hazlitt a considerava, sua melhor peça; e sua menor popularidade, comparativamente falando, não se deve apenas ao profundíssimo sofrimento da catástrofe, mas em parte também a suas deficiências dramatúrgicas, e em parte ao fato de muitos leitores não conseguirem sentir os efeitos aos quais me referi – o que é natural, porque o apelo se dirige menos à percepção dramática do que a um tipo mais estritamente poético de imaginação. Por esse motivo, ainda, até mesmo as melhores tentativas de montagem de *Rei Lear* são decepcionantes; elas nos lembram as tentativas de reduzir a prosa o espírito inefável de *A tempestade*.

Pretendo desenvolver algumas dessas ideias abordando, primeiramente, as deficiências dramatúrgicas da peça, e, em seguida, algumas das razões de seu extraordinário efeito imaginativo.

1

Podemos começar, porém, aludindo a duas passagens que têm sido frequente e injustamente criticadas. A primeira é aquela na qual Gloster, cegado, acreditando estar prestes a saltar do penhasco de Dover, em verdade não faz senão tombar sobre o solo, e é convencido de que *despencou* do penhasco de Dover mas foi milagrosamente poupado. Imaginemos esse incidente transposto para *Otelo*, e será possível compreender como as duas tragédias diferem totalmente em atmosfera dramática. Em *Otelo*, seria uma incongruência chocante ou risível, mas se coaduna com o espírito de *Rei Lear*. E não só isso, como também, contrariamente ao que era de esperar, não resulta, quando adequadamente encenada, nem um pouco absurda sobre o palco. A imaginação e os sentimentos são manipulados com tamanha eficiência pela descrição do penhasco, e pela representação do desespero do ancião e da corajosa e amorosa sabedoria de seu filho, que não tomamos conhecimento do absurdo do episódio para o senso comum.

A segunda passagem é mais importante, pois tem a ver com a origem de todo o conflito. A opinião tantas vezes reafirmada, segundo a qual a primeira cena de *Rei Lear* é absurda por improvável, considerando-se, ainda, que nenhum homem são pensaria em dividir seu reino entre as filhas proporcionalmente à veemência da confissão de amor de cada uma, é demasiado rigorosa e baseia-se num curioso mal-entendido. Essa cena cumpre bem o seu papel, e, para a imaginação, o que se passa está longe de parecer inacreditável. É apenas estranha, como tantas das tramas nas quais se baseia o nosso teatro romântico. Shakespeare, além disso, fez muito para suavizar a inverossimilhança da lenda, e fez mais ainda do que aquilo que se mostra ao leitor desatento. As primeiras palavras da peça, conforme ressaltou Coleridge, nos informam que a divisão do reino já se encontra definida em todos os seus pormenores, de tal modo que resta apenas fazer o anúncio público[4]. Mais tarde, descobrimos que as linhas da divisão já foram traçadas sobre o mapa da Britânia (l. 38), e, ainda, que o quinhão de Cordélia, que é o seu dote, é perfeitamente conhecido de Burgúndia, se não de França (ll. 197, 245). Portanto, aquilo que recebe a pecha de absurdo, o fato de a divisão depender do que diriam suas filhas, era para Lear mera formalidade, um plano frívolo com o intuito de satisfazer sua veleidade de poder absoluto e sua carência de mostras externas de devoção. E esse plano é perfeitamente razoável. Podemos mesmo dizer que a principal causa de seu fracasso não foi o fato de Goneril e Regan serem excepcionalmente hipócritas, e sim o fato de Cordélia ser excepcionalmente franca e irredutível. E é essencial observar que esse fracasso, e a consequente necessidade de mudar a intenção anterior, já de público conhecida, é uma das razões da profunda irritação de Lear. Amava Cordélia mais que as outras e sabia que era mais amado por ela, e o momento supremo pelo qual aguardava ansiosamente era aquele em que a caçula sobrepujaria as irmãs na demonstração de afeto, e seria recompensada com o "terço" mais "opulento" do reino. Mas então – conforme sem dúvida lhe pareceu – foi humilhado por ela diante de todos.

Há mais um aspecto que parece ter escapado à atenção de Coleridge e outros. Considera-se como parte do absurdo do plano de Lear a sua ideia de morar com cada uma das três filhas alternadamente. Mas em nenhum momento ele pretendeu de fato fazer isso. Sua intenção era morar com Cordélia, e somente com ela[5]. A ideia das temporadas alternadas de um mês com Goneril e outro com Regan ocorre-lhe no momento em que julga estar sendo vítima da desfeita da filha dileta. Com efeito, todo o seu plano original, apesar de tolo e irrefletido, não podia ser considerado uma "irada precipitação"[6] nem uma loucura inverossímil. Implementado, não acarretaria as consequências que se seguiram às mudanças efetuadas. Provavelmente, levaria rapidamente à guerra[7], mas não à agonia que atingiu seu ponto máximo na charneca batida pela tempestade. A primeira cena, portanto, não é absurda, muito embora deva ser considerada profundamente falha por só revelar o real estado de coisas para quem detenha um grau de atenção mais elevado do que é de esperar de uma plateia de teatro ou de tantos críticos da peça.

Vejamos agora duas passagens de outro tipo, as duas maiores responsáveis pela acusação de sofrimento excessivo, e, assim, pela reprovação de muitos leitores e pelo prolongado eclipse teatral de *Rei Lear*. A primeira é bem menos importante; trata-se da cena em que Gloster é cegado. Essa cena sobre o palco tem sido quase unanimemente condenada; e, sem dúvida, com justiça, porque o simples horror físico de semelhante espetáculo já seria revoltante, ou chocante. Mas é diferente à leitura. Para a imaginação pura e simples, o horror físico, apesar de não se perder, é de tal modo amortecido que consegue cumprir sua função de induzir a piedade e infundir assombro profundo diante dos extremos da crueldade humana, marca essencial das tragédias. Desse modo, a cena em que Gloster é cegado se coaduna sem problema com *Rei Lear* em seu aspecto imaginativo; constitui um problema na *Rei Lear* dos palcos.

Mas o que devemos dizer da segunda, e muito mais importante, passagem, a conclusão da tragédia, o "final infeliz", como é chamado, apesar de a palavra "infeliz" soar quase irônica em sua brandura? Seria este também um problema da *Rei Lear* dos palcos? Essa pergunta não pode ser respondida tão facilmente como se imagina. Sem dúvida, estamos certos quando encaramos com profundo desagrado as alterações sentimentais promovidas por Tate, como o casamento de Edgar com Cordélia, e a moral miúda recusada por cada uma das tragédias de Shakespeare, a ideia de que "a Verdade e a Virtude devem triunfar no final". Mas temos tanta certeza de estarmos certos quando condenamos sem ressalvas o sentimento que produziu essas alterações, ou quando condenamos o sentimento que, em verdade, brota de modo tão natural em muitos leitores de *Rei Lear* que seriam tão avessos a Tate quanto nós? O que eles gostariam, muito embora nem sempre tenham a coragem de confessá-lo sequer para si mesmos, é que, às mortes de Edmundo, Goneril, Regan e

Gloster, se seguisse a salvação de Lear e Cordélia, e que tivéssemos o direito de imaginar o velho e cansado rei vivendo pacificamente na casa de sua filha dileta até seu fim, que não pode estar longe. Ora, não me passa pela cabeça afirmar que deveríamos todos desejar isso, desde que consideremos *Rei Lear* exclusivamente como uma obra para o imaginário poético. Mas se *Rei Lear* for apreciada estritamente como teatro, ou do mesmo modo como enxergarmos *Otelo*, não resulta tão claro que esse desejo não se justifique. Com efeito, usando de toda a coragem de que me sinto capaz, ouso dizer que partilho dele, e, ainda, que acredito que Shakespeare teria concluído assim sua peça caso tivesse tratado do tema alguns anos mais tarde, na mesma época de *Cimbelino* e *Contos de inverno*. Quando leio *Rei Lear* exclusivamente como teatro, percebo que minha sensibilidade clama por esse "final feliz". Não me refiro à sensibilidade humanitária, filantrópica, mas à dramatúrgica. A primeira quer que Hamlet e Otelo escapem à sua condenação; a última não; mas deseja que Lear e Cordélia sejam salvos. Sem dúvida, ela diz, as emoções trágicas já foram suficientemente mobilizadas. Sem dúvida, as trágicas consequências do erro de Lear e da ingratidão de suas filhas já ficaram suficientemente claras e se mostraram suficientemente confrangedoras. E, ainda mais certamente, uma catástrofe tão profundamente trágica como essa deveria parecer *inevitável*. Mas esta catástrofe, diferentemente de todas as outras tragédias do período maduro, não parece nem um pouco inevitável. Ela não está sequer satisfatoriamente motivada[8]. Em verdade, parece expressamente planejada para desabar subitamente como um raio que se precipitasse de um céu limpo depois de passada a tempestade. E, muito embora de um ponto de vista mais amplo seja perfeitamente possível reconhecer o valor desse efeito, e até mesmo rejeitar com horror o desejo de um "final feliz", esse ponto de vista mais amplo, devo frisar, não é estritamente teatral ou trágico.

É claro que isso é uma heresia e todas as maiores autoridades, quer me parecer, ora se deixam afetar inconscientemente pela repugnância diante do sentimentalismo de Tate, ora adotam inconscientemente esse ponto de vista mais amplo. Quando Lamb – não existe autoridade acima dele – escreve: "Um final feliz! – como se o profundo martírio atravessado por Lear, a tortura do seu coração em vida, não tornassem uma expulsão justa do teatro da vida a única saída digna para ele", eu respondo, primeiro, que é exatamente essa expulsão *justa* que desejamos para ele, em vez de renovada angústia; e, em segundo lugar, que aquilo que desejamos para ele durante a curta sobrevida que lhe resta não é "o tolo prazer de reaver seu manto e cetro dourados", nem o que Tate lhe dá, mas o que o próprio Shakespeare poderia ter-lhe dado – paz e felicidade junto ao calor de Cordélia. E, se me dizem que ele sofreu demais para tanto, como posso aceitar isso com estas palavras ressoando em meus ouvidos:

> *Come, let's away to prison:*
> *We two alone will sing like birds i' the cage.*
> *When thou dost ask me blessing, I'll kneel down,*
> *And ask of thee forgiveness: so we'll live,*
> *And pray, and sing, and tell old tales, and laugh*
> *At gilded butterflies?*
>
> [Vem, vamos para a prisão:
> Nós dois juntos cantaremos qual pássaros na gaiola.
> Se me pedes a bênção, ajoelho-me,
> E peço-te perdão: viveremos assim,
> Em preces, cantos, contando-nos velhas histórias, rindo-nos
> Das borboletas douradas?]

E, ainda, quando Schlegel declara que, se Lear fosse poupado, "o todo" iria "perder seu significado" porque não iria mais nos mostrar que a fé na Providência "exige um escopo mais amplo do que a triste peregrinação sobre a terra para se estabelecer em sua total extensão", respondo que, se o drama realmente nos mostra isso, ele nos leva além do ponto de vista estritamente trágico[9].

Um erro dramatúrgico referente à catástrofe, contudo, mesmo supondo-se sua existência, não afetaria seriamente a peça como um todo. A principal deficiência estrutural de *Rei Lear* pode ser encontrada noutro lugar. Ela é percebida até certo ponto nos primeiros Atos, porém mais ainda (como passamos a esperar depois de nosso estudo da técnica de Shakespeare) no Quarto Ato e na primeira parte do Quinto. E deve-se basicamente à ação dupla, que é uma peculiaridade de *Rei Lear* entre as tragédias. Ao lado de Lear, de suas filhas, de Kent e do Bobo, que são as figuras mais importantes do enredo principal, temos Gloster e seus dois filhos, personagens principais da trama secundária. Ora, por meio dessa ação dupla, Shakespeare obteve certos resultados muitíssimo vantajosos mesmo do ponto de vista estritamente dramático, e fáceis de detectar. Mas as desvantagens foram imensamente maiores. O número de personagens fundamentais é tão grande, suas ações e movimentações tão complexas, e os eventos perto do final se aglutinam tão densamente, que a atenção do leitor[10], rapidamente desviada de um polo de interesse a outro, fica sobrecarregada. Ele se sente, se não intelectualmente confuso, pelo menos emocionalmente fatigado. A batalha, em torno da qual tudo gira, mal o afeta. As mortes de Edmundo, Goneril, Regan e Gloster não parecem "senão trivialidades aqui"; e qualquer coisa mais suave que o incomparável *páthos* do desfecho o deixaria apático. Existe algo quase de ridículo na desimportância dessa batalha quando a comparamos com batalhas semelhantes em *Júlio César* e *Macbeth*; e, apesar de poder ter havido outras razões para sua desimportância, a principal delas é que simplesmente não havia espaço para lhe emprestar o devido efeito em meio a tantos interesses reclamando atenção[11].

Uma comparação dos últimos dois Atos de *Otelo* com os últimos dois Atos de *Rei Lear* mostraria o quanto o excesso de personagens é prejudicial para a clareza dramática. Mas que esse excesso não é, em si mesmo, um obstáculo intransponível fica evidente graças aos últimos dois Atos de *Hamlet*, e especialmente à cena final. Esse é, sob todos os aspectos, um dos triunfos de Shakespeare, por mais que o palco esteja coalhado de personagens. O que importa é que não são personagens *principais*. A trama é uma só; Hamlet e o rei são os "supremos opostos"; e Ofélia, o único outro personagem sobre o qual somos obrigados a voltar nosso mais vivo interesse, já desapareceu. É, portanto, natural e razoável que a morte de Laertes e da rainha nos afete relativamente pouco. Mas, em *Rei Lear*, por termos uma trama dupla, fazem-se presentes na última cena nada menos que cinco personagens que, tecnicamente falando, são da maior importância – Lear, suas três filhas e Edmundo; para não falar de Kent e Edgar, dentre os quais o último é, tecnicamente falando, tão importante quanto Laertes. E ainda, devido à pressão dos personagens e acontecimentos, e à concentração da nossa ansiedade sobre Lear e Cordélia, a luta entre Edgar e Edmundo, que toma espaço tão considerável, não consegue suscitar nem de longe o mesmo interesse do duelo de esgrima em *Hamlet*. A verdade é que, durante todos esses Atos, Shakespeare se vê às voltas com um excesso de material que não lhe permite trabalhar na plenitude da eficiência dramática, por mais essencial que esse mesmo excesso seja para efeitos de outros tipos.

Ao lado desses problemas há outros, sugerindo que em *Rei Lear* Shakespeare estava menos preocupado que de costume com a adequação dramatúrgica; improbabilidades, discrepâncias, dizeres e fazeres a sugerir perguntas que só podem ser respondidas por meio de conjecturas. As improbabilidades de *Rei Lear* sem dúvida ultrapassam em muito as das outras grandes tragédias, tanto em quantidade como em intensidade. E se encontram especialmente na trama secundária. Por exemplo, não é dado nenhum motivo para explicar por que Edgar, que mora sob o mesmo teto de Edmundo, escreveu-lhe uma carta em vez de falar-lhe diretamente; e trata-se de uma carta que lança uma negra sombra sobre o seu caráter. Gloster era bastante tolo, mas com certeza não o suficiente para deixar essa improbabilidade passar despercebida; e, se era tolo a esse ponto, não haveria necessidade de Edmundo forjar uma carta em vez de uma conversa, ainda mais porque Gloster parece não estar familiarizado com a caligrafia do filho[12]. Seria verossímil admitir que Edgar se convencesse, sem a menor hesitação, a evitar seu pai em vez de ir ter com ele e cobrar dele um motivo para sua ira? Por que cargas d'água Gloster, ao ser expulso do castelo, arrasta-se penosamente até Dover simplesmente para se autodestruir (IV. i. 80)? E não é extraordinário que, depois da tentativa de suicídio de Gloster, Edgar se dirija a ele em linguagem cavalheiresca, e depois a Oswald, na presença do primeiro, em dialeto camponês, e depois novamente a Gloster em termos nobiliárquicos, e que, não obstante, Gloster não se mostre minimamente surpreso?

Para tomarmos três exemplos de outro tipo: (*a*) Somente quinze dias parecem ter se passado entre a primeira cena e o rompimento com Goneril; não obstante, já há rumores não apenas do conflito entre Goneril e Regan, mas da aproximação do exército francês; e isso, diz Kent, está provavelmente relacionado com a rudeza de *ambas* as irmãs no trato com o pai, muito embora Regan evidentemente só tivesse tido a oportunidade de ser rude no dia anterior. (*b*) Na discussão com Goneril, Lear fala de ter de dispensar cinquenta membros da sua comitiva de uma hora para outra, muito embora ela não tivesse mencionado nenhum número nem tivesse tido a chance de fazê-lo fora de cena. (*c*) Lear e Goneril, pretendendo ir ter a toda pressa com Regan, enviam ambos mensageiros ao seu encontro, e ambos pedem que os mensageiros retornem com a resposta. Mas não se concebe nem de que modo os mensageiros *poderiam* retornar, nem que resposta se poderia exigir, uma vez que seus amos seguem logo depois deles a toda velocidade.

Mais uma vez: (*a*) Por que Edgar não se identifica para o pai cego, como ele mesmo diz – com propriedade – que deveria ter feito? A resposta é deixada a meras conjecturas. (*b*) Por que Kent preserva seu disfarce com tanto zelo até a última cena? Ele diz que faz isso por um importante motivo, mas que motivo é esse fica a nosso encargo adivinhar. (*c*) Por que cabia a Burgúndia, e não a França, a primeira opção da mão de Cordélia é uma pergunta que não podemos deixar de fazer, mas não se apresenta nem sinal de resposta[13]. (*d*) Já aludi ao estranho mistério concernente à demora de Edmundo em tentar salvar suas vítimas, e não me estenderei nessa lista de exemplos. Nenhuma dessas falhas é surpreendente quando considerada isoladamente, mas sua quantidade é sem dúvida significativa. Levada em conta com outros sintomas, ela significa que Shakespeare, debruçado sobre o efeito dramático das grandes cenas e sobre certos efeitos não exclusivamente dramáticos, foi excepcionalmente descuidado quanto à improbabilidade, à clareza e à coerência das questões menores, introduzindo o que era conveniente ou privilegiando um objetivo de momento sem se preocupar com nada mais além desse momento. Diante desses sinais, parece incerto se ele deixou de nos informar sobre o destino do Bobo devido a algo mais que um mero descuido ou pelo desejo incontido de aliviar a sobrecarga de assuntos[14].

Antes de falar do outro aspecto do nosso tema, aludirei a mais uma característica dessa peça que é profundamente desvantajosa. Nas peças de Shakespeare, devido à ausência de cenário do palco elisabetano, a questão, tão aflitiva para os editores, da exata localização geográfica de determinadas cenas é comumente irrelevante e muitas vezes impossível de responder; mas, via de regra, sabemos *grosso modo* onde os personagens vivem e qual é a sua trajetória. O texto deixa isso claro, por exemplo, na quase totalidade de *Hamlet*, *Otelo* e *Macbeth*; e a imaginação, portanto, não tem problemas. Mas, em *Rei Lear*, as pistas são tão escassas que o leitor se vê não raro sem definição e desnorteado. Nada nos permite dizer onde, na Britânia, fica o palácio de Lear, ou onde vive o Duque de Albânia. Referindo-se às demarcações de fronteira no mapa, Lear nos fala de densas florestas e copiosos rios, mas, diferentemente de Hotspur e seus companheiros*, evita propositadamente nomes próprios. O Duque de Cornualha, presumimos na ausência de informação, provavelmente vive na Cornualha; mas, repentinamente, descobrimos, graças à menção de um topônimo que todos os leitores julgam a princípio ser um sobrenome, que ele mora em Gloster (I. v. 1)[15]. Este parece ser também o lar do Conde de Gloster, de quem Cornualha é patrono. Mas não: leva-se uma noite para ir da "casa" de Cornualha à de Gloster, e a deste se si-

---

*. Em *Henrique IV*, temos mais referências a pontos geográficos que em *Rei Lear*. No Ato I, Cena iii, Hotspur menciona o rio Severn, Gloucestershire e a cidade de Ravenspurgh. No Ato III, Cena i, Glendower fala das batalhas que travou com o rei Henrique IV perto dos rios Wye e Severn. E Mortimer fala da proposta divisão de terras dos rebeldes:

A Inglaterra, do Trent até o Severn,
Pro sul e leste é dada à minha parte.
Gales, a oeste, para além do Severn,
E toda a terra fértil nessa área
É de Glendower.
(Trad. de Bárbara Heliodora)

tua no meio de uma charneca desabitada[16]. Aí, para o advento da crise, praticamente todos os personagens se reúnem, mas fazem-no de uma maneira que nenhum espectador ou leitor casual seria capaz de acompanhar. Depois, vão todos para Dover, onde se dará a catástrofe; mas, novamente, o espaço e a movimentação são desusadamente vagos. E essa indefinição se repete em questões menores. Não se pode evitar perguntar, por exemplo, e não obstante sentimos que seria melhor não fazê-lo, onde podem ser aqueles "aposentos" de Edmundo, nos quais ele esconde Edgar do pai, e se Edgar está louco por sair do seu oco de árvore (numa região onde "Em muitas milhas em redor não se acha facilmente um arbusto") e voltar ao castelo de seu pai para o solilóquio (II. iii.) – pois a indicação cênica preferida, "um bosque" (que é mais que "um arbusto"), por mais que baste à imaginação, dificilmente pode ser compatível com a presença de Kent adormecido preso ao tronco[17]. Um pouco da confusão que desnorteia o leitor em *Rei Lear* se repete em *Antônio e Cleópatra*, a mais eivada de falhas de construção de todas as tragédias; mas, ali, isso se deve menos à ausência ou imprecisão das indicações do que à necessidade de fazer frequentes e estafantes viagens de milhares de quilômetros. Shakespeare não tinha como fugir disso na peça romana: em *Rei Lear*, ele preferiu não fugir, talvez tenha tomado conscientemente a decisão de ser vago.

Devido a essas falhas, ou a algumas delas, segue-se um resultado que deve ser familiar a muitos leitores de *Rei Lear*. É muito mais difícil refazer na memória os passos tomados na ação dessa tragédia do que em *Hamlet*, *Otelo* ou *Macbeth*. As linhas gerais são, evidentemente, bastante claras; qualquer um poderia traçar o "argumento" da peça. Mas quando se procura dar conta dos detalhes, cedo ou tarde a tarefa acaba em confusão até mesmo para leitores cuja memória dramática é especialmente sólida[18].

2

Como se explica, então, que esse drama assim tão falho nos arrebate de tal modo que ou não nos damos conta de seus defeitos, ou os consideramos praticamente irrelevantes? Tão logo fazemos essa pergunta, reconhecemos não apenas que *Rei Lear* é possuidora de atributos puramente dramáticos que compensam com folga os defeitos, mas também que sua grandeza consiste em parte em efeitos imaginativos de um tipo mais amplo. E, ao procurarmos as causas que produziram esses efeitos, encontramos entre elas exatamente aquelas coisas que nos pareceram tão profundamente erradas ou prejudiciais. Desse modo, para avaliarmos de uma só vez dois dos exemplos mais simples disso, a indefinição dos espaços, que acabamos de mencionar, e ainda o excesso de material e de personagens, de eventos e de movimentação, apesar de interferirem na clareza, têm, ao mesmo tempo, influência positiva sobre a imaginação. Dão a sensação de vastidão, a sensação não de um cenário ou lugar determinado, mas de um mundo; ou, para sermos mais exatos, de um determinado lugar que é também um mundo. Esse mundo nos parece indefinido, em parte por sua imensidão, e em parte porque se encontra imerso na escuridão; e, nessa meia-luz, vultos se aproximam e se afastam, cujos semblantes e movimentos apenas entrevistos nos infundem horror, repugnância ou a mais pungente compaixão – afinidades e repulsa que sentimos não apenas em relação a eles, mas a toda a espécie. Esse mundo – somos informados – chama-se Britânia; mas faria tanto sentido procurar por ele num atlas quanto buscar o lugar, chamado Cáucaso, onde Prometeu foi acorrentado pela Violência e pelo Poder e consolado pelas filhas de Oceano, ou pelo lugar onde jaz Farinata, de pé em seu túmulo de fogo, "Come avesse lo Inferno in gran dispitto" [Como se o inferno estivesse com muita raiva].

Vejamos agora a ação dupla. Ela traz certas vantagens estritamente dramáticas, e pode muito bem ter se originado de considerações exclusivamente dramáticas. Para não irmos mais longe, o enredo secundário conta uma história que, por si mesma, pecaria em densidade, e que dá azo a um contraste extremamente eficiente entre seus personagens e os da trama principal, a força trágica e estatura desta última ganhando relevo diante da conformação mais modesta da primeira. Mas seu valor principal está em outro ponto, e não é meramente dramático. Está no fato – sem paralelo no caso de Shakespeare – de que a subtrama simplesmente repete o tema do enredo principal. Aqui, como lá, temos um ancião "de barbas brancas". Este, como Lear, é afetuoso, crédulo, tolo e opiniático. Também é profundamente injusto com um filho que não o ama menos pela injustiça. Também se defronta com a monstruosa ingratidão do filho favorecido por suas benesses, e é torturado e arrastado para a morte. Essa repetição não se limita a duplicar o sofrimento de que a tragédia dá testemunho: sobressalta e horroriza ao insinuar que a loucura de Lear e a ingratidão de suas filhas não são acidentes ou meras aberrações individuais, mas que nesse mundo frio e sombrio grassa uma força maligna e fatídica, lançando pais contra filhos e filhos contra pais, lançando uma maldição sobre a terra, de tal modo que o irmão entrega o irmão à morte, e o pai ao filho, cegando a vista, fustigando o juízo, secando a fonte da piedade, entorpecendo todas as faculdades, exceto a virulência da angústia e a inepta voluptuosidade da vida[19].

Daí, ainda, assim como de outras origens, nasce o sentimento que nos assombra em *Rei Lear*, como se estivéssemos diante de algo universal – não tanto um conflito entre indivíduos, mas entre as forças do bem e do mal no cosmo. E o tratamento dado a muitos dos personagens confirma essa sensação. Considerados apenas como estudos psicológicos, poucos deles, sem dúvida, são de profundo interesse. Toques de refinamento e sutileza não poderiam estar ausentes de uma obra de Shakespeare feita durante sua maturidade; mas, com a possível exceção do próprio Lear, nenhum dos personagens nos impressiona como uma criação psicologicamente *magistral*, como Hamlet ou Iago, ou mesmo Macbeth; um ou outro parece inclusive um pouco tíbio e inconsistente. E, o que é mais significativo, não nos parece muito natural considerá-los desse ponto de vista. Em verdade, observamos um fenômeno bastante incomum. Se Lear, Gloster e Albânia forem postos de parte, os outros recaem em dois grupos distintos, de profundo, e até violento, contraste: Cordélia, Kent, Edgar, o Bobo de um lado, Goneril, Regan, Edmundo, Cornualha, Oswald de outro. Esses personagens aparecem individualizados em graus diferentes, a maioria por completo; mas, mesmo assim, em cada grupo existe um atributo comum a todos os seus integrantes, ou um espírito que anima todos eles. Aqui temos amor altruísta e devotado, ali, profundo egoísmo. Em ambos os lados, além disso, o atributo comum assume uma forma extrema; o amor é incapaz de se retrair diante da ofensa, o egoísmo, de se deixar abrandar pela piedade; e, pode-se acrescentar, essa tendência para o extremo pode ser vista novamente nos personagens de Lear e Gloster, e é a principal razão das acusações de improbabilidade dirigidas contra o comportamento deles em certos momentos. Por conseguinte, os integrantes de cada grupo tendem a aparecer, pelo menos em parte, como variedades de uma mesma espécie; as diferenças radicais entre as duas espécies são enfatizadas em pinceladas largas e poderosas; e as duas estão postas em conflito, quase como se Shakespeare, como Empédocles*, estivesse a considerar o Amor e o Ódio como as duas forças máximas do universo.

A presença, em *Rei Lear*, de um número tão grande de personagens nos quais o amor ou o egoísmo são tão extremados gera outro efeito. Eles não só nos infundem emoções de uma força fora do comum, mas também fazem a mente refletir e ponderar. Como pode haver homens e mulheres assim? – perguntamos a nós mesmos. Como é possível que a

---

* Filósofo grego (c. 490-430 a.C.) conhecido por sua teoria sobre os quatro elementos: água, terra, ar e fogo.

humanidade possa assumir formas tão absolutamente contrárias? E, em especial, a que omissão de elementos que deveriam estar presentes na natureza humana, ou, se não há omissão, a que distorção desses elementos devemos o fato de existirem seres como esses? Essa é uma pergunta que Iago (e talvez nenhuma outra criação shakespeariana anterior) nos obriga a formular, mas em *Rei Lear* ela se impõe o tempo inteiro. E mais, a nós parece que o próprio autor está fazendo essa pergunta. "Agora vamos autopsiar Regan, para ver o que medra em seu coração. Na natureza haverá uma causa que produza corações tão duros?" – a reflexão que aqui surge parece estar presente, em algum grau, em toda a peça. Dir-se-ia estarmos vendo a tendência que, poucos anos mais tarde, desembocou em Ariel e Calibã, a tendência que a imaginação apresenta na direção da análise e da teorização, da decomposição da natureza humana em suas partes integrantes, e então de conceber seres nos quais um ou mais desses fatores está ausente, atrofiado ou apenas incipiente. Essa, é claro, é uma tendência que produz símbolos, alegorias, personificações de qualidades e ideias abstratas; e estamos acostumados a pensar que tudo isso é bastante estranho ao gênio criativo de Shakespeare, que era concreto no mais alto grau. Sem dúvida, quanto ao principal, estamos com a razão aqui; mas é arriscado atribuir limites a esse gênio criativo. Os sonetos, por exemplo, podem nos mostrar como era fácil para a mente de Shakespeare transitar no mundo das ideias "platônicas"[20]; e, muito embora fosse ir longe demais insinuar que estivesse empregando simbolismos e alegorias de forma consciente em *Rei Lear*, é verdade que ela parece revelar um gênero de imaginação não muito distante do gênero com o qual, não devemos esquecer, Shakespeare tinha total familiaridade nas moralidades e na *Fairy Queen**.

Essa mesma tendência se manifesta em *Rei Lear* sob outras formas. A ela se deve a ideia de monstruosidade – de seres, atos, estados de espírito, que parecem não apenas anormais, mas francamente contrários à natureza; uma ideia, evidentemente, bastante comum em Shakespeare, mas que aparece em *Rei Lear* com frequência incomum, por exemplo, nas linhas:

Ingratitude, thou marble-hearted fiend,
More hideous when thou show'st thee in a child
Than the sea-monster!

....

* De Edmund Spenser (c. 1552-1599), poema épico comemorando, por meio de alegoria fantástica, a dinastia dos Tudor e o reinado de Elizabeth I.

Ingratidão, satânico coração de pedra,
Inda mais hedionda numa filha
Que no monstro do mar!

ou na exclamação:

> *Filial ingratitude!*
> *Is it not as this mouth should tear this hand*
> *For lifting food to't?*
>
> [A ingratidão filial!
> Não é como se essa boca espedaçasse esta mão
> Por trazer-lhe alimento?]

Aparece sob outra roupagem naquela passagem avassaladora em que Albânia, encarando o rosto que o encantara, agora desfigurado por paixões tétricas, enxerga-o subitamente sob clarão diferente, e exclama horrorizado:

> *Thou changed and self-cover'd thing, for shame*
> *Be-monster not thy feature. Were't my fitness*
> *To let these hands obey my blood,*
> *They are apt enough to dislocate and tear*
> *Thy flesh and bones: howe'er thou art a fiend,*
> *A woman's shape doth shield thee.*[21]
>
> [E tu, coisa depravada, fingida, envergonha-te
> E não te transformes em monstro. Se estas mãos
> Obedecessem ao sangue que me ferve,
> Eu rasgaria tua carne,
> Deslocaria teus ossos: tu és um demônio,
> Embora te proteja tua forma de mulher.]

Aparece mais uma vez numa exclamação de Kent, quando ouve a descrição do pesar de Cordélia:

> *It is the stars,*
> *The stars above us, govern our conditions;*
> *Else one self mate and mate could not beget*
> *Such different issues.*
>
> [São os astros,
> Os astros lá em cima, que nos regem;
> Ou o mesmo casal não geraria
> Frutos tão diferentes.]

(Esse não é o único indicativo de que Shakespeare vinha pensando a respeito de hereditariedade, e se perguntando como seria possível que a combinação de duas linhagens sanguíneas ou de duas almas matrizes pudesse gerar seres tão espantosamente diferentes.)

Esse tipo de reflexão é responsável, finalmente, por uma característica assaz marcante de *Rei Lear*, em relação à qual ela não encontra paralelo, a não ser em *Tímon*: as incessantes alusões aos animais irracionais[22] e à semelhança que o homem guarda com eles. Essas alusões encontram-se espalhadas ao longo de toda a peça, como se a mente de Shakespeare estivesse tão embebida no tema que mal lhe fosse possível escrever uma página sem usá-las. O cão, o cavalo, a vaca, o carneiro, o porco, o leão, o urso, o lobo, a raposa, o macaco, o furão, o almiscareiro, o pelicano, a coruja, o corvo, a gralha, a corruíra, a mosca, a borboleta, o rato, o camundongo, a rã, o girino, a lagartixa, a salamandra, o verme – tenho certeza que não posso ter esgotado a lista, e alguns são mencionados várias vezes. Muitas delas, é claro, e sobretudo na conversa de Edgar como o louco, não têm significado simbólico; mas, não raro, mesmo quando é este quem fala, são expressamente referidos ao lado de suas principais características – "suíno em indolência, raposa na astúcia, lobo na voracidade, cão na raiva, leão na rapina", "nem furão bravo, nem cavalo fogoso avançam com mais ávido apetite". Pode acontecer de um personagem do drama ser comparado, explícita ou implicitamente, com um deles. Goneril é um milhafre; sua ingratidão tem presas de serpente; ataca o pai tal como uma víbora, visando o coração; tem cara de loba; crava garras agudas de maldade, como as de um abutre, no peito do pai; para o marido, é uma serpente banhada a ouro; para Gloster, a crueldade dela parece ter as presas de um javali. Ela e Regan têm coração de cães; são tigres, não filhas; são víboras uma para a outra; a pele de ambas se reveste do couro de uma fera. Oswald é um vira-lata, além de filho e herdeiro de uma cadela: curvando-se a todos os poderosos, é um cão que abana o rabo; branco de medo, é um ganso. Gloster, para Regan, é uma raposa ingrata; Albânia, para a esposa, tem alma bovina e é homem de fígado de leite; quando Edgar, como o louco, aparece pela primeira vez diante de Lear, faz o rei pensar que um homem pode ser um verme. À medida que avançamos na leitura, a essência de todos os animais, um a um, parece tomar conta do corpo desses mortais; horripilantes em sua peçonha, fúria, lubricidade, ardil, indolência, crueldade, baixeza; desgraçados em sua fraqueza, vulnerabilidade, desamparo, cegueira; e o homem, "observem-no bem", é de fato o que eles são. Shakespeare, para quem a ideia da transmigração das almas não era estranha, tendo-lhe servido inclusive de pretexto para pilhéria[23], parece ter se demorado em reflexões sobre a humanidade à luz dessa ideia. É notável, e um pouco triste, que ele não pareça encontrar nenhuma das melhores qualidades do homem no universo dos seres irracionais (muito embora pudesse perfeitamente ter vislumbrado o símbolo do amor não-egoísta de Kent e Cordélia no cão, que tão frequentemente espezinhava)[24]; mas parece ter se perguntado se aquilo que abomina no homem não poderia se dever a alguma estranha distorção desse modo de organização das coisas, por meio do qual a alma dos animais irracionais encontraria guarida na forma humana, apossando-se ali – para horror e aturdimento dos seres racionais – de um cérebro para maquinar, uma língua para falar, e mãos para executar atrocidades que nenhum animal irracional seria capaz de conceber e levar a efeito. Ele nos mostra em *Rei Lear* essas terríveis forças eclodindo em formas de vida monstruosas, lançando-se contra os seres humanos, fracos e indefesos, em parte por causa da idade, mas em parte também porque *são* humanos e não possuem a medonha energia concentrada das feras. E o único consolo com que ele parece nos acenar é a perspectiva de que pelo menos essa competição bestial, poderosa somente naquilo em que é sórdida, não pode perdurar: embora astros e deuses sejam impotentes, ou indiferentes, ou não passem de sonhos vãos, ainda assim deve haver um fim para esse mundo nefando:

It will come;
Humanity must perforce prey on itself
Like monsters of the deep.[25]

[Vai acontecer;
Que os homens passem a entredevorar-se
Como os monstros do abismo.]

A influência que tudo isso exerce sobre a nossa imaginação à medida que lemos *Rei Lear* é enorme; e se combina com outras influências para nos comunicar, não na forma de ideias claras, mas no modo que é próprio da poesia, o significado mais amplo, ou universal, do espetáculo que se descortina aos olhos da alma. Mas o efeito da encenação teatral é exatamente o oposto. Nela, a atmosfera poética sofre dissipação, o sentido das próprias palavras que a produzem passa semidespercebido; em obediência à tirania dos olhos, imaginamos os personagens como meros indivíduos, simples homens ou mulheres; e quando toda aquela carga de sutilezas e sugestões chega a penetrar-nos o espírito, mostra-se na forma de uma alegoria que rejeitamos de imediato. Conflito semelhante entre a imaginação e os sentidos pode ser encontrado se examinarmos o centro dramático de toda a tragédia, as cenas de tempestade. A intriga contra Otelo e a cena do assassinato de Duncan podem perder algo quando representadas no palco, mas não perdem sua essência, e, além de perder, elas também ganham. As cenas de tempestade em *Rei Lear* não ganham nada e sua essência mesma é destruída. É relativamente pouco importante que a tempestade cênica, para não abafar os diálogos, precise ser silenciada sempre que um ser humano deseja falar, e seja miseravelmente inferior a muitas tempestades que já vimos. Tampouco referimo-nos simplesmente, como observado por Lamb, ao fato de a presença física de Lear, "ancião claudicando sobre o palco com uma bengala", perturbar e deprimir a sensação da grandeza da sua alma, tão forte para a imaginação. Existe uma outra razão, que não está expressa, mas emerge mesmo assim, nestas palavras de Lamb: "as explosões de sua paixão são terríveis como um vulcão: são tempestades revolvendo e pondo a nu, até o fundo, o oceano do seu espírito, com todos os seus vastos tesouros". Sim, "elas são *tempestades*". Para a imaginação, quer dizer, as explosões de paixão de Lear e as descargas de chuva e trovão não são o que para os sentidos têm de ser, duas coisas, mas manifestações de uma coisa só. São as forças da alma atormentada que vemos e ouvimos nos "rugidos do vento furioso e da chuva" e nos "lençóis de fogo"; e são elas que, a intervalos quase mais confrangedores, recuam e morrem na escuridão e no silêncio. E isso também não é tudo; mas, como as incessantes referências a lobos e tigres nos fizeram ver a humanidade "retrocedendo ao estado de fera" e entredevorando-se, também na tempestade parecemos ver a própria Natureza convulsionada pelas mesmas terríveis paixões; a "mãe comum",

> *Whose womb immeasurable and infinite breast*
> *Teems and feeds all,*
>
> [Cujo ventre imensurável tudo procria,
> Cujo seio infinito a tudo dá alimento,]

voltando-se contra seus filhos para completar a destruição que votaram a si mesmos. Sem dúvida, algo não menor, mas muito maior que o significado dessas débeis palavras, é o que nos acomete nessas cenas impressionantes; e se, assim traduzido para a linguagem da prosa, esse algo resulta confuso e contraditório, o motivo é simplesmente tratar-se de poesia, e de uma espécie que não pode ser transplantada para o espaço iluminado pela ribalta, mas respira apenas na imaginação. Aqui, portanto, temos Shakespeare em sua melhor forma, mas não pura e simplesmente o dramaturgo[26].

E agora podemos dizer isso também da catástrofe, já por nós apontada como questionável do ponto de vista estritamente dramático. Seu propósito não é meramente dramático. O súbito golpe oriundo das trevas, que em nada nos parece inevitável, e que abate nossas renovadas esperanças em relação às vítimas de tanta crueldade, parece agora a única coisa que deveríamos esperar num mundo tão feroz e monstruoso. É como se Shakespeare nos dissesse: "Vocês pensaram que a fraqueza e a inocência tinham alguma chance aqui? Estavam começando a sonhar com isso? Vou mostrar-lhes que não é assim."

Chego a um último ponto. À medida que contemplamos esse mundo, impõe-se-nos a pergunta "Qual será o poder supremo que o movimenta, que provoca tão ciclópicas guerras e perdas, ou, ainda, que as tolera e as mantém sob o seu jugo?" E em *Rei Lear* não cabe a *nós* formular essa pergunta, ela é feita pelos próprios personagens. Referências a crenças e sentimentos religiosos ou irreligiosos são mais frequentes do que o de costume nas tragédias de Shakespeare, tão frequentes, talvez, quanto em suas últimas peças. Ele incorpora diferenças peculiares na linguagem de cada personagem com referência à sorte, aos astros e aos deuses, e mostra de que modo a pergunta "O que governa o mundo?" se impõe a seus espíritos. Cada um a responde por sua vez: Kent, por exemplo:

> *It is the stars,*
> *The stars above us, govern our condition:*

> [São os astros,
> Os astros lá em cima que nos regem:]

Edmundo:

> *Thou, nature, art my goddess; to thy law*
> *My services are bound:*

> [Tu, natureza, és minha deusa; à tua lei
> Presto obediência:]

e novamente:

> This is the excellent foppery of the world, that, when we are sick in fortune – often the surfeit of our own behaviour – we make guilty of our disasters the sun, the moon and the stars; as if we were villains by neces-

sity, fools by heavenly compulsion, ... and all that we are evil in by a divine thrusting on:

Eis a sublime estupidez do mundo, quando não vamos bem de sorte, geralmente por excessos em nossa própria conduta, culpamos de nossos desastres o sol, a lua e as estrelas; é como se fôssemos patifes por fatalidade, tolos por compulsão celeste,... e enfim, toda a maldade em nós acontecendo por incitação de divindades:

Gloster:

> *As flies to wanton boys are we to the gods;*
> *They kill us for their sport;*
>
> [Como moscas para meninos maus somos nós para os deuses;
> Eles matam-nos para seu divertimento;]

Edgar:

> *Think that the clearest gods, who make them honours*
> *Of men's impossibilities, have preserved thee.*
>
> [Convence-te de que os deuses preclaros, cuja glória
> Consiste em realizar o humano impossível, preservaram-te.]

Aqui temos quatro teorias distintas sobre a natureza desse poder diretor. Além disso, nos personagens que possuem alguma crença em deuses que amam o bem e odeiam o mal, o espetáculo de triunfante injustiça ou crueldade provoca questionamentos como os de Jó, ou ainda a ideia, tantas vezes repetida, de punição divina. Para Lear, em certo momento a tempestade parece mensageira celeste:

> *Let the great gods,*
> *That keep this dreadful pother o'er our heads,*
> *Find out their enemies now. Tremble, thou wretch,*
> *That hast within thee undivulged crimes....*
>
> [Que os grandes deuses,
> Que permitem esta horrenda turbulência sobre nossas cabeças,
> Ora encontrem seus inimigos. Treme, miserável,
> Que carregas em ti ocultos crimes...]

Noutro momento, o sofrimento habitual dos pobres, do qual ele tão pouco se ocupou, parece-lhe acusar os deuses de injustos:

> *Take physic, pomp;*
> *Expose thyself to feel what wretches feel,*
> *That thou mayst shake the superflux to them*
> *And show the heavens more just;*
>
> [Prova este remédio, pompa;
> Expõe-te a sentir o que sentem os miseráveis,
> Pra que aprendas a dar-lhes teu supérfluo
> E assim revelar céus mais justos;]

a Gloster ocorre quase a mesma ideia (IV. i. 67 ss.). Ainda Gloster, refletindo sobre a crueldade das filhas de Lear, estoura:

> *but I shall see*
> *The winged vengeance overtake such children.*
>
> [mas hei de ver
> As asas da vingança a abater-se sobre filhas assim.]

Os criados que testemunharam o cegamento de Gloster por Cornualha e Regan não podem acreditar que ato tão desumano possa passar sem punição. Um deles exclama:

> *I'll never care what wickedness I do,*
> *If this man come to good;*
>
> [Não me importa mais qualquer mal que eu cometa,
> Se esse homem se salva;]

e o outro:

> *if she live long,*
> *And in the end meet the old course of death,*
> *Women will all turn monsters.*
>
> [se ela tiver vida longa,
> E vier a morrer de morte natural,
> Todas as mulheres virarão monstros.]

Albânia recebe a notícia da morte de Cornualha com a exclamação:

> *This shows you are above,*
> *You justicers, that these our nether crimes*
> *So speedily can venge;*

[Isto mostra que no alto
Há juízes, que a nossos crimes, cá embaixo,
Depressa dão castigo;]

e a notícia da morte das irmãs com as palavras:

This judgment[27] of the heavens, that makes us tremble,
Touches us not with pity.

[Um tal julgamento dos céus, que nos faz tremer,
Não nos faz pena.]

Edgar, conversando com Edmundo a respeito do pai, declara:

The gods are just, and of our pleasant vices
Make instruments to plague us,

[Os deuses são justos, e de nossos vícios deleitosos
Eles fazem o instrumento para atormentar-nos,]

e o próprio Edmundo concorda. Durante praticamente toda a última metade da peça, notamos na maioria dos personagens mais sãos a preocupação com o tema do poder supremo, e a necessidade desesperada de explicar pela referência a ele aquilo que, do contrário, os faria entregar-se ao desespero. E a influência dessa preocupação e necessidade se une a outras influências que afetam a imaginação, fazendo-a receber de *Rei Lear* uma impressão que é, no mínimo, tão próxima daquela provocada pela *Divina comédia* quanto da provocada por *Otelo*.

3

Para Dante, aquilo que se registrou na *Divina comédia* era a justiça e o amor de Deus. O que *Rei Lear* registrou para Shakespeare? Algo, quer nos parecer, muito diferente. Trata-se com certeza do quadro mais terrível que ele pintou do mundo. Em nenhuma outra de suas tragédias a humanidade se afigura mais lamentavelmente frágil ou irremediavelmente nefasta. O que é a malignidade de Iago contra um estrangeiro invejado comparada à crueldade do filho de Gloster e das filhas de Lear? O que é o sofrimento de um homem forte como Otelo comparado ao de um ancião indefeso? Muito também do que já observamos – a repetição do tema principal no da subtrama, a comparação do homem com os seres mais asquerosos e horripilantes, a impressão da hostilidade da Natureza em relação a ele, a ironia da catástrofe inesperada –, essas coisas, além de muitas outras, parecem mesmo indicar a intenção de mostrar o que há de pior nas coisas, e oferecer a mais dura das respostas à pergunta sobre o poder supremo e às exigências de retribuição. Tratar-se-ia de um acidente, por exemplo, que o primeiro apelo feito por Lear a algo além deste mundo,

> *O heavens,*
> *If you do love old men, if your sweet sway*
> *Allow[28] obedience, if yourselves are old,*
> *Make it your cause:*
>
> [Ó ceus,
> Se amais os velhos, se a obediência agrada
> A vosso suave comando, se vós mesmos já sois velhos,
> Fazei disso a vossa causa:]

se tenha feito seguir imediatamente da voz impiedosa de suas filhas, apresentando, cada uma a seu turno, as condições sob as quais conceder-lhe-iam humilhante guarida; ou que seu segundo apelo, confrangedor no que traz de patético,

> *You see me here, you gods, a poor old man,*
> *As full of grief as age; wretched in both:*
>
> [Ó deuses, vede-me aqui, um pobre velho,
> Tão cheio de acasos quanto de anos; desgraçado em ambos:]

tenha sido imediatamente respondido pelos céus com o bramido da tempestade que se formava?[29] Albânia e Edgar podem especular à vontade sobre os aspectos morais da justiça divina, mas de que modo, diante de tudo que vemos, seria possível acreditar que falam por Shakespeare? O que ele pensa não estaria expresso, isto sim, no amargo contraste entre a fé dos personagens e os acontecimentos que testemunhamos, ou no escárnio dirigido contra aqueles que interpretam o mistério das coisas como se fossem espiões de Deus?[30] Não seria um juízo de Shakespeare acerca da sua espécie o que ouvimos no apelo de Lear:

> *And thou, all-shaking thunder,*
> *Smite flat the thick rotundity o' the world!*
> *Crack nature's moulds, all germens spill at once,*
> *That make ingrateful man!*

[E tu, trovão, que tudo abalas,
Achata o globo rotundo da terra!
Arrebenta os moldes da natureza, cospe fora todos os germes
Que fazem o homem ingrato!]

e um juízo de Shakespeare acerca da importância da existência o que ouvimos no grito agonizante de Lear: "Não, não, vida não!"?

Sem dúvida, quer me parecer, alguns sentimentos desse jaez nos dominam, e, se fazemos jus a Shakespeare, deveriam nos dominar de quando em quando à medida que lemos *Rei Lear*. E alguns leitores irão mais longe, sustentando que essa é a impressão final, conclusiva, deixada pela tragédia. *Rei Lear* já foi considerada profundamente "pessimista" no sentido mais pleno da palavra – o registro de uma época em que o desprezo e a repugnância contra sua espécie haviam dominado a alma do poeta, que, em desespero, passou a considerar a vida do homem pura e simplesmente abominável e sórdida. E, se excluímos a parte biográfica dessa visão[31], o restante consegue angariar apoio mesmo dos maiores críticos shakespearianos desde os dias de Coleridge, Hazlitt e Lamb. Swinburne, depois de observar que *Rei Lear* é "de longe a mais esquiliana" das obras de Shakespeare, prossegue assim:

"Mas num ponto de capital importância ela difere radicalmente da obra e do espírito de Ésquilo. Seu fatalismo é mais sombrio e mais doloroso. Para Prometeu, os grilhões do senhor e inimigo da humanidade eram amargos; sobre Orestes, a mão celeste pesou além do limite do suportável; no entanto, a uma distância não propriamente infinita ou invencível, vislumbramos, além deles, a promessa da manhã na qual o mistério e a justiça se unificarão, a retidão e a onipotência finalmente se unirão num beijo. Mas no horizonte do fatalismo trágico de Shakespeare não divisamos semelhante alborecer de reparação, semelhante garantia de reconciliação. Recompensa, redenção, reparação, equidade, explicação, piedade e clemência são palavras que não fazem sentido aqui.

"As flies to wanton boys are we to the gods;
"They kill us for their sport.

["Como moscas para meninos maus somos nós para os deuses;
"Eles matam-nos para seu divertimento.]

"Aqui não existe a necessidade das Eumênides, filhas da Noite eterna; pois aqui temos a própria Noite.

"As palavras que acabamos de citar não são casuais ou episódicas; são a própria tônica de todo o poema, constituem a pedra fundamental de todo o arcabouço de criação. Não há embate de forças conflitantes, não há julgamento, nem mesmo por métodos aleatórios, muito menos alguma luz de harmonia ou sabedoria celestial, oriunda de Apolo ou Atena lá no alto. Já ouvimos muito e muitas vezes dos teólogos a respeito da luz da revelação, e um pouco disso, com efeito, encontramos em Ésquilo; mas aqui temos as trevas da revelação."[32]

É difícil refutar palavras tão eloquentes, pois elas expressam em linguagem poética o que às vezes sentimos ao ler *Rei Lear* mas não conseguimos exprimir. Mas representam elas a impressão conclusiva, total, produzida pela peça? Se representam, essa impressão, no que diz respeito à substância da peça (e nada além disso está sendo discutido aqui), deve, quer nos parecer, ser de tal modo que se constitua quase completamente de sentimentos dolorosos – depressão absoluta, revolta profunda ou desespero confrangedor. E isso sem dúvida seria estranho. Pois admite-se que *Rei Lear* é um dos maiores poemas do mundo, e, não obstante, é certo que inexiste qualquer outro desses poemas que produza esse efeito, sendo que consideramos uma falha bastante grave em qualquer obra de arte de relevo o fato de ser este seu efeito derradeiro[33]. De modo que a descrição de Swinburne, se considerada definitiva, e qualquer outra descrição "pessimista" de *Rei Lear* no sentido exato dessa palavra, implicaria uma crítica que não foi a pretendida, e tornaria difícil assegurar para a obra a posição que lhe é quase universalmente atribuída.

Mas, em verdade, essas descrições, como a maioria dos comentários feitos sobre *Rei Lear* na presente conferência, enfatizam apenas certos aspectos da peça e certos elementos da impressão total; e, nessa impressão, o efeito desses aspectos, apesar de longe de se perder, é modificado por outros. Não estou dizendo que o efeito final lembra o colhido na *Divina comédia* ou na *Oréstea*: como isso seria possível, quando a primeira pode ser chamada por seu autor de "Comédia", e a segunda, terminando (como, é claro, a trilogia de *Prometeu* também termina) com uma solução, não é sequer, no sentido shakespeariano, uma tragédia?[34] Tampouco afirmo que *Rei Lear* traz uma revelação de onipotência virtuosa ou de harmonia celestial, ou mesmo uma promessa de reconciliação entre mistério e justiça. Mas, com efeito, conforme já vimos, tampouco as demais tragédias de Shakespeare contêm essas coisas. Excluiu-se delas toda e qualquer interpretação teológica, por parte do autor, acerca do mundo, e o efeito geral das peças seria desmembrado ou destruído pela ideia de onipotência, seja virtuosa, seja viciosa. Tampouco, ao lê-las, pensamos em "justiça" ou "equidade" no sentido de uma reparação propriamente dita, ou de uma redistribuição de mérito e da prosperidade tal como se espera que seja exigido por nosso senso moral; e não pode haver trabalho mais vão do que o dos críticos que tentam provar que os personagens desse drama deparam com a "justiça" ou com aquilo que "merecem"[35]. Mas, por outro lado, o homem não é representado nessas tragédias como mero joguete de um poder cego ou capricho, sofrendo infortúnios que não têm nenhuma relação com seu caráter ou seus atos; tampouco o mundo é representado como entregue às trevas. E, a esse respeito, *Rei Lear*, muito embora a mais terrível dessas obras, não difere essencialmente das outras. Sua tônica sem dúvida não está nas palavras arrancadas a Gloster em sua agonia, nem nas palavras de Edgar, "os deuses são justos". Seu resultado último, total, é aquele no qual a piedade e o horror, levados talvez aos limites extremos da arte, misturam-se de tal forma à sensação de lei e de beleza, que experimentamos, por fim, não depressão e, menos ainda, desespero, mas uma consciência da grandeza na dor, e de uma solenidade no mistério que não nos é dado sondar.

CONFERÊNCIA VIII

Rei Lear

Cumpre-nos examinar agora os personagens de *Rei Lear*; proponho-me abordá-los até certo ponto pelo ângulo sinalizado no final da última conferência, em parte porque até aqui examinamos a tragédia precipuamente de um ponto de vista oposto, e em parte porque esses personagens são tão numerosos que não seria possível examiná-los a fundo dentro de nossos limites.

1

A situação do herói nessa tragédia é peculiar no que se refere a um importante aspecto. O leitor de *Hamlet*, *Otelo* ou *Macbeth* não está sujeito ao risco de esquecer, no momento em que chega a catástrofe, o papel que o herói teve na sua deflagração. Sua fraqueza, erro, injustiça, perduram quase até o fim. Com *Rei Lear* é diferente. Quando chega a conclusão, o velho rei já se manteve passivo por um bom tempo. Durante bastante tempo já o consideramos não só "um homem contra quem muito mais se há pecado do que pecou", mas quase inteiramente como aquele que sofre a ação, mal e mal aquele que age. Seu sofrimento também é tão acerbo, e tão forte nossa indignação contra aqueles que o infligem, que a lembrança do mal que fez a Cordélia, a Kent e a seu reino se apagou quase inteiramente. Por último, durante quase quatro Atos, ele nos inspirou, a par dessa piedade, grande admiração e afeto. A intensidade de sua paixão nos fez sentir que sua natureza era grandiosa; e sua franqueza e generosidade, seu esforço heroico de ser paciente, a profundidade de sua vergonha e arrependimento e o êxtase de sua conciliação com Cordélia enterneceram-nos o coração. É natural, portanto, que no fim estejamos um pouco inclinados a esquecer que a tempestade que se abateu furiosamente sobre ele foi desencadeada pelo ato que ele próprio cometeu.

Contudo, é fundamental que a contribuição de Lear para a ação dramática seja lembrada; não para que possamos sentir que ele "mereceu" passar pelo que passou, mas porque, de outro modo, seu destino pareceria, na melhor das hipóteses, patético, na pior, chocante, mas, certamente, não trágico. Quando estávamos lendo as primeiras cenas da peça, reconhecemos essa contribuição com toda a clareza. Muito no princípio, é verdade, nossa tendência é não sentir senão piedade e apreensão. As primeiras linhas nos mostram que a mente de Lear está começando a variar com a idade[1]. Inicialmente, dava-se conta de o quanto Albânia e Cornualha diferiam em caráter, mas, depois, parece perder essa percepção ou ignorá-la temerariamente. A incúria na divisão que faz do seu reino preocupa-nos, e não sopitamos a desconfiança de que sua motivação é essencialmente egoísta. O absurdo da ideia de condicionar a divisão aos protestos de amor de suas filhas, sua clamorosa cegueira diante da hipocrisia que para nós é evidente de imediato, o censurável prazer que experimenta com esses protestos, a franqueza da sua declaração de preferência pela filha mais nova – tudo nos faz sorrir, mas tudo nos fere. Apenas que nossa piedade dá lugar a outro sentimento quando testemunhamos a incúria, o despotismo, a fúria incontida de sua injustiça para com Cordélia e Kent, e a "irada precipitação" da sua insistência em dividir o reino depois de rejeitar a única filha honesta. Sentimos agora a presença de força, além de fraqueza, mas sentimos também a presença da ὕβρις trágica*. Lear, assim o vemos, é generoso e crédulo, de natureza franca e direta, exatamente como Hamlet e Otelo, e, aliás, a maioria dos heróis de Shakespeare, que, nesse aspecto, segundo Ben Jonson, lembram o poeta que os criou. Lear, assim o vemos, possui também temperamento colérico – o primeiro herói de Shakespeare com essa característica. E uma longa vida de poder absoluto, durante a qual foi incessantemente adulado, produziu nele a cegueira das limitações humanas e o voluntarismo arrogante que tantas vezes vimos chocar-se frontalmente com o altar de Nêmesis na tragédia grega. Nossa consciência de que a decrepitude da velhice contribui para essa situação aprofunda a piedade e a percepção das claudicações humanas, mas, sem dúvida, não nos faz considerar o velho rei como isento de responsabilidade, o que romperia o *nexus* trágico entre seu erro e suas mazelas.

A magnitude desse primeiro erro é geralmente apreendida em sua plenitude pelo leitor graças a sua solidariedade para com Cordélia, mui-

---

* Conceito que integra a antropologia grega, *hýbris* (excesso, descomedimento, insolência, ímpeto), é o sentimento de orgulho desmedido que faz o herói da tragédia esquecer sua natureza e limitações e violar a ordem estabelecida através de um ato ou comportamento que se assume como um desafio aos poderes instituídos (leis dos deuses, leis da cidade, leis da família, leis da natureza), provocando a nêmesis, indignação divina que se consubstancia numa punição ou desgraça que se abate sobre ele para reparar os limites transgredidos. (N. do T.)

to embora, conforme vimos, ele frequentemente se esqueça desse sentimento à medida que a peça avança. Mas não é assim, acredito, com a repetição desse erro na discussão com Goneril. Nela, a filha suscita tanta repulsa, e o pai tanta simpatia, que não raro deixamos de nos dar conta da violência a que ele de fato dá vazão. Não se trata aqui, é claro, da *injustiça* de sua rejeição a Cordélia, mas exatamente da mesma ὕβρις. Isso já havia sido mostrado de modo contundente na primeira cena, quando, *imediatamente* após as palavras supostamente frias de Cordélia, "Tão jovem, meu senhor, e verdadeira", segue-se a terrível resposta:

Let it be so; thy truth then be thy dower.
For, by the sacred radiance of the sun,
The mysteries of Hecate and the night;
By all the operation of the orbs
From whom we do exist and cease to be;
Here I disclaim all my paternal care,
Propinquity and property of blood,
And as a stranger to my heart and me
Hold thee from this for ever. The barbarous Scythian,
Or he that makes his generation messes
To gorge his appetite, shall to my bosom
Be as well neighbour'd, pitied and relieved,
As thou my sometime daughter.

[Pois seja; tua verdade há de ser teu dote.
Assim, pela sagrada luz do sol,
Pelos mistérios de Hécate e da noite;
Pelo operar de todas as esferas
Que nos fazem existir, ou não ser mais;
Renego aqui meus deveres de pai,
De parentesco e afinidade de sangue,
Como se fosses uma estranha, afasto-te
Pra sempre de mim e minha afeição. Ao bárbaro Cita,
Ou ao canibal, que de sua progênie faz petiscos
Para satisfazer seu apetite, darei em meu peito
Acolhida, piedade e proteção
igual a ti, antes filha minha.]

Ora, o efeito dramático dessa passagem se repete exatamente, e sem dúvida intencionalmente, na maldição lançada contra Goneril. Isso não acontece depois de as filhas se terem voltado completa e abertamente contra o pai. Até o momento em que a maldição é proferida, Goneril não fez mais que exigir dele "diminuir um pouco" e reformar seu séquito de cavaleiros. Sem dúvida, o modo e a disposição de espírito com que ela faz a exigência são detestáveis, e, provavelmente, as acusações que faz contra os cavaleiros, falsas; e deveríamos esperar profundo desgosto e indignação de qualquer pai na situação de Lear. Mas, sem dúvida, as famosas palavras que compõem a resposta imediata foram pensadas para resultar não menos que assustadoras:

> *Hear, nature, hear; dear goddess, hear!*
> *Suspend thy purpose, if thou didst intend*
> *To make this creature fruitful!*
> *Into her womb convey sterility!*
> *Dry up in her the organs of increase;*
> *And from her derogate body never spring*
> *A babe to honour her! If she must teem,*
> *Create her child of spleen; that it may live,*
> *And be a thwart disnatured torment to her!*
> *Let it stamp wrinkles in her brow of youth;*
> *With cadent tears fret channels in her cheeks;*
> *Turn all her mother's pains and benefits*
> *To laughter and contempt; that she may feel*
> *How sharper than a serpent's tooth it is*
> *To have a thankless child!*

> [Ouve, natura, ouve deusa amada, ouve!
> Afasta todo intento que tenhas
> De fazer fértil esta criatura!
> Selai seu ventre com a esterilidade!
> Secai nela os órgãos da criação;
> De seu corpo degradado não brote
> Um filho a honrá-la! E se ela conceber,
> Seja um filho de amargura; que viva e seja
> Um tormento desnaturado para ela!
> Que corte com rugas todo esse seu rosto jovem;
> Candentes lágrimas lhe sulquem a face;
> Paguem-se suas dores, seus cuidados maternais
> Com irrisão e desprezo; pra que ela sinta
> Quão mais afiada do que a mordida da serpente
> É ter um filho ingrato!]

A questão não é se Goneril merece tão horrendas imprecações, mas o que elas nos dizem sobre Lear. Pois mostram que, muito embora já tenha reconhecido a injustiça que cometeu contra Cordélia, muito embora esteja se culpando intimamente e procurando reparar seu erro, a disposição de espírito que suscitou o primeiro erro em nada se alterou. E trata-se exatamente da disposição capaz de dar azo, em terreno hostil, a calamidades horripilantes e, ao mesmo tempo, trágicas, porque devidas em certa medida à pessoa a elas submetida.

A percepção dessa relação, se não se perder com o avanço da peça, não diminui em nenhuma medida a nossa compaixão por Lear, mas impossibilita de uma vez por todas que consideremos o mundo mostrado nessa tragédia como sujeito a um poder exclusivamente arbitrário ou malévolo. Faz-nos sentir que esse mundo é, até então, pelos menos uma ordem racional e moral, que vige nele não a lei da represália proporcional, mas da relação inexorável entre ato e consequência. É, até então, o mundo de todas as tragédias de Shakespeare.

Mas existe outro aspecto do enredo de Lear cujo efeito modifica, de um modo bastante diferente e mais peculiar a essa tragédia, as impressões ditas pessimistas, e até mesmo aquela impressão que diz respeito à lei. Não existe nada mais grandioso e nobre, em toda a literatura, do que a exposição que Shakespeare faz do efeito do sofrimento na ressurgência da grandeza e no despertar da afabilidade na natureza de Lear. O ressurgimento ocasional, durante sua loucura, da impaciência autocrática ou do desejo de vingança faz apenas realçar esse efeito, e os momentos nos quais sua loucura se torna digna tão-somente de infinita piedade não o enfraquecem. O velho rei, que, ao ver-se na posição subalterna de súplica diante das filhas, sente tão intensamente a humilhação e a horrível ingratidão delas, e que, não obstante, com mais de 80 anos, se obriga a praticar o autocontrole e a paciência que negligenciara durante tanto tempo; que, pelo antigo afeto devotado ao Bobo, e pelo arrependimento da injustiça contra a dama que o Bobo adorava, tolera incessantes, cortantes lembretes da sua insensatez e erro; em quem a fúria da tempestade desperta um poder e uma exuberância poética que ultrapassa até mesmo a da angústia de Otelo; que consegue, em meio a seu transe, pensar primeiro no outro, e assegurar, em terna solicitude para com o pobre rapaz, o abrigo do qual prescinde para si mesmo; que aprende a condoer-se e a rezar pelos miseráveis e pelos desassistidos pela sorte, a identificar a falsidade da bajulação e a violência da autoridade, e a enxergar além das diferenças de posto e vestimenta a condição humana ali oculta; cuja visão é de tal forma lavada pelo calor das lágrimas que finalmente enxerga como o poder, a posição social e todas as coisas do mundo, exceto o amor, não passam de vaidade; que experimenta em suas últimas horas os extremos tanto do arrebatamento do amor como da agonia desse sentimento, e que seria incapaz, caso seguisse vivendo ou tivesse outra vida, de importar-se minimamente com qualquer outra coisa – não existe certamente, no universo poético, outro vulto a um só tempo tão magnífico, tão patético e tão belo quanto ele. Ora, mas Lear deve tudo isso aos tormentos que nos fizeram imaginar se a vida não se resumiria ao mal, e se os homens não seriam como as moscas que meninos perversos torturam para seu divertimento. Não estaríamos igualmente perto da verdade se chamássemos esse poema de *A redenção do rei Lear*, e declarássemos que a intenção dos "deuses" em relação a ele não era nem atormentá-lo, nem ensinar-lhe a "nobre ira", mas fazê-lo atingir, por meio de uma derrocada aparentemente irremediável, a própria finalidade e o objetivo da vida? É razoável admitir que Shakespeare se deixasse dominar às vezes pelo sentimento de misantropia e desespero, mas simplesmente impossível que pudesse estar sob os grilhões desse sentimento no período em que concebeu essa obra.

É impossível alongarmo-nos nos estádios desse processo de purificação (a palavra é do professor Dowden); e há cenas, como a do encontro entre Lear e Cordélia, nas quais parece quase um sacrilégio tocar[2]. Mas falarei de duas cenas que podem nos lembrar mais pormenorizadamente alguns dos pontos de que acabamos de falar. A terceira e a quarta cenas do Ato III apresentam um daqueles contrastes que falam de modo tão eloquente quanto as próprias palavras de Shakespeare, os quais se tornaram possíveis no seu teatro graças à ausência de cenário e à consequente inexistência de intervalo entre as cenas. Primeiro, numa cena de vinte e três linhas, a maior parte em prosa, vemos Gloster dizendo a seu filho Edmundo que Goneril e Regan o proibiram, sob ameaça de morte, de oferecer guarida ao rei desabrigado; que lhe fora entregue uma carta confidencial anunciando a chegada de tropas francesas; e que, fossem quais fossem as consequências, encontrava-se ele decidido a socorrer seu antigo senhor. Edmundo, quando se vê sozinho, profere em solilóquio palavras capazes de fazer gelar o sangue:

> *This courtesy, forbid thee, shall the duke*
> *Instantly know; and of that letter too:*
> *This seems a fair deserving, and must draw me*
> *That which my father loses; no less than all:*
> *The younger rises when the old doth fall.*

> [Desse ato de caridade que te foi proibido, o duque
> Terá conhecimento imediato; e da carta também:
> Este serviço merece recompensa, e deve me fazer ganhar
> O que meu pai perder; isto é, tudo que tem:
> Caiam os velhos, que os jovens vão crescer.]

Retira-se; no momento seguinte, quando tem início a quarta cena, vemo-nos em meio à gelada tempestade na companhia de Lear, Kent e o Bobo, e, não obstante, estamos diante do mais sacrossanto recesso do amor. Não falo da devoção deles a Lear, mas do próprio Lear. Concordara, tão-somente para o bem do Bobo, em buscar abrigo na choça:

> Come, your hovel.
> Poor fool and knave, I have one part in my heart
> That's sorry yet for thee.
> [Vamos a esta choça.
> Pobre Bobo, há um pedaço do meu coração
> Que ainda sofre por ti.]

Mas, no caminho, também ele já desmoronara e chorara (III. iv. 17), e agora resiste aos esforços que Kent faz para convencê-lo a entrar. Não sente a tempestade:

> when the mind's free
> The body's delicate: the tempest in my mind
> Doth from my senses take all feeling else
> Save what beats there:
> [quando a mente está liberta
> O corpo tem melindres: mas esta outra tempestade
> Que me inunda a mente deixa os sentidos embotados
> Nada sinto senão o que dói aqui dentro:]

e os pensamentos que o enlouquecerão ardem como brasa em sua mente:

> Filial ingratitude!
> Is it not as this mouth should tear this hand
> For lifting food to't? But I will punish home.
> No, I will weep no more. In such a night
> To shut me out! Pour on; I will endure.
> In such a night as this! O Regan, Goneril!
> Your old kind father, whose frank heart gave all,–
> O, that way madness lies; let me shun that;
> No more of that.
> [A ingratidão filial!
> Não é como se esta boca espedaçasse esta mão
> Por trazer-lhe alimento? Mas a fundo me vingo.
> Nunca mais hei de chorar. Escorraçar-me
> numa noite destas! Pois que chova; eu suporto.
> Em noite assim! Ó Regan, Goneril!

Vosso velho e bom pai que, de coração aberto, deu-vos tudo –
Oh! é por aí que entra a loucura; não quero pensar nisso;
Nunca mais.]

Então, subitamente, à medida que se controla, o bendito espírito da bondade sopra dentro dele "como a primaveril brisa da pradaria", e ele se dirige ternamente a Kent:

Prithee, go in thyself; seek thine own ease:
This tempest will not give me leave to ponder
On things would hurt me more. But I'll go in.
In, boy; go first. You houseless poverty–
Nay, get thee in. I'll pray, and then I'll sleep.

[Pois sim, mas tu primeiro; abriga-te tu:
Este temporal distrai-me de meditar
Sobre coisas que me iriam molestar ainda mais. Mas já vou entrar.
Tu primeiro, filho. A miséria sem teto –
Não, entra tu. Eu vou rezar, depois vou dormir.]

Mas a prece não é para si.

Poor naked wretches, wheresoe'er you are,

[Pobres coitados, nus, onde estiverdes,]

ela começa, e não é necessário prosseguir citando. Essa é uma daquelas passagens que fazem venerar Shakespeare[3].

Muita coisa tem sido escrita sobre a representação da loucura em *Rei Lear*, e vou me ater a um ou dois pontos que podem ter passado despercebidos. O sintoma mais evidente da loucura de Lear, sobretudo em seus primeiros estágios, é, sem dúvida, a preponderância de uma ideia fixa. O que quer que se apresente a seus sentidos, é capturado por essa ideia e compelido a exprimi-la; como, por exemplo, nas palavras, já citadas, que mostram pela primeira vez que sua mente está variando:

Hast thou given all
To thy two daughters? And art thou come to this?[4]

[Deste tudo
A tuas filhas? Até chegares a isso?]

Mas é extraordinário que não tenhamos aqui senão, numa forma exagerada e distorcida, exatamente o mesmo ato de imaginação que, pouco antes do colapso da razão, produziu estes sublimes apelos:

> *O heavens,*
> *If you do love old men, if your sweet sway*
> *Allow obedience, if yourselves are old,*
> *Make it your cause;*
>
> [Ó céus,
> Se amais os velhos, se a obediência agrada
> A vosso suave comando, se vós mesmos já estais velhos,
> Fazei disso a vossa causa;]

e:

> *Rumble thy bellyful! Spit, fire! spout, rain!*
> *Nor rain, wind, thunder, fire, are my daughters:*
> *I tax not you, you elements, with unkindness;*
> *I never gave you kingdom, call'd you children,*
> *You owe me no subscription: then let fall*
> *Your horrible pleasure; here I stand, your slave,*
> *A poor, infirm, weak, and despised old man:*
> *But yet I call you servile ministers,*
> *That have with two pernicious daughters join'd*
> *Your high engender'd battles 'gainst a head*
> *So old and white as this. O! O! 'tis foul!*
>
> [Rimbomba até fartar-te! Cospe, fogo! Esguicha, chuva!
> Nem chuva, nem vento, nem trovão, nem raio, são filhas minhas:
> Não vos acuso, elementos, de ingratos;
> Não vos dei um reino, nem vos chamei de filhas,
> Não me deveis obediência: pois desabai
> Vosso horrendo prazer; aqui estou eu, de vós escravo,
> Um pobre enfermo, fraco e desprezado velho:
> Mas considero-vos servis ministros,
> Que, aliados a duas pérfidas filhas,
> Engendrais guerras contra uma cabeça
> Tão velha e branca qual esta. Ah! é infame!]

Shakespeare, muito antes disso, em *Sonho de uma noite de verão*, observara a semelhança entre o lunático, o amante e o poeta; e a meia-verdade segundo a qual o gênio se alia à loucura era-lhe bastante familiar. Mas ele apresenta aqui a meia-verdade complementar segundo a qual a loucura se alia ao gênio.

Mas não põe na boca de Lear louco nenhuma das sublimes passagens recém-citadas. A loucura de Lear, que destrói a coerência, também lhe poda a poesia da imaginação. O que ela estimula é a faculdade de percepção e reflexão moral que já havia sido despertada por seus sofrimentos. Essa faculdade, por incompleta e despropositada que se apresente, aparece pela primeira vez, pouco tempo depois da instalação da loucura, na ideia de que o maltrapilho representa a verdade, a realidade, contraposição feita às convenções, adulações e corrupções do poder que durante tanto tempo iludiram Lear e não o iludirão mais:

> Is man no more than this? Consider him well. Thou owest the worm no silk, the beast no hide, the sheep no wool, the cat no perfume. Ha! here's three on's are sophisticated: thou art the thing itself.
>
> [Então o homem não é mais que isto? Observem-no bem. Não deve a seda ao verme, a pele às feras, a lã à ovelha nem almíscar ao gato. Ah! três de nós aqui somos por demais sofisticados; tu és a própria coisa.]

Lear vê o maltrapilho, portanto, com profundo respeito e satisfação, uma pessoa que conhece o lado oculto das coisas, e anseia perguntar-lhe sobre as causas delas. É essa mesma mentalidade que, bem depois (IV. vi.) – e com mais vigor, embora a loucura tenha por sua vez avançado –, culmina nas famosas falas ao estilo de Tímon que fazem com que nos demos conta da fortaleza psíquica original do velho rei. E quando essa mentalidade, após a recuperação, se une aos transportes de arrependimento e amor, produz aquela serena renúncia do mundo, com seu poder, glória, ressentimentos e vinganças, que está expressa na fala (V. iii.):

> No, no, no, no! Come, let's away to prison:
> We two alone will sing like birds i' the cage:
> When thou dost ask me blessing, I'll kneel down,
> And ask of thee forgiveness: so we'll live,
> And pray, and sing, and tell old tales, and laugh
> At gilded butterflies, and hear poor rogues
> Talk of court news; and we'll talk with them too,
> Who loses, and who wins; who's in, who's out;
> And take upon's the mystery of things,
> As if we were God's spies: and we'll wear out,
> In a wall'd prison, packs and sets of great ones,
> That ebb and flow by the moon.
>
> [Não, não, não, não! Vem, vamos para a prisão.
> Nós dois juntos cantaremos qual pássaros na gaiola:
> Se me pedes a bênção, ajoelho-me,
> E peço-te perdão: viveremos assim,
> Em preces, cantos, contando-nos velhas histórias, rindo-nos
> Das borboletas douradas, e ouvindo os pobres coitados

A discutir sobre as novas da corte; conversamos com eles também,
Sobre quem perdeu, quem ganhou; quem entrou, quem saiu;
Interpretando os mistérios das coisas,
Como se fôramos espiões de Deus: e assim emparedados,
Passaremos além das súcias, das facções dos grandes,
Que sobem e descem, tal como as marés sob a lua.]

Trata-se da renúncia que é ao mesmo tempo um sacrifício oferecido aos deuses, sobre a qual os próprios deuses lançam incenso; e, quiçá, jamais teria sido oferecido não fosse pelo conhecimento colhido por Lear em sua loucura.

Falei da "recuperação" de Lear, mas o termo é muito forte. O Lear do Quinto Ato não está louco de fato, mas sua mente está profundamente fragilizada. À fala que acabamos de reproduzir segue-se um súbito clarão da antiga natureza passional, lembrando-nos, de modo profundamente patético, os esforços de Lear, pouco antes de sua loucura, no sentido de conter as lágrimas:

Wipe thine eyes:
The good-years shall devour them, flesh and fell,
Ere they shall make us weep: we'll see 'em starve first.

[Enxuga tuas lágrimas:
Os anos os engolirão, carnes e ossos,
Antes que nos façam chorar: pois antes os veremos morrer à míngua.]

E essa fragilidade é mostrada de forma ainda mais patética na cegueira do velho rei à situação em que se encontra, agora que ele e Cordélia foram feitos prisioneiros. É evidente que Cordélia sabe muito bem o tipo de clemência que o pai deverá receber de suas irmãs; essa é a razão do seu pranto. Mas ele não entende as lágrimas dela; em nenhum momento passa-lhe pela cabeça que tenham alguma outra coisa a temer que não seja a prisão. E o que é isso para eles? Já aceitaram esse sacrifício, e tudo está bem:

Have I caught thee?
He that parts us shall bring a brand from heaven,
And fire us hence like foxes.

[Pois não te achei?
Quem quiser separar-nos terá de vir com uma tocha do céu,
Para, a fogo, enxotar-nos qual raposas.]

Semelhante cegueira é-nos profundamente comovente porque sabemos de que modo eles serão separados; mas é também reconfortante. E experimentamos o mesmo contraste de efeitos na pungente conclusão do enredo. Se para o leitor, como para quem assiste, essa cena provoca dor e nada além disso, não é assim com o próprio Lear. Sua mente estilhaçada passa dos primeiros transportes de esperança e desespero, quando se debruça sobre o corpo de Cordélia e aproxima-lhe a pluma dos lábios, para um esquecimento absoluto do que provocou esses transportes. Isso continua enquanto consegue travar um diálogo com Kent; torna-se em seguida uma ausência quase completa; e só muda para dar lugar, quando seus olhos caem subitamente sobre o cadáver da filha, a uma agonia que lhe esmaga de um só golpe o coração. E, finalmente, muito embora ele pereça de agonia e sofrimento, a agonia na qual efetivamente morre não é feita de dor, mas de êxtase. Subitamente, com um lamento representado no texto mais antigo por um "Ó" repetido quatro vezes, exclama:

> *Do you see this? Look on her, look, her lips,*
> *Look there, look there!*
>
> [Vês isto? Olhai para ela, olhai, os lábios dela,
> Olhai, vede ali!]

Essas são as últimas palavras de Lear. Está convencido, finalmente, de que ela *vive*: e o que dissera quando ainda tinha dúvida?

> *She lives! if it be so,*
> *It is a chance which does redeem all sorrows*
> *That ever I have felt!*
>
> [Ela está viva! Se assim for,
> É um sucesso que redime tudo,
> Tudo o que sofri.]

Para nós, talvez, saber que ele está enganado pode significar o ápice da dor: mas, se significar *apenas* isso, acredito que não estamos fazendo jus a Shakespeare, e parece praticamente acima de qualquer dúvida que não fará jus ao texto o ator que não procurar expressar, nas últimas inflexões, nos gestos e no olhar de Lear, uma insuportável *alegria*[5].

Não seria pertinente alongarmo-nos sobre o *páthos* da última fala de Lear, mas posso acrescentar um comentário do ponto de vista literário a esse respeito. Na simplicidade de sua linguagem, que consiste quase inteiramente em monossílabos ditos com espontaneidade, composta de frases muito curtas de estrutura simplíssima, faz um contraste extraordinário com a última fala de Hamlet moribundo e as últimas palavras de Otelo diante dos circunstantes. O fato de Lear estar sob intensa emoção é uma razão da diferença, mas não a única. Sua linguagem é mais que simples, é familiar. E essa familiaridade é característica de Lear (a não ser em certos momentos, aos quais já fizemos referência) do momento da sua loucura em diante, constituindo a fonte do efeito especialmente lancinante de algumas de suas frases (como "Até os cãezinhos..."). Sentimos nela a perda da capacidade de sustentar sua realeza; sentimos ainda que todas as coisas externas se tornaram insignificantes para ele, e que o que sobra é "a coisa em si", a alma em sua grandeza nua. Donde também temos que duas linhas nessa última fala mostram, melhor talvez do que qualquer outra passagem de poesia, uma das qualidades que temos em mente quando classificamos a poesia de "romântica". Nada como o misterioso suspiro de Hamlet, "O resto é silêncio", nada como as lembranças das maravilhas e grandes conquistas vividas por Otelo, era possível para Lear. Aqueles últimos pensamentos são românticos em sua estranheza: o "Nunca" de Lear, repetido quatro vezes, no qual o lamento de angústia mais simples e mais irresponsível cresce de tom até que o coração seja feito em pedaços, é romântico em seu naturalismo; e fazer dessa palavra isolada um verso exigia a audácia e também a inspiração que infalivelmente acometiam Shakespeare nos momentos mais sublimes. Mas a familiaridade, a audácia e a inspiração são superadas (se é que isso é possível) na linha seguinte, que mostra a opressão física pedindo alívio físico. A imaginação que produziu a maldição de Lear e o seu desafio à tempestade pode ser igualada em gênero, porém onde mais poderíamos encontrar uma imaginação ousada o bastante para, depois da lamentação "Nunca", justapor uma frase como "solta este botão", e, não obstante, conservar-nos nos mais elevados cumes da poesia?[6]

2

Gloster e Albânia são os dois personagens neutros da tragédia. O paralelo entre Lear e Gloster, já referido, é, até certo ponto, tão acentuado que não há hipótese de considerá-lo acidental. Ambos são anciãos de cabelos brancos (III. vii. 37); ambos, tudo indica, viúvos, com filhos relativamente jovens. Como Lear, Gloster é vilipendiado, e tem a vida posta em risco pelo filho a quem favoreceu; quem cuida dele e o ampara é o filho com quem foi injusto. Seu sofrimento, como o de Lear, pode ser explicado em parte por seus próprios extremos de incúria e injustiça, e, podemos acrescentar, pela busca egoística do prazer pessoal[7]. Seus tormentos, ainda, como os de Lear, o purificam e iluminam: morre um homem melhor e mais sábio do que se mostrou a princípio. Ambos terminam aprendendo a mesma lição, e a repetição (apontada e condenada por Johnson) que ele faz da ideia contida numa famosa fala de Lear é, sem dúvida, intencional[8]. E, finalmente, Gloster morre quase do mesmo modo que Lear. Edgar revela sua identidade e pede que o abençoe (como Cordélia faz com Lear):

> but his flaw'd heart–
> Alack, too weak the conflict to support–
> 'Twixt two extremes of passion, joy and grief,
> Burst smilingly.
>
> [mas seu coração já rachado –
> Fraco demais, ai de mim, para suportar o conflito –
> Entre os dois extremos da paixão, dor e alegria,
> Rebentou sorrindo.]

Até aqui, a semelhança das duas tramas, e também do modo pelo qual seu efeito doloroso se modifica, é curiosamente acentuada. E também quanto ao caráter, Gloster é, como seu amo, afetuoso[9], crédulo e precipitado. Mas, de resto, é profundo seu contraste com o Lear trágico, figura monumental, rei da cabeça aos pés[10], enquanto Gloster é concebido numa escala muitíssimo menor, possuindo infinitamente menos força e brilho. Trata-se, com efeito, de um homem inegavelmente fraco, embora de coração bondoso; e, depois de se omitir por completo no apoio a Kent em sua resistência à incúria e injustiça iniciais de Lear[11], apenas gradualmente compreende o melhor a fazer. Seu personagem também não é muito interessante nem suficientemente caracterizado. Muitas vezes dá-nos a impressão de ser necessário sobretudo para preencher uma lacuna no esquema da peça; e, embora nos fosse fácil elaborar uma longa lista de suas características, quer me parecer que elas mal formam uma pessoa, alguém que, sem dar margem a dúvida, poderíamos reconhecer de imediato. Se assim é, não deixa de ser algo curioso, considerando-se o tanto que o vemos e ouvimos falar dele.

Acrescentarei apenas uma nota. Gloster é o personagem supersticioso do drama – o único. Pensa bastante "nestes últimos eclipses do sol e da lua". Seus dois filhos, a partir de pontos de vista opostos, não fazem nenhum caso deles. Sua rápida aceitação da calúnia contra Edgar se deve em parte a esse ponto fraco, e Edmundo se vale disso, para um fim maléfico, quando descreve Edgar desta forma:

Here stood he in the dark, his sharp sword out,
Mumbling of wicked charms, conjuring the moon,
To prove's auspicious mistress.

[Estava aqui no escuro, com a espada desembainhada,
Rosnando encantamentos de bruxaria, conjurando a lua
A seu favor.]

Edgar, por sua vez, se vale disso para um fim benéfico quando convence o pai cego de que este saltou do penhasco de Dover devido à tentação de um demônio que assumira a forma de mendigo, sendo salvo por um milagre:

As I stood here below, methought his eyes
Were two full moons; he had a thousand noses,
Horns whelk'd and waved like the enridged sea:
It was some fiend; therefore, thou happy father,
Think that the clearest gods, who make them honours
Of men's impossibilities, have preserved thee.

[Para mim, cá embaixo, seus olhos pareciam
Duas luas cheias; tinha mil narizes,
Chifres retorcidos qual corcovas das vagas:
Era algum demônio; e, pois, pai feliz,
Convence-te de que os deuses preclaros, cuja glória
Consiste em realizar o humano impossível, preservaram-te.]

Essa passagem é insólita ao justapor termos como mil narizes e deuses preclaros, ao combinar um extremo absurdo com uma profunda seriedade. Edgar sabia que o "demônio" era na verdade o "anjo do mal" de Gloster, e que "os deuses" eram ele próprio. Sem dúvida, porém – uma vez que se trata do personagem mais religioso da peça –, acreditava que os deuses, por seu intermédio, *tinham* de fato poupado seu pai; mas sabia que só travestida de superstição a verdade penetraria aquela mente supersticiosa.

A combinação de paralelismos e contrastes que observamos em Lear e Gloster, e também na atitude dos dois irmãos em relação às superstições do pai, é um dos muitos sinais de que em *Rei Lear* Shakespeare estava trabalhando mais do que de hábito sobre ideias consciente e maduramente pensadas. Talvez não tenha sido, portanto, um acidente fazer Edgar e Lear se dirigirem a Gloster vibrando exatamente no mesmo diapasão. Lear diz para ele:

> *If thou wilt weep my fortunes, take my eyes.*
> *I know thee well enough; thy name is Gloster:*
> *Thou must be patient; we came crying hither:*
> *Thou know'st, the first time that we smell the air,*
> *We wawl and cry. I will preach to thee: mark.*

> [Se quiseres chorar meu infortúnio, toma meus olhos.
> Conheço-te bem; teu nome é Gloster:
> Tens de ter paciência; viemos para aqui chorando:
> Tu sabes, a primeira vez que cheiramos o ar,
> Vagimos e choramos. Um sermão te farei: ouve.]

As últimas palavras de Edgar para ele são:

> *What, in ill thoughts again? Men must endure*
> *Their going hence, even as their coming hither:*
> *Ripeness is all.*

> [Que é isso, maus pensamentos de novo? Cabe ao homem
> Esperar a sua hora de partir desta vida, como assim foi o seu chegar.
> A maturidade é tudo.]

Albânia não passa de um esboço, e é, de um modo geral, tão pouco lembrado que algumas palavras a seu respeito não serão demais. Também ele termina um homem melhor e mais sábio do que começou. Quando a peça tem início, ele, evidentemente, acaba de se casar com Goneril; e a ideia é, acredito, a de que foi enfeitiçado por sua deslumbrante beleza, assim como por seu dote. Trata-se de um inofensivo amante da paz, inicialmente subjugado pelo "grande amor" por sua esposa e pela vontade imperiosa que a caracteriza. Não está isento de responsabilidade pelo tratamento que o rei recebe em sua casa; o cavaleiro diz para Lear: "parece que as gentilezas diminuíram muito não só por parte dos dependentes da casa, como *do próprio Duque* e também de vossa filha". Mas não participa da discussão e, sem dúvida, é sincero quando afirma ser tão inocente quanto ignorante dos motivos que precipitaram a violenta emoção de Lear. Quando o rei parte, começa a admoestar Goneril, mas evita covardemente, de modo algo cômico, o enfrentamento com a mulher. Ela o deixa sozinho para ir ter com Regan, e ele não é, doravante, responsável pelo que se segue. Quando fica sabendo, é tomado de horror: as escamas caem-lhe dos olhos, Goneril torna-se abominável para ele, decide vingar os olhos de Gloster. Sua posição, porém, é muito difícil, pois está disposto a enfrentar Cordélia desde que o exército dela seja o francês, mas recusa-se caso represente o pai. Essa dificuldade, e sua evidente inferioridade diante de Edmundo em força e habilidade, empurra-o para segundo plano; a batalha não é ganha por ele, mas por Edmundo; e, se não fosse por Edgar, teria certamente se transformado em vítima da trama assassina urdida contra ele. Quando, porém, esta é descoberta, sente-se suficientemente destemido e determinado, além de experimentar forte sentimento de solidariedade em relação a Kent e Edgar e de condoer-se profundamente da morte de Gloster. E teríamos certeza da sua determinação em manter esse ímpeto até o fim, não fosse por suas últimas palavras. Anuncia a intenção de renunciar, enquanto Lear viver, ao "poder absoluto" que lhe caiu nas mãos; e isso pode corresponder à verdade. Mas, após a morte de Lear, diz para Kent e Edgar:

Friends of my soul, you twain
Rule in this realm, and the gored state sustain.

[Amigos d'alma, o reino
Governai, e este Estado ferido sustentai.]

Se isso significa que pretende outorgar seu poder absoluto para os dois, a intenção de Shakespeare é sem dúvida a de sublinhar a tibieza de um homem de boas intenções, porém fraco. Mas, é possível que, com "o reino", se referisse apenas àquela metade da Britânia que pertencera a Cornualha e Regan.

3

Passo agora àqueles dois grupos fortemente contrastantes de seres bons e seres maus; os maus primeiro. Os integrantes deste grupo não se encontram de modo nenhum no mesmo patamar. O mais desprezível de todos, de longe, é Oswald, e Kent felizmente põe em palavras os sentimentos que desperta em nós. Não obstante, em duas oportunidades nos identificamos com ele. Regan não consegue convencê-lo a deixá-la abrir a carta de Goneril para Edmundo; e o último pensamento dele ao morrer é dedicado ao cumprimento de sua fidelidade. É a um monstro que se mostra fiel, e é fiel a ela num intento monstruoso. Sem embargo, fidelidade é fidelidade, e não se trata de alguém de todo desprezível. Johnson diz: "Não sei por que Shakespeare confere a Oswald, que é um mero elemento de perversão, tanta fidelidade"; mas, em qualquer outra tragédia, esse toque, tão fiel à natureza humana, não seria senão o que deveríamos esperar. Se nos surpreende em *Rei Lear*, a razão é que Shakespeare, ao tratar dos demais integrantes do grupo, parece ter estado menos preocupado que de hábito com semelhante mescla entre luz e sombra, preferindo tornar as sombras tão profundamente negras quanto a atenção à verossimilhança permitisse.

Cornualha parece ter sido parceiro à altura de Regan; e o que se poderia dizer de pior em relação a ele? É uma enorme satisfação pensar que sofreu o que, para ele, deve ter sido a indizível desonra de ser morto por um criado. Não mostra, quer me parecer, nenhum traço que o redima, e é um covarde, como se percebe em seu repentino surto de coragem quando Goneril chega ao castelo e o apoia, a ele e a Regan, contra Lear (II. iv. 202). Mas como suas crueldades não se voltam contra um parente de sangue, ele não é, nesse sentido, um monstro como os outros três.

Não paira a menor dúvida, dentre esses três, sobre qual é o menos e o mais execrando. Pois Edmundo, para não falar de outros atenuantes, pelo menos não é mulher. E todas as diferenças entre as irmãs, que são nitidamente demarcadas e não precisam ser expostas por completo mais uma vez, favorecem "a mais velha e mais terrível". Que Regan não cometeu adultério, não matou sua irmã nem tramou matar-lhe o marido, não juntou seu nome ao de Edmundo na ordem para matar Cordélia e Lear, e, em outros aspectos, não teve papel tão ativo quanto Goneril em perversidades inomináveis, é sem dúvida verdadeiro, mas em nada essas coisas concorrem para seu mérito. Significam apenas que ela tinha muito menos força, coragem e iniciativa que a irmã, e, por isso, é menos assustadora e mais abjeta. Edmundo tomou a decisão correta quando, indiferente a ambas as irmãs e tendo os olhos na coroa, preferiu Goneril, pois era certo que esta se livraria das pessoas que representassem obstáculo à satisfação de seus desejos. A exclamação sarcástica e atrevida, "Tudo uma farsa!", com a qual ela reage à descoberta de seus planos, estava muito acima de Regan. Seu suicídio sem hesitações provavelmente também. Não teria transigido com a mentira que Regan, tão desnecessariamente, diz a Oswald:

> *It was great ignorance, Gloster's eyes being out,*
> *To let him live: where he arrives he moves*
> *All hearts against us: Edmund, I think, is gone,*
> In pity of his misery, *to dispatch*
> His nighted life.
>
> [Foi insensato, uma vez arrancados os olhos de Gloster,
> Deixá-lo vivo: onde chegar, comove os
> Corações contra nós: Edmundo, penso eu, saiu,
> *Com pena dele*, para dar fim
> À noite de sua vida.]

A maldição de seu pai não significa nada para ela. Vê com escárnio até mesmo o recurso aos deuses[12]. Repulsiva como se apresenta, é quase aterradora. Mas não há nada que se contraponha à inferioridade de Regan em termos de capacidade: esta é superior apenas na mesquinhez mais deletéria, que é quase tão abjeta quanto sua crueldade. Trata-se do ser humano mais vil jamais concebido por Shakespeare (se podemos considerá-la humana).

Já apontei a semelhança entre Edmundo e Iago num ponto; e Edmundo lembra seu formidável predecessor também em coragem, obstinação, astúcia, egoísmo, ausência doentia de sentimento e presença de certo senso de humor. Mas as semelhanças terminam aí. Com efeito, uma diferença inequívoca pode ser observada até mesmo no humor. Edmundo é sem dúvida muito mais jovem que Iago. É possuidor de uma natureza mais leve e superficial, e trai uma certa jocosidade natural que nos faz sorrir – e não em desaprovação – quando ouvimos seu primeiro solilóquio, com seu desfecho jovial, tão diferente das referências de Iago às forças das trevas,

Now, gods, stand up for bastards!
[E agora, que os deuses defendam os bastardos!]

Mesmo depois que testemunhamos seus atos sórdidos, novamente sentimos simpatia por ele quando ouvimos suas ponderações despreocupadas antes da batalha:

To both these sisters have I sworn my love:
Each jealous of the other, as the stung
Are of the adder. Which of them shall I take?
Both? one? or neither?

[A essas duas irmãs jurei amor:
Ciumentas, desconfiam uma da outra, como o que foi picado
Desconfia da serpente. Qual das duas escolho?
Ambas? Uma só? Nenhuma?]

Além disso, não existe em Edmundo nada da busca por motivações que vemos em Iago, e muito pouco de quaisquer das causas ocultas que o moveram. Comparativamente, trata-se de um personagem simples, tão simples quanto o Iago de alguns críticos. Suscita espanto e horror apenas porque o fato de um homem tão jovem possuir natureza tão má constitui tenebroso mistério.

Edmundo é um aventureiro puro e simples. Age em busca de um objetivo, e, se tiver quaisquer afetos ou desafetos, só fará ignorá-los. Está determinado a conseguir o que pretende, primeiro, as terras do irmão, depois – à medida que as perspectivas se ampliam –, a coroa; e considera homens e mulheres, com seus vícios e virtudes, além de seus laços de parentesco, amizade ou fidelidade, meramente como obstáculos ou trampolins para seu objetivo. Para ele, são todos destituídos de qualquer valor que não seja sua relação com esse objetivo; tão insignificantes quanto quantidades matemáticas ou meros elementos físicos.

> *A credulous father and a brother noble,*
> *... I see the business,*
>
> [Um pai mui crédulo e um nobre irmão,
> ... já vislumbro a empresa,]

diz, como se estivesse falando de *x* e *y*.

> *This seems a fair deserving, and must draw me*
> *That which my father loses; no less than all:*
> *The younger rises when the old doth fall:*
>
> [Este serviço merece recompensa, e deve me fazer ganhar
> O que meu pai perder; isto é, tudo que tem:
> Caiam os velhos, que os jovens vão crescer.]

cogita, como se estivesse examinando um problema de mecânica. Conserva essa postura com firmeza inabalável até que a possibilidade de atingir seu objetivo lhe seja subtraída pela morte.

Assim como a deformidade de Ricardo, a ilegitimidade de Edmundo não constitui, evidentemente, justificativa para sua torpeza, mas, até certo ponto, influencia o que sentimos. Não dependeu dele, mas, mesmo assim, diferencia-o diante dos outros homens. Ele é um fruto da natureza – de um apetite natural voltando-se contra a ordem social; e não goza de nenhum lugar reconhecido dentro dessa ordem. Sendo assim, entrega-se por inteiro à natureza, cuja lei é a do mais forte, não reconhecendo as obrigações morais que vigem tão-somente nas convenções – nos "costumes" e nas "curiosidades dos povos"[13]. Na prática, a atitude dele é a de um criminoso profissional. "Vocês me dizem que não faço parte do seu grupo", parece dizer à sociedade: "Pois muito bem: farei tudo que estiver ao meu alcance para ganhar acesso ao seu tesouro. E se tiver de ceifar vidas para consegui-lo, o ônus será todo seu." Até que ponto acredita realmente nessa atitude, até que ponto está afetivamente indignado com o estigma de bastardo, até que ponto sua indignação é uma autojustificativa semiconsciente para a torpeza premeditada, é difícil dizer; mas o final mostra que esses posicionamentos não eram inteiramente sólidos.

Por ser um aventureiro, cuja hostilidade em relação a terceiros não era maior que a boa vontade, é natural que, ao perder a partida, aceite o fracasso sem mostrar animosidades pessoais. Mas faz mais que isso. Aceita a verdade contida nas palavras de Edgar sobre a justiça dos deuses e aplica-as a si (embora o fato de se referir à roda da fortuna, e não aos deuses, possa ser relevante). Mostra também que não é desprovido de sentimentos; pois comove-se com a história da morte do pai, e, finalmente, sofre "nas vascas da agonia" na tentativa de fazer "algum bem" salvando Lear e Cordélia. Existe algo de patético aqui, fazendo-nos sonhar que, se Edmundo fosse irmão germano de Edgar, e tivesse estado em casa durante os "nove anos" em que esteve "fora", poderia ter sido um homem diferente. Mas, talvez, suas palavras,

> *Some good I mean to do,*
> Despite of mine own nature,
>
> [Inda algum bem quero fazer,
> *Oposto a minha natureza,*]

queiram dizer, antes, que Shakespeare está sublinhando o fenômeno misterioso, comentado por Kent no caso das três filhas de Lear, da fantástica diferença entre filhos de um mesmo pai. Mais do que esse afloramento de sentimentos mais sãos, causa espécie o prazer do moribundo ante a ideia de que foi amado pelas duas mulheres cujo cadáver é praticamente a última visão que lhe é dado ter. Talvez, conforme conjecturamos, a causa de sua demora em salvar Lear e Cordélia mesmo depois de tomar conhecimento da morte das irmãs tenha sido o fato de encontrar-se imerso em oníricas reflexões sobre seu passado. Quando murmura, "mas Edmundo foi amado", corremos o risco de esquecer que fez muito mais que rejeitar o amor do pai e do meio-irmão. A passagem é uma entre muitas nas peças de Shakespeare em que ele nos parece estar registrando algum fenômeno a respeito da natureza humana com o qual efetivamente travou contato, e que lhe pareceu especialmente curioso.

O que devemos dizer do mundo que contém essas cinco criaturas, Goneril, Regan, Edmundo, Cornualha e Oswald? Tentei responder a essa pergunta em nossa primeira conferência; pois, na sua representação do mal, *Rei Lear* difere das demais tragédias apenas em grau e aspecto. É a tragédia na qual o mal é mostrado em sua maior profusão; e os personagens maus são especialmente repulsivos em suas atrocidades, e porque há tão pouco bem mesclado ao mal que existe neles. O efeito, portanto, é mais alarmante do que alhures; chega a ser aterrador. Mas, em substância, é o mesmo que encontramos alhures; e, sendo assim, embora possa ser interessante lembrar aqui as discussões que fizemos, eu o farei apenas do modo mais breve.

De um lado, vemos um mundo que gera um mal terrível em profusão assustadora. Além disso, os seres nos quais esse mal se manifesta em sua forma mais virulenta conseguem, até certo ponto, prosperar. Não são infelizes, e têm poder para espalhar a miséria e a destruição à sua volta. Tudo isso são fatos inquestionáveis.

Por outro lado, esse mal é *exclusivamente* destrutivo: não cria nada de novo, e só parece capaz de existir sobre as bases estabelecidas por seu oposto. É autodestrutivo: gera animosidade entre esses seres; eles mal conseguem se unir contra um risco comum e iminente; se tal risco fosse evitado, estariam se atacando uns aos outros em pouco tempo; as irmãs não chegam sequer a esperar que tenha passado de todo. Finalmente, esses seres, todos os cinco, estão mortos poucas semanas depois que os vemos pela primeira vez; pelo menos três morrem jovens; a eclosão de seu mal lhes é fatídica. Estes também são fatos inegáveis; e, diante deles, parece estranho classificar *Rei Lear* como "uma peça na qual os maus prosperam" (Johnson).

Assim, o mundo no qual o mal surge parece ser, no fundo, hostil a ele. E essa impressão é confirmada pelo fato de a convulsão desse mundo se dever ao mal, sobretudo nas piores formas aqui examinadas, mas em parte também nas formas mais brandas que chamamos de erros e tropeços dos personagens mais virtuosos. O bem, em seu sentido mais amplo, parece ser, desse modo, o princípio da vida e da higidez no mundo; o mal, ao menos nas suas piores formas, um veneno. O mundo reage a ele violentamente, e, na ânsia de expurgá-lo, atrai a calamidade sobre si mesmo.

Se perguntarmos por que o mundo geraria aquilo que o convulsiona e põe a perder, a tragédia não nos responde, e estaremos tentando ir além da tragédia se buscarmos essa resposta. Mas o mundo, nesse quadro trágico, convulsiona-se com o mal e o rejeita.

4

E se aqui temos "a própria Noite em pessoa", ela vem "com estrelas em suas vestes". Cordélia, Kent, Edgar, o Bobo – estes formam um grupo não menos extraordinário que aquele que acabamos de examinar. Existe no mundo de *Rei Lear* abundância tanto de bem extremado quanto de mal exorbitante. Ele gera, em profusão, a dedicação altruísta e o amor inabalável. O que causa espécie é que nem Shakespeare nem nós ficamos surpresos. Aprovamos esses personagens, os admiramos, os amamos; mas não nos intrigamos. Não perguntamos, tomados de assombro, se existe algo na natureza que produza corações bondosos assim. Tão incorrigivelmente otimistas somos nós, e Shakespeare – e quem depara com a revelação tétrica numa tragédia que revelou Cordélia. No entanto, sem dúvida, se condenamos o cosmos pela morte de Cordélia, deveríamos também lembrar que ele a deu à luz. O fato de Sócrates ter sido executado não elide o fato de que viveu, nem a inferência que disso se pode extrair a respeito do mundo que o produziu.

Desses quatro personagens, Edgar é o que desperta menos entusiasmo, mas é dele o desenvolvimento mais bem marcado. Seu comportamento na primeira parte da peça, admitindo-se que não é por demais improvável, é tão tolo a ponto de irritar. Mas ele aprende com a experiência e torna-se o personagem mais capaz da trama, sem perder nada da sua pureza e nobreza de espírito. Persistem, no entanto, traços que empanam um pouco o que sentimos por ele.

> *The gods are just, and of our pleasant vices*
> *Make instruments to plague us:*
> *The dark and vicious place where thee he got*
> *Cost him his eyes:*
>
> [Os deuses são justos, e de nossos vícios deleitosos
> Eles fazem o instrumento para atormentar-nos;
> O ato escuro que o fez gerar-te
> Custou-lhe os olhos:]

– desejaríamos que não tivesse dito para o irmão moribundo essas palavras a respeito do pai morto. "Os deuses são justos" teria bastado[14]. Pode-se aventar simplesmente que Shakespeare desejou incluir essa moral, e não pretendeu tornar a fala peculiar ao falante. Mas duvido disso: poderia tê-lo feito por intermédio de Albânia, se estivesse determinado a ventilá-la. Esse traço *é* característico de Edgar. Parece estar ligado a sua acentuada e consciente religiosidade. Interpreta tudo pelo viés religioso, e fala aqui movido por uma forte convicção que se sobrepõe aos sentimentos pessoais. A essa religiosidade, por outro lado, está ligada sua galharda e confiante resistência, bem como sua solicitude e engenhosidade. Nunca pensa em perder a esperança; nas piores circunstâncias, está certo de que algo pode ser feito para melhorar a situação. E tem certeza disso não só graças ao temperamento, mas à fé nos "deuses preclaros". É ele o homem em quem devemos confiar no final para a recuperação e o bem-estar do Estado, e é o que fazemos.

Falei de seu temperamento. Existe em Edgar, ao lado de muitas outras coisas excelentes, um pouco da leveza de espírito que nos encanta em Imogen. Nada é capaz de abafar nele o sentimento de que a vida é boa e deve ser valorizada. Na situação mais penosa, incompreendido, vilipendiado, exilado, sujeito à pena de morte, "o mais vil, abjeto ser da Fortuna", mantém a cabeça erguida. O inextinguível espírito da juventude e da alegria o acompanha; ele *abraça* o ar etéreo que lhe soprou infortúnios; para ele "o pior volta ao sorriso"[15]. "Que teus pensamentos sejam calmos, pacientes", diz para o pai. Seus pensamentos mesmos são mais que tolerantes, são "calmos", até jubilosos, a despeito dos sentimentos dolentes de compaixão que procuram em vão se apossar dele. Essa capacidade de sentir e doar tamanha compaixão ante o sofrimento, sem perder, pela compaixão, nada de sua resistência e fortaleza, é uma qualidade nobre, às vezes encontrada em almas como a de Edgar, naturalmente leves e igualmente religiosas. Pode ser característico dele até mesmo o fato de, quando Lear está sendo tragado pela morte, procurar soerguê-lo e trazê-lo de volta à vida. "Erguei o olhar, Senhor!", exorta. É Kent quem sente que

> *he hates him,*
> *That would upon the rack of this tough world*
> *Stretch him out longer.*
>
> [é inimigo dele,
> Quem ainda pretender, na roda de torturas deste mundo perverso
> Estirá-lo ainda mais.]

Kent é, dentre os personagens de Shakespeare, um dos mais queridos. É amado por ser o que é, mas também por causa de Cordélia e de Lear. Somos gratos a ele porque defende Cordélia e porque, quando não a vemos, é ele quem a mantém amiúde em nossa lembrança. E podemos ver o quanto esses dois se amam no momento em que se encontram. No entanto, não é Cordélia a pessoa que Kent mais ama. Seu amor por Lear é a paixão da sua vida: *é a sua vida*. No início, enfrenta a ira de Lear mais por Lear que por Cordélia[16]. No final, é como se só visse a morte de Cordélia à luz da agonia de Lear. Tampouco limita-se a amar fervorosamente o seu senhor, como Cordélia ama o pai. Essa palavra, "senhor", e o apelo de Kent à autoridade que via no semblante do velho rei são significativos. Ele pertence a Lear, corpo e alma, como um cão pertence a seu amo e a seu deus. O rei, para ele, não é velho, decadente, insensato, patético: continua sendo terrível, majestoso, soberano entre os homens.

Pelos olhos dele, vemos Lear na plenitude de sua forma, algo que Cordélia nunca viu. Kent nunca se esquece de Lear. Nas cenas de tempestade, mesmo depois que o rei enlouquece, Kent nunca se dirige a ele sem os antigos tratamentos, "Vossa Graça", "meu amo", "Senhor". Quão significativo é o fato de, na cena da recuperação de Lear, Kent dirigir-se a ele apenas uma vez: é quando o rei pergunta "Eu estou na França?" e ele responde "Em vosso próprio reino, meu senhor".

Ao representar o papel de um criado sem papas na língua e excêntrico, Kent mantém muito do seu caráter próprio. A excentricidade parece encenação, mas o modo franco que provoca seu castigo no tronco não é senão uma caricatura da franqueza mostrada na cena de abertura, e Shakespeare sem dúvida cuidou para que fosse um daqueles personagens a quem não amamos menos pelos defeitos que têm. É atrevido e de temperamento explosivo; nobre mas nada hábil ao opor resistência ao rei; poderia perfeitamente ter escolhido palavras mais sábias para defender seu ponto de vista. Mas, como ele mesmo diz, tem mais de coragem que de sensatez. Mostra isso mais uma vez quando torna a se encontrar com Lear na condição de criado, pois faz a conversa com Goneril degringolar de imediato para o confronto direto; e, mais tarde, ao atacar Oswald, a quem detesta tanto que não consegue soltá-lo, dá a Regan e a Cornualha o pretexto para sua inospitalidade. Ninguém ousa desejar que ele seja diferente, mas ele não deixa de ilustrar o fato de que bater a cabeça altruísticamente contra a parede não é a melhor forma de ajudar os amigos.

Um fato a respeito de Kent é frequentemente negligenciado. Trata-se de um homem velho. Diz a Lear que tem 48 anos, mas é evidente que é muito mais velho; não tão velho quanto seu senhor, que tinha "mais de 80 anos" e a quem "amava como a um pai", mas podemos supor que sua idade ultrapassa os 60 anos. Desde a primeira cena temos essa impressão, e na cena com Oswald ela se confirma diversas vezes. Sua barba é grisalha. "Velho arruaceiro", "velho", "velho patife obstinado, senil fanfarrão" – são algumas das expressões dirigidas a ele. "Senhor", diz a Cornualha, "sou velho demais para aprender". Se sua idade não for lembrada, deixamos de perceber toda a beleza de seu desprendimento pessoal, seu carinho inexcedível para com o rei, sua amena indiferença à sorte ou à sina[17]. Perdemos também parte da verdade e do *páthos* contidos na sua sensação de que sua tarefa estava quase terminada. Mesmo no final do Quarto Ato, encontramo-lo a dizer,

> *My point and period will be throughly wrought*
> *Or well or ill, as this day's battle's fought.*

[Pra o bem ou o mal, trava-se hoje a batalha
Meu alvo e fim, a vitória ou a mortalha.]

Seu coração está pronto para se partir quando, com seus braços poderosos, envolve Edgar; a plenos pulmões, como se fosse estourar os céus (quão próprio dele!);

> *threw him on my father,*
> *Told the most piteous tale of Lear and him*
> *That ever ear received; which in recounting*
> *His grief grew puissant, and the strings of life*
> *Began to crack. Twice then the trumpet sounded,*
> *And there I left him tranced;*

[lançou-se sobre meu pai,
e contou dele e de Lear a mais triste história
que ouvidos já ouviram; e, ao contá-la
crescia a sua dor, como se as cordas da vida
rebentassem. Mas duas vezes soou a trompa,
e lá o deixei absorto;]

e um pouco depois, quando ele entra, podemos ouvir a morte em sua voz:

> *I am come*
> *To bid my king and master aye goodnight.*

[Vim aqui
Pra desejar a meu Rei boa-noite.]

Esse desejo toma conta dele inteiro. Quando os corpos de Goneril e Regan são trazidos, limita-se a perguntar: "Ai, que é isto?" Como poderia se importar? Espera apenas por uma coisa. Não lhe resta senão o desejo de ser reconhecido, e implorar por isso se preciso for mesmo com Lear debruçado sobre o corpo de Cordélia; e, mesmo nessa cena de *páthos* inigualável, sentimos uma dor pungente quando ele não recebe o que deseja. É, quiçá, de si mesmo que está falando quando murmura, diante da morte de seu senhor: "Rebenta, coração! Racha, eu te imploro!" Declina do convite de Albânia para tomar parte no governo; sua tarefa está concluída:

> *I have a journey, sir, shortly to go:*
> *My master calls me; I must not say no.*

[Sair já de viagem é minha intenção:
Meu Senhor chama; e não lhe digo não.]

Kent, em sua devoção, sua abnegação, seu galhardo estoicismo, seu desejo de seguir seu senhor depois de morto, tem sido apropriadamente comparado a Horácio. Mas Horácio não é velho; nem possui temperamento explosivo; e, apesar de estóico, é também religioso. Kent, comparado a ele e a Edgar, não se enquadra aí. Não possui a fé imperturbável de Edgar nos "preclaros deuses". Faz referência a eles, com efeito, com menos frequência que à sorte ou às estrelas. Pauta-se na vida sobretudo pelo amor que tem no próprio coração[18].

O bobo ou *clown* no teatro (não será preciso distingui-los aqui) era uma difícil prova para o poeta e o espectador cultos nos tempos de Shakespeare. Provinha das moralidades e era amado pelos *groundlings*. Suas cabriolas, canções, danças, gestos, gracejos, não raro licenciosos, deliciavam-nos, e contribuíam para tornar o drama aquilo que apraz ao vulgo, seja ele abastado ou miserável: um espetáculo de variedades. Mesmo que se restringisse ao que lhe competia fazer, muitas vezes interferia na unidade dramática da obra; e a tentação de comentar jocosamente a cena era forte demais para que lha resistisse. Shakespeare faz Hamlet queixar-se disso de forma enfática. Os críticos e poetas mais cultos foram além e teriam abolido o bobo por completo. Sua participação míngua à medida que o teatro progride, decaindo acentuadamente no fim do século XVI. Jonson e Massinger o excluem. Shakespeare fez uso dele – sabemos com que intuito – como fez uso de todos os demais elementos populares do drama; mas absteve-se de incluí-lo nas peças romanas[19], e não há bobo na última das tragédias puras, *Macbeth*.

Mas o Bobo é um dos triunfos de Shakespeare em *Rei Lear*. Imagine-se a tragédia sem ele, e mal se poderá reconhecê-la. Excluí-lo perturbaria sua harmonia, como a harmonia de um quadro seria desfeita se uma das cores fosse retirada. Podemos quase imaginar Shakespeare voltando para casa depois de uma noite na taverna Mermaid, onde escutara Jonson deblaterar contra os bobos em geral e talvez criticar o Bobo de *Noite de reis* em particular, dizendo de si para si: "Pois bem, meus amigos, mostrar-lhes-ei de uma vez por todas que o mal está em vocês, e não no bobo ou na plateia. Porei um bobo na mais trágica das minhas tragédias. Seu papel não será pequeno. Terá, do início ao fim, a companhia que vocês mais contestam nesse caso, a companhia de um rei. Em vez de entreter as horas ociosas do monarca, ficará ao lado dele exatamente no furor e torvelinho da tempestade. Antes que isso se dê, vocês admitirão, entre risos e lágrimas, que ele é feito da própria essência da vida, que todos os dias de sua vida sempre o conheceram, embora nunca o tenham reconhecido até esse momento, e que prefeririam passar sem Hamlet a perdê-lo."

O Bobo em *Rei Lear* tem sido tema tão dileto de bons críticos que me aterei a um ou dois pontos sobre os quais é possível haver certa divergência de opinião. Supor que o Bobo é, como muitos bobos domésticos daquela época, um homem perfeitamente são fazendo-se passar por parvo é sem dúvida o erro mais grosseiro. Não é difícil imaginar que, tendo um quê de mentecapto, e cumprindo a função de bobo, ele desempenha as obrigações dessa função tanto intencional quanto involuntariamente: é evidente que age assim. Mas, a não ser que suponhamos que ele *tem* um quê de mentecapto, perdemos metade do efeito da sua participação nas cenas de tempestade. O efeito dessas cenas (para expor o problema do modo mais simples possível) depende enormemente da presença dos três personagens, e das afinidades e contrastes entre eles; da nossa percepção de que os desníveis de posição entre rei, Bobo e pedinte-nobre foram aplainados pela massacrante condição de infortúnio; mas também da nossa percepção das diferenças entre os três com relação a uma coisa – a saber, a peculiar afecção psíquica. A loucura do rei difere enormemente, em sua natureza, da loucura do Bobo, e a do Bobo, por sua vez, da loucura do pedinte. Mas a do rei difere da do pedinte não apenas em natureza, mas também no fato de que uma é autêntica e a outra não passa de fingimento. Devemos supor então que a loucura do terceiro personagem, o Bobo, é, a esse respeito, mera repetição da loucura do segundo, o pedinte – que a dele também *não passa* de fingimento? Supor isto não só empobrece drasticamente a impressão provocada pelo trio como um todo, mas também diminui o efeito heroico e patético do caráter do Bobo. Pois seu heroísmo consiste em grande parte nisso, em que os esforços para suavizar, com suas pilhérias, as mágoas de seu amo, são os esforços de uma criatura para quem uma conduta responsável e coerente – e até mesmo o uso responsável da linguagem – é, na melhor das hipóteses, problemática, e de quem isso não é esperado jamais, nem mesmo nas condições mais favoráveis. Trata-se de um heroísmo algo parecido com o do próprio Lear em seu esforço para aprender a ter paciência aos 80 anos. É desnecessário, ou inútil, preocupar-se em derrubar a ideia de que o Bobo é perfeitamente são; pois, no fundo, os argumentos apresentados para esse fim não passariam de simples apelos à evidência de que essa ideia praticamente destrói a poesia do personagem.

Não é o que acontece com outra polêmica, quanto ao Bobo ser um homem maduro ou um rapaz. Nisso, os elementos e as bases para discussão são mais sólidos. É frequentemente tratado por "boy". Isto não é conclusivo; mas é difícil conciliar as primeiras palavras que Lear lhe dirige, "Olá, meu marotinho, como vais?", com a ideia de que se trate de um adulto, e a inserção dessa frase em sua primeira entrada pode indicar o desejo, por parte de Shakespeare, de evitar qualquer dúvida nesse ponto. Como rapaz, ainda, seu contraste com Edgar e também com Lear seria ainda mais intenso nas cenas de tempestade; sua lealdade e coragem pareceriam ainda mais heroicas e tocantes; sua devoção a Cordélia, e a consequente acrimônia de algumas das coisas que diz a Lear, soariam ainda mais naturais. Tampouco parece possuir um conhecimento do mundo que seria impossível para um rapaz espirituoso, porém não propriamente são, que tivesse vivido na corte. O único obstáculo mais sério a esse ponto de vista, quer me parecer, é não termos notícia de já ter sido representado por um rapaz ou jovem antes da montagem de Macready[20].

Mas mesmo que esse obstáculo se impusesse e o Bobo fosse imaginado como um homem maduro, ainda poderíamos insistir que deveria ser concebido como uma criatura tímida, delicada e frágil, que, por isso, e pelas feições do rosto, teria aspecto juvenil[21]. Ele definha aos poucos quando Cordélia vai para a França. Apesar de tomar muitas liberdades com seu amo, deixa-se intimidar por Goneril e guarda o mais absoluto silêncio quando a discussão se acalora. Na terrível cena entre Lear, suas duas filhas e Cornualha (II. iv. 129-289), não diz palavra; já quase esquecemos de sua presença quando, no auge da emoção, Lear subitamente se dirige a ele, desviando o olhar dos rostos detestáveis que o cercavam:

> *You think I'll weep;*
> *No, I'll not weep:*
> *I have full cause of weeping; but this heart*
> *Shall break into a hundred thousand flaws*
> *Or ere I'll weep. O fool, I shall go mad.*

> [Pensais que choro;
> Não, não vou chorar:
> Tenho plenos motivos; mas este coração
> Se partirá em cem mil estilhaços
> Antes que eu chore. Ó Bobo, eu enlouqueço.]

Desde o princípio das cenas de tempestade, apesar de só pensar em seu amo, percebemos por suas palavras que o frio e a chuva são quase mais do que ele pode suportar. Damo-nos conta de sua infantilidade quando sai correndo da choça, aterrorizado pelo louco, gritando para o rei "socorro, socorro!", e o bom Kent o toma pela mão e o protege. Pouco depois, ele exclama: "Esta noite fria acaba fazendo de nós todos bobos e loucos"; e praticamente desse ponto em diante deixa o rei na companhia de Edgar, voltando a falar somente nas últimas cem linhas da cena. No abrigo da "casa campestre" (III. vi.), retorna e reassume seu ofício amoroso; mas, acredito, está correta a crítica que considera relevantes suas últimas palavras. "A ceia fica para amanhã de manhã", diz Lear; e o Bobo responde "E eu vou para a cama dormir ao meio-dia", como se sentisse que tinha aceito a morte. Quando, um pouco depois, o rei está sendo levado numa liteira, o Bobo se queda sentado. Sente-se de tal forma aturdido e exaurido que mal se dá conta do que acontece. Kent precisa erguê-lo com as palavras:

> Come, help to bear thy master,
> Thou must not stay behind.
>
> [Vem, ajuda-me a carregar teu amo,
> Não fiques aí para trás.]

Não nos é dado saber mais que isso. Pois a famosa exclamação "And my poor fool is hanged" refere-se indubitavelmente a Cordélia*; e, mesmo que a intenção fosse mostrar uma associação confusa, na mente de Lear, entre sua filha e o Bobo que tanto a amava (como um idoso que confunde dois de seus filhos), ainda assim ela não nos revela nada do fim que teve o Bobo. Parece com efeito estranho que Shakespeare nos tivesse deixado desse modo na ignorância. Mas já vimos que há muitos sinais de pressa e descuido em *Rei Lear*; e também se pode observar que, se o poeta imaginou o Bobo, no caminho de Dover, morrendo dos efeitos daquela noite na charneca, poderia talvez comunicar essa ideia aos espectadores instruindo o ator a exibir, ao abandonar o palco pela última vez, os sinais reconhecíveis da morte iminente[22].

Algo deve ser dito agora sobre os quatro personagens, Lear, Edgar, Kent e o Bobo, que estão reunidos na charneca sob a tempestade. Não procurei analisar o efeito total dessas cenas, mas um comentário pode ser aduzido. Essas cenas, conforme observamos, dão a ideia de uma convulsão na qual a própria Natureza se une às forças do mal no homem para subjugar os fracos; e são, portanto, uma das principais fontes das mais terríveis impressões produzidas por *Rei Lear*. Mas têm, ao mesmo tempo, um efeito de gênero completamente diverso, porque nelas são mostradas também a força e a beleza da natureza de Lear, e, no caso de Kent, do

---

* "A minha pobre bobinha foi enforcada", na tradução de Millôr Fernandes; "Foi enforcada minha bonequinha", na tradução de Carlos Alberto Nunes. (N. do T.)

Bobo e de Edgar, o ideal do amor fiel e dedicado. Assim, do princípio ao fim dessas cenas experimentamos, misturado à dor, à perplexidade e à sensação de debilidade do homem, um sentimento igualmente forte da sua grandeza; e isso se transforma às vezes num sentimento até mesmo exultante da impotência da calamidade exterior ou da malícia de terceiros contra sua alma. E esse é um dos motivos pelos quais a imaginação e a emoção nessas cenas em nenhum momento nos violentam o íntimo, como nas cenas entre Lear e suas filhas, mas se libertam e se expandem.

5

O personagem de Cordélia não é uma obra-prima de invenção e sutileza como o de Cleópatra; não obstante, de modo muito peculiar, é uma criação igualmente excepcional. Cordélia aparece em apenas quatro das vinte e seis cenas de *Rei Lear*; ela fala – é difícil acreditar – pouco mais que cem linhas; e, mesmo assim, nenhum personagem de Shakespeare é mais absolutamente singular ou se fixa mais indelevelmente na memória de seus leitores. Existe uma harmonia, estranha mas talvez intencional, entre o personagem em si e esse método comedido e parcimonioso de representá-lo. Uma expressividade quase inesgotável conquistada por meio da frugalidade de expressão; a sugestão de infinito encanto e profundidade feita pela própria opção de não revelar esse encanto em discurso aberto – essa é, a um só tempo, a natureza de Cordélia e a principal característica da técnica de Shakespeare ao representar essa natureza. Talvez não seja demais ver um paralelo no delineamento que ele faz de um personagem muito diferente, Hamlet. Era natural para Hamlet autoexaminar-se minuciosamente, entregar-se a demoradas reflexões sobre sua própria pessoa, e, não obstante, permanecer um mistério para si mesmo; o método que Shakespeare empregou na conformação do personagem explica isso; sendo extremamente minucioso e perquiridor, seu efeito é, não obstante, o de intensificar a sensação de mistério. O resultado difere de acordo com cada caso. Ninguém hesita em discorrer longamente sobre Hamlet, que fala tanto de si mesmo; mas empregar tantas palavras com relação a Cordélia soa como uma espécie de heresia.

Sou obrigado a falar dela sobretudo porque a devoção que inspira quase que inevitavelmente eclipsa seu papel na tragédia. Essa devoção se compõe, por assim dizer, de dois elementos contrários, reverência e piedade. O primeiro, por ser a natureza de Cordélia mais elevada do que a da maioria até mesmo das heroínas de Shakespeare. Ao lado da delicadeza de Viola ou de Desdêmona, ela possui algo da resolução, do poder e da dignidade de Hermione, e nos lembra às vezes Helena, às vezes

Isabella, apesar de não possuir nenhum dos traços que impedem Isabella de conquistar nosso coração. Sua defesa da verdade e do certo, sua lealdade a eles, até mesmo o tom grave que a acompanha, em vez de suscitarem simples respeito e admiração, revelam-se adoráveis numa natureza tão dócil quanto a de Cordélia. É celestial e santificada, e, não obstante, não sentimos nenhuma contradição no amor do rei de França por ela, como sentimos no amor do Duque por Isabella.

Mas, a essa reverência e veneração, vem juntar-se na cabeça do leitor o impulso de proteção, de piedade, até mesmo de proteger a piedade. Ela é tão profundamente injustiçada, e mostra-se, em que pese toda a sua força, tão indefesa. Nós a vemos como que incapaz de falar por si. Imaginamo-la muito jovem, delicada e franzina[23]. "A voz dela era doce, terna, baixa"; sempre assim, quer o tom fosse conciliador, reprovador, ou amoroso[24]. De todas as heroínas de Shakespeare, foi a que conheceu menos alegrias. Cresceu tendo por irmãs Goneril e Regan. Até mesmo seu amor pelo pai devia estar mesclado à dor e à aflição. Deve ter aprendido cedo a disciplinar e reprimir as emoções. Nunca conheceu o êxtase do amor juvenil: não há nenhum traço de amor assim pelo rei de França. Cumpria-lhe ferir, profunda e conscientemente, seu ente mais querido. Este a rejeita; e, depois de sofrer profundamente por ele, e antes que possa vê-lo protegido na morte, é brutalmente assassinada. Temos de agradecer ao poeta por ter sido brando ao tratar das circunstâncias de sua morte. Não pensamos nessas circunstâncias. Sua imagem surge diante de nós serena, clara e silenciosa.

A lembrança de Cordélia, assim, surge como que destacada da ação do drama. O leitor se recusa a admitir nessa lembrança qualquer ideia de imperfeição, e é tomado de indignação quando qualquer parte do sofrimento do pai é atribuída ao papel desempenhado por ela na cena de abertura. Por ter sido profundamente injustiçada, ele está pronto a reconhecer sem ressalvas que ela estava coberta de razão. Ou seja, recusa-se a adotar o ponto de vista trágico, e, quando este é adotado, imagina que Cordélia está sendo vitimada, ou que aqueles que o adotam a consideram declaradamente "merecedora" de tudo que se abateu sobre ela. Mas o ponto de vista trágico era o de Shakespeare. Ele mostrou na cena de abertura uma situação trágica tanto para Cordélia como para Lear. No momento em que confluem graves questões, o Destino exige dela a única coisa que ela não seria capaz de dar. Como já disse ao falar de Desdêmona, trata-se de uma exigência que outras heroínas de Shakespeare teriam sido capazes de atender. Sem perder o respeito por si mesmas, e evitando até parecerem estar buscando algo em troca, elas teriam sido capazes de fazer o velho e estouvado rei perceber o quanto era bem amado. Cordélia não, porque é Cordélia. E, assim, ela não só é rejeitada e banida, como seu pai fica à mercê de suas irmãs. E a causa dessa omissão por parte dela – omissão mil vezes redimida – é uma combinação na qual a imperfeição surge tão intimamente mesclada às qualidades mais nobres que – se fizermos jus a Shakespeare – não nos ocorrerá quer justificá-la, quer condená-la: sentiremos apenas as emoções trágicas do medo e da piedade.

Nessa omissão, aquele traço evidente ao qual já fiz referência desempenha um papel importantíssimo. Cordélia, com efeito, não é sempre lacônica, como inúmeras passagens do drama, e mesmo dessa cena, mostram claramente. Mas a ternura, e sobretudo o amor terno pela pessoa a quem deve se dirigir, a deixa sem fala. Seu amor, como diz, é mais denso que seu discurso[25]:

> *Unhappy that I am, I cannot heave*
> *My heart into my mouth.*

> [Infeliz que sou, não posso guindar
> O coração à boca.]

Essa palavra tão expressiva, "heave", é repetida na passagem em que ela recebe a carta de Kent:

Faith, once or twice she heaved the name of 'Father'
Pantingly forth, as if it press'd her heart:

[Em verdade, uma ou duas vezes arrancou de si o nome "Pai"
Ofegante, como se lhe pesasse no coração:]

duas ou três exclamações lhe escapam dos lábios, e ela "sai" depressa "para ficar a sós com sua angústia". O mesmo traço reaparece com inefável beleza nas repetições embargadas com as quais procura responder ao pai no momento em que ele recobra a sanidade:

Lear.	*Do not laugh at me;*
	For, as I am a man, I think this lady
	To be my child Cordelia.
Cor.	*And so I am, I am.*
Lear.	*Be your tears wet? yes, faith. I pray, weep not;*
	If you have poison for me, I will drink it.
	I know you do not love me; for your sisters
	Have, as I do remember, done me wrong:
	You have some cause, they have not.
Cor.	*No cause, no cause.*

Lear	Ninguém se ria de mim;
	Pois tão certo como acredito-me um homem, me parece que esta dama
	É minha filha Cordélia.
Cor.	Pois sou, pois sou.
Lear	Vossas lágrimas são úmidas? Sim, são mesmo. Não choreis, por favor;
	Se me derdes veneno, bebo-o todo.
	Sei que não me amais; pois vossas irmãs,
	Lembro-me bem, me maltrataram muito:
	E vós tendes motivo, elas não tinham.
Cor.	Motivo algum, motivo algum.

Vemos esse traço pela última vez, realçado por Shakespeare de modo claramente intencional, na sua incapacidade de responder uma sílaba às últimas palavras que ouvimos lhe dirigir o pai:

No, no, no, no! Come, let's away to prison:
We two alone will sing like birds i' the cage:
When thou dost ask me blessing, I'll kneel down,
And ask of thee forgiveness: so we'll live,
And pray, and sing, and tell old tales, and laugh
At gilded butterflies....

[Não, não, não, não! Vem, vamos para a prisão:
Nós dois juntos cantaremos qual pássaros na gaiola.
Se me pedes a bênção, ajoelho-me,
E peço-te perdão: viveremos assim,
Em preces, cantos, contando-nos velhas histórias, rindo-nos
Das borboletas douradas...]

Ela permanece onde está e chora, e sai com ele em silêncio. Não tornamos a vê-la com vida.

Mas (sou obrigado a insistir no assunto porque estou certo de que negligenciá-lo é não fazer jus a Shakespeare) essa taciturnidade do seu amor não foi a única responsável pelo mal-entendido. Se tudo se resumisse a isso, até mesmo Lear poderia ter visto o amor nos olhos de Cordélia quando, diante da pergunta: "Que dizes para fazer jus a um terceiro quinhão mais opulento que o de suas irmãs?", ela responde: "Nada". Mas ela não se limita a ficar em silêncio ou a simplesmente responder "Nada". Diz-lhe que o ama "de acordo com o dever filial, nem mais, nem menos"; e a resposta dele:

How now, Cordelia! mend your speech a little,
Lest it may mar your fortunes,

[Que dizes, Cordélia! Emenda a tua fala,
Ou arruínas tua sorte,]

de tal forma intensifica o horror diante da hipocrisia de suas irmãs que ela responde:

> *Good my Lord,*
> *You have begot me, bred me, loved me: I*
> *Return those duties back as are right fit,*
> *Obey you, love you, and most honour you.*
> *Why have my sisters husbands, if they say*
> *They love you all? Haply, when I shall wed,*
> *That lord whose hand must take my plight shall carry*
> *Half my love with him, half my care and duty:*
> *Sure, I shall never marry like my sisters,*
> *To love my father all.*

> [Bom Senhor,
> Vós me gerastes, criastes, amastes:
> E eu o retribuo como é justo,
> Obedeço-vos, amo-vos, honro-vos.
> Por que minhas irmãs têm seus esposos, se dizem
> Que todo o amor delas é vosso? É provável, que vindo a me casar,
> O nobre que me pedir a mão leve com ele
> Metade do meu amor, como de meus cuidados e deveres:
> Não vou casar-me como as minhas manas,
> Para amar só a meu pai.]

Que palavras para os ouvidos de um velho pai desprovido de razoabilidade, autoritário, mas profundamente terno, ultrajante nas próprias manifestações de predileção e cego ao ultraje da exigência de protestos de amor! Absoluta perplexidade, ira, amor ferido lutam dentro dele; mas por um momento se contém e pergunta:

But goes thy heart with this?

[Na tua fala vai teu coração?]

Imagine-se a resposta de Imogen! Mas Cordélia responde:

> *Ay, good my lord.*
> Lear.   *So young, and so untender?*
> Cor.   *So young, my lord, and true.*

[Sim, meu bom senhor.
Lear Tão jovem, e tão insensível?
Cor. Tão jovem, meu Senhor, e verdadeira.]

Sim, "celestialmente verdadeira". Mas a verdade não é o único bem no mundo, nem o dever de dizer a verdade é o único dever. Cumpria aqui preservá-la, mas também preservar um pai. E mesmo que a verdade *fosse* o único e exclusivo dever, dizer bem menos do que a verdade não é dizê-la. E a fala de Cordélia não se limita a dizer bem menos do que a verdade sobre o amor que sente; efetivamente distorce a verdade ao deixar subentendido que dar amor ao marido é tirá-lo do pai. Realmente, não pode haver fala mais infeliz.

Quando Isabella vai implorar pela vida de seu irmão junto a Ângelo, seu horror ao pecado do irmão é tão intenso, e sua percepção da justiça dos motivos da recusa de Ângelo é tão clara e aguda, que ela está pronta para desistir do apelo antes mesmo de começar a fazê-lo; é o que faria, mas o cordial e dissoluto Lúcio a repreende por sua frieza e manda que prossiga. A aversão de Cordélia à hipocrisia e à mais sutil demonstração de interesse venal nos lembra a aversão de Isabella ao vício; mas a situação de Cordélia é infinitamente mais difícil, e, além disso, misturado a essa aversão existe um quê de confronto pessoal e de orgulho. As palavras de Lear,

Let pride, which she calls plainness, marry her![26]

[Que o orgulho, que ela chama de franqueza, a despose!]

são monstruosamente injustas, mas têm um grão de verdade; e, com efeito, não era possível que um caráter tão forte quanto o de Cordélia, e com tamanho senso de dignidade, não sentisse ali nem um pouco de orgulho ou indignação. Esse aspecto da sua natureza é enfaticamente demonstrado no linguajar que dirige às irmãs na primeira cena – linguajar perfeitamente justo, mas pouco adequado para comover-lhes o coração em relação ao pai – e novamente nas últimas palavras que a ouvimos dizer. Ela e o pai são trazidos, prisioneiros, para o acampamento adversário; mas ela só vê Edmundo, e não os "grandes" de cujo bel-prazer dependia o seu destino e o de seu pai. Não está muito preocupada consigo; sabe enfrentar as adversidades:

For thee, oppressed king, am I cast down;
Myself could else out-frown false fortune's frown.

[Por vós, rei oprimido, estou abatida;
Por mim, poderia, carrancuda, enfrentar as carrancas da Fortuna.]

Sim, era desse modo que enfrentaria o destino, encarando-o sobranceira, inclusive como Goneril o faria; tampouco, se seu pai já estivesse morto, teria resultado demasiado improvável a história falsa que deveria ser contada sobre a morte dela, pela qual, como Goneril, "suicidara-se". Então, depois das firmes palavras sobre a fortuna, pergunta subitamente:

Shall we not see these daughters and these sisters?
[Não as veremos nós, essas irmãs e essas filhas?]

Estranhas últimas palavras para ouvirmos de uma criatura tão adorada e amada; mas quão característico! Seu tom é insofismável. Tenho minhas dúvidas se ela teria implorado às irmãs pela vida do pai; e, se tivesse empreendido semelhante tarefa, seu desempenho não teria sido senão pífio. Tampouco nosso sentimento em relação a ela se modifica um til por causa disso. Mas o que vale para Kent e o Bobo[27] vale, guardadas as proporções, para ela. Qualquer um deles teria de bom grado enfrentado cem mortes para ajudar o rei Lear; e, com efeito, ajudam sua alma; mas prejudicam sua causa. Estão todos envolvidos na tragédia.

Por que Cordélia morre? Quero crer que nenhum leitor jamais deixou de fazer essa pergunta, e de fazê-la sentindo algo mais que dor; sentindo, mesmo que apenas por um instante, perplexidade ou consternação, e talvez até um quê de protesto. Esses sentimentos são provavelmente mais fortes aqui do que diante da morte de qualquer outro personagem importante de Shakespeare; e pode parecer um flagrante contrassenso afirmar que o mais sutil elemento de reconciliação surge misturado a esses sentimentos, ou tem lugar depois deles. Não obstante, me parece indubitável que semelhante elemento está presente, embora seja difícil determinar sua natureza ou apontar sua origem. Tentarei fazer isso, expondo-o de forma metódica.

(*a*) Ele não se deve, em nenhum grau detectável, ao fato, que acabamos de examinar, de Cordélia concorrer com sua imperfeição trágica para o conflito e a catástrofe; e chamei a atenção para essa imperfeição sem sugerir nenhum nexo com o problema que investigamos aqui. Os críticos que a salientam nesse ponto da peça certamente não fazem justiça à imaginação de Shakespeare; e ainda mais equivocados estão aqueles que enfatizam a ideia de que Cordélia, ao mobilizar um exército estrangeiro para ajudar o pai, era traidora de seu próprio país. Quando ela morre, nós a vemos, efetivamente, do mesmo modo como vemos Ofélia e Desdêmona, uma vítima inocente colhida na convulsão provocada pelo erro ou dolo de terceiros.

(*b*) Ora, essa destruição do bem pelo mal de terceiros é um dos fatos trágicos da vida, e ninguém pode ser contra a sua representação, dentro de certos limites, dentro da arte trágica. E, além disso, aqueles que por causa disso deblateram contra a natureza das coisas, deblateram sem pensar. Trata-se evidentemente do outro lado do fato de que os efeitos do bem se espalham muito além daquele que o pratica; e deveríamos nos perguntar se faz sentido desejar (na hipótese de isto ser viável) a supressão desse fato de dois lados. Não obstante, o quê de reconciliação que experimentamos ao deparar com a morte de Cordélia não se deve, ou se deve apenas em pequeníssima medida, à percepção de que esse evento é fiel à vida, admissível na tragédia e exemplo de uma lei cuja revogação não se pode em sã consciência desejar.

(*c*) Qual será então a natureza desse sentimento, e de onde ele provém? Quero crer que nos daremos conta de que esse sentimento não se restringe a *Rei Lear*, mas está presente no desfecho de outras tragédias; e que o motivo pelo qual tem força fora do comum no desfecho de *Rei Lear* jaz exatamente naquela peculiaridade do desfecho que também suscita – pelo menos por um instante – perplexidade, consternação ou protesto. O sentimento a que me refiro é a impressão de que o ser heroico – apesar de, em certo sentido, e externamente, ter fracassado – é, sob outros aspectos, superior ao mundo no qual se movimenta; de algum modo que não procuramos definir, não é atingido pela calamidade que se abate sobre ele; em vez disso, é antes libertado da vida do que privado dela. Sentimento semelhante a esse – sentimento que, pela descrição feita, pode ocorrer mesmo naqueles que discordariam da descrição – temos sem dúvida, em graus diversos, diante da morte de Hamlet, de Otelo e de Lear, e de Antônio e Cleópatra e Coriolano[28]. Ele acompanha as impressões trágicas mais características, e, considerado à parte, não poderia ser considerado trágico. Pois parece implicar (embora provavelmente não tenhamos muita consciência dessa implicação) a ideia de que, se fosse aprofundado, mudaria a visão trágica das coisas. Implica que o mundo trágico, tal como se apresenta, com todos os seus erros, dolos, fracassos, pesares e perdas, não é a realidade final, mas apenas uma parte da realidade destacada do todo, e, quando vista assim destacada, ilusória; e que se pudéssemos enxergar o todo, e os fatos trágicos ocupando seu verdadeiro lugar dentro desse todo, nós os veríamos não extintos, é claro, mas de tal modo transmudados que deixariam de ser estritamente trágicos – veríamos, talvez, o sofrimento e a morte significando pouco ou nada, a grandeza da alma significando muito ou tudo, e o espírito heroico, apesar do fracasso, mais próximo da essência das coisas do que os seres menores, mais prudentes e talvez até "melhores" que sobreviveram à catástrofe. O sentimento que procurei descrever, tal como acompanha as emoções trágicas mais óbvias diante da morte dos heróis, se aproxima dessa ideia[29].

Ora, esse sentimento é suscitado com intensidade extraordinária pela morte de Cordélia[30]. Não se deve à percepção de que ela, como Lear, se acrisolou pelo sofrimento; sabemos que sofreu e se reergueu nos tempos de prosperidade dele. É simplesmente o sentimento de que o que acontece a semelhante criatura não importa; só importa o que ela é. Como isso é possível quando, por tudo que a tragédia nos mostra, ela não existe mais, isto não perguntamos; mas a própria tragédia nos faz sentir que é assim, de um jeito ou de outro. E a força com a qual essa impressão se nos inculca depende, em grande parte, exatamente do fato que provoca nossa perplexidade ou protesto, segundo o qual a morte dela, seguindo-se à morte de todos os personagens maus, e selada por uma inexplicável hesitação de Edmundo no sentido de salvá-la, nos parece não o desfecho inevitável da sequência de eventos, mas um golpe seco do destino ou do acaso. A força da impressão, portanto, depende da própria intensidade do contraste entre o externo e o interno, entre a morte de Cordélia e a alma de Cordélia. Quanto mais imotivado, imerecido, absurdo, monstruoso é o seu destino, mais sentimos que não condiz com ela. O extremo da desproporção entre a bondade, de um lado, e aquilo que prevalece nos fatos externos, de outro, primeiro nos choca; e, em seguida, faz nascer de súbito em nós a convicção de que, quando pedimos que a bondade prevaleça ou alimentamos essa esperança, estamos fundamentalmente errados; de que, se pudéssemos enxergar as coisas como elas são, veríamos que o externo não significa nada e o interno é tudo.

E semelhante ideia (a qual, para que ficasse clara, expus, e continuo expondo, de modo a um só tempo muito enfático e bastante minucioso) permeia de fato toda a peça. Quer Shakespeare soubesse disso ou não, ela está presente. Quase poderia afirmar que a "moral" de *Rei Lear* está expressa na ironia desta colocação:

Albany. *The gods defend her!*
Enter Lear with Cordelia dead in his arms.

   [Albânia. Defendam-na os deuses!
Entra Lear com Cordélia morta em seus braços.]

Dir-se-ia que os "deuses" *não* mostram sua aprovação "defendendo" os seus da adversidade ou da morte, ou conferindo-lhes força e prosperidade. Essas coisas, pelo contrário, são inúteis, ou pior que isso; não é sobre elas, mas sobre a renúncia a elas, que os deuses lançam incenso. Elas fomentam a cupidez, o orgulho, a dureza do coração, a arrogância hierárquica, a crueldade, o escárnio, a hipocrisia, a hostilidade, a guerra, o assassinato, a autodestruição. A totalidade da trama se encarrega de incutir esse libelo contra a prosperidade em nosso cérebro. As grandes falas de Lear durante sua loucura proclamam esse libelo como as invectivas de Tímon contra a vida e o homem. Mas aqui, como em *Tímon*, os pobres e humildes são, praticamente sem exceção, nobres e brandos de coração, fiéis e misericordiosos[31]. E, aqui, a adversidade, para os abençoados em espírito, é abençoada. Ela extrai a fragrância da flor esmagada. Faz brotar dos corações empedernidos sentimentos compassivos que os tempos de prosperidade haviam embotado. Limpa os olhos da alma cegando os do corpo[32]. Durante todo o estupendo Terceiro Ato, vemos os bons se tornando melhores em função do sofrimento e os maus piorando em função do êxito. O confortável castelo é um vestíbulo do inferno, a charneca batida de tempestade um santuário. O juízo desse mundo é uma mentira; seus bens, que cobiçamos, nos corrompem; seus males, que nos massacram fisicamente, libertam-nos a alma;

Our means secure us[33], *and our mere defects*
Prove our commodities.

[Nossas posses inspiram-nos confiança, mas nossas privações
Podem se mostrar benfazejas.]

Renunciemos ao mundo, odiemo-lo e perdâmo-lo de bom grado. A única coisa real nele é a alma, com sua coragem, paciência, devoção. E nada exterior pode atingi-la.

Eis, se nos apraz a palavra, o "pessimismo" de Shakespeare em *Rei Lear*. Conforme vimos, não é esse, de modo algum, o espírito total da tragédia, a qual mostra o mundo como um lugar onde o bem celestial se desenvolve lado a lado com o mal, onde o mal extremo não pode durar muito e onde tudo que sobrevive à tempestade é bom, se não grandioso. Seja como for, essa linha de raciocínio, segundo a qual o mundo se apresenta como o reino do mal e, portanto, como desprezível, permeia a tragédia, e bem pode ser o registro de muitas horas de sentimentos angustiantes e penosas meditações. Levada mais longe e tendo espaço para se alastrar, destruiria a tragédia; pois é necessário que, na tragédia, sintamos que o sofrimento e a morte têm enorme importância e que não se justifica renunciar à felicidade e à vida como se fossem desprezíveis. Levada mais longe, ainda, conduziria à ideia de que o mundo – na óbvia forma como se apresenta, a qual a tragédia não pode dissipar sem dissipar a si própria – é pura ilusão. E sua inclinação para essa ideia é detectável em *Rei Lear* na forma do conceito segundo o qual esse "mundo tão grande" é transitório, ou "esvair-se-á em nada" como o pequeno mundo chamado "homem" (IV. vi. 137), ou da noção de que a humanidade destruirá a si mesma[34]. Mais tarde, naquela que foi provavelmente a última obra completa de Shakespeare, *A tempestade*, essa noção da transitoriedade das coisas aparece, lado a lado com o sentimento mais simples de que a vida do homem é um sonho ou ilusão, em algumas das linhas mais famosas já escritas por ele:

> *Our revels now are ended. These our actors,*
> *As I foretold you, were all spirits and*
> *Are melted into air, into thin air:*
> *And, like the baseless fabric of this vision,*
> *The cloud-capp'd towers, the gorgeous palaces,*
> *The solemn temples, the great globe itself,*
> *Yea, all which it inherit, shall dissolve*
> *And, like this insubstantial pageant faded,*
> *Leave not a rack behind. We are such stuff*
> *As dreams are made on, and our little life*
> *Is rounded with a sleep.*
>
> [Nossos festejos terminaram. Como vos preveni,
> Eram espíritos todos esses atores e
> Dissiparam-se no ar, sim, no ar impalpável:
> E, tal como o grosseiro substrato desta vista,
> As torres que se elevam para as nuvens, os palácios maravilhosos,
> Os templos solenes, o próprio globo imenso,
> Com tudo o que contém, hão de sumir-se,
> Como se deu com essa visão tênue,
> Sem deixarem vestígio. Somos feitos da matéria
> Dos sonhos, e a nossa vida pequenina
> É terminada pelo sono.]

Essas linhas, destacadas de seu contexto, são do conhecimento de todos; mas, em *A tempestade*, são cênicas, além de poéticas. A súbita eclosão da ideia nelas expressa tem uma causa específica e muito significativa; e, como nunca a vi sendo apontada, é o que farei agora.

Próspero, por meio de seus espíritos, faz representar diante de Ferdinando e Miranda um espetáculo em que figuram deusas, de tal modo majestoso e harmônico que, aos olhos do jovem, diante de semelhante pai e semelhante esposa, o lugar se lhe afigura o Paraíso – como talvez o mundo se afigurasse outrora para Shakespeare. Então, a um comando de Íris, tem início uma dança entre ninfas e segadores, tostados de sol, exauridos das labutas de agosto, mas agora em seus trajes feriados. Entretanto, quando a dança está perto de terminar, Próspero "estremece subitamente, e fala"; e as imagens desaparecem. E o que ele "fala" é revelado nestas linhas, que abrem a famosa passagem que acabamos de citar:

> Pros. *I had forgot that foul conspiracy*
> *Of the beast Caliban and his confederates*
> *Against my life: the minute of their plot*
> *Is almost come.* [To the Spirits.] *Well done! avoid; no more.*
> Fer.   *This is strange; your father's in some passion*
> *That works him strongly.*
> Mir.   *Never till this day*
> *Saw I him touch'd with anger so distemper'd.*
> Pros. *You do look, my son, in a moved sort,*
> *As if you were dismay'd: be cheerful, sir.*
> *Our revels....*
>
> [Prós.   [À parte] Por pouco não me esquece a traça infame
> Do animal Calibã e de seus cúmplices
> Contra a minha existência. Estamos quase no minuto
> Da trama combinada. [Aos espíritos.] Muito bem! é o bastante; ide-vos todos.
> Fer.   Curioso como vosso pai se encontra sob violenta paixão.
> Mir.   A não ser hoje
> Nunca o vi externar tão forte cólera.
> Prós.   Pareceis, meu filho, um tanto inquieto,
> Como quem sente medo: Criai ânimo, senhor.
> Nossos festejos...]

E então, depois do trecho famoso, segue-se este:

>   *Sir, I am vex'd:*
> *Bear with my weakness; my old brain is troubled;*
> *Be not disturb'd with my infirmity;*
> *If you be pleased, retire into my cell*
> *And there repose: a turn or two I'll walk,*
> *To still my beating mind.*
>
>   [Reconheço, senhor, que estou confuso:
> Suportai-me, vos peço, é da fraqueza; enturva-se-me o cérebro já velho;
> Não vos amofineis com minha doença;

Caso vos for do agrado, entrai na cela
Para aí repousardes: enquanto isso, darei algumas voltas,
Para acalmar-me a mente a martelar.]

Dir-se-ia que o que vemos aqui é a própria mente de Shakespeare em seus últimos anos. O que desperta em Próspero primeiro uma "paixão" de fúria, e, pouco depois, melancolia e o pensamento místico segundo o qual o vasto mundo deve desaparecer por completo e o homem não passa de um sonho, é a súbita lembrança do mais profundamente abjeto e incurável mal entrevisto no "monstro" – que ele procurou em vão soerguer e docilizar – e nos cúmplices humanos desse monstro. É isso, que não passa de uma repetição da experiência anterior de traição e ingratidão, que desafia sua inteligência já cansada, faz sua mente "martelar"[35] e incute nele a sensação de irrealidade e impermanência do mundo e da vida que são assediados por esse mal. E, apesar de Próspero ser capaz de condoer-se e perdoar, nada leva a crer que acredite na possibilidade de cura desse mal, seja no caso do monstro, do "demônio de nascença", seja no dos vilões mais nefandos, os "piores que demônios", a quem repudia com tanta veemência. Mas aprendeu a ter paciência, passou a considerar sua raiva e repulsa como fraqueza ou insegurança, e não permitirá que jovens e inocentes sofram com isso. Assim, na época de *Rei Lear*, o que enchia a alma de Shakespeare de horror era, fundamentalmente, o poder desse mal "monstruoso" e absolutamente incurável do "vasto mundo", e ainda o que, talvez, obrigou-o por vezes a curvar-se sob o peso da misantropia e do desespero, a clamar "Não, não, vida, não!" e a buscar abrigo na ideia de que essa febre paroxística é um sonho que deverá se desfazer em breve em sono tranquilo; até que, para libertar-se da substância deletéria que sobrecarregava seu coração, mobilizou em seu favor sua "arte tão forte", e submeteu essa substância à forja que a transformou na música tempestuosa de seu mais extraordinário poema, o qual parece rogar,

You heavens, give me that patience, patience I need,

[Ó céus, dai-me paciência, de paciência eu necessito,]

e, como *A tempestade*, exortar-nos do início ao fim: "Tens de ter paciência", "tende pensamentos calmos, pacientes"[36].

CONFERÊNCIA IX

Macbeth

Das quatro grandes tragédias, é provável que *Macbeth* tenha sido a última a ser escrita, precedendo imediatamente *Antônio e Cleópatra*[1]. Nesta última, o estilo final de Shakespeare surge pela primeira vez completamente formado, e a transição para esse estilo é muito mais inequivocamente visível em *Macbeth* do que em *Rei Lear*. Não obstante, a certos respeitos, *Macbeth* lembra mais *Hamlet* do que *Otelo* e *Rei Lear*. Em ambas as peças, a evolução da ideia abstrata para a decisão crucial e a ação é penosa para os protagonistas, e desperta o mais agudo interesse. Em nenhuma delas, como acontece em *Otelo* e *Rei Lear*, o *páthos* do sofrimento está entre os efeitos principais. O mal, também, apesar da sanha com que se apresenta em *Macbeth*, não é a desumanidade de gelo ou de pedra de Iago ou Goneril; e, como em *Hamlet*, faz-se acompanhar de remorso. Finalmente, Shakespeare já não circunscreve a ação às influências puramente humanas, como nas duas tragédias precedentes; o fantástico mais uma vez ocupa os espaços, fantasmas abandonam seus túmulos, um bruxuleio sobrenatural tremula sobre a fronte do condenado. A especial popularidade de *Hamlet* e *Macbeth* deve-se em parte a algumas dessas características em comum, especialmente ao fascínio do sobrenatural, à inexistência de um espetáculo de sofrimento profundo e imerecido, à ausência de personagens que causam horror e repulsa e, não obstante, carecem de grandeza. O leitor que encara Iago a contragosto vê Lady Macbeth com assombro e admiração, pois, embora torpe, ela é também sublime. Toda a tragédia é sublime.

A esse e a outros respeitos, porém, *Macbeth* nos impressiona de um modo muito diferente de *Hamlet*. A dimensão dos personagens principais, o grau de movimento da ação, o efeito sobrenatural, o estilo, a versificação, tudo muda; e muda basicamente na mesma direção. Em muitas partes de *Macbeth*, há na linguagem uma densidade, uma exuberância, uma vivacidade, mesmo uma violência; a graciosidade e até mesmo a fluência, tão notáveis em *Hamlet*, desapareceram quase por completo. Os personagens cruéis, construídos em escala pelo menos tão monumental quanto a de *Otelo*, parecem, às vezes, adquirir estatura quase sobre-humana. A elocução assume em certas partes tom profundamente imponente e vigoroso, que degenera aqui e ali em pedantismo. A majestade solene do espectro do rei em *Hamlet*, surgindo de armadura e mantendo-se em silêncio sob a luz do luar, é trocada por imagens horroríficas entrevistas a custo no ar pestilento, ou reveladas pelo clarão das labaredas de um caldeirão em uma caverna escura, ou no rosto cadavérico de Banquo coberto de sangue, os olhos mortiços. As outras três tragédias abrem com diálogos que conduzem à ação: aqui, a ação irrompe furiosa por entre os ribombos de uma tempestade e os ecos distantes de uma batalha. Precipita-se por sete cenas muito curtas, nas quais o suspense é crescente, até uma crise brutal, à qual chegamos com o assassinato de Duncan, no início do Segundo Ato. Fazendo uma breve pausa e mudando de forma, tudo se acelera novamente com velocidade praticamente inalterada, revelando novos horrores. E mesmo quando diminui a velocidade da ação exterior, o mesmo efeito tem prosseguimento sob outra forma: vemos uma alma torturada por uma agonia que não oferece um momento de descanso, precipitando-se febrilmente para a própria perdição. *Macbeth* é muito mais curta que as outras três tragédias, mas nossa experiência ao percorrê-la é tão densa e profunda que deixa não a impressão de brevidade, mas de velocidade. Trata-se da mais vigorosa, da mais densa, talvez até da mais tétrica das tragédias.

1

Cada tragédia shakespeariana, via de regra, possui uma nota ou atmosfera toda própria, bastante perceptível, por mais difícil que seja descrevê-la. O efeito dessa atmosfera se faz sentir com ênfase incomum em *Macbeth*. Ele se deve a diversas influências que se combinam com aquelas que acabamos de examinar, de tal modo que, agindo e reagindo, formam um todo; e a desolação da charneca ressequida, os planos das bruxas, a culpa na alma do herói, a escuridão da noite, parecem provir de uma única e mesma fonte. Esse efeito é realçado por uma infinidade de pequenos toques, os quais no primeiro momento podem passar quase despercebidos, mas não obstante imprimem sua marca na imaginação. Podemos entrar no exame dos personagens e da ação estudando alguns dos elementos responsáveis por esse efeito geral.

A escuridão, podemos dizer mesmo o negrume, paira sobre toda a tragédia. É notável que quase todas as cenas que mais prontamente vêm à memória aconteçam seja à noite, seja nalgum local sombrio. A visão do punhal, o assassinato de Duncan, o assassinato de Banquo, o sonambulismo de Lady Macbeth, tudo isso acontece em cenas noturnas. As bruxas dançam no ar carregado da tempestade, ou "feiticeiras negras da meianoite" recebem Macbeth numa caverna. O breu da noite é, para o herói, motivo de medo, até mesmo de horror; e o que ele sente se torna o espírito da peça. As luzes baças do crepúsculo no céu ocidental são aqui ameaçadoras: trata-se da hora em que o viajante se apressa para ganhar a segurança da hospedaria e Banquo toma a direção de casa, onde encontrará seus assassinos; a hora quando "a luz agoniza", quando "os agentes tenebrosos da noite se levantam contra a presa", quando uiva o lobo e pia a coruja, e o mirrado assassínio esgueira-se para cumprir seu desígnio. Macbeth conclama as estrelas a parar de cintilar para que seus "negros" desejos não sejam vistos; Lady Macbeth conclama a noite espessa, envolvida na mais sombria fumarada dos infernos. A lua já se pôs e não brilha nenhuma estrela quando Banquo, temendo os sonhos da noite iminente, vai a contragosto para a cama e deixa Macbeth aguardando o toque da sineta. Quando o dia está para nascer, sua luz é "estrangulada", e "prevalece a noite, que sepulta nas trevas a terrena face". Em toda a peça, o sol parece brilhar apenas duas vezes: a primeira, na bela mas irônica passagem na qual Duncan vê as andorinhas voejando ao redor do macabro castelo; e, depois disso, quando, no final, o exército víndice se reúne para livrar a terra de sua vergonha. Dos muitos toques mais sutis que aprofundam esse efeito, destaco apenas um. No caso de Lady Macbeth, a derrocada da natureza se caracteriza por seu medo da escuridão; "ela mantém luz ao seu lado continuamente". E na única expressão de medo que lhe escapa dos lábios mesmo durante o sono, é da escuridão do lugar de tormento que ela fala[2].

A atmosfera de *Macbeth*, entretanto, não se caracteriza pelo negrume sem trégua. Ao contrário, comparada com *Rei Lear* e sua luminosidade gélida, *Macbeth* irradia uma incontestável impressão de cor; trata-se, com efeito, da impressão de uma noite densa interrompida por clarões de luz e de cor, às vezes vivas e até ofuscantes. São as luzes e as cores da tempestade elétrica da primeira cena; do punhal a pairar diante dos olhos de Macbeth, cintilando à meia-noite em pleno ar; da tocha levada pelo criado quando ele e seu amo encontram Banquo atravessando o pátio do castelo a caminho de seus aposentos; novamente, da tocha empunhada por Fleance, que ilumina a morte do pai e é apagada por um dos assassinos; das tochas que ardiam no salão, iluminando o rosto do fantasma e as bochechas lívidas de Macbeth; da fogueira do caldeirão fumegante onde surgiram as aparições na caverna; da vela que iluminou para o médico e a dama de companhia o semblante fatigado e os olhos mortiços de Lady Macbeth. E, acima de tudo, é a cor de sangue. Não pode ser acidente que a imagem de sangue nos seja imposta incessantemente não apenas pelos acontecimentos em si, mas por descrições diretas e até pela repetição da palavra em trechos improváveis de diálogo. As bruxas, depois de sua primeira insólita aparição, mal abandonaram o palco quando entra cambaleante um "homem ensanguentado", retalhado de alto a baixo. Ele fala de um herói cujo "aço brandido fumegava com os sangrentos golpes", que "abriu passagem" até o inimigo e "do umbigo ao queixo descoseu-o". Então, dá conta de uma segunda batalha tão sangrenta que os combatentes pareciam "querer banhar-se nas feridas pestilentas". Que metáforas! Que tétrica imagem aquela com a qual Lady Macbeth se nos apresenta quase ao entrar, quando roga que os espíritos da crueldade lhe adensem o sangue de tal forma que a piedade não possa correr-lhe nas veias! Que imagens a do assassino surgindo à entrada do festim tendo de Banquo "sangue em seu rosto"; do próprio Banquo, "com vinte cortes fundos na cabeça" ou o "cabelo ensanguentado", sorrindo com escárnio para o assassino; de Macbeth olhando fixamente a própria mão, a imaginá-la tingindo de rubro todo o verde do oceano; de Lady Macbeth olhando fixamente a dela, afastando-a do rosto para não sentir o cheiro de sangue que todos os perfumes da Arábia não encobririam! As linhas mais brutais de toda a tragédia são aquelas de seu protesto trêmulo: "Mas quem haveria de imaginar que o velho tivesse tanto sangue?" E não é apenas em momentos assim que tais imagens aparecem. Mesmo na conversa tranquila entre Malcolm e Macduff, Macbeth é imaginado brandindo um cetro ensanguentado, e a Escócia como um país que sangra e recebe todos os dias um novo talho que se soma aos ferimentos antigos. É como se o poeta enxergasse toda a trama através de uma névoa sanguinosa, que tingisse a própria escuridão da noite. Quando Macbeth, antes do assassinato de Banquo, exorta a noite a vendar o olhar meigo do piedoso dia e a reduzir a frangalhos aquele grande vínculo que o faz pálido, até mesmo a mão invisível que deverá rasgar o vínculo é imaginada coberta de sangue.

Examinemos outro ponto. A exuberância, a excelência e a dramaticidade das imagens presentes em algumas dessas passagens marcam *Macbeth* praticamente do início ao fim; e o influxo delas contribui para formar a atmosfera da peça. Imagens como a do bebê arrancado do seio sorrindo e sendo esmigalhado; do doce leite da concórdia derramado no inferno; da terra tiritando de febre; do desmoronamento da armação das coisas; de mágoas ferindo o céu no rosto, de tal modo a fazê-lo ressoar e bradar com sílabas de dor; do espírito torturado em inquieta loucura; da mente cheia de escorpiões; da história narrada por um idiota, cheia de som e fúria – todas mantêm a imaginação agitada num "mar encapelado e violento", mal se permitindo por um momento que descanse com ideias de paz e beleza. Na linguagem e na ação, a peça é marcada por agitação e tormentas. Sempre que as bruxas aparecem, vemos e ouvimos uma tempestade elétrica: quando não estão em cena, ouvimos falar de borrascas que causam naufrágios e de raios assustadores; de intempéries que põem abaixo árvores e igrejas, castelos, palácios e pirâmides; do temível furacão da noite em que Duncan é assassinado; do vento no qual a compaixão vem montada como recém-nascido nu, ou no qual querubins celestes cavalgam. Existe, portanto, algo de excepcionalmente apropriado no grito "Assopra, vento! Vem, ó perdição!" com o qual Macbeth, diante do espetáculo do bosque de Birnam a locomover-se, deixa o castelo às pressas. Alçou-se ao trono num turbilhão e o destino com o qual vai encontrar-se aproxima-se nas asas da tempestade.

Ora, todos esses fatores – as trevas, as luzes e cores que as iluminam, a tempestade que as atravessa, as imagens dramáticas e descomunais – conspiram ao lado da aparição das bruxas e do espectro para infundir horror, e, em alguma medida, também um pavor sobrenatural. Outras influências contribuem para esse efeito. Os quadros invocados pelas simples palavras das bruxas provocam as mesmas sensações – por exemplo, o do marinheiro enfeitiçado em meio à tempestade, nove vezes nove semanas exaurido, dia e noite sem poder ser visitado pelo sono; o da gota de vaporoso veneno pendendo da lua, que, antes de precipitar-se na terra, é recolhida para fins deletérios; o do veneno exsudado pelo sapo, do dedo de um recém-nascido trucidado assim que veio à luz pela própria mãe, do sebo recolhido do cadafalso de um assassino. Na Natureza, ainda, sente-se que algo, condescendendo com a culpa dos mortais e favorecendo malefícios sobrenaturais, encontra-se em ação. Ela opera por meios fantásticos.

Lamentings heard in the air, strange screams of death,
And prophesying with accents terrible,

[Queixas entreouvidas no ar, misteriosos clamores de morte,
Profetizando com hórridos acentos,]

partem de seu seio. A coruja se lamenta durante toda a noite; os cavalos de Duncan se entredevoram furiosos; chega a aurora, mas com ela não vem a luz. Imagens e sons corriqueiros, o canto dos grilos, o crocitar do corvo, o agonizar da luz após o ocaso, o retorno das andorinhas a seus ninhos, tudo é aziago. Então, como que para aprofundar essas impressões, Shakespeare volta a atenção para regiões mais obscuras da criatura humana, para fenômenos que fazem parecer que esta jaz sob o poder de forças secretas que agem sub-repticiamente e independem da sua consciência e vontade: como a recidiva de Macbeth da conversação para o delírio em meio ao qual entrevê, fascinado, a imagem do assassinato, mais e mais a se aproximar; as estranhas coisas que trazia escritas no rosto e nunca pretendera mostrar; a pressão da imaginação produzindo ilusões como a imagem do punhal em pleno ar, a princípio brilhante, depois subitamente manchado de sangue, ou a voz que dizia: "Não durmas mais", e se recusava a silenciar[3]. A essas vêm juntar-se, com frequência, outras alusões ao sono, essa estranha vida semiconsciente do homem; ao infortúnio de perdê-lo; aos sonhos implacáveis provocados pelo remorso; às ideias malditas das quais Banquo está livre durante o dia, mas que o tentam quando dorme; e novamente aos distúrbios e anomalias do sono; nos dois homens, dos quais um, durante o assassinato de Duncan, riu enquanto dormia, enquanto o outro deu o alarme de homicídio; e em Lady Macbeth, que se levanta para reproduzir no sonambulismo as cenas cuja lembrança arrasta-a para a loucura ou o suicídio. Tudo isso tem um único efeito, provocar tensão sobrenatural e, mais que isso, ojeriza ao mal não só em suas manifestações reconhecíveis, mas também sitiando e penetrando o mistério que envolve a nossa natureza. Talvez não exista obra que rivalize com *Macbeth* na produção desse efeito[4].

Ele é acentuado – para abordarmos um último ponto – graças à adoção de um expediente literário. Nem mesmo em *Ricardo III* – que, quanto a isso, como a outros respeitos, guarda semelhanças com *Macbeth* – encontramos tanta ironia. Não me refiro à ironia no sentido ordinário; por exemplo, a falas em que o personagem é intencionalmente irônico, como a de Lennox em III. vi. Refiro-me à ironia do próprio autor, a justaposições irônicas de personagens e eventos e, sobretudo, à "ironia sofocliana" por meio da qual um personagem faz uso de palavras que carregam, para a plateia, além do sentido imediato, um segundo e mais funesto, que lhe é desconhecido e, normalmente, também dos demais personagens em cena. As primeiras palavras pronunciadas por Macbeth:

So foul and fair a day I have not seen,

[Jamais vi dia assim, tão feio e belo,]

são um exemplo para o qual a atenção tem sido chamada com frequência; pois inquietam o leitor quando este se lembra do que dizem as bruxas na primeira cena:

Fair is foul, and foul is fair.
[O belo é feio e o feio é belo.]

Quando Macbeth, voltando a si do delírio assassino, se dirige aos nobres dizendo "Vamos ao rei", suas palavras são inocentes, mas, para o leitor, traem duplo sentido. O comentário de Duncan sobre a traição de Cawdor:

> *There's no art*
> *To find the mind's construction in the face:*
> *He was a gentleman on whom I built*
> *An absolute trust,*
>
> [Arte não há
> Que possa decifrar o caráter de um homem pelo rosto:
> Depositava eu nesse fidalgo
> Absoluta confiança,]

é interrompido[5] pela entrada do traidor Macbeth, que é saudado com efusiva gratidão e uma "absoluta confiança" não menos ardorosa. Já fiz referência ao efeito irônico das magníficas linhas nas quais Duncan e Banquo descrevem o castelo no qual estão prestes a entrar. Para o leitor, as palavras levianas de Lady Macbeth:

> *A little water clears us of this deed:*
> *How easy is it then,*
>
> [Um pouco de água lava o que fizemos:
> Que fácil tudo fica,]

lembram o quadro da cena de sonambulismo. A ideia da fala do porteiro, na qual ele se imagina o guardião das portas do inferno, mostra a mesma ironia. Mesmo caso do contraste entre os sentidos óbvios e ocultos da aparição da cabeça com elmo, da criança ensanguentada e da criança com a árvore na mão. Seria fácil arrolar outros exemplos. Talvez o mais notável seja a resposta de Banquo, partindo para não mais voltar com vida, diante do lembrete de Macbeth, "Não falteis ao festim". "Não, meu senhor", ele diz, e cumpre a promessa. Não pode ser por acidente que Shakespeare se valha com tanta frequência nessa peça de um artifício que concorre para gerar essa impressão geral de desassossego em relação a forças ocultas assediando espíritos que jazem alheios a sua influência[6].

2

Mas é claro que ele contava, para esse fim, com um elemento mais poderoso que qualquer outro já mencionado. Seria inútil falarmos novamente da influência das bruxas sobre a imaginação do leitor[7]. Tampouco acredito que essa influência varie muito de leitor para leitor, a não ser em grau. Mas quando os críticos se põem a analisar o efeito imaginativo, e mais ainda quando, perscrutando-o mais a fundo, tentam identificar a verdade tal como Shakespeare a via ou tal como nós a vemos nessas criações, quase sempre nos apresentam resultados que – ora deturpados, ora insustentáveis – não fazem jus a esse efeito. Isso acontece de dois modos diametralmente opostos. De um lado, atribui-se às bruxas, cuja contribuição para a "atmosfera" de Macbeth é imensa, demasiada influência sobre a ação; às vezes, são vistas como deusas, ou mesmo como parcas, a quem Macbeth era incapaz de resistir. E isso é deturpação. De outro lado, em que pese a enorme influência delas sobre a ação, afirma-se que isso acontece porque não passam de representações simbólicas da culpa inconsciente ou semiconsciente do próprio Macbeth. E isso é insustentável. As poucas observações que tenho a fazer podem traduzir-se numa crítica acerca dessas visões.

(1) Quanto à primeira, Shakespeare acolheu, como subsídios para seus propósitos, as ideias sobre feitiçaria que encontrou entre as pessoas de que se via cercado e em livros como *Discovery* (1584), de Reginald Scot. E acolheu essas ideias sem mudar em nada sua substância. Selecionou e aprimorou, evitando o meramente ridículo, descartando (ao contrário de Middleton) o que era sexualmente repugnante ou estimulante, remanejando ou avivando tudo que pudesse infundir medo ou horror à imaginação ou prendê-la com mistérios. As bruxas, portanto, não são deusas nem parcas, nem, sob nenhum aspecto, seres sobrenaturais. São velhas, pobres e maltrapilhas, esquálidas e detestáveis, cheias de escárnio, cuja ocupação é matar os porcos dos vizinhos ou vingar-se da mulher do marinheiro, a qual se recusara a dividir com elas suas castanhas. Se Banquo conclui, pelas barbas que têm, que não são mulheres, isso apenas prova a sua ignorância: Sir Hugh Evans faria melhor que isso[8]. Nem uma sílaba em *Macbeth* dá a entender que sejam algo além de mulheres. Porém, mais uma vez de acordo com ideias populares, receberam de espíritos malévolos certos poderes sobrenaturais. São capazes de "provocar nevascas, tempestades, trovões etc.". De "transportar-se de um ponto a outro no ar invisível". Podem "manter demônios e espíritos sob a forma de sapos e gatos", Paddock ou Graymalkin. Podem "transferir as sementes das espigas de um lugar para outro". Podem "fazer aparecer

objetos ocultos ou perdidos, e prever as coisas que estão por vir, vendo-as como se fossem presentes". O leitor associará de imediato essas frases e expressões a passagens de *Macbeth*. Todas saíram do primeiro capítulo do livro de Scot, no qual arrola as superstições correntes em seu tempo; e, com relação às bruxas, Shakespeare escreveu muito pouco – ou talvez não tenha escrito nada – que não possa ser encontrado, evidentemente de modo mais prosaico, seja em Scot, seja em alguma outra autoridade perfeitamente acessível[9]. É claro que o Bardo leu em Holinshed, sua maior fonte para a trama de Macbeth, que, segundo a crença geral, as "mulheres" que cruzaram com Macbeth "eram já as *weird sisters**, ou seja (como se costuma dizer), as deusas do destino, ou então ninfas, ou fadas". Mas que importância tem isso? Aquilo que leu na autoridade por ele escolhida não representava nada para seu público, e continua não representando nada para nós, o que não seria o caso se tivesse *adotado* o que leu. Mas não o fez. Não adotou nada a não ser a expressão "weird sisters"[10], que, sem dúvida, não evocava nas plateias londrinas nem as Parcas de uma mitologia nem as Nornas de outra, tanto quanto não evoca hoje. Suas bruxas devem todo o poder aos espíritos; são *"instrumentos da treva"*; os espíritos são seus "mestres" (IV. i. 63). Imaginem-se as Parcas submetidas a mestres! Mesmo que as passagens em que Hécate é mencionada tenham sido criadas por Shakespeare[11], isso não vem em auxílio às bruxas; pois elas devem obediência a Hécate, que é uma deusa ou demônio superior, e não uma parca[12].

Ainda, apesar de a influência das profecias das bruxas sobre Macbeth ser imensa, é mostrado com muita clareza que se trata de influência e nada mais. Não existe na peça o menor sinal de que Shakespeare concebia os atos de Macbeth como fruto da imposição de forças externas, fosse das bruxas, de seus "mestres" ou de Hécate. É inútil, portanto, alegar que semelhante concepção estaria em contradição com toda a sua práti-

....

* Com origem no anglo-saxão *wyrd*, sorte, sinal, fado, a expressão tem sido comumente traduzida por "irmãs fatídicas". Péricles Eugênio da Silva Ramos propõe "Mães-dos-Fados" como forma de preservar, no epíteto das irmãs, "a dignidade mítica que trazem de suas origens", com raízes na mitologia germânica. Lembra-nos ainda que não são chamadas de "bruxas" por Shakespeare, apenas pela mulher do marinheiro em Holinshed e, também, nas rubricas, de pequeno valor. Sem embargo, têm a aparência, adotam as práticas e exibem poderes de bruxas. Acrescenta Péricles, citando M. C. Bradbrook: "Shakespeare combina muitas tradições diferentes, de modo que as *Weird Sisters* ou Três Parcas de Holinshed equipararam-se aos grupos de bruxas de North Berwick em seus ritos malévolos, embora também adquiram o poder do mago de suscitar espíritos e dar-lhes ordens, bem como de predizer o futuro" (in *Macbeth*, São Paulo: Círculo do Livro, 1980. pp. 13-6). (N. do T.)

ca trágica. As profecias das bruxas são mostradas simplesmente como circunstâncias arriscadas com as quais Macbeth tem de se haver: dramaturgicamente, estão no mesmo nível do enredo do fantasma em *Hamlet*, ou das perfídias contadas a Otelo por Iago. Macbeth tem, no sentido ordinário, total liberdade em relação a elas; e, se falarmos em graus de liberdade, é ainda mais livre que Hamlet, que estava sob o efeito da melancolia quando o fantasma apareceu para ele. Que a influência das primeiras profecias se deveu tanto a ele próprio como a elas, isso é deixado bastante claro pelo contraste intencionalmente óbvio entre ele e Banquo. Este, ambicioso mas completamente honesto, mal se deixa inquietar e permanece indiferente a elas durante toda a cena. Mas quando Macbeth as ouve, não se trata de um homem inocente. Podemos nos perguntar exatamente até que ponto seu espírito era culpado; mas nenhum homem inocente teria se inquietado, como lhe aconteceu, com um sobressalto de *medo* diante da simples profecia da coroa, ou teria, por causa dela, entretido *imediatamente* a ideia de assassinato. Ou essa ideia não era nova para ele[13], ou ele havia pelo menos acalentado algum sonho menos digno, ainda que vago, cuja recorrência imediata no momento em que ouviu a profecia revelou-lhe uma apavorante transgressão íntima. Seja como for, Macbeth não só era livre para ceder ou resistir à tentação como a tentação já se encontrava dentro dele. Logo, pecamos por excesso quando o comparamos com Otelo, pois o espírito do mouro estava inteiramente livre de suspeitas quando a provação se acercou dele. E pecamos por excesso novamente quando usamos a palavra "tentação" com referência às primeiras profecias das bruxas. Rigorosamente falando, temos de considerar que Macbeth foi tentado apenas por si mesmo. É *ele* quem fala de "incentivo sobrenatural" da parte delas; mas, em verdade, elas não o tentaram. Limitaram-se a anunciar sucessos: saudaram-no como *Thane* de Glamis, *Thane* de Cawdor e futuro rei. Nenhuma relação entre essas predições e nenhuma atitude da parte dele foi sequer insinuada por elas. Por tudo que chega até nós, a morte natural de um ancião poderia, a qualquer tempo, ter feito cumprir a profecia[14]. Seja como for, a ideia de realizá-la por meio de assassinato foi exclusivamente dele[15].

Contudo, quando Macbeth vê as bruxas novamente, depois do assassinato de Duncan e Banquo, verificamos uma mudança evidente. Elas já não precisam ir ter com ele; é ele quem as procura. Está determinado a persistir na trilha funesta. Desta vez, convenientemente, elas de fato "tentam". Profetizam, mas também dão conselhos: exortam-no a ser sanguinário, ousado e resoluto. Não nutrimos nenhuma esperança de que rejeite os conselhos; mas, mesmo agora, elas estão tão longe de possuir o poder de obrigá-lo a aceitá-los que tomam todas as precauções para induzi-lo capciosamente a fazê-lo. E, quase como se pretendesse deixar claro que a responsabilidade pelo que fazia continuava cabendo inteiramente a Macbeth, Shakespeare faz com que o primeiro ato depois desse encontro seja algo sequer aludido por suas aliciadoras – o assassinato da mulher e dos filhos de Macduff.

A tudo isso devemos acrescentar que Macbeth, ele mesmo, em nenhum momento deixa transparecer a suspeita de que seu ato lhe tenha sido, antes ou agora, impingido por uma força externa. Amaldiçoa as bruxas por o terem ludibriado, mas jamais tenta transferir para elas o fardo da sua culpa. Tampouco Shakespeare pôs na boca de nenhum outro personagem desta peça expressões tão fatalistas como encontramos em *Rei Lear*, e, aqui e ali, em outras peças. Com efeito, parece ter se empenhado bastante para tornar a gênese psicológica espontânea dos crimes de Macbeth perfeitamente clara, e Schlegel foi profundamente infeliz ao afirmar que as bruxas eram necessárias porque as forças naturais pareceriam muito fracas para levar um homem como Macbeth a cometer seu primeiro assassinato.

"Não obstante", pode-se retrucar, "as bruxas conheciam de fato o futuro de Macbeth; e o que se sabe de antemão está predeterminado; como pode ser responsável um homem cujo futuro está predeterminado?" Não nos cabe entrar no mérito dessa questão no que ela tem de especulação; mas, no que diz respeito à peça, respondo, primeiramente, que nenhuma das coisas conhecidas de antemão constitui uma ação. Isso vale tanto para as últimas profecias como para a primeira. Que Macbeth não seja ferido por ninguém nascido de mulher, e que não conheça derrota antes que o bosque de Birnam avance contra ele, nada disso exige (até onde somos informados) nenhum gesto de sua parte. Cabe, inclusive, nutrir nossas dúvidas se Shakespeare incluiria profecias sobre os atos de Macbeth mesmo que fosse conveniente fazê-lo; provavelmente sentiria que, desse modo, estaria interferindo sobre o interesse do conflito e do sofrimento internos. E, depois, *Macbeth* não foi escrita para estudantes de metafísica e de teologia, mas para as pessoas em geral; e, como quer que seja o caso de profecias sobre atos, para as pessoas em geral profecias sobre simples acontecimentos não implicam nenhum tipo de conflito de responsabilidade. Muitas pessoas, talvez a maioria, comumente consideram seu "futuro" predeterminado e a si mesmas "livres". As bruxas de hoje podem ser encontradas nalgum cômodo da Bond Street e cobram um guinéu; e, quando aparece a vítima, elas o vaticinam ganhador de £1.000 ao ano, ou profetizam que fará viagens, terá esposa, e filhos.

Mas, apesar de se admirar profundamente de tanta presciência, não lhe passa pela cabeça que perderá sua preciosa "liberdade" – não obstante viagens e matrimônios implicarem muito mais participação que qualquer coisa predita para Macbeth. Toda essa dificuldade é adramática; e devo acrescentar que Shakespeare não mostra em momento algum, a exemplo de Chaucer, o menor interesse por questões especulativas concernentes a previsões, predestinação e liberdade.

(2) Não precisamos nos alongar tanto na interpretação diametralmente oposta. De acordo com ela, as bruxas e suas profecias devem ser entendidas tão-somente como representações simbólicas de pensamentos e desejos latentes em Macbeth, tornando-se finalmente conscientes e acicatando-o. Essa ideia, que nasce do desejo de expurgar uma sobrenaturalidade meramente externa e de enxergar sentido psicológico e espiritual naquilo em que o espectador comum provavelmente via fatos concretos, pode parecer atraente para muitos. Mas é evidente que se trata aí menos de uma compreensão dramática das bruxas do que de uma "filosofia" a respeito delas; e, mesmo assim, a um só tempo incompleta e, a outros respeitos, insustentável.

Incompleta porque não se aplica, sob nenhuma hipótese, a todos os fatos. Admitamos que se aplique à profecia mais importante, a que fala da coroa; e que a última advertência que Macbeth recebe, tomar cuidado com Macduff, encontre eco também em seu íntimo e "toque a corda certa de seu medo". Mas precisamos parar aí. Macbeth, sem dúvida, não suspeitava minimamente da traição de Cawdor, graças à qual veio a se tornar Thane; e quem afirmaria que fazia ideia, por mais subconsciente que fosse, sobre o bosque de Birnam ou o homem não nascido de mulher? Pode-se argumentar – e corretamente, quero crer – que as profecias que não dizem respeito a nada de interno, aquelas meramente sobrenaturais, produzem, sob qualquer ângulo que se as olhe, efeito imaginativo muito menor que as outras – mesmo sendo, como são em *Macbeth*, elementos que falam a uma época determinada e não a todos os tempos; não obstante, lá estão elas, e são essenciais para a trama[16]. E como a teoria que ora examinamos não se aplica a todas, não é provável que forneça uma explicação adequada sequer daquelas às quais possa, em alguma medida, se aplicar.

É insustentável, nesse caso, fundamentalmente por ser demasiado estreita. As bruxas e suas profecias, se pudermos justificá-las ou entendê-las racional ou simbolicamente, devem representar não só o mal que dormita na alma do herói, mas todas as influências malévolas mais obscuras que gravitam em torno dele, as quais socorrem sua ambição e reforçam a incitação de sua esposa. Tais influências, mesmo desconsiderando toda a crença em "espíritos" malévolos, são fenômenos tão inequívocos, graves e aterradores quanto a presença, na própria alma, de um mal que ensaia despertar; e se excluirmos da ideia que fazemos das bruxas todas as referências a esses fenômenos, essa ideia empobrecerá enormemente e certamente não corresponderá ao efeito imaginativo. A união do externo e do interno aqui pode ser comparada a algo semelhante na poesia grega[17]. No primeiro livro da *Ilíada*, ficamos sabendo que, quando Agamêmnon ameaçou tomar Briseida de Aquiles, "enfurecido com essas palavras ficou o Pelida, o coração a flutuar, indeciso, no peito veloso, sobre se a espada cortante, ali mesmo, do flanco arrancasse e, dispersando os presentes, o Atrida, desta arte, punisse, ou se o furor procurasse conter, dominando a alma nobre. Enquanto no coração e no espírito assim refletia, e a grande espada de bronze arrancava, do Céu baixou prestes Palas Atena, mandada por Hera, de braços muito alvos, que a ambos prezava e cuidava dos dois por maneira indistinta. Por trás de Aquiles postando-se, os louros cabelos lhe agarra, a ele visível somente; nenhum dos presentes a via". Aquiles, diante do apelo da deusa, conteve seu ódio, "e a mão robusta logo baixou sobre o punho da espada, e a grande espada encaixou na bainha, sem que se esquecesse do que lhe Atena dissera"[18]. O socorro da deusa aqui apenas reforça um movimento interno da mente de Aquiles, mas perderíamos algo mais que um efeito poético se, por esse motivo, nós a excluíssemos da explicação. Perderíamos a ideia de que as forças internas da alma respondem, em sua essência, a forças externas de maior alcance, que as apoiam e garantem a consumação de seu efeito. É o que acontece em *Macbeth*[19]. As palavras das bruxas são fatídicas para o herói apenas porque existe algo nele que vem à tona quando as ouve; mas são, ao mesmo tempo, testemunhas de forças que nunca cessam de agir no mundo que o cerca, e, no instante em que se rende a elas, enredam-no inextricavelmente na teia do Destino. Se o nexo interno for percebido de imediato (e Shakespeare não nos oferece nenhum motivo para deixarmos de fazê-lo), não há por que temer exagerar – e, com efeito, isso seria praticamente impossível – a capacidade que as cenas das bruxas têm de intensificar e apurar o clima de medo, horror e mistério que domina toda a tragédia.

3

Desse pano de fundo sórdido destacam-se duas figuras formidandas, gigantes diante de todos os demais personagens da peça. Ambas sublimes, e ambas responsáveis, muito mais que os outros heróis trágicos, por infundir o sentimento de assombro e admiração. Jamais se divorciam, na imaginação, da atmosfera que as envolve e que se soma a sua imponência e horror. Atmosfera essa que dir-se-ia um prolongamento do que lhes vai na alma. Pois dentro delas há tudo que surpreendemos do lado de fora – a escuridão da noite interrompida pelo clarão da tempestade e pelo escarlate do sangue, assombrada por vultos extravagantes e sinistros, "ministros do assassínio", remorsos e visões apavorantes da paz perdida e do julgamento que sobrevirá. O modo mais fácil de não fazer jus a Shakespeare aqui, como sempre, é distender a tensão da imaginação, ceder ao convencional, conceber Macbeth, por exemplo, como um criminoso covarde e titubeante, e Lady Macbeth como um demônio inabalável.

Esses dois personagens são aguilhoados por uma única e mesma paixão de ambição; e são, em medida considerável, semelhantes. Ambos dotados de temperamento altivo, soberbo e imperativo. Nasceram para comandar, se não para reinar. São arrogantes e desprezam seus inferiores. Não são filhos da luz, como Bruto e Hamlet; são do mundo. Não surpreendemos neles nenhum amor à pátria e nenhuma preocupação com o bem-estar alheio, mas tão-somente dos seus. Seus únicos e diuturnos objetivos e preocupações são – e, imaginamos, têm sido há muito tempo – posição e poder. E embora ambos possuam algo – sendo que um deles bastante – de valores mais elevados – honra, consciência, humanidade –, não vivem conscientemente sob o influxo desses valores nem empregam seu vocabulário. Não que sejam egoístas, como Iago; ou, se são egoístas, trata-se de um *egoïsme à deux*. Não possuem ambições individuais[20]. Apoiam-se, amam-se. Sofrem juntos. E se, com o passar do tempo, distanciam-se um pouco, não são almas ordinárias que passem a hostilizar-se e recriminar-se mutuamente quando o que ambicionavam malogra. Conservam-se trágicas, e mesmo grandiosas, até o fim.

Até aqui, prepondera a semelhança entre eles. A outros respeitos, eles contrastam, e a ação é construída sobre esse contraste. Cada um reage de modo bem diferente diante da perspectiva do assassinato de Duncan; e o assassinato produz em cada um efeitos igualmente distintos. Com isso, parecem ter a mesma importância na primeira parte da peça, se é que, em verdade, Lady Macbeth não deixa o marido na sombra; porém, mais tarde, ela se retrai progressivamente e ele se torna inequivocamente a figura proeminente. Seu personagem é, de fato, muitíssimo mais complexo: tratarei dele em primeiro lugar.

Macbeth, primo de um rei manso, justo e amado, mas já velho demais para liderar seu exército, é-nos apresentado como um general de denodo extraordinário, que atraiu para si toda a glória ao debelar uma rebelião e repelir a invasão de um exército estrangeiro. Nesses conflitos, mostrou muita coragem, qualidade que continua a exibir durante toda a peça em relação a todos os perigos comuns. É difícil estarmos seguros de seu comportamento costumeiro, pois na peça só o vemos em meio ao que parece ser uma relação fora do comum com sua esposa, ou então nas garras do remorso e do desespero; mas pelo modo como se porta ao voltar da guerra para casa, por suas *últimas* conversas com Lady Macbeth e pelas palavras que troca com os assassinos de Banquo e outros, concebemo-lo como um grande guerreiro, algo autoritário, ríspido e seco, tipo intimidador, mas que inspira profunda admiração. Era tido por "honesto", um homem de honra; plenamente merecedor da confiança de todos; Macduff, varão da maior integridade, "amava-o". Reunia, de fato, muitas qualidades. Não seria lícito, quero crer, considerá-lo, como muitas autoridades, possuidor de uma natureza "nobre", como Hamlet e Otelo[21]; mas possuía um senso muito apurado da importância da honra e de uma reputação ilibada. Ainda, a expressão "repleto do leite da bondade humana" é dita pela irritação de sua mulher, que não o compreendia inteiramente; mas, sem dúvida, ele estava longe de ser totalmente destituído de humanidade e compaixão.

Ao mesmo tempo, era desmedidamente ambicioso. Deveria ser assim por temperamento. Essa inclinação deve ter sido potencializada pelo casamento. Quando o vemos, encontramo-la ainda mais açulada por seu extraordinário êxito e pelo fato de saber-se detentor de poder e méritos excepcionais. Torna-se uma obsessão. Os rumos sugeridos por essa inclinação são extremamente perigosos: põem sua reputação, sua posição e até sua vida em risco. Soam repulsivos também para seus sentimentos mais nobres. A derrota desses sentimentos na batalha da ambição deixa-o arrasado, e assim ele permaneceria, por mais completos que se mostrassem o êxito e a segurança exteriores. Por outro lado, sua obsessão pelo poder e seu instinto de autoafirmação são tão intensos que nenhum sofrimento interior seria capaz de persuadi-lo a abrir mão dos frutos do crime, ou de passar do remorso para o arrependimento.

Não obstante a intensidade incomum das forças que se entrechocam nele, não existe nada de marcadamente peculiar no personagem tal como delineado até aqui. Mas há em Macbeth uma clara peculiaridade cuja fiel apreensão permite conhecer a concepção de Shakespeare[22]. Esse homem de ação ousado e ambicioso possui, dentro de certos limites, a imaginação de um poeta – de um lado, extremamente sensível a impressões de determinado jaez, e, de outro, causadora de violentas perturbações do corpo e da alma. Por força dessa imaginação, é mantido em contato com sensações sobrenaturais e fica sujeito ao temor do fantástico. E é através dela, sobretudo, que lhe chegam as questões de honra e de consciência. Aquilo que existe de mais nobre em Macbeth – exprimindo-nos do modo mais geral possível para preservar a clareza –, em vez de lhe falar na linguagem direta das ideias, dos imperativos e das interdições morais, manifesta-se na forma de imagens assustadoras e aterrorizantes. A imaginação, portanto, é o que ele tem de mais aguçado, atributo, via de regra, mais profundo e elevado que as ideias conscientes; e, tivesse obedecido a ela, estaria a salvo. Mas sua mulher não a compreende, e ele próprio só o faz parcialmente. As imagens aterradoras que o fazem hesitar diante do crime e persistem após sua execução, as quais não passam de protestos de seu eu mais profundo, parecem, aos olhos da mulher, mero produto do medo, e são por ele mesmo às vezes atribuídas ao terror da vingança ou à aflição da dúvida[23]. Ou seja, sua mente consciente, racional, se ocupa sobretudo dos êxitos e fracassos exteriores, enquanto a psique mais profunda é posta em convulsão pela consciência. E a incapacidade de compreender a si mesmo se repete e recrudesce na interpretação de atores e críticos, que o representam como covarde, insensível, calculista e impiedoso, hesitando diante do crime somente porque traz riscos e sofrendo após o ato consumado apenas porque não está a salvo. Em verdade, sua coragem é prenhe de medo. Avança a passos largos de crime em crime, muito embora sua alma nunca deixe de lhe estorvar o avanço com imagens tétricas, ou de soprar-lhe aos ouvidos que está a assassinar sua paz e a desperdiçar sua "joia eterna".

É fundamental que nos demos conta da intensidade, e também (o que não tem sido reconhecido com suficiente clareza) dos limites, da imaginação de Macbeth. Não se trata da imaginação reflexiva e universal de Hamlet. Ocorreu-lhe ver no homem, como a Hamlet em certos momentos, a "quintessência do pó"; mas devia ser, a qualquer tempo, incapaz das meditações de Hamlet sobre a nobre razão e a faculdade infinita do homem, ou de enxergar "este esplêndido firmamento suspenso, este majestoso teto trabalhado com um fogo de ouro" com os olhos do príncipe da Dinamarca. Tampouco seria capaz de compreender, como Otelo, o fascínio da guerra ou a infinitude do amor. As belezas do mundo e da alma não parecem sensibilizá-lo de modo especial; e é em parte por isso que não nos sentimos inclinados a amá-lo, e nos suscita mais assombro que compaixão. Sua imaginação é excitável e avassaladora, mas estreita. Excita-a, quase que exclusivamente, o medo que súbito a toma de assalto, não raro ligado ao sobrenatural[24]. Há uma famosa passagem no final da peça (v. v. 10) que é aqui muito pertinente, porque se refere a uma época em que sua consciência não carregava nenhum fardo, mostrando, portanto, qual era sua inclinação natural:

> *The time has been, my senses would have cool'd*
> *To hear a night-shriek; and my fell of hair*
> *Would at a dismal treatise rise and stir*
> *As life were in't.*
>
> [Foi-se o tempo em que ouvir um grito à noite
> Teria enregelado os meus sentidos; e a um caso de pavor
> Os meus cabelos levantar-se-iam, pondo-se de pé,
> Como se vivos fossem.]

Essa "época" deve corresponder a sua juventude, ou, pelo menos, ser anterior ao tempo no qual o conhecemos. E, na peça, tudo o que o aterroriza tem essas características, só que agora possui significado moral, e mais profundo. Macbeth não se abala, mas reage com bravura, diante de perigos palpáveis. Faz, rigorosamente, justiça a si mesmo quando afirma que "atreve-se a fazer tudo o que se ajuste a um homem", ou quando exclama para o fantasma de Banquo:

> *What man dare, I dare:*
> *Approach thou like the rugged Russian bear,*
> *The arm'd rhinoceros, or the Hyrcan tiger;*
> *Take any shape but that, and my firm nerves*
> *Shall never tremble.*
>
> [O que ouse um homem, não menos ouso:
> Avança como o hirsuto urso da Rússia,
> Qual rinoceronte de couraça, tal como o tigre hircano;
> Toma qualquer das formas, menos esta, que jamais
> Tremerão meus firmes nervos.]

O que o aterroriza é sempre a imagem do ato sangrento ou da culpa que sente no íntimo, ou alguma imagem cujo horror ou amargura se deva a esses fatores. Esse horror ou amargura, quando o acometem, como que o tomam inteiro, enfeitiçando-o, qual um transe hipnótico que correspondesse, ao mesmo tempo, ao êxtase de um poeta. Quando a primeira "imagem tétrica" do assassinato de Duncan – ele assassinando Duncan – emerge do inconsciente e surge diante dele, seus cabelos ficam em pé e tudo a seu redor some diante de seus olhos. Por quê? Por medo das "consequências"? Essa ideia é ridícula. Ou porque o ato é sangrento? O homem que com o aço "fumegante escavou sua passagem" até o líder rebelde e "descoseu-o do umbigo ao queixo" não se abala com a visão de sangue. Como crer que foi o medo das consequências o responsável pela aparição do punhal que usaria no crime, primeiro brilhando no ar, depois manchado de sangue? Mesmo quando *fala* das consequências, e diz que se fosse imune a elas "arriscaria a vida futura", sua imaginação o incrimina e nos mostra que o que o faz hesitar efetivamente é a sordidez do ato:

> *He's here in double trust;*
> *First, as I am his kinsman and his subject,*
> *Strong both against the deed; then, as his host,*
> *Who should against his murderer shut the door,*
> *Not bear the knife myself. Besides, this Duncan*
> *Hath borne his faculties so meek, hath been*
> *So clear in his great office, that his virtues*
> *Will plead like angels, trumpet-tongued, against*
> *The deep damnation of his taking-off;*
> *And pity, like a naked new-born babe,*
> *Striding the blast, or heaven's cherubim, horsed*
> *Upon the sightless couriers of the air,*
> *Shall blow the horrid deed in every eye,*
> *That tears shall drown the wind.*

> [Ele está aqui sob dupla segurança;
> Primeiro, sou parente e súdito dele,
> Duas fortes razões contra o atentado; depois, hospedo-o,
> Devo ao assassino fechar a porta,
> Não trazer eu próprio a faca. Enfim, tão suavemente Duncan
> Vem usando o poder e conduzindo-se
> De modo tão sem manchas em seu trono, que suas virtudes
> Rogarão como anjos de vozes de trombeta contra
> O grave pecado de matá-lo;
> E a compaixão, recém-nascido nu,
> Montando o sopro, ou querubim celeste cavalgando
> Os invisíveis corcéis do ar,
> Em todos os olhos soprará o horrível feito,
> Até afogar nas lágrimas o vento.]

Pode-se dizer que está pensando, aqui, no horror que as pessoas sentirão diante do ato – pensando, portanto, nas consequências. Sim, mas teria como saber quão nefando pareceria o ato a terceiros se não fosse igualmente horrível para si próprio?

Acontece o mesmo quando o assassinato se consuma. Quase enlouquece de horror, mas não o horror de ser flagrado. Não é a ele que ocorre lavar as mãos ou vestir o chambre. Trouxera os punhais que deveria ter deixado sobre os travesseiros dos camaristas, mas por que se preocuparia com isso? O que *ele* pensa é que, quando um dos homens acordou e disse "Benza-nos Deus!", não conseguiu responder "Amém"; pois sua imaginação o convence de que a secura da garganta foi um juízo sumário dos céus. Sua esposa ouviu a coruja e os grilos; mas o que *ele* ouviu foi a voz que, em primeiro lugar, anunciou "Macbeth mata o sono", e então, mudando o tempo verbal, pronunciou, como se seus três nomes significassem três personalidades através das quais sofrer, a sentença condenatória da vigília perpétua:

Glamis hath murdered sleep, and therefore Cawdor
Shall sleep no more, Macbeth shall sleep no more.

[Glamis matou o sono, logo Cawdor
Não mais há de dormir, Macbeth não mais há de dormir.]

Ecoam sons de batida na porta. Deveria ser algo inteiramente normal para ele; mas não consegue identificar de onde, ou de que mundo, elas partem. Olha suas mãos, e experimenta violento sobressalto: "Que mãos são essas?" Pois parecem dotadas de vida própria, movem-se, parecem querer arrancar-lhe os olhos. Fita uma delas novamente; está posta em sossego; mas o sangue que a recobre é suficiente para tingir de vermelho o oceano. O que tudo isso tem a ver com o medo das "consequências"? É a sua alma que lhe fala na única linguagem em que consegue se expressar livremente, a da imaginação.

Enquanto a imaginação de Macbeth tem livre curso, observamo-lo fascinados; experimentamos suspense, horror, assombro, nos quais jazem latentes, ainda, admiração e compaixão. Mas tão logo ela se aquieta, tais sentimentos desaparecem. Ele já não tem "ânimo fraco": torna-se tirânico, até mesmo cruel, ou converte-se numa pessoa fria, insensível e dissimulada. É comum atribuir-se-lhe a pecha de mau ator, mas isso não corresponde de todo à verdade. Sempre que a imaginação se aviva, seu desempenho é mau. Apodera-se dele de tal modo, e é tão mais forte que a razão, que o próprio rosto o trai e a boca pronuncia as inverdades mais improváveis[25], a linguagem mais afetada[26]. Mas quando ela dormita, ele é hábil e seguro de si, como na conversa em que extrai de Banquo, com maestria, as informações relativas a seus movimentos, das quais precisa para planejar com êxito seu assassinato[27]. Nisso, é detestável; como na conversa com os assassinos, que não são matadores profissionais, mas ex-soldados, aos quais, sem sinal de remorso, engana assacando calúnias contra Banquo, sendo tão convincente quanto sua esposa fora com ele[28]. Por outro lado, experimentamos forte compaixão, além de inquietação, na cena (I. vii.) em que ela vence a relutância dele em relação ao assassinato; e a experimentamos (muito embora sua imaginação não esteja especialmente ativa) porque essa cena nos mostra quão pouco compreende a si mesmo. Essa é a sua grande desdita aqui. Não que não consiga perceber, racionalmente, a torpeza do ato (o solilóquio que abre a cena mostra que percebe). Mas, de certo modo, ele nunca aceitou como princípio de conduta a moral que se desenhava em seus temores imaginários. Tivesse feito isso, e dito com clareza para a esposa "O ato é vil, e, por mais que eu o tenha jurado, não o farei", ela não teria saída; pois todos os argumentos dela se baseiam na premissa segundo a qual semelhante ponto de vista não se lhes aplica. Macbeth chega perto disso uma vez, quando, ressentindo-se da pecha de covarde, responde:

I dare do all that may become a man;
Who dares do more is none.

[Atrevo-me a fazer tudo o que se ajuste a um homem;
Quem se atreve a mais, homem não é.]

Ela percebe num átimo que tudo está por um fio, e, ignorando o cerne do que foi dito, recrimina-o indignada e desdenhosamente. Mas ele cede porque, intimamente, não se orgulha muito da resposta que deu, e porque, por falta de hábito, a simples ideia ali expressa não tem ascendência sobre ele comparável à força que adquire quando se materializa em medos e advertências visionárias.

Não obstante, estas foram tão insistentes, e impuseram tamanha resistência à sua ambição, que é impossível considerá-lo vítima de uma compulsão que o tenha cegado ou iludido. Pelo contrário, ele próprio se dá conta tão vivamente da atrocidade do que está por fazer que (não parece haver dúvida) nem sua ambição tampouco a profecia das bruxas jamais venceriam essa sensação sem a ajuda de Lady Macbeth. Tal como se apresenta, o ato é perpetrado com horror e sem o menor sinal de prazer ou sensação de vitória – perpetrado, pode-se quase afirmar, como se fora um encargo hediondo; e, no momento em que se consuma, sua vacuidade se torna tão evidente para Macbeth quanto sua sordidez. Ao se afastar, aturdido, da cena, murmura em agonia:

Wake Duncan with thy knocking! I would thou could'st.

[Desperta Duncan com teu bater! Quisera que o pudesses.]

Quando, meia hora depois, volta com Lennox do local do assassinato, desabafa:

Had I but died an hour before this chance,
I had lived a blessed time; for from this instant
There's nothing serious in mortality:
All is but toys: renown and grace is dead;
The wine of life is drawn, and the mere lees
Is left this vault to brag of.

[Eu teria vivido um doce tempo,
Caso houvesse morrido uma hora antes desse acontecimento;
No mundo mortal, desde este momento,
Nada existe que tenha algum valor:
Mortas bondade e fama, tudo é bagatela;
Está esgotado o vinho da existência,
E neste sepulcro só restou a borra.]

Não se trata de mero desabafo. Aqui, a linguagem não tem nada do artificialismo retórico de suas falas puramente hipócritas. O objetivo é dissimular, mas as palavras traem ao mesmo tempo seu sentimento mais profundo, o qual ele jamais conseguirá, doravante, ocultar de si mesmo por muito tempo. Por mais que procure sufocá-lo sob o peso de novas atrocidades, ouve-o murmurando:

Duncan is in his grave:
After life's fitful fever he sleeps well:

[Duncan está na tumba:
Dorme bem depois da febre paroxística da vida:]

ou:

better be with the dead:

[melhor estar com os mortos:]

ou:

I have lived long enough:

[Eu já vivi bastante:]

e pronunciando suas últimas palavras em seu último dia de vida:

> *Out, out, brief candle!*
> *Life's but a walking shadow, a poor player*
> *That struts and frets his hour upon the stage*
> *And then is heard no more: it is a tale*
> *Told by an idiot, full of sound and fury,*
> *Signifying nothing.*
>
> [Apaga-te, oh apaga-te, precária vela!
> A vida é tão-somente uma sombra que passa, um pobre ator
> Que no palco empertiga-se e entedia-se
> Em sua hora e depois não é mais ouvido: é uma história
> Narrada por um idiota, cheia de som e fúria,
> Que não quer dizer nada.]

É curioso que esse juízo a respeito da vida, a desilusão de um homem que conscientemente declarara guerra contra a própria alma, viesse a ser tantas vezes repetido como um juízo emitido pelo próprio Shakespeare e chegasse mesmo a ser aduzido, em análises críticas sérias, como prova do seu pessimismo!

Cumpre examinar um pouco mais detidamente a história de Macbeth depois do assassinato de Duncan. Diferentemente do primeiro conflito, essa história suscita pouco suspense ou ansiedade: já não nutrimos esperanças em relação a ele. Mas estamos diante de um espetáculo arrebatador, e, psicologicamente, trata-se quiçá da mais extraordinária mostra do *desenvolvimento* de um personagem dentre todas as tragédias de Shakespeare.

A angústia de Macbeth ao perceber a inutilidade de seu crime, angústia essa que nunca o abandona por muito tempo, não é, contudo, seu estado habitual. Não poderia sê-lo, por dois motivos. Em primeiro lugar, a consciência da culpa é mais forte nele que a consciência do fracasso; e o mantém num estado de agonia ininterrupta, impedindo-o de simplesmente desacoroçoar e perder as forças. Sua mente está "cheia de escorpiões". Não consegue dormir. "Demora-se sozinho", acabrunhado e empedernido. "Tudo que existe nele tem vergonha de lá encontrar-se." Corre em suas veias uma febre que o leva a agir sem descanso em busca de esquecimento. E, em segundo lugar, a ambição, o apego ao poder, o impulso de autoafirmação são fortes demais em Macbeth para que, mesmo em espírito, abra mão da recompensa pela qual encheu de ódio o cálice da própria paz. Sua "vontade de viver" é poderosa. As forças que o convenceram a cobiçar a coroa voltam a se impor. Ele enfrenta o mundo e a própria consciência, em desespero, mas sem jamais sonhar em admitir uma derrota. Para ele, é preferível assistir ao "desmoronamento da armação das coisas". Desafia o destino para um duelo.

O resultado é de arrepiar. Já não fala mais, como antes do assassinato de Duncan, de honra ou piedade. A tortura da insônia, diz a si mesmo, não é fruto senão da incerteza, do medo de retaliação. Se ao menos estivesse a salvo, isso passaria. Põe-se a procurar a causa desse medo; e seus olhos pousam em Banquo. Banquo, que certamente suspeitará dele, não se afastou dali nem se voltou contra ele: tornou-se seu principal conselheiro. Por quê? Porque, Macbeth responde, o reino foi prometido para os filhos de Banquo. Portanto, Banquo está aguardando o momento de atacá-lo para deixar-lhes livre o caminho. As "lições sangrentas" que deu a si mesmo quando assassinou Duncan estão prestes a voltar, como tinha dito que aconteceria, para assombrar quem as criou. *Esse*, portanto, diz a si mesmo, é o medo que não o deixa dormir; o qual desaparecerá junto com Banquo. Agora já não há remorso nem hesitação: a lição está quase aprendida. Apressa-se não para matar Banquo, mas para encomendar seu assassinato: cede à estranha ideia de que a lembrança do morto não irá assombrá-lo, como aconteceu com Duncan, se o crime for cometido por outras mãos[29]. O ato é consumado: mas, em vez de receber a bênção da paz, desperta-se-lhe no íntimo a consciência semissufocada; o ato criminoso vem assombrá-lo na aparição do fantasma de Banquo, e o horror da noite do primeiro assassinato está de volta. Mas, *hélas*, este se mostra mais fraco, e *ele* mais resoluto. Angustiado e tremendo, ele enfrenta essa imagem desafiadora até que ela se vá:

> *Why, so: being gone,*
> *I am a man again.*
>
> [Ainda bem: ele partiu,
> Sou homem outra vez.]

Sim, mas seu segredo está nas mãos dos nobres ali reunidos. E, pior, esse crime é tão inútil quanto o primeiro. Pois, embora Banquo esteja morto e até mesmo seu fantasma se encontre vencido, a tortura interna não dá trégua. Mas ele não está disposto a suportá-la. Os convidados mal acabaram de sair e ele se dirige rispidamente à esposa:

> *How say'st thou, that Macduff denies his person*
> *At our great bidding?*
>
> [Que dizes de Macduff? Negou-se a vir,
> Sem atender nosso alto convite.]

É Macduff quem lhe perturba o sono. Deverá morrer — ele e quem mais lhe estorvar a trilha que leva à paz.

> *For mine own good*
> *All causes shall give way: I am in blood*
> *Stepp'd in so far that, should I wade no more,*
> *Returning were as tedious as go o'er:*
> *Strange things I have in head that will to hand,*
> *Which must be acted ere they may be scann'd.*

> [Para meu próprio bem,
> Devem ceder quaisquer escrúpulos: tão longe
> Em sangue entrei, que, se eu parar,
> Árduo como seguir será voltar:
> Estranhas coisas penso, que entre a vontade e as mãos,
> Deverão ser executadas antes que possam ser examinadas.]

Ela responde, amargurada:

> *You lack the season of all natures, sleep.*
>
> [Perdeis o sono, tempero de toda natureza.]

Sem dúvida: mas agora ele descobriu o modo de recuperá-lo:

> *Come, we'll to sleep. My strange and self abuse*
> *Is the initiate fear that wants hard use;*
> *We are yet but young in deed.*
>
> [Vamos dormir. Esta ilusão que criei
> Resulta do receio do novato, que não se acostumou ainda ao ato;
> Somos ainda jovens nesta empresa.]

Que mudança para o homem que pensava nas virtudes de Duncan e via a compaixão como um recém-nascido desprotegido! Que assustadora clareza de autoconsciência nessa descida ao inferno, e, não obstante, que força descomunal no instinto de sobrevivência e de conservação, a impeli-lo adiante!

Procura as bruxas. Está disposto a saber o pior, pelos piores meios. Já não tem nenhum receio delas.

> *How now, you secret, black and midnight hags!*
>
> [Megeras da meia-noite, ó vós, negras e ocultas!]

– é como as saúda, e imediatamente se põe a fazer exigências e a proferir ameaças. Elas lhe dizem que faz bem em temer Macduff. Dizem para não temer nada, pois ninguém nascido de mulher poderá feri-lo. Ele sente que as duas afirmações se contradizem; enceguecido, não desconfia de nenhum duplo sentido; mas, para que consiga "dormir apesar do trovão", toma a decisão de não poupar Macduff. Mas seu coração anseia por saber uma coisa, e exige que as bruxas lhe mostrem os filhos de Banquo coroados. O velho e intolerável pensamento retorna, "Para a raça de Banquo foi que manchei minha alma"; e, junto com ele, malgrado a inexcedível segurança que lhe fora prometida, retorna a inquietude da alma. Nada irá mitigá-la? Nada, a não ser a destruição. Macduff, alguém vem informá-lo, conseguiu fugir-lhe; mas isso não importa: a destruição ainda é possível[30]:

> And even now,
> To crown my thoughts with acts, be it thought and done:
> The castle of Macduff I will surprise;
> Seize upon Fife; give to the edge o' the sword
> His wife, his babes, and all unfortunate souls
> That trace him in's line. No boasting like a fool;
> This deed I'll do before this purpose cool.
> But no more sights!

> [E para coroar meus pensamentos com ações,
> Que eu agora pense e faça:
> Saltearei o castelo de Macduff,
> Tomarei Fife e passarei a espada
> Sua mulher, seus filhos e os que o sigam, desventurados,
> Dentro da linhagem. Não sou nenhum simplório fanfarrão;
> Eu farei isso, antes de esfriar minha intenção.
> Mas chega de visões!]

Não, ele não precisa mais temer nenhuma "visão". As bruxas fizeram seu trabalho e, depois dessa carnificina gratuita, sua imaginação não irá mais atormentá-lo[31]. Ele desferiu o derradeiro golpe contra a consciência e a compaixão que através dela se manifestava.

O mal agora jorra livremente por todos os seus poros. Ele se torna um perfeito tirano, temido por todos à sua volta, motivo de terror para todo o país. Este "verga sob o jugo".

> Each new morn
> New widows howl, new orphans cry, new sorrows
> Strike heaven on the face.

[Cada nova manhã
Gritam mais viúvas, e choram novos órfãos, novas mágoas
Ferem o céu no rosto.]

A Escócia chora, sangra, "e todo dia uma ferida junta-se-lhe às chagas". Não é a mãe de seus filhos, mas o túmulo deles;

> *where nothing,*
> *But who knows nothing, is once seen to smile:*
> *Where sighs and groans and shrieks that rend the air*
> *Are made, not mark'd.*

[onde ninguém sorri,
Exceto aquele que de nada sabe:
Onde nem são notados os suspiros, queixas
E gritos que laceram o ar.]

Estávamos preparados para tamanha fúria e crueldade sem limites; mas desvios de outro gênero despontam à medida que ele progride em sua vertiginosa queda.

> *I grant him bloody,*
> *Luxurious, avaricious, false, deceitful,*
> *Sudden, malicious,*

[Concordo que é sangrento,
Luxurioso, avaro, falso, velhaco,
Desabrido, maligno,]

diz Malcolm; e dois desses epítetos nos surpreendem. Quem esperaria surpreender avareza ou devassidão[32] em Macbeth? Sua degradação parece completa.

Porém, nunca está completa. Até o fim, ele nunca perde totalmente a nossa compaixão; nunca sentimos em relação a ele o mesmo que sentimos em relação àqueles que parecem ser filhos das trevas. Existe algo de sublime na altivez com a qual, mesmo quando desenganado de sua última esperança, encara a terra, os céus e o inferno. Tampouco nenhuma alma cuja natureza se agradasse do mal poderia sentir a angústia que se apodera dele quando pensa em "respeito, amor, obediência, legiões de amigos" aos quais "não devo pretender" (e que Iago jamais se importaria em ter), e contrapõe a eles

Curses, not loud but deep, mouth-honour, breath,
Which the poor heart would fain deny, and dare not,

[Pragas em voz baixa, mas fundas, honras só de boca, sopro,
Que o pobre coração denegaria, mas não se atreve,]

(e que Iago teria aceitado sem pestanejar). Tampouco posso concordar com quem vê descaso ou indiferença pura e simples na forma como ele recebe a notícia da morte da mulher. Não há nada que indique isso nas palavras:

> *She should have died hereafter;*
> *There would have been a time for such a word,*

> [Teria de morrer depois;
> Chegaria a ocasião para a notícia,]

pronunciadas, como são, por um homem até certo ponto já preparado para semelhante notícia, e agora no transporte da comoção de sua última batalha pela vida. Ele já não tem tempo para sentir[33]. Apenas, ao pensar no futuro (quando virá o tempo de sentir – se vier alguma coisa), a vacuidade de todas as esperanças e planos se imprime em sua alma com uma fadiga infinita, e ele murmura:

To-morrow, and to-morrow, and to-morrow,
Creeps in this petty pace from day to day
To the last syllable of recorded time,
And all our yesterdays have lighted fools
The way to dusty death.

[Amanhã, e amanhã, e amanhã,
Rasteja dia a dia em miúdo avanço
Até a última sílaba da história,
E os nossos ontens alumiaram, todos,
A estrada que leva os tolos
Ao pó da morte.]

No âmago mais recôndito, um lampejo do seu apego natural ao bem – e, com isso, um quê de nobreza trágica – paira sobre ele. O mal que abraçou com sofreguidão continua desagregando-o ou corroendo-o por dentro. Nada no mundo seria capaz de exaltá-lo ou de garantir sua paz nessas condições, nem de fazê-lo esquecer a pessoa que já tinha sido um dia, e que Iago e Goneril nunca foram.

CONFERÊNCIA X

Macbeth

1

Seria sem dúvida um equívoco considerar *Macbeth*, a exemplo das tragédias de amor *Romeu e Julieta* e *Antônio e Cleópatra*, uma peça com dois personagens centrais de igual importância. Mas o próprio Shakespeare, em certa medida, é responsável por esse equívoco, porque a primeira metade de *Macbeth* é maior que a segunda, e, nela, não só Lady Macbeth aparece mais do que na segunda como ainda é quem exerce a influência decisiva sobre a ação. E, pelo menos no Ato de abertura, Lady Macbeth é a figura mais imponente e talvez a mais espantosa já criada por Shakespeare. Partilhando certos traços com o marido, conforme vimos, diferencia-se dele de imediato pela inabalável firmeza de espírito, mostrando-se capaz de submeter a imaginação, as emoções e a consciência. Para ela, a profecia de coisas que virão se transforma instantaneamente na determinação de que essas coisas hão de vir:

Glamis thou art, and Cawdor, and shalt be
That thou art promised.

[Glamis tu és, e Cawdor; e hás de ser
O que te prometeram.]

Conhece a tibieza do marido, como ele hesita em "tomar o caminho mais curto" para seu objeto de desejo; e delibera, sem vestígio de dúvida ou conflito, contrapor-se a essa tibieza. Para ela, não há distinção entre vontade e ato; e, como o ato depende, em parte, dela mesma, está certa de que será consumado:

The raven himself is hoarse
That croaks the fatal entrance of Duncan
Under my battlements.

[Até o próprio corvo está rouco,
Que crocita à entrada fatídica de Duncan
Sob as minhas ameias.]

No momento em que Macbeth junta-se a ela novamente depois de enfrentar perigos sem conta e de amealhar todos os louros, sem dizer palavra sobre essas coisas e sem expressões de afeto, ela vai direto ao que interessa, não permitindo que ele fale de outro assunto. Adota voz de comando e assume o controle da situação – assumindo aliás mais do que realmente pode, com o fito de esporeá-lo. Anima-o convencendo-o de que o ato é heroico, "a *grande* empresa desta noite" ou "nosso *grande* crime", ao mesmo tempo que ignora o fato de ser cruel e desleal. Vence a frágil resistência do marido apresentando-lhe um plano bem urdido capaz de afastar o pavor e as incertezas da decisão. Instiga-o com uma provocação que nenhum homem seria capaz de tolerar, menos ainda um soldado – a palavra "covarde". Apela até mesmo ao amor dele por ela:

>   *from this time*
> *Such I account thy love;*
>
>   [de ora em diante
> Assim acreditarei teu amor;]

– assim, quer dizer, como a declaração solene de um bêbado. Seus argumentos não passam de sofismas; não convenceriam ninguém. Não é por eles que consegue aliciá-lo para o ato, mas por força dos apelos que ela faz, pela admiração que consegue arrancar dele e pela força pura e simples da sua vontade. Ela tem os olhos fixos na coroa e nos meios de obtê-la; não pensa nas consequências. Seu plano de jogar a culpa nos camaristas é concebido no calor do momento, e apenas para satisfazer o marido. Temos uma ideia daquilo que a preocupa de fato no protesto indignado com o qual responde à pergunta: "Quem não os crerá culpados?"

> *Who* dares *receive it other?*
>
> [Quem *ousará* crer noutra coisa?]

E isso se repete na cena do sonambulismo: "Por que precisamos temer quem saiba, quando ninguém pode chamar a contas nossa autoridade?" O prodigioso destemor da esposa deixa-o maravilhado. A decisão dele é tomada num momento de entusiasmo:

> *Bring forth men-children only;*
> *For thy undaunted mettle should compose*
> *Nothing but males.*
>
>   [Gera apenas filhos homens;
> Tua índole indomável deve formar
> Unicamente machos.]

E mesmo quando o arrebatamento se dissipa, a obstinação dela prossegue inabalável. Diante do mais absoluto horror, da vicissitude mais confrangedora, o autodomínio dela é perfeito. Quando cai em si e percebe o que fez, nenhuma queixa, praticamente nenhuma palavra do que possa estar sofrendo, nada que parta apenas dela, diferente do que ele diz, se faz ouvir quando há alguém por perto. Ela o ajuda, mas nunca solicita a ajuda dele. Não se apoia em nada, conta apenas consigo mesma. E, do início ao fim – apesar de tropeçar uma ou duas vezes na representação de seu papel –, sua firmeza de espírito nunca a abandona. Constringe-a de um modo que poderá destruí-la, mas não afrouxa jamais. Sabemos que nunca deu a trair o marido ou a si mesma por uma palavra ou mesmo por um olhar, salvo durante o sono. Por estarrecedora que seja, resulta sublime.

Nas primeiras cenas da peça, esse aspecto do caráter de Lady Macbeth é, de longe, o que mais se destaca. E, se parece invencível, ela parece também inumana. Não surpreendemos sequer um laivo de compaixão pelo bom e velho rei; nenhuma consciência da traição e da sordidez do assassinato; nenhuma noção do valor da vida dos pobres miseráveis sobre quem será lançada a culpa; nenhum recuo sequer diante da condenação ou da repulsa do mundo. Não obstante, se a Lady Macbeth dessas cenas fosse de fato completamente inumana, ou uma "diabólica rainha", como Malcolm a chama, a Lady Macbeth da cena do sonambulismo seria uma impossibilidade. Uma jamais poderia se converter na outra. E, com efeito, se examinarmos mais a fundo, há suficientes evidências, nas primeiras cenas, de preparação para aquelas que virão mais tarde. Não quero com isso dizer que Lady Macbeth tinha inclinações precipuamente humanas. Nada na peça mostra isso, e diversas passagens posteriores à cena do assassinato dão prova do contrário. Uma é aquela na qual exclama, ao ser informada do assassinato de Duncan,

> *Woe, alas!*
> *What, in our house?*
>> [Ai, que desgraça!
>> E aqui, em nossa casa?]

Esse tropeço na encenação mostra que ela não faz ideia do que seria o sentimento natural em semelhantes circunstâncias; a resposta seca de Banquo, "Muito cruel, fosse onde fosse", é quase uma condenação de sua insensibilidade. Mas, admitindo-se isso, temos antes de lembrar, ao imaginar as cenas de abertura, que ela está se contrapondo ativamente à "bondade humana" do marido, e também que, evidentemente, não só é inabalável na sua obstinação como encontra-se num estado alterado de excitabilidade. Essa euforia diante do plano, totalmente ausente em Macbeth, é claramente visível nela. Quando procura ajudá-lo retratando o cometimento como heroico, está enganando a si mesma, além do marido. A usurpação da coroa significa para ela, e talvez há muito tempo, algo tão grandioso, e dedicou-se tão completamente a esse propósito, que, naquele momento, não consegue ver o assassínio senão sob o prisma da grandeza que ele representa. Quando diz em solilóquio:

> Yet do I fear thy nature:
> It is too full o' the milk of human kindness
> To catch the nearest way: thou wouldst be great;
> Art not without ambition, but without
> The illness should attend it; what thou wouldst highly,
> That wouldst thou holily,
>
> [Temo, todavia, a tua natureza,
> Muito cheia do leite da bondade humana,
> Para que tomes o caminho mais direto: queres ser grande;
> Nutres ambição, mas falta-te
> A maldade que a acompanha; desejas santamente
> O que cobiças de mais glorioso]

vemos que "ambição" e "grande" e "glorioso" e até mesmo "maldade" para ela não passam de expressões elogiosas, e "santamente" e "bondade humana" são termos cheios de opróbrio. Em plena euforia, deixam de existir as questões morais; ou melhor, mostram-se invertidas: "bem" para ela é a coroa e o que quer que seja necessário perpetrar para obtê-la, "mal" é o que quer que lhe obstrua o caminho. Essa disposição de espírito é evidente mesmo quando está sozinha, apesar de se mostrar mais pronunciada quando é preciso exercer ascendência sobre o marido. E persiste até atingir seu objetivo. Mas, sem ser propriamente forjada, trai um esforço que não poderia durar muito.

Além disso, nessas cenas iniciais, os traços de fragilidade feminina e de emoções humanas, responsáveis pela ruína que virá, não estão ausentes. Sua vontade, isto é claro, se impôs de tal modo para sobrepujar não só a resistência do marido mas também alguma resistência dela própria. Imagine-se Goneril proferindo as famosas palavras:

> Had he not resembled
> My father as he slept, I had done 't.
>
> [Não tivesse a aparência
> De meu pai assim dormindo, eu o teria feito.]

São ditas, quer me parecer, sem nenhuma emoção – impacientemente, como se a incomodasse a própria fragilidade: mas esta é um fato. E, em verdade, mesmo sem levar em conta a lembrança do pai, ela jamais teria sido capaz de cometer o assassinato caso o marido tivesse falhado. Buscou coragem no vinho para reunir "ousadia" o bastante e se desincumbir de sua parte, que era mais simples. A horripilante invocação que faz aos espíritos do mal para dessexuá-la e enchê-la dos pés à cabeça da mais horrível crueldade dá o mesmo testemunho de vontade férrea no sentido de sufocar a relutância interna. Goneril prescindia de semelhante prece. Na entonação das tenebrosas linhas:

> *I have given suck, and know*
> *How tender 'tis to love the babe that milks me:*
> *I would, while it was smiling in my face,*
> *Have pluck'd my nipple from his boneless gums,*
> *And dash'd the brains out, had I so sworn as you*
> *Have done to this,*

> [Já amamentei, e sei
> Que doce coisa é amar a criança que se aleite;
> Enquanto ela sorrisse diante de meu rosto,
> Eu tirar-lhe-ia o bico do meu seio da boquinha sem dentes,
> E far-lhe-ia saltar os miolos, se assim houvesse jurado agir,
> Tal como vós fizestes,]

a voz dela sem dúvida deve se elevar até converter-se, em "saltar os miolos", num estentor quase histérico[1]. Essas linhas mostram de modo inequívoco uma euforia sob tensão que, assim que o objetivo é atingido, se dissipa para nunca mais retornar.

A grandeza de Lady Macbeth reside quase inteiramente na coragem e na firmeza de propósito. É um erro considerá-la notável pelo aspecto intelectual. Ao desempenhar seu papel, demonstra imenso autocontrole, mas não muita habilidade. O que quer que se pense do plano de atribuir o assassinato de Duncan aos camareiros, deixar seus punhais ensanguentados sobre os travesseiros deles, como se fizessem questão de ostentar sua culpa, é um erro que só pode ser explicado pela forte emoção do momento. Mas as limitações dela surgem com maior clareza no ponto em que exibe mais acentuado contraste com Macbeth – em sua relativa estreiteza de imaginação. Digo "relativa" porque, às vezes, ela faz uso de linguagem profundamente poética, como, de resto, fazem todos os personagens de Shakespeare dotados de alguma profundidade de alma. Tampouco é, quiçá, menos imaginativa que a maioria das heroínas do Bardo.

Mas, comparada com o marido, tem pouca imaginação. Não se trata *apenas* de ela própria sufocar nela essa qualidade. Para ela, as coisas continuam sendo, no momento mais terrível, exatamente o que eram no momento mais calmo, simples fatos que guardam certa relação com determinados atos, e não visões de outro mundo a tremeluzir e bruxulear. A probabilidade de que o velho rei durma um sono profundo depois de sua longa jornada até Inverness constitui para ela uma simples circunstância favorável; mas não temos dificuldade para imaginar a expressão de horror de Macbeth quando ela faz menção disso. E recorre a exemplos comuns, prosaicos até, como

> *Letting 'I dare not' wait upon 'I would,'*
> *Like the poor cat i' the adage,*

[Seguindo um "desejara" com um "não ouso",
Como o mísero gato do provérbio,]

(o gato que queria o peixe mas não desejava molhar as patas); ou:

> *We fail?*
> *But screw your courage to the sticking-place,*
> *And we'll not fail;*[2]

[Como, se falharmos?
Mas ponde a bravura no auge da tensão,
E não será possível que falhemos.]

ou:

> *Was the hope drunk*
> *Wherein you dress'd yourself? hath it slept since?*
> *And wakes it now, to look so green and pale*
> *At what it did so freely?*

[A esperança com a qual vós vos trajáveis
Estava bêbada? Dormiu desde então?
E acorda agora para olhar, tão pálida e verde,
O que ela fez sem ser forçada?]

As bruxas não significam praticamente nada para ela. É absolutamente indiferente ao crime que pretende cometer, e jamais lhe ocorreria rogar que a terra não escutasse seus passos, aonde eles se encaminhavam. Os ruídos que se fazem ouvir antes do assassinato e durante o crime são interpretados por ela como fatos corriqueiros e atribuídos a suas verdadeiras fontes. As batidas na porta não representam um mistério para ela: vêm da "porta sul". Faz uma estimativa do grau de embriaguez dos camareiros, compara a diferença do efeito do vinho sobre si própria e sobre eles e ouve-lhes o ronco. O sangue nas mãos do marido não lhe sugere senão a provocação:

> *My hands are of your colour, but I shame*
> *To wear a heart so white;*
>
> [Têm minhas mãos a mesma cor das vossas; mas que vergonha,
> Se o meu coração mostrasse palidez igual;]

e, para ela, o sangue não passa de "tão sujo testemunho" – palavras inimagináveis para o marido, para quem o sangue era motivo para muito mais que simples asco e representava bem mais que um mero perigo concreto. O literalismo da mente de Lady Macbeth se mostra por inteiro em duas falas escarninhas nas quais faz pouco da imaginação do marido; na cena do assassinato:

> *Infirm of purpose!*
> *Give me the daggers! The sleeping and the dead*
> *Are but as pictures: 'tis the eye of childhood*
> *That fears a painted devil;*
>
> [Que ânimo fraco!
> Dai-me cá os punhais! Os que dormem e os mortos
> Não são mais do que retratos; é o olhar da infância
> Que receia a pintura de um demônio;]

e na cena do banquete:

> *O these flaws and starts,*
> *Impostors to true fear, would well become*
> *A woman's story at a winter's fire,*
> *Authorised by her grandam. Shame itself!*
> *Why do you make such faces? When all's done,*
> *You look but on a stool.*
>
> [Oh! Essas explosões e sobressaltos,
> Tão falsos perto do temor autêntico, conviriam
> A um conto de mulher narrado ao pé do fogo, quando é inverno,
> E garantido apenas pela avó. Que vergonha!
> Por que é que careteais? No fim das contas,
> Vós olhais somente uma cadeira.]

Mesmo na tenebrosa cena em que a imaginação dela se liberta durante o sono, não emprega imagens semelhantes às usadas por Macbeth. O que se imprimiu em sua memória foi o apelo direto dos fatos sobre os sentidos. A horripilante crueza de "Mas quem haveria de imaginar que o velho tivesse tanto sangue?" ou "O cheiro do sangue ainda está aqui" é totalmente estranha a ele. As palavras mais poéticas que ela pronuncia, "Todos os perfumes da Arábia não purificariam esta pequenina mão", são, do mesmo modo, diferentes das que ele diz referindo-se ao grande mar de Netuno. As dela, como algumas de suas outras falas, são ainda mais comovedoras pela maior simplicidade e porque parecem dar testemunho daquele autodomínio no sofrimento do qual ele carece por completo; mas há nelas relativamente pouca imaginação. Se examinarmos a maior parte das passagens às quais fiz referência, veremos que o atributo responsável pela nossa admiração é a coragem ou a firmeza de propósito.

Essa falta de imaginação, embora concorra no sentido de tornar Lady Macbeth forte para a ação imediata, resulta-lhe catastrófica. Se não sente antecipadamente a crueldade do assassinato de Duncan, isso se deve basicamente ao fato de lhe ser quase impossível imaginar o ato, ou de, no máximo, imaginar seu aspecto exterior, "o movimento de um músculo nessa ou naquela direção". Tampouco prevê, em qualquer medida, as consequências internas que o marido deixa entrever de imediato, e ela menos rapidamente. Diz-se com frequência que ela o entende bem. Se isso fosse verdade, jamais o teria incitado. Sabe que ele é dado a estranhas fantasias; mas, por não compreender de onde provêm, não faz ideia seja de que possam adquirir tamanho poder a ponto de arruinar o plano, seja de que, apesar de significarem uma vulnerabilidade presente, representam também uma percepção do futuro. A determinada altura da cena do assassinato, a força da imaginação dele a impressiona, e, por um momento, ela se sobressalta; uma luz ameaça acender-se dentro dela:

> *These deeds must not be thought*
> *After these ways: so, it will make us mad,*
>
> [Não podemos pensar nessas coisas
> Dessa maneira: senão, ficamos loucos,]

diz, com súbita e solene gravidade. E quando ele prossegue ofegante, "Escutei uma voz bradar, acho eu, 'Não durmas mais',"... ela o interrompe, "Que estais dizendo?", como que em dúvida se não poderia ter sido uma voz real ouvida por ele. Então, quase instantaneamente, volta a si, convencida da irrelevância das coisas que ele fantasia. Tampouco compreende mais a si mesma que a ele. Em nenhum momento suspeita que *é preciso* pensar nesses atos dessa maneira; que sua leviana objetividade,

> A little water clears us of this deed,
>
> [Um pouco de água lava o que fizemos,]

será um dia confrontada por ela mesma, "Estas mãos jamais ficarão limpas?", ou que o inelutável lugar-comum, "O que está feito, está feito", abrirá caminho para sua última e dramática fala, "O que foi feito não pode ser desfeito".

Por isso, a evolução do seu personagem – talvez seja mais rigoroso dizer, a mudança do seu estado de espírito – é a um só tempo inevitável e o oposto da evolução que observamos em Macbeth. Quando o assassinato está consumado, a constatação de sua hediondez, primeiramente refletida no semblante de seus hóspedes, se instala em Lady Macbeth com o choque de uma revelação súbita, e, ato contínuo, ela começa a desabar. O primeiro indício de mudança acontece quando, na cena da revelação, ela desmaia[3]. Quando a vemos novamente, já rainha da Escócia, a glória de seu sonho está desfeita. Entra desiludida e extenuada pela falta de sono: jogou tudo fora e não conseguiu nada em troca:

> Nought's had, all's spent,
> Where our desire is got without content:
> 'Tis safer to be that which we destroy
> Than by destruction dwell in doubtful joy.
>
> [Nada está ganho, tudo está perdido,
> Se o que se quer desgosta, após obtido:
> Melhor é ser aquilo que destruímos
> Que, destruindo, viver em duvidosa ventura.]

Daí em diante não tem mais iniciativa: o caule do que ela é foi podado. O marido, fisicamente o mais forte, enlouquecido pelo sofrimento que havia previsto, mas ainda pujante de vida, vem para o proscênio, e ela se retrai. Sua obstinação resiste e faz o possível para ajudá-lo; mas são raros os momentos em que ele precisa da ajuda dela. A maior ansiedade dela parece ser que ele não deixe transparecer o sofrimento que o corrói. Macbeth planeja assassinar Banquo sem que ela saiba (não para poupá-la, quero crer, pois ele nunca demonstra um amor dessa natureza, mas apenas porque agora já não precisa dela); e, mesmo quando é vagamente informada da intenção do marido, mostra-se pouco interessada. No súbito transe da cena do banquete, faz um esforço prodigioso, magnífico; sua força, e, com ela, sua ascendência, revive, e consegue salvar o marido, pelo menos, de uma revelação completa. Mas, depois disso, não participa mais em nenhuma medida da ação. Só ficamos sabendo por suas palavras trêmulas na cena do sonambulismo, "O *thane* de Fife tinha esposa: onde está ela agora?", que se limitou a tomar conhecimento do pior crime do marido; todos os horrores de seu governo tirânico à frente da Escócia, até onde ficamos sabendo, não contam com a participação dela. A desilusão e o desespero corroem-na mais e mais. Procurar lenitivo nas palavras, ou rogar por piedade, soaria como fraqueza para ela e seria motivo de agastamento para a invariável fúria de Macbeth. Quando pensamos na mudança que ele sofreu, imaginamos que os laços entre os dois se afrouxaram e que Lady Macbeth está praticamente abandonada. Ela definha lentamente. Não suporta o escuro e mantém luzes acesas à sua volta o tempo inteiro: são essas as suas ordens. Finalmente, com a exceção da sua firmeza de propósito, que resiste, ela desmorona. Os segredos do passado encontram vazão num distúrbio do sono, quiçá um princípio de loucura. O que o médico teme é evidente. Não relata para o marido nenhum problema orgânico mais sério, mas pede à acompanhante dela que retire tudo com que pudesse vir a se ferir, e que não tire os olhos dela. É em vão. Sua morte é anunciada por um grito de suas criadas tão inesperado e pungente que encheria Macbeth de horror se ele ainda fosse capaz de sentir medo. Nas últimas palavras da peça, Malcolm nos diz ser corrente entre o exército inimigo que ela morreu pelas próprias mãos. E (para não falar dos indícios que acabamos de examinar) está plenamente de acordo com seu temperamento que, mesmo em seu momento de maior fragilidade, interrompesse de um único e firme golpe a agonia a que sua vida se resumira.

O declínio de Lady Macbeth e a nítida mudança de seu comportamento diante do marido são visíveis com maior clareza na conclusão da cena do banquete; a partir desse ponto, o *páthos* vem acrescido de profundo assombro. Os convidados partiram. Ela está completamente esgotada, e responde a Macbeth em palavras desinteressadas, sem vida, que parecem vir com dificuldade. Como é estranho ouvi-la responder "Vós mandastes chamá-lo, meu senhor?" à veemente pergunta sobre Macduff! E quando ele prossegue, "mais e mais desesperado em sua imaginação", falando de novos atos sangrentos, ela parece se ressentir da ideia, e há um profundo *páthos* na resposta, que nos diz, a um só tempo, do carinho dela por ele e do sofrimento que suportou sozinha e silenciosamente até então:

You lack the season of all natures, sleep.
[Perdeis o sono, tempero de toda natureza.]

Começamos a pensar nela agora menos como a hedionda instigadora de um assassinato do que como uma mulher que tem muito de grandioso e outro tanto de patético. Por mais estranho e quase risível que pareça dizê-lo[4], ela é, a seus próprios olhos, a esposa perfeita. Devota ao marido tudo o que possui de melhor; e o fato de nunca empregar com ele as expressões de afeto que, até esse ponto da peça, ele emprega com ela, não é, de modo algum, sinal de falta de amor. Exorta, apela, desaprova, sempre por algum motivo prático, mas nunca o condena. A aspereza de suas exprobrações não vem contaminada de ressentimento pessoal, nem de um desdém mais profundo ou menos contingente. Despreza apenas aquilo que vê como a fraqueza que estorva a ambição do marido; e não *ele próprio*. É nítido que o admira e o considera um grande homem, para quem o trono é o lugar mais apropriado. Sua atitude contundente nos momentos de hesitação ou de medo dele provavelmente se restringe aos dois. Se examinarmos as circunstâncias peculiares das primeiras cenas e da cena do banquete, e se examinarmos o linguajar da esposa e do marido em outros momentos, chegaremos, quero crer, à conclusão de que sua relação habitual é mais bem representada por estes últimos do que pelas primeiras, apesar de, é claro, não estar suficientemente bem representada em nenhum dos dois momentos. A ambição que tinha para o marido e para si mesma (não havia diferença em sua cabeça) revelou-se catastrófica para ele, muito mais do que as profecias das bruxas; mas, mesmo quando o incitou ao assassinato, acreditava estar ajudando-o a fazer o que ele simplesmente não tinha a ousadia de aventurar; e a participação dela no crime foi de tal modo menos complicada que a dele, que, se nos fosse imposta a tarefa impossível e adramática de estimar os graus de culpabilidade, sem dúvida teríamos de atribuir a maior parcela a Macbeth.

"Lady Macbeth", diz o dr. Johnson, "é pura e simplesmente odiada"; e durante muito tempo os críticos falaram dela, de um modo geral, como se se tratasse da "rainha diabólica" de Malcolm. Numa reação natural, tendemos a dar mais atenção, como eu tenho feito, ao outro aspecto, menos óbvio; e, para a crítica do último século, existe até mesmo uma tendência a adotar uma visão sentimental da personagem. Mas não seria lícito duvidar de que Shakespeare trabalhou no sentido de tornar predominantes as impressões de assombro, imponência e horror, e que em nenhum momento pretendeu que elas se dissipassem, por mais que sofressem modificações à medida que a exuberância operativa de Lady Macbeth ia diminuindo e sua agonia aumentando. Não posso crer que, quando disse a respeito de Banquo e Fleance:

> But in them nature's copy's not eterne,
>
> [Neles não é perpétua a cópia da natureza,]

quisesse dizer apenas que iriam morrer um dia; ou que tenha ficado mesmo um pouco surpresa quando Macbeth respondeu:

> There's comfort yet: they are assailable;
>
> [Consolo existe em serem atacáveis;]

embora eu esteja certo de que nenhuma luz penetrou em seus olhos quando ele acrescentou as tétricas palavras "alegra-te portanto". Ela se manteve apática. De si mesma não seria capaz de mover uma palha contra Banquo. Mas imaginou que a morte dele, e a de seu filho, poderia trazer paz de espírito ao marido, e sugeriu os assassinatos com displicência, livre de remorsos. A cena do sonabulismo, repetimos, inspira piedade, mas seu efeito preponderante é de assombro. Há profundo horror nas referências ao sangue, mas não se pode dizer que haja algo além disso; e Campbell estava sem dúvida certo quando, aludindo à análise de Jameson, assinalou que não havia sinal de contrição no sofrimento de Lady Macbeth[5]. Sem dúvida, ela daria o que lhe pedissem para desfazer o que tinha feito; e essa ideia a matou; mas, considerando-a a partir do ponto de vista trágico, podemos dizer com propriedade que era grande demais para se arrepender[6].

2

O principal interesse despertado pelo personagem de Banquo está nas mudanças que se operam nele e na influência das bruxas sobre ele. É curioso que a intenção de Shakespeare aqui tenha escapado a tanta gente com tamanha frequência. Fazendo inicialmente um nítido contraste com Macbeth, de um lado o inocente, de outro o culpado, parece decorrer daí que esse contraste tenha de se prolongar até sua morte; ao passo que, em verdade, muito embora nunca se apague de todo, diminui gradativamente. Banquo, com efeito, pode ser descrito com muito mais propriedade do que Macbeth como a vítima das bruxas. Se examinarmos sua subtrama, isso fica claro.

Desempenhou papel menos destacado apenas do que o de Macbeth nas batalhas contra Sweno e Macdonwald. Ele e Macbeth são tratados por "nossos comandantes", e, quando deparam com as bruxas, estão atravessando juntos, e apenas os dois, a "charneca ressequida"⁷. Banquo argui os estranhos vultos sem o menor receio. Elas põem os dedos sobre os lábios, como a dizer que não irão, ou não devem, falar com *ele*. Diante do lacônico apelo de Macbeth, "Se puderdes, falai. Que é que sois vós?", respondem em uníssono não dizendo o que são, mas saudando-o como Thane de Glamis, Thane de Cawdor e futuro rei. Banquo se surpreende deveras ao ver o amigo sobressaltar-se, como que assustado, e observa que parece "transportado"; e manda que as bruxas, caso conheçam o futuro, profetizem para *si*, que não lhes roga favores nem lhes teme o ódio. Macbeth, quando se refere mais tarde ao episódio, lembra da ousadia de Banquo, e de como

> *he chid the sisters,*
> *When first they put the name of king upon me,*
> *And bade them speak to him.*
>
> [increpou as irmãs,
> Ao me imporem o título de rei,
> E mandou-as falar-lhe.]

"Increpar" é um exagero; mas Banquo é sem dúvida destemido, provavelmente ambicioso, e certamente não possui laivos de má-fé em sua ambição. Ao ouvir as previsões sobre si e seus descendentes não dá nenhuma resposta, e, quando as bruxas estão prestes a desaparecer, não vemos nele os sinais de incontida ansiedade por saber mais, que surpreendemos em Macbeth. Quando se vão, limita-se a ficar impressionado, imagina se não passaram de alucinação, não toca no assunto das previsões até que Macbeth o faça, e, então, responde despreocupadamente.

Quando Ross e Angus chegam com a informação de que Macbeth foi feito Thane de Cawdor, Banquo exclama discretamente, para si mesmo ou para Macbeth: "Como! O demônio então disse a verdade?" Agora ele acredita que as bruxas eram de carne e osso, e "instrumentos da treva". Quando Macbeth, dirigindo-se a ele, sussurra:

> *Do you not hope your children shall be kings,*
> *When those that gave the Thane of Cawdor to me*
> *Promised no less to them?*
>
> [Não tendes esperança de que vossos filhos sejam reis,
> Quando aquelas que me deram o título de Cawdor
> Não prometeram menos a eles do que a mim?]

Banquo, com a ousadia da inocência, percebe o real interesse de Macbeth, e responde:

> That, trusted home,
> Might yet enkindle you unto the crown
> Besides the thane of Cawdor.
>
> [Isso, tomado a sério,
> Bem poderia acender vossos desejos até a coroa
> Além do título de Cawdor.]

Aqui, ele ainda fala, penso eu, sem maior preocupação ou cuidado, e até espirituosamente[8] ("acender" pode significar apenas "alimentar em ti essa *esperança*"). Porém, talvez percebendo algo no semblante de Macbeth, fica menos à vontade e conclui, iniciando com um significativo "mas":

> But 'tis strange:
> And oftentimes, to win us to our harm,
> The instruments of darkness tell us truths,
> Win us with honest trifles, to betray's
> In deepest consequence.
>
> [Mas isso é estranho:
> E para nos levar à perdição, não raro
> Os instrumentos da treva dizem-nos a verdade,
> Seduzem-nos com inocentes bagatelas, para enfim trair-nos
> Nas mais sérias consequências.]

Em seguida, observa pela segunda vez que seu amigo encontra-se "transportado"; mas este explica sua abstração, natural e sinceramente, atribuindo-a à surpresa diante da honraria recebida; e, no desfecho da cena, quando Macbeth propõe que ambos discutam as previsões em algum momento futuro, Banquo responde do modo jovial e direto que foi sua marca o tempo todo, "de bom grado". Tampouco havia algum motivo para que a réplica de Macbeth, "Por ora, chega", o deixasse apreensivo, embora trouxesse embutido um pedido de silêncio, e o comportamento de seu amigo durante a cena devesse ter-lhe parecido bastante suspeito quando a profecia sobre a coroa se confirmou pelo assassinato de Duncan.

Na cena seguinte, Macbeth e Banquo vão ter com o rei, que lhes dá as boas-vindas com as mais calorosas palavras de agradecimento e com a promessa de muitas benesses futuras. Macbeth, com efeito, já recebera uma régia recompensa. Banquo, de quem o rei diz que "menos não merece", por ora recebe simples agradecimentos. Seu modo discreto e franco de agradecer contrasta com a elaborada retórica de Macbeth; e, depois que Macbeth se retira, Banquo tece elogios sinceros ao amigo diante do rei.

E quando o vemos novamente, aproximando-se do castelo de Macbeth na companhia de Duncan, ainda não há sinal de mudança. Com efeito, eleva-se em nosso conceito. É ele quem diz as belíssimas linhas:

> This guest of summer,
> The temple-haunting martlet, does approve,
> By his loved mansionry, that the heaven's breath
> Smells wooingly here: no jutty, frieze,
> Buttress, nor coign of vantage, but this bird
> Hath made his pendent bed and procreant cradle:
> Where they most breed and haunt, I have observed,
> The air is delicate;

> [Este hóspede do estio,
> O martinete que mora nas igrejas, atesta,
> Ao vir aqui fazer seus ninhos, que o hálito dos céus
> Tem nestes sítios aroma delicioso: não há cornija, friso,
> Botaréu, canto jeitoso, onde não tenham esses pássaros
> Tecido o seu leito suspenso e fértil berço:
> Tenho notado que, onde eles habitam e procriam,
> O clima é encantador;]

– linhas que falam de um coração livre, de uma sensível percepção de paz e beleza, que o Macbeth da tragédia não seria capaz de experimentar jamais.

Mas, nesse momento, o céu de Banquo começa a se anuviar. Na abertura do Segundo Ato, nós o vemos com Fleance cruzando o pátio do castelo a caminho do leito. O breu de uma noite sem lua e sem estrelas parece oprimi-lo. E sente-se oprimido por uma outra coisa.

> A heavy summons lies like lead upon me,
> And yet I would not sleep: merciful powers,
> Restrain in me the cursed thoughts that nature
> Gives way to in repose!

> [Cai sobre mim, pesado como chumbo, o apelo ao sono,
> E todavia agora prefiro não dormir: ó potestades misericordiosas,
> Refreai em mim os maus pensamentos que a natureza
> No sono deixa transitarem!]

Quando entra Macbeth, percebemos o que Banquo queria dizer: fala para Macbeth – e é a primeira vez que parte dele a iniciativa de tocar nesse assunto:

> *I dreamt last night of the three weird sisters.*
>
> [Na noite de ontem sonhei com as três irmãs fatídicas.]

Sua firmeza de propósito ainda não foi minada: os "maus pensamentos" são repelidos; e são apenas pensamentos, não intenções. Mas, mesmo assim, são "pensamentos", o que, provavelmente, é mais que meras lembranças; e trazem com eles uma indefinível sensação de culpa. O veneno começa a surtir efeito.

A passagem que se segue às palavras de Banquo para Macbeth é de difícil interpretação:

> *I dreamt last night of the three weird sisters:*
> *To you they have show'd some truth.*
>   Macb.   *I think not of them:*
> *Yet, when we can entreat an hour to serve,*
> *We would spend it in some words upon that business,*
> *If you would grant the time.*
>   Ban.   *At your kind'st leisure.*
>   Macb   *If you shall cleave to my consent, when 'tis,*
> *It shall make honour for you.*
>   Ban.   *So I lose none*
> *In seeking to augment it, but still keep*
> *My bosom franchised and allegiance clear,*
> *I shall be counsell'd.*
>   Macb.   *Good repose the while!*
>   Ban.   *Thanks, sir: the like to you!*

[Na noite de ontem sonhei com as três irmãs fatídicas:
Para vós mostraram o seu tanto de verdade.
    Macb.   Não penso nelas:
Contudo, quando conseguirmos uma hora conveniente,
Poderemos trocar umas palavras sobre esse assunto,
Se uma hora disponível tiverdes.
    Ban.   Estou ao vosso gentil dispor.
    Macb.   Caso aderirdes ao que tenho em mira, uma vez realizado,
Muita honra vos será acrescentada.
    Ban.   Não a perdendo
Em busca de aumentá-la, mas conservando
O peito incensurável e sem mancha a lealdade,

Estarei pronto a vos seguir a sugestão.
Macb. Por ora, bom repouso!
Ban. Obrigado: é o que também vos desejo, senhor!]

Claramente, a primeira ideia de Macbeth é afastar toda e qualquer suspeita que a revelação do assassinato poderá suscitar, mostrando-se, imediatamente antes do crime, indiferente às previsões, e apenas interessado em conversar sobre elas em algum momento futuro. Mas por que, em seguida, diz "Caso aderirdes" etc.? Talvez sinta que, uma vez descoberto o crime, Banquo não deixará de suspeitar dele, e considere mais seguro deixar o caminho preparado para um entendimento com o amigo (na história original, ele faz de Banquo seu cúmplice *antes* do assassinato). A resposta de Banquo mostra três coisas: que teme uma proposta insidiosa, que não tem a menor intenção de aceitá-la e que não teme Macbeth a ponto de deixar de dizer o que pensa.

Duncan é assassinado. Na cena em que se descobre o crime, Banquo está presente, é claro, e seu comportamento é significativo. Quando entra, e Macduff exclama dirigindo-se a ele:

O Banquo, Banquo,
Our royal master's murdered,

[Ó Banquo! Banquo!
Foi assassinado o nosso régio amo!]

e Lady Macbeth, que entrara pouco antes, diz:

Woe, alas!
What, in our house?

[Ai, que desgraça!
E aqui, em nossa casa?]

a resposta dele:

Too cruel anywhere,

[Muito cruel, fosse onde fosse,]

mostra, como já observamos, repulsa, e podemos estar razoavelmente seguros de que suspeita imediatamente da verdade. Após trocar algumas palavras com Macduff, permanece em absoluto silêncio enquanto a cena prossegue por quase quarenta linhas. Está observando Macbeth e ouvindo-o contar de que modo dizimou os camareiros num ataque de fúria motivado por sua lealdade. Finalmente, Banquo parece ter chegado a uma conclusão. Quando Lady Macbeth desmaia, ele propõe que todos se retirem e voltem a se encontrar mais tarde,

> And question this most bloody piece of work
> To know it further. Fears and scruples⁹ shake us:
> In the great hand of God I stand, and thence
> Against the undivulged pretence¹⁰ I fight
> Of treasonous malice.
>
> [Para indagar desta obra sanguinolenta
> E conhecê-la bem. Terrores e suspeitas nos abalam:
> Encontro-me na grande mão de Deus, donde
> Combato as intenções ocultas
> Da traiçoeira maldade.]

Aqui, sua linguagem solene nos lembra o que disse, com gravidade, acerca dos "instrumentos da treva", e também de sua última prece às "potestades misericordiosas". Está profundamente chocado, indignado e determinado a cumprir o papel de um homem valoroso e honesto.

Mas não cumpre esse papel. Quando o vemos novamente, no último dia de sua vida, descobrimos que cedeu ao mal. Fora vencido pelas bruxas e pela própria ambição. De todos os nobres, apenas ele sabe das profecias, mas não diz nada a respeito. Aceita a coroação de Macbeth e a versão oficial de que os filhos de Duncan subornaram os camareiros para matá-lo. Sem dúvida, ao contrário de Macduff, estava presente em Scone para assistir à ascensão do novo rei. Não formalmente, mas na prática, ele "aderiu" ao que Macbeth tinha "em mira"; estão ligados por "laço o mais indissolúvel"; seu parecer em conselho tem sido "sempre discreto e proveitoso"; será o "convidado principal" do banquete. E seu solilóquio nos diz por quê:

> Thou hast it now: king, Cawdor, Glamis, all,
> As the weird women promised, and, I fear,
> Thou play'dst most foully for't: yet it was said
> It should not stand in thy posterity,
> But that myself should be the root and father
> Of many kings. If there come truth from them –
> As upon thee, Macbeth, their speeches shine –
> Why, by the verities on thee made good,
> May they not be my oracles as well,
> And set me up in hope? But hush! no more.

[Tens tudo agora: és rei, Cawdor e Glamis, tudo,
Conforme as bruxas prometeram. Muito receio
Que o não tenhas conseguido senão à custa de traição: todavia foi dito
Que a coroa não ficaria em tua descendência,
Mas que eu serei a raiz e o pai
De muitos reis. Se verdades podem provir delas,
Como em ti, Macbeth, esplende o que disseram,
Por que, se em ti os fatos se cumpriram,
Também não serão elas meus oráculos,
Que me ergam na esperança? Quieto! Basta.]

Quando diz "Quieto! Basta" não está afastando "maus pensamentos": interrompe-se apenas porque ouve os clarins anunciando a entrada do rei e da rainha.

Seu castigo vem a galope, muito mais rápido que o de Macbeth, e poupa-o de quedas ulteriores. Trata-se de um homem profundamente destemido, e, não obstante, até aqui de tal forma digno que não pensa em agir para precipitar o cumprimento da profecia que o fascinou. E, portanto, não tem medo de Macbeth. Mas também não o compreende. Para o espírito atormentado de Macbeth, o comportamento de Banquo parece muito suspeito. *Por que* um homem tão audacioso e ponderado[11] guardou esse segredo e se tornou seu principal conselheiro? Para levar a bom termo a parte *dele* nas previsões, depois do precedente aberto por Macbeth. Banquo, não lhe resta dúvida, irá súbita e furtivamente voltar-se contra ele. Não é a distante acessão dos descendentes de Banquo que ele teme; mas sim (conforme está convencido) o assassinato à traição; não que de sua mão decrépita o "estéril cetro" venha finalmente a cair um dia, mas que seja "arrancado" no presente (III. i. 62)[12]. Por isso mata Banquo. Mas o Banquo que ele mata não é o soldado inocente que conheceu as bruxas e repeliu suas profecias, nem o homem que rogou ver-se a salvo da tentação dos sonhos.

Macbeth deixa na maioria dos leitores uma profunda impressão do martírio da consciência culpada e do castigo relativo ao crime. E a força dessa impressão é um dos motivos pelos quais a tragédia é admirada pelos leitores que se confrangem com *Otelo* e não ficam satisfeitos com *Lear*. Mas o que talvez Shakespeare sentisse ainda mais profundamente quando escreveu a peça era a *incalculabilidade* do mal – o fato de que, ao mexer com essa força, os seres humanos sequer imaginam do que serão capazes. A alma, o Bardo parece dizer, é dotada de tão inconcebível profundidade, complexidade e sutileza, que, quando introduzimos ou desenvolvemos nela qualquer fator de mudança, e sobretudo aquele chamado de mal, só será possível formarmos uma pálida ideia da reação que virá. Só podemos estar certos de que não será aquilo que esperávamos, e que não será possível escapar dela. A subtrama de Banquo, se corretamente apreendida, produz essa impressão com força equivalente àquela produzida pela trama mais brutal dos protagonistas, e talvez com clareza ainda maior, na medida em que ele está mais próximo da natureza humana média, apresenta de início a consciência limpa e emprega com evidente sinceridade a linguagem religiosa.

3

A não ser por sua subtrama, o personagem de Banquo não é muito interessante, e nem mesmo, quero crer, perfeitamente individual. E isso pode ser dito dos demais personagens secundários. São construídos com traços leves e raramente desenvolvidos além do que exige o propósito estrito da ação. Desse ponto de vista, são inferiores a muitas das figuras menos destacadas das outras três tragédias. A cena em que vemos Lady Macduff e seu filho, e a passagem na qual Macduff recebe a notícia da carnificina, possuem grande valor dramático, mas em nenhuma das duas o efeito se deve em considerável medida aos caracteres específicos dos personagens envolvidos. Nem estes, nem Duncan, nem Malcolm, e nem mesmo o próprio Banquo, são fruto de um grande esforço de imaginação, e, portanto, não produzem aquela impressão de personalidade absolutamente individual de que Shakespeare era capaz em número de linhas muito menor do que reserva à maioria destes[13]. E isso acontece ainda mais evidentemente com personagens como Ross, Angus e Lennox, embora cada um deles tenha caracteres distinguíveis. Tenho minhas dúvidas se alguma outra grande peça de Shakespeare contém tantas falas que fariam um estudioso da peça, ao ouvi-las citadas pela boca de outrem, perguntar-se a que personagem pertencem. O leitor poderá tomar como exemplo a segunda cena do Quinto Ato, perguntando-se o que impede que os nomes dos personagens sejam intercambiados de todas as maneiras matematicamente possíveis. Será possível identificar, ainda, quaisquer marcas características pelas quais se possa distinguir as falas de Ross e de Angus no Ato I, cenas ii. e iii., ou concluir que Malcolm tem de ter dito o que lemos em I. iv. 2-11? A maior parte dessas linhas, quase podemos dizer, não é senão Shakespeare falando, contraposição feita a Shakespeare na pele de um personagem. É possível encontrar fenômeno semelhante na mesma proporção em *Hamlet*, *Otelo* ou *Rei Lear*?

Seria possível identificarmos a razão desse fenômeno em *Macbeth*? Não acredito que se deva à existência de um segundo autor. O texto, desvirtuado pelo impressor e quiçá pelos atores, parece às vezes ser obviamente de Shakespeare, às vezes suficientemente dele para afastar toda denúncia que não se faça acompanhar de evidências externas. Pode ser que Shakespeare tivesse pressa, conforme faz crer a alguns a curta duração da peça, e, investindo toda a sua carga nos protagonistas, não tenha se empenhado muito nos demais. Mas existe outra possibilidade que talvez valha a pena examinar. *Macbeth* se destaca por sua simplicidade – pela exuberância na simplicidade, não há dúvida, mas ainda assim por sua simplicidade. As duas grandes figuras, com efeito, não podem ser consideradas simples, a não ser quando comparadas com personagens como Hamlet e Iago; mas, em praticamente todos os demais respeitos, a tragédia tem essa qualidade. Sua trama não oferece maiores dificuldades. Tem pouquíssimo humor entremeado. Pouco *páthos*, exceto do tipo mais confrangedor. O estilo, em se tratando de Shakespeare, não é muito variado, mantendo-se, em geral, um tom acima em relação às outras três tragédias; e há bem menos de intercalação entre verso e prosa[14] do que o usual. Tudo isso concorre para o efeito da simplicidade. E, sendo assim, não é possível que Shakespeare sentisse instintivamente, ou temesse conscientemente, que conferir demasiada individualidade ou atratividade às figuras secundárias comprometeria esse efeito, e, assim, como um bom artista, tenha sacrificado uma parte em prol do todo? E estaria errado ao fazê-lo? Sem dúvida, evitou a sobrecarga que nos aflige em *Rei Lear* e produziu uma tragédia bastante diferente desta última, não muito aquém em sua magnificência como poema dramático, e superior como teatro.

Eu acrescentaria, embora sem muita segurança, outra hipótese. A simplicidade de *Macbeth* é um dos motivos pelos quais muitos leitores sentem que – apesar de profundamente "romântica" –, comparada com *Hamlet*, *Otelo* e *Rei Lear*, trata-se da peça que menos se afasta de uma tragédia clássica. E é possível que esse efeito seja, de certo modo, intencional. Não quero com isso dizer que Shakespeare teve a intenção de imitar a tragédia clássica; digo apenas que pode ter visto na sangrenta história de Macbeth um tema apropriado para ser tratado um pouco mais ao modo de Sêneca – ou das peças inglesas que seguiam esse modelo e que Shakespeare conheceu na juventude – do que ao modo de suas próprias tragédias do período maduro. As bruxas, sem dúvida, são "românticas", mas também o é a bruxaria em *Medéia* e *Hércules no Eta*, de Sêneca; com efeito, é difícil ler a descrição dos filtros de Medéia (670-739) sem lembrar as feitiçarias de *Macbeth*. O espectro de Banquo é igualmente "romântico", mas também o são os fantasmas de Sêneca. A julgar pela grandiloquência do estilo em algumas das passagens mais admiráveis – por incomensurável que seja a superioridade destas em relação a qualquer passagem de Sêneca – e certamente pelo rebuscamento que vez por outra encontramos em *Macbeth*, e que parece ter horrorizado Jonson, Shakespeare pode facilmente ter encontrado em Sêneca seu modelo. Então não lhe parecia que era esse o modelo romano de eloquência? A fala do oficial, conforme observado por Coleridge, não lembra o estilo do "discurso inflamado" do ator em *Hamlet* – discurso, devemos lembrar, sobre tema romano?[15] E tratar-se-ia de um completo acidente que paralelos entre Sêneca e Shakespeare pareçam ser mais frequentes em *Macbeth* que em qualquer outra de suas obras de autenticidade comprovada com a exceção de *Ricardo III*, tragédia inquestionavelmente influencida seja por Sêneca, seja pelas peças inglesas que lhe seguiram o modelo?[16] Se existe alguma procedência nessa hipótese, e se admitirmos a premissa de que Shakespeare pretendeu dar à sua peça um toque clássico, seria natural supormos que estendeu essa ideia aos personagens, além de a outros elementos da obra, concentrando praticamente todo o interesse nos protagonistas e relegando os demais, comparativamente, a uma região de penumbra.

4

Sendo *Macbeth* mais simples que as demais tragédias, além de exercer um efeito mais geral e mais impactante, três passagens são de grande importância para assegurar a variedade de tons, e também para proporcionar alívio das emoções provocadas pelas cenas das bruxas e dos protagonistas. São elas a passagem em que aparece o porteiro, a conversa entre Lady Macduff e seu filho e aquela em que Macduff recebe a notícia do assassinato de sua esposa e filhos. No entanto, a primeira, na opinião até mesmo de Coleridge, é indigna de Shakespeare e não foi escrita por ele; e a segunda, com o restante da cena que a contém, costuma ser omitida nas montagens cênicas de *Macbeth*.

Tenho minhas dúvidas se essa cena ou a exibição do sofrimento de Macduff são necessárias para aumentar nossa repulsa à crueldade de Macbeth. Têm relevância técnica quando concorrem no sentido de dar ao último estágio da ação a forma de um conflito entre Macbeth e Macduff. Mas sua função precípua é de outra natureza. É tocar o coração com uma atmosfera de beleza e *páthos*, fazer brotar uma torrente de sentimentos ternos e lágrimas. Shakespeare é amado pela doçura de sua humanidade e porque compõe esse tipo de apelo de forma tão irresistívelmente persuasiva; e o motivo de *Macbeth*, embora tão admirada quanto qualquer de suas obras, praticamente não ser amada, é que os protagonistas não podem exercer esse tipo de apelo e em nenhum momento são capazes de inspirar compaixão pura e simples. As duas passagens em questão suprem essa carência no grau que Shakespeare julgou pertinente em *Macbeth*, e a peça se ressentiria sobremaneira se fossem retiradas. A segunda, no palco, é profundamente tocante, e a cena em que Macbeth recebe a notícia da morte de sua mulher pode ter tido o objetivo de evocá-la por contraste. A primeira proporciona um alívio ainda maior, porque nela o elemento de beleza é mais nítido e porque há humor mesclado ao *páthos*. Em ambas, fugimos da opressão de pecados horrendos e profundos martírios aproximando-nos dos afetos nobres de almas simples; e, embora ambas as cenas sejam dolorosas e uma delas horripilante, nossa compaixão pode ter livre curso[17].

Simples mãe e esposa, Lady Macduff não pensa senão no próprio lar. Seu amor pelos filhos faz com que perceba de imediato que a fuga do marido põe a todos em perigo. Passa a sofrer horrivelmente temendo por eles, indignada ao extremo com o marido. Sequer passa-lhe pela cabeça que este agiu por espírito público, ou que exista esse tipo de coisa.

What had he done to make him fly the land?

[Que terá feito que o obrigou a fugir do país?]

Deve ter enlouquecido para agir desse modo. Fugiu por medo. Não ama a mulher e os filhos. É um traidor. A pobre alma está quase fora de si – e tem bons motivos para isso. Mas quando o assassino irrompe fazendo a pergunta "Onde está vosso marido?", ela se converte de imediato em esposa, e a esposa de um nobre de escol:

I hope, in no place so unsanctified
Where such as thou may'st find him.

[Espero que não em sítio tão sem favor de Deus
Que possa achá-lo um homem como tu.]

O que Shakespeare queria que pensássemos da fuga de Macduff, alvo de duras críticas por parte de outros além da esposa? Certamente não que o temor pela própria vida ou falta de amor por sua família tivesse algo a ver com isso. Sua devoção à pátria, tão bem marcada na cena com Malcolm, é sem sombra de dúvida a única motivação.

> *He is noble, wise, judicious, and best knows*
> *The fits o' the season,*
>
> [Ele é nobre, sábio, judicioso, e bem conhece
> A crise do tempo que atravessamos,]

diz Ross. Que sua fuga foi "nobre" é fora de dúvida. Que não foi sábia ou judiciosa do ponto de vista do interesse de sua família, é igualmente claro. Mas isso não significa que foi um equívoco; e, mesmo que tenha sido, considerar as consequências que enfrentou como uma punição por sua imprevidência é não só revoltante como absurdo[18]. A outra controvérsia, se foi imprevidente ou aceitou um risco de cuja gravidade estava ciente pelo bem do país, seria respondida de imediato no teatro de Shakespeare pela expressão e postura de Macduff diante das palavras de Malcolm:

> *Why in that rawness left you wife and child,*
> *Those precious motives, those strong knots of love,*
> *Without leave-taking?*
>
> [Por que deixastes tão desamparados mulher e filhos,
> Estímulos preciosos, fortes laços de amor,
> Sem despedir-vos?]

Não podemos dirimi-la com segurança apenas pelo texto; mas, sem entrar no mérito de nenhuma das hipóteses, posso aventar que Macduff sabia bem o que estava fazendo, e que fugiu sem avisar a ninguém por temer que seu propósito malograsse. Talvez tenha dito a si mesmo, como Coriolano:

> *Not of a woman's tenderness to be,*
> *Requires nor child nor woman's face to see.*
>
> [Se não quisermos na alma ter de mulher a semelhança,
> Ver não devemos nem mulher nem criança.]

O pequeno Macduff nos leva a dizer algumas palavras sobre os meninos de Shakespeare (praticamente não há meninas). Não deixa de ser curioso que praticamente todos sejam encontrados em peças trágicas ou semitrágicas. Lembro-me apenas de duas exceções: o pequeno William Page, que disse seu *Hic, haec, hoc* para Sir Hugh Evans; e o pajem diante de quem Falstaff se portava como uma porca que sufocara toda a ninhada exceto um filhote; e é de esperar que até mesmo esse pajem, se foi o Rapaz de *Henrique V*, tenha tido um fim trágico, sendo morto pela bagagem.

So wise so young, they say, do ne'er live long,
[Tão sábio e tão jovem, como se diz, nunca haverá longa vida,]

como Ricardo observou do pequeno Príncipe de Gales. O dito vale para quase todas essas crianças (alguns dos "meninos", por exemplo, os de *Cimbelino*, são rapazotes e não crianças). Figuras patéticas, ainda mais porque soem aparecer ao lado de uma mãe infeliz, sem que possamos jamais imaginá-los independentes dela. Talvez Arthur seja a primeira criação na qual o domínio de Shakespeare sobre o *páthos* se revelou maduro[19]; e a última criança que engendrou, Mamillius, mostra sem sombra de dúvida que esse domínio se manteve. Quase todas são, ainda, figuras dotadas de nobreza – afetuosas, honestas, corajosas, alegres, "de natureza franca e livre" como os melhores personagens masculinos de Shakespeare. E quase todas, ainda, encantadoras e graciosas, além de patéticas; cômicas em sua mescla de agudeza e ingenuidade, encantadoras na confiança que depositam em si mesmas e no mundo, e na seriedade com que recebem os gracejos dos mais velhos, que frequentemente se dirigem a elas como varões robustos, grandes guerreiros ou experimentados homens públicos.

O pequeno Macduff é exemplo da maior parte dessas observações. Não existe nada de transcendente nessa cena, como há na passagem que contém o inconcluso "conto de inverno" de Mamillius sobre o homem que vivia junto a um adro, ou na passagem sobre sua morte, ou naquela sobre o pequeno Márcio e a borboleta, ou na ousadia que nos apresenta a ele no momento culminante da tragédia, excedendo os apelos de Volumnia e Virgília com as palavras:

'*A shall not tread on me:*
I'll run away till I'm bigger, but then I'll fight.

[Sobre o meu corpo ele não pisa:
Hei de sair correndo, e quando ficar grande, volto para brigar.]

No entanto, não esquecemos facilmente a deliciosa e justificada segurança do pequeno Macduff em sua habilidade para vencer a mãe numa discussão; ou a profunda impressão que esta deixa nele quando fala que seu pai é um "traidor"; ou sua pronta resposta quando o assassino chama o pai pelo mesmo nome:

Thou liest, thou shag-haired villain.

[Mentes, vilão de orelhas cabeludas.]

Tampouco estou certo de que, se o filho de Coriolano tivesse sido assassinado, as últimas palavras que dirigiria a sua mãe teriam sido "Peço-vos, mãe, fugi daqui".

Devo acrescentar duas observações. A inclusão dessa criança é uma das coisas nas quais *Macbeth* nos lembra *Ricardo III*. E trata-se talvez do único personagem da tragédia que justifica um sorriso. Eu digo "talvez" porque, embora a ansiedade do médico para se ver livre da presença do marido de sua paciente possa suscitar um sorriso, não estou certo de que era esta a intenção.

5

O porteiro não me faz sorrir: o momento é sombrio demais. Sua figura é grotesca; sem dúvida, o contraste produzido é cômico, além de repulsivo; ouso dizer que os *groundlings* explodiam em gargalhadas diante de suas falas mais rasteiras. Mas não são cômicas o suficiente para nos fazer esquecer por um só momento o que acaba de acontecer e o que está por vir. Longe de mim, aliás, queixar-me disso. Acredito que tenha sido exatamente essa a intenção de Shakespeare, e que devia desprezar os *groundlings* caso gargalhassem. É claro, poderia ter escrito sem a menor dificuldade falas cinco vezes mais cômicas; mas sabia o que estava fazendo. Os coveiros nos fazem rir: o velho campônio que traz as víboras para Cleópatra nos faz, pelo menos, sorrir. Mas a cena do coveiro não se dá num momento de tensão extrema; e é longa. Nossa aflição por Ofélia não é tão profunda a ponto de impedir que nos interessemos pelo homem que abre sua cova, e nem mesmo de nos fazer lembrar sempre com dor, durante toda a longa conversa, que a cova é para ela. É compreensível, portanto, que seja representada de modo francamente cômico. A passagem de *Antônio e Cleópatra* está muito mais próxima da passagem de *Macbeth*, e parece ter sido esquecida por aqueles que dizem que não há nada em Shakespeare que lembre aquele trecho de *Antônio e Cleópatra*[20]. O velho campônio chega num momento de comoção trágica, e o diálogo é apropriadamente breve. Mas esse momento, embora trágico, é de acentuada exaltação. Não estamos sentindo horror nem experimentando indizível suspense. Estamos prestes a ver Cleópatra morrendo, mas sua morte será gloriosa, um triunfo diante de Otávio. Portanto, nosso deleite diante do velho campônio, e o contraste que ele proporciona diante dessas paixões mais violentas, não se turba, e foi acertado torná-lo efetivamente cômico. Mas o caso do porteiro é bastante diverso. Não podemos esquecer como as batidas no portão, que o fazem resmungar, soarão para Macbeth, ou que poucos minutos depois da abertura dos portões Duncan será encontrado empapado de sangue; tampouco podemos sopitar a sensação de que, imaginando-se o guardião das portas do inferno, está terrivelmente perto da verdade. Conferir-lhe um linguajar tão cômico a ponto de quase pedir que perdêssemos essas coisas de vista teria sido um erro crasso – o tipo de erro que denota carência de imaginação dramática. E esse não era o tipo de erro no qual Shakespeare incorria.

Duvidar da autenticidade dessa passagem porque não é engraçada o bastante para Shakespeare me parece trair essa carência. É julgar a passagem como se se tratasse de um tema em separado, em vez de concebê-la na inteireza de sua relação com o entorno numa encenação teatral. Tida isoladamente, admito, não ostentaria uma marca indubitável da autoria de Shakespeare, nem mesmo na frase "the primrose way to the everlasting bonfire" (o caminho em flor à fogueira eterna), que, para Coleridge, teria sido acrescentada por Shakespeare a uma interpolação dos atores. Se houvesse motivo (embora a meu ver não haja) para supor que Shakespeare, desse modo, transigiu com uma interpolação, ou que existiu a colaboração com outro autor, eu poderia acreditar que ele consentiu que os atores, ou o seu colaborador, redigissem o texto dessa passagem. Mas que alguém além do autor da cena do assassinato de Duncan *concebeu* a passagem não é crível[21].

As falas do porteiro, personagem cômico vulgar, são em prosa. Assim também a carta de Macbeth para a mulher. Em ambos os casos, Shakespeare segue suas normas ou costume. As únicas outras falas em prosa acontecem na cena do sonambulismo, e nela o uso da prosa pode causar espécie. Pois, nas grandes cenas trágicas, esperamos o meio de expressão mais poético, e esta é uma das cenas mais famosas desse gênero. Além disso, salvo melhor juízo, Lady Macbeth é o único dos grandes personagens trágicos de Shakespeare a quem é negada a dignidade do verso em sua derradeira aparição.

No entanto, nessa cena ele ainda mantém seu costume. O sonambulismo constitui um estado alterado, e é de praxe valer-se da prosa com personagens cujo estado de consciência se apresente alterado. Assim, com exemplos extraídos das quatro peças, Hamlet, quando se faz passar por louco, fala em prosa, mas, em solilóquio, nas conversas com Horácio e nas exortações a sua mãe, fala em verso[22]. Ofélia, em sua loucura, ora canta fragmentos de canções, ora fala em prosa. Praticamente todas as falas de Lear depois de ficar definitivamente louco são em prosa: quando acorda recuperado, retornam os versos. A prosa tem início na fala que termina com ele tentando rasgar as vestes; mas ele se exprime em verso – às vezes bastante irregular – nas falas ao estilo de Tímon em que seu intelecto, ainda dentro da loucura, parece recuperar subitamente a força dos melhores dias (IV. vi.). Otelo, em IV. i., fala em verso até o momento em que Iago lhe diz que Cássio confessou. Seguem-se dez linhas de prosa – exclamações e murmúrios de horror e perplexidade –, e ele tomba no solo inconsciente.

A ideia que subjaz a esse costume de Shakespeare, evidentemente, é a de que o ritmo regular do verso resultaria inapropriado quando a mente tivesse perdido seu equilíbrio e estivesse à mercê de impressões fortuitas colhidas do meio externo (como acontece algumas vezes com Lear) ou de ideias oriundas das profundezas do inconsciente entrechocando-se na superfície. O sonambulismo de Lady Macbeth é um exemplo desse estado. Não há nenhum nexo racional na sequência de imagens e ideias. A visão do sangue em sua mão, o soar do relógio marcando a hora do assassinato de Duncan, a hesitação do marido antes de soar essa hora, o espetáculo do velho rei empapado no próprio sangue, a lembrança da esposa de Macduff assassinada, outra vez a visão de sua mão, os "sobressaltos e explosões" de Macbeth novamente, o medo que Banquo, enterrado, impunha a seu marido, o ressoar das batidas no portão – todas a tomam de assalto, uma seguida da outra, nessa ordem fortuita. Não muito menos fortuita do que a organização das ideias de Ofélia; a grande diferença é que, para Ofélia, a loucura consumada eliminara ou enfraquecera sobremaneira a intensidade emocional das ideias, enquanto para Lady Macbeth cada nova imagem ou sensação vem carregada de angústia. Mal se vê, enfim, um sinal sequer da exaltação da imaginação em desvario; ficamos diante, isto sim, de um intenso sofrimento que a vem rasgando por dentro, vencendo a resistência para eclodir à luz e exprimindo-se numa linguagem que é, em sua maior parte, inconfundível na elocução e simples na estrutura. Essa linguagem marca um intenso contraste quando comparada à de Macbeth nas cenas contíguas, repleta de exaltação febril e quase furiosa, e parece dizer de um sofrimento muito mais acerbo.

O efeito é de uma contundência extraordinária. O orgulho e o poder avassaladores das primeiras falas de Lady Macbeth retornam à nossa memória, e a mudança é sentida com insopitável assombro. Qualquer tentativa, mesmo de Shakespeare, de se colher a moral contida nesse assombro não faria senão enfraquecê-lo. Durante um momento, com efeito, toda a linguagem da poesia – mesmo da poesia de Macbeth – parece envolver-se numa aura de irrealidade, e essas frases secas e sem vida parecem a única voz da verdade[23].

NOTA A

Acontecimentos anteriores ao início da ação em *Hamlet*

No primeiro solilóquio de Hamlet, ele diz que o pai está "morto há apenas dois meses – não, não há tanto tempo assim, nem dois". Prossegue falando do amor entre seu pai e sua mãe, e então diz (I. ii. 145):

> *And yet, within a month–*
> *Let me not think on't–Frailty, thy name is woman!–*
> *A little month, or ere those shoes were old*
> *With which she follow'd my poor father's body,*
> *Like Niobe, all tears, why she, even she–*
> *O God! a beast, that wants discourse of reason,*
> *Would have mourn'd longer–married with my uncle.*

> [E mesmo assim, dentro de um mês –
> Não quero pensar nisto – Fragilidade, teu nome é mulher! –
> Um mês apenas, antes mesmo que ficassem usados os sapatos
> Com que acompanhara o corpo do meu pobre pai,
> Como Níobe, em pranto, ela, ela mesma –
> Ó Deus! um animal, desprovido de razão,
> Teria sentido dor mais duradoura – casada com meu tio.]

Em vista disso, costuma-se supor que nesse momento – o momento em que começa a ação – a mãe de Hamlet está casada há pouco menos de um mês.

Supondo-se isso, porém, surgem dificuldades, embora eu não as tenha visto ser apontadas: Por que o espectro esperou quase um mês desde o casamento antes de se mostrar? Por que o rei esperou quase um mês antes de aparecer em público pela primeira vez, como é evidente que faz nessa cena? E por que Laertes esperou quase um mês desde a coroação antes de pedir permissão para retornar à França (I. ii. 53)?

A isso se pode retrucar que o casamento e a coroação se fizeram separar por algumas semanas; que, enquanto o primeiro aconteceu cerca de um mês antes do momento retratado na cena, a última acaba de acontecer; e que o que o Espectro não pode suportar não é o casamento em si, mas a acessão ao trono de um assassino incestuoso. Mas qualquer um que leia a fala do rei no início da cena concluirá sem dúvida que o casamento acaba de ser celebrado, e também que foi planejado como parte da acessão de Cláudio ao trono. Gertrudes é descrita como a "imperial consorte" do Estado, e o rei diz que os lordes anuíram com o casamento, mas não faz referência em separado à sua eleição.

A solução da dificuldade pode ser encontrada nas linhas citadas acima. O casamento se seguiu, um mês depois, não à *morte*, mas ao *enterro* do pai de Hamlet. E isso deixa tudo perfeitamente claro. A morte aconteceu quase dois meses atrás. O enterro não se deu imediatamente, mas (digamos) em quinze dias, ou três semanas. E o casamento e a coroação, acontecidos bem menos de um mês após o enterro, acabam de ter lugar. De forma que o espectro não esperou um momento sequer; nem o rei, nem Laertes.

Por essa hipótese, segue-se que o dolorido solilóquio de Hamlet não é pronunciado quase um mês depois do casamento que tanto o horrorizou, mas pouco depois dele (embora, presumivelmente, soubesse com razoável antecedência o que estava por vir). E por essa hipótese obtemos também uma explicação parcial de outras duas dificuldades: (*a*) Quando Horácio, no fim do solilóquio, entra e saúda Hamlet, é evidente que ele e Hamlet não se encontraram recentemente em Elsinore. No entanto, Horácio estava em Elsinore para o enterro (I. ii. 176). Ora, mesmo que a cerimônia tivesse acontecido por volta de três semanas antes, parece bastante estranho que Hamlet, por mais desorientado pela dor e distanciado da corte que estivesse, não houvesse encontrado Horácio; mas, se o enterro aconteceu por volta de sete semanas antes, a dificuldade é consideravelmente maior. (*b*) Somos informados por duas vezes que Hamlet tem "*ultimamente*" buscado a companhia de Ofélia e declarado seu amor por ela (I. iii. 91, 99). Sempre me pareceu, pela visão cronológica prevalente, bastante difícil (embora não, é claro, impossível) compreender isso, considerando-se o estado emotivo que se produziu nele com o casamento de sua mãe, e, em especial, o abalo que parece ter provocado na fé que depositava nas mulheres. Mas se o casamento acaba de ser celebrado, as palavras "ultimamente" se refeririam, é claro, a uma época anterior à cerimônia. Essa época, presumivelmente, seria subsequente à morte do pai de Hamlet, mas não é tão difícil imaginar que Hamlet tenha meramente procurado alívio do seu *pesar* no amor por Ofélia.

Mas aqui outra pergunta se impõe: não poderia ser o caso que a palavra "ultimamente" incluísse, ou mesmo se referisse integralmente[1], a uma época anterior à morte do pai de Hamlet? E essa pergunta seria consensualmente respondida, quero crer, com uma negativa, pois, quando seu pai morreu, Hamlet não estava na corte, e sim em Wittenberg. Tratarei dessa hipótese em outra nota, apenas acrescentando que, embora seja bastante possível que Shakespeare nunca tenha concebido nada disso com clareza, produzindo assim dificuldades de menor importância, não devemos partir dessa premissa sem investigar.

NOTA B

Onde estava Hamlet no momento da morte de seu pai?

A resposta será dada sem mais delongas: "Na Universidade de Wittenberg. Pois o rei lhe diz (I. ii. 112):

For your intent
In going back to school in Wittenberg,
It is most retrograde to our desire.

[Quanto à tua intenção
De voltar à Universidade de Wittenberg,
É completamente contrária a nosso desejo.]

A Rainha também roga que ele não vá para Wittenberg: e ele concorda em ficar."

Pois bem, eu concordo que a interpretação óbvia dessa passagem é aquela universalmente aceita, que Hamlet, como Horácio, estava em Wittenberg quando seu pai morreu; e não digo que esteja errada. Mas envolve dificuldades, e não deve ser considerada irretorquível.

(1) Uma dessas dificuldades foi reconhecida há bastante tempo. Hamlet, conforme a indicação do Ato V., cena i., tem 30 anos de idade; e essa é uma idade bastante avançada para um estudante universitário. Uma solução é encontrada (por aqueles que admitem que Hamlet *tinha* 30 anos) na seguinte passagem de *Pierce Penniless*, de Nash*: "Por força dos costumes, alguns [dinamarqueses] põem seus filhos na escola, porém não antes que tenham 14 anos, de modo que é possível ver um rapaz parrudo de barba aprendendo o ABC, ou sentado, chorando, diante da palmatória aos 30 anos." Outra solução, como vimos (pp. 74-5), é encontrada no caráter de Hamlet. Trata-se de um filósofo que não abandona a Universidade por seu apego aos estudos.

....

* Thomas Nash(e) (1567-1601). Poeta e satirista. Seu romance *The Unfortunate Traveller, or The Life of Jack Wilton* (1594) [O viajante desafortunado, ou A vida de Jack Wilton] é o primeiro romance picaresco inglês.

(2) Mas existe uma dificuldade bem maior, que não parece ter sido percebida. Horácio certamente veio de Wittenberg para o enterro. Observe-se como transcorre seu encontro com Hamlet (I. ii. 160).

Hor.	*Hail to your lordship!*
Ham.	*I am glad to see you well:*
	Horatio,–or I do forget myself.
Hor.	*The same, my lord, and your poor servant ever.*
Ham.	*Sir, my good friend; I'll change that name with you:*
	And what make you from Wittenberg, Horatio?
	Marcellus?
Mar.	*My good lord –*
Ham.	*I am very glad to see you. Good even, sir.*
	But what, in faith, make you from Wittenberg?
Hor.	*A truant disposition, good my lord.*
Ham.	*I would not hear your enemy say so,*
	Nor shall you do my ear that violence,
	To make it truster of your own report
	Against yourself: I know you are no truant.
	But what is your affair in Elsinore?
	We'll teach you to drink deep ere you depart.
Hor.	*My lord, I came to see your father's funeral.*
Ham.	*I pray thee, do not mock me, fellow-student;*
	I think it was to see my mother's wedding.

Hor.	Salve Vossa Senhoria!
Ham.	Sinto-me feliz por encontrar-te bem:
	Horácio... se não me engano.
Hor.	Ele mesmo, meu senhor, e sempre vosso humilde servidor.
Ham.	Meu bom amigo; é o nome que te dou:
	E que estás fazendo longe de Wittenberg, Horácio?
	Marcelo?
Mar.	Meu bom senhor –
Ham.	Causa-me grande prazer ver-te. Boa tarde, senhor[1].
	Mas, por minha fé, que fazes longe de Wittenberg?
Hor.	Uma tendência à vadiação, meu bom senhor.
Ham.	Não permitiria que um inimigo teu dissesse semelhante coisa, nem obrigarás meus ouvidos a escutarem uma confissão que é contra ti mesmo: bem sei que não és vadio.
	Mas o que te prende em Elsinore?
	Nós te ensinaremos a beber antes de tua partida.
Hor.	Meu senhor, vim para assistir ao funeral de vosso pai.
Ham.	Por favor, não zombes de mim, colega;
	Acho que foi para assistir ao casamento de minha mãe.

Não é estranho? Hamlet e Horácio deveriam ser condiscípulos em Wittenberg, e deveriam ter partido de lá rumo a Elsinore menos de dois meses antes. Não obstante, Hamlet, de início, mal reconhece Horácio, e fala como se ele, Hamlet, vivesse em Elsinore (refiro-me ao seu gracejo, "Nós te ensinaremos a beber antes de tua partida"). Quem sonharia imaginar que o próprio Hamlet tivesse vindo de Wittenberg se não fosse pelas palavras de antes, sobre seu retorno para lá?

Como isso pode ser explicado pela visão prevalente? Somente, quero crer, supondo-se que Hamlet está de tal modo mergulhado em sua melancolia que, de fato, quase "se engana"[2] e olvida tudo o mais, de modo que, com efeito, não reconhece Horácio com segurança. E, apesar de não ser impossível, é difícil crer nessa possibilidade.

"Ah, não", pode-se retrucar, "porque ele está inseguro quanto a Marcelo também; e, no entanto, se estivesse vivendo em Elsinore, deveria ver Marcelo com frequência." Mas *não* está inseguro quanto a Marcelo. O sinal de interrogação depois de "Marcelo" é uma conjectura de Capell*: não aparece em nenhum Quarto e em nenhum Fólio. O fato é que conhece perfeitamente bem aquele que vive em Elsinore, mas fica confuso quando vê o amigo egresso de Wittenberg.

(3) Rosencrantz e Guildenstern são chamados para tirar Hamlet de sua melancolia e arrancar dele, com astúcia, o seu segredo, porque os conhece desde a juventude e gosta deles (II. ii. 1 ss.). Vão *para* a Dinamarca (II. ii. 247 s.); estão vindo, portanto, de algum outro país. De onde? São, ficamos sabendo, "companheiros de estudos" de Hamlet (III. iv. 202). E, no primeiro Quarto, somos informados, sem dubiedade, de que estavam com ele em Wittenberg:

Ham. *What, Gilderstone, and Rossencraft,*
       Welcome, kind school-fellows, to Elsinore.
Gil.   *We thank your grace, and would be very glad*
       You were as when we were at Wittenberg.

Ham. Ora essa, Gilderstone, e Rossencraft,
       Bem-vindos, meus bons companheiros de estudos, a Elsinore.
Gil.   Agradecemos a Vossa Graça, e ficaríamos muito satisfeitos que estivésseis como quando estivemos em Wittenberg.

....

* Edward Capell (1713-1781), crítico e editor de Shakespeare. Indignado com os erros da edição de Sir Thomas Hanmer, publicou sua própria edição das obras completas.

Que o leitor atente para a primeira saudação que Hamlet lhes dirige no texto indicado, e pergunte a si mesmo se é a saudação que alguém dirigiria a condiscípulos dos quais tivesse se apartado dois meses antes; se não seriam, mais provavelmente, assim como a saudação que dirige a Horácio, as boas-vindas de um velho companheiro de estudos que não vê os atuais visitantes há um tempo considerável (II. ii. 226 s.).

(4) Rosencrantz e Guildenstern contam a Hamlet que os atores estão a caminho. Este pergunta de que atores se trata, e ouve: "Aqueles mesmos que tanto eram de vosso agrado: os trágicos da cidade." Pergunta: "Ainda gozam da mesma reputação de quando estive na cidade?" É evidente que esteve afastado dessa cidade por algum tempo. E isso fica ainda mais evidente quando os atores chegam e Hamlet observa que um deles deixou a barba crescer, e outro deve ter deixado a voz rachar desde a última vez em que se viram. Que cidade, com efeito, será essa, a qual não visita há algum tempo, mas onde (segundo parece) moram Rosencrantz e Guildenstern? Não fica na Dinamarca ("Vieste à Dinamarca para me fazer sombra?"). Parece provável que se trate de Wittenberg[3].

Todas essas passagens, deve ser observado, são coerentes entre si. E apontam para a conclusão de que Hamlet deixou a Universidade alguns anos antes e ter vivido na Corte. Isso, ainda, é condizente com o fato de ter 30 anos, e de ter sido chamado de soldado e cortesão, além de estudioso (III. i. 159). E não conflita, quer me parecer, com nada na peça, a não ser com a menção a "voltar à Universidade de Wittenberg". Mas não conflita nem mesmo com isso. A ideia pode muito bem ser a de que Hamlet, sentindo que é impossível permanecer na Corte depois do casamento da mãe e da acessão de Cláudio, pensa na Universidade onde, anos antes, foi tão feliz, e cogita voltar para lá. Se foi isso que Shakespeare quis dizer, seria fácil para ele não se dar conta de que a frase "voltar à Universidade de Wittenberg" nos induziria a crer que Hamlet havia acabado de deixar "os estudos".

Não vejo como explicar essas passagens senão sob essa hipótese. Mas esta, por sua vez, implica certa dificuldade. Horácio, Rosencrantz e Guildenstern parecem pertencer à mesma faixa etária de Hamlet. Como, então, explicar que *eles* estejam em Wittenberg? Imaginei que a questão poderia ser respondida da seguinte maneira: se "a cidade" é Wittenberg, Shakespeare a teria na mesma conta que, digamos, Londres, e poderíamos supor que Horácio, Rosencrantz e Guildenstern moravam lá, embora não mais como estudantes. Mas isso dificilmente pode ser dito de Horácio, que, quando (para não susceptibilizar os sentimentos de Hamlet) fala que é "um vadio", tem de querer dizer um vadio da sua Universidade. A única solução que posso propor é que, na trama ou peça em que Shakespeare se baseou, Hamlet e os outros eram todos, à época do assassinato, jovens estudantes de Wittenberg, e que, quando decidiu torná-los homens mais velhos (ou tornar Hamlet, pelo menos, mais velho), não tomou as devidas precauções para executar a ideia em todos os seus pormenores, deixando assim algumas discrepâncias. Mas, seja como for, a dificuldade da hipótese que apresento não me parece tão formidável quanto aquela com a qual a visão prevalente tem de se haver[4].

NOTA C

A idade de Hamlet

Os principais argumentos sobre essa questão podem ser encontrados no *Variorum Hamlet*, de Furness, vol. i., pp. 391 ss. Limito-me aqui a esclarecer sucintamente minha posição.

Mesmo que a impressão geral produzida em mim pela peça fosse a de que Hamlet era um jovem de 18 ou 20 anos, eu me sentiria incapaz de confrontá-la com a evidência das declarações de v. i., as quais o mostram com exatos 30 anos, a não ser que essas declarações parecessem feitas de modo displicente. Mas, a meu ver, ao contrário, elas parecem ter sido inseridas expressamente com o fito de esclarecer a idade de Hamlet; e o fato de diferirem nitidamente das declarações em Q1 confirma essa hipótese. Assim também o fato de o Rei Ator falar que está casado há trinta anos (III. ii. 165), quando novamente os números diferem dos que encontramos em Q1.

Se v. i. não contivesse essas declarações inequívocas, acredito que minha impressão quanto à idade de Hamlet resultaria insegura. O fato de ser chamado diversas vezes de "jovem" não me influenciaria tanto (e nem um pouco quando é chamado "jovem" simplesmente para distingui-lo do pai, *como acontece na exata passagem em que é apresentado com 30 anos*). Mas quero crer que somos naturalmente levados a atribuir-lhe a mesma faixa etária de Laertes, Rosencrantz e Guildenstern, atribuindo-lhes menos de 30 anos. Além disso, a linguagem empregada por Laertes e Polônio diante de Ofélia em I. iii. sem dúvida, por si mesma, nos induziria a imaginar que Hamlet tem muito menos que 30 anos; e essa impressão não é, a meu ver, completamente anulada pelo fato de sermos informados que Henrique V, em sua acessão, está "na manhã primaveril da juventude (*in the very May-morn of his youth*)" – expressão que corresponde rigorosamente àquelas de que Laertes se vale diante de Ofélia. Em algumas passagens, ainda, há um certo ar da impertinência típica dos rapazes. Por outro lado, porém, teríamos de conciliar (1) a maturidade do pensamento de Hamlet; (2) seu comportamento, de um modo geral, diante de outros homens e de sua mãe, o qual, quer me parecer, está longe de passar a ideia de um mero rapazote; (3) uma passagem como aquela de suas palavras diante de Horácio em III. ii. 59 ss., implicando que tanto ele como Horácio já viram muitas coisas na vida (essa passagem não encontra em Q1 nada de correspondente às linhas mais significativas). Mostrei na Nota B que é bastante frágil apresentar como argumento em favor da juventude de Hamlet o que é dito sobre sua volta a Wittenberg.

No todo, concordo com o prof. Dowden, para quem abstração feita das declarações em V. i., assumir-se-ia naturalmente que Hamlet é um homem de 25 anos.

Tem sido dito que na peça antiga Hamlet não passava de um rapazote; que Shakespeare, quando começou a trabalhar nela[1], não decidiu torná-lo mais velho; que, à medida que o trabalho progredia, tomou essa decisão; e que é por isso que a primeira parte da peça produz (se é que produz mesmo) impressão distinta da segunda. Não vejo nada de muito improvável nessa hipótese, mas devo ressaltar que seria um equívoco citar a passagem em V. i., tal como a encontramos em Q1, para sustentá-la; pois essa passagem não demonstra, em absoluto, que o autor (se teve seu texto respeitado) imaginou Hamlet como um rapazote. Transcrevo as declarações encontradas em Q2 e Q1.

Q2 diz que:

(1) O coveiro iniciou-se na profissão no dia em que o velho Hamlet derrotou Fortinbrás.
(2) Naquele dia, nasceu o jovem Hamlet.
(3) Faz trinta anos, no momento da fala, que o coveiro exerce seu ofício.
(4) O crânio de Yorick está enterrado há vinte e três anos.
(5) Yorick costumava carregar o jovem Hamlet nas costas.

Tudo isso é inequívoco e convergente, e se traduz na idade de 30 anos para Hamlet hoje.

Q1 diz que:

(1) O crânio de Yorick está enterrado há doze anos.
(2) Está enterrado desde que o velho Hamlet derrotou Fortinbrás.
(3) Yorick costumava carregar o jovem Hamlet nas costas.

Disso não se segue absolutamente nada no que diz respeito à idade de Hamlet, a não ser que ele tem mais de 12 anos[2]! É evidente que o autor (se teve seu texto respeitado) não tem a intenção de nos informar a idade de Hamlet. Que não o imaginou jovem demais transparece do fato de tê-lo feito dizer que assinalou "estes sete anos" (em Q2 "três anos") que separam os dedos dos pés do campônio do calcanhar do cortesão. O fato de o Rei Ator em Q1 falar de estar casado por quarenta anos mostra que também aqui o autor não está preocupado em plantar referências sobre a idade de Hamlet[3].

NOTA D

"Meu canhenho – preciso tomar nota"

Essa passagem tem sido motivo de grande dificuldade e, para muitos leitores, parece até absurda. Já foi aventado que, com grande parte do que se segue imediatamente, foi adotada por Shakespeare, com pouquíssimas mudanças, da peça antiga.

É sem dúvida improvável no mais alto grau que, num momento tão importante, quando tinha de mostrar os primeiros efeitos produzidos em Hamlet pelas revelações do espectro, Shakespeare escrevesse de modo negligente ou se contentasse com algo que não satisfizesse sua própria imaginação. Mas não causa espécie que encontremos alguma dificuldade ao acompanhar sua imaginação nesse momento.

Vamos examinar a fala na íntegra. O espectro deixa Hamlet com as palavras "Adeus, adeus! Hamlet, lembra-te de mim"; e ele irrompe:

> *O all you host of heaven! O earth! what else?*
> *And shall I couple hell? O, fie! Hold, hold, my heart;*
> *And you, my sinews, grow not instant old,*
> *But bear me stiffly up. Remember thee!*
> *Ay, thou poor ghost, while memory holds a seat*
> *In this distracted globe. Remember thee!*
> *Yea, from the table of my memory*
> *I'll wipe away all trivial fond records,*
> *All saws of books, all forms, all pressures past,*
> *That youth and observation copied there;*
> *And thy commandment all alone shall live*
> *Within the book and volume of my brain,*
> *Unmix'd with baser matter: yes, by heaven!*
> *O most pernicious woman!*
> *O villain, villain, smiling, damned villain!*
> *My tables—meet it is I set it down,*
> *That one may smile, and smile, and be a villain;*
> *At least I'm sure it may be so in Denmark:*   [Writing
> *So, uncle, there you are. Now to my word;*
> *It is 'Adieu, adieu! remember me.'*
> *I have sworn 't.*

[Ó vós todas legiões celestiais! Ó terra! Que mais, ainda?
Invocarei o inferno? Ó, vergonha! Firme, firme, coração;
Não fiqueis velhos de súbito, músculos,
Aguentai-me! Que me lembre de ti!
Sim, pobre fantasma, sim, enquanto tiver sede a memória
Neste globo conturbado. Lembrar-me!
Sim, da tabuleta da minha memória
Hei de todas as notícias frívolas apagar,
As máximas dos livros, as imagens, os vestígios
Que os anos e a experiência aí deixaram;
Essa tua ordem, só, há de guardar-se
No volume e no livro do meu cérebro,
Sem mais escórias: sim, pelo céu!
Ó mulher perniciosa!
Vilão, vilão que ri! Vilão maldito!
Meu canhenho – preciso tomar nota,
Que o homem pode sorrir, sorrir, e ser velhaco;
Sei que ao menos é assim na Dinamarca: [*Escreve*
Assim, meu tio, já estais aí. Agora minha palavra será:
'Adeus, adeus! recorda-te de mim.'
Assim jurei.]

O homem que assim fala, devemos lembrar, estava já quase consumido pela dor e dominado pela repulsa quando o espectro aparece para ele. Acaba de sofrer um violento choque. É informado de que sua mãe é não apenas o que ele supunha, mas também adúltera, e que seu pai foi assassinado pelo amante dela. Essas notícias, ainda, chegam até ele de uma forma tal que, muito além do *assunto* de que se trata, seria por si só capaz de abalar a razão de qualquer pessoa. E, finalmente, um fardo terrível foi depositado sobre seus ombros. Seria de fato tão estranho, portanto, que ele dissesse coisas de causar espécie? Com efeito, não seria em nada de admirar se perdesse o juízo ali mesmo.

Nesse momento é apenas isso que ele teme. No meio do primeiro e violentíssimo extravasamento emocional, detém-se subitamente com a exclamação "O, fie!" (Ó, vergonha!) (cf. o emprego rigorosamente similar dessa interjeição em II. ii. 617). Não deve permitir-se ter emoções: precisa viver. Não pode permitir que seu coração se reduza a frangalhos ("hold" significa "resistir à desagregação"), que seus músculos se convertam naqueles de um trêmulo ancião, que seu cérebro entre em colapso – como ameaça acontecer a determinada altura. Pois, se acontecer, como ele poderá – *lembrar*? Segue repetindo esse "lembrar" (a "palavra" do espectro). Literalmente, tem medo de *esquecer* – que sua mente perca a mensagem que lhe foi confiada. Instintivamente, portanto, ele sente que, se *quiser* lembrar, deverá apagar da memória tudo que ela guarda; e a vida que viveu até ali surge diante dele, todo o prazer intelectivo de que gozou, tudo que assinalou e acumulou nos arquivos da memória. Tudo está terminado para sempre; nada deverá restar na sua "tabuleta" a não ser a ordem "lembra-te de mim". Ele jura: "sim, pelo céu!" Feito isso, repentinamente a emoção reprimida eclode, e, muito caracteristicamente, pensa *em primeiro lugar* em sua mãe; então no tio, o infame de fala macia que acaba de sorrir para ele, chamando-o "filho". E, com amarga ironia, arranca o canhenho do peito (este foi-lhe sugerido pelas expressões que acaba de usar, "tabuleta da minha memória", "no volume e no livro"). Afinal, *irá* usá-la ainda uma vez; e, quiçá com uma gargalhada delirante, escreve com dedos trêmulos sua última observação: "é possível sorrir, sorrir, e ser velhaco".

Mas isso, quero crer, não é meramente um ato desesperado. Deve-se àquele *medo de esquecer*. Virá um tempo, ele sente, quando toda a espantosa experiência da última meia hora será inacreditável, parecerá simples pesadelo, irá até mesmo, compreensivelmente, praticamente apagar-se de sua memória. Que tenha, portanto, algo preto no branco para recuperá-la e *obrigá-lo* a lembrar e crer. O que haverá de tão estranho nisso, se substituirmos as "tabuletas" por um caderno ou diário[1]?

Mas por que deveria escrever aquela observação em especial, e não, em seu lugar, sua "palavra": "Adeus, adeus! Lembra-te de mim"? Devo responder, primeiramente, que um gesto extravagante num momento assim é inteiramente característico de Hamlet (ver p. 111), e que o jocoso "Assim, meu tio, já estais aí" mostra esse estado de espírito; e, em segundo lugar, a repulsa que sente em relação ao tio é intensa dentro dele nesse momento. Possivelmente, ainda, poderia ter lembrado que o "canhenho" poderia ser roubado e que, se a aparição do espectro viesse a ser revelada, uma mera observação sobre o sorriso dos velhacos não poderia trair nada da sua comunicação com o espectro. O que se segue mostra que o impulso de discrição é forte nele.

Parece provável, devo acrescentar, que Shakespeare foi aqui influenciado, consciente ou inconscientemente, pela lembrança de um lugar em *Tito Andrônico* (iv. i.). Naquela peça tétrica, Quíron e Demétrio, depois de violar Lavínia, cortam fora sua língua e suas mãos, para que seja incapaz de denunciar a ignomínia. O que, não obstante, ela faz segurando um bastão na boca, guiando-o com os braços para escrever na areia: "Stuprum. Chiron. Demetrius." Tito pouco depois diz:

> *I will go get a leaf of brass,*
> *And with a gad of steel will write these words,*
> *And lay it by. The angry northern wind*
> *Will blow these sands, like Sibyl's leaves, abroad,*
> *And where's your lesson then?*

> [Vou prover-me de uma folha de latão,
> e com uma ponta de aço gravarei nela essas palavras,
> Para depois guardá-las. O violento vento norte
> Dispersará toda esta areia, tal como faz com as folhas da Sibila,
> E que será, assim, de vosso texto?]

Talvez na antiga *Hamlet*, que pode ter sido uma peça algo semelhante a *Tito Andrônico*, Hamlet a essa altura tenha de fato escrito parte da mensagem do espectro em seu canhenho. Seja como for, Shakespeare, quer tenha escrito *Tito Andrônico*, quer apenas revisado uma peça antiga sobre o tema, poderia muito bem se lembrar desse incidente, já que frequentemente se vale de outros elementos desse drama.

NOTA E

O Espectro no subterrâneo

Tem-se acreditado que toda a última parte de I. v., a partir da entrada de Horácio e Marcelo, segue rigorosamente a peça antiga e que Shakespeare fez concessões aos *groundlings*.

Ainda aqui, tenha ou não aceitado o que encontrou na peça antiga, não vejo razão para crer que foi condescendente ao escrever para seu público. No que diz respeito ao estado de espírito de Hamlet, não há sinal disso. Todos que têm dificuldade para compreendê-lo deveriam ler a nota de Coleridge. O que parece extravagante é a parte que cabe ao Espectro, e o consequente deslocamento de Hamlet de um ponto a outro do palco. Mas, quanto à primeira, seria justificado que víssemos algo de extravagante nas quatro exortações "Jurai!" se não fosse pelo fato de partirem de debaixo do palco – algo que para a plateia elisabetana, perfeitamente alheia ao que é absurdamente chamado de ilusão do palco, não era, com toda probabilidade, nem um pouco extravagante? E, quanto ao último, se conhecêssemos melhor a tradição fantasmagórica da época talvez não víssemos nada de estranho na decisão de Hamlet de mudar de lugar e voltar a propor o juramento a cada intervenção do Espectro.

Além disso, deve ser observado que ele não se limita a propor novamente o juramento. Primeiro, faz Horácio e Marcelo jurarem nunca revelar o que *viram*. Então, ao locomover-se, fá-los jurar nunca falar a respeito do que *ouviram*. Então, mudando novamente de lugar, fá-los jurar que, se julgar oportuno bancar o doido, farão crer que não sabem nada a esse respeito. O juramento agora está completo; e, quando o Espectro ordena que jurem pela última vez, Hamlet fica repentinamente sério e pede que ele descanse. [Em *Woman's Prize*, de Fletcher, v. iii., passagem que me foi indicada por C. J. Wilkinson, um homem que presta juramento caminha de um ponto a outro.]

NOTA F

A fala do ator em *Hamlet*

Há duas visões diametralmente opostas a respeito dessa fala. De acordo com uma delas, Shakespeare a transcreveu de alguma peça, ou então a compôs com um fim específico, única e exclusivamente para ridicularizar, por meio dela, o estilo bombástico de dramaturgos contemporâneos dele ou um pouco mais antigos; assim como ridiculariza em 2 *Henrique IV* a bravata de Tamburlaine sobre os reis que puxavam sua carruagem, ou põe na boca de Pistol fragmentos de grandiloquência semelhante. Para Coleridge, por outro lado, essa hipótese resulta "abaixo da crítica". Shakespeare não tinha em mente nenhuma espécie de ridicularização. "Tais linhas, como narrativa épica, são soberbas." É verdade que a linguagem é "poética demais – de lirismo exacerbado e pompa épica, e não própria do drama"; mas isso se deve ao fato de Shakespeare ter de diferenciar o estilo dessa fala daquele utilizado nos seus diálogos dramáticos.

No essencial, acredito que o que Coleridge diz[1] é verdadeiro. Vai longe demais, quer me parecer, quando descreve a linguagem da fala como meramente "demasiado poética"; pois, ao lado de muita coisa que possui qualidade excepcional, existe de permeio uma boa dose daquilo que, na epopeia como no drama, merece o nome de empolação. Mas não creio que Shakespeare tivesse a empolação por objetivo.

Apresentarei de modo sucinto os argumentos que levam a essa conclusão. Warburton há muito tempo expôs a fundo e convincentemente alguns deles, mas cometeu equívocos aqui e acolá, e cumpre acrescentar certos argumentos aos dele.

1. Se a fala tinha por objetivo ser ridícula, segue-se já que Hamlet, ao elogiá-la, foi irônico, já que Shakespeare, ao tornar sincero o elogio de Hamlet, foi ele próprio irônico. E ambas as decorrências são praticamente incríveis.

Vamos examinar o que Hamlet diz. Ele pede ao ator que recite "uma fala apaixonada"; e, instado a escolher alguma, menciona a fala que o ouviu declamar certa feita. Essa fala, diz, nunca fora "representada", ou fora apenas uma vez; pois a peça não agradava às multidões. Mas ele, e outros cujo julgamento pairava muito acima do dele, consideravam-na uma excelente peça, bem construída e composta a um só tempo com engenho e sobriedade. Um desses outros a recomendava por não se mostrar eivada de indecências nem de afetação de estilo, mas mostrar-se "um honesto método, tão sã quanto agradável, embora *mais bela do que brilhante* [more handsome than fine]"[2]. Nessa peça, Hamlet "gostava imensamente" de uma fala; e solicita um trecho.

Que o leitor retorne agora à passagem que acabo de resumir; que examine seu tom e suas especificidades; e que pergunte a si mesmo se Hamlet poderia estar sendo irônico. Estou certo de que responderá negativamente. E, então, que examine o que se segue. A fala é declamada. Polônio a interrompe queixando-se de que é muito comprida, Hamlet o repreende, pede que o ator prossiga, e acrescenta: "Ele só gosta de uma jiga ou de uma canção picaresca, caso contrário, acaba dormindo." Ou seja, "ele partilha da preferência do vulgo por sal nas linhas para sazonar o assunto, e sente-se maçado por um método honesto"[3]. Polônio mais tarde interrompe de novo, por considerar exagerada a emoção do ator; mas, desta vez, Hamlet consente; depois, quando está sozinho (e, portanto, dificilmente seria irônico), ao comparar essa emoção à sua própria insensibilidade, não revela nenhuma consciência de que haja algo de descabido na fala que a provocou.

Até aqui, tenho basicamente seguido Warburton, mas há um ponto importante que não parece ter sido observado. Todo o elogio que Hamlet dedica à fala concorda estreitamente com suas palavras e atos em outros momentos. O conselho que dá mais tarde ao ator (III. ii.) segue exatamente a mesma linha. Deve representar para os dotados de discriminação, não para a multidão, cuja opinião é irrelevante. Deve observar, como o autor da fala de Enéas, a "simplicidade" da natureza. Não deve despedaçar uma "paixão" até convertê-la em frangalhos, fendendo os ouvidos do baixo povo, mas, no próprio torvelinho da paixão, deve preservar a temperança e a suavidade. As multidões, compreendemos pela primeira passagem, não têm o menor interesse pela construção; assim, ficamos sabendo pela segunda passagem, o baixo povo deseja rir do colônio* em vez de

---

* No original, "mobled queen". *Mobled* é forma inusual de *muffled*. Péricles Eugênio da Silva Ramos lembra a exegese de Granville-Barker: "Hamlet não está estranhando o termo; apenas se lembra, ao ouvir 'rainha em seus embuços', de sua própria e inconstante mãe, velada, no enterro de seu pai. Polônio é que, não entendendo a observação de Hamlet, gasta sabedoria" (in *Hamlet*, São Paulo: Círculo do Livro, 1982. p. 220, nota 211). (N. do T.)

atentar para algum ponto essencial da peça. A aversão de Hamlet ao exagero é ressaltada em ambas as passagens. E assim, na cena do teatro, quando é chegada a hora em que deverão ser ditas as linhas que preparou, ele pede ao ator que deixe de caretas e comece; e, na cova de Ofélia, fica possesso com o que considera os modos exagerados de Laertes, satiriza-lhe o linguajar e explode com as palavras:

> *Nay, an thou'lt mouth,*
> *I'll rant as well as thou.*
>
> [Se fazes questão de gritar,
> Direi fanfarronadas iguais às tuas.]

Ora, se o elogio de Hamlet à peça sobre Enéas e Dido e à fala dessa peça é irônico, o conselho que mais tarde dá ao ator tem de ser considerado, sem dúvida, igualmente irônico: e quem sustentaria isso? E, se numa passagem Hamlet fala sério e Shakespeare é irônico, então na outra passagem todas as suas célebres observações a respeito do teatro e da arte de atuar, que têm sido reverenciadas pelo mundo inteiro como sendo de autoria de Shakespeare, exprimem o oposto da opinião de Shakespeare: e quem sustentaria isso? E se Hamlet e Shakespeare falam sério – e não há outra hipótese digna de crédito –, então, para Hamlet e para Shakespeare, as falas de Laertes e de Hamlet na cova de Ofélia são fanfarronadas, mas não a fala que Enéas diz para Dido. Não é evidente que a intenção de Shakespeare foi a de produzir uma fala "apaixonada" em estilo narrativo exaltado, o qual, mesmo não o tendo adotado, ainda assim aprovava, execrando as massas por não pensar do mesmo modo – fala que deveria ser declamada com temperança e simplicidade, mas não com excessiva docilidade? Não estaria aqui pretendendo fazer exatamente o que Marlowe pretendeu quando se propôs a levar a plateia

> *From jigging veins of rhyming mother-wits,*
> *And such conceits as clownage keeps in pay,*
>
> [Das veias saltitantes das rimas tradicionais
> E metáforas tais que preservam o pagamento dos bobos]

para temas "grandiosos" que trouxessem "termos estarrecedores"? E seria de estranhar que, como Marlowe em *Tamburlaine*, Shakespeare adotasse um estilo marcado a intervalos por aquilo que *nós* consideramos empolação, mas que o autor pretendia mais "handsome than fine" [mais belo do que brilhante]?

2. Se for assim, poderemos facilmente compreender como a fala de Enéas contém linhas de inquestionável imponência e, não obstante, passa livre de qualquer suspeita de empolação, e outras que, apesar de não estarem livres dessa suspeita, resultam profundamente poéticas. À primeira espécie pertence certamente a passagem que começa "But as we often see" (Mas, como muitas vezes vemos). À segunda, a descrição de Pirro, coberto do sangue que estava

> *Baked and impasted with the parching streets,*
> *That lend a tyrannous and damned light*
> *To their lord's murder;*
>
> [Tostado e endurecido pelas fogueiras das ruas incendiadas,
> Que difundem uma selvagem e diabólica luz
> Para o morticínio do seu senhor;]

e, ainda, a imagem de Pirro como na pintura de um tirano, com o braço erguido e congelado no ato, preparado para assestar o golpe diante do tombamento dos alicerces de Ílio. É sem dúvida impossível dizer que essas linhas são *apenas* extravagantes e não resultam minimamente majestosas; e, a elas, devo juntar a passagem sobre a roda da Fortuna, e as linhas finais.

Mas como a inserção dessas passagens poderia ser explicada pela hipótese segundo a qual Shakespeare pretendia que a fala fosse ridícula?

3. "Não obstante", pode-se retrucar, "Shakespeare *tinha* de estar ciente da empolação de algumas dessas passagens. Como seria possível que não a enxergasse? E, se a enxergava, não pode ter pretendido seriamente elogiar a fala." Mas por que tinha de enxergá-la? Marlowe sabia quando escrevia de modo empolado ou bombástico? Ou Marston? Ou Heywood? Shakespeare não escreve trechos bombásticos alhures? A verdade é que os dois vícios de estilo apontados na fala são exatamente os vícios que encontramos na sua obra. Quando desejava tornar seu estilo excepcionalmente grandiloquente e arrebatado, sempre corria o risco de ser bombástico. E era ainda mais propenso à falha que nesta fala me parece a mais evidente, o emprego de metáforas que, aos nossos ouvidos, soam "presunçosas" ou esdrúxulas. Para mim, com efeito, as metáforas de "now is he total gules" [é agora todo goles] e "mincing with his sword her husband's limbs" [moendo com a espada os membros de seu marido] são mais perturbadoras do que toda a empolação. Mas, no que diz respeito ao segundo vício, há em Shakespeare muitos pontos piores do que a fala de Enéas; e, no que diz respeito ao primeiro, embora em suas obras

indiscutivelmente autênticas não exista passagem tão comprometida, também não há passagem do mesmo tipo exato (pois seus poemas narrativos não visam a grandiosidade épica), e há muitas passagens nas quais ocorre o mesmo tipo de bombasticismo, embora não no mesmo grau.

Que o leitor pergunte a si mesmo, por exemplo, de que modo as linhas que seguem o impressionariam se ele as visse pela primeira vez fora do seu contexto:

> *Whip me, ye devils,*
> *From the possession of this heavenly sight!*
> *Blow me about in winds! Roast me in sulphur!*
> *Wash me in steep-down gulfs of liquid fire!*

> [Açoitai-me, demônios,
> Para longe dos prazeres desta visão celestial!
> Fazei-me girar nos ventos sem descanso! Assai-me no enxofre!
> Lavai-me em torrentes profundas de chama líquida!]

O "total gules" [todo goles] de Pírron é em alguma medida pior que a "silver skin laced with his golden blood" [pele de prata bordada com o seu sangue de ouro] de Duncan, ou tão mau quanto os punhais dos camareiros "unmannerly breech'd with gore"[4] [monstruosamente embainhados no sangue coagulado]? Se "to bathe in reeking wounds" [banhar-se em feridas pestilentas], e "spongy officers" [oficiais esponjas], e até mesmo "alarum'd by his sentinel the wolf, Whose howl's his watch" [estimulado por sua sentinela, o lobo, cujo uivo é a senha], e outras expressões desse jaez em *Macbeth*, tivessem ocorrido nas falas de Enéas, sem dúvida diriam-nos que a intenção foi burlesca. Abro *Troilo e Cressida* (porque, como a fala de Enéas, tem a ver com a história de Troia), e leio, em contexto perfeitamente sério (IV. v. 6 s.):

> *Thou, trumpet, there's thy purse.*
> *Now crack thy lungs, and split thy brazen pipe:*
> *Blow, villain, till thy sphered bias cheek*
> *Outswell the colic of puff'd Aquilon:*
> *Come, stretch thy chest, and let thy eyes spout blood;*
> *Thou blow'st for Hector.*

> [Aqui tens, trombeteiro, minha bolsa.
> Arrebenta os pulmões, em lascas deixa teu canudo de bronze:
> Vamos, biltre, sopra até que as esféricas bochechas
> Mais tensas deixes que a própria cólica de Áquilo distendido:
> Enfuna o peito, faze que o sangue espirre desses olhos;
> Porque chamas Heitor.]

"Magnífico!", exclamamos. Sim, mas se disserem que é também bombástico, poderemos negá-lo? Leio novamente (v. v. 7):

> bastard Margarelon
> Hath Doreus prisoner,
> And stands colossus-wise, waving his beam,
> Upon the pashed corses of the kings.

> [Margarelonte, bastardo muito embora
> Aprisionou Doreu,
> E está de pé como um colosso, manejando a clava
> Sobre os corpos moídos dos monarcas.]

Ou, para falarmos de obras mais antigas, porém de autoria ainda incontestável, Shakespeare escreveu em *Romeu e Julieta*:

> here will I remain
> With worms that are thy chamber-maids;

> [aqui permanecerei
> Com os vermes que são tuas damas-de-companhia;]

e em *Rei João*:

> And pick strong matter of revolt and wrath
> Out of the bloody finger-ends of John;

> [Encontrando pretexto suficiente de cólera e revolta
> No espetáculo dos sangrentos dedos reais de João;]

e em *Lucrécia*:

> And, bubbling from her breast, it doth divide
> In two slow rivers, that the crimson blood
> Circles her body in on every side,
> Who, like a late-sack'd island, vastly stood
> Bare and unpeopled in this fearful flood.
>   Some of her blood still pure and red remain'd,
>   And some look'd black, and that false Tarquin stain'd.

> [E, do peito jorrando aos borbotões,
> Reparte-se em duas lentas correntes;
> O sangue carmesim rodeia seu corpo,
> Que, qual ilha saqueada, se estende
> Nua e despovoada neste mar terrível.

Parte de seu sangue é puro e rubro ainda,
E parte negro, manchado pelo desleal Tarquínio.]

É tão profundamente improvável que o poeta que assim escreveu fosse capaz, tendo em vista um estilo especialmente exaltado e apaixonado, de escrever a fala de Enéas?

4. Mas, seguindo essa linha de argumentação, temos de ir além. Na fala, praticamente não há ideia, e há pouquíssima fraseologia, que não possa encontrar paralelo nas obras do próprio Shakespeare. Limita-se ele, aqui, a exagerar um pouco o que já fizera alhures. Concluo esta Nota mostrando que é assim com relação a quase todas as passagens mais criticadas, bem como com algumas outras. (1) "The Hyrcanian beast" [qual tigre de Hircânia] é o "Hyrcan tiger" [tigre hircano] de Macbeth (III. iv. 101), que também ocorre em *3 Henrique VI*, I. iv. 155. (2) Steevens confrontou "total gules" [todo goles] com *Tímon* IV. iii. 59 (passagem indiscutivelmente de Shakespeare),

With man's blood paint the ground, gules, gules.

[Pinta a terra com sangue humano, goles, goles.]

(3) Com "baked and impasted" [tostado e endurecido] cf. *João* III. iii. 42, "If that surly spirit melancholy Had baked thy blood" [Se esse espírito triste, a melancolia, te fizesse tostado o sangue]. Na questionável V. ii. 201, *Tito Andrônico*, temos "in that paste let their vile heads be baked" [as vis cabeças assim nessa pasta] (pasta feita de sangue e ossos, *ib*. 188), e, na incontestável III. ii. 154, *Ricardo II* (citada por Caldecott), Ricardo se refere ao solo

Which serves as paste and cover to our bones.

[Que a nossos ossos serve de pasta e coberta.]

(4) "O'er-sized with coagulate gore" [lambuzado de sangue coagulado] encontra paralelo exato no "blood-siz'd field" [campo lambuzado de sangue] de *Dois nobres parentes*, I. i. 99, cena que, quer tenha sido escrita por Shakespeare (conforme acredito piamente), quer por outro poeta, foi sem dúvida escrita com toda seriedade. (5) "With eyes like carbuncles" [Com olhos como se fossem carbúnculos] tem sido alvo de constante irrisão, mas Milton (P.L. ix. 500) dá "olhos de carbúnculo" a Satã transformado em serpente (Steevens), e por que eles seriam mais criticá-

veis do que lábios e bochechas de rubi (*J.C.* III. i. 260, *Macb.* III. iv. 115, *Cim.* II. ii. 17)? (6) Príamo tombando diante do simples deslocamento de ar da espada de Pirro encontra paralelo não só em *Dido Rainha de Cartago*, mas também em *Tr. e Cr.* V. iii. 40 (Warburton). (7) Com Pirro posando como no retrato de um tirano, cf. *Macb.* V. viii. 25 (Delius). (8) A forja da armadura de Marte se repete em *Tr. e Cr.* IV. v. 255, onde Heitor jura pela fornalha que forjou o elmo de Marte, assim como o próprio Hamlet alude à forja de Vulcano (III. ii. 89). (9) A ideia de "strumpet Fortune" (prostituída Fortuna) é comum: por exemplo, *Macb.* I. ii. 15, "Fortune... show'd like a rebel's whore" [A Fortuna... parecia prostituir-se ao traidor]. (10) Com a "fanfarronada" a respeito de sua roda, Warburton compara *Ant. e Cl.* IV. xv. 43, onde diz Cleópatra:

> *rail so high*
> *That the false huswife Fortune break her wheel.*

> [em voz tão alta farei minhas queixas,
> Que a senhora Fortuna, sempre falsa, a roda quebrará.]

(11) Pirro mói com sua espada os membros de Príamo, e Timão (IV. iii. 122) manda que Alcibíades "moa" o bebê "sem remorsos"[5].

NOTA G

As desculpas de Hamlet a Laertes

Johnson, ao comentar a passagem (v. ii. 237-255), diz: "Desejaria que Hamlet tivesse se valido de alguma outra defesa; é impróprio para o caráter de um homem bom ou corajoso abrigar-se na falsidade." E Seymour (de acordo com Furness) considerava a falsidade tão abjeta que rejeitou as linhas 239-250, considerando-as interpolação!

Quero primeiramente observar que estamos em erro quando supomos que Hamlet está aqui se desculpando sobretudo pelo comportamento que teve para com Laertes na cova de Ofélia. Supomos isso automaticamente porque ele diz a Horácio que lamenta ter-se "excedido" naquela ocasião, e que irá cortejar os favores de Laertes (v. ii. 75 ss.). Mas o que ele diz nesta exata passagem mostra que está pensando primordialmente no mal maior que fez a Laertes ao privá-lo do pai:

For, by the image of my cause, I see
The portraiture of his.

[Pois, pela imagem de minha causa, vejo
O retrato da causa dele.]

E é também evidente nas últimas palavras de suas desculpas que se refere nelas às mortes de Polônio e de Ofélia:

Sir, in this audience,
Let my disclaiming from a purposed evil
Free me so far in your most generous thoughts,
That I have shot mine arrow o'er the house,
And hurt my brother.

[Senhor, diante desta assistência,
Que meu formal protesto de qualquer má intenção
Me absolva de tal maneira em vosso generosíssimo espírito,
Como se faria se, ao disparar minha flecha por cima da casa,
Ferisse meu irmão.]

E agora, quanto à falsidade. A crítica não deve ser afastada sem ponderação; e, de minha parte, confesso que, embora rejeitando, é claro, a ideia de Johnson segundo a qual Shakespeare queria retratar "um homem bom", já partilhei momentaneamente do desejo de Johnson de que Hamlet tivesse se valido de "alguma outra defesa" que não a loucura. Mas acredito que esse desejo decorre da nossa dificuldade em imaginar a situação.

Em primeiro lugar, *qual* outra defesa poderíamos desejar que Hamlet tivesse usado? Não consigo pensar em nenhuma. Não pode dizer a verdade. Não pode dizer a Laertes: "Eu queria ferir o rei, não seu pai." Não pode explicar por que foi indelicado com Ofélia. Mesmo sob a suposição espúria de que estivesse se referindo apenas ao seu comportamento na cova, não seria possível alegar, quer me parecer: "Você fanfarroneou de modo tão abominável que me fez entrar em estado de profunda exaltação." *O que quer* que dissesse, teria de ser mais ou menos falso.

Depois, que diferença moral existe entre fingir estar insano e afirmá-lo? Se devemos condenar Hamlet pelo segundo, por que não pelo primeiro?

E, por fim, mesmo que estivesse se referindo apenas ao seu comportamento na cova, suas desculpas, além de se coadunarem com todo o plano da falsa loucura, estariam tão perto da verdade quanto quaisquer outras que fosse capaz de engendrar. Pois não devemos considerar a explicação que dá a Horácio – que estava encolerizado por causa do espalhafatoso sofrimento de Laertes – como a verdade completa. Seu tresvario sobre a cova não é *apenas* encenação. Ao contrário, essa passagem é a melhor cartada que os que creem na loucura de Hamlet têm a apresentar. Está, de fato, quase fora de si de dor e cólera, semienlouquecido pela impossibilidade de explicar a Laertes como veio a fazer o que fez; está tomado por ódio cego e, então, por profundo desespero diante de uma realidade tão infortunada, que o arrasta na direção de semelhantes atos e mazelas. Trata-se da mesma raiva e do mesmo desespero que se mesclam a outras emoções na explosão que teve diante de Ofélia na cena do convento. Porém, mesmo que fosse plenamente consciente para ele, isso não era algo a respeito de que pudesse falar com Horácio; pois seu amor por Ofélia é um assunto sobre o qual nunca abriu a boca para falar com o amigo.

Se nos dermos conta da situação, portanto, iremos, quero crer, abafar o desejo de que Hamlet tivesse "se valido de alguma outra defesa" que não a loucura. Sentiremos apenas compaixão trágica.

Como falei das desculpas de Hamlet, vou acrescentar um comentário a esse respeito de um ponto de vista diferente. Elas constituem uma refutação adicional da teoria segundo a qual Hamlet adiou sua vingança até que pudesse condenar o rei publicamente, tendo voltado à Dinamarca porque agora, com a prova da carta em seu bolso, pode acusá-lo de forma convincente. Fosse assim, que melhor oportunidade poderia encontrar do que esse momento, quando precisa comunicar a Laertes seu pesar pelos terríveis males que lhe impôs involuntariamente?

NOTA H

A troca de floretes

Não vou entrar no mérito de como essa troca deveria ser efetuada no palco. Desejo apenas ressaltar que a indicação cênica não esclarece a sequência de falas e eventos. A passagem é como se segue (texto da Globe):

Ham. *Come, for the third, Laertes: you but dally;*
I pray you, pass with your best violence;
I am afeard you make a wanton of me.
Laer. *Say you so? come on.* [They play.
Osr. *Nothing, neither way.*
Laer. *Have at you now!*
[*Laertes wounds Hamlet; then, in scuffling, they change rapiers, and Hamlet wounds Laertes.*
King. *Part them; they are incensed.*
Ham. *Nay, come, again.* [The Queen falls.
Osr. *Look to the Queen there, ho!*
Hor. *They bleed on both sides. How is it, my lord?*
Osr. *How is't, Laertes?*

[*Ham.* Em guarda para o terceiro, Laertes: estais brincando;
Rogo-vos, ataqueis com toda a vossa força;
Acho que não me estais levando muito a sério.
Laer. Achais? Em guarda. [*Lutam.*
Osr. Nada, para as duas partes.
Laer. Tomai isto agora!
[*Laertes fere Hamlet; então, no auge da luta, trocam os floretes, e Hamlet fere Laertes.*[1]
Rei Separai-os; estão fora de si.
Ham. Não, outra vez. [*A rainha cai.*[2]
Osr. Socorrei a rainha, depressa!
Hor. Ambos estão sangrando. Como estais, senhor?
Osr. Como estais, Laertes?]

As palavras "e Hamlet fere Laertes" na rubrica de Rowe torna sem razão de ser as palavras atribuídas ao rei no texto. Se Laertes já está ferido, o que importaria ao rei se os contendores fossem apartados ou não? O que o faz bradar é que, embora veja que seu objetivo se cumpriu no que diz respeito a Hamlet, também vê Laertes em perigo pela troca de armas no tumulto. Ora, não se deve supor que Laertes é especialmente caro a ele; mas vê num átimo que, se Laertes escapar à lâmina envenenada, certamente se calará em relação ao complô contra Hamlet, enquanto, se for ferido, poderá confessar a verdade; pois sem dúvida é bastante evidente para o rei que Laertes luta sem vigor porque sua consciência verga sob o peso da traição que está prestes a consumar. O rei, portanto, assim que percebe a troca de floretes, roga: "Separai-os; estão fora de si." Mas Hamlet está assomado. "Não, outra vez", grita para Laertes, que não pode se recusar a lutar, e *agora* é ferido por Hamlet. Neste exato momento, a rainha cai sem sentidos; e a ruína abate-se sobre o rei vinda de todos os lados.

A passagem, portanto, deveria sair impressa assim:

Laer.   *Have at you now!*
        [*Laertes wounds Hamlet; then, in scuffling, they change rapiers.*
King.   *Part them; they are incensed.*
Ham.   *Nay, come, again.*
        [*They play, and Hamlet wounds Laertes. The Queen falls.*

[Laer. Tomai isto agora!
        [*Laertes fere Hamlet; então, no auge da luta, trocam os floretes.*
Rei   Separai-os; estão fora de si.
Ham.   Não, outra vez.
        [*Lutam, e Hamlet fere Laertes. A rainha cai.*]

NOTA I

A duração da ação em *Otelo*

As extraordinárias dificuldades relativas a esse tema foram alvo de muita discussão, da qual é possível se obter uma sinopse na edição *variorum* de Furness, pp. 358-72. Sem entrar em pormenores factuais, farei uma breve descrição da dificuldade principal, qual seja: segundo um repertório de indicações (o qual chamarei de A), Desdêmona foi assassinada um dia ou dois após sua chegada a Chipre, ao passo que, segundo outro repertório (o qual chamarei de B), transcorreu algum tempo entre a chegada e a catástrofe. Examinemos A primeiramente, acompanhando a peça.

(A) O Ato I. abre na noite do casamento de Otelo. Naquela noite, ele é enviado para Chipre, deixando Desdêmona, que deverá segui-lo.

No Ato II. Cena i., primeiro, desembarca Cássio em Chipre vindo num navio; em seguida, noutro, Desdêmona, Iago e Emília; depois, ainda noutro, Otelo (Otelo, Cássio e Desdêmona estando em três navios diferentes, não importa, para o nosso propósito, quanto tempo durou a viagem). Na noite que se segue a esses desembarques em Chipre, o casamento é consumado (II. iii. 9), Cássio é exonerado e, a conselho de Iago, decide pedir a intercessão de Desdêmona "amanhã bem cedo" (II. iii. 335).

No Ato III. Cena iii. (a cena da Intriga), ele o faz: Desdêmona de fato intercede: Iago começa a envenenar o espírito de Otelo: o lenço é perdido, encontrado por Emília e entregue a Iago; este decide deixá-lo nos aposentos de Cássio, e, renovando seu assédio a Otelo, afirma ter visto o lenço na mão de Cássio; Otelo pede que ele mate Cássio dali a três dias, e se decide a matar ele mesmo Desdêmona. Tudo isso acontece numa única cena, sem interrupção, e evidentemente no dia seguinte à chegada em Chipre (ver III. i. 33).

Na cena (iv.) que se segue à cena da intriga, Desdêmona manda chamar Cássio, uma vez que intercedera por ele; Otelo entra, testa-a no assunto do lenço e sai aborrecido; Cássio, ao chegar, é informado da mudança de Otelo, e, estando sozinho, é interpelado por Bianca, a quem pede que copie o trabalho que está no lenço encontrado por ele em seus aposentos (ll. 188 s.). Aceita-se naturalmente que tudo isso tenha lugar no final do dia em que aconteceram os eventos de III. i.-iii., *i.e.*, o dia seguinte ao desembarque em Chipre, mas retornarei a esse ponto.

Em IV. i., Iago diz a Otelo que Cássio confessou e, pondo Otelo onde pudesse vê-lo, põe-se, após a entrada de Cássio, a interpelá-lo a respeito de Bianca; e Otelo, não estando perto o suficiente para ouvir o que é dito, acredita que Cássio se ri por ter tido êxito na sedução de Desdêmona. Cássio aqui diz que Bianca o persegue e "estava aqui *agora mesmo*"; e a própria Bianca, ao entrar, o repreende por causa do lenço que "me destes *ainda há pouco*". Não há, portanto, intervalo de tempo apreciável entre III. iv. e IV. i. Nessa mesma cena, Bianca pede que Cássio compareça à ceia *esta noite*; e Ludovico, ao chegar, é convidado a cear com Otelo *esta noite*. Em IV. ii., Iago convence Roderigo a matar Cássio *aquela noite* quando estiver de volta da casa de Bianca. Em IV. iii., Ludovico, depois da ceia, pede licença, e Otelo pede que Desdêmona vá para o leito na mesma hora, dispensando-lhe a dama de companhia.

No Ato V., *aquela noite*, acontece a tentativa de assassinato de Cássio e o assassinato de Desdêmona.

De tudo isso, portanto, parece claro que o intervalo de tempo entre a chegada a Chipre e a catástrofe certamente não passa de alguns dias, e, mais provavelmente, de apenas um dia e meio; ou, para dizer de outro modo, que mais provavelmente Otelo mata a esposa cerca de vinte e quatro horas depois da consumação de seu casamento!

O único lugar *possível*, conforme veremos, no qual o tempo pode transcorrer situa-se entre III. iii. e III. iv. E, aqui, Fleay tende a imaginar um intervalo de pelo menos uma semana. O leitor verá que essa suposição implica as seguintes decorrências: (*a*) Desdêmona permitiu que pelo menos uma semana se passasse antes de dizer a Cássio que intercedera por ele. (*b*) Otelo, depois de convencido da culpa dela, depois de ter tomado a decisão de matá-la, e depois de ter dado ordem a Iago para que matasse Cássio dentro de três dias, deixou que pelo menos uma semana se passasse sem sequer interrogá-la a respeito do lenço, e permaneceu assim durante todo esse tempo em que ela permaneceu absolutamente alheia a qualquer mudança nos sentimentos dele. (*c*) Desdêmona, que mantém o lenço sempre perto de si para beijá-lo e falar com ele (III. iii. 295), perde-o pelo menos uma semana antes de se dar conta da perda. (*d*) Iago esperou pelo menos uma semana para deixar o lenço nos aposentos de Cássio; pois Cássio evidentemente acaba de encontrá-lo e deseja que seu trabalho seja copiado antes que o dono apareça para reclamá-lo. Tudo isso são disparates. É certo que meramente um curto intervalo, mais provavelmente que nem mesmo uma noite, tenha transcorrido entre III. iii. e III. iv.

(B) Ora, a ideia de que Otelo matou a esposa provavelmente vinte e quatro horas, certamente poucos dias, depois da consumação do casamento contradiz a impressão produzida pela peça em todos os leitores e espectadores menos rigorosos. Está também em frontal contradição com um grande número de indicações cronológicas da própria peça. É desnecessário mencionar mais que algumas. (*a*) Bianca se queixa de que Cássio se mantém afastado dela há uma semana (III. iv. 173). Cássio e os outros, portanto, estão há mais de uma semana em Chipre, e, é-nos lícito inferir, consideravelmente mais. (*b*) O pilar sobre o qual Iago constrói sua trama é a probabilidade de Desdêmona ter se cansado do Mouro; ela é acusada reiteradas vezes de ter cometido adultério com Cássio (p. ex., v. ii. 210); esses fatos e inúmeros outros, tais como a linguagem de Otelo em III. iii. 338 ss., são flagrantemente absurdos se supusermos que assassina a esposa um dia ou dois depois da noite em que consuma o casamento. (*c*) A explicação que Iago dá do sonho de Cássio implica (e, com efeito, afirma) que vem dormindo perto de Cássio "ultimamente", *i.e.*, depois de desembarcar em Chipre: não obstante, de acordo com A, ele só passara uma noite em Chipre, e somos expressamente informados de que Cássio não chegou a se deitar aquela noite. Iago sem dúvida era um mentiroso, mas Otelo não era um completo idiota.

Sendo assim, (1) um repertório de indicações cronológicas mostra claramente que Otelo assassinou a esposa poucos dias, provavelmente um dia e meio, depois que chegou a Chipre e que consumou seu casamento; (2) outro repertório de indicações cronológicas implica de modo igualmente claro que um pouco de tempo tem de ter passado, provavelmente algumas semanas; e essa é sem dúvida a impressão do leitor que não examinou a peça mais detidamente.

É impossível fugir desse resultado. A ideia de que o envolvimento ilícito assacado a Cássio e Desdêmona se deu em Veneza antes do casamento, e não depois dele em Chipre, não encontra nenhuma base. Não há nenhuma evidência sólida que a sustente; se o leitor se ativer apenas às dificuldades do repertório B acima, verá que ele não dá conta de praticamente nenhuma delas; e a acusação de Iago é expressamente uma acusação de adultério.

Como então essa extraordinária discrepância poderá ser explicada? Não parece crível que se trate de uma das contradições eventuais, motivadas pela desatenção, que podem ser encontradas em outras tragédias de Shakespeare; pois o esquema cronológico indicado por A parece cuidadosamente elaborado e se sustenta por si mesmo, e o esquema indicado por B, ainda que elaborado com menos cuidado, parece igualmente sustentar-se. Não se afigura que esse ou aquele esquema foi tão frouxamente concebido a ponto de sua exegese revelar contradições; dir-se-ia haver alguma outra explicação para a discrepância.

"Christopher North"*, que se debruçou exaustivamente sobre o assunto, elaborou uma doutrina de Tempo Duplo, Curto e Longo. Fazer justiça a essa teoria em poucas palavras é impossível, mas, em essência, trata-se da ideia de que Shakespeare, consciente ou inconscientemente, queria produzir no espectador (pois não tinha em mente o leitor) duas impressões. Queria que o espectador experimentasse uma celeridade prodigiosa e fulminante na ação; mas também queria que sentisse que a ação era razoavelmente verossímil. Consciente ou inconscientemente valia-se do Tempo Curto (esquema A) para atingir o primeiro objetivo, e do Tempo Longo (esquema B) para o segundo. O espectador é influenciado do modo pretendido por ambos, apesar de não perceber com clareza as indicações dos dois esquemas.

A ideia que subjaz a essa teoria é provavelmente válida, mas a teoria em si dificilmente se sustenta. Relevando questões secundárias, eu pediria ao leitor que examinasse as seguintes observações: (*a*) Se, como parece ser sustentado, o espectador não percebe as indicações do "Tempo Curto", como elas podem afetá-lo? A paixão, intensidade e sofreguidão de Otelo o afetam porque ele as percebe; mas se não percebesse os sinais que determinam a duração da ação desde a chegada a Chipre até o assassinato, esses sinais simplesmente não existiriam para ele e resultariam perfeitamente inócuos. A teoria, portanto, não explica a existência do "Tempo Curto". (*b*) Não procede afirmar que o "Tempo Curto" só é necessário para produzir a impressão de sofreguidão e celeridade, e o "Tempo Longo", de verossimilhança. O "Tempo Curto" é igualmente necessário para produzir verossimilhança: pois é clamorosamente inverossímil que a intriga de Iago não venha abaixo quando se passa uma semana, ou mais, entre o êxito da intriga e a aplicação da sentença de Otelo. (*c*) E isso me faz lembrar o ponto mais importante, que parece ter escapado à atenção. O lugar mais necessário para o "Tempo Longo" não é *dentro* da intriga de Iago. O "Tempo Longo" é necessário única e exclusivamente porque a intriga e suas circunstâncias pressupõem um casamen-

---

* Pseudônimo de John Wilson (1785-1854), escritor, humorista e crítico escocês.

to consumado, e um adultério possível, durante (digamos) algumas semanas. Mas, considerando-se esse intervalo de tempo entre o casamento e a intriga, não há nenhum motivo pelo qual mais do que alguns dias – ou até mesmo um dia – devessem transcorrer entre a intriga e o assassinato. A grande polêmica surge porque a intriga começa na manhã seguinte à consumação do casamento. Que algo em torno de três semanas se passe entre a primeira noite em Chipre e a intriga; que a briga que culmina na desgraça de Cássio aconteça não naquela noite, mas três semanas mais tarde; ou, ainda, que aconteça aquela noite, mas que três semanas se passem antes da intercessão de Desdêmona e antes que Iago comece a fazer sua intriga. Tudo então estaria claro. Cássio teria tempo de se envolver com Bianca, e de esnobá-la; o Senado teria tempo para ser informado da destruição da frota turca e reconvocar Otelo; as acusações de Iago deixariam de soar ridículas; e a velocidade vertiginosa da ação depois do início da intriga resultaria bastante plausível. Ora, lembremos ainda que não há por que não devamos ser afetados pelas indicações de tempo ("hoje", "esta noite", "agora mesmo"), as quais *de fato* percebemos (embora não as submetamos a cálculos). E, por fim, essa suposição corresponde à nossa impressão natural, segundo a qual a intriga e o que se segue a ela acontece algum tempo depois do casamento, mas duram, ambas as coisas, um intervalo de tempo bastante curto.

Ora, é claro, a hipótese que acabamos de descrever não é um fato. Do jeito como a conhecemos, a peça deixa muito claro que não existe espaço de três semanas, nem algo perto disso, seja entre a chegada a Chipre e a briga, seja entre a briga e a intriga. E chamo a atenção para essa hipótese precipuamente para mostrar que uma mudança bastante pequena afastaria todas as dificuldades, e para insistir que não há nada de errado, no que diz respeito ao tempo, da intriga em diante. Não posso afirmar ser minimamente capaz de explicar as contradições que persistem, e limitar-me-ei a mencionar duas possibilidades.

Possivelmente, como Daniel observa, a peça sofreu intervenções espúrias. Não temos nenhum texto anterior a 1622, seis anos após a morte de Shakespeare. Pode-se aventar, portanto, que na peça, tal como Shakespeare a escreveu, houve um intervalo de algumas semanas entre a chegada a Chipre e a briga de Cássio, ou (menos provavelmente) entre a briga e a intriga. Talvez houvesse uma cena indicando o intervalo de tempo. Talvez fosse desinteressante, ou a peça fosse um pouco longa demais, ou adeptos da uniformidade do tempo execrassem uma segunda ruptura dessa uniformidade logo após a ruptura provocada pela viagem. Talvez, por causa disso, os donos da peça tenham alterado, ou contratado um dramaturgo para alterar o arranjo nesse ponto, e isso tenha sido feito involuntariamente de modo que produzisse as contradições das quais estamos tratando. Não há nada de intrinsecamente improvável nessa hipótese; e certamente, quer me parecer, a quantidade de distorções semelhantes dos textos de Shakespeare pelos atores é geralmente mais subestimada do que exagerada. Mas não posso dizer que vejo sinais de intervenção espúria no texto, embora seja um pouco estranho que Roderigo – que não se queixa no dia da chegada a Chipre, quando está sendo persuadido a atrair Cássio para uma discussão aquela noite – se queixe, imediatamente após a discussão (II. iii. 370), de não estar fazendo nenhum progresso em aproximar-se de Desdêmona, e fale como se tivesse estado em Chipre tempo suficiente para ter gasto praticamente todo o dinheiro que trouxe de Veneza.

Ou, talvez, o plano original de Shakespeare fosse permitir que algum tempo tivesse se passado depois da chegada a Chipre, mas, quando chegou a esse ponto, achou dificultoso indicar esse intervalo de modo interessante e julgou conveniente precipitar a derrocada de Cássio por meio das comemorações da noite da chegada, e então, quase necessário permitir que o pedido de intercessão, e a intriga, tivessem lugar no dia seguinte. E talvez tenha dito de si para si: ninguém no teatro notará que tudo isso produz uma situação impossível; e posso me desincumbir da tarefa a contento usando de linguagem que deixe claro que Otelo, afinal, está casado há algum tempo. Se foi assim, ele provavelmente estava certo. Não me parece que alguém perceba as impossibilidades seja no teatro, seja numa leitura descompromissada da peça.

Qualquer uma dessas hipóteses é possível: nenhuma, para mim, parece provável. A primeira parece a menos improvável. Se a segunda procede, Shakespeare fez em *Otelo* o que não parece fazer em nenhuma outra peça. Posso acreditar que fez isso; mas acho muito difícil acreditar que produziu essa situação impossível sem se dar conta disso. Uma coisa é ler ou assistir ao drama, outra bem diferente é concebê-lo e compô-lo, e o autor parece ter imaginado a ação de *Otelo* com entusiasmo ainda maior que de costume.

NOTA J

Os "acréscimos" a *Otelo* no primeiro Fólio. O mar do ponto

A primeira *Otelo* impressa é o primeiro Quarto (Q1), de 1622; a segunda é o primeiro Fólio (F1), 1623. Esses dois textos são duas versões distintas da peça. Q1 contém muitas imprecações e impropérios onde expressões menos "censuráveis" ocorrem em F1. Em parte por esse motivo, acredita-se que representa o texto *mais antigo*, talvez tal como se apresentava antes da Lei de 1605, contra as profanidades no palco. Suas passagens são frequentemente superiores àquelas encontradas em F1, mas carece de muitas linhas que aparecem em F1, o qual era provavelmente a versão adotada nos palcos em 1623. Apresento uma lista das passagens mais longas ausentes de Q1:

(a) I. i. 122-138. 'If t' ... 'yourself:'
(b) I. ii 72-77. 'Judge' ... 'thee'
(c) I. iii. 24-30. 'For' ... 'profitless.'
(d) III. iii. 383-390. '*Oth.* By' ... 'satisfied! *Iago.*'
(e) III. iii. 453-460. 'Iago.' ... 'heaven,'
(f) IV. i. 38-44. 'To confess' ... 'devil!'
(g) IV. ii. 73-76, 'Committed!' ... 'committed!'
(h) IV. ii. 151-164. 'Here' ... 'make me.'
(i) IV. iii. 31-53. 'I have' ... 'not next'
and 55-57. '*Des.* [*Singing*]' ... 'men.'
(j) IV. iii. 60-63. 'I have' ... 'question.'
(k) IV. iii. 87-104. 'But I' ... 'us so.'
(l) V. ii. 151-154. 'O mistress' ... 'Iago.'
(m) V. ii. 185-193. 'My mistress' ... 'villany!'
(n) V. ii. 266-272. 'Be not' ... 'wench!'

Seriam essas passagens extemporâneas, compostas depois de a versão representada por Q1 ter sido escrita? Ou estavam na versão representada por Q1, apenas omitidas na versão impressa, quer acidentalmente, quer porque também eram omitidas no teatro? Ou algumas são extemporâneas, e outras estavam presentes na versão original?

Tratarei delas pela ordem. (*a*) Dificilmente teria como ser extemporânea. Até aquele momento, Roderigo mal havia dito palavra, pois Iago sempre se interpunha; e é muito improvável que Roderigo dissesse agora quatro linhas, e falasse logo "ela" em vez de "sua filha". (*b*) Esse pode ser também o presente caso. Em nossos textos, a omissão da passagem causaria um despropósito, mas em Q1 o "corte" (se corte foi) foi emendado, canhestramente, pela substituição de "For" por "Such" na linha 78. Seja como for, essas linhas não podem ser um acréscimo. (*c*) Não pode ser extemporânea porque a frase fica incompleta sem ela; e que não foi pensada para ser interrompida é evidente, porque, em Q1, a linha 31 começa com "And", não com "Nay"; o Duque poderia ter dito "Nay" se estivesse interrompendo a fala do seu interlocutor, mas não "And". (*d*) Sem dúvida não é um acréscimo. Se as linhas forem cortadas, não só o verso resultará quebrado, mas a óbvia razão das palavras de Iago, "Estou vendo, senhor, que estais sendo devorado pela paixão", desaparecerá, assim como a referência do seu "satisfied", em 393, ao "satisfied" de Otelo em 390. (*e*) É a famosa passagem sobre o mar do Ponto, e tratarei dela adiante nesta Nota. (*f*) Conforme observado por Pope, "nenhum vestígio desse lixo na primeira edição", o "lixo" incluindo as palavras "Nature would not invest herself in such shadowing passion without some instruction. It is not words that shake me thus"! Não há nada que prove que essas linhas sejam originais ou extemporâneas. A omissão de (*g*) é claramente erro do impressor, devido ao fato de as linhas 72 e 76 ambas terminarem com a palavra "committed". Não se pode chegar a nenhuma conclusão quanto a (*h*), nem, talvez, quanto a (*i*), que inclui, da parte de Desdêmona, a canção completa; mas, se (*j*) for removida, a referência contida em "such a deed", em 64, será destruída. (*k*) É a longa fala de Emília a respeito dos maridos. Não pode, em hipótese razoável, ser extemporânea, pois 105-6 refere-se de modo claro a 103-4 (até mesmo a palavra "uses" em 105 faz referência a "use" em 103). (*l*) Não é extemporânea, pois "if he says so" em 155 remete para "my husband say that she was false!" em 152. (*m*) Poderia ser extemporânea, mas, se o for, na primeira versão o final "to speak" ocorreria duas vezes em três linhas, e o motivo para o súbito alarme de Iago em 193 resultaria muito menos óbvio. Se (*n*) é um acréscimo, a colocação original era:

> but O vain boast!
> Who can control his fate? 'Tis not so now.
> Pale as thy smock!

[mas, Oh! inútil fanfarronada!
Quem pode controlar seu destino? Agora, não é mais assim.
Pálida como tua camisa!]

o que não parece provável.

Assim, ao que me parece, na grande maioria dos casos há maiores ou menores razões para crer que as passagens que faltam em Q1 faziam, não obstante, parte da peça original, e não sou capaz, sequer num único caso, de enxergar bases sólidas para aventar um acréscimo subsequente. Acredito que a maior parte das lacunas de Q1 se deva a acidentes de impressão (como muitas outras lacunas menores em Q1), mas que, provavelmente, uma ou duas foram "cortes" – por exemplo, a longa fala de Emília (*k*). A omissão de (*i*) pode se dever ao estado do manuscrito: as palavras da canção podem ter sido deixadas fora do diálogo, aparecendo numa página à parte com as notações musicais, ou podem ter sido inseridas de modo tão ilegível a ponto de confundir o impressor.

Falo agora de (*e*), a célebre passagem sobre o mar do Ponto. Pope supunha que fazia parte da versão original, mas aprovava sua omissão por considerá-la "uma excursão desproposital a essa região". Swinburne considera-a extemporânea, mas a defende. "Com efeito, em outros lábios que não os de Otelo, no momento supremo do culminante paroxismo, a torrente de reminiscências imaginativas que faz retornar para seus olhos e ouvidos a espuma reluzente e o bramido solene do mar do Ponto poderia parecer algo menos natural do que sublime. Mas Otelo tem a paixão de um poeta disfarçado, como que oculta pela paixão do herói" (*Study of Shakespeare*, p. 184) [Estudo de Shakespeare]. Cito essas palavras com ainda maior satisfação porque lembrarão ao leitor destas conferências a minha dívida para com Swinburne nesse ponto; acrescentarei apenas que a reminiscência aqui tem *exatamente o mesmo caráter* que as reminiscências das árvores arábicas e do índio desprezível* da última fala de Otelo. Mas considero quase impossível acreditar que Shakespeare tenha, *em qualquer momento*, escrito a passagem sem incluir nela as palavras a respeito do mar do Ponto. Parece-me quase uma exigência inescapável da imaginação que a peça oratória de Iago, com o perdão da expressão, seja precedida de uma fala de dimensões um pouco semelhantes, cujo contraste deveria intensificar o horror da sua hipocrisia; quer me parecer que Shakespeare deve ter sentido isso; e é-me difícil imaginar que fez as palavras:

---

* Ver a segunda N. do T. na Conferência V, sobre *Otelo*. (N. do T.)

*In the due reverence of a sacred vow
I here engage my words,*

[Para a execução religiosa de um sagrado voto
empenho aqui minhas palavras,]

seguirem-se imediatamente à palavra isolada "Nunca" (por mais impressionante que resulte, em seu isolamento, o efeito dessa palavra). E como não posso achar nenhuma *outra* "omissão" em Q1 que pareça apontar para um acréscimo subsequente, concluo que essa "omissão" *foi* uma omissão, provavelmente acidental, possivelmente devida a um "corte" inepto. Com efeito, não é senão o parecer de Swinburne o que me impede de sentir plena segurança nesse ponto.

Finalmente, cumpre-me chamar a atenção para certos fatos que podem ser meros acidentes, mas podem talvez revelar-se importantes. As passagens (*b*) e (*c*) compreendem respectivamente seis ou sete linhas; ou seja, têm quase a mesma extensão, e, num manuscrito, poderiam ocupar espaço idêntico. A passagem (*d*) tem oito linhas de extensão; o mesmo acontece com a passagem (*e*). Ora, tomando-se aleatoriamente duas edições de Shakespeare, a Globe e a de Delius, constato que (*b*) e (*c*) estão separadas por 6 1/4 polegadas na Globe, e por 8 na Delius; e que (*d*) e (*e*) estão separadas por 7 3/8 na Globe, e por 8 3/4 na Delius. Em outras palavras, temos mais ou menos a mesma distância em cada caso entre duas passagens de dimensões quase iguais.

A hipótese a que esses fatos conduzem é que o manuscrito a partir do qual Q1 foi impresso encontrava-se mutilado em diversas partes; que (*b*) e (*c*) ocupavam a região inferior de duas páginas sucessivas, e que essa região foi rasgada e se perdeu; e que o mesmo se deu com (*d*) e (*e*).

Essa especulação me parece muito divertida, e pode parecer assim ao leitor. Não entendo o suficiente de manuscritos elisabetanos para decidir até que ponto é plausível.

NOTA K

A corte de Otelo

É curioso que no Primeiro Ato sejam produzidas duas impressões que mais tarde tenham de ser corrigidas.

1. Não nos é lícito supor que o relato que Otelo faz da sua corte no célebre discurso diante do Senado foi concebido para ser exaustivo. Ele é acusado de ter se valido de poções ou de encantamentos para conquistar Desdêmona; e, portanto, seu objetivo nessa defesa não é senão mostrar que o feitiço foi a história da sua vida. Não lhe cabe maçar os senadores com os pormenores da corte, e de tal modo resume sua narrativa nesse ponto que chega quase a parecer que não houve corte alguma, e que Desdêmona não chegou a perceber o amor dele por ela, praticamente confessando antes o seu amor por ele. Donde ela tem sido elogiada por alguns por sua coragem, e condenada por outros por seu atrevimento.

Mas em III. iii. 70 s. as coisas são apresentadas sob luz bem diferente. Ali, vemos as seguintes palavras ditas por ela:

> *What! Michael Cassio,*
> *That came a-wooing with you, and so many a time,*
> *When I have spoke of you dispraisingly,*
> *Hath ta'en your part.*
>
> [Como! Miguel Cássio,
> Esse mesmo que vos acompanhava em vossa corte, e que, mais de uma vez,
> Quando eu falava desfavoravelmente a vosso respeito,
> Vos defendia logo.]

Parece, portanto, que ela compreendia por que Otelo ia tão frequentemente à casa de seu pai, e estava perfeitamente segura do amor dele antes de lhe dar plena "oportunidade para falar". Devo acrescentar que aqueles que a recriminam esquecem que era necessário que ela desse o primeiro passo ostensivo. Era filha de um veneziano de escol, e Otelo, um mercenário negro.

2. Ficamos sabendo pelas linhas que acabamos de citar que Cássio costumava acompanhar Otelo em suas visitas à casa; e, por III. iii. 93 s.,

tomamos conhecimento de que ele sabia do amor de Otelo o tempo inteiro e "servia de intermediário entre" os amantes "habitualmente". Sem embargo, no Ato I., parece que, enquanto Iago na noite do casamento sabe disso e sabe onde encontrar Otelo (I. i. 158 s.), Cássio, mesmo que saiba onde encontrar Otelo (o que é duvidoso: ver I. ii. 44), parece não saber nada sobre o casamento. Ver I. ii. 49:

> Cas. *Ancient, what makes he here?*
> Iago. *'Faith, he to-night hath boarded a land carack:*
> *If it prove lawful prize, he's made for ever.*
> Cas. *I do not understand.*
> Iago. *He's married.*
> Cas. *To who?*

> [Cas. Alferes, que faz ele aqui?
> Iago Por minha fé, hoje de noite abordou uma caraca de terra firme:
> Se o aprisionamento for declarado legal, está com a fortuna feita para sempre.
> Cas. Não posso compreender.
> Iago Ele se casou.
> Cas. Com quem?]

É possível que Cássio soubesse, e apenas tivesse fingido ignorar porque não fora avisado por Otelo de que Iago também sabia. Essa hipótese está em perfeita comformidade com a evidente ignorância de Iago quanto à participação de Cássio na corte (III. iii. 93). E, é claro, se fosse assim, uma palavra de Shakespeare para o ator que representaria Cássio lhe permitiria tornar tudo claro para a plateia. A explicação alternativa, e talvez mais provável, seria que, ao escrever o Ato I., Shakespeare ainda não havia pensado em tornar Cássio confidente de Otelo, e que, depois de escrever o Ato III., esqueceu-se de alterar a passagem no Ato I. Nesse caso, a informação adicional oferecida pelo Ato III. com respeito à corte de Otelo seria também, provavelmente, extemporânea.

NOTA L

Otelo na cena da intriga

Um motivo pelo qual os leitores consideram Otelo "facilmente ciumento" é o fato de se equivocarem completamente ao interpretar sua atitude na porção inicial dessa cena. Imaginam que já se alarma e suspeita quando ouve Iago murmurar "Ah! Não estou gostando disto" ao ver Cássio deixando a companhia de Desdêmona (III. iii. 35). Mas, em verdade, leva bastante tempo até que Iago consiga suscitar surpresa, curiosidade, e, então, viva preocupação – ainda de modo algum ciúmes – mesmo no que diz respeito a Cássio; e ainda mais tempo se passa até que Otelo compreenda que Iago insinua dúvidas também quanto a Desdêmona. ("Ultrajado", em 143, sem dúvida não se refere a ela, como 154 e 162 demonstram.) Tampouco, mesmo em 171, a exclamação "Oh! miséria" expressa o sentimento que domina Otelo nesse momento; conforme sua fala seguinte mostra com clareza, expressa um sentimento *imaginado*, exatamente como afirma fazer a fala que o suscita (pois Iago não teria ousado, aqui, atribuir a Otelo o termo "cornudo"). Com efeito, não é senão depois que Iago dá a entender a Otelo que, por sua condição de estrangeiro, poderia vir a ser facilmente enganado, quando o mouro por fim se inquieta de fato com Desdêmona.

Salvini* representou essa passagem, como era de esperar, com pleno conhecimento de causa. Não que eu a tenha visto ser representada de modo seriamente equivocado sobre o palco. Entendo pelo *variorum* de Furness que Fechter e Edwin Booth tinham o mesmo entendimento de Salvini. Os atores têm de se perguntar qual é o exato estado de espírito expresso pelas palavras que terão de repetir. Mas a muitos leitores jamais ocorre fazer semelhante pergunta.

As linhas que provavelmente mais contribuem para induzir a erro os leitores precipitados ou fracos de imaginação podem ser encontradas em 90, onde, após a saída de Desdêmona, Otelo exclama de si para si:

....

* Tommaso Salvini (1829-1915). Ator italiano famoso na Inglaterra e nos Estados Unidos por sua interpretação de Otelo, que influenciou o jovem ator Konstantin Stanislavski, o qual viria a ser um dos grandes diretores e pensadores sobre o teatro.

> *Excellent wretch! Perdition catch my soul*
> *But I do love thee! and when I love thee not,*
> *Chaos is come again.*

[Excelente criatura! Que a perdição agarre minha alma
Se não vos amo! e quando não vos amar mais,
Volta novamente o caos.]

Supõe-se que queira dizer, com as últimas palavras, que seu amor encontra-se *agora* paralisado pela desconfiança, ao passo que, efetivamente, no seu enlevo, esqueceu-se tão completamente do "Ah! Não estou gostando disto" de Iago que o intrigante é obrigado a recomeçar da estaca zero. O que quer dizer é: "Se algum dia deixar de te amar, instalar-se-á novamente o caos." O sentimento de insegurança se deve ao excesso de *júbilo*, como nas soberbas palavras assim que revê Desdêmona em Chipre (II. i. 191):

> *If it were now to die,*
> *'Twere now to be most happy: for, I fear*
> *My soul hath her content so absolute*
> *That not another comfort like to this*
> *Succeeds in unknown fate.*

[A morte agora para mim
Seria a máxima felicidade: pois, receio-o,
Tão grande é a ventura que da alma se me apossa
Que nenhum outro conforto igual
Sucede-o no futuro nebuloso.]

Se algum leitor titubear diante do uso do presente em "Chaos *is* come again" [*Volta* novamente o caos], bastará recordar-se de "succeeds" [sucede] nas linhas que acabamos de transcrever, ou examinar a passagem paralela em *Vênus e Adônis*, 1019:

> *For, he being dead, with him is beauty slain;*
> *And, beauty dead, black Chaos comes again.*

[Pois, morto ele, morta está a beleza;
E, morta a beleza, retorna o negro Caos.]

Vênus não sabe que Adônis está morto quando profere essas palavras.

NOTA M

Dúvidas relativas a *Otelo*, Ato IV. Cena I

.(1) A primeira parte da cena é de difícil entendimento, e seus comentadores são de pouca valia. Quer me parecer que a verdadeira intenção é a seguinte: Iago percebe que será necessário renovar o assédio a Otelo; pois, de um lado, o mouro, apesar da decisão de pôr fim à vida de Desdêmona, tomara a iniciativa, sem consultar Iago, de testá-la quanto à história contada por Iago sobre o lenço; e, de outro, parece agora ter caído num estado de completo aturdimento, e precisa ser estimulado a agir. O plano de Iago parece consistir em lembrar Otelo de tudo que o enfureça, mas fazendo parecer que está a lançar luz sobre todo o caso, exortando Otelo a pesar detidamente os fatos, ou pelo menos a condescender. E é assim que diz, efetivamente: "Afinal, se ela de fato beijou Cássio, isso pode ser de pouco significado. Aliás, ela poderia mesmo ter ido muito mais longe sem nenhuma intenção maliciosa[1]. É claro, há o lenço (10); mas por que, afinal, ela *não* deveria dá-lo de presente?" Então, fingindo recuar diante de uma vã tentativa de esconder sua verdadeira opinião, prossegue: "Entretanto, não posso, como teu amigo, fingir que de fato a considero inocente: a verdade é que Cássio veio a mim e se vangloriou da sua conquista com todas as palavras. [Aqui é interrompido pelo desmaio de Otelo.] Mas, afinal, por que tanta celeuma? Tu partilhas do destino da maioria dos homens casados, e tens a vantagem de não ser ludibriado no assunto." Deve ter sido um imenso prazer para Iago exprimir desse modo o seu cinismo real com a certeza de que não seria levado a sério e ainda faria valer sua trama. Em 208-210, volta ao mesmo plano de enfurecer Otelo dizendo que, se gosta tanto de Desdêmona, seria melhor deixar estar, pois o assunto não diz respeito a ninguém, senão a ele. A essa fala segue-se o lamento de Otelo: "Ó Iago, que pena", e talvez seja esse o momento em que mais desejamos destruir Iago.

(2) Em 216, Otelo pede que Iago lhe traga veneno para matar Desdêmona aquela noite. Iago objeta: "Não empregueis veneno: estrangulai-a na cama, na própria cama que maculou." Por que a objeção ao veneno? Porque, pela compra, ele próprio seria envolvido? Talvez. Quiçá tivesse em mente – sendo Desdêmona morta por Otelo e Cássio por Roderigo – admitir ter avisado Otelo do adultério, e talvez até mesmo ter-se incum-

bido da morte de Cássio; mas declararia jamais ter tido a intenção de cumprir a promessa no tocante a Cássio, e não ter tido nada a ver com a morte de Desdêmona (parece estar se preparando para isso em 285). Comprar veneno poderia arruinar seu plano. Mas pode ser que sua objeção ao veneno se deva simplesmente ao desprezo pela inteligência de Otelo. Pode confiar no mouro no que diz respeito à violência, mas acredita que poderá meter os pés pelas mãos naquilo que exige sutileza.

(3) Quando a conversa é interrompida aqui (225), Iago fez Otelo retornar à situação alcançada no fim da cena da Intriga (III. iii.). Cássio e Desdêmona devem ser mortos; e, além disso, o tempo urge; deverá ser "esta noite", e não "em três dias".

A ideia implícita é sem dúvida que, após a cena da Intriga, Otelo tende a recuar e esperar, o que é extremamente perigoso para Iago, que, portanto, nessa cena incita-o a agir. Não obstante, Otelo recua novamente. Declarara que não iria cobrar explicações dela (IV. i. 217). Mas não consegue manter a palavra, e segue-se a cena da acusação. Seus propósitos *dramáticos* são evidentes, mas Otelo parece não se guiar por nenhum propósito. Não faz perguntas, ou melhor, nenhuma que revele o menor sinal de dúvida ou esperança. Limita-se a torturar a si mesmo.

NOTA N

Duas passagens na última cena de *Otelo*

(1) v. ii. 71 s. Desdêmona pede que Cássio seja trazido para "confessar" que ela jamais deu o lenço a ele. Otelo responde que Cássio já confessou a verdade – que confessou o adultério. O diálogo prossegue:

Des. *He will not say so.*
Oth. *No, his mouth is stopp'd:*
Honest Iago hath ta'en order for 't.
Des. *O! my fear interprets: what, is he dead?*
Oth. *Had all his hairs been lives, my great revenge*
Had stomach for them all.
Des. *Alas! he is* betray'd *and I* undone.

[Des. Ele não dirá isso.
Ote. Não, porque tapada já tem a boca:
o honesto Iago tomou conta dele.
Des. Oh! meu medo interpreta: então, morreu?
Ote. Mesmo que ele tivesse tantas vidas quantos cabelos tem, minha grande vingança teria estômago para todas elas.
Des. Ai! foi *traído* e estou perdida.]

É uma ideia chocante, mas acredito que Shakespeare queira dizer, com a menção ao nome de Iago, que Desdêmona subitamente vê que é *ele* o vilão cuja existência o próprio declarara impossível quando, uma hora antes, Emília aventara que alguém envenenara o espírito de Otelo. Mas as palavras dela fazem Otelo enfurecer-se tão violentamente ("Sai, meretriz! Vais chorá-lo na minha frente?") que "é muito tarde".

(2) v. ii. 286 s.

Oth. *I look down towards his feet; but that's a fable.*
If that thou be'st a devil, I cannot kill thee. [Wounds Iago.
Lod. *Wrench his sword from him.*
Iago. *I bleed, sir, but not killed.*

[Ote. Procuro ver-lhe os pés; mas isto é uma fábula.
 Se fores o diabo, não conseguirei matar-te.   [Fere Iago.
Lud. Tirem a espada dele.
Iago   Perco sangue, senhor, mas não estou morto.]

As estranhas palavras de Iago têm por objetivo mostrar seu interesse exclusivo por si mesmo em meio a tão atroz sofrimento? Acredito, de minha parte, que ele está se referindo às palavras de Otelo, e dizendo, com um frio sorriso de desprezo: "Repare que ele está certo; eu *sou* um demônio."

NOTA O

Otelo e as últimas palavras de Desdêmona

Afirmei que a última cena de *Otelo*, apesar de profundamente dolorosa, não contém quase nada que diminua o amor e a admiração que avivam nossa piedade do herói (pp. 172-3). Disse "quase" em vista da seguinte passagem (v. ii. 123 ss.):

Emil. *O, who hath done this deed?*
Des.   *Nobody; I myself. Farewell:*
       Commend me to my kind lord: O, farewell!   [Dies.
Oth.   *Why, how should she be murdered?*
Emil.   *Alas, who knows?*
Oth.   *You heard her say herself, it was not I.*
Emil. *She said so: I must needs report the truth.*
Oth.   *She's, like a liar, gone to burning hell:*
       'Twas I that kill'd her.
Emil. *O, the more angel she,*
       And you the blacker devil!
Oth.   *She turn'd to folly, and she was a whore.*

[*Emíl.* Oh, quem foi o autor disto?
Des.   Ninguém; eu mesma. Adeus:
         Recomenda-me a meu bondoso senhor: Oh, adeus!   [*Morre.*
Ote.   Mas, por que haveria de ter sido morta?[1]
Emíl.   Ai, quem sabe?
Ote.   Tu mesma a ouviste dizer, não fui eu.
Emíl. Foi o que ela disse: devo dizer a verdade.
Ote.   Desceu ao inferno abrasador como mentirosa:
Foi morta por mim.
Emíl. Tanto mais anjo ela é por isso,
E vós, mais negro demônio!
Ote.   Ela se entregara ao vício, e era uma prostituta.]

Trata-se de uma passagem estranha. O que Shakespeare pretende que sintamos? Chega a ser estupefaciente para alguns que Otelo não se sobressalte; aliás, que não fique mortificado quando ouve semelhantes palavras ditas pelos lábios moribundos de uma adúltera contumaz. O chocante é a cegueira ou a aberração moral que as interpreta como mais um sinal da sua incorrigibilidade. Apenas nesse ponto da cena, quer me parecer, nossa compaixão por Otelo como que se dissipa. Shakespeare pretende que nos sintamos assim, e que nos demos conta de o quanto o espírito de Otelo se confundiu e perverteu? Acredito que sim; e, sem embargo, as palavras de Otelo continuam a soar-me absolutamente estranhas, estranhas inclusive ao *feitio* de Otelo – sobretudo porque, nesse momento, não estava exasperado, menos ainda enfurecido. Já me ocorreu algumas vezes que há um quê de ojeriza pessoal na passagem. Faz-nos lembrar do ponto de *Hamlet* (escrita pouco antes) no qual o príncipe da Dinamarca imagina que reluta em matar o rei em suas preces por medo de que estas possam conduzi-lo ao paraíso; e faz-nos lembrar a ironia de Shakespeare, o modo como nos mostra que essas preces *não* se erguiam até os céus, e que a alma desse facínora – que reza – permanece tão assassina quanto antes (ver pp. 125-6), exatamente como, no caso atual, a alma de Desdêmona – que mente – se mostra sublime *pela* mentira que diz. Seria possível que nas duas passagens estivesse desafiando intencionalmente as ideias "religiosas" convencionais; e que, em especial, a crença de que o destino perpétuo de um homem pode ser decidido pela atitude tomada no momento derradeiro suscitasse nele indignação e desprezo? Admito que essa hipótese soa antishakespeariana; não obstante, ela me retorna toda vez que leio essa passagem [As palavras 'Acredito que sim:' (linha 9 deste parágrafo) apontaram a minha conclusão; mas meu desejo é retirar esta Nota na íntegra.]

NOTA P

Emília suspeitou de Iago?

Respondi que Não (p. 139), e não tenho dúvidas sobre o assunto; mas durante um tempo intrigou-me, como fez a outros tantos, determinada expressão dita por Emília. Ocorre na conversa entre ela, Iago e Desdêmona (IV. ii. 130 s.):

I will be hang'd if some eternal villain,
Some busy and insinuating rogue,
Some cogging, cozening slave, to get some office,
Have not devised this slander; I'll be hang'd else.

[Quero que me enforquem se algum eterno vilão,
Algum patife buliçoso e insinuante,
Algum canalha lisonjeiro e mentiroso, *para alcançar um posto*,
Não inventou essa calúnia; enforquem-me se não for isso.]

Emília, pode-se dizer, sabia que Cássio era o suspeito, de modo que deve estar pensando no posto *dele*, e deve querer dizer que Iago envenenou o espírito de Otelo para evitar a reintegração e ficar ele próprio com o posto de tenente. E, pode-se dizer, ela se expressa de modo vago, para que somente Iago possa compreendê-la (pois Desdêmona não sabe que o suspeito é Cássio). Donde também pode-se dizer – quando, em V. ii. 190, ela exclama:

Villany, villany, villany!
I think upon't, I think: I smell't: O villany!
I thought so then: – I'll kill myself for grief;

[Infâmia, infâmia, infâmia!
Penso nisso, torno a pensar: suspeito: Oh vilania!
Já havia suspeitado: – Vou matar-me de tanta dor;]

que se refere, nas palavras grifadas, ao transe contido na passagem de IV. ii., em que está se recriminando por não ter tomado medidas no que dizia respeito à sua suspeita de Iago.

Já expliquei por que considero impossível supor que Emília suspeitasse do marido; e não acredito que alguém, ao acompanhar suas falas em v. ii., e dar-se conta de que, caso suspeitasse dele, deveria estar apenas *fingindo* surpresa quando Otelo lhe diz que Iago era seu informante, experimente qualquer dúvida. Parece-me que ela quer dizer apenas, nas linhas contidas em iv. ii. 130, que alguém está procurando criar as bases para pedir um favor de Otelo em troca de informações que lhe dizem respeito. Não se segue que, porque ela sabia ser Cássio o suspeito, teria de estar se referindo ao posto de Cássio. Era uma mulher simplória e, mesmo que não fosse, não juntaria todas as peças tão facilmente quanto o leitor.

Na linha:

I thought so then: I'll kill myself for grief,

[Já havia suspeitado: Vou matar-me de tanta dor,]

acredito que, sem dúvida, ela se refere a iv. ii. 130 s. e também a iv. ii. 15 (a hipótese de Steevens, segundo a qual está pensando no momento em que permitiu que Iago se apossasse do lenço, é absurda). Se "Vou matar-me de tanta dor" tiver de ser entendido em estreita relação com as palavras que lhe antecedem (o que não é seguro), pode querer dizer que se recrimina por não ter tomado nenhuma iniciativa baseada em sua suspeita geral, ou (menos provavelmente) que se recrimina por não ter suspeitado que Iago era o patife.

No que diz respeito à minha ideia de que ela não se lembrou do lenço quando constatou o grau de fúria de Otelo, quem acredita que ela chegou, sim, a lembrar-se dele irá também acreditar que desconfiou de Iago. Mas, em acréscimo a outras dificuldades, terá de supor que seu espanto quando Otelo finalmente menciona o lenço não passa de encenação. E qualquer um capaz de acreditar nisso me parece abaixo da crítica. [Lamento não poder agora discutir neste ponto algumas sugestões que me foram feitas com relação aos temas das Notas O e P.]

NOTA Q

A suspeita de Iago em relação a Cássio e Emília

A única manifestação dessa suspeita é feita de modo bastante curioso. Iago, em solilóquio, diz (II. i. 311):

Which thing to do,
If this poor trash of Venice, whom I trash
For his quick hunting, stand the putting on,
I'll have our Michael Cassio on the hip,
Abuse him to the Moor in the rank [F. right] garb –
For I fear Cassio with my night-cap too –
Make the Moor thank me, etc.

[Para atingir este objetivo,
Se esse pobre traste de Veneza, a quem marco o rastro
Para a rápida caçada, seguir a pista,
Apanharei nosso Miguel Cássio pelo flanco,
E o ultrajarei aos olhos do Mouro do modo mais grosseiro [F. correto] –
Pois temo também que Cássio tenha usado meu gorro de dormir –
Quero que o Mouro me agradeça etc.]

Por que "*Pois* temo também que Cássio" etc.? Difícil acreditar que esteja dando a si mesmo um motivo a mais para envolver Cássio; os travessões devem servir para explicar a linha precedente ou alguma parte dela. Acredito que explicam "rank garb" (modo mais grosseiro) ou "right garb" (modo mais correto), e traduz-se no seguinte: "Pois Cássio *é* aquilo de que o acuso, um sedutor de esposas." Está retornando à ideia com a qual o solilóquio se inicia: "Que Cássio gosta dela, é o que acredito." Ao dizer isso, está inconscientemente procurando acreditar que Cássio, pelo menos, *gostaria* de ser adúltero, de modo que não seria assim tão abominável dizer que o *é*. E a ideia "suspeito dele com Emília" é uma segunda e mais veemente tentativa da mesma espécie. Provavelmente, a ideia nasceu e morreu no mesmo instante. Trata-se de um curioso exemplo da sutil submissão de Iago a padrões morais.

NOTA R

Ecos de *Otelo* em *Rei Lear*

Segue uma relação, confeccionada sem nenhuma pesquisa especial, e indubitavelmente incompleta, de palavras e expressões de *Rei Lear* que lembram palavras e expressões de *Otelo*, muitas das quais ocorrem apenas nessas duas peças:

"waterish" I. i. 261, aparece apenas aqui e em *O*. III. iii. 15.

"fortune's alms", I. i. 281, aparece apenas aqui e em *O*. III. iv. 122.

"decline", ao que consta, só é empregado em relação ao avanço da idade em I. ii. 78 e *O*. III. iii. 265.

"slack" em "if when they chanced to slack you", II. iv. 248, não tem paralelo exato em Shakespeare, mas lembra "they slack their duties", *O*. IV. iii. 88.

"allowance" (= autorização), I. iv. 228, é usado apenas em *R.L.*, *O*. I. i. 128, e em dois momentos de *Hamlet* e de *Hen. VIII*.

"besort", v., I. iv. 272, não ocorre em nenhum outro lugar, mas "besort", s., ocorre em *O*. I. iii. 239, e em nenhum outro lugar.

"Look, sir, I bleed", de Edmundo, II. i. 43, parece fazer eco a Iago, "I bleed, sir, but not killed", *O*. V. ii. 288.

"potential", II. i. 78, aparece apenas aqui, em *O*. I. ii. 13, e no *Lover's Complaint* (que, me parece, certamente não é um poema dos primeiros tempos).

"poise" em "occasions of some poise" II. i. 122, é exatamente como "poise" em "full of poise and difficult weight", *O*. III. iii. 82, e não exatamente como essa palavra nos outros três pontos onde ocorre.

"conjunct", usada apenas em II. ii. 125 (Q), V. i. 12, lembra "conjunctive", usada apenas em *H*. IV. vii. 14, *O*. I. iii. 374 (F).

"grime", v., usada apenas em II. iii. 9, lembra "begrime", usada apenas em *O*. III. iii. 387 e em *Lucrécia*.

"unbonneted", III. i. 14, aparece apenas aqui e em *O*. I. ii. 23.

"delicate", III. iv. 12, IV. iii. 15, IV. vi. 188, não é palavra rara em Shakespeare; ele a utiliza cerca de trinta vezes em suas peças. Mas é digno de nota que ocorra seis vezes em *O*.

"commit", usada intr. no lugar de "commit adultery", aparece apenas em III. iv. 83, mas cf. a famosa repetição em *O*. IV. ii. 72 s.

"stand in hard cure", III. vi. 107, parece não encontrar paralelo senão em *O*. II. i. 51, "stand in bold cure".

"secure" = tornar displicente, IV. i. 22, aparece apenas aqui e em *O.* I. iii. 10 e (não exatamente no mesmo sentido) *Tim.* II. ii. 185.

"perforce must wither", de Albânia, IV. ii. 35, lembra "It must needs wither", de Otelo, V. ii. 15.

"deficient", IV. vi. 23, ocorre apenas aqui e em *O.* I. iii. 63.

"the safer sense", IV. vi. 81, lembra "my blood begins my safer guides to rule", *O.* II. iii. 205.

"fitchew", IV. vi. 124, é usada apenas aqui, em *O.* IV. i. 150, e em *T.C.* V. i. 67 (onde não tem o mesmo sentido).

"I have seen the day, with my good biting falchion I would have made them skip", de Lear, V. iii. 276, lembra, de Otelo, "I have seen the day, That with this little arm and this good sword" etc., V. ii. 261.

O fato de mais da metade dos casos acima ocorrer nos primeiros dois atos de *Rei Lear* pode ser, quiçá, significativo: pois quanto mais afastado Shakespeare estivesse da época de composição de *Otelo*, menos provável seria a ressurgência de ideias ou palavras usadas naquela peça.

NOTA S

Rei Lear e *Tímon de Atenas*

Que essas duas peças são próximas em caráter, e, provavelmente, em datação, é reconhecido hoje por muitos críticos; limitar-me-ei a acrescentar aqui algumas referências aos pontos de afinidade mencionados em nosso texto (pp. 189-90), bem como algumas observações sobre outros pontos.

(1) A afinidade entre os impropérios de Tímon e algumas das falas de Lear em sua loucura é, a certo respeito, curiosa. É natural que Tímon, falando a Alcibíades e a duas cortesãs, invectivasse especialmente contra os vícios sexuais e a devassidão, como faz na terrível passagem IV. iii. 82-166; mas por que Lear deveria discorrer longamente, e com certa repulsa, acerca desse tema em especial (IV. vi. 112-132)? Quase chega a parecer que Shakespeare estava exprimindo sentimentos que o oprimiam nesse período de sua vida.

Essa hipótese pode não passar de pura conjectura, mas tem me parecido que semelhante preocupação, e quiçá opressão, são detectáveis em outras peças do período que vai, *grosso modo*, de 1602 a 1605 (*Hamlet*, *Medida por medida*, *Troilo e Cressida*, *Bom é o que bem acaba*, *Otelo*); ao passo que nas peças mais antigas ele se debruça menos sobre o tema, e sem fastio, e em peças posteriores (por exemplo, *Antônio e Cleópatra*, *Conto de inverno*, *Cimbelino*) volta a tratar dele, não obstante à larga, sem esse ar de repulsão (omito *Péricles* porque a autoria das cenas de bordel é duvidosa).

(2) Para referências a animais inferiores, semelhantes àqueles de *Rei Lear*, ver sobretudo *Tímon*, I. i. 259; II. ii. 180; III. vi. 103 s.; IV. i. 2, 36; IV. iii. 49 s., 177 ss., 325 ss. (sem dúvida, passagem escrita ou, pelo menos, reescrita por Shakespeare), 392, 426 s. Ignoro os frequentes vitupérios contra o cão nas conversas em que aparece Apemanto.

(3) Outros pontos de semelhança podem ser encontrados em nosso texto às pp. 215-6, 270-1, 287-8, e muitas afinidades entre palavras, expressões e ideias poderiam ser acrescentadas, do tipo encontrado no paralelo "os teus confortam, não queimam", *Lear*, II. iv. 176, e "Teu sol, que conforta, queima!", *Tímon*, V. i. 134.

(4) A afinidade de estilo e versificação (no que diz respeito às partes exclusivamente shakespearianas de *Tímon*) é inequívoca, mas alguns leitores podem desejar ver um exemplo. Aqui, pronuncia-se Lear (IV. vi. 164 ss.):

> *Thou rascal beadle, hold thy bloody hand!*
> *Why dost thou lash that whore? Strip thine own back;*
> *Thou hotly lust'st to use her in that kind*
> *For which thou whipp'st her. The usurer hangs the cozener.*
> *Through tatter'd clothes small vices do appear;*
> *Robes and furr'd gowns hide all. Plate sin with gold,*
> *And the strong lance of justice hurtless breaks;*
> *Arm it in rags, a pigmy's straw does pierce it.*
> *None does offend, none, I say, none; I'll able 'em:*
> *Take that of me, my friend, who have the power*
> *To seal the accuser's lips. Get thee glass eyes;*
> *And, like a scurvy politician, seem*
> *To see the things thou dost not.*

[Oficial de justiça desonesto, suspende a mão sangrenta!
Por que açoitas essa pobre rameira? Vira contra ti próprio essa chibata.
Estás ardendo de desejos de com ela realizares o ato
Por que a castigas. O onzeneiro põe na forca o ladrão.
As faltazinhas se deixam ver nos furos dos andrajos;
Mas as togas e as peles tudo encobrem. Forra de ouro o pecado,
E a forte lança da Justiça se quebra sem feri-lo;
Cobre-o de trapos, e uma simples palha vibrada por pigmeu vai transpassá-lo.
Ninguém comete falta, é o que te afirmo; ninguém. A todos sirvo de fiador.
Podes acreditar-me, amigo; fala-te quem força tem
Para fechar a boca da acusação. Arranja umas lunetas
E, como vil político, imagina ver coisas que não vês.]

E aqui pronuncia-se Tímon (IV. iii. 1 ss.):

> *O blessed breeding sun, draw from the earth*
> *Rotten humidity; below thy sister's orb*
> *Infect the air! Twinn'd brothers of one womb,*
> *Whose procreation, residence, and birth,*
> *Scarce is dividant, touch them with several fortunes,*
> *The greater scorns the lesser: not nature,*
> *To whom all sores lay siege, can bear great fortune,*
> *But by contempt of nature.*
> *Raise me this beggar, and deny't that lord:*
> *The senator shall bear contempt hereditary,*

The beggar native honour.
It is the pasture lards the rother's sides,
The want that makes him lean. Who dares, who dares.
In purity of manhood stand upright
And say 'This man's a flatterer'? if one be,
So are they all: for every grise of fortune
Is smooth'd by that below: the learned pate
Ducks to the golden fool: all is oblique;
There's nothing level in our cursed natures,
But direct villany.

[Ó gerador bendito! ó sol! da terra
Tira a umidade pútrida e infecciona
Todo o ar que se respira cá nesta órbita
De tua irmã! Dois gêmeos que do mesmo
Ventre provêm; para eles quase idênticos
Foram a gestação e o nascimento;
Mas dá-lhes sorte diferente em tudo.
Que desprezado seja o mais pequeno
Pelo maior. A natureza, sempre
Por males assediada, só consegue
Suportar a fortuna revelando
Desprezo à natureza.
Eleva este mendigo, abaixa o nobre.
Desprezo hereditário seja o lote
Do senador; do pedinte, honras nativas.
É a pastagem que deixa o gado nédio;
Nas secas, emagrece. Quem, quem ousa,
Em pura humanidade, levantar-se
E dizer: "É um adulador este homem"?
Se um for, todos o são, que os degraus todos
Da fortuna o de baixo deixa brandos.
Inclina-se dos sábios a cabeça
Ante o imbecil dourado. Tudo é oblíquo.
Em nossa natureza amaldiçoada,
Nada é plano, tirante, tão-somente,
A franca vilania.]

O leitor pode desejar saber se testes de métrica lançam alguma luz sobre a posição cronológica de *Tímon*; e encontrará na Nota BB as informações que pude recolher. Mas deverá ter em mente que os resultados obtidos mediante a aplicação desses testes a toda a peça podem ser de pouca utilidade, uma vez que é praticamente certo que Shakespeare não escreveu a peça inteira. Ela parece consistir (1) em partes que são exclusivamente de Shakespeare (o texto, contudo, encontra-se aí, como alhures, bastante corrompido); (2) em partes intocadas ou só muito sutilmente tocadas por ele; (3) em partes nas quais razoável porção é de Shakespeare mas não tudo (por exemplo, na minha opinião, III. v., que não posso crer, ao lado de Fleay, pertença integralmente, ou quase integralmente, a outro autor). Os testes deveriam ser aplicados não só à peça inteira mas em separado a (1), a respeito do qual há poucas divergências de opinião. Isso ainda não foi feito: mas Ingram aplicou um teste, e eu outro, às partes atribuídas por Fleay a Shakespeare (ver Nota BB)[1]. O resultado situa *Tímon* entre *Rei Lear* e *Macbeth* (resultado, a propósito, que coincide com aquele obtido pela aplicação dos principais testes à peça inteira); e esse resultado corresponde, quer me parecer, à impressão geral que colhemos dos três dramas no tocante à versificação.

NOTA T

Shakespeare encurtou *Rei Lear*?

Teci, em nosso texto (pp. 192 ss.), alguns comentários a respeito do número incomum de improbabilidades, contradições etc. presentes em *Rei Lear*. A lista de exemplos dados poderia facilmente ser aumentada. Assim, (*a*) em IV. iii. Kent menciona uma carta que confiou ao fidalgo para ser entregue a Cordélia; mas em III. i. ele não entrega ao fidalgo uma carta, mas pede-lhe que transmita uma mensagem. (*b*) Em III. i., ainda, ele diz que Cordélia dirá ao fidalgo quem era o remetente do bilhete; mas, por IV. iii. é evidente que ela não faz isso, tampouco o fidalgo mostra curiosidade sobre o assunto. (*c*) Na mesma cena (III. i.), Kent e o fidalgo combinam que o primeiro a encontrar o rei deverá chamar o outro; mas quando Kent encontra o rei, não chama ninguém. Todos esses são exemplos de mero descuido em pormenores que passariam despercebidos no teatro – pormenores introduzidos não porque sejam essenciais ao enredo, mas para emprestar verossimilhança à conversação. Eis aqui, talvez, outro exemplo. Quando Lear decide deixar Goneril e procurar Regan, ele diz: "reuni meu séquito" (I. iv. 275). Quando chega à casa de Gloster, Kent indaga por que vem com tão exígua comitiva, e o Bobo dá uma resposta que sugere que o restante o abandonou (II. iv. 63 ss.). Ele e as filhas, porém, parecem desconhecer qualquer diminuição; e, quando Lear "pede os cavalos" e deixa a casa de Gloster, as portas se fecham para ele em parte sob o pretexto de que tem "uma escolta de gente desesperada" (308). Não obstante, na tempestade, nenhum nobre o acompanha e em III. vii. 15 ss. ouvimos que "trinta e cinco ou seis de seus cavaleiros"[1] estão "ansiosos atrás dele", como se o verdadeiro motivo de ter deixado Goneril acompanhado de comitiva tão reduzida tivesse sido uma partida feita de tal modo às pressas que muitos dos cavaleiros não tivessem ficado sabendo dela.

Essa constante de imprecisão ou contradição deve-se provavelmente à falta de zelo; mas é possível que tenha outra causa. Existem, quer me parecer às vezes, sutis indicações de que os pormenores do enredo foram originalmente pensados mais a fundo ou com mais clareza do que suporíamos a partir da peça tal como a temos; e algumas das falhas para as quais chamei a atenção podem ter surgido se Shakespeare, considerando sua matéria volumosa demais, (a) deixou de escrever algumas coisas que originalmente pretendia, e (b), após dar por concluída a peça, reduziu-a por meio de excisões, sem se debruçar o suficiente sobre essas lacunas e cortes a ponto de eliminar os trechos obscuros e as discrepâncias por elas criados.

Assim, para tomarmos exemplos de (b), a fala de Lear "Como! Cinquenta de meus seguidores dispensados de uma só vez" (I. iv. 315) é facilmente explicada se supusermos que na conversa anterior, tal como escrita originalmente, Goneril mencionara esse número. Ainda, a curiosa ausência de qualquer indicação que explicasse por que Burgúndia deveria ter o direito à primeira opção à mão de Cordélia poderia ser devida, sem problemas, à mesma causa. Assim como a ignorância em que somos deixados quanto ao fim que levou o Bobo, e inúmeras outras falhas observáveis no texto.

Para ilustrar o outro ponto (a), segundo o qual Shakespeare pode ter deixado de escrever algumas coisas que originalmente estavam em seus planos, a peça sem dúvida ganharia algo se desse a entender que, em período não muito anterior à ação, Gloster tivesse incentivado o rei em sua ideia de dividir o reino, ao mesmo tempo que Kent tivesse procurado dissuadi-lo. E há uma ou duas passagens que de fato dão a entender que Shakespeare imaginou exatamente isso. Se foi assim, haveria ainda mais motivo para a referência do Bobo ao lorde que aconselhou Lear a se desfazer de suas terras (I. iv. 154), e para a reflexão de Gloster (III. iv. 168):

His daughters seek his death: ah, that good Kent!
He said it would be thus:

[Suas filhas querem matá-lo: Oh, o bom Kent!
Ele disse que seria assim:]

("disse", é claro, não para o rei, mas para Gloster e talvez outros membros do Conselho). Assim, também as tramas estariam ainda mais finamente ajustadas. E também deveríamos compreender de pronto o início da peça. Às palavras de Kent, "Pensei que o rei fosse favorecer mais o Duque de Albânia do que o de Cornualha", Gloster responde: "também nós sempre pensamos assim". Quem são os "nós" dos quais Kent está excluído? Eu não sei, pois não há nenhum indicativo de que Kent estava ausente. Mas se Kent, por sua oposição, tivesse perdido prestígio e se retirado do Conselho, tudo ficaria claro. Assim, também, seria com a estranha rapidez com que, após a resposta de Gloster, Kent muda de assunto; estaria evitando, na presença do filho de Gloster, qualquer referência futura a um assunto sobre o qual ele e Gloster divergiam. Que Kent, devo acrescentar, já tinha a opinião mais contundente a respeito de Goneril e Regan fica claro por suas palavras extremamente atrevidas (I. i. 165):

Kill thy physician, and the fee bestow
Upon thy foul disease.

[Matai vosso médico, e os honorários pagai-os
À vossa doença.]

Lear lembrou essa expressão quando chamou Goneril de "uma doença em minha carne" (II. iv. 225)?

Ora, o leitor atento pode ter observado que Goneril não só é representada como a mais selvagem e determinada das irmãs, como também parece ser a mais sensual. E um ou dois pontos algo curiosos podem estar relacionados com isso: a comparação que Kent faz de Goneril com a figura da Vaidade nas moralidades (II. ii. 38); o comentário do Bobo, aparentemente irrelevante (apesar de seus comentários raramente serem irrelevantes): "Pois nunca houve mulher bonita que não fizesse caretas diante do espelho" (III. ii. 35); a referência de Kent a Oswald (muito antes que surja qualquer sinal do envolvimento de Goneril com Edmundo) como tendo "vocação para proxeneta servil" (II. ii. 20); e as palavras que Edgar dirige ao cadáver de Oswald (IV. vi. 257), também ditas antes que ele soubesse de qualquer coisa relativa ao envolvimento com Edmundo:

I know thee well: a serviceable villain;
As duteous to the vices of thy mistress
As badness would desire.

[Conheço-te bem: um vilão serviçal;
Tão prestimoso para com os vícios de tua patroa
Como a malvadeza não podia exigir mais.]

Talvez Shakespeare tivesse concebido Goneril como uma mulher que, antes do casamento, houvesse mostrado sinais do vício da lubricidade; mas as indicações claras dessa ideia foram extirpadas da exposição quando chegou o momento de pôr no papel, ou, sendo ali postas, foram mais tarde retiradas. Não vou insinuar que Edgar tinha Oswald em mente quando (III. iv. 87) descreveu o servidor que "satisfazia a lascívia [do coração] de minha dama", e menos ainda que Lear podia estar pensando em Goneril quando fez a invectiva contra a luxúria a que me referi na Nota S.

Não quero dizer, com esta nota, que acredito nas hipóteses aqui ventiladas. Ao contrário, creio ser mais provável que as falhas apontadas se devam a um simples descuido ou a outras causas. Mas, para mim, isso não é indiscutível; e o leitor que rejeita as hipóteses pode dar-se por satisfeito por ter tido sua atenção chamada para os pontos que as suscitaram.

NOTA U

A movimentação dos *dramatis personae* no Ato II de *Rei Lear*

Fiz menção em nosso texto à falta de clareza da peça sobre esse tema, e passarei a analisar aqui essas movimentações.
Quando Lear é destratado por Goneril, seu primeiro pensamento é buscar refúgio em Regan (I. iv. 274 s., 327 s.). Goneril, por sua vez, que já previra isso, e, antes mesmo da querela, decidira escrever para Regan (I. iii. 25), agora envia Oswald até ela, instruindo-a a não receber Lear e sua centena de cavalheiros (I. iv. 354 s.). Em resposta a essa carta, Regan e Cornualha imediatamente deixam o palácio e cavalgam durante a noite para a casa de Gloster, mandando adiante a notícia de que estão a caminho (II. i. 1 ss., 81, 120 ss.). Lear, de sua parte, pouco antes de deixar a casa de Goneril, envia uma carta para Regan por intermédio de Kent, e manda que ele seja rápido, ou Lear estará lá antes dele. E descobrimos que Kent alcança Regan e entrega a carta antes de Oswald, o mensageiro de Goneril. Ambos os mensageiros são conduzidos por Cornualha e Regan para a casa de Gloster.
Em II. iv., Lear chega à casa de Gloster, tendo, ao que parece, se desencontrado de Regan na casa dela. E, mais tarde, Goneril chega à casa de Gloster, conforme deixara transparecer na carta que enviara para Regan (II. iv. 186 s.).
Assim, todos os personagens principais exceto Cordélia e Albânia se reúnem; e chegamos à crise da ação dupla – a expulsão de Lear e a extirpação dos olhos e a expulsão de Gloster – no Ato III. E era isso que se pretendia.
Mas é necessária a atenção mais acurada para acompanhar essas movimentações. E, além disso, dificuldades persistem.
1. Goneril, ao despachar Oswald com a carta para Regan, diz a ele que apresse seu retorno (I. iv. 363). Lear, por sua vez, fica surpreso ao descobrir que o mensageiro *dele* não foi enviado de volta (II. iv. 1 s., 36 s.). Não obstante, ao que tudo indica, tanto Goneril como Lear partem de imediato, de modo que seus mensageiros não *podiam* retornar a tempo. Pode-se aventar que sua ideia era encontrá-los retornando, mas não há indicação disso no texto.

2. Lear, ao despachar Kent, diz (I. v. 1):

> *Go you before to Gloster with these letters. Acquaint my daughter no further with anything you know than comes from her demand out of the letter.*
>
> [Parti na frente, para Gloster, com estas cartas. Não conteis a minha filha do que sabeis senão o que ela vos perguntar com relação ao assunto da carta.]

Isso parece implicar que Lear sabia que Regan e Cornualha estavam na casa de Gloster, e pretendia seja ir lá (hipótese de Koppel), seja reclamá-la de volta à casa dela para recebê-lo. No entanto, nitidamente não é o caso, pois Kent se encaminha diretamente para a casa de Regan (II. i. 124, II. iv. 1, 27 ss., 114 ss.).

Donde em geral se supõe que com "Gloster", na passagem que acabamos de citar, Lear se refere não ao Conde, mas ao *lugar*; que a casa de Regan ficava lá; e que o castelo de Gloster ficava em algum ponto não muito afastado. Isso é até certo ponto confirmado pelo fato de Cornualha ser o "arquipatrono" de Gloster (II. i. 60 s., 112 ss.). Mas a casa de Gloster não deve ser imaginada muito próxima da de Cornualha, pois é necessária uma noite a cavalo para se ir de uma a outra, e a casa de Gloster fica no meio de uma charneca solitária mal interrompida por um arbusto num raio de muitos quilômetros (II. iv. 304).

O plural "estas cartas" na passagem citada não deve causar espécie, pois o plural é muita vez empregado por Shakespeare com referência a uma única carta*; e a hipótese compreensível de que Lear enviou uma carta para Regan e outra para Gloster não se confirma em nenhuma parte do texto.

A única dificuldade é que, conforme ressaltado por Koppel, "Gloster" não é usado em nenhum outro lugar na peça para significar o lugar (a não ser na expressão "Duque de Gloster" ou "milorde de Gloster"); e – o que é mais importante – o fato de que seria indubitavelmente interpretada pelo público, nessa passagem, como referindo-se ao Conde, sobretudo porque não houve indicação anterior de que Cornualha vivia em Gloster. Só nos resta supor que Shakespeare esqueceu que não havia dado semelhante indicação, e, assim, escreveu o que com certeza causa-

---

* Sendo que a palavra "carta", em inglês, é *letter*, literalmente "letra", tornando compreensível que uma carta possa ser referida pela expressão *these letters* [estas letras]. (N. do E.)

ria confusão – a não ser que suponhamos que "Gloster" é um mero desvio da pena, ou até mesmo erro de impressão, modificando "Regan". Mas, deixando de lado outras considerações, Lear dificilmente falaria de "Regan" a um criado, e, se o tivesse feito, as palavras seguintes teriam sido "conteis a ela", e não "conteis a minha filha".

NOTA V

Possíveis interpolações em *Rei Lear*

Há três passagens em *Rei Lear* que têm sido consideradas acréscimos feitos pelos *atores*.

A primeira consiste em duas linhas de versos licensiosos de pé quebrado faladas pelo Bobo no final do Ato I.; a segunda, na profecia que o Bobo declama em verso no final de III. ii.; a terceira, no solilóquio de Edgar no final de III. vi.

É suspeito (1) que as três passagens ocorram no fim de cada cena, onde acréscimos podem ser efetuados com maior facilidade; e (2) que, em todos os casos, quem fala fique sozinho para pronunciar as palavras depois que os demais personagens se retiraram.

Não discutirei as diversas passagens sem antes chamar a atenção para o fato de que, se são autênticas, o número de cenas que termina em solilóquio é maior em *Rei Lear* do que em qualquer outra tragédia sobre a qual não pairam dúvidas. Assim, tomando as tragédias em sua provável ordem cronológica (e ignorando as curtíssimas cenas nas quais às vezes se divide uma batalha)[1], constato que há em *Romeu e Julieta* quatro cenas desse tipo, em *Júlio César* duas, em *Hamlet* seis, em *Otelo* quatro[2], em *Rei Lear* sete[3], em *Macbeth* duas[4], em *Antônio e Cleópatra* três, em *Coriolano* uma. A diferença entre *Rei Lear* e as peças que lhe são mais próximas é na verdade muito maior do que transparece por essa lista, pois em *Hamlet* quatro dos seis solilóquios, e em *Otelo* três dos quatro, são falas longas, enquanto a maioria deles em *Rei Lear* é bastante breve.

É claro, não atribuo nenhuma importância maior ao fato que acabo de ressaltar, mas ele não deve ser deixado totalmente de lado numa tentativa de formar opinião quanto à autenticidade das três passagens duvidosas.

(*a*) A primeira delas, I. v. 54-5, acredito convictamente que seja espúria. (1) A cena termina de modo bastante shakespeariano sem ela. (2) Não parece provável que no *fim* da cena Shakespeare tivesse acrescentado algo *violentamente* conflitante com as palavras imediatamente anteriores:

Oh let me not be mad, not mad, sweet heaven!
Keep me in temper: I would not be mad!
[Não quero ficar louco, céu bondoso!
Mantém-me o juízo: tudo menos louco!]

(3) Mesmo que tivesse feito isso, é bastante improvável que as palavras conflitantes fossem clamorosamente licenciosas. (4) Mesmo que fossem, sem dúvida não seriam licenciosas e irrelevantes ao mesmo tempo, e claramente dirigidas à plateia, duas falhas que não são do feitio de Shakespeare. (5) As linhas têm pé quebrado. O pé quebrado não é incomum nas primeiras peças; existem algumas linhas até mesmo em *O mercador de Veneza*, uma linha e meia, talvez, em *Como quiserem*; mas não creio que ocorram mais tarde, nem mesmo onde, numa peça anterior, certamente seriam encontradas, como, por exemplo, na boca do Bobo de *Bom é o que bem acaba*. O melhor que pode ser dito dessas linhas é que estão presentes nos Quartos, ou seja, em referências, por espúrias que sejam, à peça tal como era representada dois ou três anos após sua composição.

(*b*) Acredito, quase tão convictamente, que a segunda passagem, III. ii. 79 ss., seja espúria. (1) A cena termina de modo característico sem as linhas. (2) Elas são dirigidas diretamente para a plateia. (3) Destroem o efeito patético e sublime das palavras imediatamente anteriores do Bobo, e também da inquietação de Lear por ele. (4) Implicam o disparate segundo o qual o trêmulo e tímido Bobo permitiria que seu mestre e seu protetor, Lear e Kent, saíssem para a tempestade e o breu da noite deixando-o sozinho. (5) Também depõe um pouco contra elas o fato de não aparecerem nos Quartos. Ao mesmo tempo, creio que ninguém hesitaria em aceitá-las se ocorressem em qualquer ponto natural *dentro* do diálogo.

(*c*) Por outro lado, não vejo motivo suficiente para duvidar da autenticidade do solilóquio de Edgar no final de III. vi. (1) Quem desconfia dessa passagem parece não se dar conta de que *algumas* palavras do solilóquio estão faltando; pois o que evidentemente se pretende é que, quando Kent e Gloster carregam o rei, deixem o louco para trás. Realmente, é o que fazem. A ligação do louco com o rei é puramente acidental; foi levado com ele ao abrigo apenas para satisfazer um capricho, e, como o rei encontra-se agora adormecido, não há por que conservar a companhia do louco; Kent, sabemos, sentiu-se intimidado por ele, "evitava abjeta companhia" (V. iii. 210). Assim, ele é deixado para voltar à choça onde foi visto pela primeira vez. Quando os outros partem, está claro que ele tem de ser deixado para trás, e sem dúvida não sairia sem dizer palavra.

(2) Se a fala dele é espúria, segue daí que foi posta no lugar de alguma fala autêntica; e, sem dúvida, essa suposição só deverá ser contemplada se for absolutamente inescapável. (3) Não há nada, na fala, que dê a entender que isso é inescapável. Não é muito boa, sem dúvida; mas o uso de linhas rimadas e um pouco antitéticas numa passagem gnômica é bastante do feitio de Shakespeare, mais do seu feitio do que, por exemplo, as passagens rimadas em I. i. 183-190, 257-269, 281-4, das quais ninguém suspeita; muito parecidas com diversos pontos de *Bom é*, ou com as próprias linhas que concluem *Rei Lear*. (4) Têm, em espírito, afinidade com as belíssimas linhas de Edgar no início do Ato IV. (5) Algumas delas, como Delius observa, enfatizam o paralelismo entre as tramas de Lear e de Gloster. (6) O fato de o Fólio omiti-las, é claro, não depõe em nada contra elas.

NOTA W

A marcação da cena do reencontro entre Lear e Cordélia

Conforme demonstrou Koppel, as mais habituais indicações cênicas modernas[1] dessa cena (IV. vii.) estão clamorosamente erradas e fazem o possível para arruinar o objetivo do poeta.

É evidente pelo texto que a cena mostra o *primeiro* encontro entre Cordélia e Kent, e o *primeiro* encontro entre Cordélia e Lear, desde que se separaram em I. i. Sem dúvida, com efeito, Kent e Cordélia devem ter trocado algumas palavras antes de entrar em cena; mas Cordélia não vê o pai antes do momento em que diz (linha 26): "Ó meu querido pai!" Daí preservar-se o tom ameno da primeira parte da cena, aquela entre Cordélia e Kent, para que a última parte, entre Cordélia e Lear, possa surtir plenamente o seu efeito.

A indicação cênica moderna do início da cena, tal como a encontramos, por exemplo, nas edições da Cambridge e da Globe, é como segue:

'SCENE vii. – A tent in the French camp. LEAR on a bed asleep, soft music playing; *Gentleman*, and others attending.
Enter CORDELIA, KENT, and *Doctor*.'

["CENA vii. Uma tenda no campo francês. LEAR adormecido num leito, música suave ao fundo; *Fidalgo*, e outros serviçais.
Entram CORDÉLIA, KENT e o *Médico*."]

Na linha 25, onde o médico diz "Por favor, mais próxima", Cordélia deve se aproximar do leito, que é imaginado, por alguns editores, visível por inteiro ao fundo do palco, e, por outros, situado atrás de uma cortina no fundo, sendo essa cortina aberta na linha 25.

Ora, para não mencionarmos o fato de semelhante marcação estar em flagrante contradição com as rubricas dos Quartos e do Fólio, consideremos o efeito que provoca na cena. Em primeiro lugar, o leitor de imediato supõe que Cordélia já viu o pai; pois, do contrário, é inconcebível que converse serenamente com Kent estando o rei a poucos metros dela. O gume da segunda metade da passagem, quando ela se dirige a ele, fica, desse modo, embotado. Em segundo lugar, graças à presença de Lear, o interesse do leitor pelo rei e por seu encontro com Cordélia é imediatamente aguçado de tal modo que mal presta atenção à conversa entre Cordélia e Kent; portanto, também esse efeito se embota. Em terceiro lugar, à linha 57, quando Cordélia diz,

> O, look upon me, sir,
> And hold your hands in benediction o'er me!
> No, sir, you must not kneel,
>
> [Ó, senhor, olhai-me,
> E erguei vossa mão abençoando-me!
> Não, senhor, não de joelhos,]

o velho e combalido rei deve ser imaginado já tentando deixar o leito, já efetivamente fazendo isso, ou ajoelhando-se, ou tentando ajoelhar-se, sobre o leito. Em quarto lugar, examinemos o que ocorre na linha 81.

Doctor.	*Desire him to go in; trouble him no more Till further settling.*
Cor.	*Will't please your highness* walk?
Lear.	*You must bear with me; Pray you now, forget and forgive; I am old and foolish.*
	[Exeunt all but Kent and Gentleman.

[Médico	Que *se recolha*; e não o perturbem mais Até que de todo se restaure.
Cor.	Agrada a vossa majestade *caminhar?*
Lear	Tende paciência comigo; Eu vos rogo, esquecei e perdoai; sou velho e ridículo.
	[Saem todos menos Kent e o Fidalgo.]

Se Lear está num cortinado que envolve o leito, por que motivo, quando o médico decide que não pode suportar mais nenhuma emoção, é instado a levantar-se e a sair do cortinado? Belo médico!

Mas olhemos agora os textos originais. É claro, nada esclarecem a respeito do lugar. A indicação cênica do início diz, nos Quartos: "Entram Cordélia, Kent e o Médico"; no Fólio: "Entram Cordélia, Kent e o Fidalgo". Diferem quanto ao Fidalgo e ao Médico, e o Fólio mais tarde atribui ao Fidalgo as falas do Médico, além das suas próprias. Essa é uma questão secundária. Mas ambos concordam em *não fazer menção a Lear*. O rei está simplesmente fora do palco. Assim, Cordélia, e o leitor, podem dedicar total atenção a Kent.

Uma vez terminada a conversa dela com Kent, vira-se (linha 12) para o Médico e pergunta "Como vai o rei?"[2] O Médico diz a ela que Lear ainda está adormecido, e pede licença para despertá-lo. Cordélia consente e pergunta se ele está "composto", o que não se refere a estar ou não com o roupão, mas a terem ou não tirado sua coroa feita de ramagens, e a terem cuidado devidamente dele depois de ter errado feito louco pelos campos. O Fidalgo diz que, durante o sono, "roupas novas" (e não um roupão) foram postas nele. O Médico então pede que Cordélia esteja presente quando o pai despertar. Ela assente, e o Médico diz: "Por favor, mais próximo. Aumentai o som da música." As próximas palavras são de Cordélia: "Ó meu querido pai!"

O que aconteceu? Diante das palavras "ele está composto?", de acordo com o Fólio, *"Entra Lear numa cadeira carregada por serviçais"*. O instante dessa entrada, como sói acontecer nas edições originais, é sem dúvida muito prematuro. Provavelmente, deveria ocorrer com as palavras "Por favor, mais próximo", que *podem*, conforme sugerido por Koppel, endereçar-se aos carregadores. Mas que a rubrica, fora isso, está correta, não resta a menor dúvida (e que os Quartos a omitam não serve de argumento contra ela, uma vez que, de acordo com suas indicações, Lear sequer chega a entrar).

Esse arranjo (1) dá a Kent o lugar que lhe compete na cena, (2) deixa claro que Cordélia não vira o pai antes, (3) torna bastante natural que ele se ajoelhe, (5) torna óbvio o motivo pelo qual deveria deixar o palco mais uma vez quando dá sinais de cansaço, e (6) é o único arranjo que tem um mínimo de autoridade, pois "Lear on a bed asleep" (Lear adormecido no leito) jamais se fizera conhecer até ser proposto por Capell. A desastrosa mudança na marcação da cena foi provavelmente sugerida pela versão do infeliz Tate.

É claro, o recurso da cadeira é primitivo, mas os elisabetanos não se importavam com essas coisas. O que lhes interessava era o efeito dramático.

NOTA X

A batalha de *Rei Lear*

Minha impressão da extraordinária ineficácia dessa batalha (p. 191) foi confirmada por um estudo de James Spedding (*New Shakespere Society Transactions*, 1877, sobre a *Rei Lear* de Furness, p. 312 s.); mas seu parecer de que esse é o único erro técnico de *Rei Lear* está sem dúvida incorreto, e sua proposição de que tal erro não tem origem diretamente em Shakespeare não resiste, creio eu, à investigação.

Para expor com clareza a visão de Spedding devo lembrar ao leitor que, na cena anterior, os dois exércitos britânicos, o de Edmundo e Regan, e o de Albânia e Goneril, entraram com tambores e flâmulas, e partiram. A cena ii. é como se segue (Globe):

> Scene II. – *A field between the two camps.*
>
> *Alarum within. Enter, with drum and colours,* Lear, Cordelia, *and* Soldiers, *over the stage; and exeunt. Enter* Edgar *and* Gloster.
>
> [Cena II. *Um campo entre as duas armas.*
>
> *Soam alarmes. Entram, com tambores e bandeiras,* Lear, Cordélia *e soldados, sobre o palco; e saem. Entram* Edgar *e* Gloster.]
>
> Edg.   *Here, father, take the shadow of this tree*
>   *For your good host; pray that the right may thrive:*
>   *If ever I return to you again,*
>   *I'll bring you comfort.*
> Glo.   *Grace go with you, sir!*
>   [Exit *Edgar*
>   Alarum and retreat within. Re-enter Edgar.
> Edg.   *Away, old man; give me thy hand; away!*
>   *King Lear hath lost, he and his daughter ta'en:*
>   *Give me thy hand; come on.*
> Glo.   *No farther, sir; a man may rot even here.*
> Edg.   *What, in ill thoughts again? Men must endure*

	Their going hence, even as their coming hither:	
	Ripeness is all: come on.	
Glo.	And that's true too.	[Exeunt.

[Edg.	Aqui, pai, fica à sombra desta árvore
	hospitaleira; ora para o bem triunfar:
	Se eu jamais voltar,
	Trar-te-ei sossego.
Glo.	A graça dos céus vos guarde, senhor!

[Sai Edgar

	Alarme e recuo das tropas. EDGAR retorna.
Edg.	Vamos, meu velho; dá-me tua mão; vamos!
	O Rei Lear perdeu, ele e a filha já são prisioneiros:
	Dá-me tua mão; vamos.
Glo.	Nem um passo mais, senhor; aqui já dá para um homem apodrecer.
Edg.	Que é isso, maus pensamentos de novo? Cabe ao homem aguentar
	A sua hora de partir desta vida, como assim foi o seu chegar:
	A maturidade é tudo: vamos.
Glo.	Também isto é a verdade [*Saem.*]

A batalha, isso ficará claro, se faz representar apenas pela música marcial na *tiring-house**, que compunha o fundo do palco. "A cena", diz Spedding, "não muda; mas 'alarmes' se fazem ouvir, e, em seguida, um 'recuo'; e, sobre o mesmo campo onde esse grande exército acaba de passar, animado e esperançoso, ressurge, com a notícia de que tudo está perdido, o mesmo homem que deixou o palco por último para acompanhá-lo e nele lutar[1]. Ninguém que esteja do lado da verdade acreditará que Shakespeare planejou a cena desse modo."

O que Spedding quer dizer é que aqui estão entrelaçadas coisas que Shakespeare pretendia manter separadas. Shakespeare, ele crê, teria prolongado o Ato IV. até "*sai* Edgar" depois da l. 4 da passagem acima. Assim, imediatamente antes do encerramento do Ato, os dois exércitos britânicos e o exército francês atravessaram o palco, e o interesse da plateia pela batalha prestes a ser travada foi enormemente estimulado. Então, após curto intervalo, o Ato v. abre com o rumor da batalha a distância, seguindo-se a entrada de Edgar anunciando a derrota do exército de Cordélia. A batalha, desse modo, embora não travada sobre o palco, era mostrada e sentida como um acontecimento da maior importância.

....

* Espécie de "casa das máquinas", misto de camarim e depósito, além de local de sonoplastia. (N. do T.)

Além da objeção principal da completa ausência de indícios de ter sido efetuada tamanha alteração, há outras objeções a essa ideia e ao raciocínio no qual se baseia. (1) A pausa no final do atual Quarto Ato está longe de ser "defeituosa", como Spedding a considera; o Ato termina com a cena mais fluida já escrita por Shakespeare; e uma pausa depois dela, e antes do tema da batalha, está perfeitamente de acordo. (2) O Quarto Ato já é muito mais longo que o Quinto (cerca de catorze colunas da edição da Globe contra cerca de oito e meia), e a mudança de Spedding deixaria o Quarto Ato com quase dezesseis colunas, e o Quinto com menos de sete. (3) A proposição de Spedding exige mudança bem maior sobre o texto existente do que ele supunha. Ela não se restringe a alterar a divisão dos dois Atos, mas exige o desaparecimento e a reentrada de Gloster cego. Gloster, ficando o texto como está, permanece sozinho no palco enquanto a batalha está sendo travada à distância, e a referência à árvore indica que ele estava sobre o palco principal ou o palco inferior. O palco principal não tinha pano de boca; portanto, se o Ato IV. tiver de terminar onde Spedding gostaria que terminasse, Gloster terá de sair sozinho e sem ajuda no encerramento, e retornar novamente sem ajuda para o Ato V. E isso significa que *todo* o arranjo do atual Ato V. cena ii. precisa ser mudado. Se Spedding tivesse se dado conta disso não é provável que tivesse ventilado sua teoria[2].

É curioso que não faça alusão à única circunstância que lança alguma suspeita sobre o texto atual. Refiro-me à contradição entre a declaração de Edgar, segundo a qual se algum dia voltar a ver o pai cuidará do seu conforto, e o fato de imediatamente depois retornar para causar-lhe aflição. É possível, sem dúvida, explicá-lo psicologicamente, mas a passagem não é tal que nos leve a esperar uma sutileza psicológica.

NOTA Y

Algumas passagens difíceis de *Rei Lear*

Seguem-se observações sobre algumas passagens a respeito das quais não pude aceitar nenhuma das interpretações atuais, ou sobre as quais gostaria de apresentar uma opinião ou expor uma visão pouco conhecida.

1. *O solilóquio de Kent no final de* II. ii.

(*a*) Na fala, a aplicação das palavras "Quase nunca vemos milagres, se não for apenas quando infelizes" parece não ter sido compreendida. A "infelicidade" sem dúvida não é a de Kent, e sim de Lear, que "[deixou] as bênçãos de um céu calmo e límpido pelo sol escaldante", *i.e.*, pela desventura. Essa, diz Kent, é exatamente a situação na qual algo como uma ajuda milagrosa pode ser almejada; e encontra o sinal dela no fato de uma carta de Cordélia ter acabado de chegar a sua mão; pois sua trajetória desde o banimento tem sido tão obscura que apenas pela mais rara das boas estrelas (algo como um milagre) Cordélia tomaria conhecimento dela. Podemos supor que essa notícia partiu de um dos criados de Albânia ou de Cornualha, alguns dos quais são, ele diz (III. i. 23):

> to France the spies and speculations
> Intelligent of our state.
>
> [para a França, espiões e informantes
> Sobre o nosso Estado.]

(*b*) As palavras "and shall find time" [e achará o momento] etc. têm sido alvo de muito debate. Alguns imaginaram que são termos retirados da carta que Kent está lendo; mas Kent acaba de dar a entender, com sua referência ao sol, que não há luz suficiente para ler a carta[1]. Também já foi sugerido que o anacoluto serve para representar a sonolência de Kent, que o impede de terminar a frase, fazendo-o deixar as ideias de lado para ceder ao sono. Mas não me recordo de nada parecido alhures em Shakespeare, e parece muito mais provável que a passagem esteja corrompida, talvez pela perda de uma linha contendo palavras como "para nos resgatar" antes de "Desse monstruoso estado" (com "estado", cf. "nosso Estado" nas linhas citadas acima).

Quando chegamos a iii. i. descobrimos que Kent já leu a carta; sabe que uma força está vindo da França e, com efeito, em alguns dos portos já "desembarcou em segredo". Por isso, envia o Fidalgo para Dover.

2. *A Canção do Bobo em* ii. iv.

Em II. iv. 62, Kent pergunta por que o rei veio com tão exígua comitiva. O Bobo responde que, de fato, a maior parte do séquito o abandonou quando viu o declínio de sua sorte. E aconselha Kent, ironicamente, a seguir-lhes o exemplo, apesar de confessar que não pretende, ele mesmo, segui-lo.

"*Let go thy hold when a great wheel runs down a hill, lest it break thy neck with following it: but the great one that goes up the hill, let him draw thee after. When a wise man gives thee better counsel, give me mine again: I would have none but knaves follow it, since a fool gives it.*

That sir which serves and seeks for gain,
    And follows but for form,
Will pack when it begins to rain,
    And leave thee in the storm.

But I will tarry; the fool will stay,
    And let the wise man fly:
The knave turns fool that runs away;
    The fool no knave, perdy."

["Solta a roda grande, quando ela começar a rolar colina abaixo, se não quiseres quebrar o pescoço; mas quando a roda grande subir a colina, deixa que ela te puxe morro acima. Se um sábio te der melhor conselho do que este, devolve o meu: eu gostaria que só patifes seguissem esse conselho, já que é um bobo que aconselha.

Quem só serve por ganância
    E apenas finge lealdade
Se vê chuva faz a trouxa
    Te deixa na tempestade.

Mas eu não partirei; o Bobo fica,
    O homem sensato é que abdica:
O patife que foge vira bobo;
    Mas o bobo não é patife."]

As duas últimas linhas têm sido motivo de controvérsia. Johnson queria que se lesse:

> *The fool turns knave that runs away,*
> *The knave no fool, perdy;*
>
> [O bobo que foge vira patife,
> Mas o patife não é bobo.]

ou seja, se eu fugisse, provaria que sou um patife e um sábio, mas, sendo bobo, fico, como nenhum patife ou sábio faria. Aqueles que, com razão, defendem a leitura mais comum interpretam-na de modo equivocado, quer me parecer. Shakespeare não está observando, em "O patife que foge vira bobo", que o patife sábio que foge é na verdade um "bobo com circunlóquio", "mau avaliador moral, além de covarde moral". O Bobo está se referindo às próprias palavras, "Eu gostaria que só patifes seguissem [meu conselho de abandonar o rei], já que é um bobo que aconselha"; e as duas últimas linhas de sua canção significam: "O patife que foge segue o conselho dado por um bobo; mas eu, o bobo, não seguirei meu próprio conselho tornando-me patife."

Quanto às ideias, comparar a marcante passagem em *Tímon*, I. i. 64 ss.

3. *"Inclina a cabeça". Em iv. ii. 18, Goneril, dispensando Edmundo na presença de Oswald, diz:*

> *This trusty servant*
> *Shall pass between us: ere long you are like to hear,*
> *If you dare venture in your own behalf,*
> *A mistress's command. Wear this; spare speech;*
> *Decline your head: this kiss, if it durst speak,*
> *Would stretch thy spirits up into the air.*
>
> [Este meu servidor de confiança
> Será nosso intermediário: em breve,
> Se em nosso favor te aventurares,
> Estarás sob as ordens de tua dama. Usa isto; evita falar;
> Inclina a cabeça: este beijo, se eloquente,
> Às nuvens alçará o teu espírito.]

Copio a nota de Furness a respeito de "Inclina": "STEEVENS* acha que Goneril manda que Edmundo incline a cabeça para que, enquanto o bei-

---

* George Steevens (1736-1800). Com Johnson, editou *The Works of Shakespeare with the Corrections and Illustrations of Various Commentators* [As obras de Shakespeare com as correções e ilustrações de vários comentaristas] (1773).

ja, faça parecer a Oswald que limita-se a sussurrar-lhe algo. Mas isso, diz WRIGHT, é dar crédito demais a Goneril pela excessiva delicadeza, e Oswald era um 'vilão serviçal'. DELIUS aventa que talvez ela deseje pôr-lhe uma corrente no pescoço."

Sem dúvida "Inclina a cabeça" está ligado não a "Usa isto" (o que quer a que "isto" se refira), mas a "este beijo" etc. Edmundo é muito mais alto que Goneril, e precisa curvar-se para ser beijado.

4. *Self-cover'd (dissimulada)*.

Em IV. ii. 59, Albânia, horrorizado diante das convulsões de raiva, ódio e desprezo expressas no semblante da sua esposa, irrompe:

>   *See thyself, devil!*
> *Proper deformity seems not in the fiend*
> *So horrid as in woman.*
> Gon.   *O vain fool!*
> Alb. *Thou changed and self-cover'd thing, for shame,*
> *Be-monster not thy feature. Were't my fitness*
> *To let these hands obey my blood,*
> *They are apt enough to dislocate and tear*
> *Thy flesh and bones: howe'er thou art a fiend,*
> *A woman's shape doth shield thee.*

>   [Enxerga a ti mesmo, demônio!
> A deformidade peculiar ao diabo
> Fica ainda mais horrenda numa mulher.
> Gon.   Ó bobo inútil!
> Alb. Criatura falsa e dissimulada, cria vergonha,
> Cessa de animalizar os traços. Se deixasse que
> Ao sangue as mãos obedecessem,
> Mui capazes seriam de quebrar-te os ossos todos
> E lacerar-te as carnes; mas embora sejas o próprio diabo,
> Ora te ampara a forma de mulher.]

A passagem tem sido muito debatida, sobretudo por causa da estranha expressão "self-cover'd", para a qual, evidentemente, foram propostas emendas. O sentido geral é claro. Albânia diz à esposa que ela é um demônio em forma de mulher, e adverte-a para que não perca essa forma assumindo feições (aparência) monstruosas, uma vez que somente essa forma a protege da ira dele. Praticamente todos os comentadores se equivocam porque imaginam que, nas palavras "thou changed and self-cover'd thing", Albânia está falando de Goneril como uma *mulher* que se mudou em demônio. Em verdade, está se referindo a ela como um demônio que mudou a própria forma e assumiu a de uma mulher; eu proponho que "self-cover'd" significa ou "que te velaste ou ocultaste", ou "cuja identidade está encoberta" [como Craig na edição da Arden], e não (o que seria seu significado natural) "que foi velada *por* ti mesma".

É possível que as últimas linhas dessa passagem (a qual não aparece nos Fólios) devam organizar-se do seguinte modo:

>   To let these hands obey my blood, they're apt enough
> To dislocate and tear thy flesh and bones:
> Howe'er thou art a fiend, a woman's shape
> Doth shield thee.
> Gon.   Marry, your manhood now –
> Alb.   What news?

> [Se deixasse que ao sangue as mãos obedecessem,
> Mui capazes seriam de quebrar-te os ossos todos
> E lacerar-te as carnes; mas embora sejas o próprio diabo,
> Ora te ampara a forma de mulher.
> Gon.   Arre, tanta virilidade agora –
> Alb.]   Que há?

5. As indicações cênicas em v. i. 37, 39.

Em V. i., entram pela primeira vez Edmundo, Regan e seu exército ou seus soldados; então, à linha 18, Albânia, Goneril e seu exército, ou soldados. Edmundo e Albânia trocam palavras extremamente secas, e Goneril pede que ponham suas diferenças pessoais de lado e cuidem do que reclama sua atenção. Então, segue-se esta passagem (de acordo com os textos modernos):

> Alb.   *Let's then determine*
>   *With the ancient of war on our proceedings.*
> Edm. *I shall attend you presently at your tent.*
> Reg. *Sister, you'll go with us?*
> Gon. *No.*
> Reg. *'Tis most convenient: pray you, go with us.*
> Gon. [Aside] *O, ho, I know the riddle. – I will go.*
>   As they are going out, enter EDGAR *disguised.*
> Edg. *If e'er your grace had speech with man so poor,*
>   *Hear me one word.*
> Alb.   *I'll overtake you. Speak.*
>   [Exeunt all but ALBANY and EDGAR.

Alb.	Determinemos com os mais experientes nossa tática.
Edm.	Encontro-vos num instante em vossa tenda.
Reg.	Mana, vens conosco?
Gon.	Não.
Reg.	É melhor vires conosco: por favor.
Gon.	[*À parte*] Oh! Oh! Sei bem qual é teu intento. – Eu irei.

Enquanto vão saindo todos, entra EDGAR *disfarçado.*

Edg.	Se vossa Graça jamais se dignou a ouvir um homem pobre como eu, Só uma palavra.
Alb.	Já vos sigo. Fale.

[*Saem todos exceto* ALBÂNIA *e* EDGAR.]

Parece decorrer disso que todos os personagens principais devem dirigir-se ao Conselho de Guerra com os mais experientes na tenda de Albânia; e estão saindo, seguidos por seus exércitos, quando entra Edgar. Por que, então, Goneril proporia (como parece ser o caso) eximir-se de participar do Conselho; e por que, mais ainda, Regan faria objeção a isso? Eis uma pergunta que sempre me intrigou, e não me foi possível aceitar as únicas respostas que já vi serem apresentadas, a saber, que Regan queria manter Edmundo e Goneril juntos para observá-los (Moberly, citado por Furness), ou que não podia suportar perder Goneril de vista, por medo que Goneril se encontrasse com Edmundo após o Conselho (Delius, se eu o interpreto corretamente).

Mas encontro em Koppel o que parece ser a solução (Verbesserungsvorschläge, p. 127 s.). Ele salienta que as indicações cênicas modernas estão erradas. No lugar da indicação moderna "*Enquanto vão saindo todos, entra* Edgar *disfarçado*", os Fólios dão: "Saem os dois exércitos. Entra Edgar." No lugar de "Exeunt all but Albany and Edgar" [Saem todos exceto Albânia e Edgar], os Fólios não dão nada, mas Q1 dá "exeunt" depois de "word". Na primeira indicação, Koppel lê: "Exeunt Regan, Goneril, Gentlemen, and Soldiers" [Saem Regan, Goneril, Cavaleiros e Soldados]; na segunda, lê, depois de "overtake you", "Exit Edmund" [Sai Edmundo].

Isso deixa tudo claro. Albânia propõe um Conselho de Guerra. Edmundo assente, e diz que irá ato contínuo para a tenda de Albânia com esse fito. O Conselho consistirá em Albânia, Edmundo e os mais experientes em assuntos de guerra. Regan, por sua vez, partirá com seus soldados; mas observa que Goneril não faz menção de se pôr a caminho com os soldados *dela*; e imediatamente suspeita que Goneril pretende tomar parte no Conselho de modo a poder estar com Edmundo. Enciumada, convida Goneril a ir com *ela*. Goneril se recusa, mas então, percebendo a motivação de Regan, irônica e desdenhosamente aceita (duvido que "Oh! Oh! Sei bem qual é teu intento" devesse ser "à parte" como nas edições modernas, seguindo Capell). Sendo assim, as duas irmãs saem, seguidas por seus soldados; e Edmundo e Albânia estão prestes a se encaminhar, em direção diversa, para a tenda de Albânia, quando entra Edgar. Suas palavras fazem Albânia ficar; este diz para Edmundo, quando Edmundo está partindo, "Já vos sigo"; e então, virando-se para Edgar, pede que "Fale".

6. v. iii. 151 ss.

Quando Edmundo tomba em combate contra Edgar disfarçado, Albânia mostra para Edmundo a carta de Goneril, a qual Edgar encontrara no bolso de Oswald e entregara a Albânia. Essa carta sugeria a Edmundo o assassinato de Albânia. A passagem na edição da Globe é como se segue:

Gon. *This is practice, Gloucester:*
By the law of arms thou wast not bound to answer
An unknown opposite: thou art not vanquish'd,
But cozen'd and beguiled.
Alb. *Shut your mouth, dame,*
Or with this paper shall I stop it: Hold, sir;
Thou worse than any name, read thy own evil:
No tearing, lady; I perceive you know it.
[Gives the letter to Edmund.
Gon. *Say, if I do, the laws are mine, not thine:*
Who can arraign me for't?
Alb. *Most monstrous! oh!*
Know'st thou this paper?
Gon. *Ask me not what I know.* [Exit.
Alb. *Go after her: she's desperate: govern her.*
Edm. *What you have charged me with, that have I done;*
And more, much more; the time will bring it out.
'Tis past, and so am I. But what art thou
That hast this fortune on me?

[Gon. É um ardil, Gloucester:
Pela lei marcial tu não eras obrigado a aceitar
Um opositor anônimo: tu não estás vencido,
Mas ludibriado.
Alb. Calai vossa boca, senhora,
Ou calo-a com este papel; um instante, senhor;
Tu, coisa pior que qualquer nome, lê tua própria maldade;
E não o rasgues; percebo que o conheceis bem.
[Dá a carta a Edmundo.

Gon. Digamos que eu conheça, as leis são minhas, não tuas;
        Quem pode me acusar?
Alb. É monstruoso demais! oh!
        Conheces este papel?
Gon.   Não me pergunte o que eu conheço. [*Sai.*
Alb. Segue-a; está fora de si; vigia-a.
Edm. Aquilo de que me acusais, eu fiz;
        E mais, muito mais; o tempo o revelará.
        Tudo agora é passado, como eu. Mas quem és tu
        Que me venceste assim?

A primeira das indicações cênicas não está nos Quartos nem nos Fólios: foi inserida por Johnson. A segunda ("Sai") está tanto nos Quartos como nos Fólios, mas estes últimos a colocam depois das palavras "arraign me for't". E atribuem as palavras "Ask me not what I know" a Edmundo, não a Goneril, como nos Quartos (seguidos pela Globe).

Não tratarei das diversas hipóteses acerca dessas linhas, mas me limitarei a dizer o que me parece o mais provável. Não importa muito onde, precisamente, ocorre a saída de Goneril; mas acredito que os Fólios estão certos em atribuir as palavras "Não me pergunte o que eu conheço" a Edmundo. Knight já salientou que a pergunta "Conheces este papel?" não pode, apropriadamente, dirigir-se a Goneril, pois Albânia já dissera a ela: "Percebo que o conheces bem." É possível contornar essa dificuldade dizendo que Albânia quer a confissão dela; mas há outro fato que parece ter passado despercebido. Quando Albânia está sem sombra de dúvida dirigindo-se à esposa, faz uso do pronome no plural, "Shut *your* mouth, dame", "No tearing, lady; I perceive *you* know it". Quando então pergunta "Know'st *thou* this paper?", provavelmente *não* está se dirigindo a ela.

Tenho para mim que a passagem é como se segue. Em "Um instante, senhor" [omitida nos Quartos], Albânia estende a carta para Edmundo de modo que possa vê-la, ou talvez a entregue para ele[2]. A linha seguinte, com seu "thou", é dirigida a Edmundo, cujas "juras recíprocas" são mencionadas na carta. Goneril avança para rasgá-la; e Albânia, que não sabe se Edmundo já vira a carta ou não, diz a ela "I perceive *you* know it", sendo o "you" enfático (o próprio afã de rasgá-la mostrou que ela conhecia seu conteúdo). Ela praticamente admite ter conhecimento, desafia-o, e sai para se matar. Ele faz uma exclamação de horror diante dela e, voltando-se novamente para Edmundo, pergunta se *ele* a conhece. Edmundo, que, é claro, não tem conhecimento dela, recusa-se a responder (como Iago), não (como Iago) por desafio, mas por cavalheirismo em relação a Goneril; e, tendo-se recusado a responder a *essa* acusação, passa a admitir as acusações feitas contra ele anteriormente por Albânia (82 s.) e Edgar (130 s.). Explico a mudança de "you" para "thou" na fala dele presumindo que, de início, está se dirigindo ao mesmo tempo a Albânia e Edgar.

7. v. iii. 278.
Lear, fitando Kent, pergunta:

>   *Who are you?*
>   *Mine eyes are not o' the best: I'll tell you straight.*
> Kent.   *If fortune brag of two she loved* and *hated (Qq.* or),
>   *One of them we behold.*

> [*Lear*   Quem és tu?
>   Minha vista não está boa; daqui a pouco eu te digo.
> Kent   Se a fortuna quiser vangloriar-se de dois que ela bafejou *e* odiou (Qq. *ou*),
>   Um deles é este.]

Kent não está respondendo a Lear, nem está falando de si mesmo. Está falando de Lear. A melhor interpretação é provavelmente a de Malone, para quem Kent quer dizer: "Contemplamos o homem mais odiado pela Fortuna, seja quem for aquele a quem ela mais amou"; e talvez isto encontre confirmação na variação do texto dos Quartos, apesar de estarem em tão mau estado nessa cena que sua corroboração é de pouca valia. Mas me parece possível que, em vez disso, queira dizer: "Será que a Fortuna alguma vez já mostrou *tanto* os extremos do seu amor *como* os do seu ódio para algum outro homem como fez a este homem?"

8. *As últimas linhas.*

> Alb.   *Bear them from hence. Our present business*
>   *Is general woe.* [To Kent and Edgar] *Friends of my soul, you twain*
>   *Rule in this realm, and the gored state sustain.*
> Kent   *I have a journey, sir, shortly to go;*
>   *My master calls me, I must not say no.*
> Alb.   *The weight of this sad time we must obey;*
>   *Speak what we feel, not what we ought to say.*
>   *The oldest hath borne most: we that are young*
>   *Shall never see so much, nor live so long.*

[Alb.   Levai-os. A nós cabe agora
        Luto geral. [Para Kent e Edgar] Amigos da minha alma, juntos
        O reino governai, e o Estado ferido sustentai.
Kent   Eu tenho uma viagem, senhor, pronta missão;
        Meu Senhor chama, não posso dizer não.
Alb.   Ao peso destes tempos temos que obedecer;
        Dizer o que sentimos, não o que devemos.
        O mais velho sofreu mais; nós, jovens,
        Jamais veremos tanto, nem viveremos tanto.]

    Assim é para a edição *Globe*. A indicação cênica (correta, é claro) é de Johnson. As últimas quatro linhas são atribuídas pelos Fólios a Edgar, e pelos Quartos a Albânia. Os Quartos dão "*have* borne most".

    A quem as últimas quatro linhas deveriam ser atribuídas, e o que elas querem dizer? É de esperar que o personagem principal fale por último, e isso favorece Albânia. Mas nessa cena, pelo menos, os Fólios, que atribuem a fala a Edgar, contêm o melhor texto (apesar de os Fólios 2, 3 e 4 darem Kent como morto depois de suas duas linhas!); Kent respondeu a Albânia, mas Edgar não; e as linhas soam muito mais apropriadas a Edgar. Pois a "reprovação suave" do desânimo de Kent (se a expressão de Halliwell está correta) é do feitio de Edgar; e, embora não tenhamos motivo para presumir que Albânia não era jovem, não há nada que demonstre sua juventude.

    Quanto ao sentido das duas últimas linhas (conclusão insatisfatória para essa peça), devo presumir que "os mais velhos" não querem dizer Lear, mas "os mais velhos dentre nós", a saber, Kent, o único que sobreviveu da antiga geração; e isso é o mais provável se *houver* referência a ele nas linhas precedentes. As últimas palavras parecem querer dizer: "Nós que somos jovens jamais veremos tanto *e apesar disso* viveremos tanto tempo"; ou seja, se sofrermos tanto assim, não suportaremos como ele suportou. Se o "have" dos Quartos está correto, a referência é a Lear, Gloster e Kent.

NOTA Z

Possíveis interpolações em *Macbeth*

No meu texto, parti do princípio segundo o qual *Macbeth* é autêntica em sua totalidade; e, para evitar a repetição de argumentos que podem ser encontrados em outros livros[1], não me ocuparei de sustentar esse parecer. Mas, entre as passagens que têm sido contestadas ou rejeitadas, há duas que me parecem sujeitas a dúvidas mais sérias. Estamos falando daquelas em que Hécate aparece, ou seja, a íntegra de III. v.; e IV. i. 39-43.

Essas passagens levantaram suspeitas (1) porque contêm indicações cênicas de duas canções que foram encontradas em *Witch* [Bruxa] de Middleton; (2) porque podem ser cortadas sem deixar o menor vestígio de sua excisão; e (3) porque contêm linhas incongruentes com o espírito e a atmosfera das demais cenas com as Bruxas, por exemplo, III. v. 10 s.:

all you have done
Hath been but for a wayward son,
Spiteful and wrathful, who, as others do,
Loves for his own ends, not for you;

[tudo que fizestes
Foi por um filho caprichoso,
Despeitado e iracundo, o qual, como os outros,
Ama por seus próprios fins, não por vós mesmas;]

e IV. i. 41, 2:

And now about the cauldron sing,
Like elves and fairies in a ring.

[Cantai agora em torno do caldeirão,
Iguais a elfos e fadas dando a mão.]

A ideia de relação sexual na primeira passagem e a delicadeza trivial da segunda (com a qual se pode cf. III. v. 34,

Hark! I am call'd; my little spirit, see,
Sits in a foggy cloud, and stays for me)

[Ouvi! Chamam-me; meu pequenino espírito, vede,
Está assentado numa nuvem espessa, e espera por mim)]

ajustam-se perfeitamente às bruxas de Middleton, mas nem um pouco às de Shakespeare; e é difícil acreditar que, se Shakespeare quisesse introduzir um personagem superior às Bruxas, a tivesse feito tão inexpressiva quanto essa Hécate. (Pode-se acrescentar que a indicação cênica original em IV. i. 39, "Entram Hécate e as outras três Bruxas", é suspeita.)

Não acredito que o segundo e o terceiro desses argumentos, por si sós, justificariam uma suspeita suficientemente sólida de interpolação; mas o fato, mencionado sob o item (1), de que a peça sofreu ali uma intervenção triplica seu peso. E dá algum peso ao fato adicional de que essas passagens se parecem entre si e diferem do conjunto das demais passagens com as Bruxas, por serem vazadas em ritmo iâmbico. (Deve-se, porém, levar em conta – supondo-se que Shakespeare *quis* de fato introduzir Hécate – que poderia perfeitamente utilizar um ritmo específico nas partes em que a deusa aparecesse.)

O mesmo ritmo surge numa terceira passagem que foi posta em dúvida: IV. i. 125-132. Mas esta não está *propriamente* no mesmo patamar das outras duas; pois (1) embora seja possível supor que as Bruxas, assim como as Aparições, desapareçam em 124, e que a fala de Macbeth prossiga ininterrupta até 133, o corte não é tão limpo como nos demais casos; (2) não está de modo algum claro que Hécate (o elemento mais suspeito) deva estar presente. A indicação cênica original de 133 limita-se a dizer "As Bruxas dançam, e desaparecem"; e, mesmo que Hécate estivesse presente antes, poderia ter desaparecido em 43, como ela faz de acordo com Dyce.

NOTA AA

Macbeth foi abreviada?

Macbeth é uma peça bastante curta, a mais curta de Shakespeare, excetuando-se *A comédia dos erros*. Contém apenas 1.993 linhas, enquanto *Rei Lear* contém 3.298, *Otelo* 3.324 e *Hamlet* 3.924. A segunda tragédia mais curta é *Júlio César*, que possui 2.440 linhas. (Os números são de Fleay. Devo salientar que, para o propósito atual, interessa-nos o número de linhas do primeiro Fólio, não aquele encontrado nos modernos textos compostos.)

Existe algum motivo para crer que a peça sofreu reduções? Passarei a examinar brevemente essa controvérsia no que é possível fazê-lo sem tocar numa hipótese maior, segundo a qual a peça de Shakespeare teria sido refundida por Middleton ou algum outro autor.

Não parece improvável que a peça, tal como a temos, seja *ligeiramente* menor do que aquela que Shakespeare escreveu. (1) Não temos nenhum Quarto de *Macbeth*; e, em geral, quando temos um ou mais Quartos de uma peça, constatamos serem estes mais longos que o texto do Fólio. (2) Existem uns poucos sinais de omissão em nosso texto (sem falar nos copiosos sinais de adulteração). Darei um exemplo (I. iv. 33-43). Macbeth e Banquo, retornando após a vitória, vêem-se diante de Duncan (14), que os recebe com agradecimentos e congratulações, diante dos quais mostram-se reconhecidos. Então, o rei se pronuncia como segue:

> *My plenteous joys,*
> *Wanton in fulness, seek to hide themselves*
> *In drops of sorrow. Sons, kinsmen, thanes,*
> *And you whose places are the nearest, know,*
> *We will establish our estate upon*
> *Our eldest, Malcolm, whom we name hereafter*
> *The Prince of Cumberland; which honour must*
> *Not unaccompanied invest him only,*
> *But signs of nobleness, like stars, shall shine*
> *On all deservers. From hence to Inverness,*
> *And bind us further to you.*

[As minhas abundantes alegrias,
Ociosas em sua plenitude, ora procuram ocultar-se
Em lágrimas de tristeza. Filhos, parentes, thanes,
E vós outros que vos achais mais próximos, sabei,
Que estabelecer queremos nosso Estado em
Nosso primogênito, Malcolm, a quem nomeamos doravante
príncipe de Cumberlândia; mas não há de essa honra
A ele somente ornar,
Não, como estrelas, títulos brilharão de alta nobreza
Sobre quem merecer. Daqui sigamos para Inverness,
A fim de que se reforcem nossas obrigações para convosco.]

Aqui, a transição para o nome de Malcolm, para a qual não houve preparação, é extremamente súbita; e o assunto, tendo em vista sua importância, é tratado de forma muito breve. Mas a rapidez e concisão da frase com a qual Duncan se convida para o castelo de Macbeth são ainda mais dignas de nota. Pois palavra alguma fora dita até então sobre esse assunto; tampouco é possível supor que Duncan manifestara sua intenção por um recado escrito, pois nesse caso Macbeth teria, é claro, informado a esposa a esse respeito em sua carta (escrita no intervalo entre as cenas iii. e iv.). É difícil não suspeitar de alguma omissão ou encurtamento nesse ponto. Por outro lado, Shakespeare pode ter-se decidido a sacrificar tudo que fosse possível em prol do efeito de celeridade do Primeiro Ato; e pode também ter desejado, pela rapidez e concisão com que Duncan se convidou, sobressaltar não só Macbeth mas também a plateia, fazendo esta última pressentir que o Destino está arrojando o rei e o assassino na direção de sua perdição.

Mas não parece provável que alguma omissão *extensa* tenha sido imposta ao texto. (1) Não existe evidência interna da omissão de nada essencial ao enredo. (2) Forman, que assistiu à peça em 1610, não menciona nada que não encontremos na nossa versão; pois sua declaração de que Macbeth foi feito Duque de Northumberland deve-se claramente à vaga lembrança da outorga do título de Duque de Cumberland a Malcolm. (3) Em que pontos semelhantes poderiam acontecer omissões? Apenas na primeira parte, pois as demais estão bem cheias. E, sem dúvida, qualquer um que desejasse cortar a peça teria se debruçado, digamos, sobre a conversa de Macbeth com os assassinos de Banquo, ou sobre III. vi., ou sobre o longuíssimo diálogo entre Malcolm e Macduff, em vez de podar a parte mais empolgante do drama. Podemos, aliás, supor que o próprio Shakespeare originalmente escreveu a primeira parte com mais fôlego, fazendo o assassinato de Duncan acontecer no Terceiro Ato, e então *ele próprio* podou a história de modo a fazer o assassinato recuar para o ponto atual, percebendo num rasgo de genialidade o extraordinário efeito que poderia ser produzido desse modo. Porém, mesmo que essa hipótese satisfizesse quem acredita na refundição da peça, qual seria a sua probabilidade?

Assim, parece mais provável que a peça tenha sido sempre extremamente curta. Poderemos, então, explicar sua brevidade? É possível, em primeiro lugar, que não tenha sido composta para os palcos em geral, mas para alguma cerimônia privada, talvez palaciana, com limitação de tempo. E a passagem sobre o toque de cura do mal (IV. iii. 140 ss.) pode corroborar essa ideia. Devemos lembrar, em segundo lugar, que algumas das cenas tomariam mais tempo de encenação do que cenas comuns de ação e diálogo simples; por exemplo, as cenas das Bruxas e as cenas de batalha no último Ato, pois a troca de golpes de espada dava ensejo a uma exibição de habilidade[1]. Por fim, Shakespeare pode muito bem ter sentido que uma peça estruturada e escrita como *Macbeth*, obra na qual uma espécie de paroxismo é sentido quase do início ao fim, oferecendo muito pouco alívio por meio de cenas humorísticas ou patéticas, deveria ser curta, resultando intolerável caso durasse tanto quanto *Hamlet* ou até mesmo *Rei Lear*. Com efeito, não acho que, na leitura, percebemos *Macbeth* como peça curta; sem dúvida ficamos atônitos quando nos dizem que tem cerca da metade da extensão de *Hamlet*. Talvez igualmente no teatro shakespeariano parecesse prolongar-se por mais tempo do que o registrado pelo relógio.

NOTA BB

A datação de *Macbeth*. Testes de métrica

Forman assistiu à encenação de *Macbeth* no Globe em 1610. A questão é quanto tempo antes disso devemos situar sua composição ou primeira apresentação.

É consenso que essa data não seja anterior à da acessão de James I em 1603. O estilo e a versificação tornam uma data anterior quase impossível. E temos as alusões a "globos duplos e cetros triplos" e à ascendência de Banquo, remontando a reis de Escócia; a descrição antidramática do toque curativo do mal do rei (James protagonizava essa cerimônia); e o uso dramático da bruxaria, assunto em que James se considerava uma autoridade.

Algumas dessas referências teriam seu máximo efeito no início do reinado de James. Baseado nisso, nas semelhanças entre os personagens de Hamlet e Macbeth, e no emprego do sobrenatural nas duas peças, tem sido defendido que *Macbeth* foi a tragédia que se seguiu imediatamente a *Hamlet*, ou, pelo menos, a *Otelo*.

Esses argumentos não me parecem ter peso quando confrontados com aqueles que apontam para uma data mais avançada (cerca de 1606), situando *Macbeth* depois de *Rei Lear*[1]. E, como já observei, a probabilidade é que se situe também depois da parte de Shakespeare em *Tímon*, e imediatamente antes de *Antônio e Cleópatra* e *Coriolano*.

Farei primeiramente uma breve exposição de alguns dos argumentos mais antigos em favor dessa data mais avançada, para em seguida discorrer mais largamente sobre aqueles que se baseiam na versificação.

(1) Em II. iii. 4-5, "É um lavrador que se enforcou porque esperava uma boa colheita", Malone viu uma referência ao preço extraordinariamente baixo do trigo em 1606.

(2) Na referência, nessa mesma fala, ao *equivocator** (traidor, hipócrita) capaz de jurar por qualquer um dos pratos da balança, o qual traiu

....

* Péricles Eugênio da Silva Ramos lembra que, para Warburton, *equivocator* queria dizer jesuíta (in *Macbeth*, São Paulo: Círculo do Livro, 1980. Nota 109). Ver também N. do T. apensa à nota 21 da Conferência X, sobre *Macbeth*. (N. do T.)

quanto pôde por amor de Deus, viu uma alusão ao julgamento do padre jesuíta Garnet, na primavera de 1606, acusado de cúmplice da Conspiração da Pólvora. Garnet jurou por sua alma e salvação que não tinha mantido certa conversa, foi então compelido a confessar que tinha, e, ato contínuo, "descambou para um alentado discurso em defesa da equivocação". Esse argumento, do qual faço aqui apenas um resumo, me parece ter muito mais peso que o primeiro; e seu peso aumenta com as demais referências a perjúrio e traição lembradas na pp. 294-5.

(3) Halliwell identificou o que parece ser uma alusão a *Macbeth* na comédia do *Puritan*, *in-quarto* de 1607: "we'll ha' the ghost i' th' white sheet sit at upper end o' th' table" [faremos o fantasma com o lençol branco sentar-se à cabeceira da mesa]; e Malone já se referira a um paralelo menos significativo em *Caesar and Pompey*, também publicada em 1607:

> *Why, think you, lords, that 'tis* ambition's spur
> *That* pricketh *Caesar to these high attempts?*
>
> [Por que pensam os senhores que são *as esporas da ambição*
> Que *estimulam* César a essas altas tentativas?]

Também viu algo de relevante nas referências de *Macbeth* ao gênio de Marco Antônio inclinando-se ante o de César e à erva-de-louco que aprisiona a razão, no sentido de mostrar que Shakespeare, enquanto escrevia *Macbeth*, leu as *Vidas*, de Plutarco, pensando em sua próxima peça, *Antônio e Cleópatra* (S.R. 1608).

(4) A esses últimos argumentos, que isolados teriam pouco peso, devo acrescentar outro, do qual se pode dizer o mesmo. Os ecos de Marston em Shakespeare são bastante evidentes. Em seu *Dutch Courtezan* [Cortesã holandesa], 1605, identifiquei passagens que lembram *Otelo* e *Rei Lear**, mas nada que mesmo sutilmente lembrasse *Macbeth*. Mas, ao ler *Sophonisba***, 1606, lembrei diversas vezes de *Macbeth* (assim como, mais nitidamente, de *Otelo*). Mostro os paralelos que me parecem pertinentes.

---

* Nessa peça, Marston conta a história de dois amigos – Freevill, amante dos prazeres sensuais, e o puritano Malheureux – e o relacionamento que ambos têm com a ardente cortesã Franceschina. A peça trata da natureza do desejo humano e dos problemas de ter uma vida "boa" e "pura" quando a sexualidade é uma parte inalienável da natureza humana.

** *The Wonder of Women, or The Tragedy of Sophonisba* [A maravilha das mulheres ou A tragédia de Sophonisba] foi escrita por John Marston em 1606. Conta a história de Sophonisba, princesa de Cartago. Sophonisba está sendo perseguida pelo malévolo Sífax, embora tenha se casado há pouco com o guerreiro Massinissa. Enquanto isso, o general romano Cipião ataca a cidade de Cartago.

Com *Sophonisba*, Ato I. Cena ii.:

> Upon whose tops the Roman eagles stretch'd
> Their large spread wings, which fann'd the evening aire
> To us cold breath,
>
> [Em cujos topos as águias romanas estenderam
> Suas imensas asas, a abanar o ar da noite
> Esfriando-nos,]

cf. *Macbeth* I. ii. 49:

> Where the Norweyan banners flout the sky
> And fan our people cold.
>
> [Onde as bandeiras norueguesas insultam nosso céu
> E ao drapejar esfriam nossa gente.]

Cf. *Sophonisba* uma página adiante: "entanto duvidosa demorava-se a batalha", com *Macbeth*, I. ii. 7, "Duvidosa" ["Duvidosa durante muito tempo"?]. Na mesma cena de *Macbeth*, o herói em combate é comparado a uma águia, e seus inimigos a pardais; e em *Soph*. III. ii. Massinissa em combate é comparado a um falcão, e seus adversários a galinhas e outras aves débeis. Não frisaria isso se não fosse pelo fato de todas essas reminiscências (se o são realmente) evocarem uma única e mesma cena. Em *Sophonisba*, ainda, há uma formidável descrição da bruxa Erictho (IV. i.), que diz ao personagem que lhe faz a consulta, "Conheço teus pensamentos", como a Bruxa diz para Macbeth, a respeito da cabeça com elmo: "Conhece teu pensamento."

(5) As semelhanças entre *Otelo* e *Rei Lear* apontadas nas páginas 184-5 e na Nota R constituem, quando tidas juntamente com outras indicações, argumento de algum peso a favor da ideia de que *Rei Lear* se seguiu imediatamente a *Otelo*.

(6) Restam ainda os indícios ligados ao estilo e, em especial, à métrica. Não acrescentarei nada ao que já foi dito em nosso texto a respeito do primeiro; mas gostaria de abordar mais a fundo esta última, na medida em que se possa representá-la pela aplicação de testes de métrica. É impossível discutirmos aqui todos os problemas concernentes a esses testes. Direi apenas que, em que pese estar ciente – e admitir a validade – do que pode ser dito contra sua aplicação descuidada, heterodoxa ou inepta, estou plenamente convencido de seu valor quando adequadamente utilizados.

Desses testes, o de rima e o de terminações graves, aplicados criteriosamente, são úteis para dividir as peças de Shakespeare, *grosso modo*, em dois grupos, as mais antigas e as mais recentes, e também para assinalar os dramas mais tardios; e o teste das terminações graves é útil para distinguir a parte de Shakespeare em *Henrique VIII* e *Dois nobres parentes*. Mas nenhum desses testes tem a mínima condição de distinguir peças compostas com poucos anos de diferença. Existe alguma relevância no fato de *Conto de inverno*, *A tempestade* e *Henrique VIII* praticamente não conterem linhas rimadas de cinco pés; mas nenhuma, provavelmente, no fato de *Macbeth* mostrar uma porcentagem desse tipo de linhas mais alta do que *Rei Lear*, *Otelo* ou *Hamlet*. As porcentagens de terminações graves, ainda, nas quatro tragédias, são quase conclusivas ao indicar que não se contam entre as peças mais antigas, e tendem a mostrar que não se contavam entre as mais recentes; mas as diferenças entre suas respectivas porcentagens, que as situariam na ordem cronológica *Hamlet*, *Macbeth*, *Otelo*, *Rei Lear* (König), ou *Macbeth*, *Hamlet*, *Otelo*, *Rei Lear* (Hertzberg), são de pouquíssima valia[2]. Praticamente todos os estudiosos, quer me parecer, aceitariam esse ponto de vista.

Os testes realmente úteis, no que toca às peças que se sabe não estar separadas por intervalo muito longo, são três que dizem respeito à terminação das falas e linhas. É praticamente certo que Shakespeare tornou seu verso progressivamente menos formal, fazendo suas falas terminarem mais e mais vezes no meio de uma linha, e não no fim dela; fazendo o sentido debordar mais e mais vezes de uma linha para a outra; e, por fim, pondo às vezes, no fim de uma linha, uma palavra que praticamente não aceita nenhum acento. Podemos chamá-los, respectivamente, teste de terminação da fala, teste de debordamento e teste da terminação breve ou fraca.

I. O teste de terminação da fala foi usado por König[3] e darei primeiro os resultados que encontrou. Mas lamento dizer que não consegui identificar com clareza a regra pela qual se pautou. Ele omite as falas que são rimadas na sua totalidade, ou que terminam com um dístico rimado. E inclui apenas falas que são "mehrzeilig" [multicelulares]. Quero crer que, sendo assim, inclui toda fala que consiste em duas linhas ou mais, mas omite não só falas de uma linha como também falas contendo mais de uma linha porém menos de duas; mas não estou certo disso.

Nas peças que todos são unânimes em considerar as mais antigas, a porcentagem de falas que terminam com uma linha incompleta é bastante pequena. Na *Comédia dos erros*, por exemplo, é de apenas 0,6%. Sobe para 12,1% em *Rei João*, 18,3% em *Henrique V* e 21,6% em *Como quiserem*. Sobe rapidamente pouco depois, e, em nenhuma peça escrita (conforme opinião geral) depois de algo em torno de 1600 ou 1601, é menor que 30%. Nas peças consensualmente tidas como as últimas, assume valores muito mais altos, como se segue: *Antônio* 77,5%, *Cor.* 79%, *A temp.* 84,5%, *Cim.* 85%, *Conto de Inv.* 87,6%, *Henrique VIII* (as partes atribuídas a Shakespeare por Spedding) 89%. Voltando, agora, às quatro tragédias, encontramos os seguintes números: *Otelo* 41,4%, *Hamlet* 51,6%, *Lear* 60,9%, *Macbeth* 77,2%. Esses números põem *Macbeth* nitidamente em último lugar, com porcentagem praticamente igual à de *Antônio*, a primeira do grupo final.

Apresentarei agora meus próprios números para essas tragédias, uma vez que diferem um pouco dos de König, provavelmente porque meu método difere. (1) Incluí falas rimadas ou terminadas em rimas, sobretudo porque concluo que Shakespeare às vezes (nas últimas peças) termina uma fala que rima parcialmente com uma linha incompleta (p. ex., *Ham.* III. ii. 187, e as últimas palavras da peça; ou *Macb.* V. i. 87, V. ii. 31). E se semelhantes falas forem contadas, como sem dúvida têm de ser (pois podem ser, e são, muito importantes), as falas que terminam com linhas rimadas completas também devem ser contabilizadas. (2) Incluí toda fala com mais de uma linha de extensão, por menor que seja o excedente; por exemplo:

I'll fight till from my bones my flesh be hacked.
Give me my armour:

[Combaterei até que a carne se desprenda de meus ossos.
Traze meu arnês:]

já que a linha incompleta aqui pode ser tão significativa quanto uma linha incompleta que termine uma fala longa. Se uma fala começa dentro de uma linha e termina em pé quebrado, é evidente que não a contabilizei quando equivalia a uma linha de cinco pés; por exemplo:

Wife, children, servants, all
That could be found:

[A esposa, as crianças, os servos, quantos
Foram encontrados;]

mas contabilizo falas (elas são muito escassas) como esta:

My lord, I do not know:
But truly I do fear it:

[Meu senhor, eu não sei;
Mas é o que muito temo;]

pelo mesmo motivo que contabilizo:

> *You know not*
> *Whether it was his wisdom or his fear.*
>
> [Ignorais
> Se foi prudência ou temor.]

Das falas assim contabilizadas, constato que são 54% em *Otelo* aquelas que terminam em algum ponto dentro da linha; em *Hamlet*, cerca de 57%; em *Rei Lear*, cerca de 69%; em *Macbeth*, cerca de 75%[4]. A ordem é igual à de König, mas os números divergem bastante. Presumo nos últimos três casos que isso se deva à diferença de método; mas acredito que os números de König para *Otelo* não podem estar corretos, pois experimentei vários métodos e constatei que o resultado em nenhum dos casos fica longe daquele que obtive, e sou praticamente obrigado a especular que os 41,4% de König sejam, efetivamente, a porcentagem de falas que terminam no encerramento de uma linha, o que daria 58,6% para a porcentagem das falas em pé quebrado[5].

Concluiremos que outros testes também situariam *Otelo* antes de *Hamlet*, embora não muito. Isso pode se dever a um "acidente" – *i.e.*, uma ou mais causas que ignoramos; mas tenho me perguntado às vezes se a última revisão de *Hamlet* não pode ter sido posterior à composição de *Otelo*. Com relação a isso, o seguinte fato pode ser digno de nota. É bem sabido que as diferenças do primeiro Quarto de *Hamlet* para o segundo são muito maiores nos últimos três Atos do que nos dois primeiros – tanto assim que os editores responsáveis pelo *Cambridge Shakespeare* aventaram que Q1 representaria uma peça antiga, cuja refundição feita por Shakespeare não teria avançado muito além do Segundo Ato, enquanto Q2 representaria sua refundição posterior já completada. Se foi assim, a composição dos últimos três Atos é bem mais tardia do que a dos dois primeiros (apesar de que, evidentemente, os dois primeiros teriam sido revisados no período de composição dos três últimos). Ora, eu constato que a porcentagem de falas que terminam em linha quebrada é de cerca de 50% nos primeiros dois Atos, mas de cerca de 62% nos últimos três. Ela se mostra mais baixa no primeiro Ato, e em suas duas primeiras cenas é de menos de 32%. A porcentagem dos dois últimos Atos é de cerca de 65%.

II. O teste de *enjambement* ou debordamento é também conhecido como teste de quebra de verso ou de encadeamento. Podemos falar de "quebra de verso" numa linha quando o sentido, tanto quanto a métrica, faria naturalmente uma pausa no final; "encadeamento" é quando o próprio sentido levaria o leitor a passar para a linha seguinte sem fazer nenhuma pausa[6]. Essa distinção é, na grande maioria dos casos, bastante fácil de ser feita; já em outros, problemática. O leitor não pode se guiar por regras gramaticais nem por sinais de pontuação (pois há uma pausa clara no final de muitas linhas onde a maioria dos editores não manda que se imprima uma quebra: é preciso confiar no ouvido). E os leitores divergirão, este fazendo uma pausa ostensiva e aquele não. Isso, no entanto, não importa tanto, desde que a leitura seja regular; pois o que importa não é o número exato de linhas debordadas numa peça, mas a diferença, quanto a isso, entre uma peça e outra. Assim, pode-se discordar de König em sua estimativa de muitas ocorrências, mas ainda assim constatar que foi coerente.

Nas primeiras peças de Shakespeare, "debordamentos" são raros. Na *Comédia dos erros*, por exemplo, sua porcentagem é de 12,9% segundo König[7] (que exclui linhas rimadas e algumas outras). Nas peças geralmente consideradas tardias, são comparativamente frequentes. Assim, segundo König, a porcentagem é de 37,5% em *Conto de inverno*, 41,5% em *A tempestade*, 43,3% em *Antônio*, 45,9% em *Coriolano*, 46% em *Cimbelino*, 53,18% nas partes de *Henrique VIII* atribuídas por Spedding a Shakespeare. Os resultados de König para as quatro tragédias são como se segue: *Otelo*, 19,5%; *Hamlet*, 23,1%; *Rei Lear*, 29,3%; *Macbeth*, 36,6%; (*Tímon*, a peça inteira, 32,5%). Aqui, portanto, *Macbeth* fica, mais uma vez, decididamente por último; com efeito, próxima à primeira das últimas peças.

E ninguém que já tenha atentado para a versificação de *Macbeth* se surpreenderá com esses números. É quase evidente, devo frisar, que Shakespeare está passando de um sistema para outro. Algumas passagens mostram pouca mudança, mas, em outras, a mudança aparece quase completa. Se o leitor se dispuser a comparar dois solilóquios algo semelhantes, "To be or not to be" [Ser ou não ser] e "If it were done when 'tis done" [Se, consumada a ação, tudo findasse], reconhecê-lo-á de imediato. Ou que compulse as peças anteriores, mesmo *Rei Lear*, atrás de doze linhas consecutivas como estas:

> *If it were done when 'tis done, then 'twere well*
> *It were done quickly: if the assassination*
> *Could trammel up the consequence, and catch*
> *With his surcease success; that but this blow*
> *Might be the be-all and the end-all here,*

> *But here, upon this bank and shoal of time,*
> *We 'ld jump the life to come. But in these cases*
> *We still have judgement here; that we but teach*
> *Bloody instructions, which, being taught, return*
> *To plague the inventor: this even-handed justice*
> *Commends the ingredients of our poison'd chalice*
> *To our own lips.*

> [Se, consumada a ação, tudo findasse, seria bom
> Fazê-lo sem mais delonga; se o assassínio
> Detivesse em suas redes todas as consequências, e alcançasse,
> Com o fim, êxito pleno; se este golpe aqui
> Fosse tudo, e tudo terminasse aqui embaixo,
> Aqui somente, neste banco de areia da existência,
> A vida de após morte arriscaríamos. Mas nestes casos
> É aqui mesmo nosso julgamento; damos simplesmente
> Lições sangrentas que, aprendidas, viram-se
> Para atormentar o inventor; a justiça imparcial
> Apresenta os ingredientes do cálice que nós mesmos empeçonhamos
> A nossos próprios lábios.]

Ou que procure paralelo para isto (III. vi. 37 s.):

>   *and this report*
>   *Hath so exasperate the king that he*
>   *Prepares for some attempt of war.*
> Len.   *Sent he to Macduff?*
> Lord. *He did: and with an absolute 'Sir, not I,'*
>   *The cloudy messenger turns me his back*
>   *And hums, as who should say 'You'll rue the time*
>   *That clogs me with this answer.'*
> Len.   *And that well might*
>   *Advise him to a caution, to hold what distance*
>   *His wisdom can provide. Some holy angel*
>   *Fly to the court of England, and unfold*
>   *His message ere he come, that a swift blessing*
>   *May soon return to this our suffering country*
>   *Under a hand accurs'd!*

                [ao saber disso
     Exasperou-se de tal modo o rei,
     Que está fazendo preparativos de guerra.
Len.   Mandou chamar Macduff?
Senhor Mandou; mas ante um peremptório "Eu não, senhor",

O sinistro mensageiro dá-lhe as costas
A resmungar, tal como se dissesse: "Lamentareis ainda essa ocasião
Que me embaraça com resposta assim."

Len. E isso talvez lhe tenha aconselhado
A acautelar-se e a pôr-se na distância
Que a prudência lhe propicie. Que algum santo anjo
Voe até a corte da Inglaterra, e cumpra
Sua missão antes que ele chegue, a fim de que uma pronta bênção
Recaia sobre nosso país que sofre
Debaixo de mão amaldiçoada!]

ou isto (IV. iii. 118 s.):

> Macduff, this noble passion,
> Child of integrity, hath from my soul
> Wiped the black scruples, reconciled my thoughts
> To thy good truth and honour. Devilish Macbeth
> By many of these trains hath sought to win me
> Into his power, and modest wisdom plucks me
> From over-credulous haste: but God above
> Deal between thee and me! for even now
> I put myself to thy direction, and
> Unspeak mine own detraction, here abjure
> The taints and blames I laid upon myself,
> For strangers to my nature.

> [Macduff, essa nobre emoção,
> Filha da integridade, afugentou de minha alma
> As negras suspeitas, reconciliando meus pensamentos
> Com vossa lealdade e vossa honra. O infernal Macbeth
> Através de manobras deste gênero procurou atrair-me
> Para seu poder e uma prudência circunspecta me defende
> De uma credulidade por demais precipitada: mas que o Altíssimo
> Interceda entre vós e mim! pois a partir deste momento
> Entrego-me à vossa direção, e
> Faço retratação do mal que disse de mim mesmo, abjuro aqui
> As acusações e censuras que sobre mim mesmo lancei,
> Como estranhas à minha natureza.]

Passo para outro ponto. No último exemplo, o leitor observará não apenas que os "debordamentos" são abundantes, mas que também se seguem uns aos outros numa sequência ininterrupta de nove linhas. Uma série tão longa provavelmente não poderia ser encontrada fora de *Macbeth* e das últimas peças. Uma série de duas ou três não é incomum; mas uma série de mais de três é rara nas primeiras peças, e está longe de ser comum nas peças do segundo período (König).

Imaginei que seria útil para o nosso propósito contar as séries de quatro ou mais presentes nas quatro tragédias, nas partes de *Tímon* atribuídas a Shakespeare por Fleay, e em *Coriolano*, peça do último período. Não excluí linhas rimadas nos dois pontos onde ocorrem, e talvez possa afirmar que minha ideia de "debordamento" é mais rigorosa que a de König. O leitor irá compreender de imediato a tabela que se segue se eu disser que, de acordo com ela, *Otelo* contém três passagens onde ocorre uma série de quatro linhas debordantes sucessivas, e duas passagens onde ocorre uma série de cinco dessas linhas:

	4	5	6	7	8	9	10	N.º de Linhas (Fleay)
Otelo	3	2	–	–	–	–	–	2.758
Hamlet	7	–	–	–	–	–	–	2.571
Lear	6	2	–	–	–	–	–	2.312
Tímon	7	2	1	1	–	–	–	1.031 (?)
Macbeth	7	5	1	1	–	1	–	1.706
Coriolano	16	14	7	1	2	–	1	2.563

(Os números de *Macbeth* e *Tímon* na última coluna exigem alguma consideração. Não observei nada na parte não-shakespeariana de *Tímon* que pudesse entrar na tabela, mas não fiz uma busca cuidadosa. Experimentei alguma dúvida quanto a duas das séries de quatro em *Otelo* e novamente em *Hamlet*, e também me perguntei se a série de dez em *Coriolano* não deveria entrar na coluna 7.)

III. *O teste da terminação breve e fraca.*

Acabamos de ver que em alguns casos não conseguimos ter certeza se há um "debordamento" ou não. O fato é que o "debordamento" possui muitos graus de intensidade. Se tomarmos, por exemplo, a passagem citada por último, e considerarmos, ao lado de König, que a linha

The taints and blames I laid upon myself

[As acusações e censuras que sobre mim mesmo lancei]

representa um encadeamento (o que não perfilho), deveremos, pelo menos, considerar o debordamento muito menos claro do que o presente nestas linhas:

> but God above
> Deal between thee and me! for even now
> I put myself to thy direction, and
> Unspeak my own detraction, here abjure
>
> [mas que o Altíssimo
> Interceda entre vós e mim! pois a partir deste momento
> Entrego-me à vossa direção, e
> Faço retratação do mal que disse de mim mesmo, abjuro aqui]

E, dessas quatro linhas, a terceira se encadeia na seguinte com a maior fluidez.

"Above", "now", "abjure" não são terminações breves nem fracas: "and" é uma terminação fraca. O prof. Ingram usou a expressão terminação fraca (*weak ending*) para certas palavras sobre as quais praticamente não é possível nos demorarmos um momento sequer, as quais, portanto, fazem a linha que encerram precipitar-se na linha seguinte. Terminações breves (*light endings*) correspondem às palavras que produzem o mesmo efeito em grau menor. Por exemplo, *and*, *from*, *in*, *of* são terminações fracas; *am*, *are*, *I*, *he* são terminações breves.

O teste baseado nessa diferença é, dentro de suas limitações, o mais satisfatório de todos, em parte porque o trabalho de seu autor merece nossa total confiança. Resumidamente, o resultado de sua aplicação é como se segue. Até uma data bastante avançada na obra de Shakespeare, as terminações breves e fracas ocorrem em número tão reduzido que são praticamente desprezíveis[8]. Mas no grupo bem definido das últimas peças, o número de terminações breves e fracas aumenta sensivelmente, sendo que, no geral, ao que tudo indica, esse aumento é progressivo (digo ao que tudo indica porque a ordem na qual as últimas peças geralmente aparecem depende até certo ponto do próprio teste). Apresento a tabela preparada pelo prof. Ingram sobre essas peças, esclarecendo antes de mais nada que em *Péricles*, *Dois nobres parentes* e *Henrique VIII* ele se vale apenas daquelas partes das peças que são atribuídas a Shakespeare por determinadas autoridades (*New Shakspere Soc. Trans.*, 1874).

	Terminações breves	Fracas	Porcentagem das breves em linhas de verso	Porcentagem das fracas em linhas de verso	Porcentagem de ambas
Antônio & Cleópatra	71	28	2,53%	1%	3,53%
Coriolano	60	44	2,34%	1,71%	4,05%
Péricles	20	10	2,78%	1,39%	4,17%
A tempestade	42	25	2,88%	1,71%	4,59%
Cimbelino	78	52	2,90%	1,93%	4,83%
Conto de inverno	57	43	3,12%	2,36%	5,48%
Dois nobres parentes	50	34	3,63%	2,47%	6,10%
Henrique VIII	45	37	3,93%	3,23%	7,16%

Agora, vejamos nossas quatro tragédias (com *Tímon*). Aqui, outra vez, temos uma peça duvidosa, e dou os números para *Tímon* na íntegra, e para as partes atribuídas a Shakespeare por Fleay, tais como aparecem em seu texto emendado e também na edição da Globe (provavelmente, o melhor).

	Breves	Fracas
Hamlet	8	0
Otelo	2	0
Lear	5	1
Tímon (íntegra)	16	5
(Sh. em Fleay)	14	7
(Sh. na Globe)	13	2
Macbeth	21	2

Ora, aqui, os números para as três primeiras peças na prática não nos dizem nada. A tendência para um uso mais livre dessas terminações não é visível. Quanto a *Tímon*, o número de terminações fracas, quero crer, nos diz pouco, pois provavelmente apenas duas ou três são de Shakespeare; mas o aumento do número de terminações breves é tão nítido a ponto de ser relevante. E mais relevante é esse aumento no caso de *Mac-*

beth, que, como a parte de Shakespeare em *Tímon*, é muito mais curta do que as peças anteriores. Isso confirma de modo convincente a impressão de que temos em *Macbeth* a transição para o estilo final de Shakespeare, e de que essa peça é a última dentre as cinco tragédias[9].

NOTA CC

Quando o assassinato de Duncan foi tramado pela primeira vez?

Não poucos leitores provavelmente pensam que, quando Macbeth depara pela primeira vez com as Bruxas, era perfeitamente inocente; mas um contingente bem maior diria que já acalentava uma ambição vagamente criminosa, embora não tivesse contemplado a ideia de assassinato. Com efeito, parece não haver dúvida quanto a ser essa a interpretação óbvia e natural da cena. Acrescente-se apenas que é quase necessário ir muito além, e presumir que a ambição criminosa, qualquer que fosse sua roupagem, era do conhecimento de sua esposa e partilhada por ela. Do contrário, sem dúvida, ela não iria, ao ler a carta, imaginar tão imediatamente que o rei teria de ser assassinado no castelo deles; nem Macbeth, tão logo a encontra, estaria ciente (como evidentemente está) de que a mente dela já entretinha essa ideia.

Mas há uma famosa passagem em *Macbeth* a qual, examinada detidamente, parece exigir que vamos ainda mais longe e suponhamos que, em algum momento antes de ter início a ação da peça, marido e mulher discutiram abertamente a ideia de assassinar Duncan em oportunidade favorável e concordaram em levar a cabo essa ideia. O primeiro a chamar a atenção para essa passagem parece ter sido Koester no vol. I. do *Jahrbücher d. deutschen Shakespeare-gesellschaft* [Anuário da Associação Shakespeariana], e nele se baseia a interpretação da peça encontrada no excelente *Vorlesungen über Macbeth* [Leituras sobre Macbeth], de Werder.

A passagem ocorre em I. vii., onde Lady Macbeth exorta o marido a perpetrar o ato:

    Macb.   *Prithee, peace:*
    I dare do all that may become a man;
    Who dares do more is none.
    Lady M.   *What beast was't, then,*
    That made you break this enterprise to me?
    When you durst do it, then you were a man;
    And, to be more than what you were, you would
    Be so much more the man. Nor time nor place

> *Did then adhere, and yet you would make both:*
> *They have made themselves, and that their fitness now*
> *Does unmake you. I have given suck, and know*
> *How tender 'tis to love the babe that milks me:*
> *I would, while it was smiling in my face,*
> *Have pluck'd my nipple from his boneless gums,*
> *And dash'd the brains out, had I so sworn as you*
> *Have done to this.*

[Macb.   Quieta, eu te peço:
Atrevo-me a fazer o que se ajuste a um homem;
Quem se atreve a mais, homem não é.
Lady M.   Então, que bruto vos levou
A revelar-me esse projeto?
Quando ousáveis fazê-la, é que éreis homem;
E, sendo mais do que éreis, vós ainda
Sereis mais homem. Nem lugar nem tempo
Eram então propícios, e contudo queríeis criar os dois:
Os dois se criaram, e são propícios
E isso vos abate. Já amamentei, e sei
Que doce coisa é amar a criança que se aleite;
Pois bem, enquanto ela sorrisse diante de meu rosto,
Teria eu arrancado o bico de meu peito de suas gengivas sem dentes,
E far-lhe-ia saltar os miolos, se o tivesse jurado como
Assim juraste.]

Aqui, Lady Macbeth afirma (1) que Macbeth propôs o assassinato a ela; (2) que fez isso num momento em que não havia oportunidade para atacar Duncan, quando "tempo" e "lugar" não eram "propícios"; (3) que ele se propôs *criar* uma oportunidade e jurou executar o assassinato.

Ora, é possível que o "juramento" de Macbeth tivesse ocorrido num encontro fora do palco entre as cenas v. e vi., ou vi. e vii.; e, se nesse encontro Lady Macbeth tivesse tido dificuldade para convencer o marido a tomar a resolução, a irritação dela diante da recaída dele, na cena vii., seria muito natural. Mas, quanto à primeira proposta de assassinato de Macbeth, ela certamente não acontece na peça, e tampouco poderia acontecer em qualquer encontro fora do palco; pois quando Macbeth e a mulher se encontram pela primeira vez, "tempo" e "lugar" *efetivamente* são propícios; "criaram a si mesmos". A conclusão parece ser ou que a proposta do assassinato, e provavelmente o juramento, ocorreram numa cena do início da peça, cena esta que se perdeu ou foi cortada; ou que Macbeth propôs o assassinato, e jurou executá-lo, em algum momento anterior à ação da peça¹. A primeira dessas hipóteses é bastante improvável, e sentimo-nos inclinados a adotar a segunda, a menos que admitamos atribuir a Shakespeare a pecha de displicente numa passagem de crucial importância.

E, à parte a relutância em fazê-lo, é possível encontrar muito que dizer em favor da ideia de um plano traçado em algum momento do passado. Explicaria o sobressalto de medo de Macbeth diante da profecia do trono. Explicaria por que Lady Macbeth, ao receber a carta, decide-se prontamente a agir; e por que, quando se encontram, ambos sabem que assassinato é a ideia presente na cabeça do outro. E se coaduna com os comentários dela a respeito do provável recuo dele, em função do qual, por essa hipótese, já havia julgado necessário fazê-lo comprometer-se por meio de um juramento.

Não obstante, considero muito difícil acreditar nessa interpretação. Não se trata apenas de diminuir seriamente o interesse do conflito de Macbeth consigo mesmo e com a mulher se nos dermos conta de que já passara por tudo isso antes. Acho que isso aconteceria; mas há outras duas objeções que são mais sérias. Em primeiro lugar, a violenta agitação descrita nas palavras:

If good, why do I yield to that suggestion
Whose horrid image doth unfix my hair
And make my seated heart knock at my ribs,

[Se bom, por que assim cedo à sugestão
Cuja hórrida imagem eriça meus cabelos
E faz meu firme coração palpitar contra as costelas,]

sem dúvida não seria natural, mesmo em Macbeth, se a ideia de assassinato já lhe fosse familiar graças a conversas com sua mulher, e se já tivesse feito mais que "ceder" a ela. Não é como se as Bruxas tivessem dito a ele que Duncan o visitaria em sua casa. Nesse caso, a percepção de que era chegado o momento de executar um plano traçado apenas em linhas gerais poderia perfeitamente aterrá-lo. Mas tudo que ele ouve é que um dia será rei – afirmação que, supondo-se esse plano traçado em linhas gerais, não apontaria para nenhuma ação imediata². E, em segundo lugar, é difícil acreditar que, se Shakespeare realmente tivesse imaginado o assassinato como tendo sido planejado e jurado antes da ação da peça, teria escrito as primeiras seis cenas de tal modo que praticamente todos os leitores imaginam um estado de coisas muito diferente, *e continuam imaginando-o* mesmo depois de terem lido na cena vii. a passagem de que ora nos ocupamos. Seria provável, para pormos de outro modo, que a ideia dele tenha sido tal que ninguém se mostrou capaz de adivinhá-la até o final do século XIX? E por que motivo plausível ele se recusaria a tornar essa ideia clara para a plateia, como poderia ter feito tão facilmente na terceira cena[3]? Parece muito mais provável que ele próprio tenha imaginado o assunto como o fazem praticamente todos os seus leitores.

Mas, nesse caso, o que devemos dizer dessa passagem? Responderei primeiramente explicando de que modo eu a compreendia antes de me tornar ciente que se tornara objeto de tanta dificuldade. Eu supunha que tivera lugar um encontro após a cena v., cena que mostra Macbeth recuando e na qual suas últimas palavras são "falaremos mais tarde". Nesse encontro, eu supunha, sua esposa o persuadira de tal modo que havia finalmente cedido e se comprometido por juramento a realizar o assassinato. Quanto à frase dela de que ele tinha "revelado o projeto" a ela, tinha para mim que se referia à carta que ele lhe enviara – missiva escrita quando tempo e lugar não eram propícios, pois ele ainda não sabia que Duncan estava a caminho de sua casa. Na carta, é claro, ele não "revela o projeto" abertamente para ela, e não é provável que fizesse algo assim por carta; mas se eles tinham mantido conversações movidas pela ambição, nas quais cada um sentiu que alguma ideia criminosa semiformada pairava na mente do outro, ela poderia naturalmente interpretar que as palavras ali indicavam muito mais do que ele dizia; e então, em seu assomado desprezo diante da hesitação dele, e na sôfrega ânsia de suprimi-la, poderia facilmente acusá-lo, sem dúvida exageradamente, e provavelmente com exagero consciente, de ter efetivamente proposto o assassinato. E Macbeth, sabendo que quando escreveu a carta estava de fato pensando em assassinato, indiferente a tudo exceto à dúvida se o ato deveria ser perpetrado, permitiria que a afirmação dela passasse sem retratação.

Essa interpretação até hoje não me soa artificial. A alternativa (a menos que abracemos a ideia de um acordo anterior à ação da peça) é supor que Lady Macbeth se refere durante toda a passagem a algum encontro subsequente ao retorno do marido, e que, ao mostrá-la assim, Shakespeare simplesmente se esqueceu das falas de boas-vindas dela a Macbeth, esquecendo-se também que em semelhante situação "tempo" e "lugar" já são "propícios". É fácil compreender semelhante esquecimento num espectador e até mesmo num leitor, porém não tão fácil imaginá-lo num poeta cuja concepção dos dois personagens ao longo dessas cenas mostrou-se tão claramente a mais vívida e pujante.

NOTA DD

Lady Macbeth realmente desmaiou?

Em meio à perplexidade na qual o assassinato de Duncan é descoberto, Macbeth e Lennox retornam dos aposentos reais; Lennox descreve os camareiros que, assim se lhe afigurou, cometeram o crime:

> Their hands and faces were all badged with blood;
> So were their daggers, which unwiped we found
> Upon their pillows:
> They stared, and were distracted; no man's life
> Was to be trusted with them.

Macb. O, yet I do repent me of my fury
That I did kill them.
Macd.   Wherefore did you so?
Macb. Who can be wise, amazed, temperate and furious,
Loyal and neutral, in a moment? No man:
The expedition of my violent love
Outrun the pauser, reason. Here lay Duncan,
His silver skin laced with his golden blood;
And his gash'd stabs look'd like a breach in nature
For ruin's wasteful entrance: there, the murderers,
Steep'd in the colours of their trade, their daggers
Unmannerly breech'd with gore: who could refrain,
That had a heart to love, and in that heart
Courage to make's love known?

[As mãos e os rostos estavam com as insígnias do sangue;
Bem como as adagas, que encontramos sujas
Sobre os travesseiros:
Olhavam fixamente, e pareciam perplexos; vida alguma
Teria segurança junto deles.

Macb. Oh! Arrependo-me de em meu furor
Tê-los matado.
Macd.   Por que fizestes isso?
Macb. Quem pode ser sábio e idiota, moderado e furioso,
Leal e indiferente, ao mesmo tempo? Ninguém:

O ímpeto de meu violento amor
Deixou para trás a lenta razão. Aqui, jazia Duncan,
Sua pele de prata bordada com o seu sangue de ouro;
E suas feridas escancaradas pareciam uma brecha da natureza
Para a entrada devastadora da ruína; ali, os assassinos,
Empapados nas cores do seu ofício, com as adagas
Monstruosamente embainhadas no sangue coagulado; quem teria
podido conter-se,
Dotado de um coração para amar, e tendo nesse coração
A coragem necessária para mostrar como se ama?]

Nesse momento, Lady Macbeth exclama: "Ajudai-me a sair daqui, oh!" Seu marido não se perturba, mas Macduff acode: "Socorrei a senhora." Isso, após algumas palavras "à parte" entre Malcolm e Donalbain, é repetido por Banquo, e, bem pouco depois, todos menos os filhos de Duncan *exeunt*. (A indicação cênica "Lady Macbeth é carregada para fora" após a exclamação de Banquo "socorrei a senhora" não está nos Fólios, tendo sido introduzida por Rowe. Se os Fólios estão corretos, dificilmente ela teria perdido a consciência *de todo*. Mas essa questão é aqui irrelevante.)

Lady Macbeth teria desfalecido de fato ou limita-se a fingir? A última hipótese parece ter sido a predominante, e Whately ressaltou que a indiferença de Macbeth trai seu conhecimento de que o desmaio não era real. Mas a isso pode-se responder que, se acreditasse que era real, iria do mesmo modo afetar indiferença, para mostrar horror diante do assassinato. E a srta. Helen Faucit e outros defenderam que não houve fingimento. A favor da tese do fingimento pode ser dito (1) que Lady Macbeth, que levou os punhais de volta pessoalmente, viu o velho rei empapado no próprio sangue e dele lambuzou os camareiros, não era mulher de desfalecer ante uma simples descrição; (2) que viu o marido exagerar na encenação do seu papel, viu o semblante dos nobres e desejou pôr um fim à cena – no que teve êxito.

Mas ao último argumento pode-se dizer que ela não se arriscaria voluntariamente a deixar o marido sozinho para representar seu papel. E, por outros motivos (indicados acima, pp. 291 s.), acredito firmemente que a ela cabe de fato desmaiar. Não era uma Goneril. Sabia que não seria capaz de ela mesma matar o rei; nunca lhe passara pela cabeça ter de levar os punhais de volta, ver o corpo ensanguentado e untar de sangue o rosto e as mãos dos camareiros. Mas a aflição de Macbeth verdadeiramente alarmou-a, e viu-se arrastada à cena tétrica para completar a tarefa dele; e a impressão que a assaltou nos é dada a conhecer pela frase que diz durante o sono: "Mas quem haveria de imaginar que o velho tivesse tanto sangue?" Agora, além disso, passa pelo suplício da descoberta. Não é muito natural que sobrevenha a reação, e exatamente quando a descrição de Macbeth evoca a cena que lhe custou supremo esforço? Não é provável, ainda, que a expressão no rosto dos nobres a obrigasse a dar-se conta – o que se recusara a considerar antes do assassinato – do horror e da suspeita que iria suscitar? É digno de nota, ainda, que está longe de pretender participar do intento de prorromper em "gritos e soluços diante dessa morte" (I. vii. 78). Deixou tudo para o marido, e, depois de pronunciar duas frases, a segunda das quais é respondida muito brevemente por Banquo, por algum tempo (um intervalo de 33 linhas) não diz nada. Acredito que Shakespeare concebeu que, nesse intervalo, ela se ocupasse em esforços desesperados no sentido de evitar trair-se, pois vê pela primeira vez uma nesga da verdade à qual esteve completamente cega até então, e que a destruirá no final.

Cabe observar que no final da cena do Banquete, quando se vê submetida a muito menos, fica nitidamente exausta.

Shakespeare, é claro, sabia se concebera o desmaio como real; mas não sei se a atriz responsável pelo papel podia mostrar à plateia se era real ou simulado. Em caso positivo, sem dúvida receberia instruções do autor.

NOTA EE

A duração da ação em Macbeth. A idade de Macbeth. "Ele não tem filhos"

1. A duração da ação não pode ser muito maior que alguns meses. No dia seguinte ao assassinato de Duncan, os filhos do rei fogem e Macbeth vai para Scone para ser coroado (II. iv.). Entre essa cena e o Ato III. devemos supor um intervalo suficiente para que cheguem notícias de que Malcolm está na Inglaterra e Donalbain na Irlanda, e para que Banquo tenha se mostrado um bom conselheiro. Mas esse intervalo evidentemente não é longo; por exemplo, as primeiras palavras de Banquo são "Tens tudo agora" (III. i. 1). Banquo é assassinado no dia em que pronuncia essas palavras. A visita de Macbeth às Bruxas acontece no dia seguinte (III. iv. 132). No fim dessa visita (IV. i.), toma conhecimento da fuga de Macduff para a Inglaterra, e decide incontinente mandar matar a mulher e os filhos dele; e esse é o tema da cena seguinte (IV. ii.). Nenhum intervalo maior, então, pode haver entre essa cena e a seguinte, onde Macduff, recém-chegado à corte inglesa, toma conhecimento do que aconteceu em seu castelo. No final dessa cena (IV. iii. 237) Malcolm diz que "Macbeth está maduro para a queda, e os poderes do alto impelem-nos a agir"; e os acontecimentos do Ato V. se seguem evidentemente não muito depois, e ocupam curto intervalo. O Macbeth de Holinshed parece ter reinado por dezessete anos; o de Shakespeare talvez possa ter sido contemplado com igual quantidade de semanas.

Mas, como era de esperar, Shakespeare gera algumas dificuldades quando busca produzir diferentes impressões em diferentes partes da peça. O efeito principal é de velocidade vertiginosa, e seria impossível imaginar o tormento da mente de Macbeth durante alguns anos, mesmo que Shakespeare se dispusesse a contemplá-lo com anos de êxito exterior. Daí a brevidade da ação. Por outro lado, é preciso tempo para a degeneração do seu caráter, sugerida em IV. iii. 57 s., para o progresso da sua tirania, para suas tentativas de aprisionar Malcolm (*ib.* 117 s.) e talvez para o recrudescimento da sensação de que sua vida declinara em direção do outono de folhas amareladas. Shakespeare, como vimos, mal dá tempo para tudo isso, mas em certos pontos produz a sensação de que passou mais tempo do que foi estabelecido, e põe a maior parte das indicações desse tempo mais longo numa cena (IV. iii.) que, por sua tranquilidade, contrasta fortemente com quase todo o restante da peça.

2. Não existe indicação incontestável da idade dos dois protagonistas; mas essa questão, apesar de não ter grande importância, tem seu interesse. Acredito que a maior parte dos leitores imagine Macbeth como um homem entre 40 e 50 anos, e sua esposa como mais nova, porém não jovem. Em muitos casos, essa impressão se explica sem dúvida pela praxe no teatro (a qual, se pudermos mostrar que é bastante recuada, deve exercer influência considerável), mas é partilhada pelos leitores que nunca viram uma encenação da peça, e se explica, então, presumivelmente, por um repertório de influxos menores provavelmente infensos a uma análise completa. Esses leitores diriam: "O herói e a heroína não falam como jovens, tampouco como velhos"; mas, embora eu considere que é assim, não é possível demonstrá-lo. Talvez, porém, cada pequena indicação que se segue – a maioria de natureza distinta – tenda ao mesmo resultado.

(1) Não há nenhum indicativo seguro de idade. (2) Não seria provável que um jovem comandasse um exército. (3) Macbeth é "primo" de um ancião[1]. (4) Macbeth chama Malcolm de "jovem" e refere-se a ele desdenhosamente como "o rapaz Malcolm". Provavelmente, portanto, é consideravelmente mais velho. Mas Malcolm claramente não é um rapaz (ver I. ii. 3 s. assim como os últimos Atos). (5) Temos a impressão (provavelmente sem justificativa) de que Macbeth e Banquo têm mais ou menos a mesma idade; e o filho de Banquo, o menino Fleance, não é evidentemente uma simples criança. (Por outro lado, os filhos de Macduff, que é claramente bem mais velho que Malcolm, são todos novos; e não creio haver nenhum sinal de que Macbeth seja mais velho que Macduff.) (6) Quando Lady Macbeth, na cena do banquete, diz:

Sit, worthy friends: my lord is often thus,
And hath been from his youth,

[Estai, dignos amigos: meu senhor fica assim com frequência,
Desde moço,]

instintivamente imaginamo-lo a alguma distância da juventude. (7) Lady Macbeth viu no velho rei alguma semelhança com seu pai. (8) Macbeth diz:

I have lived long enough: my way² of life
Is fall'n into the sere, the yellow leaf:
And that which should accompany old age,
As honour, love, obedience, troops of friends,
I may not look to have.

[Já vivi bastante; o caminho de minha vida
Caiu na secura, nas folhas amareladas;
E tudo quanto sirva de escolta à velhice,
O respeito, o amor, a obediência, o apreço dos amigos,
Não devo esperar tê-los.]

É sem dúvida da velhice da alma que ele fala na segunda linha, mas, mesmo assim, essas linhas dificilmente seriam faladas, fossem quais fossem as circunstâncias, por um homem que ainda não tivesse atingido a meia-idade.

Por outro lado, quero crer que ninguém jamais imaginou Macbeth, ou poderia imaginá-lo se ponderasse a respeito, estando *além* da meia-idade quando a ação tem início. E, em acréscimo, o leitor pode observar, se achar necessário, que Macbeth anseia por ter filhos (I. vii. 72), e que suas expressões de carinho ("meu amor", "queridíssimo pintainho") e sua linguagem em público ("doce conselheira") não levam a crer que sua esposa e ele sejam velhos; chegam a dar a entender que ela, pelo menos, mal chegou à meia-idade. Mas essa discussão tende a descambar para o ridículo.

Para o público de Shakespeare, esses mistérios eram desfeitos simplesmente olhando-se para os atores, como o fato de que Duncan era um ancião, o que o texto, quer me parecer, não revela antes de v. i. 44.

3. Se Macbeth teve filhos ou não (como se costuma supor), é bastante vago. Mas não é vago que, em caso negativo, ansiava tê-los; pois, do contrário, não teriam sentido as seguintes palavras do seu solilóquio a respeito de Banquo (III. i. 58 s.):

Then prophet-like
They hail'd him father to a line of kings:
Upon my head they placed a fruitless crown,
And put a barren sceptre in my gripe,
Thence to be wrench'd with an unlineal hand,
No son of mine succeeding. If't be so,
For Banquo's issue have I filed my mind.

[Então, de maneira profética,
Elas o saudaram como pai de uma estirpe de monarcas;

Com coroa sem frutos me cingiram,
E estéril cetro em minha mão puseram,
Que me será arrancado por mão estranha,
Pois filho meu não me sucederá. Sendo assim,
Foi para a posteridade de Banquo que maculei minha alma.]

E está determinado a não permitir que "seja assim":

Rather than so, come, fate, into the list
And champion me to the utterance!

[Melhor que venhas, ó destino, à liça
Para me combater até à morte!]

Sem dúvida, tem em mente um filho que o suceda, se puder se ver livre de Banquo e Fleance. O que ele teme é que Banquo o mate; nesse caso, supondo-se que tenha um filho, este não poderá sucedê-lo e, supondo-se que não tenha, não poderá gerá-lo.

Espero que esteja claro; e nada mais importa. O filho de Lady Macbeth (I. vii. 54) pode estar vivo ou pode estar morto. Pode até mesmo ser, ou ter sido, filho dela com um primeiro marido; embora, se Shakespeare tivesse seguido a história que mostra Macbeth casando-se com uma viúva (como alguns autores presumem seriamente), provavelmente teria nos dito isso. Pode ser que Macbeth tivesse muitos filhos ou que não tivesse nenhum. Não nos é dado saber, e isso é indiferente à peça. Mas a interpretação de uma declaração na qual alguns críticos se baseiam, "Ele não tem filhos", possui interesse diverso, e passo a tratar dela.

Essas palavras ocorrem em IV. iii. 216. Malcolm e Macduff estão conversando na corte inglesa, e Ross, chegando da Escócia, traz para Macduff as novas da vingança de Macbeth contra ele. É necessário transcrever trecho considerável:

> Ross. *Your castle is surprised; your wife and babes*
> *Savagely slaughter'd: to relate the manner,*
> *Were, on the quarry of these murder'd deer,*
> *To add the death of you.*
> Mal. *Merciful heaven!*
> *What, man! ne'er pull your hat upon your brows;*
> *Give sorrow words: the grief that does not speak*
> *Whispers the o'er-fraught heart and bids it break.*
> Macd. *My children too?*
> Ross. *Wife, children, servants, all*

	That could be found.
Macd.	And I must be from thence! My wife kill'd too?
Ross.	I have said.
Mal.	Be comforted: Let's makes us medicines of our great revenge, To cure this deadly grief.
Macd.	He has no children. All my pretty ones? Did you say all? O hell-kite! All? What, all my pretty chickens and their dam At one fell swoop?
Mal.	Dispute it like a man.
Macd.	I shall do so; But I must also feel it as a man: I cannot but remember such things were, That were most precious to me. —

[Ross Foi tomado o vosso castelo; vossa esposa e filhos
Selvagemente trucidados; referir a maneira,
Seria acrescentar, aos despojos dos gamos chacinados,
A vossa morte.
Mal.   Compassivos céus!
Quê, homem! Não finqueis vosso chapéu na testa;
Dai palavras à tristeza; o sofrimento que não usa a fala
Põe-se a sussurrar ao coração até que o leva, opresso, a rebentar.
Macd. Também meus filhos?
Ross   Vossa esposa, as crianças, os servos, quantos foram encontrados.
Macd. E eu não estava lá!
Minha mulher, também a assassinaram?
Ross   Eu já o disse.
Mal.   Tende coragem:
Transformemos nossa grande vingança no remédio
Que cure este mortal padecimento.
Macd. Ele não tem filhos. Meus pequenos todos?
Dissestes todos? Oh, milhafre do inferno! Todos?
Quê, minha ninhada inteira e a mãe deles
Arrebatados de um só golpe?
Mal.   Enfrentai isso como um homem.
Macd.   É o que farei;
Mas é necessário que sinta como um homem;
Não posso esquecer que esses seres estavam vivos,
E que eram para mim o que havia de mais precioso. —]

Três interpretações têm sido propostas para as palavras "Ele não tem filhos".

(*a*) Elas se referem a Malcolm, que, se tivesse filhos, não iria num momento como esse propor vingança ou falar de curar semelhante pesar. Cf. *Rei João*, III. iv. 91, onde Pandolfo diz para Constância:

> You hold too heinous a respect of grief,
>
> [Isso revela um odioso respeito à desventura,]

e Constância responde:

> He talks to me that never had a son.
>
> [Quem assim fala nunca teve filho.]

(*b*) Referem-se a Macbeth, que não possui filhos, o que, portanto, impede Macduff de vingar-se satisfatoriamente.

(*c*) Refere-se a Macbeth, que, se tivesse filhos biológicos, jamais poderia ter ordenado o morticínio de crianças. Cf. *3 Henrique VI*. v. v. 63, onde Margaret diz aos assassinos do Príncipe Edward:

> You have no children, butchers! if you had,
> The thought of them would have stirred up remorse.
>
> [Não tendes filhos, ó carniceiros! Se os tivésseis,
> Ao pensar neles, sentiríeis remorso.]

Não considero a interpretação (*b*) das mais naturais. A ideia central da passagem é que Macduff deve experimentar *pesar* antes de qualquer outra coisa, como, por exemplo, o desejo de vingança. Como ele diz imediatamente depois, não pode de imediato "enfrentar" como um homem, mas precisa "sentir" como um homem; e somente dez linhas depois consegue passar à ideia de vingança. Macduff não é homem que conceba em momento algum a ideia de matar crianças em retaliação; e que o contemple *agora*, mesmo como uma hipótese, acho difícil de acreditar.

Pela mesma razão principal, a interpretação (*a*) me parece bem mais provável que a (*c*). O que poderia se coadunar mais com o curso natural da ideia, tal como desenvolvida nas linhas que se seguem, do que Macduff responder – exortado a pensar em vingança, não em pesar: "Ninguém que fosse também pai pediria isso de mim nos primeiros momentos de dor"? Mas a ideia pressuposta na interpretação (*c*) não possui essa concatenação natural.

Tem sido objetado à interpretação (*a*) que, por ela, Macduff diria "Tu não tens filhos", e não "Ele não tem filhos". Mas o que Macduff faz é exatamente o que faz Constância na linha transcrita de *Rei João*. E cumpre observar que, durante toda a passagem até esse ponto, e, com efeito, nas quinze linhas que precedem nossa transcrição, Macduff ouve apenas a Ross. Suas perguntas "Também meus filhos?" "Minha mulher, também a assassinaram?" mostram que não consegue se dar conta plenamente do que lhe dizem. Quando Malcolm intervém, portanto, ele descarta a proposição com quatro palavras ditas para si mesmo, ou (menos provavelmente) para Ross (seu parente, que conhecia sua mulher e filhos), e prossegue com suas perguntas e comentários angustiados. Sem dúvida, não é provável que, nesse momento, a ideia de (*c*), ideia para a qual nada parece apontar, lhe ocorresse.

A favor de (*c*) e contra (*a*) não vejo nenhum argumento, a não ser que as palavras de Macduff praticamente repetem as de Margaret; e isso não me parece ter muito peso. Mostra apenas que Shakespeare poderia facilmente empregar as palavras no sentido de (*c*) se esse sentido fosse apropriado para a situação. Não é improvável, quer me parecer, que as palavras tenham lhe ocorrido nesse momento porque ele as usou vários anos antes[3]; mas não se segue daí que tinha consciência de as estar repetindo; ou que, se estava consciente disso, lembrava-se do sentido que portavam antes; ou que, se estava ciente, não poderia usá-las agora noutro sentido.

NOTA FF

O Espectro de Banquo

Não me parece que as hipóteses segundo as quais o Espectro, em sua primeira aparição, é o de Banquo, e, na segunda, é o de Duncan, ou vice-versa, sejam dignas de discussão. Mas a questão quanto ao Espectro ser real ou mera alucinação tem algum interesse, e não a vi sendo examinada a fundo.

As seguintes razões podem ser apresentadas em defesa da hipótese de alucinação:

(1) Lembramos que Macbeth já teve uma alucinação, a do punhal; e, se não nos lembrássemos, Lady Macbeth nos refrescaria a memória aqui:

This is the very painting of your fear;
This is the air-drawn dagger which, you said,
Led you to Duncan.

[É o produto do medo, apenas;
É o punhal aéreo que, dissestes,
A Duncan vos levara.]

(2) O Espectro parece ser fruto da imaginação de Macbeth; pois suas palavras:

now they rise again
With twenty mortal murders on their crowns,

[agora eles se erguem novamente
Com vinte fatais golpes na cabeça,]

descrevem-no, e ecoam o que o assassino lhe dissera pouco antes:

Safe in a ditch he bides
With twenty trenched gashes on his head.

[Está seguro numa vala
Com vinte cortes fundos na cabeça.]

(3) O Espectro desaparece a segunda vez quando Macbeth faz um violento esforço e afirma sua irrealidade:

> *Hence, horrible shadow!*
> *Unreal mockery, hence!*
>
> [Fora daqui, pavorosa sombra!
> Caricatura fingida, fora!]

Não é propriamente o que acontece da primeira vez, mas, com efeito, seu desaparecimento se segue ao desafio que lhe é lançado:

> *Why what care I? If thou canst nod, speak too.*
>
> [Bem, que me importa? Acenas com a cabeça, fala também portanto.]

Assim também, como se viu, o punhal desaparece quando exclama: "Não existe tal coisa!"

(4) No final da cena, o próprio Macbeth parece encará-lo como uma ilusão:

> *My strange and self-abuse*
> *Is the initiate fear that wants hard use.*
>
> [Esta ilusão que criei
> Resulta do receio do novato que ainda não se acostumou ao ato.]

(5) Ele não fala, como o Espectro em *Hamlet* mesmo em sua última aparição, e como o espectro em *Júlio César*.

(6) É visível apenas para Macbeth.

Eu não atribuiria peso a (6) tida isoladamente (ver pp. 102 s.). De (3) pode-se observar que o próprio Bruto parece atribuir o desaparecimento do espectro de César ao fato de ter reunido coragem: "Agora que criei coragem, desapareces"; não obstante, ele sem dúvida o tem à conta de real. Também se pode dizer de (5) que o Espectro de César não diz nada que os próprios pressentimentos de Bruto não poderiam ter percebido. E, além disso, poder-se-ia perguntar por que, se o Espectro de Banquo foi concebido como uma ilusão, era representado no palco, como as indicações cênicas e o relato de Forman mostram que era.

No todo, e sem muita certeza, acho que Shakespeare (1) pretendia que os mais argutos considerassem o espectro uma alucinação, mas (2) sabia que a maior parte do público o tomaria por realidade. E estou mais convencido de (2) do que de (1).

NOTAS DO AUTOR

Conferência I

1. *Júlio César* não é exceção a essa regra. César, cujo assassínio acontece no Terceiro Ato, é em determinado sentido a figura dominante da história, mas Brutus é o "herói".

2. *Tímon de Atenas*, já vimos, provavelmente não foi escrita por Shakespeare, mas mesmo *Tímon* não constitui exceção à regra. A subtrama trata de Alcibíades e seu exército, e o próprio Tímon é visto pelo senado como um homem de grande importância. *Arden of Feversham* [Arden de Feversham] e *A Yorkshire Tragedy* [Uma tragédia de Yorkshire] seriam sem dúvida exceções à regra; mas parto do princípio de que nenhuma das duas é de Shakespeare; e, se qualquer delas o for, ainda pertencerá a um gênero diferente daquele de suas tragédias comprovadas. Ver, a respeito desse gênero, Symonds, *Shakespeare's Predecessors*, c. xi.

3. Até mesmo um ato poderia, acredito, ser contado como "acidente" se fosse o ato de um personagem muito secundário cujo caráter não tivesse sido esclarecido; porque semelhante ato não partiria do pequeno universo ao qual o dramaturgo restringiu nossa atenção.

4. A comédia goza de situação diferente. Os caprichos do acaso frequentemente representam parte importante da ação cômica.

5. Seria proveitoso observar que o efeito dos três elementos que acabamos de discutir é intensificar a tendência – produzida pelo sofrimento discutido anteriormente – a considerar os personagens trágicos como pacientes em vez de agentes.

6. Uma abordagem da visão de Hegel pode ser encontrada em *Oxford Lectures on Poetry* [Palestras sobre poesia de Oxford].

7. O leitor, entretanto, encontrará considerável dificuldade para situar alguns personagens mais importantes nessas e em outras peças. Darei apenas dois ou três exemplos. Edgar evidentemente não está do mesmo lado de Edmundo, e, não obstante, parece canhestro alinhá-lo com Gloster quando este deseja a sua morte. Ofélia ama Hamlet, mas como podemos dizer que está ao lado de Hamlet contra o rei e Polônio, ou do lado destes contra Hamlet? Desdêmona venera Otelo, mesmo assim causa espécie dizer que Otelo está do mesmo lado que uma pessoa a quem ele ofende, ataca e assassina.

8. Dei nome às "forças espirituais" de *Macbeth* simplesmente para ilustrar a ideia, e sem nenhuma pretensão de rigor. Talvez fosse igualmente interessante, à luz de determinada interpretação das peças de Shakespeare, acrescentar que nem me passa pela cabeça afirmar que em seus dramas ele imaginou dois princípios ou paixões abstratas entrando em conflito, e os incutiu nos personagens; ou que haveria a necessidade de que o leitor identificasse para si mesmo a natureza das forças que conflitam em determinado caso.

9. Aristóteles, ao que parece, os excluiria.

10. Ricardo II é talvez uma exceção, e devo confessar que para mim ele mal comporta a definição de personagem trágico, e que, se não obstante se trata de uma figura trágica, é assim apenas porque sua queda da prosperidade na adversidade é demasiado vertiginosa.

11. Digo fundamentalmente; mas os comentários finais sobre *Hamlet* mudarão um pouco as afirmações acima.

12. Não fiz nenhuma objeção ao uso da ideia de destino porque ele ocorre com tanta frequência tanto no debate quanto nos livros sobre as tragédias de Shakespeare que devo supô-la natural para um número apreciável de leitores. Ainda assim, não estou certo de que isso aconteceria se as tragédias gregas jamais tivessem sido escritas; e devo confessar que para mim essa ideia não ocorre com frequência enquanto estou lendo, ou quando acabei de ler, uma tragédia de Shakespeare. Os versos de Wordsworth, por exemplo, sobre o

> *poor humanity's afflicted will*
> *Struggling in vain with ruthless destiny*
>
> [pobre e vilipendiado arbítrio humano
> Debatendo-se em vão com o destino inclemente]

não representam a impressão que recebo; menos ainda no caso das imagens que comparam o homem a uma criatura impotente e insignificante nas garras de uma ave de rapina. O leitor deveria perscrutar a si mesmo detidamente nessa matéria.

13. É assim, acredito, em relação a todas as boas tragédias, mas estou tratando aqui exclusivamente das escritas por Shakespeare. Em não poucas tragédias gregas é quase inevitável que pensemos em justiça e recompensa, não só porque os *dramatis personae* falam delas com tanta frequência, mas também porque o próprio problema tem algo de casuístico. O poeta trata a história de tal forma que somos praticamente forçados a perguntar: "O herói está agindo de forma correta ou errada?" Mas isso não acontece em Shakespeare. *Júlio César* é provavelmente a única de suas tragédias na qual a pergunta se insinua para nós, e esse é um dos motivos pelos quais a peça tem um certo ar clássico. Mesmo aqui, se fizermos a pergunta, não nos restará nenhuma dúvida quanto à resposta.

14. É fundamental lembrar que um homem sórdido é muito mais do que o mal que há nele. Posso acrescentar que, nesse parágrafo, pensando na clareza, examinei o mal em sua forma mais acentuada; mas o que é dito seria aplicável, *mutatis mutandis*, ao mal como imperfeição etc.

15. Em parte para não antecipar passagens futuras, abstive-me de abordar a fundo aqui o porquê de sentirmos, diante da morte do herói trágico, não apenas dor, mas também reconciliação e, às vezes, até mesmo júbilo. Como não posso, no momento, retificar essa falha, peço ao leitor que procure pela palavra *Reconciliação* no Índice. Ver também, em *Oxford Lectures on Poetry*, *Hegel's Theory of Tragedy* [A teoria de Hegel sobre a tragédia], sobretudo pp. 90-1.

Conferência II

1. Os famosos críticos da Reforma Romântica parecem ter dado pouca atenção a esse tema. R. G. Moulton escreveu uma interessante obra sobre *Shakespeare as a Dramatic Artist* [Shakespeare como artista dramático] (1885). Em partes da minha análise, devo muito a *Technik des Dramas*, de Gustav Freytag, livro que merece ser muito mais bem conhecido pelos ingleses interessados em teatro do que tem sido. Devo acrescentar, para satisfação dos estudiosos classicistas, que Freytag tem um capítulo sobre Sófocles. O leitor que se debruçar sobre sua obra irá distinguir facilmente, se se der ao trabalho, os momentos em que sigo Freytag, em que divirjo e escrevo independentemente dele. Devo acrescentar que, ao falar de construção, achei por bem presumir que meus ouvintes não tinham nenhum conhecimento do assunto; que não procurei discutir até que ponto o que é dito sobre Shakespeare seria aplicável também a outros dramaturgos; e que tomei exemplos das tragédias em geral, não apenas das quatro selecionadas.
2. Essa palavra assume, ao longo da conferência, o sentido que tem aqui, o qual, é claro, não é o seu sentido dramático usual.
3. Do mesmo modo, uma comédia consistirá em três partes, mostrando a "situação", a *entanglement* ou "complicação" e o *dénouement* ou "solução".
4. É possível, é claro, abrir a tragédia com o conflito já deflagrado, mas Shakespeare nunca faz isso.
5. Quando o tema bebe da história da Inglaterra, e, sobretudo, quando a peça integra uma série, algum conhecimento pode ser pressuposto. É assim em *Ricardo III*. Até mesmo em *Ricardo II* parece estar pressuposto um volume não desprezível de informações, e isso aponta para a existência de uma peça de sucesso sobre a primeira parte do reinado de Ricardo. Essa peça existe, apesar de não estar claro se é autêntica obra elizabetana. Ver o *Jahrbuch d. deutschen Sh.-gesellschaft* de 1899 [Anuário da Associação Alemã].
6. Esse é um dos diversos motivos pelos quais muitas pessoas que gostam de lê-lo comumente não gostam de ler peças de teatro. Uma das principais razões para esse desinteresse tão generalizado é que o leitor não possui imaginação vívida o suficiente que lhe permita atravessar a exposição de forma prazerosa, muito embora no teatro, onde a imaginação recebe ajuda, enfrente pouca dificuldade.
7. O final de *Ricardo III* é possivelmente uma exceção.
8. Não discuto o problema geral das justificativas do solilóquio, pois ele diz respeito não somente a Shakespeare mas a praticamente todos os dramaturgos até muito recentemente. Só frisarei que nem o solilóquio nem o emprego da ver-

sificação podem ser condenados apenas porque são "antinaturais". Nenhuma linguagem dramática é "natural"; *toda* linguagem dramática é idealizada. De modo que a questão do solilóquio deve girar em torno do grau de idealização e do equilíbrio entre vantagens e desvantagens. (Depois que escrevi esta conferência, li alguns comentários a respeito dos solilóquios de Shakespeare que diziam basicamente o mesmo, escritos por E. Killian no *Jahrbuch d. deutschen Shakespeare-Gesellschaft* de 1903.)

9. Se por isso quisermos dizer que todos esses personagens falam no peculiar estilo shakespeariano, é evidente que procede; mas isso não equivale a apontar uma falha. Nem daí se segue que falam todos do mesmo modo; e, com efeito, estão longe de fazê-lo.

Conferência III

1. Para os propósitos deste livro, pode convir a alguns leitores ter consigo uma lista das peças de Shakespeare ordenada por períodos. Nenhuma lista desse tipo pode gozar, é claro, de aceitação geral, mas a que se segue (não representando integralmente minha visão pessoal) talvez mereça tão poucas objeções por parte dos estudiosos quanto quaisquer outras. Para determinados fins, é mais apropriado considerar o Terceiro e o Quarto Períodos como um só. Dentro de cada período, as chamadas comédias, dramas históricos e Tragédias são agrupados respectivamente; e, por esse motivo, a par de alguns outros, a ordem dentro de cada período não pretende ser cronológica (p. ex., não decorre dela que a *Comédia dos erros* precede a *1 Henrique VI* ou a *Tito Andrônico*). Onde a autoria de Shakespeare com relação a qualquer parte considerável de uma peça é posta em dúvida, em geral ou por autoridade especialmente respeitável, o nome da peça é grifado.

Primeiro Período (até 1595?) – Comédia dos erros, Trabalhos de amor perdidos, Os dois cavalheiros de Verona, Sonho de uma noite de verão; *1 Henrique VI*, *2 Henrique VI*, *3 Henrique VI*, Ricardo III, Ricardo II; *Tito Andrônico*, Romeu e Julieta.

Segundo Período (até 1602?) – Mercador de Veneza, Bom é o que bem acaba (melhor no Terceiro Período?), *A megera domada*, Muito barulho por nada, Como quiserem, As alegres comadres de Windsor, Noite de Reis; Rei João, 1 Henrique IV, 2 Henrique IV, Henrique V; *Júlio César, Hamlet*.

Terceiro Período (até 1608?) – Troilo e Créssida, Medida por medida; Otelo, Rei Lear, *Tímon de Atenas*, Macbeth, Antônio e Cleópatra, Coriolano.

Quarto Período – *Péricles*, Cimbelino, Conto de inverno, A tempestade, *Dois nobres parentes*, Henrique VIII.

2. O leitor observará que esse "período trágico" não coincidiria integralmente com o "Terceiro Período" da divisão exposta na nota anterior. Pois *Júlio César* e *Hamlet* recaem no Segundo Período, não no Terceiro; e devo acrescentar que, como *Péricles* foi registrada no Stationers' Hall* em 1608 e publicada em 1609, deveria, a rigor, ser incluída no Terceiro Período – não no Quarto. A verdade é

que *Júlio César* e *Hamlet* figuram no Segundo Período principalmente por questões ligadas ao estilo; ao passo que se postula um Quarto Período não por esse motivo (pois não há grande diferença, nesse quesito, entre *Antônio e Cleópatra* e *Coriolano* de um lado e *Cimbelino* e *A Tempestade* de outro), mas por uma diferença de substância e espírito. Se se admitisse um Quarto Período por questões ligadas à forma, ele teria de começar com *Antônio e Cleópatra*.

[* O Stationers' Hall era a sede da antiga *Stationers' Company*, associação dos impressores, livreiros e encadernadores de Londres. Fundada em 1557, perdeu o monopólio do registro de toda obra literária publicada na Inglaterra apenas com o advento da Lei do Copyright de 1842. Tais registros encontram-se cuidadosamente preservados e são de suma importância para a história da literatura inglesa. (N. do T.)]

3. Talvez estivesse indo muito longe se dissesse que é amplamente aceito que *Tímon de Atenas* também precede as duas tragédias romanas; mas essa precedência me parece tão perto da verdade que parto desse princípio no que se segue.

4. Essa peça, porém, se distingue, acredito, por um movimento deliberado na direção de uma simplicidade digna e livre de adornos – simplicidade romana, talvez.

5. É bastante provável que isso se deva em parte ao fato, que não parece nada duvidoso, de a tragédia ter sido revisada, e, em certas partes, reescrita, pouco tempo depois de sua primeira composição.

6. Se nos restringirmos às tragédias, esse é o caso, acredito, especialmente de *Rei Lear* e de *Tímon*.

7. A primeira dessas três peças está, evidentemente, muito mais próxima de *Hamlet*, sobretudo na versificação, do que de *Antônio e Cleópatra*, na qual o estilo final de Shakespeare se mostra pela primeira vez praticamente completo. Será impossível, no breve tratamento deste tema, dizer o que se espera de cada peça individualmente.

8. *The Mirror*, 18 de abril de 1780, citado por Furness, *Variorum Hamlet*, ii. 148. Para os comentários anteriores, vali-me fundamentalmente de excertos de antigos críticos coligidos por Furness.

9. Não pretendo reproduzir a teoria de ninguém, e, menos ainda, fazer justiça ao mais hábil expoente desse tipo de visão, Werder (*Vorlesungen über Hamlet* [Leituras sobre Hamlet], 1875), que, de modo algum, considera as dificuldades enfrentadas por Hamlet *meramente* externas.

10. Darei um exemplo. Quando ele poupa o rei, fala em matá-lo quando estiver dormindo na embriaguez, quando estiver colérico, quando estiver acordado no leito, quando estiver caçando, como se não houvesse em nenhum desses casos o menor obstáculo (III. iii. 89 ss.).

11. É surpreendente que se cite, em socorro da visão consciencial, a linha "E é assim que a consciência nos transforma em covardes", e que se interprete com total impropriedade o solilóquio *Ser ou não ser*, de onde a frase saiu. Nesse solilóquio, Hamlet não está, em absoluto, pensando no dever que se impõe a ele.

Está discutindo a questão do suicídio. Ninguém, oprimido pelas mazelas da vida, ele diz, continuaria a suportá-las se não fosse pelas especulações sobre a possibilidade de bem-aventurança na outra vida. E então, generalizando, ele diz (o que se aplica, sem dúvida, a si mesmo, embora não mostre dar-se conta desse fato) que essa especulação ou reflexão faz o homem hesitar e se acovardar diante dos grandes atos e empresas. "Consciência" não quer dizer senso moral ou escrúpulo, e sim essa reflexão sobre as *consequências* de um ato. É o mesmo que o "tímido escrúpulo de pensar nas consequências com excessiva minúcia", da fala em IV. iv. Quanto ao emprego de "consciência", ver Schmidt s.v. e os paralelos ali apontados. O *Oxford Dictionary* (Dicionário Oxford) também dá muitos exemplos de emprego semelhante de "consciência", apesar de, infelizmente, creditar sua autoridade ao equívoco ora criticado.

12. O rei não morre do *veneno* da lâmina, como Laertes e Hamlet. Estes são feridos antes, mas morrem depois dele.

13. Devo acrescentar aqui uma palavra sobre uma questão menor. Afirma-se com frequência que Hamlet chorou sobre o corpo de Polônio. Se o fez, não faria diferença para minha argumentação no parágrafo acima; mas não há nada no texto que o confirme conclusivamente. A afirmação se fundamenta em algumas palavras da rainha (IV. i. 24), em resposta à pergunta do rei, "E para onde foi ele?":

> *To draw apart the body he hath killed:*
> *O'er whom his very madness, like some ore*
> *Among a mineral of metals base,*
> *Shows itself pure; he weeps for what is done.*

> [Foi retirar o corpo que matou:
> A respeito do qual sua demência, como pepita de ouro
> No meio de um filão de vil metal,
> Mostra-se pura; pois chora o que acaba de fazer.]

Mas a rainha, conforme atesta Doering, está tentando proteger seu filho. Ela já deu a declaração falsa de que quando Hamlet, gritando "Um rato! Um rato!", traspassou a cortina com o florete, fê-lo porque ouviu *algo mexendo-se* ali, enquanto sabemos que o que ele ouviu foi a voz de um homem gritando "Que aconteceu! Socorro, socorro!". E nessa cena ela acaba de vir do encontro com seu filho, profundamente perturbada, abalada em meio a "gemidos" e "profundos suspiros", no meio da noite (linha 30). Sabemos o que Hamlet disse para o cadáver, e a respeito do cadáver, nesse encontro; e, seguramente, não há nenhuma comoção ou pranto na voz que disse aquelas coisas e ainda outras. O único sinal de abrandamento está nas palavras (iii. iv. 171):

> *For this same lord,*
> *I do repent: but heaven hath pleased it so,*
> *To punish me with this and this with me,*
> *That I must be their scourge and minister.*

[Quanto a este senhor,
Sinto arrependimento: mas o céu quis,
Para castigar-me por ele e a ele por mim,
Que fosse eu deles o instrumento e ministro;]

A declaração de sua mãe, portanto, é quase certamente falsa, muito embora isso possa contar a seu favor. (É igualmente razoável supor que Hamlet chorou em III. iv. 130, e que a rainha supôs que estivesse chorando por Polônio.)

Será possível, porém, que ele possa ter chorado mais tarde sobre o corpo de Polônio? Bem, na cena *seguinte* (IV. ii.), vemo-lo *sozinho* com o corpo, e, portanto, temos provavelmente a oportunidade de testemunhar seus reais sentimentos. E suas primeiras palavras são: "Já está em lugar seguro"!

14. E não "deve embotar", como está na tradução inglesa.

15. Diz isso a Horácio, a quem não tem motivo para enganar (V. ii. 218). A afirmação contrária (II. ii. 308) é feita a Rosencrantz e Guildenstern.

16. Ver Nota B.

17. Os críticos procuraram encontrar a causa, mas me parece que Shakespeare queria simplesmente retratar uma condição patológica; e pinta um quadro assaz comovente. A tristeza de Antônio, que ele descreve nas primeiras linhas da peça, jamais o conduziria ao suicídio, mas faz com que fique indiferente ao resultado do julgamento, como atestam todas as suas falas na cena do julgamento.

18. "Tua", é claro, não se refere especificamente à filosofia de Horácio. A palavra é usada tal como quando o coveiro diz que " água é um terrível destruidor do cadáver".

19. Esse aspecto da questão não causa, a *nós*, impacto tão grande, mas Shakespeare, evidentemente, faz dele um fator relevante. O Espectro fala disso por duas vezes, e Hamlet três (uma delas em suas derradeiras e furibundas palavras dirigidas ao rei). Se, como devemos supor, o casamento era universalmente tido por incestuoso, a corrupta cumplicidade da corte e dos eleitores à coroa surtiria sem dúvida forte efeito sobre o espírito de Hamlet.

20. É bastante significativo que a metáfora desse solilóquio reapareça no apelo de Hamlet a sua mãe (III. iv. 150):

Repent what's past; avoid what is to come;
And do not spread the compost on the weeds
To make them ranker.

[Arrependei-vos do passado; evitai o futuro;
E não atireis adubo no joio
Para aumentar sua rudeza.]

21. Se o leitor examinar agora a única fala de Hamlet que precede o solilóquio e tem mais de uma linha de extensão – aquela que começa por "Parece, minha senhora? Não: *é*!" –, entenderá o que, sem dúvida, quando deparamos com ela pela primeira vez, soa tão estranho e quase presunçoso. Ela não diz, em ab-

soluto, de Hamlet; diz de sua mãe (não quero afirmar que é assim de forma intencional e consciente; e, menos ainda, que a rainha o entendeu dessa forma).

22. Ver Nota D.

23. Ver p. 8WW.

24. Como, por exemplo, na transição, acima referida, do desejo de vingança para o desejo de nunca ter nascido; no solilóquio "Oh! como sou miserável", na cena da cova de Ofélia. A teoria de Schlegel-Coleridge não explica o movimento psicológico dessas passagens.

25. A virulência de Hamlet na cova de Ofélia, apesar de – como é provável – ter sido intencionalmente exagerada, é outro exemplo dessa falta de autocontrole. A descrição que a rainha faz dele (v. i, 307),

> This is mere madness;
> And thus awhile the fit will work on him;
> Anon, as patient as the female dove,
> When that her golden couplets are disclosed,
> His silence will sit drooping.

> [Isso é mera loucura;
> E o acesso durará nele algum tempo;
> Depois, manso como a pomba,
> Quando nascem os filhotes dourados,
> Vós o vereis acalmar-se no silêncio.]

pode corresponder à realidade, apesar de, evidentemente, brotar da aflição que busca escusar a violência alegando insanidade. Acerca dessa passagem, ver mais adiante a Nota G.

26. Em todo o trecho, uso os grifos para mostrar o encadeamento de ideias.

27. Cf. *Medida por Medida*, IV. iv. 23, "Esse ato me transtorna e deixa inútil para tudo".

28. III. ii. 196 ss., IV. vii. 111 ss.: p. ex.,

> Purpose is but the slave to memory,
> Of violent birth but poor validity.

> [A intenção nada mais é que escrava da *memória*,
> Forte ao nascer, possui vitalidade escassa.]

29. Do mesmo modo, antes, dissera a ele:

> And duller should'st thou be than the fat weed
> That roots itself in ease on Lethe wharf,
> Would'st thou not stir in this.

> [Serias mais apático do que a erva gorda
> Que na margem do Lete se enraíza em ócio,
> Se não agisses neste assunto.]

Sobre o solilóquio de Hamlet após a partida do Espectro, ver a Nota D.

Conferência IV

1. No Primeiro Ato (I. ii. 138), Hamlet diz que seu pai está morto não faz dois meses. No Terceiro Ato (III. ii. 135), Ofélia diz que o rei Hamlet está morto há "duas vezes dois meses". Os eventos do Terceiro Ato encontram-se separados dos do Segundo por uma noite (II. ii. 565).

2. A única diferença é que no solilóquio "Ser ou não ser" não há referência à ideia segundo a qual o suicídio é vetado pelo "Eterno". Mas até mesmo isso parece ter-se feito presente na forma original da fala, pois a versão do primeiro *in-quarto* traz uma linha sobre termos "nascido diante de um Juiz Eterno".

3. A atual localização do solilóquio "Ser ou não ser" e do encontro com Ofélia parece ser devida a uma resolução posterior de Shakespeare; pois, *in-quarto*, eles precedem, em vez de suceder, a chegada dos atores e, consequentemente, o planejamento da encenação. Esse é um exemplo notável a confirmar que a "inspiração" não se limita de modo algum às primeiras decisões tomadas por um poeta.

4. Cf. ainda a cena da cova de Ofélia, onde uma forte tendência à repulsa estética é detectável na "vertigem da raiva" de Hamlet para com Laertes: "Se fazes questão de gritar, direi fanfarronadas iguais às tuas" (V. i. 306).

5. *O heart, lose not thy nature; let not ever*
The soul of Nero enter this firm bosom.

[Oh! Coração, não percas tua natureza; Nunca deixeis
A alma de Nero habitar neste peito firme:]

Nero matou a mãe, que havia envenado o esposo. Essa passagem é realmente digna de nota. Assim como as últimas palavras (iii. iv. 28):

A bloody deed! almost as bad, good mother,
As kill a king, and marry with his brother.

[Um ato sangrento! Quase tão ruim, boa mãe,
Quanto matar um rei e casar com o irmão dele.]

Devemos acaso entender que a essa altura ele realmente suspeitava que a mãe fora cúmplice no assassinato? Lembremo-nos de que o Espectro não lhe dissera que ele era inocente disso.

6. Tendo a pensar que o ponto de interrogação colocado depois de "vingança" num Quarto tardio está correto.

7. III. iii. 1-26. As circunstâncias na corte nesse momento, apesar de não terem sido assinaladas pelos críticos, me parecem intrigantes. É bastante claro a partir de III. ii. 310 ss., da passagem que se acaba de citar e de IV. vii. 1-5 e 30 ss., que todos veem na encenação uma grosseira e virulenta ofensa ao rei. Não obstante, ninguém dá nenhum sinal de ver nela uma acusação de assassinato. Sem dúvida, isso é estranho. Será que deviamos entender que, com efeito, percebem isso, mas, por subserviência, preferem ignorar o fato? Se fosse essa a intenção de

Shakespeare, os atores poderiam facilmente sinalizá-lo na expressão do rosto. E, se assim fosse, qualquer piedade que pudéssemos sentir diante do fim de Rosencrantz e Guildenstern seria bastante diminuída. Mas o texto em si não basta, seja para decidir essa questão, seja para esclarecer se os dois cortesãos estavam cientes do conteúdo da carta que levavam para a Inglaterra.

8. Essa passagem de *Hamlet* parece ter inspirado Heywood quando, em *The Second Part of the Iron Age* [A segunda parte da Idade do Ferro] (reimpressão da Pearson, vol. iii., p. 423), ele faz o fantasma de Agamêmnon aparecer para satisfazer as dúvidas de Orestes quanto à culpa de sua mãe. Nenhum leitor poderia acreditar, em sã consciência, que esse fantasma seria uma alucinação; não obstante, Clitemnestra não pode vê-lo. O Espectro do rei Hamlet, devo acrescentar, vai além do de Agamêmnon, pois se faz ouvir, além de avistar, pela pessoa escolhida.

9. Acho que está claro que é esse receio o que impede o plano óbvio de levar Hamlet a julgamento e encarcerá-lo ou executá-lo. É muito mais seguro enviá-lo a toda a pressa para seu fim na Inglaterra antes que tenha a oportunidade de dizer algo sobre o assassinato que, de algum modo, desvendou. Talvez a resistência da rainha, e provavelmente a grande popularidade de Hamlet aos olhos do povo, sejam motivos adicionais. (Deve ser observado que desde III. i. 194 ouvimos falar da ideia de "confinar" Hamlet como alternativa a enviá-lo para a Inglaterra.)

10. Faço esta inferência a partir de IV. vii., 129, 130 e das últimas palavras da cena.

11. III. iv. 172:

> *For this same lord,*
> *I do repent: but heaven hath pleased it so,*
> *To punish me with this and this with me,*
> *That I must be their scourge and minister:*

> [Quanto a este senhor,
> Sinto arrependimento; mas o céu quis,
> Para castigar-me por ele e a ele por mim,
> Que fosse eu deles o instrumento e ministro;]

Isto é, o instrumento e ministro do "céu", que também tem sentindo plural em outras passagens de Shakespeare.

12. IV. iii. 48:

Ham.   *For England!*
King.   *Ay, Hamlet.*
Ham.   *Good.*
King.   *So is it, if thou knew'st our purposes.*
Ham.   *I see a cherub that sees them.*

[Ham.   À Inglaterra!
Rei.   Sim, Hamlet.

Ham.	Bem.
Rei.	Isso dirias, se conhecesses nossos propósitos.
Ham.	Vejo um querubim que os vê.]

13. Sobre essa passagem, ver p. 72. A resposta de Hamlet à advertência de Horácio soa, sem dúvida, determinada; mas também foi assim com "sei o que me incumbe fazer". E não é significativo que, tendo-a dito, ele mude bruscamente de assunto?

14. Pp. 75-6.

15. Devemos observar, ainda, que de muitas das repetições de Hamlet não se pode dizer que tenham ocorrido em momentos de grande emoção, como foi o caso com as de Cordélia "Pois sou, pois sou" e "Motivo algum, motivo algum".

É claro, um hábito de repetição tão marcado quanto o de Hamlet pode ser encontrado em personagens *cômicos* como, por exemplo, o juiz Shallow em 2 *Henrique IV*.

16. Talvez o fato de notar esse traço explique por que também vejo algo de característico nessa coincidência de expressões: "Alas, poor ghost!" [Ai, pobre espectro!] (Ag. 221) (I. v. 4). "Alas, poor Yorick!" [Ai, pobre Yorick!] (Ag. 307) (V. i. 202).

17. Essa carta, evidentemente, foi escrita quando a ação do drama ainda não havia começado, pois sabemos que Ofélia, depois das ordens de seu pai em I. iii., não recebeu mais cartas (II. i. 109).

18. "Fragilidade, teu nome é mulher!", exclamara no primeiro solilóquio. Cf. o que diz do ato de sua mãe (III. iv. 40):

> *Such an act*
> *That blurs the grace and blush of modesty,*
> *Calls virtue hypocrite, takes off the rose*
> *From the fair forehead of an innocent love*
> *And sets a blister there.*
>
> [Um ato
> Que empana a graça e o rubor da modéstia,
> Chama a virtude de hipócrita, arrebata da
> Bela fronte um amor inocente
> Lá deixando uma chaga infame.]

19. Há sinais de que Hamlet era perseguido pela horrível ideia de que tinha sido enganado por Ofélia do mesmo modo que o havia sido por sua mãe; que ela era superficial e artificial, e até mesmo que o que lhe parecera um amor puro e sincero poderia na verdade ter sido algo muito diferente. A vulgaridade do seu linguajar na cena do teatro, e algumas linhas da cena do convento, sugerem isso; e, considerando seu estado de espírito, não há nada de estranho no fato de alimentar semelhante suspeita. Não sustento que *acreditava* nisso, e, na cena do convento, fica claro que sua percepção saudável da inocência dela está em conflito com essa ideia.

Parece ter adivinhado que Polônio suspeitava de intenções desonrosas suas em relação a Ofélia. E há também traços da ideia segundo a qual Polônio estivera muito perto de permitir que sua filha corresse o risco se Hamlet fosse rico. Mas, evidentemente, é perigoso dar demasiado peso a inferências tiradas de suas conversas com Polônio.

20. Muitos leitores e críticos imaginam que Hamlet foi diretamente para o quarto de Ofélia depois de seu encontro com o Espectro. Mas acabamos de ver que um longo intervalo separa os eventos de I. v. e de II. i. Também pensam, é claro, que a visita de Hamlet a Ofélia foi o primeiro sinal de sua loucura. Mas o texto contradiz frontalmente também essa ideia. Hamlet se mostrou durante um tempo completamente mudado (II. ii. 1-10); o rei está muito inquieto com sua "transformação", e manda vir seus companheiros de estudos para descobrir o motivo. Polônio agora, depois que Ofélia lhe contou da conversa, surge para anunciar que descobriu não a loucura de Hamlet, mas sua causa (II. ii. 49). Esse, ao que tudo indica, foi o resultado pretendido por Hamlet no seu encontro. Devo acrescentar que a descrição que Ofélia faz do cuidadoso exame que ele realiza de seu rosto sugere mais dúvida quanto à "honestidade" ou sinceridade dela do que quanto à fortaleza do seu espírito. Não creio que ele tenha jamais sonhado em confiar a ela seu segredo.

21. Se essa *for* uma alusão ao amor que ele próprio nutria, o adjetivo "desprezado" é significativo. Mas não estou certo da alusão. As outras calamidades mencionadas por Hamlet, "a injúria do opressor, a afronta do soberbo, a morosidade da lei, as insolências do poder e as humilhações que o paciente mérito recebe do homem indigno", não se referem de modo nenhum especialmente a ele.

22. Cumpre observar que ela não era muito duradoura. Vide as palavras "nos últimos tempos", em I. iii. 91, 99.

23. Isso, a meu ver, pode ser dito a respeito de praticamente toda a visão razoável do amor de Hamlet.

24. Polônio diz isso, e *pode* ser verdade.

25. Já ouvi uma atriz emitir, nessa parte, grito semelhante ao descrito acima, mas não existe absolutamente nada no texto que justifique essa interpretação. Até mesmo a exclamação "O, ho!", encontrada nos Quartos em IV. v. 33, mas ausente dos Fólios e omitida por quase todos os editores modernos, vindo, como é o caso, depois da estrofe "He is dead and gone, lady" [Já morreu, senhora, já se foi embora], expressa inequivocamente pesar, e não terror.

26. Nos comentários acima, não procurei tecer, é claro, uma visão completa da personagem, que inúmeras vezes já foi bem descrita; mas não posso deixar de fazer referência a um ponto que não me lembro de ter visto ser observado. Na cena do convento, as primeiras palavras de Ofélia traem de forma patética o que ela está sentindo:

> *Good my lord,*
> *How does your honour* for this many a day?

> [Meu bom senhor,
> Como tem passado Vossa Alteza *estes últimos dias?*]

Ela então se oferece para devolver os presentes de Hamlet. Isso não lhe fora sugerido por seu pai: a ideia é dela. E as próximas linhas, nas quais se refere às doces palavras que acompanharam os presentes e à indelicadeza que se fez seguir a essa doçura, têm valor recriminatório. O mesmo acontece nestas pequenas e tocantes falas:

Hamlet. ... *I did love you once.*
Ophelia. *Indeed, my lord, you made me believe so.*
Hamlet. *You should not have believed me ... I loved you not.*
Ophelia. *I was the more deceived.*

[Hamlet ... amei-te, uma vez.
Ofélia Foi, na verdade, meu senhor, o que me fizestes acreditar.
Hamlet Não deverias ter acreditado em mim ... Eu não te amava.
Ofélia Tanto maior foi minha decepção.]

Ora, o fato superficialmente óbvio não é que Hamlet a havia abandonado, mas que *ela* o havia repelido; e aqui, com a sutileza e discrição que lhe era peculiar, Shakespeare mostra como Ofélia, apesar de ter aceitado a teoria oferecida pelos mais velhos, segundo a qual sua indelicadeza havia arrastado Hamlet à loucura, sabe dentro de si que foi esquecida, e não consegue reprimir a tímida tentativa de reconquistar seu amor mostrando que o coração dela não mudou.

Acrescentarei uma observação. Há críticos que, depois de toda a ajuda que lhes foi dada de diferentes formas por Goethe, Coleridge e a sra. Jameson*, ainda balançam a cabeça diante da canção de Ofélia, "É dia amanhã de São Valentim". Provavelmente não têm remédio, mas podemos instá-los a lembrar-se que Shakespeare faz Desdêmona, "casta como o gelo, pura como a neve", cantar uma antiga canção que contém o seguinte verso:

If I court moe women, you'll couch with moe men.

[Se outras namoro, vai dormir com outros.]

* Sra. Jameson: Anna Brownell Jameson (Mrs. Jameson) (1794-1860). Autora inglesa que escreveu *Characteristics of Women, Moral, Poetical and Historical* (1832) [Características morais, poéticas e históricas das mulheres], uma análise das heroínas de Shakespeare.
27. Ou seja, o rei irá matá-*la* para deixar tudo seguro.
28. Não me baseio tanto na declaração que ele mesmo faz para Laertes (IV. vii. 12 s.) quanto na ausência de sinais em contrário, no tom que usa ao falar com ela, e em indícios como a menção que faz dela em solilóquio (III. iii. 55).
29. Isso também é sutilmente indicado. Hamlet poupa o rei, ele diz, porque se o rei for morto enquanto reza *irá para o céu*. Quando Hamlet se afasta, o rei, ajoelhado, se põe de pé e murmura:

My words fly up, my thoughts remain below:
Words without thoughts never to heaven go.

[Minhas palavras voam para o alto, meus pensamentos permanecem na terra: Palavras sem pensamentos *nunca vão para o céµ*.]

30. Sou tributário de Werder nesse parágrafo.

31. A tentativa de explicar esse encontro alegando-se que foi planejado de antemão por Hamlet não merece crédito.

Conferência V

1. Vale a pena apontar um exemplo porque, por estranho que pareça, a passagem de *Otelo* tem oferecido dificuldade. Desdêmona diz da criada Bárbara: "She was in love, and he she loved proved mad And did forsake her" [Ela já amou, e este que ela amou mostrou-se louco, e a abandonou]. Theobald* mudou "mad" [louco] para "bad" [mau]. Warburton** leu "e este que ela amou a abandonou, e ela se mostrou louca"! Johnson disse que "mad" significava apenas "transtornado, desvairado, instável". Mas o que Desdêmona diz de Barbara é exatamente o que Ofélia poderia ter dito de si mesma.

* Lewis Theobald (1688-1744). Escritor e editor de Shakespeare. Seu *Shakespeare Restored* (1726) tentou corrigir os erros de Pope. Pope retrucou, fazendo de Theobald o alvo de seu poema satírico *The Dunciad* [O Dunciíade] (1728).

** William Warburton (1698-1779). Crítico literário e bispo de Gloucester. Sua edição das obras de Shakespeare (1747) incorporou material da edição anterior de Pope. Em 1727 criticou Theobald por ter usado suas próprias ideias.

2. A força plena das passagens referidas só pode ser sentida pelo leitor. O Otelo dos nossos palcos não pode jamais ser o Otelo de Shakespeare, como também é o caso com a Cleópatra dos nossos palcos e a de Shakespeare.

3. Ver p. 6.

4. Mesmo aqui, porém, há uma grande diferença; pois, muito embora *Rei Lear* não remeta à ideia de semelhante poder como acontece com *Hamlet* e com *Macbeth*, tal ideia é reiteradamente expressa pelos personagens *da* peça. Encontramos muito pouco desse tipo de referência em *Otelo*. Mas, quanto às alusões razoavelmente frequentes ao inferno e ao diabo, a visão dos personagens é quase inteiramente secular. A doçura e a facilidade para perdoar demonstradas por Desdêmona não têm base religiosa, e seu único modo de explicar tão imerecido sofrimento é fazendo referência ao Destino: "tal é o meu infortunado Destino" (IV. ii. 128). Da mesma maneira, Otelo só pode apelar para o Destino (V. ii. 264):

but, oh vain boast!
Who can control his fate?

[mas, oh, inútil fanfarronada!
Quem pode controlar seu destino?]

5. Ulrici, muito embora exagere, faz comentários pertinentes sobre essa questão e sobre o elemento de intriga.

6. E nem ela nem Otelo observam de que lenço se trata. Se o tivessem feito, ela teria lembrado de que modo o perdeu, e o teria dito a Otelo; este, por sua vez, teria se dado conta da mentira de Iago (III. iii. 438), segundo a qual vira Cássio limpar a barba com o lenço "hoje". Pois, com efeito, o lenço havia sido perdido *menos de uma hora* antes de Iago pespegar essa mentira (linha 288 da *mesma cena*), e encontrava-se, naquele momento, em seu bolso. Mentiu, portanto, correndo grande risco, mas com a sorte habitual.

7. Para quem conhece o fim da história, há uma terrível ironia no entusiasmo com que Cássio celebra a chegada de Desdêmona a Chipre. Seu navio (que é também o de Iago) zarpa de Veneza uma semana depois dos outros, mas chega a Chipre no mesmo dia que o deles:

Tempests themselves, high seas and howling winds,
The gutter'd rocks and congregated sands–
Traitors ensteep'd to clog the guiltless keel–
As having sense of beauty, do omit
Their mortal natures, letting go safely by
The divine Desdemona.

[A própria tempestade, o mar furioso e os ventos uivantes,
os penedos escarpados e os bancos movediços –
Traidores de emboscada para os barcos inocentes prenderem –
Como se do sentido da beleza fossem dotados, transmudada
Sua natureza nociva, permitiram que por eles passasse, sã e salva,
A divina Desdêmona.
Tamanha é a urgência do Destino em conduzi-la ao seu fim.]

8. Os corpos não são carregados para fora ao final, o que teria de acontecer se a cama estivesse no palco principal (pois o palco principal não tinha pano de boca). As cortinas em relação às quais a cama se encontrava recuada são fechadas com as palavras "Mandem cobri-lo" (v. ii. 365).

9. Ao lado do que se pode acrescentar à cena em que Gloster é mandado cegar em *Rei Lear*.

10. O leitor que se sentir inclinado a fazê-lo deveria antes, porém, perguntar a si mesmo se Otelo age realmente como um bárbaro, ou como um homem que, embora conduzido quase à loucura, faz "tudo pela honra".

11. Portanto, representá-lo sobre o palco com a mesma fúria durante a exoneração de Cássio seria erro crasso do ator.

12. Não posso dar a devida atenção a esse ponto nesta conferência. Ver Nota L.

13. É importante observar que, em sua tentativa de esclarecer os fatos acerca do incidente da embriaguez de Cássio, Otelo acabara de ter um exemplo dos escrúpulos de Iago em dizer toda a verdade quando isso pudesse prejudicar um amigo. Não admira que sinta, na cena da Intriga, que "este honrado rapaz, indubitavelmente, vê e sabe mais, muito mais, do que revela".

14. Fazer crer que as mulheres venezianas não levam o adultério tão a sério quanto Otelo, e, ainda, que este faria melhor aceitando a situação como um marido italiano, é um dos estratagemas mais ardilosos e enfurecedores de Iago.

15. Se o leitor já teve alguma vez a oportunidade de ver um africano enfurecido, pode ter ficado alarmado ao observar como é absolutamente impossível interpretar a linguagem corporal que num conterrâneo seria compreendida de imediato, e num outro europeu o seria de forma um pouco menos segura. O efeito da diferença que reside no sangue, o qual intensifica a perplexidade de Otelo diante da esposa, não é satisfatoriamente levado em conta. O mesmo efeito precisa ser lembrado com relação aos erros que Desdêmona comete ao lidar com a raiva de Otelo.

16. Ver Nota M.

17. Cf. *Conto de Inverno*, I. ii. 137 ss.:

> Can thy dam? – may't be? –
> Affection! thy intention stabs the centre:
> Thou dost make possible things not so held,
> Communicatest with dreams; – how can this be?
> With what's unreal thou coactive art,
> And fellow'st nothing: then 'tis very credent
> Thou may'st cojoin with something; and thou dost,
> And that beyond commission, and I find it,
> And that to the infection of my brains
> And hardening of my brows.

> [Tua mãe poderia? – É, então, possível? –
> Instinto! teus impulsos no alvo acertam:
> possível deixas o que nunca fora sequer imaginado,
> Ajuda encontras até nos sonhos; – vais achar aliado no próprio irreal
> E ao nada te associas; depois te tornas crível,
> Pois te juntas a alguma coisa; agora fazes isso
> Sem justificações, e o sinto fundo, pois o cérebro tenho envenenado
> E a fronte endurecida.]

18. Ver Nota O.

19. New Illustrations, ii. 281.

20. *Lectures on Shakespeare* [Palestras sobre Shakespeare], ed. Ashe, p. 386.

21. Não entrarei no mérito de outro debate, segundo o qual, admitindo-se que o Otelo de Shakespeare era negro, deveria ser representado como negro nos teatros da atualidade. Ouso dizer que não. Não gostamos do Shakespeare real.

Gostamos de polir sua linguagem e comprimir suas ideias, transformando-as em algo que se ajuste ao nosso paladar e à nossa índole. E, mesmo que estivéssemos preparados para fazer uma tentativa, ainda assim, conforme observou, imaginar é uma coisa e ver é outra. Talvez, se víssemos Otelo negro retinto com os olhos da carne, a aversão da nossa raça, uma aversão que chega tão perto de ser meramente física quanto qualquer outra sensação humana, tomasse conta da nossa imaginação e nos mantivesse em plano inferior não apenas ao de Shakespeare, mas igualmente ao das plateias dos séculos XVII e XVIII.

Já que mencionei Lamb, cumpre observar que ele discordava de Coleridge quanto à cor de Otelo, mas, lamento acrescentar, acreditava que Desdêmona precisava de algo que a justificasse. "A nobre dama, de uma singularidade que despertava antes admiração que imitação, havia escolhido para objeto de sua afeição um mouro, um negro... Nem seria lícito simplesmente condenar Desdêmona pela inadequação da pessoa a quem escolheu por amante" (*Tales from Shakespeare*) [Contos de Shakespeare]. Outros, é claro, foram muito mais longe e tinham para si que todas as calamidades da tragédia eram uma espécie de condenação da audácia, do voluntarismo e da rebeldia de Desdêmona. Não há que se discutir opiniões desse jaez; mas não creio que até mesmo Lamb faça justiça a Shakespeare ao supor que Desdêmona fazia por merecer qualquer grau de censura que fosse. O que, na peça, atesta que Shakespeare considerava o casamento dela diferente do de Imogen?

22. Quando pronunciou suas últimas palavras, é possível que Desdêmona ainda tivesse na cabeça o verso da canção que cantou uma hora antes de morrer:

Não o censureis: seu desdém me é grato.

A Natureza costuma pregar esse tipo de peça, e Shakespeare, no que é quase o único entre seus pares poetas, parece criar de modo muito semelhante à Natureza. Do mesmo modo, conforme ressaltado por Malone*, a exclamação de Otelo, "Bodes e micos!" (IV. i. 274), é uma reminiscência inconsciente das palavras de Iago em III. iii. 403.

* Edmond Malone (1741-1812). Estudioso irlandês e editor das obras de Shakespeare.

Conferência VI

1. Tem-se dito, por exemplo, que Otelo tratou Iago de forma abominável quando preferiu Cássio a ele; que *realmente* seduziu Emília; que o mouro e Desdêmona eram íntimos demais antes do casamento; e que, para todos os efeitos, o destino de Otelo foi um julgamento moral dos pecados que cometeu, e Iago um instrumento justo, ainda que atroz, da Providência.

2. Ver III. iii. 201, V. i. 89 s. É ele quem o diz, mas não tem motivos específicos para mentir. Uma das razões pelas quais se sente enojado com a nomeação

de Cássio é o fato de este ser florentino (I. i. 20). Quando Cássio diz (III. i. 42): "Nunca conheci um florentino mais honesto e mais bondoso", é claro que não pretende afirmar que Iago é florentino, mas que, mesmo que o fosse, não seria mais honesto nem mais bondoso do que é.

3. Estou aqui apenas registrando uma impressão generalizada. Não há nenhum elemento específico, a não ser que vejamos no linguajar de Cássio quando bêbado (II. ii. 105 s.) a insinuação de que Iago não era um "homem de escola" como ele próprio era. Desconheço se já foi observado que Iago emprega mais metáforas e termos náuticos do que se espera dos personagens de Shakespeare. Isso, sem dúvida, poderia se explicar por sua atribulada vida militar, mas é curioso que praticamente todos os exemplos sejam encontrados nas primeiras cenas (ver, p. ex., I. i. 30, 153, 157; I. ii. 17, 50; I. iii. 343; II. iii. 65), de modo que o uso dessas expressões e metáforas pode não ser típico de Iago, mas sintomático de um determinado estado de espírito de Shakespeare.

4. Ver ainda Nota P.

5. Mas de modo nenhum se depreende disso que devamos acreditar em sua afirmação de que se falava, no exterior, de uma relação entre sua esposa e Otelo (I. iii. 393), ou em sua declaração (que se pode extrair de IV. ii. 145) segundo a qual alguém falara com ele a esse respeito.

6. Ver, por exemplo, Aarão em *Tito Andrônico*, II. iii.; Ricardo em *3 Henrique VI*, III. ii. e V. vi., e em *Ricardo III*, I. i. (duas vezes), I. ii.; Edmundo em *Rei Lear*, I. ii. (duas vezes), III. iii. e v., V. i.

7. Ver, ainda, a Nota Q.

8. Sobre o sentido que essa expressão tinha para o autor, Coleridge, ver nota na p. 170.

9. A visão de Coleridge não é substancialmente diferente, apesar de ser menos completa. Quando ele fala da "cata de motivos de uma malignidade gratuita", não se refere, com as duas últimas palavras, ao "apego desinteressado ao mal" nem ao "apego ao mal por si mesmo", dos quais acabo de falar, e que são atribuídos a Iago por outros críticos. Quer dizer, em verdade, que a malignidade de Iago não advém das causas apontadas pelo próprio Iago, nem de nenhuma "razão" no sentido de uma ideia clara em nível consciente. Mas, infelizmente, sua expressão reforça a teoria que criticamos acima. Sobre a polêmica quanto a existir ou não essa suposta malignidade pura, o leitor poderá inteirar-se de uma discussão entre o professor Bain e F. H. Bradley, em *Mind*, vol. viii.

10. Isto é, *terrifying*: que aterroriza.

11. Cf. nota no fim desta conferência.

12. Ela me foi sugerida por um estudante de Glasgow.

13. Uma curiosa demonstração da incapacidade de Iago em conduzir-se segundo o seu credo de que o egoísmo absoluto é a única atitude aceitável, e a lealdade e a afeição não passam de tolice ou falta de coragem, pode ser encontrada em seu grande momento de paixão inconteste, quando se lança sobre Emília com o brado "Infame rameira!" (V. ii. 229). Há mais do que fúria em seu grito, há

indignação. Ela o ludibriou, ela o traiu. Bem, e por que não deveria fazê-lo, se o credo dele está correto? E que exibição melancólica de contradição humana o fato de empregar como termos de condenação palavras que, para ele, deveriam ser neutras, quando não laudatórias!

14. A invectiva de Cássio contra a bebida pode ser comparada às expressões de repugnância de Hamlet diante da embriaguez de seu tio. É possível que o tema tivesse, por alguma razão, ganhado relevo na mente de Shakespeare por essa época.

15. É a lição, certamente correta, do Quarto, muito embora editores modernos reproduzam a pequena alteração do Fólio, efetuada por receio do Censor: "Ó céus! Ó poderes celestiais!"

16. Os sentimentos que Emília desperta são um dos fatores que amenizam o excessivo sofrimento trágico da conclusão. Outros são a derrocada de Iago e o fato, já aludido aqui, de tanto Desdêmona como Otelo se mostrarem em toda a sua nobreza pouco antes de morrer.

Conferência VII

1. Não falarei da posição cronológica de *Rei Lear* em relação às "comédias" *Medida por medida*, *Troilo e Cressida* e *Bom é o que bem acaba*.
2. Ver Nota R.
3. Sobre alguns pontos mencionados neste parágrafo, ver Nota S.
4. "Kent. *I thought the king had more affected the Duke of Albany than Cornwall.*
   Glos. *It did always seem so to us: but now, in the division of the kingdom, it appears not which of the dukes he values most.*"

   ["*Kent* Pensei que o rei fosse favorecer mais o Duque de Albânia que o de Cornualha.
   Glos Também sempre nos pareceu assim; mas agora, na divisão do reino, não se percebe por qual dos duques ele tem maior estima."]

Pois (Gloster prossegue explanando) as partes que lhes cabem têm rigorosamente o mesmo valor. E se as partes das duas irmãs mais velhas estão decididas, obviamente a parte da terceira também está.

5. *I loved her most, and thought to set my rest
   On her kind nursery.*

   [Ela era a mais amada, e pensei em ter meu repouso
   Em seus ternos cuidados.]

6. Kent emprega essas palavras referindo-se à versão modificada do plano de Lear.
7. Fala-se de guerra entre Goneril e Regan quinze dias depois da divisão do reino (II. i. 11 s.).

8. Quero com isso dizer que não é oferecida nenhuma razão suficientemente clara para a demora de Edmundo em procurar salvar Cordélia e Lear. A questão se define assim. Edmundo, depois da derrota para o exército adversário, envia Lear e Cordélia para a prisão. Então, obedecendo ao plano acordado entre ele e Goneril, manda um capitão com ordens secretas para matar a ambos *instantaneamente* (v. iii. 26-37, 244, 252). Então, tem de lutar com Edgar disfarçado. É ferido mortalmente e, já caído e moribundo, diz para Edgar (na linha 162, *mais de cem linhas* depois de ter passado a ordem ao capitão):

> What you have charged me with, that have I done;
> And more, much more; the time will bring it out;
> 'Tis past, and so am I.
>
> [Aquilo de que me acusas, eu fiz;
> E mais, muito mais; o tempo dirá;
> Passou, como eu passo.]

Em "mais, muito mais", ele parece estar falando da ordem para matar Lear e Cordélia (o que mais restava por revelar?); não obstante, não diz nada a esse respeito. Algumas linhas depois, reconhece a justiça do seu fim, muito embora continue sem dizer nada. Então, é informado da morte de seu pai, diz que isso o comovera e "talvez ainda possa resultar em algum bem" (que bem, a não ser salvar suas vítimas?); ainda assim, não diz nada. Mesmo quando é informado de que Goneril está morta e Regan fora envenenada, *ainda* não diz nada. Apenas quando lhe perguntam de forma direta sobre Lear e Cordélia, ele procura salvar as vítimas que deviam ser assassinadas "instantaneamente" (242). Como explicar essa demora? Talvez, supondo que a morte de Lear e Cordélia seria proveitosa para Goneril e Regan, recuse-se a falar até ter certeza de que ambas as irmãs estão mortas. Ou talvez, apesar de se mostrar capaz de reconhecer a justiça de seu destino e de se deixar tocar pelo relato da morte de seu pai, continue sendo demasiado egocêntrico para realizar o esforço de "fazer algum bem, apesar de sua natureza". Mas, embora ambas as hipóteses sejam possíveis, é sem dúvida bem pouco satisfatório que sejamos obrigados a recorrer a meras conjecturas para explicar a causa da demora que dá ensejo à catástrofe. A *verdadeira* causa situa-se fora do *nexus* dramático. É o desejo de Shakespeare se desferir um súbito e implacável golpe sobre as esperanças que fizera suscitar.

9. Tudo nesses parágrafos deve, evidentemente, ser considerado à luz dos comentários subsequentes.

10. Digo "do leitor" porque, sobre o palco, todas as vezes em que assisti a *Rei Lear*, os "cortes" exigidos pela cenografia moderna teriam tornado essa parte da peça absolutamente ininteligível para mim caso eu não a conhecesse bem. É significativo que Lamb, em seu *Tale of King Lear* [Conto de *Rei Lear*], praticamente omita a subtrama.

11. Mesmo que Cordélia tivesse ganho a batalha, Shakespeare provavelmente teria pensado duas vezes antes de concentrar o interesse sobre ela, pois semelhante vitória significaria uma derrota britânica. A respeito da visão de Spedding, segundo

a qual ele de fato pretendeu tornar a batalha mais interessante, cometimento que se perdeu devido à nossa divisão equivocada entre os Atos IV e V, ver Nota X.

12. É inútil alegar que Edmundo havia acabado de chegar à casa, e que a carta deve ter sido enviada quando ele estava "fora". Ver I. ii. 38-40, 65 s.

13. A ideia da cena i., talvez, é que o casamento de Cordélia, como a divisão do reino, fora em verdade previamente arranjado, e que a cerimônia da escolha entre França e Burgúndia (I. i. 46 s.) não passa de ficção. Burgúndia teria de ser o marido, e é por isso que, quando Lear a rejeita, oferece-a primeiro à Burgúndia (l. 192 ss.). Pode parecer, por 211 ss., que o motivo que levou Lear a fazê-lo é o fato de preferir França, ou de considerá-lo o pretendente mais nobre, eximindo-se, portanto, de oferecer-lhe primeiro o que é desprezível; mas a linguagem de França (240 ss.) parece mostrar que reconhece a precedência de Burgúndia.

14. Ver Nota T e pp. 239-40.

15. Ver Nota U.

16. A palavra "heath" [charneca] nas indicações cênicas das cenas de tempestade, devo ressaltar, foi utilizada por Rowe, não por Shakespeare, que jamais fez uso dessa palavra até compor *Macbeth*.

17. Ressalta-se na Nota V que o que os editores modernos chamam de cenas ii., iii. e iv. do Ato II. é na verdade uma única cena, pois Kent permanece no palco no decorrer de todas.

18. Sobre o lugar onde transcorre o Ato I., Cena. ii., ver *Modern Language Review* de out., 1908, e jan., 1909.

19. Esse efeito da ação dupla parece ter sido apontado pela primeira vez por Schlegel.

20. Em que grau elas se apresentam não é dado a conhecer ao leitor familiarizado apenas com a poesia inglesa. Ver *Introduction to the Philosophy of Shakespeare's Sonnets* (1868), de Simpson, e a edição que Wyndham fez dos poemas de Shakespeare. Talvez ambos exagerem, e as interpretações de Simpson são não raro forçadas e arbitrárias, mas seu livro é importante e não deveria permanecer fora de catálogo.

21. A monstruosidade aqui é uma criatura com corpo de mulher e alma de demônio. Para a interpretação dessas linhas, ver Nota Y.

22. Desde que esse parágrafo foi escrito, descobri que a copiosidade dessas alusões já foi apontada e comentada por J. Kirkman, *New Shaks. Soc. Trans.*, 1877.

23. P. ex., em *Como quiserem*, III. ii. 187, "nunca me vi tão perseguida de rimas, desde o tempo de Pitágoras, em que eu era rato irlandês, do que mal me recordo"; *Noite de reis*, IV. ii. 55, "Bobo. Qual é a opinião de Pitágoras a respeito das aves silvestres? *Mal.* Que pode dar-se que a alma do nosso avô se aloje num pássaro. *Bobo.* E que pensais a este respeito? *Mal.* Faço da alma uma ideia muito nobre para poder aceitar semelhante doutrina", etc. Mas antes disso há uma passagem que nos faz lembrar *Rei Lear*, *O mercador de Veneza*, IV. i. 128:

> *O be thou damn'd, inexecrable dog!*
> *And for thy life let justice be accused.*
> *Thou almost makest me waver in my faith*
> *To hold opinion with Pythagoras,*
> *That souls of animals infuse themselves*
> *Into the trunks of men: thy currish spirit*
> *Govern'd a wolf, who, hang'd for human slaughter,*
> *Even from the gallows did his fell soul fleet,*
> *And, whilst thou lay'st in thy unhallow'd dam,*
> *Infused itself in thee; for thy desires*
> *Are wolvish, bloody, starved and ravenous.*
>
> [Oh! Sê maldito, inexorável cão!
> E que a justiça seja acusada, só por teres vida.
> Quase me fazes abalada a fé,
> Para aceitar a ideia de Pitágoras,
> De que as almas dos brutos passar podem
> Para o corpo dos homens; teu espírito de cão
> Governou um lobo enforcado por crime de homicídio.
> A alma nefanda, ao se escapar da forca,
> Entrou em ti, quando no ventre estavas
> De tua mãe maldita; eis o motivo de só teres instintos
> Sanguinários, ferinos, esfomeados e vorazes.]

24. Receio, porém, que não seja possível afastar, de todo, uma imputação – a de que o cão é arrogante, no sentido de que respeita o poder e a prosperidade e desdenha dos pobres e da escória. É curioso que Shakespeare se refira três vezes a essa característica em *Rei Lear*, como se lhe repugnasse de modo especial. Ver III. vi. 65, "até os cãezinhos" etc.; IV. vi. 159, "Já viste como um cão de fazenda late para um mendigo... e como a criatura foge do vira-lata? Ali tu contemplas a grande imagem da autoridade"; V. iii. 186, "foi o que levou-me a disfarçar-me em doido maltrapilho; e um aspecto assumir, que até os cães desprezavam". Cf. *Oxford Lectures*, p. 341.

25. A isso, comparem-se as seguintes linhas da formidável fala sobre "hierarquia" em *Troilo e Cressida*, I. iii.:

> *Take but degree away, untune that string,*
> *And, hark, what discord follows! Each thing meets*
> *In mere oppugnancy: the bounded waters*
> *Should lift their bosoms higher than the shores*
> *And make a sop of all this solid globe:*
> *Strength should be lord of imbecility,*
> *And the rude son should strike his father dead:*
> *Force should be right; or, rather, right and wrong,*
> *Between whose endless jar justice resides,*

Should lose their names, and so should justice too.
Then everything includes itself in power,
Power into will, will into appetite;
And appetite, an universal wolf,
So doubly seconded with will and power,
Must make perforce an universal prey,
And last eat up himself.

[Tirai a hierarquia, dissonante deixai só essa corda,
E vede a grande discórdia que se segue! As coisas todas
Cairão logo em conflito: as fortes ondas
Contidas até então em seus limites
O seio elevarão além das praias,
A papa reduzindo a terra firme;
Sobre a fraqueza dominara a força,
O rude filho ao pai tirara a vida;
A força terá razão; ou, antes, o justo e o injusto
Entre cujo infinito conflito reside a justiça,
Acabariam, como a própria justiça, perdendo o nome.
Todas as coisas no poder se abrigariam,
O poder na vontade, a vontade na cobiça;
E a cobiça, lobo universal,
Acabariam perdendo o nome, como também a justiça.
Todas as coisas no poder se abrigariam,
O poder na vontade, a vontade na cobiça,
E a cobiça, esse lobo universal,
Tendo o apoio redobrado da vontade e do poder,
Transforma logo em presa o mundo todo,
Para a si mesma devorar por último.]

26. Tampouco é crível que Shakespeare, cujos meios para simular uma tempestade eram tão imensamente inferiores até mesmo aos nossos, tivesse exclusiva ou precipuamente em vista a encenação sobre o palco ao compor essas cenas. Pode não ter pensado no leitor (ou pode tê-lo feito), mas, qualquer que tenha sido o caso, deve ter escrito para satisfazer a própria imaginação. Nenhum outro papel, senão o de Lear, jamais chamou minha atenção nessas cenas. O tema é demasiado grandioso, e sua natureza demasiado poética, para ser analisado. Devo observar que em nossos teatros atuais, devido à complexidade dos cenários, as três cenas de tempestade são comumente postas juntas, com efeito desastroso. Shakespeare, como vimos (p. 35-6), interpunha-lhes cenas curtas de tom muito mais ameno.

27. "justice" (justiça), Qq.

28. = *approve*.

29. A indicação cênica "Storm and tempest" no final dessa fala não é moderna, está no Fólio.

30. Os deuses são mencionados inúmeras vezes em *Rei Lear*, mas "Deus" somente aqui (v. ii. 16).

31. A controvérsia sobre até que ponto as obras de Shakespeare representam seus sentimentos e posicionamentos pessoais, bem como as mudanças que sofreu, levar-nos-ia tão além das fronteiras das quatro tragédias, é tão irrelevante para a compreensão delas e escapa de tal forma a qualquer conclusão que eu a excluí destas conferências; acrescentarei aqui apenas uma nota sobre isso por dizer respeito ao "período trágico".

Temos aqui dois conjuntos de fatos distintos mas igualmente relevantes. (1) De um lado, o fato de que, até onde nos é dado ver, depois de *Noite de reis* Shakespeare não escreveu, durante sete ou oito anos, nenhuma peça que, como muitas de suas obras anteriores, pudesse ser considerada bem fadada, menos ainda alegre ou ensolarada. Escreveu tragédias; e, se a ordem cronológica *Hamlet*, *Otelo*, *Rei Lear*, *Tímon* e *Macbeth* está correta, essas tragédias revelam durante algum tempo um escurecimento crescente, tendo como nadir *Rei Lear* e *Tímon*. Escreveu também, durante esses anos (provavelmente nos primeiros), certas "comédias", *Medida por medida* e *Troilo e Cressida*, e talvez ainda *Bom é o que bem acaba*. Mas estas traem uma certa frieza; há humor, é claro, mas pouca alegria; em *Medida por medida* talvez, e certamente em *Troilo e Cressida*, uma nota de ressentimento e causticidade mistura-se a uma atmosfera intelectual de aguda, e desagradável, clareza. Em *Macbeth* talvez, e mais nitidamente nas duas tragédias romanas que se seguiram, o ar soturno começa a clarear; e os últimos romances exibem uma serenidade madura que às vezes evolui para exuberante compaixão, e até mesmo para uma alegria quase tão tranquila e despreocupada quanto a dos primeiros dias. Considerando-se esses fatos, não tal como aqui relatados, mas como eles nos afetam ao lermos as peças, é-me bastante difícil acreditar que possam se dever única e exclusivamente a uma mudança de método dramático ou de escolha temática, ou mesmo às naturais transformações íntimas que são de esperar da meia-idade em diante.

(2) Por outro lado, e diante desses fatos, temos de confrontar a opulência do gênio de Shakespeare e seu poder quase ilimitado de conceber e traduzir experiências humanas de todos os matizes. E temos de confrontar mais. Ao que tudo indica, durante esse período de anos ele nunca deixou de escrever copiosamente, nem de exibir, no que escrevia, a mais extraordinária atividade mental. Também não escreveu nada, ou talvez tenha escrito muito pouco (*Troilo e Cressida* e sua parte em *Tímon* são as possíveis exceções), em que possa ser identificado algum sentimento pessoal que interferia no autodomínio ou na "objetividade" do artista, ou comprometa-os seriamente. E, por fim, não é possível depreender nenhum influxo *pessoal* de intensidade crescente; pois embora *Otelo* seja mais sombria que *Hamlet*, sem dúvida soa-nos tão impessoal quanto qualquer peça de teatro pode ser; e, com relação a questões de estilo e versificação, parece (pelo menos a mim) impossível aproximar cronologicamente *Troilo e Cressida* de *Rei Lear* e *Tímon*; mesmo que partes dela sejam mais recentes que outras, as partes recentes têm, necessariamente, de ser anteriores a essas peças.

A conclusão que, muito precariamente, podemos tirar desses blocos de fatos parece ser a seguinte: Shakespeare, durante esses anos, provavelmente não foi um homem feliz, e é muito provável que tenha experimentado em alguns momentos até mesmo uma profunda melancolia, sensações amargas, escárnio, raiva, possivelmente até fastio e desespero. É muito provável, também, que se tenha valido dessas experiências na composição de peças como *Hamlet*, *Troilo e Cressida*, *Rei Lear* e *Tímon*. Mas é evidente que não podia ter vivido por um período considerável, se é que o foi durante algum período, sob o peso esmagador de semelhantes sentimentos, e nada nos autoriza a afirmar que eles culminaram numa suposta convicção "pessimista" que tingiu toda a sua imaginação e se manifestou em suas obras. A escolha da ingratidão como tema, por exemplo, em *Rei Lear* e *Tímon*, e o método de tratamento dedicado a esse tema, podem se dever em parte a sentimentos pessoais; mas isso não quer dizer que esse sentimento era especialmente agudo naquele momento específico, e, mesmo que isso tenha acontecido, certamente não foi o suficiente para impedir Shakespeare de representar, das formas mais agradáveis, aspectos da vida diametralmente opostos ao pessimismo. Se a impressão final de *Rei Lear* pode ser considerada pessimista, essa é uma outra questão tratada em nosso texto.

32. *A Study of Shakespeare*, pp. 171-2.

33. Uma falha, quero dizer, numa obra de arte tida não como um documento de dimensão moral ou teológica, mas como obra de arte – uma falha estética. Acrescento a expressão "de relevo" porque não consideramos o efeito em questão como uma falha numa obra como uma letra de canção ou de peça musical curta, as quais podem, sem dúvida, ser tomadas como expressões puras e simples de um estado de espírito momentâneo ou de um aspecto secundário das coisas.

34. É preciso muita cautela ao se fazer comparações entre Shakespeare e os dramaturgos gregos. Uma tragédia como *Antígona* figura, apesar das diferenças, no mesmo patamar de uma tragédia shakespeariana; trata-se de um todo completo que inclui uma catástrofe. Um drama como *Filóctetes** é um todo completo, mas, por terminar com uma solução, corresponde não a uma tragédia shakespeariana, mas a uma peça como *Cimbelino*. Um drama como *Agamêmnon* ou *Prometeu acorrentado* não corresponde a nenhuma forma shakespeariana de peça. Não se trata de um todo completo, mas de parte de uma trilogia. Se a trilogia for considerada como uma unidade, não corresponderá a *Hamlet*, mas a *Cimbelino*. Se a parte for considerada como um todo, corresponderá a *Hamlet*, mas, em contrapartida, estará sujeita a sérias críticas. Shakespeare nunca fez uma tragédia terminar com o triunfo completo do pior lado; se *Agamêmnon* ou *Prometeu* for considerada, erroneamente, um todo, faria exatamente isso, e seriam assim, devo concluir, más tragédias. [Não será necessário lembrar ao leitor que, com relação à "completude", existe uma diferença de grau entre as tragédias puras de Shakespeare e algumas das peças históricas.]

* Na mitologia grega, Filóctetes, originário da Tessália, era filho de Peante, rei de Melibéia, e de Demonassa. Sua história é contada por Sófocles e também por

Virgílio, Píndaro, Sêneca, Quintiliano e Ovídio. Filóctetes era um dos Argonautas, bem como amigo pessoal e mestre de armas de Héracles, estando presente no episódio da morte do herói. Pelo fato de ter sido Filóctetes a acender a pira funerária (outras fontes dizem que teria sido Iolau), foi ele quem recebeu o arco e as flechas de Héracles. As flechas foram mergulhadas na bile venenosa da Hidra de Lerna. Filóctetes jurou solenemente nunca revelar o local das cinzas de Héracles.

35. Deixo para autoridades mais abalizadas dizer até que ponto esses comentários se aplicam igualmente à tragédia grega, por mais que o vocabulário da "justiça" se lhe aplique.

Conferência VIII

1. Não estou dizendo, é claro, que esteja começando a enlouquecer, e menos ainda que *esteja* louco (como propõem alguns críticos da área de saúde).

2. Devo, contudo, ressaltar que as indicações cênicas modernas são profundamente infelizes ao omitir o fato de que aqui Cordélia revê o pai *pela primeira vez*. Ver Nota W.

3. O que se segue imediatamente é uma demonstração igualmente significativa de uma qualidade bastante diversa, e dos efeitos que nos fazem pensar que Lear é perseguido por um destino inexorável. Se ele pudesse entrar e adormecer depois da prece, como era sua intenção, sua mente, sentimentos, poderia ser salva: até então só havia o risco da loucura. Mas, do interior da choça, Edgar – o último de quem se esperaria que pretendesse atacar Lear – grita: "Braça-e-meia, braça-e-meia! Pobre Tom!"; o Bobo corre para fora aterrorizado; Edgar, instado por Kent, segue atrás; e, ao ver Edgar, num átimo algo se rompe na cabeça de Lear, e ele exclama:

> Hast thou given all
> To thy two daughters? And art thou come to this?

> [Deste tudo
> A tuas duas filhas? Até chegares a isto?]

Daí em diante, está louco. E permanecem todos sob a tempestade.

Nunca vi ser observado que esse golpe do destino se repete – com certeza intencionalmente – na sexta cena. Gloster conseguiu convencer Lear a entrar no "abrigo"; parte, então, e Kent, depois de muito tentar, persuade Lear a se deitar e repousar sobre as almofadas. O sono começa a lhe voltar, e murmura:

> '*Make no noise, make no noise; draw the curtains; so, so, so. We'll go to supper i' the morning. So, so, so.*'

> [Sem barulho, sem barulho; cerra as cortinas; assim, assim. A ceia fica para amanhã de manhã. Assim, assim.]

Nesse momento, entra Gloster trazendo a notícia de que descobrira um complô para matar o rei; o repouso que "podia ainda aliviar esses nervos despedaçados" é mais uma vez interrompido; e ele é levado numa liteira para Dover. (Sua recuperação, lembre-se, se deve a um prolongado sono artificialmente induzido.)

4. III. iv. 49. Aparece em prosa na edição da Globe, mas é sem sombra de dúvida verso. Lear ainda não falara em prosa nessa cena, e suas três falas seguintes são em verso. A posterior é em prosa, e, por fim, quando rasga as próprias roupas, revela o avanço da loucura.

5. Sou lembrado de que a morte de Lear é, desse modo, como a de *père* Goriot*. Essa interpretação pode ser condenada por parecer fantástica, mas o texto, quer me parecer, não admite outra. Eis a fala completa (no texto da Globe):

And my poor fool is hang'd! No, no, no life!
Why should a dog, a horse, a rat, have life,
And thou no breath at all? Thou'lt come no more,
Never, never, never, never, never!
Pray you, undo this button: thank you, sir.
Do you see this? Look on her, look, her lips,
Look there, look there!

[Foi enforcada minha bobinha! Não, não, vida, não!
Por que há de um cão, um rato ou um cavalo estarem vivos,
E tu, sem hálito algum? Nunca mais voltarás,
Nunca, nunca, nunca, nunca, nunca!
Solta este botão aqui, por favor: obrigado.
Vês isto? Olhai para ela, olhai, os lábios dela,
Olhai, vede ali!]

A transição, a partir de "Vês isto?", do desespero para algo mais que esperança é exatamente a mesma da passagem anterior, a partir da palavra "Ah!":

A plague upon you, murderers, traitors all!
I might have saved her; now she's gone for ever!
Cordelia, Cordelia, stay a little.
Ha!
What is't thou say'st? Her voice was ever soft,
Gentle, and low, an excellent thing in woman.

[Caia uma praga sobre todos vós. Assassinos, traidores, todos!
Eu podia tê-la salvo; agora ela se foi para sempre!
Cordélia, Cordélia, espera um pouco.
Ah!
Que dizes? A voz dela era doce,
Terna, baixa, um dom encantador numa mulher.]

Quanto a meus outros comentários, pedirei ao leitor que observe que a passagem que vai da entrada de Lear com o corpo de Cordélia até a rubrica *Morre* (que provavelmente aparece algumas linhas antes do recomendável) tem 54 linhas, e que 30 delas representam o intervalo durante o qual ele se esquece inteiramente de Cordélia. (Este começa quando ergue os olhos às palavras do oficial, linha 275.) Fazer com que Lear, durante esse intervalo, volte-se angustiada e ininterruptamente para o cadáver é representar a passagem de um modo incompatível com o texto, causando um efeito intolerável. Falo por experiência. Já vi essa passagem ser representada dessa forma, e minha capacidade de compaixão se esgotou de tal modo e tanto tempo antes da morte de Lear que sua última fala, a mais patética jamais escrita, me desapontou e maçou.

* Personagem do romance *Père Goriot* (1836), de Honoré de Balzac (1799-1850). O estudante de direito Eugène de Rastignac, que vive na pensão de Goriot, consegue a ajuda deste para entrar na alta sociedade parisiense através de um caso amoroso com uma das filhas casadas de Goriot.

6. Os Quartos indicam o "Nunca" apenas três vezes (sem dúvida erroneamente), e todos os atores que já tive a oportunidade de ouvir preferiram essa tarefa mais fácil. Cumpre talvez acrescentar que os Quartos atribuem as palavras "Rebenta, coração; racha, eu te imploro!" a Lear, não a Kent. Os Quartos e o Fólio divergem ao longo das últimas sessenta linhas de Rei Lear, e todos os bons textos modernos optam pelo ecletismo.

7. A ligação entre esse sofrimento e o erro cometido no passado (mas não, deve-se observar, na juventude) é-nos quase esfregada no rosto pela leviandade da referência ao tema feita pelo próprio Gloster na primeira cena, e pelas palavras de Edgar, tantas vezes citadas, "os deuses são justos" etc. A colocação que se segue também pode ser intencional (III. iv. 116):

> Fool. *Now a little fire in a wild field were like an old lecher's heart; a small spark, all the rest on's body cold. Look, here comes a walking fire.* [Enter GLOSTER with a torch.]

> [*Bobo.* Agora, olha, um pequenino lume no descampado parece o coração de um velho lúbrico; mínima chama, e o resto do corpo todo frio. Olha, aí vem uma chama ambulante. [*Entra GLOSTER com uma tocha.*]]

Pope destruiu a colocação quando mudou a rubrica para algumas dezenas de linhas mais adiante.

8. As passagens são justapostas aqui (III. iv. 28 ss. e IV. i. 67 ss.):

> Lear. *Poor naked wretches, wheresoe'er you are,*
> *That bide the pelting of this pitiless storm,*
> *How shall your houseless heads and unfed sides,*
> *Your loop'd and window'd raggedness, defend you*
> *From seasons such as these? O, I have ta'en*
> *Too little care of this! Take physic, pomp;*
> *Expose thyself to feel what wretches feel,*
> *That thou mayst shake the superflux to them,*
> *And show the heavens just.*

[*Lear.* Pobres coitados nus, onde estiverdes,
Sofrendo o desabar desta tormenta,
Como vos vão defender de estações
Assim, cabeças sem teto, estômagos vazios,
Andrajos esburacados? Ah! como eu fui
Tão descuidado disso! Prova este remédio, pompa;
Expõe-te a sentir o que sentem os miseráveis,
Pra que aprendas a dar-lhes teu supérfluo,
E assim revelar céus mais justos.]

   Glo. *Here, take this purse, thou whom the heavens' plagues*
Have humbled to all strokes: that I am wretched
Makes thee the happier: heavens, deal so still!
Let the superfluous and lust-dieted man,
That slaves your ordinance, that will not see
Because he doth not feel, feel your power quickly;
So distribution should undo excess,
And each man have enough.

   [*Glo.* Olha aqui, fica com esta bolsa, tu que castigos do céu
Te humilharam ao pó; de nós dois, minha desdita
Faz de ti o mais ditoso; e assim façam os céus!
Que o homem que ama o supérfluo e o sensual,
E intenta opor-se aos seus mandamentos, que não quer ver
Pois não tem compaixão, venha a experimentar vosso poder;
Para que melhor partilha desfaça o excesso,
E cada homem tenha o seu quinhão.]

9. A ideia de Schmidt – baseada parcialmente na omissão, por parte dos Fólios, das palavras "To his father that so tenderly and entirely loves him" [Para com um pai tão carinhoso e que lhe quer tanto bem] em I. ii. 103 (ver o Variorum, de Furness) – segundo a qual Gloster não amava nenhum dos filhos é sem dúvida um completo equívoco. Vide, para não falarmos de impressões gerais, III. iv. 171 ss.

10. Em se tratando de Lear, ainda mais do que de Otelo, a imaginação exige imponência de porte e estatura. Turgenev sentiu isso e fez do seu "Lear das Estepes" um camponês *colossal*. Se os textos de Shakespeare não autorizam expressamente ideias como essa, isso pode se dever ao fato de ter escrito precipuamente para o teatro, onde o ator principal podia não ser muito grande.

11. Não está presente, é claro, antes da entrada de França e Burgúndia; mas, enquanto está presente, não diz palavra além de "Senhor, aqui estão França e Burgúndia". Para alguns comentários sobre a possibilidade de Shakespeare tê-lo imaginado incentivando Lear em sua ideia de dividir o reino, ver Nota T. Devemos lembrar que Cornualha era "arquipatrono" de Gloster.

12. Nisso ela está sozinha entre os personagens mais relevantes da peça. Sem dúvida, a exclamação de Regan "Ó santos deuses" não quer dizer nada, mas

o fato de ter sido atribuída a ela quer dizer alguma coisa. Para outros comentários acerca de Goneril, ver Nota T. Devo acrescentar que toques de Goneril reaparecem na heroína da tragédia seguinte, *Macbeth*; e que somos às vezes lembrados dela novamente pela personagem da rainha em *Cimbelino*, que enfeitiça o fraco rei com sua beleza e casa-se com ele pelo poder, abominando-o como pessoa (*Cimbelino*, v. v, 62 s., 31 s.); que tenta envenenar a enteada e planejava envenenar o marido; que morre em desespero por não ter conseguido perpetrar todas as maldades que pretendia; e que insufla o marido a desafiar os romanos usando de palavras que ainda atiçam o sangue (*Cimbelino*, III. i. 14 s. Cf. *Rei Lear*, IV. ii. 50 s.).

13. I. ii. 1 s. Shakespeare parece ter em mente a ideia expressa no discurso de Ulisses sobre o quanto o mundo depende da hierarquia, da ordem, do sistema e do costume, e sobre o caos que resultaria da livre vazão do apetite, esse "lobo universal" (*Troilo e Cr.* I. iii. 83 s.). Cf. o contraste entre "vontade particular" e "as leis morais da natureza e das nações", II. ii. 53, 185 ("natureza" aqui, é claro, é o oposto da "natureza" da fala de Edmundo).

14. Edmundo continua essa última linha do seguinte modo no Fólio: "Th' hast spoken right; 'tis true" ["Falaste a verdade; tu tens razão"; ou, numa tradução mais direta: "Falaste o que é direito; é verdade"], mas deste outro modo nos Quartos: "Thou hast spoken truth" ["Falaste a verdade"], o que a deixa imperfeita. Isso, e a linha imperfeita "Make instruments to plague us", leva a crer que Shakespeare escreveu, a princípio, simplesmente,

> *Make instruments to plague us.*
> Edm. *Th' hast spoken truth.*

Os Quartos mostram outras variações, indicando que o manuscrito não estava claro nesse ponto.

15. IV. i. 1-9. Aqui, estou em dívida para com Koppel, *Verbesserungsvorschläge zu den Erläuterungen und der Textlesung des Lear* (1899) [Propostas para revisões das explicações e leituras do *Rei Lear*]).

16. Ver I. i. 142 ss. Kent não fala da *injustiça* do ato de Lear, mas da sua "loucura", sua "irada precipitação". Quando o rei exclama "Kent, por tua vida, nem mais uma palavra", responde:

> *My life I never held but as a pawn*
> *To wage against thy enemies; nor fear to lose it,*
> *Thy safety being the motive.*

> [Minha vida nunca a usei senão como um penhor
> A arriscar contra vossos inimigos; nem temo perdê-la,
> Sendo para bem da vossa segurança.]

(O primeiro Fólio omite "a", e na linha seguinte dá "nere" em lugar de "nor". Talvez a primeira linha devesse ser "My life I ne'er held but as pawn to wage".)

17. Ver II. ii. 162 até o final. A leveza de coração desaparece, é claro, à medida que os infortúnios de Lear se adensam.

18. Essa diferença, porém, não deve ser levada às últimas consequências; tampouco devemos considerar a réplica de Kent:

> Now by Apollo, king,
> Thou swear'st thy gods in vain,
>
> [Agora, por Apolo, rei,
> Tu invocas teus deuses em vão,]

um sinal de descrença. Ele se refere aos deuses de outro modo em duas oportunidades (I. i. 185, III. vi. 5), e tinha o hábito de lembrar de Lear em suas "preces" (I. i. 144).

19. O "clown" de *Antônio e Cleópatra* não passa de um velho camponês. Há, contudo, um bobo em *Tímon de Atenas*, e ele aparece numa cena (II. ii.) geralmente atribuída a Shakespeare. Sua linguagem nos lembra às vezes o bobo de Lear; e o comentário de Kent, "Até que ele não é inteiramente bobo, meu senhor", se repete em *Tímon*, II. ii. 122, "Não és inteiramente bobo".

20. Isso não é obstáculo. Não poderia haver uma tradição de palco hostil a sua juventude, já que ele não aparece na versão de Tate, a única que foi encenada durante o século e meio que precedeu à montagem de Macready. Eu havia esquecido isso; e minha memória também deve ter falhado em relação a uma estampa à qual fiz referência na primeira edição. Ambos os erros foram desfeitos por Archer.

21. Parte do que se segue devo a comentários de Cowden Clarke citados por Furness em I. iv. 91.

22. Ver também a Nota T.

23. "Our last and least" (Nossa caçula e mais pequenina) (segundo a lição do Fólio). Lear fala novamente de "essa aparente e minguada substância". É capaz de levar nos braços o cadáver dela.

24. Talvez, portanto, a "low sound" [surdina] não seja apenas metafórica na fala de Kent em I. i. 153 s.:

> answer my life my judgment,
> Thy youngest daughter does not love thee least;
> Nor are those empty-hearted whose low sound
> Reverbs no hollowness.
>
> [minha vida em penhor por meu julgamento,
> Vossa filha mais moça não vos ama menos;
> Nem é vazio o peito que soa em surdina
> Sem ecoar no vácuo.]

25. I. i. 80. "More ponderous" [mais denso] é a lição dos Fólios, "more richer" [mais rico], a dos Quartos. Esta última é normalmente a preferida, e Aldis

Wright diz que "more ponderous" parece ter sido a correção de um ator para evitar o que pareceria um suposto erro gramatical. Não parece, antes, ter sido uma intervenção do autor no sentido de aperfeiçoar uma expressão que lhe parecia pouco expressiva? E, além disso, não é significativo que expresse a mesma ideia de peso presente na frase "Não posso guindar o coração à boca"?

26. Cf. os comentários satíricos de Cornualha sobre a "franqueza" de Kent em II. ii. 101 ss. – uma franqueza que não serviu em nada ao senhor de Kent. (Em verdade, Cordélia nada dissera sobre "franqueza".)

27. Que, a exemplo de Kent, faz degringolar rapidamente a altercação com Goneril.

28. Não desejo complicar a discussão seja examinando as diferenças de grau ou outro quesito qualquer entre os diferentes casos, seja classificando as mais variadas nuances; por isso, não incluo o nome de Macbeth e Lady Macbeth.

29. Segue-se disso que, se essa ideia fosse tornada explícita e acompanhasse na íntegra nossa leitura da tragédia, confundiria ou até mesmo destruiria a impressão trágica. O mesmo se daria se houvesse a presença constante da fé cristã. O leitor mais apegado a essa fé a põe temporariamente de lado enquanto está imerso numa tragédia de Shakespeare. Esse tipo de tragédia parte do pressuposto de que o mundo, tal como se apresenta, é a verdade, apesar de também despertar sentimentos que levam a crer que não é toda a verdade, e, portanto, não é a verdade.

30. Apesar de Cordélia, é claro, não ocupar a posição do herói.

31. P. ex., em *Rei Lear*, os criados, e o velho que socorre Gloster e traz para o maltrapilho "a roupa melhor que tenho, dê no que der", *i.e.* seja qual for a vingança que Regan possa infligir. Cf. o camareiro e os criados de *Tímon*. Cf. ali também (V. i. 23): "Prometer é a própria nota do tempo ... a realização é sempre grosseira, no próprio momento em que a maldição se concretiza; e, *a não ser entre a gente simples e ingênua*, está fora de uso isso de cumprir a palavra dada." O sentimento de Shakespeare a esse respeito, apesar de especialmente agudo nesse período de sua vida, mantém-se basicamente inalterado ao longo do tempo (cf. Adam em *Como queiram*). Não nutre respeito pelos mais simples e ingênuos quando se põem a fazer política, mas tem um profundo respeito e consideração por seus sentimentos e seu bom coração.

32. "Quando eu via, tropecei", diz Gloster.

33. Nossas vantagens nos dão uma confiança cega em nossa segurança. Cf. *Tímon*, IV. iii. 76,

> Alc. *I have heard in some sort of thy miseries.*
> Tím. *Thou saw'st them when I had prosperity.*
>
> [Alc. Ouvi falar por alto de teus males.
> Tím. Viste-os no tempo em que eu estava próspero.]

34. A mente de Shakespeare parece ter estado imersa em ideias bíblicas. Cf. as palavras de Kent, quando Lear entra com o corpo de Cordélia, "será o anun-

ciado fim?" e Edgar responde, "ou só a imagem desse horror?" O "anunciado fim" é sem dúvida o fim do mundo (cf. com "imagem" a "formidanda imagem do Juízo", *Macbeth*, II. iii. 83); e as palavras seguintes, de Albânia, "Fall and cease" [Que tudo venha abaixo e acabe], *podem* se referir aos céus ou às estrelas, não a Lear. Parece provável que, ao escrever a fala de Gloster sobre os horrores previstos que se seguiriam a "esses últimos eclipses", Shakespeare tivesse alguma reminiscência da passagem de *Mateus* xxiv ou de *Marcos* xiii sobre as tribulações que seriam o prenúncio do "fim do mundo". (Não quero dizer, é claro, que a "previsão" de I. ii. 119 é a previsão encontrada em uma dessas passagens.)

35. Cf. *Hamlet*, III. i. 181:

This something-settled matter in his heart,
Whereon his brains still beating puts him thus
From fashion of himself.

[Isso que está meio assentado no seu coração,
É o cérebro que martelando o mesmo tema
O afasta da conduta usual.]

36. Acredito que a crítica de *Rei Lear* que mais me influenciou tenha sido a do prof. Dowden, *Shakespere*, his Mind and Art* (muito embora, quando escrevi minhas conferências, fizesse muitos anos desde a última vez que a lera); e sinto-me satisfeito por esse agradecimento me dar a oportunidade de repetir por escrito a opinião já muitas vezes repassada a meus alunos de que todos quantos queiram estudar Shakespeare, sem poder ou pretender ler muita literatura crítica, devem tomar o prof. Dowden como guia.

* Embora a ortografia "Shakespeare" hoje seja padronizada, o nome do dramaturgo podia ser escrito de várias maneiras. Outras possibilidades são Shakspere, Shaksper e Shake-speare.

Conferência IX

1. Ver Nota BB.
2. "O inferno é escuro" (v. i. 35). Isso, evidentemente, não deve ser interpretado como uma repetição sarcástica de algo dito por Macbeth em passado remoto. Dificilmente, em época recuada, ele teria se valido de um argumento ou manifestado uma apreensão que não suscitasse senão desprezo.
3. A Nota FF discute se o fantasma de Banquo não passa de uma ilusão, como o punhal.
4. Em trechos desse parágrafo sou tributário de *Illustrations of Shakespeare*, de Hunter.
5. Essa linha tem um pé a menos.
6. Cumpre observar que em alguns casos a ironia escaparia a um público que desconhecesse a história e estivesse assistindo à peça pela primeira vez –

mais um indicador de que Shakespeare não escreveu exclusivamente para a apresentação imediata dos palcos.

7. A influência delas sobre os espectadores, acredito, é muito menor. Tais cenas, como as cenas de tempestade de *Rei Lear*, pertencem propriamente ao mundo da imaginação.

8. "Belo sim e belo non, eu benso que a velha é mesmo pruxa. Não abrecio mulher de barba" (*As alegres comadres*, IV. ii. 202).

9. Até mesmo a metáfora nas linhas (II. iii. 127):

> What should be spoken here, where our fate,
> Hid in an auger-hole, may rush and seize us?

[Que deveríamos dizer aqui, onde,
Oculto num furo de verruma, pode o fado atacar e nos colher?]

foi provavelmente sugerida pelas palavras encontradas no primeiro capítulo escrito por Scot, "Elas podem entrar e sair por furos de verruma".

10. Outrora, "weird women". Se Shakespeare sabia que "weird" significava "fate" (destino), não podemos afirmar, mas é provável que soubesse. A palavra ocorre seis vezes em *Macbeth* (não ocorre em nenhuma outra obra de Shakespeare). No Fólio, nas primeiras três vezes, é grafada *weyward*, e, nas últimas três, *weyard*. Isso pode significar uma corruptela ortográfica ou tipográfica de *wayward*; mas, como essa palavra é sempre grafada no Fólio seja corretamente, seja como *waiward*, é mais provável que as formas *weyward* e *weyard* de *Macbeth* se devam a erros de leitura do copista ou do impressor correspondendo às formas de Shakespeare *weird* ou *weyrd*.

11. A controvérsia quanto a essas passagens (ver Nota Z) não se deve à simples aparição dessa personagem. A ideia da associação entre Hécate e bruxas surge também em II. i. 52, e ela é mencionada novamente em III. ii. 41 (cf. *Sonho de uma noite de verão*, V. i. 391, para sua associação com fadas). É parte da ideia tradicional muito comum segundo a qual as divindades pagãs são hoje demônios. Scot faz inúmeras referência a isso. Ver as notas de III. v. 1 presentes na edição da Clarendon Press, ou aquelas presentes no Variorum de Furness.

É claro que, pela crença popular, os espíritos das bruxas são demônios ou servos de Satanás. Se Shakespeare se limita a apresentar essa ideia em expressões como "instrumentos das trevas" e "quê! pode o diabo dizer a verdade?", isso provavelmente se explica pela relutância em conceder demasiada relevância a ideias de cunho marcadamente religioso.

12. Se este parágrafo estiver correto, algumas das declarações até mesmo de Lamb e de Coleridge sobre as bruxas resultam, entendidas literalmente, incorretas. O que esses críticos, e principalmente o primeiro, descrevem tão bem é o aspecto poético descolado dos demais aspectos; e, ao descrevê-lo, atribuem às bruxas o que diz respeito, em verdade, ao complexo que compreende as bruxas, os espíritos e Hécate. Para propósitos imaginativos, sem dúvida, essa imprecisão é pouco importante; e são esses os propósitos que importam. [Não procurei atendê-los.]

13. Ver Nota CC.

14. A proclamação de Malcolm como sucessor de Duncan (I. iv.) muda a atitude mental, mas a decisão do assassinato é anterior a ela.

15. Portanto, quando Schlegel afirma que a ideia do assassinato parte das bruxas, está em flagrante contradição com o texto. (A passagem onde ele faz essa afirmação, devo ressaltar, tem problemas graves de tradução na versão em língua inglesa, a qual, sempre que consultei o original, revelou-se indigna de confiança. Impõe-se uma revisão, pois Schlegel merece ser lido.)

16. É digno de nota que o dr. Forman, que assistiu à peça em 1610 e escreveu uma resenha sobre ela em seu diário, não tenha escrito nada sobre as últimas profecias. Talvez as considerasse inferiores, incluídas apenas para satisfazer os *groundlings*. O leitor perceberá, acredito, que o grande efeito poético do Ato IV. cena i. depende muito mais do "feitiço" que precede a entrada de Macbeth, e do próprio Macbeth, do que das previsões.

17. Essa comparação foi sugerida por uma passagem da *Aesthetik* de Hegel, i. 291 ss.

18. *Il*. i. 188 ss. (tradução* de Leaf).

* Em nossa edição, tradução portuguesa de Carlos Alberto Nunes. (N. do T.)

19. O sobrenatural no poeta moderno, com efeito, é mais "externo" do que nos antigos. Já tivemos prova disso, e teremos outras quando chegarmos a Banquo.

20. A alegação de que Lady Macbeth buscava a coroa para si, ou qualquer outra coisa para si, desvinculada do marido, não encontra absolutamente nenhuma justificativa na peça. Baseia-se numa frase de Holinshed que *não* foi usada por Shakespeare.

21. Essa palavra é usada para descrevê-lo (I. ii. 67), mas não de um modo que decida essa questão, ou sequer diga respeito a ela.

22. Essa visão, expressa de modo assim tão geral, não é original, mas não sei dizer quem foi o primeiro a ventilá-la.

23. Este último ponto, que é mais importante, foi explicado com bastante clareza por Coleridge.

24. A consequente insistência na ideia do medo e a repetição frequente dessa palavra têm sido as principais responsáveis por induzir a interpretações equivocadas.

25. P. ex., I. iii. 149, onde ele justifica essa abstração da realidade dizendo "O lento cérebro agitavam-me fatos que eu procurava recordar", quando não poderia ser mais natural que estivesse pensando em sua recém-conquistada honraria.

26. P. ex., em I. iv. Também em II. iii. 114 ss., embora tenhamos aqui excitação imaginativa propriamente dita misturada às antíteses frásicas e cláusulas isócolas e ao pedantismo gratuito.

27. III. i. A própria Lady Macbeth não teria perguntado com mais naturalidade, a intervalos: "Cavalgareis hoje à tarde" (l. 19), "Pensais ir longe?" (l. 24), "Vai convosco Fleance?" (l. 36).

28. Sentimos aqui, porém, como que um delírio moderado, o qual desperta certa compaixão. Há uma impaciência quase insuportável expressa até mesmo no ritmo de muitas das linhas, p. ex.:

> Well then, now
> *Have you consider'd of my speeches? Know*
> *That it was he in the times past which held you*
> *So under fortune, which you thought had been*
> *Our innocent self: this I made good to you*
> *In our last conference, pass'd in probation with you,*
> *How you were borne in hand, how cross'd, the instruments,*
> *Who wrought with them, and all things else that might*
> *To half a soul and to a notion crazed*
> *Say, 'Thus did Banquo.'*
>
> [Já pensastes, então, no que vos disse?
> Fiquem sabendo que foi ele, no passado, quem os manteve
> Numa condição subalterna, e não, como poderiam acreditar,
> Minha inocente pessoa: certifiquei-vos disso
> Em nosso último encontro, provei-vos, ponto por ponto,
> Que foram iludidos e estorvados, e como, e quem moveu
> Quais instrumentos, e o mais, que levaria
> Uma criatura fraca do juízo ou louca
> A proclamar: "É obra de Banquo."]

Esse efeito se faz sentir até o fim da peça nas falas menos poéticas de Macbeth, e produz a mesma impressão de energia incontida, embora não de exaltação imaginativa, de suas grandes falas. Nestas, surpreendemos ora imagens violentas, desmesuradas, magníficas, ora uma torrente de expressões figurativas (como nas famosas linhas sobre "o sono cheio de inocência"). Nossas impressões quanto à elocução da peça se devem em grande medida a essas falas do herói, mas não inteiramente. O texto quase inteiro produz uma impressão de atividade intensa, quase febril.

29. Vide as primeiras palavras que dirige ao espectro: "Não podes afirmar que eu o tenha feito."

30. *For only in destroying I find ease*
   To my relentless thoughts.

> [Só na destruição encontro descanso
> Do ímpeto voraz de meus pensamentos. – *Paraíso Perdido*, ix. 129.]

A descrição do sofrimento de Satã feita por Milton aqui e no início do Livro IV pode perfeitamente ter sido sugerida por *Macbeth*. Coleridge, ao lembrar a fala de Duncan, I. iv. 35 ss., diz: "É impressão; mas não consigo ler essa passagem e as falas de Macbeth que se seguem a ela sem lembrar involuntariamente do Messias e do Satã de Milton." Duvido que seja uma simples impressão. (Lembremos que Milton certa época pensou em escrever uma tragédia sobre Macbeth.)

31. A referência imediata em "mas chega de visões" é sem dúvida às visões conclamadas pelas bruxas; mas uma delas, a de "Banquo, cabelo ensanguentado", faz com que ele se lembre da visão da noite anterior, da qual dissera:

> You make me strange
> Even to the disposition that I owe,
> When now I think you can behold such sights,
> And keep the natural ruby of your cheeks,
> When mine is blanch'd with fear.

> [Vós fazeis que eu desconheça
> A minha própria têmpera,
> Se cuido que enxergais *visões* assim,
> E guardais o rubi normal das faces,
> Quando o meu fica branco de terror.]

32. "Luxurious" e "luxury" são usadas por Shakespeare apenas nesse sentido mais antigo. Devemos lembrar que as linhas são ditas por Malcolm, mas parece provável que tenham sido concebidas para ser interpretadas como verdadeiras, da primeira à última.

33. Não afirmo, de modo algum, que seu amor pela esposa continua sendo o que era quando a saudou com as palavras "Meu querido amor, Duncan chega hoje de noite". Mudou muito; ela já não o ajuda, imersa na própria agonia; e não há nenhuma inflexão de ansiedade nas perguntas que ele faz ao médico a respeito dela. Mas seu amor pela mulher provavelmente nunca foi altruísta, nunca o amor de Bruto, que, em circunstâncias algo semelhantes, se vale, na morte de Cássio, de palavras que nos fazem lembrar Macbeth:

> *I shall find time, Cassius, I shall find time.*

> [Hei de achar tempo, Cássio, hei de achar tempo.]

Para um sentimento de teor contrário, cf. o soneto 90:

> *Then hate me if thou wilt; if ever, now,*
> *Now while the world is bent my deeds to cross.*

> [Odeia-me, portanto; agora, se é preciso:
> Agora que em tudo o mundo insiste em contrariar-me.]

CONFERÊNCIA X

1. Ao que consta, foi assim que Sarah Siddons* representou a passagem.
* Atriz inglesa (1755-1831), a mais famosa atriz trágica do século XVIII.

2. Sem dúvida, está correta a interpretação usual de "Se falharmos?" como uma pergunta de espanto e desdém. "Se falharmos!" dá praticamente o mesmo sentido, mas modifica a pontuação dos dois primeiros Fólios. Em ambos os casos, segundo creio, "But" [Mas...] significa "Only" [Basta...]. Por outro lado, a ideia de lermos "Falharmos.", com um ponto final a exprimir uma sublime aceitação dessa possibilidade, me parece, por mais atraente que seja à primeira vista, bastante destoante da inclinação de Lady Macbeth durante essas cenas.

3. Ver Nota DD.

4. A ideia não é original.

5. As palavras sobre Lady Macduff são, é claro, prova de um sentimento humano natural, e podem ter sido incluídas exatamente para demonstrá-lo, mas não acredito que signifiquem alguma mudança fundamental da parte de Lady Macbeth, pois em nenhum momento ela teria sugerido ou admitido uma atrocidade *sem objetivo*. Talvez seja sintomático que esse sentimento humano tenha se mostrado com mais clareza em relação a um ato pelo qual ela não era diretamente responsável, e, portanto, pelo qual não experimentava o instinto de autoafirmação.

6. A tendência a sentimentalizar Lady Macbeth deve-se em parte à imaginação de Sarah Siddons, para quem tratava-se de uma mulher pequena, bonita, de olhos azuis, "talvez até frágil". O dr. Bucknill*, que desconhecia semelhante visão, decidiu-se independentemente por uma mulher "bela e delicada", "desafogada de excesso de carnes", "provavelmente pequena", mas "de cabelos castanhos ou louro-escuros" e olhos verdes; e Brandes** afirma que era esbelta, franzina e rija. Todos sabem mais que Shakespeare, que não nos diz absolutamente nada sobre o tema. O fato de Lady Macbeth, depois de ser cúmplice de um assassinato, ficar tão esgotada a ponto de desmaiar não pode dizer muito de sua fragilidade. Que deveria ter olhos azuis, ser loura, ou ruiva, porque era de origem céltica, não passa de pura especulação, e acreditar que Shakespeare tenha pretendido representar a ela ou ao marido com características célticas é pura invenção. A única indicação que já se pôde apresentar de que ela era pequena é a frase "Todos os perfumes da Arábia não purificariam esta pequenina mão"; ora, Golias poderia considerar sua mão "pequena" comparada a todos os perfumes da Arábia. Poder-se-ia igualmente pretender provar que Otelo era pequeno lembrando:

> *I have seen the day,*
> *That, with this little arm and this good sword,*
> *I have made my way through more impediments*
> *Than twenty times your stop.*

> [Já vi o dia,
> Em que, com este braço pequeno e esta boa espada,
> Abri caminho através de obstáculos
> Vinte vezes mais poderosos do que vossa resistência.]

O leitor tem total liberdade para imaginar Lady Macbeth como melhor lhe aprouver, ou, como foi muito provavelmente o caso de Shakespeare, eximir-se por completo de imaginá-la.

Talvez seja avisado acrescentar que não há na peça a menor base para a ideia com que deparamos vez por outra, até certo ponto exemplificada na personificação de Lady Macbeth por madame Bernhardt***, segundo a qual a ascendência que tinha sobre o marido devia-se a artes sedutoras cuidadosamente executadas. Não faltava a Shakespeare nem a habilidade nem a ousadia de dar a entender semelhantes subterfúgios.

* Sir John Bucknill (1817-1897), psiquiatra, autor de *The Psychology of Shakespeare* (1859) [A psicologia de Shakespeare], *Medical Knowledge of Shakespeare* [Conhecimentos médicos de Shakespeare], *The Mad Folk of Shakespeare* (1867) [As personagens loucas de Shakespeare].

** Georg Brandes (1842-1927). Crítico dinamarquês, autor de *William Shakespeare: A Critical Study* [William Shakespeare: um estudo crítico] (1896).

*** Sarah Bernhardt (1844-1923). Famosa atriz francesa, que também representou o papel de Hamlet.

7. O fato de ser Macbeth quem percebe o nexo entre a desolação da charneca e as figuras que ali assomam é significativo.

8. Assim também em Holinshed, "Banquo gracejou e disse, agora, Macbeth, obtiveste as coisas que as duas primeiras irmãs profetizaram, resta apenas uma para te apossares, aquilo que a terceira afirmou que teria lugar".

9. = dúvidas, incertezas.

10. = plano, intenção.

11. 'tis much he dares,
    And, to that dauntless temper of his mind,
    He hath a wisdom that doth guide his valour
    To act in safety.

    [ele ousa muito,
    E, à corajosa têmpera de sua alma,
    Acrescenta a sensatez que lhe guia o valor
    Para agir com segurança.]

12. De modo que, quando fica sabendo que Fleance escapou, não se preocupa muito (III. iv. 29):

    the worm that's fled
    Hath nature that in time will venom breed,
    No teeth for the present.

    [o verme que fugiu
    Tem natureza que produzirá peçonha no devido tempo,
    Ainda não lhe cresceram dentes.]

Repeti acima o que já dissera antes porque o significado do solilóquio de Macbeth é frequentemente distorcido.

13. Virgília, em *Coriolano*, é um exemplo famoso. Ela fala cerca de trinta e cinco linhas.

14. A porcentagem de prosa em *Hamlet*, grosso modo, é de 30 2/3, em *Otelo* de 16 1/3, em *Rei Lear* de 27 1/3 e em *Macbeth* de 8 1/2.

15. Cf. Nota F. Também há em *Macbeth* várias passagens mais curtas que lembram a fala do ator. Cf. "A Sorte ... prostituía-se ao rebelde" (I. ii. 14) com "Fora daqui, prostituída Fortuna!" A forma "eterne" ocorre em Shakespeare apenas em *Macbeth*, III. ii. 38, e no "à prova de eternidade" da fala do ator. Cf. "Assim como o retrato de um tirano permanece Pirro" com *Macbeth*, V. viii. 26; "O feroz Pirro, qual tigre de Hircânia", com "o hirsuto urso da Rússia ... ou o tigre hircano" (*Macbeth*, III. iv. 100); "como se estivesse indiferente à sua intenção e à sua tarefa" com *Macbeth*, I. v. 47. As palavras "do umbigo ao queixo Macbeth descoseu-o", na fala do oficial, lembram as palavras "Então, do umbigo à garganta abriu Príamo de um só golpe", de *Dido Queen of Carthage* [Dido, Rainha de Cartago], onde essas palavras se seguem a outras que falam da queda de Príamo com o simples golpe de ar da espada de Pirro, o que parece ter sugerido o "sopro e vento de sua cruel espada" na fala do ator.

16. Ver Cunliffe, *The Influence of Seneca on Elizabethan Tragedy* [A influência de Sêneca na tragédia elisabetana]. O mais famoso desses paralelos é aquele entre "Poderá o oceano inteiro de Netuno" etc. e as seguintes passagens:

Quis eluet me Tanais? aut quae barbaris
Maeotis undis Pontico incumbens mari?
Non ipse toto magnus Oceano pater
Tantum expiarit sceleris. (*Hipp.* 715.)
Quis Tanais, aut quis Nilus, aut quis Persica
Violentus unda Tigris, aut Rhenus ferox,
Tagusve Ibera turbidus gaza fluens,
Abluere dextram poterit? Arctoum licet
Maeotis in me gelida transfundat mare,
Et tota Tethys per meas currat manus,
Haerebit altum facinus. (*Herc. Furens*, 1323.)

[Que Tânais poderá purificar-me? Que lago Meótis,
de bárbaras ondas, lançando-se ao pôntico mar?
Nem mesmo o grande pai, com todo o oceano,
poderia expiar um crime de tal vulto. (*Hipp.* 715-718)
Que Tânais, que Nilo, que Tigre violento,
de pérsicas ondas, que Reno feroz,
que túrbido Tejo, rolando ibéricos bens,
poderia lavar-me a destra? Mesmo que sobre mim
o gélido Meótis transfunda o mar glacial,
e que toda a Tétis corra por minhas mãos,
nelas, profundo, se incrustará o crime. (*Herc. Fur.* 1323-1329)]

[Ao leitor irá ocorrer o "Mar do Ponto" com seu "passo violento", nas palavras de Otelo. A feitiçaria de Medeia nas *Metamorfoses* de Ovídio, vii. 197 ss., que sem dúvida inspirou a fala de Próspero, *A tempestade*, v. i. 33 ss., deve ser comparada com Sêneca, *Hércules no Eta*, 452 ss., "Artibus magicis" etc. É, evidentemente, muito provável que Shakespeare tenha lido Sêneca na escola. Devo acrescentar que em *Hipólito*, além da passagem citada acima, existem outras que podem ter-lhe fornecido algumas ideias. Cf. por exemplo, *Hipólito* 30 ss., com as linhas sobre os cães espartanos em *Sonho de uma noite de verão*, IV. i. 117 ss., e a fala de Hipólito, começando na linha 483, com a fala do Duque em *Como quiserem*, II. i.

17. Cf. a nota de Coleridge sobre a cena de Lady Macduff.

18. Em nada concorre para assim o julgarmos o fato de o próprio Macduff dizer:

> *Sinful Macduff,*
> *They were all struck for thee! naught that I am,*
> *Not for their own demerits, but for mine,*
> *Fell slaughter on their souls.*

[Macduff, o pecador,
Por tua causa eles tombaram todos! Mau que sou,
Não foi por culpa deles, mas por minha,
Que a morte lhes caiu por sobre as almas.]

Não há motivo para supormos que o pecado e a culpa de que ele fala sejam o de ter saído de casa. E mesmo que assim fosse, quem fala é Macduff, não Shakespeare, assim como não é Shakespeare quem fala na linha anterior,

> *Did heaven look on,*
> *And would not take their part?*

[Os Céus viram isso,
E o consentiram?]

E, não obstante, Brandes (ii. 104) ouve nessas palavras "a voz da revolta... que ressoa mais tarde na filosofia desoladora de *Rei Lear*". Ressoa bem antes disso também; p. ex., em *Tito Andrônico*, IV. i. 81, e em *2 Henrique VI.*, II. i. 154. Essa ideia é lugar-comum na tragédia elisabetana.

19. E a ideia de que foi a morte de seu filho Hamnet, aos 11 anos, que fez amadurecer nele esse domínio é uma das tentativas mais plausíveis de encontrar no seu teatro um reflexo da sua vida privada. Implica, porém, que *Rei João* deve ser tão tardia quanto 1596.

20. Mesmo que isso fosse verdade, é fora de dúvida que tampouco existe algo que lembre a cena do assassinato em *Macbeth*.

21. Ative-me ao aspecto da questão sobre o qual eu tinha o que me parecia algo de original a acrescentar. Parece-me conclusiva a defesa dessa passagem feita sob bases mais sólidas pelo professor Hales no admirável trabalho reimpresso

em seu *Notes and Essays on Shakespeare* (Notas e ensaios sobre Shakespeare). Posso acrescentar duas notas. (1) As referências à "equivocation" (traição, hipocrisia) na fala do porteiro, que, naturalmente – e, com toda a probabilidade, corretamente –, foram tidas à conta de alusões ao apelo do padre jesuíta Garnet à doutrina da equivocação [Segundo Péricles Eugênio da Silva Ramos: "Conforme a doutrina da 'equivocação', justificava-se afirmar em voz alta, mas com restrição mental, que negava a afirmação ou a tornava inócua" (in *Macbeth*, São Paulo: Círculo do Livro, 1980. Nota 109). (N. do T.)] em sua defesa contra a acusação de perjúrio no julgamento por participação na Conspiração da Pólvora*, não são caso isolado em *Macbeth*. Macbeth chama as últimas profecias das bruxas de "o equívoco do demônio que mente com a aparência da verdade" (v. v. 43); e os comentários do porteiro sobre o *equivocator* que era "capaz de jurar por qualquer um dos pratos da balança contra o outro, e praticou traição bastante invocando Deus, embora não pudesse com seus equívocos chegar ao céu", podem ser comparados com o seguinte diálogo (IV. ii. 45):

Son.	*What is a traitor?*
Lady Macduff.	*Why, one that swears and lies.*
Son.	*And be all traitors that do so?*
Lady Macduff.	*Everyone that does so is a traitor, and must be hanged.*

[Filho	Que vem a ser traidor?
Lady Macduff	Ora, um que jura e mente.
Filho	E os que assim agem, são todos traidores?
Lady Macduff	Qualquer que assim proceda é traidor, e deve ser enforcado.]

Garnet, com efeito, *foi* enforcado em maio de 1606; e pode-se considerar que o público aplaudia essa passagem.

(2) O solilóquio do porteiro sobre os diferentes candidatos a ingresso no castelo guarda, na ideia e no estilo, uma notável semelhança com o solilóquio de Pompeu sobre os internos da prisão em *Medida por medida*, IV. iii. 1 ss.; e o diálogo entre ele e Abhorson acerca do "mistério" da forca (IV. ii. 22 ss.) está vazado no mesmo estilo que o diálogo do porteiro com Macduff acerca da bebida.

* Em inglês, *Gunpowder Plot*, a tentativa fracassada de um grupo de católicos ingleses, em 1605, de matar o rei James, sua família e a maioria da aristocracia protestante colocando uma bomba no Parlamento inglês. O fato de terem sido descobertos é ainda comemorado com fogos de artifício na Inglaterra em 5 de novembro, o Guy Fawkes Day, que leva o nome de um dos líderes da conspiração.

22. No último Ato, porém, ele fala em verso mesmo em sua altercação com Laertes na cova de Ofélia. Seria plausível explicá-lo seja pela imitação da fanfarronada de Laertes, seja supondo-se que sua "assomada comoção" o fez esquecer-se de agir como louco. Mas na cena final ele também fala em verso na presença de todos. Isso pode ser igualmente explicado se lembrarmos que, para os outros, deveria estar num intervalo de lucidez, como de fato sua linguagem em 239 ss.

leva a crer. Mas o motivo mais provável que levou Shakespeare a violar essa regra aqui foi simplesmente ter preferido não privar Hamlet do verso em sua derradeira aparição. Muito me admira que a abstenção da prosa nessas duas cenas não tenha sido notada e usada como argumento por quem acredita que Hamlet, uma vez com a carta no bolso, está agora resoluto.

23. A fala em verso do médico, que encerra essa cena, diminui a tensão até que sobrevenha a tensão da próxima cena. A conversação introdutória que ele mantém com a dama de companhia é vazada em prosa (às vezes muito próxima do verso), em parte, talvez, por seu caráter mais íntimo, mas principalmente porque Lady Macbeth irá falar em prosa.

Nota A

1. Isso é muito pouco provável, e ainda mais porque no Q1 a carta de Hamlet para Ofélia (que deve ter sido escrita antes do início da ação da peça) está assinada "Thine ever the most unhappy Prince *Hamlet*" [Teu sempre, o mais infeliz Príncipe, *Hamlet*]. "Infeliz" poderia ser uma forma de representar o amante desprezado, mas, provavelmente, indica que a carta foi escrita depois da morte do pai.

Nota B

1. Estas três palavras são endereçadas, é claro, a Bernardo.
2. Cf. Antônio em sua melancolia (*O mercador de Veneza*, I. i. 6):

*And such a want-wit sadness makes of me
That I have much ado to know myself.*

[E tal tristeza obtusa de tal modo me deixa,
Que mui dificilmente me conheço.]

3. Em *Der Bestrafte Brudermord* [A fratricida purida]* trata-se, *realmente*, de Wittenberg. Hamlet diz para os atores: "Não estivestes, alguns anos atrás, na Universidade de Wittenberg? Creio ter-vos visto lá atuar": o *Variorum*, de Furness, ii. 129. Mas é bastante incerto se essa peça não passaria de uma adaptação e ampliação de *Hamlet* tal como representada nos palcos baseada em Q1.

* *Bestrafte Brödermord: (Tragoedia der) bestrafte Brudermord oder Prinz Hamlet aus Dannemark* (1781) [Tragédia do fratricídio punido ou o príncipe Hamlet de Dinamarca]. Peça anônima baseada em Hamlet.

4. Talvez seja digno de nota observar que em *Der Bestrafte Brudermord* diz-se que Hamlet estava "na Alemanha" à época do assassinato de seu pai.

Nota C

1. Evidentemente, não sabemos se ele de fato trabalhou nessa edição.
2. Descubro que H. Türck (*Jahrbuch* for 1900 [Anuário de 1900], pp. 267 ss.) antecipou-se ao meu comentário.
3. Não sei se já foi observado que no início da fala do Rei Ator, tal como se apresenta em Q2 e no Fólio (pois é bastante distinta em Q1), parece haver ecos de *Alphonsus King of Arragon* [Alfonso, Rei de Argão], de Greene, Ato IV., linhas 33 ss. (*Greene and Peele*, de Dyce, p. 239):

> Thrice ten times Phœbus with his golden beams
> Hath compassed the circle of the sky,
> Thrice ten times Ceres hath her workmen hir'd,
> And fill'd her barns with fruitful crops of corn,
> Since first in priesthood I did lead my life.

> [Trinta vezes Febo com seus raios aurígeros
> Percorreu o arco celeste,
> Trinta vezes Ceres contratou trabalhadores,
> E encheu os silos com abundantes safras de trigo,
> Desde que passei a dedicar a vida ao sacerdócio.]

Nota D

1. O leitor observará que essa hipótese de um motivo *ulterior* para tomar nota pode ser rejeitada sem comprometer o restante da interpretação.

Nota F

1. É impossível dizer se Coleridge formou sua visão de modo independente ou adotou-a de Schlegel. Pois não há registro de que tenha manifestado sua opinião antes da época em que leu as *Palestras* de Schlegel; e, o que quer que tenha dito em contrário, seus empréstimos de Schlegel são demonstráveis.
2. Clark e Wright comparam com propriedade a antítese de Polônio, "rich, not gaudy" [rico, mas não extravagante], embora eu não esteja certo de que "handsome" [bela] implique riqueza.
3. Não é possível que "rainha em seus embuços"*, a que Hamlet parece objetar, e que Polônio elogia, sirva como exemplo do vício de afetação da fraseologia do qual a peça fora declarada isenta, exemplo que, portanto, surpreende Hamlet?

* "Clown" no original. Segundo F. Carlos de Almeida Cunha Medeiros: "No século XVI, o *clown* era o camponês ingênuo e estúpido; mais tarde, foi personagem de uma pantomima. Não tinha o significado de palhaço. [Cf. a esse respeito a nota 19 da conferência VIII, sobre *Rei Lear.*] O termo português *colônio*, aliás usado em linguagem teatral, traduz bem o significado do vocábulo inglês" (in *Hamlet*, São Paulo: Abril Cultural, 1978. Nota 28). (N. do T.)

4. O exotismo dessas expressões é sem dúvida intencional (pois Macbeth, ao usá-las, está tentando representar um papel), mas o *absurdo* da segunda dificilmente o seria.

5. Steevens observa que Heywood usa a expressão "guled with slaughter" [goles de massacre], e encontro no seu *Iron Age* diversas passagens indicando que conhecia a fala de Enéas (cf. p.140 para outro indicativo de que conhecia *Hamlet*). As duas partes de *Iron Age* foram publicadas em 1632, mas consta, no prefácio da segunda, que "foi escrita muito antes". Refiro-me às páginas do vol. 3 do *Heywood*, da Pearson (1874). (1) p. 329. Troilo "lyeth imbak'd In his cold blood" [jaz tostado no seu próprio sangue]. (2) p. 341, da armadura de Aquiles:

> Vulcan *that wrought it out of gadds of Steele*
> *With his* Ciclopian *hammers, never made*
> *Such noise upon his Anvile forging it,*
> *Than these my arm'd fists in* Ulisses *wracke.*

> [*Vulcano*, que o fez de lingotes de aço
> Com seus martelos *Ciclópicos*, nunca produziu
> Tanto estrépito sobre a bigorna forjando-o
> Quanto estes meus punhos quando lutaram contra *Ulisses.*]

(3) p. 357, "till *Hecub's* reverent lockes Be gul'd in slaughter" [até os cabelos sagrados de *Hécuba* sejam cobertos do rubro do massacre]. (4) p. 357, "*Scamander* plaines Ore-spread with intrailes bak'd in blood and dust" [As planícies do *Escamandro* cobertas de entranhas tostadas de sangue e pó]. (5) p. 378, "We'll rost them at the scorching flames of *Troy*" [Vamos assá-los nas chamas ardentes de *Troia*]. (6) p. 379, "tragicke slaughter, clad in gules and sables" [o trágico massacre, vestido de goles e sable] (cf. "armas sables" na fala em *Hamlet*). (7) p. 384, "these lockes, now knotted all, As bak't in blood" [estes cabelos, agora todos emaranhados, como se fossem assados em sangue]. Dessas, todas menos (1) e (2) encontram-se na Parte II. A Parte I contém muitas passagens que lembram *Troilo e Cressida*. A especulação de Fleay quanto à datação pode ser encontrada na sua *Chronicle History of the English Drama* [História em crônicas do drama inglês], i. p. 285.

Para a engenhosa teoria do mesmo autor (a qual, é claro, não pode ser comprovada) a respeito da relação da fala do ator em *Hamlet* com a *Dido* de Marlowe e Nash, ver o Variorum *Hamlet*, de Furness.

Nota H

1. Assim também Rowe*. A indicação em Q1, por ser o texto diferente, pode ser desconsiderada. Q2 etc. não traz nada, Ff. simplesmente "No auge da luta, trocam os floretes".
   * Nicholas Rowe, (1674-1718). Poeta e dramaturgo que compilou a primeira edição crítica da obra de Shakespeare (1709), que incluía a primeira biografia do poeta.
2. Capell. Os Quartos e Fólios não trazem indicações.

Nota M

1. O leitor que se sente intrigado com essa passagem poderá procurar o diálogo no fim do trigésimo conto do *Heptameron**.
   * Uma coleção de 72 contos escritos em francês por Marguerite de Navarre (1492-1549).

Nota O

1. Ele está se referindo ao grito dela: "Ó injustamente, injustamente assassinada!"

Nota S

1. São elas I. i.; II. i.; II. ii., exceto 194-204; em III. vi. a fala em verso de Tímon; IV. i.; IV. ii. 1-28; IV. iii., exceto 292-362, 399-413, 454-543; V. i., exceto 1-50; V. ii.; V. iv. Não se deve presumir que aceito necessária e integralmente essa divisão.

Nota T

1. Já foi sugerido que "seus" significa "de Gloster"; mas "ele" durante toda a fala, evidentemente, refere-se a Lear.

Nota V

1. Ignoro-as em parte porque não são relevantes para o objetivo em tela, mas principalmente porque é impossível aceitar a divisão das cenas de batalha nos textos modernos, enquanto afastar-se dela é criar uma inconveniência intolerá-

vel no que diz respeito às referências. O único plano adequado em se tratando do drama elisabetano é considerar uma cena terminada tão logo não reste ninguém sobre o palco, e desconsiderar inteiramente a questão do lugar – questão dramaturgicamente desimportante e indeterminada na maioria das cenas de uma peça elisabetana em consequência da ausência de cenário móvel. Ao lidar com as batalhas, os editores modernos parecem ter seguido o princípio (que não poderiam de modo algum aplicar genericamente) segundo o qual, desde que o lugar não tivesse mudado, ter-se-ia apenas uma cena. Donde em *Macbeth*, Ato v., incluíram na cena vii. três cenas distintas; porém, em *Antônio e Cleópatra*, Ato III., seguindo a divisão correta pelo motivo errado, estabeleceram duas cenas (viii. e ix.), cada uma com menos de quatro linhas de extensão.

2. Uma dessas (v. i.) não está indicada de acordo, mas é evidente que a última linha e meia constitui um solilóquio do único personagem que resta, assim como acontece em alguns dos solilóquios apropriadamente indicados em outras peças.

3. De acordo com as edições modernas, oito, Ato II. cena ii. constituindo o caso adicional. Mas é ridículo contar três cenas no que vem indicado como cenas ii., iii., iv. Kent está no palco inferior o tempo inteiro; Edgar, na suposta cena iii., no palco superior ou balcão. Os editores foram induzidos a erro por sua ignorância da disposição dos palcos.

4. Talvez três, pois V. iii. pode ser um exemplo, embora não se encontre indicado assim.

Nota W

1. Há exceções, p. ex., nas edições de Delius e W. J. Craig.

2. E é possível que, conforme sugerido por Koppel, o Médico devesse entrar nesse ponto; pois se Kent, afirma o estudioso, deseja permanecer incógnito, parece estranho que ele e Cordélia conversem como fazem diante de um terceiro personagem. Essa mudança, no entanto, não é necessária, pois o Médico poderia perfeitamente permanecer fora do alcance do ouvido até que falassem com ele; e é melhor não ir de encontro à indicação cênica sem necessidade.

Nota X

1. Onde Spedding viu isso? Não o identifico em nenhum lugar, e, sem dúvida, Edgar não arriscaria a vida na batalha quando teria, em caso de derrota, de vir e combater Edmundo. Não surge "armado", de acordo com o Fólio, até v. iii. 117.

2. Spedding supôs que havia pano de boca, e essa ideia, vinda desde Malone e Collier, ainda é encontrada em obras inglesas de nomeada. Mas podemos afirmar sem hesitação que não há nenhuma indicação convincente da existência de semelhante cortina, e inúmeras indicações em contrário.

Nota Y

1. O "lume" que ele roga que se aproxime não é a Lua, como Pope supunha. A Lua estava brilhando no alto algum tempo antes (II. ii. 35), e as linhas 1 e 141-2 dão a entender que não falta muito para terminar a noite.
2. "Hold" [pegar] pode querer dizer "take" [tomar]; mas a palavra "this" [este] à linha 160 ("Know'st thou this paper?") favorece a ideia de que o papel ainda está na mão de Albânia.

Nota Z

1. P. ex., a excelente pequena edição de Chambers pertencente à série Warwick.

Nota AA

1. Essas duas considerações também deveriam ser mantidas em mente com respeito à excepcional brevidade de *Sonho de uma noite de verão* e *A tempestade*. Ambas contêm cenas que, mesmo sobre o palco elisabetano, levariam mais tempo que o normal para ser encenadas. E já se supôs a respeito de ambas que foram compostas para acompanhar cerimônias de casamento.

Nota BB

1. O fato de *Rei Lear* ter sido apresentada na corte em 26 de dezembro de 1606 está, evidentemente, muito longe de mostrar que nunca havia sido encenada antes.
2. Não procurei descobrir a origem da divergência entre esses dois cálculos.
3. *Der Vers in Shakspere's Dramen*, 1888.
4. Nas partes de *Tímon* (texto da Globe) atribuídas por Fleay a Shakespeare, constato que a porcentagem é de cerca de 74,5%. König dá 62,8% como a porcentagem da íntegra da peça.
5. Identifiquei ainda um possível erro no caso de Péricles. König dá 17,1% para a porcentagem de falas com pé quebrado. Fiquei atônito ao ver esse número, considerando-se o estilo das partes indubitavelmente de Shakespeare; e constato que, pelo meu método, nos Atos III., IV., V., a porcentagem é de 71%, e nos dois primeiros Atos (que revelam muito pouco, se é que algum traço da pena de Shakespeare), cerca de 19%. Não consigo imaginar a origem do erro nesse caso.
6. Coloco a questão assim, em vez de dizer que, com o encadeamento, passa-se necessariamente para a linha seguinte sem fazer nenhuma pausa, porque –

no que não estou sozinho – não devo em nenhum caso ignorar *inteiramente* o fato de que uma linha termina e outra começa.

7. Esses debordamentos são o que König chama de "schroffe Enjambements", que ele considera os correspondentes dos "encadeamentos" de Furnivall.

8. O número de terminações breves em *Júlio César* (10) e em *Bom é* (12), no entanto, é digno de nota.

9. Os editores do *Cambridge Shakespeare* poderiam apelar para o fato de que a última das terminações breves ocorre em IV. iii. 165 como defesa do seu parecer segundo o qual partes do Ato V. não pertencem a Shakespeare.

Nota CC

1. É claro que o "juramento" *poderia*, por esta hipótese, acontecer fora do palco dentro da peça; mas não há espaço para assim supormos se tivermos de situar a proposta fora da peça.

2. A isso poder-se-ia dizer que o significado básico da previsão era fazê-lo sentir: "Então, terei êxito se executar o plano de assassinato", forçando-o, assim, ceder à ideia mais uma vez. Ao que só me resta replicar, antecipando-me ao próximo argumento: "Como explicar que Shakespeare tenha escrito a fala de tal modo que praticamente todos presumem que a ideia de assassinato está ocorrendo a Macbeth pela primeira vez?"

3. Poder-se-ia responder aqui, com efeito, que, instruído por Shakespeare, o ator poderia encenar o sobressalto de tal modo a comunicar com bastante clareza a ideia de culpabilidade. E isso é verdade; mas temos de nos esforçar ao máximo para interpretar o texto antes de recorrermos a esse tipo de ideia.

Nota EE

1. Assim também para Holinshed, e na peça, onde, porém, "primo" não tinha necessariamente seu significado específico.

2. "May", conjecturou Johnson, sem necessidade.

3. Como essa ideia ocorre aqui, posso ressaltar que as últimas tragédias de Shakespeare contêm muitas reminiscências das peças trágicas dos primeiros dias. Por exemplo, cf. *Tito Andrônico*, I. i. 150 s.:

In peace and honour rest you here, my sons,

[Em paz e honra repousai, meus filhos.]
*   *   *   *   *   *
Secure from worldly chances and mishaps!
Here lurks no treason, here no envy swells,
Here grow no damned drugs: here are no storms,
No noise, but silence and eternal sleep,

[Ao abrigo ficai aqui das dores e das vicissitudes deste mundo!
Deste ponto a traição não vos espreita, a inveja não se exalta,
Não prosperam ervas malditas: não há tempestades,
Nem barulho, só calma e sono eterno,]

com *Macbeth*, III. ii. 22 s.:

> Duncan is in his grave;
> After life's fitful fever he sleeps well;
> Treason has done his worst: nor steel, nor poison,
> Malice domestic, foreign levy, nothing,
> Can touch him further.

> [Duncan está na tumba;
> Dorme bem depois da febre paroxística da vida;
> A traição fez-lhe o pior: aço, veneno,
> Ódio interno, soldados estrangeiros, nada,
> Já poderá feri-lo.]

Ao escrever IV. i., Shakespeare dificilmente pode ter se esquecido da conjuração do espírito, e dos oráculos ambíguos, de *2 Henrique VI*. I. iv. O "tigre de Hircânia" de *Macbeth* III. iv. 101, ao qual também se alude em *Hamlet*, aparece pela primeira vez em *3 Henrique VI* I. iv. 155. Cf. *Ricardo III* II. i. 92, "mais próximos nos pensamentos sanguinosos, mas menos no sangue", com *Macbeth* II. iii. 146, "quem por sangue é o mais próximo de nós, mais próximo estará de derramar o nosso sangue"; *Ricardo III* IV. ii. 64, "Mas estou de tal guisa imerso em sangue que pecado causará novo pecado", com *Macbeth* III. iv. 136, "Tão longe em sangue entrei" etc. Estes são apenas alguns exemplos. (Não faz nenhuma diferença se Shakespeare foi autor ou revisor de *Tito e Henrique VI*.)

ÍNDICE REMISSIVO

Os títulos das peças encontram-se em itálico. Assim também o número das páginas que contêm a discussão principal de um personagem. Os títulos das Notas não foram reproduzidos no Índice.

Aarão, 148, 158
Ação dupla em *Rei Lear,* 190-3, 196
Ação trágica, 8-9, 22; e caráter, 9, 13; um conflito, 12-3
Acidente na tragédia, 5, 11, 19-20; em *Hamlet,* 104, 127; em *Otelo,* 133-4; em *Rei Lear,* 190, 249
Adversidade e prosperidade em *Rei Lear,* 250
Albânia, 226-7
Animais e o homem, em *Rei Lear,* 199-201; em *Tímon,* 365
Antônio, 15, 21, 45, 59-60
Antônio, 81, 471
Antônio e Cleópatra, 4-5, 32, 57, 432; conflito, 12; crise, 38, 40, 48; humor na catástrofe, 44, 308; cenas de batalha, 45; catástrofe prolongada, 46; construção defeituosa, 51, 195; paixão em, 58-9; o mal em, 59-60; versificação, 71-2, Nota BB
Arden of Feversham, 429
Ariel, 198
Aristóteles, 12, 430
Arte consciente de Shakespeare, 49-50; falhas na, 51-6
Arthur, 307
Atmosfera da tragédia, 256-7

Ato, dificuldade no Quarto, 41; os cinco atos, 36

Banquo, 264, *294-302*
Bárbara, a criada, 442
Bernhardt, Mme., 467
Bíblicas, ideias, em *Rei Lear,* 460-1
Bobo em *Rei Lear,* o, 194, *237-41,* 247, 367, 370, 377, Nota V
Bobos em Shakespeare, os 237-8
Bombasticismo, 54, 304, Nota F
Brandes, G., 466, 469
Bruto, 10, 15, 20, 23, 58, 74, 429, 465
Bruxas e Macbeth, as, 262-7, 279; e Banquo, 294-302

Calibã, 198
Cão, Shakespeare e o, 201, 450
Caráter, e enredo, 9-10; é destino, 9-10; trágico, 14-7
Cássio, 158-9, *178-80, 350-1*
Catástrofe, humor antes da, 44-5; cenas de batalha na, 45; falsa esperança antes da, 45-6; prolongada, 44; em *Antônio e Coriolano,* 59-60. Ver *Hamlet* etc.
Cena de abertura na tragédia, 30-3
Cena de batalha, 45, 376, 399; em *Rei Lear,* 191, Nota X

Cenário no teatro de Shakespeare, ausência de, 35, 52, 475
Cenas, sua numeração, extensão, tom, 36; divisão errada das, 475
Chaucer, 5-6, 266
Cimbelino, 5, 14, 52, 432, Nota BB; a Rainha em, 458
Ciúmes em Otelo, 130-1, 143-4, Nota L
Cláudio, Rei, 13, 75, 95, 100, 104, *123-6,* 311-2, 339
Cleópatra, 4-5, 14, 60, 156, 442
Coleridge, 77, 79-80, 93, 121, 149, 157, 167, 169, 188, 304, 326-7, 446, 462-4, 469
Comédia, 429, 431
Como quiserem, 51, 449, 469
Conflito trágico, 12-3; origina-se do mal, 24; movimento oscilatório do, 36-7; crise no, 37-40; movimento descendente do, 41-4
Consciência. *Ver* Hamlet
Conto de inverno, 14, Nota BB
Cordélia, 20-1, 23, 151-3, 188, 221, 239, *241-9,* Nota W
Coriolano, 14, 20-1, 59-60, 145
Coriolano, 6, 31-2, 308; crise, 38; herói fora do palco, 41; contragolpe, 42; humor, 44; paixão, 58; catástrofe, 59-60; versificação, Nota BB
Cornualha, 228
Crianças nas peças, 223-4
Crise. *Ver* Conflito

Desdêmona, 23, 120, 131-2, 142-3, 146, *149-53,* 247, 350, 356-60
Desilusão nas tragédias, 129
Desperdício trágico, 16-17, 26
Destino, Fatalidade, 7, 18-22, 32, 43, 130, 133-4, 262-6, 454
Discrepâncias, 52-3; reais ou supostas, em *Hamlet,* 319-20; em *Otelo,* Nota I; em *Rei Lear,* 192-3, Nota T; em *Macbeth,* Notas CC, EE
Dois nobres parentes, 333, 403, 411
Dom João, 81, 157
Dowden, E., 58, 77, 320, 461

Edgar, *233-4,* 377, 394
Edmundo, 157, 185, *228-32,* 448, Notas P, Q. Ver Iago
Embriaguez, invectiva contra a, 178
Emília, 161, 178, *179-81,* Nota P
Empolação. *Ver* Bombasticismo
Enredo, 9.· *Ver* Ação, Intriga
Espectro, não necessariamente são alucinações só porque aparecem apenas para uma pessoa entre outras, 102
Espectro de Banquo, 256, 258, 260, 277, Nota FF
Espectro de César, Nota FF
Espectro em *Hamlet,* 71, 74, 85, 89, 92, 99-102, 127
Estados mentais alterados, 10, 309
Estilo nas tragédias, 61-5, 255-6, 258, 464
Exposição, 29-34

Falas não dramáticas, 53, 78
Fleay, F. G., 341, 368, 397, 409, 411, 473
Forman, Dr., 398, 428
Fortinbrás, 66
Fortuna, 6-7
Freytag, G., 45, 431
Furness, H. H., 147-8

Garnet e a equivocação, 401, 470
Gertrudes, 87, 100-2, 118-9, *121-3,* 434-5
Gloster, 204-5, *223-7,* 370-1
Gnômicas, passagens, 54, 377-8
Goethe, 74, 94, 156, 441
Goneril, 185, 227, 255, 286-7, 371
Greene, 472

Hales, J. W., 351
Hamlet, exposição, 31-4; conflito, 13, 34-7; crise e contragolpe, 38, 42-4, 100; arrastando-se, 41; humor, e falsa esperança antes da catástrofe, 44, 46; passagens obscuras, 52-3; passagens antidramáticas, 51-4; lugar entre as tragédias, 57-65; situação do herói, 65-7; não apenas uma tragédia do pensamento, 58, 83, 93-4; na Reforma Romântica, 67, 94; intervalo de tempo em, 95, 103-4; acidente, 11, 114, 127; ideias religiosas, 105-8, 125-8; fala do ator, 304, Nota F; coveiro, 308-9; última cena, 192. Ver Notas A a H, e BB

Hamlet, único personagem trágico na peça, 65-6; contrastado com Laertes e Fortinbrás, 66, 78; falhas das primeiras críticas de, 67; considerado ininteligível, 68; visão externa, 69-71; visão consciencial, 71-5; visão sentimental, 74-7; visão de Schlegel-Coleridge, 77-80, 85, 93-4, 436; temperamento, 80-1; idealismo moral, 82-3; gênio especulativo, 83-5; ligação disso com a inação, 85; origem da melancolia, 85-9; natureza e efeitos da melancolia, 89-94, 116; diminuição da melancolia, 105; sua "loucura", 89-90, 336; no Ato II., 95, 440; no III. i, 95, 115, 336; na cena do teatro, 96; poupa o Rei, 73, 98-9, 359; com a Rainha, 100-2; mata Polônio, 75-6, 100; com o Fantasma, 101-2; deixando a Dinamarca, 104; situação após o retorno, 104-5, 337; no cemitério, 106, 113, 115, 336; na catástrofe, 75, 107, 111, 335-6; e Ofélia, 75-6, 82, 88, 106, 113-7, 312, 335-6; carta para Ofélia, 110, 471; hábito de repetição, 108-9; jogo de palavras e humor, 109-12, 323-4; senso estético, 329, 437; e Iago, 156, 162, 166-7, 169; outras referências, 7, 11, 14-5, 19, 241, 270, Notas A a H

Hanmer, 66
Hazlitt, 157, 167, 170, 172, 184, 187
Hécate, 462, Nota Z
Hegel, 12, 463
Henrique VIII, 403, 411, 432
2 Henrique VI, 478
3 Henrique VI, 333, 425, 446, 478
Hereditariedade, 21, 200, 231
Herói trágico, 5; de "alta estirpe", 6-8; contribui para a catástrofe, 9; natureza do, 14-7, 26; erro do, 15, 24; azar, 20; lugar do, na construção, 38-40; ausente do palco, 41; nas primeiras e nas últimas peças, 129-30, 432-3; em *Rei Lear*, 211; sentimento diante da morte do, 107-8, 127, 146-7, 248-9
Heywood, 473, 438
Homero, 267
Horácio, 71-2, 82, 237, Notas A, B, C
Humor, emprego do, na construção, 44-5; de Hamlet, 109-12; em *Otelo*, 130; em *Macbeth*, 308-9
Hunter, J., 148, 461

Iachimo, 15, 157
Iago, e o mal, 156, 174-6; visões equivocadas a respeito de, 156-8, 167-70; perigo de acreditar no que ele afirma, 158-9, 166-9; como era visto pelos outros, 159-61; como era visto por Emília, 161, 360; inferências a

partir disso, 162-3; análise
adicional, 163-6; origem de seus
atos, 166-74; sua tragédia, 163,
166, 174; não simplesmente mau,
175-6; não era inteligentíssimo,
176-7; razão do fracasso, 177; e
Edmundo, 185, 228-32, 362; e
Hamlet, 156, 162, 166, 169;
outras referências, 15, 20, 23,
142-4, 281, Notas L, M, P, Q
Idade Média, ideia de tragédia na, 5-6
Improbabilidade, nem sempre uma
falha, 49; em *Rei Lear,* 192-4, 197
Ingram, prof., 410
Intriga na tragédia, 9, 48, 132
Ironia, 260, 443
Isabella, 241, 246

Jameson, Sra., 151, 294, 441
Jó, 8
Johnson, 22, 67, 224, 227, 232, 293, 335
Jonson, 50, 212, 304
Julieta, 4-5, 151, 157
Júlio César, 6, 24, 429-30, 477;
conflito, 13; exposição, 31-2;
crise, 37; arrastando-se, 41;
contragolpe, 42; cena da
discussão, 43; cenas de batalha,
45; e *Hamlet,* 433; estilo, 61
Justiça na tragédia, ideia de, 22-3, 209-10, 242
"Justiça poética", 22-3

Kean, 147, 184
Kent, *234-7,* 239, 370-1, 460, Nota W
König, G., Nota BB
Koppel, R., 458, 374, 379, 390

Laertes, 66, 82, 103-4, 338-9
Lamb, 184, 187, 190, 202, 445, 448, 462
Lear, 10, 14, 19, 23, 188, *211-23,* 223-6, Nota W

Leontes, 15, 143-4
Linguagem de Shakespeare, defeitos da, 53-5, 301
Loucura na tragédia, 10; de Ofélia, 120, 310; de Lear, 218-21

Macbeth, 10, 14-6, 21, 23, 45, 126, 263-6, *267-81,* 294-5, 297-8, 300, Notas CC, EE
Macbeth, exposição, 31-4; conflito, 12-3, 37-8; crise, 43; *páthos* e humor, 44-5, 304-5, 308; cenas de batalha, 45; catástrofe prolongada, 46; defeitos na construção, 41, 51; lugar entre as tragédias, 58, 64-5, Nota BB; ideias religiosas, 126-8; atmosfera de, 256-7; efeitos da escuridão, 256-7; cor, 257-8; tempestade, 259; sobrenatural etc., 260; ironia, 260; Bruxas, 262-7, 279, 294-302; imagens, 258, 273; personagens secundários, 302; simplicidade, 303; ecos de Sêneca, 303-4; pedantismo, 330-1, 468; prosa, 303, 309-10; cenas de alívio, 304; cena do sonambulismo, 294, 309-10; referências à *Conspiração da Pólvora,* 401, 469-70; toda autêntica? 303-4, 308-9, Nota Z; e *Hamlet,* 255-6; e *Ricardo III,* 260, 304, 308, 478; outras referências, 5, 301 e Notas Z a FF
Macbeth, Lady, 10, 21, 23, 268, 281, 283-94, 309-10, 463, Notas CC, DD
Macduff, 302, 304-5, 425-6
Macduff, Lady, 44, 302, 304-5
Macduff, pequeno, 306-7
Mackenzie, 67
Mal, origem do conflito, 24; negativo, 25; nas primeiras e nas últimas

tragédias, 59; representação poética do, 155-6; aspectos do, que causaram impressão especial a Shakespeare, 174; em *Rei Lear*, 227-8, 231-2, 250-1; em *A tempestade*, 251-2; em *Macbeth*, 255, 301
Marlowe, 59, 329-30
Marston, possíveis reminiscências das peças de Shakespeare em, 401-2
Medida por medida, 55-6, 452, 470
Mefistófeles, 156
Melancolia, conforme representada por Shakespeare, 80-1, 89-90. Ver Hamlet
Mercador de Veneza, O, 15, 148
Métrica, testes de, Notas S, BB
Middleton, 396
Milton, 155, 333, 464
Monstruosidade, ideia de, em *Rei Lear*, 198-9
Moulton, R. G., 431

Negro? Otelo era, 147-50
Noite de reis, 432, 449

Ofélia, 10, 44, 82, *117-21*, 151, 310. Ver Hamlet
Ordem moral na tragédia, ideia de, 18, 22-7
Oswald, 227, 371, 373
Otelo, 6, 14-5, 20, 23, 130-5, *136-47*, 147-52, 158-9, Notas K a O
Otelo, exposição, 30-2; conflito, 12-3, 34-5; construção peculiar, 39, 46-8, 130-1; discrepâncias, 52-3; lugar entre as tragédias, 58-9, 64-5; e *Hamlet*, 129; e *Rei Lear*, 130, 132-4, 185, 363-4; efeito peculiar, e suas causas, 130-1; acidentes em, 11, 133-4; estudo das objeções à peça, 134-8; ponto de inferioridade em relação às outras três tragédias, 136; elementos de reconciliação na catástrofe, 146-7, 181; outras referências, 6, 44, Notas I a R, e BB

Pano de boca no teatro de Shakespeare, ausência do, 135, 384, 443
Partes das peças que se "arrastam", 41-2, 47
Páthos e tragédia, 10, 76, 118, 150, 211; emprego na construção, 43-4
Peças de Shakespeare, lista das, por períodos, 432
Peele, 148
Péricles, 476
Período trágico de Shakespeare, o, 57-65, 452
Pessimismo, suposto, em *Rei Lear*, 206-10, 250; em *Macbeth*, 276
Pobres, bondade dos, em *Rei Lear* e *Tímon*, 250
Poder supremo na tragédia, 17-27, 126-7, 203-10. Ver Destino, Ordem moral, Reconciliação, Teológicas
Póstumo, 15
Problemas provavelmente inexistentes para as plateias antigas, 52-3, 116-7, 240, 306, 416, 420
Prosa nas tragédias, 303, 309-10

Reconciliação na tragédia, sensação de, 25-6, 38, 60, 107-8, 127-8, 146-7, 181, 247-9
Regan, 227-9
Regras do drama, suposta ignorância de Shakespeare das, 50-1
Rei João, 425, 469
Rei Lear, exposição, 31-4; conflito, 12-3, 38-9; cenas de alta e baixa tensão, 35-6; arrastando-se, 41;

falsa esperança antes da catástrofe, 45-6; cena de batalha, 45, 382-4; solilóquio em, 52, 446; lugar entre as tragédias, 59, 64-5; *ver* Tate; de Tate, 183; caráter dual, 183-5; não inteiramente dramática, 186-7; cena de abertura, 51, 187-9, 193, 242, 370; Gloster mandado cegar, 189, 443; catástrofe, 188-91, 203, 221-3, 236, 247-51; defeitos estruturais, 191-3; improbabilidades etc., 192-4; imprecisão da localização, 194-5; valor poético dos defeitos, 195; ação dupla, 196; caracterização, 197; tendência ao simbolismo, 198-9; ideia de monstruosidade, 199; animais e o homem, 200-1; cenas de tempestade, 202, 217-8, 239; o que governa o mundo em, 203-6; suposto pessimismo, 206-10, 214-6, 231-2, 247-53; acidente e fatalidade, 11, 189-91, 454; intriga em, 132; mal em, 227-8, 231-2; pregação da paciência, 253; e *Otelo*, 130-3, 184, 363-4; e *Tímon*, 185-6, 365-8, 459-60; outras referências, 5, 8, 44, 133-4, Notas R a Y e BB

Religião, Edgar e a, 233; Horácio e a, 237; Banquo e a, 302

Ricardo II, 14, 110, 112, 430

Ricardo II, 7, 13, 431

Ricardo III, 13, 30, 45, 59; e *Macbeth*, 260, 304, 308, 478

Ricardo III, 15, 23, 45, 112, 155, 157, 162-3, 230, 446

Romeu, 15, 21, 110, 157

Romeu e Julieta, 4, 6, 11; conflito, 12-3, 24; exposição, 29-33; crise, 38; contragolpe, 42

Rosencrantz e Guildenstern, 316-7, 438

Rubricas modernas equivocadas, 194-5, 338-9, 379-81, 389-9, 454

Salvini, 352

Satã de Milton, o, 155, 464

Schlegel, 58, 77, 85, 93, 191, 265, 436, 449, 472

Scot sobre bruxaria, 262

Sêneca, 303-4

Shakespeare, o homem, 4, 57-9, 136, 186, 212, 215-6, 250-3, 276, 305, 327, 452

Shylock, 15

Siddons, S., 465-6

Sobrenatural na tragédia, o, 10, 133, 224-6. *Ver* Espectro, Bruxas

Sofrimento trágico, 5, 8-9

Solilóquio, 52; dos vilões, 166-7; cenas que terminam em, 376

Sonetos de Shakespeare, 449, 465

Sonho de uma noite de verão, 469, 476

Spedding, J., 406, 448, Nota X

Swinburne, A. C., 131, 141, 157, 163, 167, 170, 173, 208-9, 348

Symonds, J. A., 429

Tate, versão de, de *Rei Lear*, 183, 189-91, 459

Temperamento, 80-1, 212, 234

Tempestade, A, 30, 57, 136, 198, 251-2, 432, 479, Nota BB

Tempo, curto e longo, teoria do, 342-5

Tensão emocional, variações da, 35-6

Teológicas na tragédia, ideias, 17-8, 105-8, 209-10; em *Hamlet* e *Macbeth*, 126-8, 359; não em *Otelo*, 133, 358-9; em *Rei Lear*, 203-6, 224-5

Tímon de Atenas, 64, 185-6, 200, 250, 365-8, 387, 429, 433, 452, 459, Nota BB

Tímon, 58, 82, 429
Tito Andrônico, 148, 158, 324-5, 477
Toussaint, 147
Tragédia grega, 4, 12, 134, 430, 452-3
Tragédia shakespeariana; partes, 29-30, 37; mais antigas e mais recentes, 13, 129-30; puras e históricas, 51-2. *Ver* Acidente, Ação, Herói, Período, Reconciliação etc.
Tragédias históricas, 38, 52
Transmigração das almas, 200-1

Troilo e Cressida, 5, 136, 331-2, 334, 450, 452, 458
Turgenev, 8, 457

Uma tragédia de Yorkshire, 429

Versificação. *Ver* Estilo e Testes de métrica
Virgília, 468

Werder, K., 413, 433, 442,
Wittenberg, Hamlet em, 313-8
Wordsworth, 147, 430

Cromosete
Gráfica e editora Ltda.

Impressão e acabamento
Rua Uhland, 307 - Vila Ema
03283-000 - São Paulo - SP
Tel/Fax: (011) 6104-1176
Email: adm@cromosete.com.br